HISTOIRE

DU

CONSULAT

ET DE

L'EMPIRE

TOME VIII

L'auteur déclare réserver ses droits à l'égard de la traduction en Langues étrangères, notamment pour les Langues Allemande, Anglaise, Espagnole et Italienne.

Ce volume a été déposé au Ministère de l'Intérieur (Direction de la Librairie) le 20 février 1849.

PARIS, IMPRIMÉ PAR PLON FRÈRES, 36, RUE DE VAUGIRARD.

HISTOIRE
DU
CONSULAT
ET DE
L'EMPIRE

FAISANT SUITE

A L'HISTOIRE DE LA RÉVOLUTION FRANÇAISE

PAR M. A. THIERS

TOME HUITIÈME

PARIS
PAULIN, LIBRAIRE-ÉDITEUR
60, RUE RICHELIEU

1849

HISTOIRE
DU CONSULAT
ET
DE L'EMPIRE.

LIVRE VINGT-HUITIÈME.

FONTAINEBLEAU.

Joie causée en France et dans les pays alliés par la paix de Tilsit. — Premiers actes de Napoléon après son retour à Paris. — Envoi du général Savary à Saint-Pétersbourg. — Nouvelle distribution des troupes françaises dans le Nord. — Le corps d'armée du maréchal Brune chargé d'occuper la Poméranie suédoise, et d'exécuter le siége de Stralsund, dans le cas d'une reprise d'hostilités contre la Suède. — Instances auprès du Danemark pour le décider à entrer dans la nouvelle coalition continentale. — Saisie des marchandises anglaises sur tout le continent. — Premières explications de Napoléon avec l'Espagne après le rétablissement de la paix. — Sommation adressée au Portugal pour le contraindre à expulser les Anglais de Lisbonne et d'Oporto. — Réunion d'une armée française à Bayonne. — Mesures semblables à l'égard de l'Italie. — Occupation de Corfou. — Dispositions relatives à la marine. — Événements accomplis sur mer, du mois d'octobre 1805 au mois de juillet 1807. — Système des croisières. — Croisières du capitaine L'Hermitte sur la côte d'Afrique, du contre-amiral Willaumez sur les côtes des deux Amériques, du capitaine Leduc dans les mers Boréales. — Envois de secours aux colonies françaises et situation de ces colonies. — Nouvelle ardeur de Napoléon pour la marine. — Système de guerre maritime auquel il s'arrête. — Affaires intérieures de l'Empire. — Changements dans le personnel des grands emplois. — M. de Talleyrand nommé vice-grand-électeur, le prince Berthier vice-connétable. — M. de Champagny nommé ministre des affaires étrangères, M. Crétet ministre de l'intérieur, le général Clarke ministre de la guerre. — Mort de M. de Portalis, et son remplacement par M. Bigot de Préameneu. — Suppression définitive du Tribunat. — Épuration de la magistrature. — État des finances. — Budgets de 1806 et 1807. — Balance rétablie entre les recettes et les dépenses sans recourir à l'emprunt. — Création de la caisse de service. — Institution de la Cour des comptes. — Travaux publics. — Emprunts faits pour ces travaux au trésor de l'armée. — Dotations accordées aux maréchaux, généraux, officiers et soldats. — Institution des titres de noblesse. — État des mœurs et de la société française. — Caractère de la littérature, des sciences et des arts sous Napoléon. — Session législative de 1807. — Adoption du Code de commerce. — Mariage du prince Jérôme. — Clôture de la courte session de 1807, et translation de la cour impériale à Fontainebleau. — Événements en Europe pendant les trois mois consacrés par Napoléon aux affaires intérieures de l'Empire. — État de la cour de Saint-Pétersbourg depuis Tilsit. — Efforts de l'empereur Alexandre pour réconcilier la Russie avec la France. — Ce prince offre sa médiation au cabinet britannique. — Situation des partis en Angleterre. — Remplacement du ministère Fox-Grenville par le ministère de MM. Canning et Castlereagh. — Dissolution du Parlement. — Formation d'une majorité favorable au nouveau ministère. — Réponse évasive à l'offre de la médiation russe, et envoi d'une flotte à Copenhague pour s'emparer de la marine danoise. — Débarquement des troupes anglaises sous les murs de Copenhague, et préparatifs de bombardement. — Les Danois sont sommés de rendre leur flotte. — Sur leur refus, les Anglais les bombardent trois jours et trois nuits. — Affreux désastre de Copenhague. — Indignation générale en Europe, et redoublement d'hostilités contre l'Angleterre. — Efforts de celle-ci pour faire approuver à Vienne et à Saint-Pétersbourg l'acte odieux commis contre le Danemark. — Dispositions inspirées à la cour de Russie par les derniers événements. — Elle prend le parti de s'allier plus étroitement à Napoléon pour en obtenir, outre la Finlande, la Moldavie et la Valachie. — Instances d'Alexandre auprès de Napoléon. — Résolutions de celui-ci après le désastre de Copenhague. — Il encourage la Russie à s'emparer de la Finlande, entretient ses espérances à l'égard des provinces du Danube, conclut un arrangement avec l'Autriche, reporte ses troupes du nord de l'Italie vers le midi, afin de préparer l'expédition de Sicile, réorganise la flottille de Boulogne, et précipite l'invasion du Portugal. — Formation d'un second corps d'armée pour appuyer la marche du général Junot vers Lisbonne, sous le titre de deuxième corps d'observation de la Gironde. — La question du Portugal fait naître celle d'Espagne. — Penchants et hésitations de Napoléon à l'égard de l'Espagne. — L'idée systématique d'exclure les Bourbons de tous les trônes de l'Europe se forme peu à peu dans son esprit. — Le défaut d'un prétexte suffisant pour détrôner Charles IV le fait hésiter. —

Rôle de M. de Talleyrand et du prince Cambacérès en cette circonstance. — Napoléon s'arrête à l'idée d'un partage provisoire du Portugal avec la cour de Madrid, et signe le 27 octobre le traité de Fontainebleau. — Tandis qu'il est disposé à un ajournement à l'égard de l'Espagne, de graves événements survenus à l'Escurial appellent toute son attention. — État de la cour de Madrid. — Administration du prince de la Paix. — La marine, l'armée, les finances, le commerce de l'Espagne en 1807. — Partis qui divisent la cour. — Parti de la reine et du prince de la Paix. — Parti de Ferdinand, prince des Asturies. — Une maladie de Charles IV, qui fait craindre pour sa vie, inspire à la reine et au prince de la Paix l'idée d'éloigner Ferdinand du trône. — Moyens imaginés par celui-ci pour se défendre contre les projets de ses ennemis. — Il s'adresse à Napoléon afin d'obtenir la main d'une princesse française. — Quelques imprudences de sa part éveillent le soupçon sur sa manière de vivre, et provoquent une saisie de ses papiers. — Arrestation de ce prince, et commencement d'un procès criminel contre lui et ses amis. — Charles IV révèle à Napoléon ce qui se passe dans sa famille. — Napoléon, provoqué à se mêler des affaires d'Espagne, forme un troisième corps d'armée du côté des Pyrénées, et ordonne le départ de ses troupes en poste. — Tandis qu'il se prépare à intervenir, le prince de la Paix, effrayé de l'effet produit par l'arrestation du prince des Asturies, se décide à lui faire accorder son pardon, moyennant une soumission déshonorante. — Pardon et humiliation de Ferdinand. — Calme momentané dans les affaires d'Espagne. — Napoléon en profite pour se rendre en Italie. — Il part de Fontainebleau pour Milan vers le milieu de novembre 1807.

Juillet 1807.

La paix de Tilsit avait causé en France une joie profonde et universelle. Sous le vainqueur d'Austerlitz, d'Iéna, de Friedland, on ne pouvait craindre la guerre : cependant, après la journée d'Eylau, on avait conçu un moment d'inquiétude en le voyant engagé si loin, dans une lutte si acharnée ; et d'ailleurs un instinct secret disait clairement à quelques-uns, confusément à tous, qu'il fallait, dans cette voie comme dans toute autre, savoir s'arrêter à temps ; qu'après les succès pouvaient venir les revers ; que la fortune, facilement inconstante, ne devait pas être poussée à bout, et que Napoléon serait le seul des trois ou quatre héros

État des esprits en France et en Europe après la paix de Tilsit.

Juillet 1807.

de l'humanité auquel elle n'aurait pas fait expier ses faveurs, s'il voulait en abuser. Il y a dans les choses humaines un terme qu'il ne faut pas dépasser, et, d'après un sentiment alors général, Napoléon touchait à ce terme, que l'esprit discerne plus facilement que les passions ne l'acceptent.

Au reste on éprouvait le besoin de la paix et de ses douces jouissances. Sans doute Napoléon avait procuré à la France la sécurité intérieure, et la lui avait procurée à ce point, que pendant une absence de près d'une année, et à une distance de quatre ou cinq cents lieues, pas un trouble n'avait éclaté. Une courte anxiété produite par le carnage d'Eylau, par le renchérissement des subsistances durant l'hiver, de timides propos tenus dans les salons de quelques mécontents, avaient été les seules agitations qui eussent signalé la crise qu'on venait de traverser. Mais, bien qu'on ne craignît plus le retour des horreurs de quatre-vingt-treize et qu'on se livrât à une entière confiance, c'était toutefois à la condition que Napoléon vivrait, et qu'il cesserait d'exposer aux boulets sa tête précieuse; c'était avec le désir de goûter, sans mélange d'inquiétude, l'immense prospérité dont il avait doté la France. Ceux qui lui devaient de grandes situations aspiraient à en jouir; les classes qui vivent de l'agriculture, de l'industrie et du commerce, c'est-à-dire la presque totalité de la nation, désiraient enfin mettre à profit les conséquences de la révolution et la vaste étendue de débouchés ouverts à la France; car si les mers nous étaient fermées, le continent entier s'offrait à notre activité, à l'exclusion de l'industrie britannique. Les mers elles-mêmes, on espérait les voir s'ouvrir de nouveau par suite des négociations de Tilsit. On avait vu en effet les deux plus grandes puissances du continent, éclairées sur la conformité de leurs intérêts actuels, sur l'inutilité de leur lutte, s'embrasser en quelque sorte aux bords du Niémen, dans la personne de leurs souverains, et s'unir pour fermer le littoral de l'Europe à l'Angleterre, pour tourner contre elle les efforts de toutes les nations, et on se flattait que cette puissance, effrayée de son isolement, en 1807 comme en 1802, accepterait la paix à des conditions modérées. Il ne semblait pas supposable que la médiation du cabinet russe, qui allait lui être offerte, rendant facile à son orgueil une pacification que réclamaient ses intérêts, pût être repoussée. On jouissait de la paix du continent; celle des mers se laissait entrevoir; et on était heureux tout à la fois de ce qu'on possédait, et de ce qu'on espérait. L'armée, sur qui pesait plus particulièrement le fardeau de la guerre, n'était cependant pas aussi avide de la paix que le reste de la nation. Ses principaux chefs, il est vrai, qui avaient déjà vu tant de régions lointaines et de batailles sanglantes, qui étaient couverts de gloire, que Napoléon allait bientôt combler de richesses, désiraient, comme la nation elle-même, jouir de ce qu'ils avaient acquis. Bon nombre de vieux soldats, qui avaient leur part assurée dans la munificence de Napoléon, n'étaient pas d'un autre avis. Mais les jeunes généraux, les jeunes officiers, les jeunes soldats, et c'était une grande partie de l'armée, ne demandaient pas mieux que de voir naître de nouvelles occasions de gloire

Juillet 1807.

Juillet 1807.

et de fortune. Toutefois, après une rude campagne, un intervalle de repos ne laissait pas de leur plaire, et on peut dire que la paix de Tilsit était saluée par les unanimes acclamations de la nation et de l'armée, de la France et de l'Europe, des vainqueurs et des vaincus. Excepté l'Angleterre qui trouvait le continent encore une fois uni contre elle, excepté l'Autriche qui avait espéré un moment la ruine de son dominateur, il n'y avait personne qui n'applaudît à cette paix, succédant tout à coup à la plus grande agitation guerrière des temps modernes.

On attendait Napoléon avec impatience; car, outre les raisons qu'on avait de ne pas voir avec plaisir ses absences, toujours motivées par la guerre, on aimait à le savoir près de soi, veillant sur le repos de tout le monde, et s'appliquant à tirer de son génie inépuisable de nouveaux moyens de prospérité. Le canon des Invalides, qui annonçait son entrée dans le palais de Saint-Cloud, retentit dans tous les cœurs comme le signal du plus heureux événement, et le soir une illumination générale, que ni la police de Paris ni les menaces de la multitude n'avaient commandée, et qui brillait aux fenêtres des citoyens autant que sur la façade des édifices publics, attesta un sentiment de joie vrai, spontané, universel.

Ma raison, glacée par le temps, éclairée par l'expérience, sait bien tous les périls cachés sous cette grandeur sans mesure, périls d'ailleurs faciles à juger après l'événement. Cependant, quoique voué au culte modeste du bon sens, qu'on me permette un instant d'enthousiasme pour tant de merveilles, qui n'ont pas duré, mais qui auraient pu durer, et de les raconter avec un complet oubli des calamités qui les ont suivies! Pour retracer avec un sentiment plus juste ces temps si différents du nôtre, je veux ne pas apercevoir avant qu'ils soient venus les tristes jours qui se sont succédé depuis.

<small>Juillet 1807.</small>

C'est un signe vulgaire, mais vrai, de la disposition des esprits, que le taux des fonds publics dans les grands États modernes, qui font usage du crédit, et qui dans un vaste marché, appelé Bourse, permettent qu'on vende et qu'on achète les titres des emprunts qu'ils ont contractés envers les capitalistes de toutes les nations. La rente 5 pour 100 (signifiant, comme on sait, un intérêt de 5 alloué à un capital nominal de 100), que Napoléon avait trouvée à 12 francs au 18 brumaire, et portée depuis à 60, s'était élevée après Austerlitz à 70, puis avait dépassé ce terme pour atteindre celui de 90, taux inconnu alors en France. La disposition à la confiance était même si prononcée, que le prix de ce fonds allait au delà, et s'élevait, vers la fin de juillet 1807, à 92 et 93. Au lendemain des assignats, quand le goût des spéculations financières n'existait pas, quand les fonds publics n'avaient pas fait encore la fortune de grands spéculateurs, et avaient entraîné au contraire la ruine des créanciers légitimes de l'État, quand le prix de l'argent était tel qu'on trouvait facilement dans des placements solides un intérêt de 6 et 7 pour 100, il fallait une immense confiance dans le gouvernement établi, pour que les titres de la dette perpétuelle fussent acceptés à un intérêt qui n'était guère au-dessus de 5 pour 100.

<small>Situation du crédit public après Tilsit.</small>

Le 27 juillet au matin, Napoléon était arrivé au château de Saint-Cloud, où il avait coutume de passer l'été. Aux princesses de sa famille empressées de le revoir, s'étaient joints les grands dignitaires, les ministres, et les principaux membres des corps de l'État. La confiance et la joie rayonnaient sur son visage. — Voilà la paix continentale assurée, leur dit-il, et quant à la paix maritime, nous l'obtiendrons bientôt, par le concours volontaire ou imposé de toutes les puissances continentales. J'ai lieu de croire solide l'alliance que je viens de conclure avec la Russie. Il me suffirait d'une alliance moins puissante pour contenir l'Europe, pour enlever toute ressource à l'Angleterre. Avec celle de la Russie que la victoire m'a donnée, que la politique me conservera, je viendrai à bout de toutes les résistances. Jouissons de notre grandeur, et faisons-nous maintenant commerçants et manufacturiers. — S'adressant particulièrement à ses ministres, Napoléon leur dit : J'ai assez fait le métier de général, je vais reprendre avec vous celui de *premier ministre*, et recommencer mes *grandes revues d'affaires*, qu'il est temps de faire succéder à mes *grandes revues d'armées*. — Il retint à Saint-Cloud le prince Cambacérès, qu'il admit à partager son dîner de famille, et avec lequel il s'entretint de ses projets, car sa tête ardente, sans cesse en travail, ne terminait une œuvre que pour en commencer une autre.

Le lendemain il s'occupa de donner des ordres qui embrassaient l'Europe de Corfou à Kœnigsberg. Sa première pensée fut de tirer sur-le-champ les conséquences de l'alliance russe qu'il venait de conclure

Juillet 1807.

Langage de Napoléon en arrivant à Saint-Cloud.

Mesures de Napoléon tendant à réaliser le système politique

à Tilsit. Cette alliance, achetée au prix de victoires sanglantes, et d'espérances infinies inspirées à l'ambition russe, il fallait la mettre à profit avant que le temps, ou d'inévitables mécomptes, vinssent en refroidir les premières ardeurs. On s'était promis de violenter la Suède, de persuader le Danemark, d'entraîner le Portugal par le moyen de l'Espagne, et de déterminer de la sorte tous les États riverains des mers européennes à se prononcer contre l'Angleterre. On s'était même engagé à peser sur l'Autriche, pour l'amener à des résolutions semblables. L'Angleterre allait ainsi se voir enveloppée d'une ceinture d'hostilités, depuis Kronstadt jusqu'à Cadix, depuis Cadix jusqu'à Trieste, si elle n'acceptait pas les conditions de paix que la Russie était chargée de lui offrir. Pendant son trajet de Dresde à Paris, Napoléon avait déjà donné des ordres, et le lendemain même de son arrivée à Paris, il continua d'en donner de nouveaux, pour l'exécution immédiate de ce vaste système. Son premier soin devait être d'envoyer à Saint-Pétersbourg un agent qui continuât auprès d'Alexandre l'œuvre de séduction commencée à Tilsit. Il ne pouvait pas assurément trouver un ambassadeur aussi séduisant qu'il l'était lui-même. Il fallait néanmoins en trouver un qui pût plaire, inspirer confiance, et aplanir les difficultés qui surgissent même dans l'alliance la plus sincère. Ce choix exigeait quelque réflexion. En attendant d'en avoir fait un qui réunît les conditions désirables, Napoléon envoya un officier, ordinairement employé et propre à tout, à la guerre, à la diplomatie, à la police, sachant être tour à tour souple ou arrogant, et très-capable de

Juillet 1807.

convenu à Tilsit.

Juillet 1807.

Envoi du général Savary comme ministre temporaire à Saint-Pétersbourg.

s'insinuer dans l'esprit du jeune monarque, auquel il avait déjà su plaire : c'était le général Savary, dont nous avons fait connaître ailleurs l'esprit, le courage, le dévouement sans scrupule et sans bornes. Le général Savary, envoyé en 1805 au quartier-général russe, avait trouvé Alexandre rempli d'orgueil la veille de la bataille d'Austerlitz, consterné le lendemain, n'avait pas abusé du changement de la fortune, avait au contraire habilement ménagé le prince vaincu, et, profitant de l'ascendant que donnent sur autrui les faiblesses dont on a surpris le secret, avait acquis une sorte d'influence, suffisante pour une mission passagère. Dans ce premier moment, où il s'agissait de savoir si Alexandre serait sincère, s'il saurait résister aux ressentiments de sa nation, qui n'avait pas aussi vite que lui passé des douleurs de Friedland aux illusions de Tilsit, le général Savary était propre par sa finesse à pénétrer le jeune prince, à l'intimider par son audace, et au besoin à répondre par une insolence toute militaire aux insolences qu'il pouvait essuyer à Saint-Pétersbourg. Le général Savary avait un autre avantage, que l'orgueil malicieux de Napoléon ne dédaignait pas. La guerre avec la Russie avait commencé pour la mort du duc d'Enghien : Napoléon n'était pas fâché d'envoyer à cette puissance l'homme qui avait le plus figuré dans cette catastrophe. Il narguait ainsi l'aristocratie russe ennemie de la France, sans blesser le prince, qui, dans sa mobilité, avait oublié la cause de la guerre aussi vite que la guerre elle-même.

Napoléon, sans aucun titre apparent, donna au général Savary des pouvoirs étendus, et beaucoup d'argent pour qu'il pût vivre à Saint-Pétersbourg sur un pied convenable. Le général Savary devait protester auprès du jeune empereur de la sincérité de la France, le presser de s'expliquer avec l'Angleterre, d'en venir avec elle à un prompt résultat, soit la paix, soit la guerre, et, si c'était la guerre, d'envahir sur-le-champ la Finlande, entreprise qui, en flattant l'ambition moscovite, aurait pour résultat d'engager définitivement la Russie dans la politique de la France. Le général enfin devait consacrer toutes les ressources de son esprit à faire prévaloir et fructifier l'alliance conclue à Tilsit.

Juillet 1807.

Ces soins donnés aux relations avec la Russie, Napoléon s'occupa des autres cabinets appelés à concourir à son système. Il ne comptait guère sur une conduite sensée de la part de la Suède, gouvernée alors par un roi extravagant. Bien que cette puissance eût un double intérêt à ne pas attendre qu'on la violentât, l'intérêt de contribuer au triomphe des neutres, et celui de s'épargner une invasion russe, Napoléon pensait néanmoins qu'on serait prochainement obligé d'employer la force contre elle. C'était chose bien facile avec une armée de 420 mille hommes, dominant le continent du Rhin au Niémen. Il arrêta donc quelques dispositions pour envahir immédiatement la Poméranie suédoise, seule possession que ses anciennes et ses récentes folies eussent permis à la Suède de conserver sur le sol de l'Allemagne. Dans cette vue, Napoléon apporta divers changements à la distribution de ses forces en Pologne et en Prusse. Il ne voulait évacuer la Pologne que lorsque la nouvelle royauté saxonne, qu'il venait d'y rétablir, y

Mesures militaires à l'égard de la Suède.

Distribution de l'armée française

serait bien assise, et la Prusse que lorsque les contributions de guerre, tant ordinaires qu'extraordinaires, seraient intégralement acquittées. En conséquence le maréchal Davout, avec son corps, avec les troupes polonaises de nouvelle levée, avec la plus grande partie des dragons, eut ordre d'occuper la partie de la Pologne destinée, sous le titre de grand-duché de Varsovie, au roi de Saxe. Une division devait stationner à Thorn, une autre à Varsovie, une troisième à Posen. Les dragons devaient manger les fourrages des bords de la Vistule. C'était ce qu'on appelait le premier commandement. Le maréchal Soult, avec son corps d'armée, et presque toute la réserve de cavalerie, eut la mission d'occuper la vieille Prusse, depuis la Pregel jusqu'à la Vistule, depuis la Vistule jusqu'à l'Oder, avec ordre de se retirer successivement, au fur et à mesure de l'acquittement des contributions. La grosse cavalerie et la cavalerie légère devaient vivre dans l'île de Nogath, au milieu de l'abondance répandue dans ce Delta de la Vistule. Au sein de ce second commandement, Napoléon en intercala un autre, en quelque sorte exceptionnel, comme le lieu qui en réclamait la présence, c'était celui de Dantzig. Il y plaça les grenadiers d'Oudinot, plus la division Verdier, qui avaient formé le corps du maréchal Lannes, et qui devaient occuper cette riche cité, ainsi que le territoire qu'elle avait recouvré avec la qualité de ville libre. La division Verdier n'était pas destinée à y rester, mais les grenadiers avaient ordre d'y demeurer jusqu'au parfait éclaircissement des affaires européennes. Le troisième commandement, embras-

FONTAINEBLEAU. 13

sant la Silésie, fut confié au maréchal Mortier, que Napoléon plaçait volontiers dans les provinces où il se trouvait beaucoup de richesses à sauver des désordres de la guerre, et qui avait quitté son corps d'armée, dissous récemment par la réunion des Polonais et des Saxons dans le duché de Varsovie. Ce maréchal avait sous ses ordres les cinquième et sixième corps, que venaient de quitter les maréchaux Masséna et Ney. Ces deux derniers et le maréchal Lannes avaient obtenu la permission de se rendre en France pour s'y reposer des fatigues de la guerre. Le cinquième corps était cantonné aux environs de Breslau dans la haute Silésie; le sixième, autour de Glogau dans la basse Silésie. Le premier corps, confié au général Victor, depuis la blessure du prince de Ponte-Corvo, eut ordre d'occuper Berlin, faisant route dans son mouvement rétrograde, avec la garde impériale qui revenait en France, pour y recevoir des fêtes magnifiques. Enfin les troupes qui avaient formé l'armée d'observation sur les derrières de Napoléon, furent rapidement portées vers le littoral. Les Italiens, une partie des Bavarois, les Badois, les Hessois, les deux belles divisions françaises Boudet et Molitor, furent acheminés avec le parc d'artillerie, qui avait servi pour assiéger Dantzig, vers la Poméranie suédoise. Napoléon accrut ce parc de tout ce que la belle saison avait permis de réunir en bouches à feu ou en munitions, et le fit placer vis-à-vis Stralsund, pour enlever ce pied-à-terre au roi de Suède, dans le cas où ce prince, fidèle à son caractère, reprendrait, à lui seul, les hostilités lorsque tout le monde aurait posé les armes. Le maré-

Juillet 1807.

Le corps d'armée du maréchal Brune chargé de faire le siége de Stralsund en cas d'hostilités avec les Suédois.

Juillet 1807.

Les Espagnols à Hambourg.

chal Brune, qui avait été mis à la tête de l'armée d'observation, reçut le commandement direct de ces troupes, s'élevant à un total de 38 mille hommes, et pourvues d'un immense matériel. L'ingénieur Chasseloup, qui avait si habilement dirigé le siége de Dantzig, fut chargé de diriger encore celui de Stralsund, si on était amené à l'entreprendre.

Le maréchal Bernadotte, prince de Ponte-Corvo, parti pour Hambourg où il était allé se remettre de sa blessure, eut le commandement des troupes destinées à garder les villes anséatiques et le Hanovre. Les Hollandais furent rapprochés de la Hollande, et portés sur l'Ems; les Espagnols occupèrent Hambourg. Ces derniers avaient franchi, les uns l'Italie, les autres la France, pour se rendre à travers l'Allemagne, sur les côtes de la mer du Nord. Ils formaient un corps de 14 mille hommes, sous les ordres du marquis de La Romana. C'étaient de beaux soldats, au teint brun, aux membres secs, frissonnant de froid sur les plages tristes et glacées de l'Océan septentrional, présentant un singulier contraste avec nos alliés du Nord, et rappelant, par l'étrange diversité des peuples asservis au même joug, les temps de la grandeur romaine. Suivis de beaucoup de femmes, d'enfants, de chevaux, de mulets et d'ânes chargés de bagages, assez mal vêtus, mais d'une manière originale, vifs, animés, bruyants, ne sachant que l'espagnol, vivant exclusivement entre eux, manœuvrant peu, et employant une partie du jour à danser au son de la guitare avec les femmes qui les accompagnaient, ils attiraient la curiosité stupéfaite des graves habitants de Hambourg, dont les journaux racontaient ces détails à l'Europe étonnée de tant de scènes extraordinaires. Le corps du maréchal Mortier ayant été dissous, comme nous venons de le dire, la division française Dupas, qui en avait fait partie, fut dirigée vers les villes anséatiques, pour voler au secours de nos alliés, Hollandais ou Espagnols, qui recevraient la visite de l'ennemi. Cet ennemi ne pouvait être autre que les Anglais, qui, depuis un an, avaient toujours promis en vain une expédition continentale, et qui pouvaient bien, comme il arrive souvent quand on a beaucoup hésité, agir lorsque le temps d'agir serait passé. Aux troupes du maréchal Brune, ayant mission de faire face à Stralsund, à celles du maréchal prince de Ponte-Corvo, ayant mission d'observer le Hanovre et la Hollande, devaient se joindre au besoin la division Dupas d'abord, puis le premier corps tout entier, concentré en ce moment autour de Berlin. Toute tentative des Anglais devait échouer contre une pareille réunion de forces.

Ainsi tout était prêt, si la médiation russe ne réussissait pas, pour rejeter les Suédois de la Poméranie dans Stralsund, de Stralsund dans l'île de Rugen, de l'île de Rugen dans la mer, pour y précipiter les Anglais eux-mêmes, en cas d'une descente de leur part sur le continent. Ces mesures devaient avoir aussi pour résultat d'obliger le Danemark à compléter, par son adhésion, la coalition continentale contre l'Angleterre. Tout était facile sous le rapport des procédés à l'égard des Suédois. Ils s'étaient conduits d'une manière si hostile et si arrogante, qu'il n'y avait qu'à les sommer, et à les pousser ensuite sur Stralsund. Les Danois au contraire avaient si scrupuleusement observé la neutralité, s'étaient conduits avec tant de mesure, inclinant de cœur vers la cause de la France qui était la leur, mais n'osant se prononcer, qu'on ne pouvait pas les brusquer comme les Suédois. Napoléon chargea M. de Talleyrand d'écrire sur-le-champ au cabinet de Copenhague, pour lui faire sentir qu'il était temps de prendre un parti, que la cause de la France était la sienne, car la France ne luttait contre l'Angleterre que pour la question des neutres, et la question des neutres était une question d'existence pour toutes les puissances navales, surtout pour les plus petites, habituellement les moins ménagées par la suprématie britannique. M. de Talleyrand avait ordre d'être amical, mais pressant. Il avait ordre aussi d'offrir au Danemark les plus belles troupes françaises, et le concours d'une artillerie formidable, capable de tenir à distance les vaisseaux anglais les mieux armés.

C'était en effrayant l'Angleterre de cette réunion de forces, et en sévissant contre son commerce avec la dernière rigueur, que Napoléon croyait seconder utilement la médiation russe. Tandis qu'il prenait les mesures militaires que nous venons de rapporter, il avait fait saisir les marchandises anglaises à Leipzig, où il s'en était trouvé une quantité considérable. Mécontent de la manière dont on avait exécuté ses ordres dans les villes anséatiques, il fit enlever la factorerie anglaise à Hambourg, confisquer beaucoup de valeurs et de marchandises, et intercepter à toutes les postes les lettres du commerce britannique, dont plus de cent mille furent brûlées. Le roi Louis, qui, sur le trône de Hollande, le contrariait sans cesse, par ses mesures irréfléchies, par sa vanité, par la réduction projetée de l'armée et de la marine hollandaises (ce qui n'empêchait pas qu'il voulût instituer une garde royale, nommer des maréchaux, faire la dépense d'un couronnement), le roi Louis, à tous ses plans imaginés pour plaire à ses nouveaux sujets, joignait une tolérance à l'égard du commerce anglais, qui devenait une vraie trahison envers la politique de la France. Napoléon, poussé à bout, lui écrivit qu'à moins d'un changement de conduite, il allait se porter aux dernières extrémités, et faire garder les ports de la Hollande par les troupes et les douanes françaises. Cette menace obtint quelque succès, et les défenses prononcées contre le commerce anglais en Hollande s'exécutèrent avec un peu plus de rigueur.

Juillet 1807.

Napoléon voulut que toutes les marchandises saisies fussent vendues, que le prix en fût versé dans la caisse des contributions de guerre, pour accroître les richesses de cette caisse dont nous ferons bientôt connaître l'emploi à la fois noble, ingénieux et fécond. Il donna des ordres pour que le Hanovre, qu'il traitait sans ménagement parce que c'était une province anglaise, que la Hesse, que les provinces prussiennes de Franconie, que la Prusse elle-même enfin acquittassent leurs contributions avant que l'armée se retirât. On peut dire avec vérité que les vaincus n'avaient pas été traités fort rigoureusement, quand on se rappelle surtout ce qui se passait au dix-septième siècle pendant les guerres

Soins de Napoléon pour faire rentrer les contributions de guerre afin de grossir le trésor de l'armée.

de Louis XIV, au dix-huitième pendant les guerres du grand Frédéric, et de notre temps lorsque la France fut envahie en 1814 et 1815. Napoléon avait ajouté aux contributions ordinaires, dont la moitié tout au plus avait été acquittée, une contribution extraordinaire, qui était loin d'être écrasante, et qui était le juste prix de la guerre qu'on lui avait suscitée. Moyennant cette contribution, il faisait payer tout ce qu'on prenait chez l'habitant. Il chargea M. Daru, son habile et intègre représentant pour les affaires financières de l'armée, de traiter avec la Prusse, relativement au mode d'acquittement des contributions qui restaient dues, déclarant que, malgré son désir de rappeler les troupes françaises afin de les porter sur le littoral européen, il n'évacuerait ni une province, ni une place de la Prusse, avant le payement intégral des sommes qui lui avaient été promises. Il espérait ainsi, toutes les dépenses de la campagne acquittées, et en réunissant aux contributions de l'Allemagne les restes de la contribution frappée sur l'Autriche, conserver environ 300 millions, somme qui valait alors le double de ce qu'elle vaudrait aujourd'hui, et qui, dans ses mains habiles, allait devenir un moyen magique de bienfaisance et de créations de tout genre.

Tandis qu'il prenait ses mesures au Nord, Napoléon les prenait également au Midi pour l'accomplissement de son système. L'Espagne lui avait donné, pendant la campagne de Prusse, de justes sujets de méfiance, et la proclamation du prince de la Paix, dans laquelle celui-ci appelait toute la population espagnole aux armes, sous prétexte de faire face à un ennemi inconnu, n'était explicable que par une vraie trahison. C'en était une en effet, car à ce moment même, veille de la bataille d'Iéna, le prince de la Paix entamait des relations secrètes avec l'Angleterre. Quoiqu'il ignorât ces détails, Napoléon ne s'abusait pas, mais voulait dissimuler, jusqu'à ce qu'il eût recouvré toute la liberté de ses mouvements. L'ignoble favori qui gouvernait la reine d'Espagne, et par la reine le roi et la monarchie, avait cru, comme toute l'Europe, à l'invincibilité de l'armée prussienne. Mais au lendemain de la victoire d'Iéna, il s'était prosterné aux pieds du vainqueur. Depuis il n'était sorte de flatteries qu'il n'employât pour fléchir le courroux dissimulé, mais facile à deviner, de Napoléon. Il n'y avait qu'un genre d'obéissance qu'il n'ajoutât point à ses bassesses, parce qu'il en était incapable, c'était de bien gouverner l'Espagne, de relever sa marine, de défendre ses colonies, de la rendre enfin une alliée utile, genre d'expiation qui, aux yeux de Napoléon, eût été suffisant, qui eût même empêché son courroux de naître.

Revenu à Paris, Napoléon commença à s'occuper de cette portion la plus importante du littoral européen, et se dit qu'il faudrait finir par prendre un parti à l'égard de cette décadence espagnole, toujours prête à se convertir en trahison. Mais, bien que sa pensée ne se reposât jamais, que d'un objet elle volât sans cesse à un autre, comme son aigle volait de capitale en capitale, il ne crut pas devoir s'arrêter encore à cette grave question, ne voulant pas

Juillet 1807.

compliquer la situation présente, et apporter des obstacles à une pacification générale, qu'il désirait ardemment, qu'il espérait un peu, et qui, si elle s'accomplissait, lui rendait beaucoup moins nécessaire la régénération de la monarchie espagnole. Si, au contraire, l'Angleterre, conduite par les faibles et violents héritiers de M. Pitt, s'obstinait à continuer la guerre malgré son isolement, alors il se proposait de porter une attention sérieuse sur la situation de l'Espagne[1], et de prendre à son égard un parti décisif. Pour le moment il ne songeait qu'à une chose, c'était à obtenir d'elle de plus grandes rigueurs contre le commerce britannique, et la soumission du Portugal à ses vastes desseins.

[1] Je vais bientôt aborder un sujet fort grave, celui de l'invasion de l'Espagne, et le moment approche où j'aurai à raconter la tragique catastrophe des Bourbons espagnols, origine d'une guerre atroce et funeste pour les deux pays. J'annonce d'avance que, pourvu des seuls documents authentiques qui existent, lesquels sont très-nombreux, souvent contradictoires, et conciliables au moyen seulement de grands efforts de critique, je crois pouvoir donner le secret entier, encore inconnu, des malheureux événements de cette époque, et que sur beaucoup de points je serai en désaccord avec les ouvrages qui ont paru sur le même sujet. Je ne parle pas des mille rapsodies publiées par des historiens, qui n'avaient ni mission, ni informations, ni souci de la vérité. Je parle des historiens dignes d'être pris en considération, de ceux qui ont été admis par exception à puiser dans les dépôts des affaires étrangères et de la guerre, ou de ceux qui, comme M. de Toreno, ayant occupé des postes élevés, avaient outre l'intelligence des choses le moyen d'en être informés. J'aurai à infirmer les assertions des uns et des autres, car sur l'affaire d'Espagne on ne trouve rien au dépôt des affaires étrangères, l'ambassadeur Beauharnais n'ayant jamais eu le secret de son gouvernement, et il n'y a au dépôt de la guerre que le détail des opérations militaires, souvent même incomplet. Enfin, quant aux historiens espagnols, ils n'ont pu connaître le secret de résolutions qui se prenaient toutes à Paris. Tout se trouve dans les papiers particuliers de Napoléon déposés au Lou-

L'Espagne avait à Paris, outre un ambassadeur ordinaire, M. de Masserano, agent officiel tout à fait inutile, et chargé uniquement de la partie honorifique de son rôle, M. Yzquierdo, agent secret du prince de la Paix, qui était revêtu de toute la confiance de ce prince, et avec lequel on avait négocié la convention financière, stipulée en 1806, entre le Trésor espagnol et le Trésor français. Celui-là seul était chargé de la réalité des affaires, et il y était propre par sa finesse, par sa connaissance de tous les secrets de la cour d'Espagne. Les infortunés souverains de l'Escurial, ne croyant pas que ce fût assez de ces deux agents pour conjurer le courroux sup-

vre, lesquels contiennent à la fois les documents français et les documents espagnols enlevés à Madrid. Dans ces documents, souvent contradictoires comme je viens de le dire, on ne pénètre la vérité qu'à force de comparaisons, de rapprochements, d'efforts de critique. On jugera par les diverses notes que je serai, contre mon usage, obligé de placer au bas des pages de ce livre, que d'efforts il m'a fallu faire, même avec les documents authentiques, pour arriver à la vérité. Mais, dès ce moment même, je déclare que tous les historiens qui ont fait remonter jusqu'à Tilsit les projets de Napoléon sur l'Espagne, se sont trompés; que ceux qui ont supposé que Napoléon s'assura à Tilsit le consentement d'Alexandre pour ce qu'il projetait à Madrid, et qu'il se hâta de signer la paix du Nord pour revenir plus tôt aux affaires du Midi, se sont trompés également. Napoléon n'était convenu à Tilsit que d'une alliance générale, qui lui garantissait l'adhésion de la Russie à tout ce qu'il ferait de son côté, moyennant qu'on laissât la Russie faire du sien tout ce qu'elle voudrait. À cette époque il ne regardait nullement comme pressant de se mêler des affaires d'Espagne; il était plein de ressentiment pour la proclamation du prince de la Paix, se promettait de s'en expliquer un jour, de prendre ses sûretés, mais ne songeait à son retour qu'à imposer la paix à l'Angleterre, en la menaçant d'une exclusion complète du continent, et à se servir du cabinet de Madrid pour amener le cabinet de Lisbonne à ses projets. On verra bientôt comment et par qui lui vint la tentation de se mêler des affaires d'Espagne. Je relève dès à présent cette erreur, je relèverai les autres à mesure que l'ordre des faits et la marche de mon récit le commanderont.

posé de Napoléon, imaginèrent de lui en envoyer un troisième, qui, sous le titre d'ambassadeur extraordinaire, viendrait le féliciter de ses victoires, et lui témoigner de ses succès une joie qu'on était loin de ressentir. On avait fait choix, pour ce rôle fastueux et puéril, de l'un des plus grands seigneurs d'Espagne, M. le duc de Frias, et on avait demandé la permission de l'envoyer à Paris. Il ne fallait pas tant d'hommages pour désarmer Napoléon. Un peu plus d'activité contre l'ennemi commun, l'aurait bien plus certainement apaisé que les ambassades les plus magnifiques. Napoléon, ne voulant pas inquiéter au delà du nécessaire cette cour qui avait le sentiment de ses torts, reçut avec beaucoup d'égards M. le duc de Frias, se laissa féliciter de ses triomphes, puis dit au nouvel ambassadeur, répéta à l'ancien, et fit connaître au plus actif des trois, M. Yzquierdo, qu'il agréait les félicitations qu'on lui adressait pour ses triomphes et pour le rétablissement de la paix continentale, mais qu'il fallait tirer de la paix continentale la paix maritime; qu'on ne parviendrait à ce résultat, si désirable pour l'Espagne et pour ses colonies, qu'en intimidant l'ennemi commun par un concours d'efforts énergique, par une interdiction absolue de son commerce; qu'il fallait donc seconder la France, et, dans cette vue, exiger du Portugal une adhésion immédiate et entière au système continental; que pour lui il était résolu à vouloir non pas une feinte exclusion des Anglais d'Oporto et de Lisbonne, mais une exclusion complète, suivie d'une déclaration de guerre immédiate et de la saisie de toutes les marchandises britanniques; que, si le Portugal n'y consentait pas tout de suite, il fallait que l'Espagne préparât ses troupes, car lui préparait déjà les siennes, et qu'on envahît sur-le-champ le Portugal, non pas pour huit jours ou quinze, comme il était arrivé en 1801, mais pour tout le temps de la guerre, peut-être pour toujours, suivant les circonstances. Les trois envoyés de l'Espagne s'inclinèrent devant cette déclaration, qu'ils durent sans délai transmettre à leur cabinet.

Juillet 1807.

Napoléon fit en même temps appeler M. de Lima, ambassadeur du Portugal, et lui signifia que si, dans le temps rigoureusement nécessaire pour écrire à Lisbonne et en recevoir une réponse, on ne lui promettait pas l'exclusion des Anglais, la saisie de leur commerce, personnes et choses, et une déclaration de guerre, il fallait que M. de Lima prît ses passe-ports, et s'attendît à voir une armée française se diriger de Bayonne sur Salamanque, de Salamanque sur Lisbonne; qu'ainsi le voulait une politique convenue entre les grandes puissances, et indispensable au rétablissement de la paix en Europe. Napoléon, dans sa lutte avec les Anglais, exigeait des rigueurs contre leurs propriétés et leurs personnes tout à la fois, parce qu'il savait qu'une exclusion simulée était déjà secrètement arrangée entre les cours de Londres et de Lisbonne, et qu'il était urgent que celle-ci se compromît tout à fait, si on voulait arriver à un résultat sérieux. La suite des événements prouvera qu'il avait deviné juste. D'ailleurs, ayant vu les Anglais, lors de la rupture de la paix d'Amiens, nous enlever plus de cent millions de valeurs, et un grand nombre de commerçants français qui navi-

Sommation adressée au Portugal.

Juillet 1807.

Formation à Bayonne d'une armée destinée contre le Portugal.

guaient sur la foi des traités, il cherchait partout des gages tant en hommes qu'en marchandises.

M. de Lima promit d'écrire sur-le-champ à sa cour, et n'y manqua pas en effet. Mais Napoléon ne se contenta pas d'une simple déclaration de ses volontés, et, prévoyant bien que cette déclaration ne serait efficace qu'autant qu'elle serait suivie d'une démonstration armée, il fit ses dispositions pour avoir sous peu de jours un corps de vingt-cinq mille hommes à Bayonne, tout prêt à recommencer contre le Portugal l'expédition de 1801. On se souvient sans doute que quelques mois auparavant, lorsqu'il profitait de l'inaction de l'hiver pour exécuter le siége de Dantzig, et pour préparer sur ses derrières une armée d'observation qui le garantît contre toute tentative de l'Autriche et de l'Angleterre, il avait songé à rendre disponibles les camps formés sur les côtes, en les remplaçant par cinq légions de réserve, de six bataillons chacune, dont l'organisation devait être confiée à cinq anciens généraux devenus sénateurs. Quatre mois s'étaient écoulés depuis, et il écrivit sur-le-champ aux sénateurs chargés de cette organisation, pour savoir s'il pourrait déjà disposer de deux bataillons sur six, dans chacune de ces légions. Se fiant, jusqu'à leur arrivée, sur l'effroi que devait inspirer aux Anglais le retour prochain de la grande armée, ne craignant pas que les expéditions contre le continent, dont on les disait depuis longtemps occupés, se dirigeassent sur les côtes de France, ayant toutes ses précautions prises sur celles de Hollande, du Hanovre, de la Poméranie, de la vieille Prusse, il n'hésita pas à dégarnir celles de

Normandie et de Bretagne, et il ordonna la réunion à Bayonne des troupes réparties entre les camps de Saint-Lô, Pontivy et Napoléon-Vendée. Chacun de ces camps, formé de troisièmes bataillons et de quelques régiments complets, présentait une bonne division, et devait, avec les dépôts de dragons réunis à Versailles et à Saint-Germain, avec des détachements d'artillerie tirés de Rennes, de Toulouse, de Bayonne, composer une excellente armée, d'environ 25 mille hommes. Cette armée eut ordre de se concentrer immédiatement à Bayonne. Napoléon fit choix pour la commander du général Junot, qui connaissait le Portugal, où il avait été ambassadeur, qui était un bon officier, tout dévoué à son maître, et n'avait, comme gouverneur de Paris, que le défaut de s'y trop livrer à ses plaisirs. On le disait engagé avec l'une des princesses de la famille impériale dans une liaison qui produisait quelque scandale, et Napoléon trouvait ainsi dans ce choix la réunion de plusieurs convenances à la fois. Ces mesures furent prises ostensiblement, et de manière que l'Espagne et le Portugal ne pussent pas ignorer combien seraient sérieuses les conséquences d'un refus. En même temps les ordres nécessaires furent donnés pour que deux bataillons de chacune des légions de réserve se trouvassent prêts à remplacer sur les côtes les troupes qu'on allait en retirer.

Juillet 1807.

C'est dans le même esprit que Napoléon s'occupa en ce moment des affaires d'Italie. Là, comme ailleurs, le redoublement de rigueurs contre le commerce anglais fut son premier soin, toujours dans l'intention de rendre le cabinet de Londres plus sen-

Mesures à l'égard de l'Italie pour la faire concourir au système continental.

Juillet 1807.

Expédition sur Livourne pour y saisir les marchandises anglaises.

sible aux ouvertures de la Russie. La reine d'Étrurie, fille, comme on sait, des souverains d'Espagne, établie par Napoléon sur le trône de la Toscane, et devenue, par la mort de son époux, régente pour son fils[1] de ce joli royaume, le gouvernait avec la négligence d'une femme et d'une Espagnole, et avec assez peu de fidélité à la cause commune. Les Anglais exerçaient le commerce à Livourne aussi librement que dans un port de leur nation. Napoléon avait réuni tous les dépôts de l'armée de Naples dans les Légations. Avec sa vigilance accoutumée, il les tenait constamment pourvus de conscrits et de matériel. Il ordonna au prince Eugène d'en tirer une division de 4 mille hommes, de la diriger à travers l'Apennin sur Pise, de tomber à l'improviste sur le commerce anglais à Livourne, d'enlever à la fois hommes et choses, et de déclarer ensuite à la reine d'Étrurie qu'on était venu pour garantir ce port important de toute tentative ennemie, tentative possible et probable, depuis que la garnison espagnole s'était rendue auprès du corps de La Romana en Hanovre. Tandis qu'il prescrivait cette expédition, il envoya l'ordre de faire filer sous le général Lemarrois, dans les provinces d'Urbin, de Macerata, de Fermo, des détachements de troupes, pour y occuper le littoral, en chasser les Anglais, et préparer des relâches sûres au pavillon français, qui devait bientôt se montrer dans ces mers. Napoléon venait en effet de recouvrer les bouches du Cattaro, Corfou, les îles Ioniennes. Il se proposait de pro-

[1] Depuis prince de Lucques et de Parme.

liter des circonstances pour conquérir la Sicile, et il voulait couvrir de ses vaisseaux la surface de la Méditerranée. Il recommanda en même temps au général Lemarrois d'observer l'esprit de ces provinces, et si le goût qu'avaient en général les provinces du Saint-Siége d'échapper à un gouvernement de prêtres, pour passer sous le gouvernement laïque du prince Eugène, se manifestait chez celles-ci, de n'opposer à ce goût ni contradiction ni obstacle.

En ce moment, la brouille avec le Saint-Siége, dont nous avons ailleurs rapporté l'origine, mais négligé de retracer les vicissitudes journalières, faisait à chaque instant de nouveaux progrès. Le Pape qui, venu à Paris pour sacrer Napoléon, en avait rapporté, avec beaucoup de satisfactions morales et religieuses, le déplaisir temporel de n'avoir pas recouvré les Légations; qui avait vu depuis son indépendance devenir nominale par l'extension successive de la puissance française en Italie, avait conçu un ressentiment qu'il ne savait plus dissimuler. Au lieu de s'entendre avec un souverain tout-puissant, contre lequel alors on ne pouvait rien, même quand on était puissance de premier ordre, qui d'ailleurs ne voulait que du bien à la religion, et ne cessait de lui en faire, qui ne songeait pas du tout à s'emparer de la souveraineté de Rome, et demandait uniquement qu'on se comportât en bon voisin à l'égard des nouveaux États français fondés en Italie, le Pape avait eu le tort de céder à de fâcheuses suggestions, d'autant plus puissantes sur son esprit qu'elles étaient d'accord avec ses secrets sentiments. Animé de pareilles dispositions, il avait

Juillet 1807.

Fâcheux progrès des divisions de la France avec le Saint-Siége.

Juillet 1807. contrarié Napoléon dans tous les arrangements relatifs au royaume d'Italie. Il avait prétendu s'y réserver tous les droits de la papauté, beaucoup plus grands en Italie qu'en France, et n'avait pas voulu admettre un concordat égal dans les deux pays. A Parme, à Plaisance, mêmes exigences et mêmes contrariétés. D'autres tracasseries d'un genre plus personnel encore s'étaient jointes à celles-là. Le prince Jérôme Bonaparte, pendant ses campagnes de mer en Amérique, avait contracté mariage avec une personne fort belle et d'une naissance honnête, mais à un âge qui rendait cette alliance nulle, et avec un défaut de concours de la part de ses parents, qui la rendait plus nulle encore. Napoléon qui voulait, en mariant ce prince avec une princesse allemande, fonder un nouveau royaume en Westphalie, avait refusé de reconnaître un mariage nul devant la loi civile comme devant la loi religieuse, et contraire au plus haut point à ses desseins politiques. Il avait eu recours au Saint-Siége pour en demander l'annulation, à quoi le Pape s'était formellement opposé. La ville de Rome enfin, ce qui était une hostilité plus ouverte, et qu'aucun scrupule religieux ne pouvait justifier, la ville de Rome était devenue le refuge de tous les ennemis du roi Joseph. Outre que le Pape avait protesté contre la royauté française établie à Naples, en sa qualité d'ancien suzerain de la couronne des Deux-Siciles, il avait reçu, presque attiré chez lui les cardinaux qui avaient refusé leur serment au roi Joseph. Il avait de plus donné asile à tous les brigands qui infestaient les routes du royaume de Naples, et qui se réfugiaient sans aucun déguisement dans les faubourgs de Rome, encore tout couverts du sang des Français. Jamais on ne pouvait obtenir justice ou extradition d'aucun d'eux.

Juillet 1807.

Napoléon, pendant son voyage de Tilsit à Paris, écrivit de Dresde même au prince Eugène, qui se faisait volontiers l'avocat de la cour de Rome, pour lui retracer ses griefs contre cette cour, pour lui donner mission d'en avertir le Vatican, et de faire entendre au pontife que sa patience, rarement bien grande, était cette fois à bout, et que, sans toucher à l'autorité spirituelle du pontife, il n'hésiterait pas, s'il le fallait, à le dépouiller de son autorité temporelle. Telles étaient alors les relations avec la cour de Rome, et ces relations expliquent la facilité avec laquelle Napoléon prit les mesures qu'on vient de retracer, pour les portions du littoral de l'Adriatique relevant du Saint-Siège.

Le traité de Tilsit stipulait la restitution des bouches du Cattaro, ainsi que la cession de Corfou et de toutes les îles Ioniennes. Aucune possession n'avait été plus désirée par Napoléon, aucune ne plaisait autant à son imagination si prompte et si vaste. Il y voyait le complément de ses provinces d'Illyrie, la domination de l'Adriatique, un acheminement vers les provinces turques d'Europe, lesquelles lui étaient destinées si on arrivait à un partage de l'empire ottoman, enfin un moyen de plus de maîtriser la Méditerranée, où il voulait régner d'une manière absolue, pour se dédommager de l'abandon de l'Océan fait malgré lui à l'Angleterre. On se souvient que les Russes, après la paix de Presbourg, avaient

Restitution à la France des bouches du Cattaro et des îles Ioniennes.

Juillet 1807.

profité du moment où l'on allait remplacer la garnison autrichienne par la garnison française, pour s'emparer des forts du Cattaro. Ne voulant pas que les Anglais en fissent autant cette fois, Napoléon avait donné de Tilsit même des ordres au général Marmont, pour que les troupes françaises fussent réunies sous les murs de Cattaro à l'instant où les Russes se retireraient. Ce qu'il avait prescrit avait été exécuté de point en point, et nos troupes, entrées dans Cattaro, occupaient solidement cette importante position maritime.

Dispositions de Napoléon pour l'occupation et la défense des îles Ioniennes.

Mais Corfou et les îles Ioniennes l'intéressaient encore plus que les bouches du Cattaro. Il enjoignit à son frère Joseph d'acheminer secrètement vers Tarente, et de manière à n'inspirer aucun soupçon aux Anglais, le 5ᵉ de ligne italien, le 6ᵉ de ligne français, quelques compagnies d'artillerie, des ouvriers, des munitions, des officiers d'état-major, le général César Berthier chargé de commander la garnison, et d'en former plusieurs convois qu'on transporterait sur des felouques de Tarente à Corfou. Le trajet étant à peine de quelques lieues, quarante-huit heures suffisaient pour faire passer en quelques voyages les quatre mille hommes composant l'expédition. C'était l'amiral Siniavin, chef des forces russes dans l'Archipel, qui avait mission d'opérer la remise des îles Ioniennes. Il le fit avec un déplaisir extrême, et nullement dissimulé, car la marine russe, dirigée en général ou par des officiers anglais, ou par des officiers russes élevés en Angleterre, était beaucoup plus hostile aux Français que l'armée elle-même, qui venait de combattre à Eylau et à

Friedland. Cependant cet amiral obéit, et livra aux troupes françaises les belles positions à la garde desquelles il avait été préposé. Mais son chagrin avait un double motif, car, outre l'abandon de Cattaro, de Corfou et des sept îles, qui lui coûtait, il allait se trouver au milieu de la Méditerranée, ne pouvant regagner la mer Noire par les Dardanelles, depuis la rupture avec les Turcs, et réduit à franchir le détroit de Gibraltar, la Manche, le Sund, à travers les flottes anglaises, qui, suivant l'état des négociations entamées, pouvaient le laisser passer ou l'arrêter. Napoléon avait prévu toutes ces complications, et il fit dire aux amiraux russes qu'ils trouveraient dans les ports de la Méditerranée, tant ceux d'Italie et de France que d'Espagne et de Portugal, des relâches sûres, des vivres, des munitions, des moyens de radoub. Il écrivit à Venise, à Naples, à Toulon, à Cadix, à Lisbonne même, à ses préfets maritimes, à ses amiraux, à ses consuls, et leur recommanda, partout où se présenteraient des vaisseaux russes, de les recevoir avec empressement, et de leur fournir tout ce dont ils auraient besoin. A Cadix surtout, où il était représenté par l'amiral Rosily, commandant de la flotte française restée dans ce port depuis Trafalgar, et où il y avait plus de probabilité de voir les Russes chercher un asile, Napoléon enjoignit à l'amiral français de préparer des secours qu'il ne fallait pas attendre de l'administration espagnole, habituée à laisser mourir de faim ses propres matelots, et l'autorisa, si besoin était, à engager sa signature pour obtenir des banquiers espagnols les fonds nécessaires.

<small>Juillet 1807.</small>

Juillet 1807.

Les forces navales russes, averties par leur gouvernement et par le nôtre, se retirèrent en deux divisions dans des directions différentes. La division qui portait la garnison de Cattaro se dirigea vers Venise, où elle déposa les troupes russes, qu'Eugène accueillit avec les plus grands égards. La division qui portait les troupes de Corfou les déposa à Manfredonia, dans le royaume de Naples, et se dirigea ensuite, sous l'amiral Siniavin, vers le détroit. Cet amiral, qui n'était pas entré encore dans les vues de son souverain, n'avait aucune envie de s'arrêter dans un port français, ou dépendant de l'influence française, et se flattait de regagner les mers du Nord avant que les négociations entre sa cour et celle d'Angleterre eussent abouti à une rupture.

L'intention de Napoléon n'était pas de s'en tenir aux précautions qu'il avait déjà prises pour les provinces de l'Adriatique et de la Méditerranée. Le corps de quatre mille hommes qu'il venait de diriger vers Corfou lui paraissait insuffisant. Il savait bien que les Anglais ne manqueraient pas de faire de grands efforts, dans le cas où la guerre se prolongerait, pour lui arracher les îles Ioniennes, qui étaient d'une importance à contre-balancer celle de Malte. Aussi ordonna-t-il d'y envoyer encore le 14e léger français, et plusieurs autres détachements, de manière à y élever les forces françaises et italiennes jusqu'à sept ou huit mille hommes, sans compter quelques Albanais et quelques Grecs enrôlés sous des officiers français pour garder les petites îles. Cinq mille hommes devaient résider à Corfou même, et quinze cents à Sainte-Maure. Cinq cents devaient garder le poste de Parga sur le continent de l'Épire. Quant à Zante et à Céphalonie, Napoléon n'y voulut que de simples détachements français pour soutenir et contenir les Albanais. Il prescrivit au prince Eugène, au roi Joseph, de faire partir d'Ancône et de Tarente, par le moyen de petits bâtiments italiens, et par tous les vents favorables, des blés, du biscuit, de la poudre, des projectiles, des fusils, des canons, des affûts, et de continuer ces envois sans interruption, jusqu'à ce que l'on eût réuni à Corfou un amas immense des choses nécessaires à une longue défense, en sorte qu'on ne fût pas, comme on l'avait été à Malte, exposé à perdre par la famine une position que l'ennemi ne pouvait pas vous enlever par la force. Ne comptant pas sur la solvabilité du trésor de Naples, il expédia de la caisse de Turin des sommes en or, afin de tenir toujours au courant la solde des troupes, et de pouvoir payer les ouvriers qu'on emploierait à construire des fortifications. Des instructions admirables au général César Berthier (frère du major-général), prévoyant tous les cas, et indiquant la conduite à tenir dans toutes les éventualités imaginables, accompagnaient les envois de ressources que nous venons d'énumérer.

Le général Marmont avait déjà construit de belles routes dans les provinces d'Illyrie, qu'il administrait avec beaucoup d'intelligence et de zèle. Il eut ordre de les continuer jusqu'à Raguse et à Cattaro, de pousser des reconnaissances jusqu'à Butrinto, point du rivage d'Épire qui fait face à Corfou, et de préparer les moyens d'y conduire rapidement une division. Napoléon fit demander à la Porte de lui aban-

Juillet 1807.

donner Butrinto, pour pouvoir user plus librement de cette position, de laquelle il était facile d'envoyer des secours à Corfou; ce qui lui fut accordé sans difficulté. Enfin il réclama et obtint aussi l'établissement de relais de Tartares, depuis Cattaro jusqu'à Butrinto, afin que le général Marmont fût promptement averti de toute apparition de l'ennemi, et pût accourir avec dix ou douze mille hommes, force suffisante pour jeter les Anglais à la mer s'ils essayaient une descente.

A ces moyens Napoléon ajouta ceux que le concours de la marine pouvait offrir. Il envoya de Toulon le capitaine Chaunay-Duclos avec les frégates la *Pomone* et la *Pauline*, avec la corvette la *Victorieuse*, pour former à Corfou un commencement de marine. Il prescrivit en outre de mettre en construction dans le port de Corfou deux gros bricks, de les équiper à l'aide des matelots du pays et de quelques détachements de troupes françaises. Cette petite marine naissante, composée de frégates et de bricks, devait croiser sans cesse entre l'Italie et l'Épire, entre Corfou et les autres îles, de manière que le passage fût toujours ouvert à nos bâtiments de commerce, et fermé à ceux de l'ennemi.

En adressant au roi Joseph, au prince Eugène, au général Marmont, ces instructions multipliées, non pas seulement avec l'accent impérieux dont il accompagnait toujours ses ordres, mais avec l'accent passionné qu'il y mettait, lorsque ses ordres se liaient à l'une de ses grandes préoccupations, Napoléon leur écrivait : « Ces mesures tiennent à un ensemble de » projets que vous ne pouvez pas connaître. Sachez

» seulement que, dans l'état du monde, la perte de
» Corfou serait le plus grand malheur qui pût ar-
» river à l'empire. »

Ces projets, en effet, peu de personnes les connaissaient en Europe. M. de Talleyrand, négociateur de
Napoléon à Tilsit, n'en avait lui-même qu'une idée
très-incomplète. Ils n'étaient connus que d'Alexandre et de Napoléon, qui, dans leurs longs entretiens
au bord du Niémen, s'étaient promis de s'entendre sur le partage à faire de l'empire turc, partage
dans lequel l'un cherchait le dédommagement de la
grandeur française, l'autre la compensation de la
ruine de l'empire turc, que la mollesse asiatique ne
pouvait plus défendre contre l'énergie européenne.
Napoléon était loin de vouloir hâter ce résultat;
Alexandre, au contraire, l'appelait de tous ses
vœux, ce qui constituait le péril de leur alliance.
Mais, dans la prévision des événements, Napoléon
voulait être prêt à mettre la main sur les provinces
turques placées à sa portée; et de plus, quoi qu'il
pût arriver, que cette nécessité se présentât ou non,
il entendait se rendre maître de la Méditerranée. Il
croyait que, maître de cette mer, communication la
plus courte entre l'Orient et l'Occident, on pouvait se consoler de n'être que le second sur l'Océan.
Aussi Napoléon était-il résolu, le jour même de
la signature de la paix de Tilsit, à recouvrer la
Sicile, qu'il regardait comme à lui, depuis qu'il
avait pris Naples pour un de ses frères; et il espérait la tenir, ou de l'abandon que lui en feraient
les Anglais, si les Russes parvenaient à négocier la
paix, ou de la force de ses armes, si la guerre conti-

Juillet 1807.

Vues de Napoléon sur la Médi- terranée.

Juillet 1807.

Le rétablissement de la paix continentale ranime le zèle de Napoléon pour le développement de la marine française.

nuait. Aussi dès la fin de l'hiver avait-il commencé à envoyer des ordres à son ministre de la marine, pour donner à ses escadres la direction du port de Toulon, et préparer ainsi une grande expédition contre la Sicile.

Ces ordres, contrariés par les circonstances et par l'insuffisance des ressources, furent réitérés avec une nouvelle force après la signature de la paix continentale. Le jour même où cette paix était signée à Tilsit, Napoléon écrivit à quatre personnes à la fois, au prince Eugène, au roi Joseph, au roi Louis de Hollande, au ministre de la marine, que, la guerre du continent étant finie, il fallait se tourner vers la mer, et songer enfin à tirer quelque parti de l'immensité des rivages dont on disposait. Sans doute l'Angleterre avait l'avantage de sa position insulaire, fondement jusqu'ici inébranlable de sa grandeur maritime; mais la possession de tous les rivages européens, depuis Kronstadt jusqu'à Cadix, depuis Cadix jusqu'à Naples, depuis Naples jusqu'à Venise, était bien aussi un moyen de puissance maritime, et un redoutable moyen, si on avait l'art et le temps de s'en servir. Napoléon avait dit à Berlin, dans l'entraînement de ses victoires, qu'*il fallait dominer la mer par la terre*. Il venait de réaliser de cette pensée tout ce qui était réalisable, en obtenant à Tilsit l'union volontaire ou forcée de toutes les puissances du continent contre l'Angleterre; et il fallait se hâter de profiter de cette union, avant que la domination continentale de la France fût devenue encore plus insupportable au monde que la domination maritime de l'Angleterre.

Vingt-deux mois s'étaient écoulés depuis cette fatale bataille de Trafalgar, dans laquelle notre pavillon avait déployé un sublime héroïsme au milieu d'un immense désastre. Ces vingt-deux mois avaient été employés avec quelque activité, et çà et là avec quelque gloire, avec celle au moins qui est due au courage que n'abattent point les revers. L'amiral Decrès, continuant à mettre au service de la volonté impétueuse de Napoléon une expérience profonde et un esprit supérieur, ne réussissait pas toujours à lui persuader que dans la marine on ne supplée pas avec la volonté, avec le courage, avec l'argent, avec le génie même, au temps, et à une longue organisation. Il avait proposé à Napoléon de substituer au système des grandes batailles navales, celui des croisières très-divisées et très-lointaines. Dans ce système on a l'avantage de hasarder moins à la fois, d'acquérir en naviguant l'expérience dont on est dépourvu, de causer de grands dommages au commerce de l'ennemi, d'avoir chance enfin de rencontrer son adversaire en force numérique moindre, car la mer par son immensité même est le champ du hasard. Un pareil système valait assurément la peine d'être essayé, et il aurait eu pour nous d'incontestables avantages sur l'autre, si la disproportion numérique de nos forces avec celles des Anglais n'eût pas été aussi grande, et si nos établissements lointains n'avaient pas été aussi ruinés, aussi dénués de toute ressource.

Conformément au plan de M. Decrès, diverses croisières avaient été préparées à Brest, Rochefort et Cadix, pour les faire sortir à la fin de 1805, en

Juillet 1807.

Événements accomplis sur mer pendant les campagnes de Napoléon sur terre.

Le système des croisières lointaines substitué au système des grandes batailles navales.

Croisière de frégates dans les mers de l'Ile-de-France.

Juillet 1807.

Croisière du capitaine L'Hermitte sur la côte d'Afrique.

profitant des coups de vent de l'automne. Une division de quatre frégates était partie pour aller croiser sur la route de la mer des Indes, y détruire le commerce anglais, et y faire vivre l'île Bourbon et l'île de France des produits de la course, depuis qu'elles ne vivaient plus des produits du négoce. Ces frégates, arrivées heureusement, procuraient en effet à nos deux îles d'assez abondantes ressources. Le capitaine L'Hermitte avec un vaisseau, le *Régulus*, avec deux frégates, la *Cybèle* et le *Président*, avec deux bricks, le *Surveillant* et le *Diligent*, était sorti du port de Lorient le 30 octobre 1805, et avait fait voile vers les Canaries. Longeant la côte d'Afrique, il l'avait parcourue du nord au sud sur une étendue de plusieurs centaines de lieues, pour y saisir les vaisseaux anglais qui se livraient à la traite, et en avait enlevé ou détruit un grand nombre, car l'amirauté anglaise, ne prévoyant pas la visite d'une croisière française dans ces parages, n'avait pris aucune précaution. Après avoir croisé pendant les mois de décembre, janvier, février et mars, exercé de grands ravages, fait de riches captures, cette division, privée du brick le *Surveillant*, qu'elle avait envoyé en France pour y donner de ses nouvelles, avait voulu relâcher pour radouber ses vaisseaux, réparer son gréement, reposer ses équipages, et se procurer des vivres frais. N'osant pas rentrer en France dans la belle saison, ne voulant pas aller à nos Antilles, toujours fort observées, et n'ayant pas beaucoup de relâches ou françaises ou alliées à choisir, elle s'était livrée aux vents alisés qui l'avaient portée vers la côte d'Amérique, puis était descendue en avril sur San-Salvador, port du Brésil, où elle avait chance de trouver des vivres et de vendre avantageusement les nègres enlevés aux traitants anglais. Au bout de vingt-deux jours de relâche, elle avait remis à la voile pour croiser dans les parages de Rio-Janeiro, avait été souvent poursuivie par les vaisseaux anglais allant dans l'Inde, était remontée à la hauteur des Antilles, avait continué de faire des prises, et enfin assaillie, le 19 août, par un ouragan effroyable, l'un des plus horribles qu'on eût essuyés dans ces mers depuis un quart de siècle, elle s'était dispersée. Le *Régulus*, après avoir perdu de vue ses frégates et les avoir vainement cherchées, était rentré à Brest le 3 octobre 1806, à la suite d'une navigation de près d'une année. La frégate la *Cybèle*, démâtée, s'était enfuie aux États-Unis. La frégate le *Président*, séparée de sa division, avait été capturée.

Malgré les accidents survenus à la fin de cette croisière, accidents inévitables après avoir bravé onze mois les chances de la mer et de la guerre, on aurait pu accepter de la fortune de telles conditions pour toutes nos croisières. Le capitaine L'Hermitte avait détruit 26 bâtiments ennemis, fait 570 prisonniers, détruit pour plus de cinq millions de valeurs, et rapporté des sommes considérables, très-supérieures aux dépenses de sa croisière. La traite avait été ruinée cette année sur la côte d'Afrique, et les compagnies anglaises d'assurance poussaient contre l'amirauté des cris de fureur. Mais nos grandes croisières ne devaient pas être aussi heureuses.

Cadix n'offrait que des débris, qu'il fallait réu-

Juillet 1807.

De l'amiral Willaumez dans la mer des Antilles.

nir et réorganiser, avant de pouvoir en tirer une division. Rochefort contenait la division du contre-amiral Allemand, qui se reposait dans ce port de la difficile croisière qu'il avait faite, à la suite de la rencontre manquée avec l'amiral Villeneuve. Brest seul présentait des ressources pour organiser une forte division. Sur les 21 vaisseaux réunis dans ce grand port, on en avait détaché six, les plus propres à une longue navigation, et on les avait expédiés, sous les ordres du contre-amiral Willaumez, le 13 décembre 1805, pour les mers d'Amérique. Cette division était composée du *Foudroyant*, vaisseau de quatre-vingts, du *Vétéran*, du *Cassard*, de l'*Impétueux*, du *Patriote*, de l'*Éole*, vaisseaux de soixante-quatorze, et de deux frégates, la *Valeureuse* et la *Comète*. Elle portait sept mois de vivres. À la nouvelle de sa sortie plus de trente vaisseaux anglais s'étaient lancés à sa poursuite, pour la chercher dans toutes les mers. Elle avait d'abord croisé dans les parages de Sainte-Hélène pendant les mois de février et de mars 1806, y avait fait quelques prises, puis, ayant à son bord des malades, et manquant de vivres frais, elle était allée à San-Salvador, par les mêmes motifs qui avaient conduit dans ce port le capitaine L'Hermitte. Après un repos de dix-sept jours, elle en était partie pour croiser de nouveau, et elle était venue en juin toucher à la Martinique, avec le projet de se placer au vent des Antilles pour y rencontrer les grands convois de la Jamaïque. À la Martinique elle avait trouvé peu de vivres, car la colonie en avait à peine assez pour sa propre consommation; peu de moyens de radoub, car l'état de guerre, presque continuel depuis quinze années, n'avait guère permis d'y envoyer des matières navales, et elle était allée s'embusquer aux passes des Antilles, dans l'espoir d'y faire quelque riche capture, qui valût les frais d'un aussi grand armement. Le 28 juillet on courait en éventail, avec l'intention de saisir un convoi qu'on avait aperçu, lorsque, le vent venant à fraîchir, la distance qui séparait les bâtiments de l'escadre s'agrandit sensiblement. Le lendemain 29, au jour, on perdit de vue le *Vétéran*, que montait alors le prince Jérôme Bonaparte, et la frégate la *Valeureuse*. L'amiral, pour rallier ces deux bâtiments, s'éleva au nord, le long des côtes d'Amérique, et vint croiser à trente-huit lieues à l'est de New-York; mais, ne trouvant ni le *Vétéran* ni la *Valeureuse*, il se dirigea vers le rendez-vous assigné d'avance à ses bâtiments séparés, entre le 29e degré de latitude nord et le 67e degré de longitude occidentale. Il y rallia la *Valeureuse*, mais non le *Vétéran*, qui avait fait voile en ce moment vers le banc de Terre-Neuve, et il tint dans ces parages jusqu'au 18 août. Pendant ces vicissitudes, les divisions anglaises l'avaient manqué, et il avait manqué lui-même le convoi de la Jamaïque, passé à quarante lieues de son escadre. Tels sont les hasards de la mer! Ayant attendu au delà du terme assigné à ses vaisseaux pour le rendez-vous, l'amiral Willaumez, qui avait eu l'intention de se porter à Terre-Neuve, assembla ses capitaines, tint conseil de guerre avec eux, et, ayant constaté qu'ils avaient beaucoup de malades, presque point d'eau, de bois ni de vivres, il se décida à relâcher à Porto-Rico, à remonter ensuite au banc de Terre-Neuve, à y détruire les pêcheries anglaises, et à revenir en Europe avec le projet de rentrer dans les ports de France pendant les coups de vent de l'équinoxe qui écartaient l'ennemi. Mais à peine cette résolution était-elle arrêtée, que, dans la nuit du 18 au 19 août 1806, le même ouragan qui avait dispersé la division L'Hermitte, surprit l'escadre de l'amiral Willaumez, et pendant trois jours consécutifs la ballotta sur les flots jusqu'à la faire périr. Le *Foudroyant* et l'*Impétueux*, seuls vaisseaux qui n'eussent pas été séparés par la tourmente, perdirent tous leurs mâts, se réparèrent à la mer comme ils purent, et se proposaient de naviguer de conserve, lorsque de nouveaux coups de vent les séparèrent aussi. Apercevant au milieu de la tempête les fanaux de plusieurs vaisseaux ennemis, ils cherchèrent leur salut où ils purent. Le *Foudroyant*, vaisseau amiral, s'enfuit à la Havane; l'*Impétueux*, privé de ses mâts, de l'une de ses batteries jetée à la mer, et d'une partie de ses poudres, se laissa porter par l'ouragan dans la baie de la Chesapeak, où il fit côte, poursuivi par deux vaisseaux ennemis. L'équipage, voyant son bâtiment perdu, chercha refuge à terre; il y fut couvert par la neutralité américaine, et se réunit à bord de la *Cybèle*, frégate du capitaine L'Hermitte, réfugiée également dans la Chesapeak. Tandis que le *Foudroyant* et l'*Impétueux* luttaient ainsi contre la mauvaise fortune, l'*Éole*, complétement démâté, en butte aux vents et à l'ennemi, avait fui aussi dans la Chesapeak. Là, remorqué par des bâtiments américains, il était remonté assez haut dans les terres pour se dérober aux Anglais. Le *Patriote*, privé de ses mâts de hune et de son mât d'artimon, de toute sa voilure, avait gagné de son côté la Chesapeak, et jeté l'ancre à Annapolis. La frégate la *Valeureuse* s'était enfuie dans le Delaware. Le *Cassard*, après avoir été longtemps ballotté par les flots, ayant perdu la barre de son gouvernail, ayant eu quatorze faux sabords enfoncés, avait failli sombrer. Cependant ne faisant pas eau par ses fonds, il s'était relevé, et réparé en mer. Profitant de ce que sa voilure se trouvait en assez bon état, et de ce que seul de l'escadre il avait conservé pour soixante-dix-huit jours de vivres, il avait cru devoir ne pas se rendre à Porto-Rico, et avait fait voile vers l'Europe. Il était rentré à Brest le 13 octobre. Le *Vétéran*, capitaine Jérôme, séparé depuis long-temps de l'escadre, après avoir erré quelque temps sur les côtes de l'Amérique du Nord, était revenu en Europe; mais le blocus de Lorient l'avait obligé de se jeter dans la baie de Concarneau, où il ne se trouvait guère en sûreté.

Ainsi des six vaisseaux partis de Brest, le *Foudroyant* était réfugié à la Havane; l'*Impétueux* était détruit; le *Patriote* et l'*Éole* avaient remonté la Chesapeak dans un état déplorable, et sans beaucoup de chances d'en sortir; le *Cassard* était sauvé; le *Vétéran* se trouvait engagé à Concarneau dans un mouillage d'où il était difficile de le tirer. Quant aux frégates de l'expédition, la *Valeureuse* était dans le Delaware; la *Comète* s'était retirée dans un port d'Amérique. Quelques prises faites sur l'ennemi offraient un faible dédommagement pour de tels désastres.

Juillet 1807.

Croisière du capitaine Leduc dans les mers boréales.

Pendant ce même temps on avait expédié de Lorient trois frégates, la *Syrène*, la *Revanche* et la *Guerrière*, pour les mers boréales, sous le commandement d'un brave marin flamand, le capitaine Leduc. Les trois frégates, dirigées par ce navigateur intrépide, n'avaient pas éprouvé les mêmes désastres que la grande division Willaumez, mais avaient rencontré des mers affreuses, et supporté la navigation la plus dure. Le capitaine Leduc, parti en mars 1806 de Lorient, transporté aux Açores, où il avait recueilli quelques prises, séparé un moment de la *Guerrière*, puis revenu vers la côte ouest de l'Irlande, était remonté jusqu'à la pointe de l'Islande, qu'il avait aperçue le 21 mai, et à la pointe du Spitzberg, qu'il avait aperçue le 12 juin. Il avait essuyé dans ces parages des temps épouvantables, et perdu de vue la *Guerrière*. Bientôt les maladies l'avaient envahi, et il avait compté jusqu'à 40 morts, 160 malades, 180 convalescents, sur 7 ou 800 hommes qui composaient les équipages de ses deux frégates. Continuant à croiser tantôt sur les côtes du Groenland, tantôt sur celles de l'Islande, et de temps en temps faisant des prises, il était revenu en septembre à Saint-Malo, et, ne pouvant y atterrer, il avait mouillé dans la petite rade de Bréhat. Malgré ces traverses et ces mauvais temps, supportés par le capitaine Leduc avec une rare constance, il avait pris 14 bâtiments anglais et un russe, fait 270 prisonniers, et détruit pour près de trois millions de valeurs. Malheureusement il avait perdu 95 hommes. On pouvait regarder cette croisière comme avantageuse, quoique très-contrariée par le temps.

Elle faisait le plus grand honneur au capitaine Leduc, qui l'avait dirigée.

En septembre 1806, le contre-amiral Cosmao, le même qui s'était si noblement conduit à Trafalgar, sortait de Toulon avec les vaisseaux le *Borée* et l'*Annibal*, la frégate l'*Uranie*, le cutter le *Succès*, pour aller chercher à Gênes le vaisseau le *Génois*, construit dans ce port. Après avoir traversé le golfe, il était revenu à Toulon, en rendant cette mer libre au commerce français et italien. Il avait renouvelé cette course plus d'une fois, et il était toujours parvenu à écarter les croisières de l'ennemi.

A la même époque, le capitaine Soleil, parti de Rochefort avec quatre frégates et un brick détachés de la division Allemand, essuyait un sanglant désastre. Les Anglais avaient adopté un nouveau système de blocus, c'était de se tenir moins près des côtes, pour donner à nos bâtiments bloqués la tentation de sortir, et pour se ménager ainsi le moyen de les envelopper avant qu'ils eussent le temps de rétrograder. Ce stratagème leur réussit complétement à l'égard du capitaine Soleil. La coutume alors était de sortir de nuit, afin de pouvoir franchir les croisières ennemies avant d'être aperçu. Les Anglais n'étant point en vue à cause de l'éloignement dans lequel ils se tenaient, le capitaine Soleil partit le soir du 24 septembre 1806, ne les rencontra point sur son chemin, le lendemain 25 les aperçut au large, força de voile pour les gagner de vitesse, parcourut un espace de cent milles sans être atteint, mais le 26 fut enveloppé par toute l'escadre de sir Samuel Hoode, composée de sept vaisseaux et de plusieurs

Juillet 1807.

Sortie de la division de Toulon sous le contre-amiral Cosmao.

Désastre arrivé à la division de frégates du capitaine Soleil.

frégates, et soutint pendant plusieurs heures un combat héroïque contre cinq vaisseaux ennemis. Excepté la *Thémis*, qui réussit à se sauver avec deux bricks, toute la division fut prise ou détruite.

A côté de ces rencontres, que la trop grande supériorité numérique de l'ennemi finissait tôt ou tard par rendre malheureuses, il y en avait d'autres où le courage de nos marins montrait que, de bâtiment à bâtiment, quand les circonstances n'étaient pas trop défavorables, nous étions capables de tenir tête aux Anglais, et même de les vaincre. Le 21 avril de la même année, le capitaine Bourayne, allant au Cap avec la frégate la *Canonnière*, avait rencontré un convoi anglais, et s'était jeté au milieu pour faire des prises, lorsque était apparu tout à coup un vaisseau de soixante-quatorze chargé d'escorter ce convoi. Le capitaine Bourayne avait d'abord voulu éviter avec cet adversaire un combat inégal. Mais, se voyant joint de trop près, il avait franchement accepté la lutte, et, profitant de ce que la grosseur de la mer ne permettait pas au vaisseau ennemi de se servir de sa batterie basse, il avait pris une position avantageuse, et l'avait en peu d'instants démâté de son grand mât, complétement dégréé, et mis en fuite. Certains gros bâtiments de commerce ayant cherché à se mêler au combat, il avait couru sur eux, les en avait dégoûtés, et avait continué sa route pour le Cap, dont il ignorait encore la conquête par les Anglais. Ceux-ci, pour attirer les vaisseaux français ou hollandais, n'avaient pas retiré les couleurs hollandaises. A peine le capitaine Bourayne venait-il de jeter l'ancre, qu'à un signal tous les pavillons hollandais avaient été abattus, remplacés par des pavillons anglais, et qu'une grêle de bombes et de boulets était tombée sur la *Canonnière*. Sans se déconcerter, le capitaine Bourayne avait coupé son câble, sacrifié ses ancres, et à force de voiles échappé à tous les dangers. Il était arrivé sain et sauf à l'île de France, où il devait se signaler par de nouvelles aventures de mer non moins hardies, non moins glorieuses.

Un autre accident de ce genre, qui avait lieu sur nos côtes, prouvait aussi tout ce qu'on pouvait attendre de l'ardeur et du courage intrépide de nos marins. La flûte la *Salamandre*, partie de Saint-Malo avec un chargement de bois de construction pour Brest, avait été poursuivie par une grosse corvette de vingt-quatre, deux bricks et un cutter. Elle n'était que faiblement armée, en sa qualité de flûte. Elle se jeta donc à la côte près la bouche d'Erquy, et là l'équipage se défendit tant qu'il put à coups de fusil. Réduit bientôt à l'impossibilité de prolonger cette défense, il se sauva sur un canot et sur un débris de mât, parvint à joindre la terre, se porta vers la batterie dite Saint-Michel, en dirigea le feu sur la corvette anglaise, engagée trop près de la côte, la mit hors d'état de manœuvrer, et la força ainsi à s'échouer. Il se précipita ensuite dans l'eau, et, secondé de quelques soldats accourus sur le rivage, s'empara de la corvette contre les restes de l'équipage anglais, dont une partie était ou hors de combat, ou en fuite.

Telles étaient les actions, peu considérables mais courageuses, par lesquelles se signalaient nos ma-

Juillet 1807.

Glorieuse aventure de la flûte la *Salamandre*.

rins contre une puissance ordinairement supérieure à nous par le nombre et par l'organisation, plus supérieure encore dans un moment où toutes nos forces étaient exclusivement dirigées vers la guerre de terre. Aussi à la fin de 1806 l'habile et malheureux ministre Decrès, n'ayant que des infortunes à mander à un maître qui ne recevait de toutes parts que des nouvelles heureuses, était-il entièrement découragé, et non moins dégoûté du système des croisières que du système des grandes batailles. Obligé d'expliquer à Napoléon les revers qu'on avait essuyés dans ce nouveau système de guerre aussi bien que dans l'ancien, il lui en donnait les raisons véritables, qui devaient faire considérer tous les genres de guerre maritime comme également dangereux dans l'état présent des choses. D'abord la disproportion numérique était si grande, selon lui, que les Anglais pouvaient bloquer nos ports avec plusieurs grosses escadres, et garder encore de nombreuses divisions pour courir après nos croisières dès qu'elles étaient signalées ; ce qui prouvait que, même sans la prétention de livrer des batailles générales, il fallait néanmoins des forces encore très-considérables pour faire la guerre avec de petites divisions. Ensuite notre matériel était trop défectueux comparativement à celui de l'ennemi ; et, bien que nos matelots, jamais inférieurs en courage, le fussent beaucoup en expérience, le matériel qu'ils maniaient était encore plus en défaut que leur savoir-faire. Leurs bâtiments résistaient à la tempête beaucoup moins qu'ils n'y résistaient eux-mêmes. Dans l'ouragan du 19 août, qui avait détruit la division Willaumez et gravement maltraité la division L'Hermitte, les Anglais avaient mieux supporté que nous le coup de vent, parce que leur gréement était non-seulement mieux manié, mais de qualité fort supérieure. Plus nombreux, mieux équipés, ils étaient certains que parmi eux il en échapperait toujours assez aux dangers de la mer pour réduire nos vaisseaux, les uns à se rendre, les autres à s'échouer, les autres à fuir en Europe. Mais l'infériorité du nombre, celle du matériel n'étaient pas, suivant l'amiral Decrès, les seules causes de nos malheurs. En sortant du port de Brest où ils avaient été choisis avec soin dans une escadre considérable, les vaisseaux de la division Willaumez n'étaient pas inférieurs en qualité aux bons vaisseaux anglais. Mais dix mois de navigation continue sans trouver de relâche sûre, bien approvisionnée en vivres et en moyens de rechange, les avaient mis hors d'état, soit d'échapper par leur marche à une escadre plus forte, soit de résister à une tempête, soit de poursuivre leur croisière sans renouveler leurs provisions de bouche, ce qui les exposait à être découverts par l'ennemi. Aussi l'amiral Decrès écrivait-il le 23 octobre 1806 à Napoléon : « Après » une navigation de dix mois, les vergues et mâts » de hune se cassent, les gréements se relâchent et » s'usent d'autant plus qu'on ne peut suivre leurs » réparations graduelles en pleine mer; les bas mâts » *consentent*, les vaisseaux se délient, et il est sans » exemple que des bâtiments aient tenu la mer aussi » long-temps, sans s'être donné le loisir de se réparer » à neuf et tranquillement dans un port. » Malheureusement nous n'avions plus de ports, ou ceux que nous avions étaient mal approvisionnés. Nous en possédions à la vérité un excellent, incomparable pour ses avantages, dans la mer des Indes : c'était celui de l'île de France, qui, à l'époque de la guerre d'Amérique, avait servi de base d'opérations au bailli de Suffren pendant sa belle campagne de l'Inde. Mais au milieu des désordres de la révolution, et des difficultés de la guerre continentale, on n'avait pu l'approvisionner en munitions navales. Le cap de Bonne-Espérance, qui appartenait à des alliés, ne pouvait être approvisionné comme un port national, et venait d'ailleurs d'être pris. Sur la côte du Brésil, nous n'avions rien qu'un port neutre, et presque ennemi puisqu'il était portugais, celui de San-Salvador. Enfin aux Antilles, nous étions maîtres de la magnifique rade du Fort-Royal, l'une des plus vastes, des plus sûres du monde ; mais la Martinique était complétement dépourvue de munitions navales, et, sous le rapport des vivres, elle avait plutôt besoin que nos flottes y versassent une partie de leur biscuit pour les troupes de la garnison, qu'elle n'était en mesure de leur restituer les vivres consommés en mer. Avec quatre relâches bien pourvues, une aux Antilles, une à la côte du Brésil, une au cap de Bonne-Espérance, une dans l'Inde, nous aurions pu tenir les mers avantageusement. Mais privés de ces ressources, nous ne pouvions y paraître qu'en fugitifs, toujours pressés, toujours craignant une rencontre, et ayant contre nous, outre les chances du petit nombre, toutes celles d'un équipement inférieur et insuffisant. C'étaient là les suites de longs bouleversements intérieurs, et de guerres extérieures inouïes par leur grandeur, leur durée et leur acharnement.

Napoléon, qui n'était pas facile à décourager, et qui pensait que, malgré beaucoup d'accidents fâcheux, ces dernières expéditions avaient causé de grands dommages au commerce ennemi, voulait expédier de nouvelles croisières en 1807; mais M. Decrès s'y était fortement opposé, disant que la côte d'Afrique, ravagée en 1806 par le capitaine L'Hermitte, était pourvue cette année de moyens de défense considérables, par suite des vives réclamations du commerce anglais, que l'on ne possédait aucune relâche ni à l'île de France, qui manquait de munitions, ni au Cap, qui était pris, ni à San-Salvador, qui était usé, ni à la Martinique, qui avait à peine le nécessaire. Construire, en attendant la paix continentale, occuper par des flottes armées dans nos ports les croisières anglaises, et profiter de certains moments pour envoyer sur des frégates des secours aux colonies, lui avait paru la seule activité permise, activité peu dommageable pour le présent, et avantageuse pour l'avenir. Napoléon, qui entre Eylau et Friedland avait eu à créer de nouvelles armées pour contenir l'Europe sur ses derrières, avait admis le système négatif de M. Decrès, et les travaux de notre marine en 1807 s'étaient bornés à quelques secours expédiés aux Antilles et dans les Indes.

Quoique exposées à beaucoup de souffrances, nos colonies recevaient cependant de fréquents soulagements. Ne produisant que du sucre, du café, quelques épices, quelques teintures, et pas de vivres, pas de vêtements, la prospérité consistait pour elles à

Juillet 1807.

État des colonies françaises pendant la guerre.

Juillet 1807.

bien vendre leurs denrées naturelles, afin de se procurer en échange les moyens de se vêtir et de se nourrir. A l'époque dont nous parlons, ces denrées sortaient difficilement, et les vivres arrivaient plus difficilement encore, à travers les croisières anglaises. Dans cet état de détresse on s'était relâché en faveur de nos colonies des rigueurs du régime exclusif. On leur permettait avec les neutres le commerce qu'on réserve en temps de paix aux nationaux seuls. Les Américains du Nord venaient prendre leurs sucres et leurs cafés, et leur donnaient en retour des grains et du bétail. Mais, comme on est plus hardi pour vendre sa marchandise que pour acheter celle d'autrui, les Américains apportaient plus de vivres qu'ils n'exportaient de sucre ou de café, à cause de la difficulté de revendre en Europe les denrées coloniales. Souvent ils se faisaient payer en argent leurs grains et leur bétail, ce qui commençait à rendre le numéraire fort rare. De plus, n'acquittant pas de droits de douanes à la sortie, puisqu'ils s'en allaient sur lest, ils occasionnaient une diminution sensible dans les revenus locaux, qui consistaient presque uniquement en produits de douanes, et par suite les budgets de nos établissements étaient presque tous en déficit. Cet état, supportable encore à l'époque dont il s'agit, devait s'aggraver bientôt, si, la paix n'étant pas rétablie, et la lutte maritime prenant un nouveau caractère d'acharnement, les moyens de gêner le commerce devenaient plus rigoureux de la part de la France et de l'Angleterre. Cependant, jusqu'ici la course de nos frégates dans l'Inde, celle des bricks dans nos Antilles, procuraient en argent, en vivres, en marchandises propres au vêtement, d'assez abondantes ressources. Les frégates la *Sémillante* et la *Piémontaise* avaient fait des prodiges à l'île de France en 1806, et capturé à elles deux pour près de huit millions de valeurs. Elles avaient puissamment secondé le brave général Decaen, qui, de cette position magnifique, dévorait des yeux la presqu'île de l'Inde, et demandait dix mille hommes seulement pour la soulever tout entière. La Guadeloupe et la Martinique avaient été pourvues de nègres par les corsaires, et en avaient reçu plusieurs milliers, au point que la population ouvrière s'y trouvait augmentée malgré la guerre. Mais l'ennemi rendant ses blocus chaque jour plus étroits, les munitions navales manquaient pour les armements en course, et nos colonies demandaient des provisions de bouche au moins pour les troupes, du numéraire pour payer les vivres américains, des bâtiments armés pour continuer la course, des recrues enfin, pour remplir les vides qui se produisaient dans nos garnisons. Ainsi à l'île de France, où il aurait fallu 3 ou 4 mille hommes, on était réduit à 1,600. A la Martinique, où il y en avait eu 4,700, et où il en aurait fallu 5 mille au moins, il en restait 3 mille au plus. A la Guadeloupe il en restait à peine 2 mille. Il est vrai que ces garnisons, secondées par des habitants pleins d'énergie et de patriotisme, suffisaient pour repousser les forces que les flottes anglaises pouvaient transporter à ces distances lointaines. A Saint-Domingue, après d'affreux bouleversements, après la destruction d'une belle armée française, on avait vu se succéder des scè-

Juillet 1807.

nes aussi ridicules qu'atroces. On avait vu le nègre Dessalines, cherchant à imiter l'empereur Napoléon, comme Toussaint Louverture avait cherché à imiter le Premier Consul Bonaparte, poser sur sa tête noire une couronne impériale, succomber bientôt sous le poignard du nègre Christophe et du mulâtre Péthion, puis ces deux nouveaux compétiteurs se disputer, comme les généraux d'Alexandre, le pouvoir de Toussaint Louverture, arroser de leur sang ce sol qu'ils n'avaient plus voulu arroser de leurs sueurs, et le laisser stérile; car le sang, quoi qu'on en puisse dire, ne féconde jamais la terre. Après ces scènes sanglantes et burlesques, nous avions perdu la partie française de l'île, nous avions été relégués dans la partie espagnole, où nous occupions la ville de Santo-Domingo avec 1,800 hommes, restes d'une armée aussi malheureuse qu'héroïque. Le général Ferrand s'y conduisait avec habileté et vigueur, profitant pour se maintenir des divisions des nègres et des mulâtres, et attirant, par la sécurité dont on jouissait à l'abri de nos baïonnettes, beaucoup de colons, français ou espagnols, blancs ou noirs, maîtres ou esclaves.

Ardeur de Napoléon pour la guerre de mer au retour de Tilsit.

Telle était en 1807, lorsque Napoléon revint de sa longue campagne au Nord, la situation de notre marine et de nos établissements maritimes. Encouragé par ses prodigieux triomphes à tout entreprendre, persuadé qu'à la tête des puissances du continent il obtiendrait la paix, ou bien qu'il vaincrait l'Angleterre par une réunion de forces accablantes, il était plein d'ardeur. Habitué de plus à trouver dans son génie des ressources inépuisables pour vaincre les hommes et les éléments, il ne partageait nullement le découragement de l'amiral Decrès. Il entrevoyait dans l'avenir des ressources nouvelles, et non encore essayées contre les Anglais. D'abord toutes les issues n'avaient pas été fermées jusqu'alors au commerce britannique. Par la Russie, la Prusse, le Danemark et les villes anséatiques, par le Portugal qui était ennemi, par l'Espagne qui était mal surveillée, par l'Autriche qu'il avait fallu ménager, il était resté bien des portes, au moins entr'ouvertes; et les marchandises anglaises, en se donnant à bon marché (ce qui leur était facile dès cette époque), avaient réussi à pénétrer sur le continent. Maintenant, au contraire, tout accès allait se trouver fermé, et c'était un grand dommage qui se préparait pour les manufactures de l'Angleterre. De plus, Napoléon allait être libre de multiplier les constructions navales, soit avec les ressources du budget français, chaque jour plus riche, soit avec les produits de la conquête, soit avec les bois et les bras de tout le littoral européen. Ayant en outre ses nombreuses armées disponibles, il avait conçu un vaste système dont on verra plus tard le développement successif, et qui aurait tellement multiplié les chances d'une grande expédition dirigée sur Londres, sur l'Irlande ou sur l'Inde, que cette expédition, dérobée une fois à la surveillance de l'amirauté, aurait peut-être fini par réussir, ou que l'obstination britannique aurait fini par céder devant la menace d'un péril toujours imminent. Napoléon en effet n'était guère d'avis des grandes batailles navales, que du reste il n'avait acceptées

Juillet 1807.

Nouvelles ressources que la situation fournit contre l'Angleterre.

Juillet 1807.

Nouveau système imaginé par Napoléon pour réduire l'Angleterre.

dans certaines occasions que pour ne pas reculer d'une manière trop manifeste devant l'ennemi. Il n'était guère plus d'avis des croisières, que le défaut de relâches sûres et bien approvisionnées rendait trop périlleuses. Mais il voulait, unissant les marines russe, hollandaise, française, espagnole, italienne, ayant des flottes armées au Texel, à Flessingue, à Boulogne, à Brest, à Lorient, à Rochefort, à Cadix, à Toulon, à Gênes, à Tarente, à Venise, tenant auprès de ces flottes des camps nombreux remplis de troupes invincibles, il voulait obliger l'Angleterre à entretenir devant ces ports des forces navales qui ne pourraient suffire à les bloquer tous, et, partant à l'improviste de celui qui aurait été mal surveillé, transporter une armée ou en Égypte, ou dans l'Inde, ou à Londres même, et en attendant que cette chance se réalisât, épuiser la nation anglaise d'hommes, de bois, d'argent, de constance et de courage. On verra, en effet, que, s'il ne se fût pas épuisé lui-même en mille entreprises étrangères à ce grand but, s'il n'avait pas fatigué la bonne volonté ou la patience de ses alliés, certainement les moyens étaient si vastes, si bien conçus, qu'ils auraient fini par triompher de l'Angleterre.

Développement donné aux constructions navales.

Mais avant de parvenir à cet immense développement, que deux ou trois ans auraient suffi pour atteindre, Napoléon commença par ordonner un redoublement d'activité dans les constructions navales de tout l'empire, et ensuite par essayer dans la Méditerranée de ce système d'expéditions toujours prêtes et toujours menaçantes, en faisant une tentative sur la Sicile, afin d'ajouter cette île au royaume de Naples, déjà donné à son frère Joseph.

Il prescrivit à son frère Louis, en lui annonçant que l'armée hollandaise allait rentrer, et absorber dès lors une moindre partie de ses ressources, de remettre en état la flotte du Texel, et d'y réunir au moins 9 vaisseaux tout équipés. Il avait déjà obtenu à Anvers et à Flessingue des résultats étonnants. On y voyait 5 vaisseaux, les uns de quatre-vingts, les autres de soixante-quatorze, qui, construits à Anvers, étaient descendus sans accident jusqu'à Flessingue, à travers les bas-fonds de l'Escaut, et qu'on armait dans ce dernier port. Trois autres, presque achevés sur les chantiers d'Anvers, allaient porter à 8 l'escadre de l'Escaut. Les marins hollandais, flamands, picards, étaient réunis de tous côtés pour cet armement. Napoléon ordonna de mettre à flot les trois vaisseaux achevés, de couvrir de nouvelles quilles les chantiers devenus vacants, de multiplier le nombre de ces chantiers indéfiniment; car il voulait qu'Anvers devînt le port de construction, non-seulement de Flessingue, mais de Brest, à cause des bois de l'Allemagne et du Nord affluant vers les Pays-Bas par les fleuves. Il se proposait de réserver les bois de Brest pour le radoub des escadres qui étaient toujours en armement dans ce grand port. Il se promit, dès son retour à Paris, de revoir et d'organiser sur un autre plan l'ancienne flottille de Boulogne. Il pressa la construction de frégates à Dunkerque, au Havre, à Cherbourg, à Saint-Malo. A Brest, où il restait, depuis la sortie de l'escadre de Willaumez, 12 vaisseaux armés, dont 5 mauvais et 7 bons, Napoléon ordonna

Juillet 1807.

Flotte de Lorient.

Flotte de Rochefort.

Flotte de Cadix.

de mettre les 5 mauvais hors de service, et d'armer les 7 bons du mieux qu'on pourrait, en réservant les matelots devenus disponibles pour les nouveaux vaisseaux qu'on s'apprêtait à construire. Il voulut qu'à Lorient on ajoutât un vaisseau, dont la construction venait d'être achevée, à une division de deux vaisseaux qui s'y trouvait déjà. Il consentit à ce que le *Vétéran* réfugié à Concarneau, et bloqué avec obstination par les Anglais, fût désarmé, et l'équipage conduit à Lorient, pour y armer un vaisseau récemment construit. Nous avions à Rochefort une belle division de 5 vaisseaux, aussi bien équipée que bien commandée. Elle était sous les ordres de l'un de ces hommes que, dans leur langage familier, les marins appellent *un loup de mer*, du brave contre-amiral Allemand, privé de ses frégates par le désastre du capitaine Soleil, mais impatient néanmoins de sortir, et toujours arrêté par une flotte anglaise, qui, depuis huit ou dix mois, ne perdait pas de vue la rade de l'île d'Aix. Napoléon ordonna de mettre à l'eau un vaisseau achevé, d'en radouber un autre qui était en état de servir, pour porter cette division au nombre de sept. Partout où des bâtiments étaient lancés, il faisait poser immédiatement d'autres quilles sur chantier. Ses ressources financières, anciennes et nouvelles, lui permettaient, comme on le verra bientôt, ces immenses efforts. A Cadix, il avait une excellente division de 5 vaisseaux, restes de Trafalgar, bien organisés, bien montés, et commandés par l'amiral Rosily. Napoléon aurait voulu leur adjoindre quelques vaisseaux espagnols; mais, lorsqu'il portait ses yeux sur la Péninsule, il ne pouvait se défendre d'un sentiment de pitié, de colère, d'indignation, en songeant qu'au Ferrol et à Cadix, l'Espagne n'était pas même en mesure d'armer une division, qu'à Carthagène seulement elle avait six vaisseaux dont l'armement datait de plusieurs années, dont la carène était salie par le séjour dans le port, dont le gréement était relâché, dont les provisions de bouche étaient insuffisantes pour la plus courte campagne, car les équipages avaient consommé les vivres du bord, n'en ayant pas à terre. Il se disait qu'il faudrait bien finir par demander à l'Espagne, pour elle, pour ses alliés, de s'administrer autrement; et en attendant il adressa au cabinet de Madrid des instances, presque menaçantes, pour qu'on joignît quelques vaisseaux à ceux de l'amiral Rosily, et il recommanda à celui-ci de se tenir prêt à lever l'ancre au premier signal. A Toulon, trois vaisseaux, deux appartenant à Toulon, un à Gênes, étaient armés. Réunis à plusieurs frégates, ils exécutaient d'heureuses sorties. Napoléon voulut qu'à Toulon on lançât le *Commerce de la ville de Paris* et le *Robuste*, qu'à Gênes on lançât le *Breslau*, qu'on les armât en désarmant des bâtiments ou mauvais, ou inférieurs, qu'on les remplaçât sur les chantiers par de nouvelles constructions, et qu'il y eût 6 vaisseaux prêts dans ce port. Il envoya des ingénieurs à la Spezzia pour examiner cette position, que l'étude continuelle de la carte lui avait révélée. Il enjoignit à son frère Joseph, après renseignements pris sur les ports de Naples et de Castellamare, d'y commencer la construction de deux vaisseaux, pour en

Juillet 1807.

Flotte de Toulon.

Etablissement maritime projeté à la Spezzia.

Constructions ordonnées à Naples et à Ancône.

Juillet 1807.

arriver bientôt à la construction de quatre. Se souvenant qu'un vaisseau français avait trouvé asile à Ancône, il pensa qu'on pouvait se servir de ce port, et il ordonna d'y construire deux vaisseaux pour employer les bois et les ouvriers de l'État romain, s'inquiétant peu de la souveraineté temporelle du Pape, qu'il traitait déjà comme n'existant plus. Enfin il y avait à Venise cinq vaisseaux en construction. Il en fit mettre trois encore sur chantier, un au compte du trésor d'Italie, deux au compte du trésor de France, et voulut qu'on travaillât au creusement des passes qui devaient conduire la marine ressuscitée des Vénitiens de leur arsenal dans la mer Adriatique. Ces mêmes pays italiens, qui allaient fournir les bois et les bras pour les constructions, devaient fournir les matelots toujours en grande quantité sur leurs côtes. Avec ces nombreuses constructions, avec les matelots que contenait le littoral européen, avec une addition de jeunes soldats et d'officiers français, dont il n'était jamais embarrassé d'augmenter le nombre, Napoléon pouvait espérer de doubler ou de tripler les forces navales de l'empire avant une année. Ces vaisseaux, insuffisants d'abord pour se mesurer avec des vaisseaux anglais, seraient suffisants dans peu de temps pour porter des troupes, et devaient l'être tout de suite pour nécessiter de nouveaux blocus, et condamner l'Angleterre à des dépenses ruineuses.

Projet d'une grande réunion de flottes dans la Méditerranée.

En attendant que ces armements immenses fussent exécutés, Napoléon entendait sur-le-champ porter des secours aux colonies, et réunir par la même opération quarante voiles dans la Méditerranée. Il voulait pour cela que les divisions de Brest, de Lorient, de Rochefort embarquassent 3,400 hommes et beaucoup de munitions, allassent en déposer 1,200 à la Martinique, 600 à la Guadeloupe, 500 à Saint-Domingue, 300 à Cayenne, 400 au Sénégal, 400 à l'île de France, et, faisant retour vers l'Europe, franchissent le détroit de Gibraltar pour se rendre à Toulon. La réunion à Toulon des 7 vaisseaux de Brest, des 3 de Lorient, des 7 de Rochefort, des 6 de Cadix, des 6 de Toulon, devait y composer avec les frégates un total de 40 voiles, dont 29 vaisseaux de ligne, force supérieure à tout ce que les Anglais, même avertis à temps, pourraient amener dans cette mer avant deux ou trois mois, et capable de jeter quinze ou dix-huit mille hommes en Sicile, et tout ce qu'on voudrait dans les îles Ioniennes.

L'amiral Decrès, qui s'appliquait avec un courage honorable à s'opposer aux projets de Napoléon, quand la grandeur n'en était pas proportionnée avec les moyens, ne manqua pas de combattre ce projet de réunions, précédées d'une course aux Antilles. Il pensait que faire dépendre le ravitaillement des colonies du succès de deux ou trois grandes expéditions, était chose imprudente; car ces grandes expéditions de plusieurs vaisseaux et frégates, pour porter quelques centaines d'hommes aux colonies, couraient des dangers qui n'étaient pas en rapport avec l'importance du but; qu'il valait mieux expédier des frégates isolées, chargées chacune d'une certaine quantité de matériel, de deux ou trois cents hommes; que, si on en perdait une, la perte était peu considérable, que les autres arrivaient, et que les colonies étaient ainsi toujours assurées de recevoir une portion des secours qu'on leur destinait. Quant aux réunions dans la Méditerranée, il soutenait que les divisions chargées de franchir le détroit, malgré la croisière anglaise de Gibraltar, avaient à braver d'immenses périls; que, pour y échapper, il fallait les laisser libres de profiter du premier coup de vent favorable; qu'on ne devait donc leur donner que la seule instruction de franchir le détroit, en leur permettant de saisir la première circonstance heureuse, sans compliquer leur mission d'une course aux Antilles, et d'un retour vers l'Europe. Enfin il pensait que c'était assez d'envoyer dans la Méditerranée la division de Cadix placée fort près du but, et peut-être celle de Rochefort, mais qu'il ne fallait pas se priver de toutes les forces qu'on avait dans l'Océan, en faisant partir aussi pour Toulon les divisions de Lorient et de Brest.

Ordres définitifs pour la réunion des flottes à Toulon.

Napoléon, qui laissait modifier ses idées par les hommes d'expérience quand ces hommes lui fournissaient de bonnes raisons, accueillit les observations de M. Decrès. En conséquence il décida que des ports de Dunkerque, du Havre, de Cherbourg, de Nantes, de Rochefort, de Bordeaux, où il y avait beaucoup de frégates, partiraient des expéditions isolées pour les colonies, que les divisions navales chargées de se rendre dans la Méditerranée n'auraient que cette seule mission, et, quant au nombre, il voulut en appeler deux au moins à Toulon, celle de Rochefort et celle de Cadix, lesquelles devaient former avec la division de Toulon une réunion de 17 ou 18 vaisseaux, plus 7 ou 8 frégates, force suffisante pour dominer deux ou trois mois la Méditerranée, et y exécuter tout ce qu'il méditait sur la Sardaigne, sur la Sicile et sur les îles Ioniennes. En conséquence l'amiral Allemand à Rochefort, l'amiral Rosily à Cadix, reçurent l'ordre de saisir la première occasion propice pour lever l'ancre, et de franchir le détroit, en faisant la manœuvre que leur conseilleraient leur expérience et les circonstances de la mer. Il fut demandé à la cour d'Espagne d'armer quelques vaisseaux à Cadix, et de donner immédiatement les ordres convenables pour que la division de Carthagène, commandée par l'amiral Salcedo, fût pourvue des vivres nécessaires à une courte expédition, et dirigée sur Toulon.

Juillet 1807

Telles furent les mesures ordonnées par Napoléon, en exécution du traité de Tilsit, pour intimider l'Angleterre par un immense concours de moyens, pour la disposer à la paix, et, si elle s'opiniâtrait à la guerre, pour forcer la Suède, le Danemark, la Prusse, le Portugal, l'Autriche à fermer leurs ports aux produits de Manchester et de Birmingham, pour préparer avec la réunion de toutes les forces navales du continent des expéditions dont la possibilité toujours menaçante épuiserait tôt ou tard les finances ou la constance de la nation anglaise, sans compter qu'il suffisait du succès d'une seule pour la frapper au cœur. Mais les affaires extérieures n'attiraient pas seules l'attention de Napoléon. Il lui tardait enfin de s'occuper d'administration, de finances, de travaux publics, de législation, de tout ce qui pouvait concourir à la prospérité intérieure de la France, laquelle ne lui tenait pas moins à cœur que sa gloire.

Avant de s'en occuper il lui avait fallu opérer quelques changements indispensables dans les hauts emplois civils et militaires. M. de Talleyrand fut la cause principale, sinon unique, de ces changements. Cet habile représentant de Napoléon auprès de l'Europe, qui était paresseux, sensuel, jamais pressé d'agir ou de se mouvoir, et dont les infirmités physiques augmentaient la mollesse, avait été cruellement éprouvé par les campagnes de Prusse et de Pologne. Vivre sous ces froids et lointains climats, courir sur les neiges à la suite d'un infatigable conquérant, à travers les bandes de cosaques, coucher le plus souvent sous le chaume, et, quand on était favorisé par la fortune de la guerre, habiter une maison de bois, décorée du titre de château de Finkenstein, ne convenait pas plus à ses goûts qu'à son énergie. Il était donc fatigué du ministère des relations extérieures, et il aurait voulu non pas renoncer à diriger ces relations, qui étaient son occupation favorite, mais les diriger à un autre titre que celui de ministre. Il avait beaucoup souffert dans son orgueil de ne pas devenir grand dignitaire, comme MM. de Cambacérès et Lebrun, et la principauté de Bénévent, qui lui avait été accordée en dédommagement, n'avait qu'ajourné ses désirs sans les satisfaire. Une occasion se présentait d'accroître le nombre des grands dignitaires, c'était l'absence indéfinie des princes de la famille impériale, qui étaient à la fois grands dignitaires et souverains étrangers. Il y en avait trois dans ce cas : Louis Bonaparte, qui était roi de Hollande et connétable; Eugène de Beauharnais, qui était vice-roi d'Italie et archichancelier d'État, enfin Joseph, qui était roi de Naples et grand-électeur. M. de Talleyrand avait insinué à l'Empereur qu'il fallait leur donner des suppléants, sous les titres de vice-connétable, de vice-grand-électeur, de vice-chancelier d'État, et que si, à la vérité, ces fonctions fort peu actives n'exigeaient guère un double titulaire, on ne pouvait trop multiplier les grandes charges destinées à récompenser les services éclatants. M. de Talleyrand aurait voulu devenir vice-grand-électeur, et, laissant à un ministre des affaires étrangères le soin vulgaire d'ouvrir et d'expédier des dépêches, continuer à diriger lui-même les principales négociations. Il n'avait négligé, pendant son séjour à l'armée, aucune occasion d'entretenir l'Empereur de ce sujet, ne cessant de prôner les avantages de ces nouvelles créations, et alléguant, pour ce qui le concernait en particulier, son âge, ses infirmités, ses fatigues, son besoin de repos. Il avait, à force d'insistance, obtenu une sorte de promesse, que Napoléon s'était laissé arracher à contre-cœur; car il ne voulait pas que les grands dignitaires exerçassent des fonctions actives, vu que, participant en quelque sorte à l'inviolabilité du souverain, ils n'étaient guère faits pour être responsables. Napoléon au contraire tenait essentiellement à pouvoir destituer les personnages revêtus de fonctions actives, et il répugnait surtout à placer dans une position de demi-inviolabilité un personnage dont il se défiait, et qu'il croyait prudent de garder toujours sous sa main toute-puissante.

À peine de retour à Paris, au moment où chacun

Août 1807.

allait recevoir la récompense de ses services pendant la dernière guerre, M. de Talleyrand se présenta à Saint-Cloud, pour rappeler à Napoléon ses promesses. L'archichancelier Cambacérès était présent. Napoléon laissa percer un mécontentement très-vif. — Je ne comprends pas, dit-il brusquement à M. de Talleyrand, votre impatience à devenir grand dignitaire, et à quitter un poste où vous avez acquis votre importance, et où je n'ignore pas que vous avez recueilli de grands avantages (allusion aux contributions qu'on disait avoir été levées sur les princes allemands, à l'époque des sécularisations). Vous devez savoir que je ne veux pas qu'on soit à la fois grand dignitaire et ministre, que les relations extérieures ne peuvent dès lors vous être conservées, et que vous perdrez ainsi un poste éminent auquel vous êtes propre, pour acquérir un titre qui ne sera qu'une satisfaction accordée à votre vanité. — Je suis fatigué, répondit M. de Talleyrand, avec un flegme apparent, et avec l'indifférence d'un homme qui n'aurait pas compris les allusions blessantes de l'Empereur; j'ai besoin de repos. — Soit, répliqua Napoléon, vous serez grand dignitaire, mais vous ne le serez pas seul. — Puis s'adressant au prince Cambacérès : Berthier, lui dit-il, m'a servi autant que qui que ce soit; il y aurait injustice à ne pas le faire aussi grand dignitaire. Rédigez un décret par lequel M. de Talleyrand sera élevé à la dignité de vice-grand-électeur, Berthier à celle de vice-connétable, et vous me l'apporterez à signer. — M. de Talleyrand se retira, et l'Empereur exprima plus longuement au prince Camba-

Nomination de Berthier à la dignité de vice-connétable.

cérés tout le mécontentement qu'il ressentait. C'est ainsi que M. de Talleyrand quitta le ministère des relations extérieures, et s'éloigna, avec beaucoup de dommage pour lui-même et pour les affaires, de la personne de l'Empereur.

Le décret fut signé le 14 août 1807. Il fallait remplacer le prince de Talleyrand et le prince Berthier dans leurs fonctions, l'un de ministre des affaires étrangères, l'autre de ministre de la guerre. Napoléon avait sous la main M. de Champagny, ministre de l'intérieur, homme doux, honnête, appliqué, initié par son ambassade à Vienne aux usages mais non aux secrets de la diplomatie, et malheureusement peu capable de résister à Napoléon, que du reste personne alors n'eût été capable de retenir, tant avait de force l'entraînement des succès et des circonstances. M. de Champagny fut donc choisi comme ministre des affaires étrangères. On le remplaça au ministère de l'intérieur par M. Crétet, membre instruit et laborieux du Conseil d'État, et dans le moment gouverneur de la Banque de France. Il fut préféré au comte Regnault de Saint-Jean-d'Angely, dont le double talent d'écrire et de parler parut indispensable au Conseil d'État et au Corps Législatif, et dont le caractère ne semblait pas convenir au poste de ministre de l'intérieur. M. Jaubert, autre membre du Conseil d'État, remplaça M. Crétet dans le gouvernement de la Banque.

Napoléon, en élevant le prince Berthier à la dignité de vice-connétable, ne voulut pourtant pas se priver de lui comme major-général de la grande armée, fonction dans laquelle nul ne pouvait l'é-

Août 1807.

M. de Champagny remplace M. de Talleyrand au ministère des affaires étrangères.

M. Crétet remplace M. de Champagny au ministère de l'intérieur.

Août 1807.

Le général Clarke nommé ministre de la guerre, en remplacement du prince Berthier.

galer, et il lui conserva cet emploi. Mais il appela pour le remplacer au ministère de la guerre le général Clarke, dont il venait d'éprouver les talents administratifs dans le poste de gouverneur de Berlin, talents plus spécieux que solides, mais qui, en se produisant sous la forme d'une docilité empressée, et d'une grande application au travail, avaient séduit Napoléon. Cependant ce choix était assez motivé, car les militaires propres à la guerre active étaient tous employés, et, parmi ceux qui étaient mieux placés dans le cabinet que sur le champ de bataille, le général Clarke semblait celui qui avait le plus cet esprit d'ordre, et cette intelligence des détails, que réclame l'administration. M. Dejean resta ministre chargé du matériel de la guerre. Le général Hullin, dont Napoléon avait pu apprécier plus d'une fois le dévouement et le courage personnel, remplaça dans le commandement de Paris le général Junot, qui allait être mis à la tête de l'armée de Portugal.

Mort de M. de Portalis, ministre des cultes, et son remplacement par M. Biget de Préameneu.

La France venait de faire à cette époque une perte sensible dans la personne du ministre des cultes, M. le comte de Portalis, jurisconsulte savant, écrivain ingénieux et brillant, coopérateur habile des deux plus belles œuvres de Napoléon, le Code civil et le Concordat, ayant su garder dans ses rapports avec le clergé une juste mesure entre la faiblesse et la rigueur, estimé de l'Église française, exerçant sur elle et sur Napoléon une influence utile; personnage enfin fort regrettable dans un moment où l'on marchait à une rupture ouverte avec la cour de Rome, aussi regrettable dans l'administration des cultes que M. de Talleyrand dans la direction des affaires étrangères. Cet homme laborieux, frappé d'une sorte de cécité, avait eu l'art de suppléer au sens qui lui manquait par une mémoire prodigieuse, et il lui était arrivé, étant appelé à écrire sous la dictée de Napoléon, de reproduire par la mémoire ses pensées et leur vive expression, qu'il avait feint de recueillir par l'écriture. M. de Portalis était devenu cher à Napoléon, qui le regretta vivement. Il eut pour successeur au ministère des cultes un autre jurisconsulte, un autre auteur du Code civil, M. Bigot de Préameneu, esprit peu brillant, mais sage, et religieux sans faiblesse.

Il fallait dédommager M. Regnault de Saint-Jean-d'Angely d'avoir approché du ministère de l'intérieur sans y parvenir. M. Regnault était l'un des membres du Conseil d'État les plus employés par Napoléon, à cause de sa grande habitude des affaires, et de sa facilité à les exposer dans des rapports clairs et éloquents. Comme il n'y avait alors d'autre lutte de tribune que celle d'un conseiller d'État discutant contre un membre du Tribunat, devant le Corps Législatif muet, et apportant des raisons convenues contre des objections également convenues, il suffisait pour ces luttes arrangées à l'avance dans des conférences préparatoires, et ressemblant à celles des assemblées libres, comme les manœuvres d'apparat ressemblent à la guerre, d'un talent disert, varié, brillant. Seulement il le fallait facile et infatigable, sous un maître prompt à concevoir et à exécuter, voulant, lorsqu'il portait son attention sur un sujet, accomplir à l'instant même ce que lui avait inspiré ce sujet, afin de passer immédiatement à un autre. M. Regnault était le premier des orateurs pour un tel rôle, et il était à lui seul, on peut le dire, toute l'éloquence du temps. Napoléon, appréciant ses services, voulut le dédommager par le titre de ministre d'État, titre sans définition, qui procurait le rang de ministre sans en conférer le pouvoir, et par une charge de cour très-bien rétribuée, celle de secrétaire d'État de la famille impériale. M. Defermon, pour ses services dans la section des finances; M. Lacuée, pour ceux qu'il rendait dans la direction de la conscription, obtinrent aussi la qualité de ministres d'État.

Ces nominations arrêtées avec l'archichancelier Cambacérès, seul consulté en ces circonstances, Napoléon donna à la législation, à l'administration intérieure, aux finances, aux travaux publics, une attention qu'il ne leur avait pas refusée pendant la guerre, mais qui, accordée de loin, rapidement, au bruit du canon, était suffisante pour surveiller, non pour créer.

Napoléon s'occupa d'abord d'introduire dans la Constitution impériale une modification qui lui semblait nécessaire, bien que très-peu importante en elle-même, c'était la suppression du Tribunat. Ce corps n'était plus qu'une ombre vaine, depuis que, ramené au nombre de cinquante membres, privé de tribune, divisé en trois sections, *de législation*, *d'administration intérieure*, *de finances*, il discutait avec les sections correspondantes du Conseil d'État, dans des conférences particulières, les projets de lois qui devaient être proposés par le gouvernement. Nous avons fait connaître ailleurs comment s'exécutait ce travail. Le temps écoulé n'y avait rien changé, et tout au plus y avait apporté encore un peu plus de calme et de silence. Après des conférences tenues chez l'archichancelier, un membre du Tribunat, un membre du Conseil d'État, allaient prononcer chacun un discours devant le Corps Législatif, ou en sens contraire, ou dans le même sens, suivant qu'il y avait eu accord ou divergence. Le Corps Législatif votait ensuite sans mot dire, et à une immense majorité, les projets présentés, excepté dans quelques cas très-rares, où il s'agissait d'intérêts matériels, les seuls sur lesquels on se permit de différer d'avis avec le gouvernement; excepté aussi dans quelques cas plus rares encore, où les propositions dont il s'agissait blessaient les sentiments des hommes attachés à la révolution, sentiments assoupis, non éteints dans les cœurs. Alors des minorités de quarante ou cinquante voix prouvaient que la liberté était ajournée, non détruite en France. Ainsi marchaient les affaires intérieures, silencieusement et vite, avec l'approbation générale, fondée sur la persuasion que ces affaires étaient parfaitement conduites, l'Empereur ayant le plus souvent imaginé, le Conseil d'État approfondi, le Tribunat contredit dans leur rédaction, les mesures adoptées. Quant aux affaires extérieures, qu'il eût été temps alors de discuter hardiment, pour arrêter celui que l'entraînement de son génie allait bientôt précipiter dans les abîmes, elles étaient réservées exclusivement à l'Empereur et au Sénat, dans des proportions fort inégales, comme on le pense bien. Napoléon décidait à son gré la paix, la guerre, d'une manière plus absolue que les empereurs de l'ancienne Rome, les sultans de Constantinople, ou les czars de Russie, car il n'avait ni prétoriens, ni janissaires, ni strelitz, ni ulémas, ni aristocratie. Il n'avait que des soldats, aussi soumis qu'héroïques, qu'un clergé appointé et exclu des affaires, qu'une aristocratie qu'il créait avec des titres enfantés par son imagination, et avec une fortune tirée de ses vastes conquêtes. De temps à autre il faisait confidence au Sénat des négociations diplomatiques, quand elles avaient abouti à la guerre. Le Sénat, qui depuis 1805 avait reçu en l'absence du Corps Législatif l'attribution de voter les levées d'hommes, payait ces confidences par deux ou trois conscriptions, que l'Empereur payait à son tour par des bulletins magnifiques, par des drapeaux noircis et déchirés, par des traités de paix malheureusement trop peu durables, et le pays ébloui de tant de gloire, charmé de son repos, trouvant les affaires intérieures supérieurement conduites, les affaires extérieures élevées à une hauteur inouïe, désirait que cet état de choses se maintînt long-temps encore, et quelquefois seulement, en voyant une armée française hiverner sur la Vistule, des batailles se livrer près du Niémen, commençait à craindre que toute cette grandeur ne trouvât un terme dans son excès même.

Un peu d'agitation ne se manifestait dans ce gouvernement que lorsqu'un cinquième du Corps Législatif devait sortir. Alors quelques intrigues se formaient autour du Sénat, qui était appelé à choisir les membres des corps délibérants sur des listes présentées par des colléges électoraux formés à vie. On essayait quelques démarches auprès des principaux sénateurs, et on sollicitait un siége au Corps Législatif, muet mais rétribué, comme on sollicite une place de finances. L'archichancelier Cambacérès veillait sur ces élections, afin de n'admettre que des adhérents, ce qui n'exigeait pas un grand triage. C'est tout au plus si, à la fin de chaque liste, il se glissait quelques créatures des opposants du Sénat, improbateurs timides et peu nombreux, que Sieyès avait abandonnés et oubliés, qui le lui rendaient en l'oubliant à leur tour, et qui n'en voulaient pas à Napoléon des entreprises téméraires dans lesquelles la France allait trouver sa perte, mais du Concordat, du Code civil, et de beaucoup d'autres créations tout aussi excellentes.

Telles étaient les formes de ce despotisme héroïque issu de la Révolution. Il importait peu de les changer, car le fond devait rester le même. On pouvait sans doute rectifier certains détails dans l'organisation de ces corps soumis et dépendants. Cela se pouvait, et Napoléon l'avait ainsi projeté au sujet du Tribunat. Le Tribunat, réduit à des critiques de mots dans des conférences privées, incommode au Conseil d'État, dont il n'était plus que l'obscur rival, avait une position fausse, et peu digne de son titre. Le Corps Législatif, bien que ne désirant pas plus d'importance qu'il n'en avait, et nullement disposé à user de la parole si on se décidait à la lui rendre, était cependant quelque peu confus de son mutisme, qui l'exposait au ridicule. Il y avait une chose toute simple à faire, et qui ne pouvait guère nuire à la liberté du temps, c'était de réunir le Tribunat au Corps Législatif, en confondant dans un même corps les attributions et les personnes. C'est ce que Napoléon résolut, après en avoir conféré avec l'archichancelier Cambacérès. En conséquence, il décida que le Tribunat serait supprimé, que ses attributions seraient transférées au Corps Législatif, remis ainsi en possession de la parole; qu'à l'ouverture de chaque session il serait formé dans le sein du Corps Législatif, et au scrutin, trois commissions de sept membres chacune, destinées, comme les commissions supprimées du Tribunat, à s'occuper, la première de législation, la seconde d'administration intérieure, la troisième de finances; que ces sections continueraient à discuter avec les sections correspondantes du Conseil d'État, et dans des conférences particulières, les projets de lois présentés par le gouvernement; que lorsqu'elles se trouveraient d'accord avec le Conseil d'État, un membre de ce conseil viendrait exposer à la tribune du Corps Législatif les motifs que le gouvernement avait eus pour proposer le projet dont il s'agirait, et que le président de la commission donnerait de son côté les motifs qu'elle avait eus pour l'approuver; mais qu'en cas de désaccord, tous les membres de la commission seraient admis à produire publiquement les raisons sur lesquelles se fondait leur résistance, et qu'enfin le Corps Législatif continuerait à voter sans autre débat les mesures soumises à son approbation. Il fut arrêté en outre que, pour ne pas changer l'état présent des choses dans la session qui allait s'ouvrir, et dont tous les travaux étaient déjà préparés, le sénatus-consulte, contenant les dispositions nouvelles, ne serait promulgué que le jour de la clôture de cette session.

Août 1807.

En fait, le Corps Législatif recouvrait la parole, puisque vingt et un de ses membres, choisis tous les ans au scrutin, étaient appelés à la discussion des affaires, et la suppression du Tribunat ne faisait disparaître qu'un corps depuis long-temps privé de vie. Le Corps Législatif fut sensible à cette restitution de la parole, non qu'il fût prêt à s'en servir, mais parce qu'on le délivrait d'un ridicule devenu embarrassant. Toutefois, il y avait un mot supprimé, mot qui avait eu quelque importance, c'était celui de Tribunat. C'en était assez pour déplaire à certains amis constants de la Révolution, et pour plaire à Napoléon, qui ne craignit pas, afin d'effacer un mot que les souvenirs de 1802 lui rendaient désagréable, de restituer au Corps Législatif des prérogatives de quelque valeur. Il est vrai qu'une précaution fut prise contre ces nouvelles prérogatives, ce fut de fixer à quarante ans l'âge auquel on pouvait siéger dans le Corps Législatif; triste précaution qui n'aurait pas empêché une assemblée d'être entreprenante, si l'esprit de liberté avait pu se réveiller alors, et qui faisait commencer trop tard l'éducation politique des hommes publics.

Il restait, après s'être débarrassé de cette ombre importune du Tribunat, à s'occuper du sort des personnes, que Napoléon, par bienveillance naturelle autant que par politique, n'aimait jamais à froisser. Il fut donc résolu que les membres du Tribunat s'en iraient avec leurs prérogatives chercher un asile dans

Emplois assurés aux membres du Tribunat après la suppression de ce corps.

le sein du Corps Législatif, où ils devaient trouver un titre et des appointements. Cependant Napoléon ne voulait pas rendre trop nombreux le Corps Législatif, fixé alors à trois cents membres, en y versant le Tribunat tout entier. Aussi n'ouvrit-il cet asile qu'aux membres les plus obscurs du corps. Quant à ceux qui avaient montré des lumières, de l'application aux affaires, il leur destina de hauts emplois. Il plaça d'abord au Sénat M. Fabre de l'Aude, qui avait présidé le Tribunat avec distinction, et M. Curée, qui avait commencé sa carrière par la manifestation d'un républicanisme ardent, mais qui l'avait terminée par la motion de rétablir la monarchie, en instituant l'Empire. Quant aux autres membres du Tribunat distingués par leur mérite, Napoléon ordonna aux ministres de l'intérieur et de la justice de les lui proposer pour les places vacantes de préfets, de premiers présidents, de procureurs-généraux. Enfin, il en réservait quelques autres pour les faire figurer dans une nouvelle magistrature qui devait être le complément de nos institutions financières, la Cour des comptes, dont nous raconterons bientôt la création.

Il y avait une autre mesure que Napoléon n'était pas moins impatient de prendre, et qu'il regardait comme beaucoup plus urgente que la suppression du Tribunat, c'était l'épuration de la magistrature. Le gouvernement du Consulat, au moment de son installation, avait apporté dans ses choix un excellent esprit; mais, pressé de s'établir, il avait choisi à la hâte les membres de toutes les administrations, et, s'il s'était moins trompé que les gouvernements qui l'avaient précédé, il s'était trompé beaucoup trop encore pour ne pas être bientôt obligé de réformer quelques-unes de ses premières nominations. Dans tous les ordres de fonctions il était revenu sur plusieurs d'entre elles, et ces changements de personnes avaient été d'autant plus approuvables et approuvés, que ce n'était jamais une influence politique qui les avait dictés, mais la connaissance acquise du mérite de chacun. Dans la magistrature, rien de pareil n'avait pu s'accomplir, à cause de l'inamovibilité établie par la constitution de M. Sieyès, et certains choix faits en l'an VIII, dans l'ignorance des hommes, dans la précipitation d'une réorganisation générale, étaient devenus avec le temps un scandale permanent. On avait bien attribué à la Cour de cassation une juridiction disciplinaire sur la magistrature, mais cette juridiction, suffisante dans les temps ordinaires, ne l'était pas à l'égard d'un personnel de magistrats nommés en masse, au lendemain d'un immense bouleversement, et parmi lesquels s'étaient glissés des misérables, indignes du rang qu'ils occupaient. Tandis que la décence et l'application régnaient chez presque tous les agents du gouvernement placés sous une active surveillance, la magistrature seule donnait quelquefois de fâcheux exemples. Il fallait y pourvoir, et Napoléon, qui se croyait appelé en 1807 à mettre la dernière main à la réorganisation de la France, s'était décidé à faire cesser un tel désordre. Il avait demandé l'avis de l'archichancelier, juge suprême en pareille matière. Cet esprit aussi fertile que sage avait trouvé, dans cette occasion comme dans beaucoup d'autres, un

Août 1807.

expédient ingénieux, fondé d'ailleurs sur des raisons solides. La constitution de l'an VIII, en déclarant les membres de l'ordre judiciaire inamovibles, les soumettait cependant à une condition commune à tous les membres du gouvernement, c'était de figurer sur les listes d'éligibles. Elle ne leur avait donc assuré la perpétuité de leur charge que conditionnellement, et lorsqu'ils mériteraient toute leur vie l'estime publique. Cette précaution ayant disparu avec les listes d'éligibles, abolies depuis, il fallait, avait dit le prince Cambacérès, y suppléer, et il avait proposé deux mesures, l'une permanente, l'autre temporaire. La première consistait à ne considérer les nominations dans la magistrature comme définitives, et conférant l'inamovibilité, qu'après l'expiration de cinq années, et après l'expérience faite de la moralité et de la capacité des magistrats choisis. La seconde consistait à former une commission de dix membres, à donner à cette commission le soin de passer en revue la magistrature tout entière, et de désigner ceux de ses membres qui s'étaient montrés indignes de rendre la justice. Cette combinaison ingénieuse et rassurante fut adoptée par Napoléon, et convertie en un sénatus-consulte qui devait être présenté au Sénat. En tout autre temps, cette mesure aurait été considérée comme une violation de la constitution. A cette époque, à la suite d'immenses bouleversements, en présence d'une nécessité reconnue, et avec l'intervention d'un corps dont l'élévation garantissait l'impartialité, elle ne parut que ce qu'elle était en effet, un acte réparateur et nécessaire. Du reste, cette épuration, opérée bientôt avec justice et discrétion, fut autant approuvée dans son exécution que dans son principe.

Août 1807.

Tandis qu'il s'occupait de ces mesures constitutionnelles et administratives, Napoléon donna également son attention aux finances. Il n'était aucune partie de l'administration dont il eût lieu d'être aussi satisfait que de celle-là, car l'abondance régnait au Trésor, et l'ordre achevait de s'y rétablir. On a vu le budget, fixé d'abord à 500 millions en 1802, s'élever bientôt, par la liquidation définitive de la dette publique, par le développement apporté aux travaux d'utilité générale, par le rétablissement successif du culte dans les plus petites communes de France, par la création d'un vaste système d'enseignement, par l'extension des constructions navales, par l'institution enfin de la monarchie et la création d'une liste civile, s'élever à environ 600 millions, et, la guerre survenant, à 700 millions (820 avec les frais de perception). Napoléon, en 1806, au retour de la guerre d'Autriche, et avant son départ pour la guerre de Prusse, avait déclaré au Corps Législatif, afin que l'Europe en fût bien avertie, que 600 millions lui suffisaient pour la paix, 700 millions pour la guerre, et que, sans recourir à l'emprunt, système alors antipathique à la France, il obtiendrait cette somme par le rétablissement des perceptions naturelles, que la Révolution française avait abolies, au lieu de se borner à les réformer. En conséquence il avait rétabli, sous le nom de *droits réunis*, les contributions sur les boissons, et, en remplacement de l'impôt des barrières, l'impôt sur le sel. Ces per-

État des finances.

Budgets de 1806 et 1807.

Août 1807.

ceptions avaient bientôt justifié sa prévoyance et sa fermeté, car les droits réunis, après avoir produit une vingtaine de millions dans la première année, en produisaient déjà 48 dans l'année 1806, et en promettaient 76 dans l'année 1807. L'impôt sur le sel, qui avait produit 6 à 7 millions en 1806, rapportait 29 millions en 1807, et en faisait espérer bien davantage pour les années suivantes. Les anciennes contributions avaient présenté également des améliorations notables. L'enregistrement était monté de 160 millions à 180; les douanes, de 40 millions à 50 en 1806, à 66 en 1807; car si le commerce maritime était interdit, le commerce avec le continent prenait un immense développement.

Aussi les revenus ordinaires, que Napoléon avait supposé en 1806 devoir s'élever à 700 millions, s'élevaient fort au delà en 1807, et pouvaient être évalués approximativement à 740 millions, se décomposant de la manière suivante : 315 millions provenant des contributions directes (impôt sur la terre, les propriétés bâties, les portes et fenêtres, les loyers, etc.); 180 provenant de l'enregistrement (droit sur le timbre, les successions, les mutations de propriété, avec addition du produit des forêts); 80 provenant des droits réunis, 50 des douanes, 30 du sel, 5 des sels et tabacs au delà des Alpes, 5 des salines de l'est, 12 de la loterie, 10 des postes, 1 des poudres et salpêtres, 10 des décomptes dus par les acquéreurs des domaines nationaux, 6 de recettes diverses, 36 du subside italien, représentant l'entretien de l'armée française chargée de garder l'Italie. Cette somme totale de 740 millions, accrue de 30 millions de produits spéciaux, c'est-à-dire de centimes additionnels ajoutés aux contributions directes pour les dépenses départementales, et de l'octroi établi sur certaines rivières pour l'entretien de la navigation, devait monter à 770 millions. Tel de ces produits, comme celui de l'enregistrement, des droits réunis ou des douanes, pouvait s'élever ou s'abaisser; mais le total des produits devait atteindre et dépasser successivement le revenu moyen de 740 millions, 770 avec les produits spéciaux.

Il est vrai que la dépense n'avait pas moins dépassé que la recette les limites posées dans la loi des finances. Napoléon, en 1806, avait évalué à 700 millions le budget de l'état de guerre, état le plus ordinaire à cette époque; ce qui devait, avec 30 millions de produits spéciaux, porter la dépense totale à 730 millions. On savait déjà qu'elle serait de 760 millions pour cette même année 1806. On sut même plus tard qu'elle avait été de 770. Elle avait donc dépassé de 40 millions le chiffre prévu. En 1807, année dont nous faisons en ce moment l'histoire, la dépense évaluée à 720 millions, à 750 avec les produits spéciaux, menaçait d'être beaucoup plus considérable. Elle fut réglée plus tard à 778 millions. La cause de ces augmentations se devine aisément, car la dépense de la guerre (pour les deux ministères, du personnel et du matériel), évaluée à 300 millions, était montée à 340. Encore cette somme est-elle loin d'en révéler toute l'étendue; car, indépendamment des dépenses mises à la charge de l'État, les pays occupés par nos troupes avaient fourni une partie des vivres, et le trésor de l'armée dans lequel étaient versées les contributions de guerre, avait supporté une partie des dépenses du matériel et de la solde. Les suppléments tirés de ce trésor ne s'élevaient pas à moins de 40 ou 50 millions pour 1806, et à moins de 140 ou 150 pour 1807. Mais les recettes courantes de l'année donnant déjà 740 millions (770 avec les produits spéciaux), et le trésor de l'armée pouvant fournir quelques suppléments sans s'appauvrir, on est fondé à dire que Napoléon avait atteint son but d'égaler les recettes aux dépenses, même pendant l'état de guerre, sans recourir à l'emprunt.

Du reste, le total de 770 millions de dépenses pour 1806, de 778 pour 1807, ne s'était pas encore révélé tout entier, car la comptabilité française, quoique en progrès, n'était point alors parvenue à la perfection qui permet aujourd'hui, quelques mois après une année écoulée, d'en constater et d'en arrêter la dépense. Il ne fallait pas moins de deux ou trois années pour arriver à une pareille liquidation. Napoléon évaluait donc les dépenses de l'année à 720 millions, à 750 avec les services payés sur les produits spéciaux, et, sauf quelques excédants pour l'entretien de l'armée, cette évaluation était exacte. Dans ce total de 720 millions la dette publique devait entrer pour 104 millions (54 de rentes perpétuelles cinq pour cent, 17 de rentes viagères, 24 de pensions ecclésiastiques, 5 de pensions civiles, 4 de la dette du Piémont, de Gênes, Parme et Plaisance); la liste civile, pour 28 (les princes compris); le service des affaires étrangères, pour 8; l'administration de la justice, pour 22; la dépense de l'intérieur et des travaux publics, pour 54 (non compris les travaux des départements payés sur les 30 millions de produits spéciaux); la dotation des cultes, pour 12; la police générale, pour 4; les finances, pour 36 (compris 10 millions pour la caisse d'amortissement); l'administration du trésor, pour 18 (compris 10 millions de frais d'escompte); la marine, pour 106; la guerre, pour 324; enfin un fonds de réserve destiné aux dépenses imprévues, pour 40 : total 720 millions, 750 avec les dépenses des départements.

Ce total des dépenses formant 750 millions, comparé avec le produit des recettes formant 770 millions, laissait une somme libre de 20 millions. Napoléon voulut sur-le-champ en restituer la jouissance au pays, par la suppression des 10 centimes de guerre établis en 1804, en remplacement des dons volontaires votés par les départements pour la construction de la flottille de Boulogne. C'était un soulagement considérable sur les contributions directes, les plus pesantes de toutes à cette époque, et le troisième de ce genre accordé depuis le 18 brumaire. Napoléon ordonna qu'en présentant la loi de finances au Corps Législatif, qui allait être assemblé après une prorogation d'une année, on lui proposât immédiatement cette amélioration importante dans le sort des contribuables, et qu'on annonçât ainsi la fin d'une partie des charges de la guerre, avant la fin de la guerre elle-même.

Sa pensée ardente, aimant à plonger dans l'avenir, avait déjà recherché quel serait en quelques années l'état des finances du pays, et il avait constaté qu'en

Août 1807.

Facilité
toute nouvelle
obtenue dans
le service
du Trésor.

quinze ans l'extinction rapide des rentes viagères et des pensions ecclésiastiques, le rachat également rapide des rentes perpétuelles dotées d'un fonds d'amortissement que la vente, chaque jour plus avantageuse, des biens nationaux rendait très-puissant, réduiraient la dette publique de 104 millions à 74. Mais bien avant ce résultat, qu'il fallait attendre plusieurs années encore, le rétablissement de la paix pouvait faire tomber les dépenses publiques fort au-dessous de 720 millions, faire monter fort au-dessus les revenus, et offrir d'abondants moyens ou de dégrèvements, ou de créations utiles. Sans les fautes que nous aurons bientôt à raconter, ces beaux résultats eussent été réalisés, et les finances de la France auraient été sauvées avec sa grandeur.

Au bon état des finances se joignait depuis l'année précédente une facilité toute nouvelle dans le service du Trésor. On se souvient que diverses causes, dont l'une était permanente et les autres accidentelles, avaient rendu ce service très-difficile, et avaient donné au Trésor l'apparence du riche embarrassé, qui, soit par défaut d'ordre, soit par difficulté de recouvrer ses revenus, ne peut pas suffire à ses dépenses courantes. La cause permanente naissait du régime des *obligations* et des *bons à vue* que les receveurs généraux souscrivaient, et qui, acquittables à leur caisse, mois par mois, étaient le moyen par lequel le produit des impôts arrivait au Trésor. Les *obligations*, représentant la valeur des contributions directes, n'étaient souscrites qu'à des échéances assez éloignées, et un quart au moins n'était payable que quatre, cinq ou six mois après l'année à laquelle elles appartenaient. Les *bons à vue*, représentant les contributions indirectes, et souscrits à des époques indéterminées, postérieurement au versement réalisé de l'impôt, ne faisaient parvenir à l'État les produits de ces contributions que cinquante ou soixante jours après leur entrée dans les caisses des receveurs généraux. Ces derniers avaient ainsi des jouissances de fonds qui constituaient une partie de leurs émoluments. Mais ce qui entraînait des inconvénients beaucoup plus graves que des bénéfices excessifs accordés à des comptables, c'était la nécessité où se trouvait le Trésor, pour réaliser ses revenus en temps opportun, de faire escompter ces *obligations* et *bons à vue*, quelquefois par la Banque, quelquefois par de gros capitalistes, qui lui avaient fait payer l'escompte jusqu'à 12 et 15 pour cent, et avaient même, comme M. Ouvrard, commis d'étranges détournements de valeurs. On évaluait à 124 millions les sommes dont l'échéance était ainsi reportée au delà des douze mois de l'année. Cependant, comme la dépense n'est pas plus que l'impôt acquittée dans ces douze mois, le service du Trésor aurait pu s'opérer presque sans escompte, si d'autres causes, tout accidentelles, n'étaient venues compliquer la situation ordinaire. D'une part, les budgets antérieurs de 1803, 1804, 1805, avaient laissé des arriérés, auxquels on essayait de pourvoir avec les ressources courantes; et d'autre part, la singulière aventure financière des négociants réunis, qui en confondant les affaires de France et d'Espagne avaient privé l'État d'une somme de 141 millions, avait constitué le Trésor dans un double embarras. On s'était vu obligé de suppléer à un déficit antérieur de 60 à 70 millions, et à un débet de 144 millions créé par les négociants réunis. Ce débet avait pour gage, à la vérité, des valeurs solides, mais d'une réalisation difficile. Il avait donc fallu, outre l'escompte annuel des 124 millions d'obligations n'échéant que dans l'année suivante, faire face à un déficit d'environ 200 millions. C'est ce qui explique la détresse financière de 1805 et de 1806, même au milieu des succès prodigieux de la campagne qui s'était terminée par la victoire d'Austerlitz.

Mais l'arrivée de Napoléon en janvier 1806, revenant victorieux, et les mains pleines des métaux enlevés à l'Autriche, avait fait renaître la confiance, et apporté un premier secours dont on avait grand besoin. Bientôt le crédit renaissant, l'intérêt de 12 et 15 pour cent était retombé à 9, et même à 6 pour cent, dans l'escompte des valeurs du Trésor.

D'autres moyens avaient été pris pour résoudre les difficultés du moment, et en rendre le retour impossible. Premièrement on avait retiré, comme nous l'avons dit, au Sénat, à la Légion-d'Honneur, à l'Université, les biens nationaux qui constituaient leur dotation, alloué des rentes en compensation, et transmis ces biens à la caisse d'amortissement, pour qu'elle en opérât la vente peu à peu, ce qu'elle faisait avec prudence et avantage. On estimait ces biens à 60 millions, et sur ce gage il avait été créé 60 millions de rescriptions, portant 6 et 7 pour cent d'intérêt, suivant les échéances, et successivement remboursables à ladite caisse, dans le courant de cinq années. Ces rescriptions, à cause de l'intérêt qu'elles rapportaient, de la certitude du gage, et de la confiance qu'inspirait la caisse qui en était garante, avaient acquis le crédit des meilleures valeurs, et n'avaient pas cessé de se négocier à un taux très-rapproché du pair. Elles avaient ainsi fourni un moyen d'acquitter l'arriéré des budgets de 1803, 1804, 1805. Les biens donnés en gage acquérant avec le temps une valeur plus considérable, on put porter à 70, et même à 80 millions, le chiffre de ces rescriptions, afin de suffire aux charges successivement révélées par la liquidation des exercices antérieurs.

Août 1807.

Après avoir pourvu à cet arriéré, on avait apporté un grand soin à la rentrée des 141 millions constituant le débet des négociants réunis. M. Mollien, devenu ministre du Trésor au moment de la destitution de M. de Marbois, et sans cesse stimulé par Napoléon, avait déployé, dans la réalisation des valeurs composant ce débet, un zèle et une habileté remarquables. D'abord on s'était emparé de dix à onze millions d'immeubles appartenant aux sieurs Ouvrard et Vanlerbergh. Puis on avait saisi les magasins de M. Vanlerbergh; et comme l'Empereur, très-content de son activité, lui avait continué le service des vivres de l'armée et de la marine, on s'était ménagé, en ne lui payant qu'une partie de ses fournitures, le moyen de rentrer bientôt dans une somme d'une quarantaine de millions. MM. Ouvrard, Desprez, Vanlerbergh avaient encore versé, en différents payements, ou en effets sur la Hollande, une somme de 30 millions. Enfin l'Espagne, reconnue

Recouvrement du débet des négociants réunis.

personnellement débitrice dans le débet total d'une somme de 60 millions, s'était acquittée en déléguant 36 millions de piastres sur le Mexique, et en promettant de payer directement 24 millions, dans le courant de 1806, à raison de trois millions par mois. L'Espagne était le plus mauvais de tous ces débiteurs, car, sur les 24 millions acquittables mensuellement en 1806, elle n'avait versé que 14 millions en août 1807, après avoir montré avant Iéna une mauvaise volonté évidente, et depuis Iéna une impuissance déplorable. C'est à force d'emprunts sur la Hollande qu'elle avait remboursé, en août 1807, 14 des 24 millions dus en 1806. Quant aux 36 millions de piastres à toucher dans les comptoirs de Mexico, de la Vera-Cruz, de Caracas, de la Havane, de Buenos-Ayres, M. Mollien avait employé un moyen fort ingénieux pour en recouvrer la valeur : c'était de les céder à la maison hollandaise Hope, qui les cédait à la maison anglaise Baring, laquelle obtenait, à cause du besoin que l'Angleterre avait de métaux, la permission de les extraire des ports espagnols sur des frégates anglaises. La France ne garantissait que le versement en rade, à bord des canots anglais, et les livrait au prix de 3 fr. 75 c., prix auquel elle les avait reçues. Le bénéfice de 1 fr. 25 c., abandonné à ceux qui bravaient les difficultés de l'opération, n'était donc pas fait sur elle-même, mais sur l'Espagne, qui payait ainsi par un énorme escompte l'éloignement des sources de sa richesse, et la faiblesse de son pavillon, obligé d'abandonner au pavillon anglais l'extraction des métaux de l'Amérique. Les maisons Baring et Hope, par des virements de valeurs, transmettaient ensuite au Trésor français le montant des piastres cédées. On en avait négocié à ces conditions pour plus de 25 millions, dont une partie venait de rentrer. Le surplus avait été employé à payer aux États-Unis, ou dans les colonies espagnoles, les dettes contractées par notre marine, et notamment les dépenses faites pour les vaisseaux de l'amiral Willaumez, qui avaient cherché refuge, les uns dans le port de la Havane, les autres dans le Delaware et dans la Chesapeak.

C'est à l'aide de ces diverses combinaisons qu'en août 1807, le Trésor français était parvenu à recouvrer 100 millions, sur les 144 composant l'énorme débet des négociants réunis. La rentrée des 44 millions restants était assurée, à 4 ou 5 millions près, et à des termes très-rapprochés.

Le Trésor obéré dans l'hiver de 1806, bientôt soulagé par les secours métalliques que Napoléon avait tirés de l'étranger, par le retour de la confiance, par le payement intégral de l'arriéré des budgets, par le recouvrement presque total du débet des négociants réunis, n'avait eu à pourvoir, en 1807, qu'à une petite partie de ce débet, et aux 124 millions d'obligations ordinairement recouvrables dans l'exercice suivant, ce qui était facile, comme nous l'avons déjà dit, l'acquittement de la dépense étant presque autant retardé que celui de l'impôt. Aussi l'Empereur avait-il pu exiger et obtenir que la solde de la grande armée, qui représentait 3 à 4 millions par mois, et dont il avait dispensé le Trésor de faire le versement immédiat, s'accumulât peu à peu à Erfurt, à Mayence, à Paris, et y formât un dépôt en numé-

Août 1807.

Création de la caisse de service.

raire de plus de 40 millions, précaution excessive qui prouve combien était prudent à la guerre cet homme si imprudent dans la politique[1].

Mais une institution nouvelle, qui était le complément nécessaire de notre organisation financière, facilita dès 1806 les opérations du Trésor, et y fit régner dans le courant de 1807 une abondance jusque-là inconnue. D'après le système proposé par M. Gaudin au Premier Consul le lendemain du 18 brumaire, système suivi jusqu'en 1807, les receveurs généraux souscrivaient, comme nous avons dit, au profit du Trésor des lettres de change, sous le titre d'*obligations* ou de *bons à vue*, échéant mois par mois. Ce fut là le moyen employé pour opérer la rentrée des revenus publics. On avait ainsi la certitude d'une échéance fixe, et on abandonnait comme émoluments, aux receveurs généraux, les bénéfices d'in-

---

[1] Les détails que je rapporte ici peuvent paraître minutieux, mais ils me semblent indispensables pour faire connaître la marche de nos finances, l'habileté administrative de Napoléon et de ses agents, le temps singulier dans lequel ils vivaient. Ces détails, et surtout ceux qui vont suivre sur la création du nouveau système de trésorerie, sont extraits, non des publications officielles, devenues fort rares à cette époque, restées d'ailleurs très-incomplètes, et surtout parfaitement muettes sur les moyens d'exécution, mais des Archives même du Trésor. J'ai fait sur ces archives, avec l'autorisation de MM. les ministres des finances Humann et Dumon, un travail considérable, dont j'ai été dédommagé, quelque long qu'il ait pu être, par l'instruction que j'ai recueillie, sur l'origine et la marche de notre administration financière. Je me suis fort éclairé aussi pour ce qui concerne cette époque, dans la lecture des mémoires inédits, et très-importants, de M. le comte Mollien. Je garantis donc la parfaite exactitude des détails qui ont précédé et qui vont suivre, quant aux faits en eux-mêmes et quant aux chiffres. Seulement j'ai donné les sommes rondes, et, pour les chiffres variables d'un jour à l'autre, les sommes moyennes, qui exprimaient le mieux la vérité durable des choses.

FONTAINEBLEAU.   91

térêts qui en résultaient, car l'impôt rentrait toujours avant l'échéance de ces *obligations* ou *bons à vue*. C'était sans doute une grande amélioration, eu égard au temps où ce système fut imaginé, car on s'était ainsi assuré des termes fixes pour le versement des impôts. Il restait en 1807 un dernier pas à faire, c'était d'obliger les comptables à livrer leurs fonds au Trésor au moment même où ils les recevaient. Mais supprimer tout à coup ce système de lettres de change, pour lui substituer le système plus naturel d'un versement immédiat, sous la forme d'un compte courant établi entre le Trésor et les receveurs généraux, aurait constitué un changement trop brusque et peut-être dangereux. L'expérience et l'esprit inventif de M. Mollien lui suggérèrent une transition des plus heureuses.

M. Mollien, comme on s'en souvient sans doute, était directeur de la caisse d'amortissement, lorsque Napoléon, satisfait de la manière dont il avait dirigé cette caisse, l'appela en 1806 au ministère du Trésor, en remplacement de M. de Marbois, destitué par suite de l'affaire des négociants réunis. M. Mollien était un discoureur subtil, ingénieux, tout plein des doctrines des économistes, très-habile en affaires quoiqu'il les exposât dans un langage prétentieux, timide, susceptible, se troublant aisément devant Napoléon, qui n'aimait pas les longues dissertations, mais retrouvant bientôt en lui-même l'indépendance d'un honnête homme, et la fermeté d'un esprit convaincu. Napoléon traitait quelquefois, avec la liberté de la toute-puissance et du génie, les théories de M. Mollien, et puis laissait agir cet habile

Août 1807.

Moyen imaginé par M. Mollien pour substituer aux obligations des receveurs généraux le système du versement immédiat.

ministre, sachant à quel point il était consciencieux, appliqué, et propre surtout à réformer le mécanisme du Trésor, où régnaient encore de vieilles routines protégées par des intérêts opiniâtres.

Lorsque la négociation des valeurs du Trésor fut enlevée à M. Desprez, représentant de la compagnie des négociants réunis, un comité des receveurs généraux avait été chargé de le remplacer. Ce comité exista quelque temps, et son service consistait à escompter les *obligations* et *bons à vue*, en agissant pour le compte des receveurs généraux. Les fonds dont ce comité se servait lui venaient des receveurs généraux eux-mêmes, qui touchaient toujours le montant des impôts avant l'époque où l'échéance des *obligations* et *bons à vue* les forçait à le verser. M. Mollien, frappé de cette remarque, que l'argent avec lequel on escomptait les valeurs du Trésor était l'argent du Trésor lui-même, imagina d'en exiger le versement immédiat, au moyen d'une combinaison qui, sans priver les comptables des jouissances de fonds dont ils profitaient, les amènerait à livrer directement, et sans intermédiaire, le produit de l'impôt aux caisses du Trésor. Pour y parvenir, il créa une caisse appelée *caisse de service*, titre emprunté de son objet même, à laquelle les receveurs généraux devaient envoyer à l'instant où ils les recevaient tous les fonds obtenus des contribuables, moyennant un intérêt de 5 pour cent. Cette caisse, afin de s'acquitter envers eux, devait ensuite, à l'échéance, leur remettre leurs *obligations* et *bons à vue*. Pour amener les receveurs généraux à verser les sommes perçues à cette caisse, il leur adressa une circulaire par laquelle il leur disait, que si d'une part ils ne devaient les fonds de l'impôt qu'à l'échéance de leurs *obligations*, de l'autre ils n'étaient que dépositaires de ces fonds, et n'avaient pas le droit de les employer en spéculations privées; que la caisse de service, instituée pour les recevoir, en serait le dépositaire le plus naturel et le plus sûr, et leur en payerait un intérêt raisonnable, celui de 5 pour cent. Il ajouta que leur compte courant avec cette caisse serait mis tous les mois sous les yeux de l'Empereur, que chacun savait attentif, plein de mémoire et de justice. C'était assez pour stimuler le zèle de ceux qui avaient de la bonne volonté. Quant aux autres, M. Mollien s'y prit différemment. Dispensé, par l'abondance d'argent dont il commençait à jouir, de recourir aussi fréquemment à l'escompte des *obligations* et *bons à vue*, il ne laissa plus paraître un seul de ces effets sur la place; et si, dans certains besoins pressants, il était obligé de s'adresser à la Banque de France, pour qu'elle lui escomptât quelques millions de valeurs, c'était à condition qu'elle en garderait les titres dans son portefeuille. Dès lors les receveurs généraux qui faisaient valoir les fonds de l'impôt en agiotant sur les *obligations* et les *bons à vue*, n'eurent plus d'autre ressource que la caisse de service elle-même, et ils lui envoyèrent ces fonds. Les uns par zèle, par émulation de se distinguer sous les yeux mêmes de l'Empereur, les autres par impossibilité de trouver ailleurs un emploi de leurs capitaux, depuis que les *obligations* ne paraissaient plus sur la place, versèrent le produit réalisé des impôts à la caisse de service, moyennant l'intérêt de 5

Août 1807.

Moyens employés par M. Mollien pour amener les fonds à la caisse de service.

Août 1807.

pour cent, et la caisse s'acquitta envers eux en leur restituant leurs *obligations* à chaque échéance. L'opération de l'escompte se trouva donc ainsi naturellement supprimée, et remplacée par un versement immédiat au Trésor, moyennant un intérêt de 5 pour cent, pour le temps à courir entre l'époque du versement et l'époque de l'échéance des *obligations* et *bons à vue*.

Instituée à la fin de 1806, au moment du départ de Napoléon pour la Prusse, la caisse de service regorgeait de fonds en 1807, au moment de son retour. M. Mollien, dont on ne saurait trop admirer en cette occasion les combinaisons ingénieuses et habiles, ne se borna point à diriger vers la caisse de service les fonds des receveurs généraux; il fit mieux encore. Ce n'étaient pas seulement les comptables qui avaient recours aux *obligations* et aux *bons à vue*, pour l'emploi des fonds dont ils avaient la disposition temporaire, c'étaient aussi les particuliers qui cherchaient là des placements à court terme (comme font aujourd'hui les capitalistes français qui recherchent les bons du Trésor, ou les capitalistes anglais qui recherchent les bons de l'Échiquier); c'étaient aussi les établissements publics qui avaient des capitaux à placer, comme le Mont-de-Piété, la Banque, la caisse d'amortissement, etc. Ces divers capitalistes s'adressaient aux banquiers faisant ordinairement l'agio des *obligations* et *bons à vue*, afin de s'en procurer. M. Mollien autorisa la caisse de service, par le décret d'institution, à émettre des billets sur elle-même, portant un intérêt de 5 pour cent, et une échéance déterminée. Au lieu de donner des *obligations* ou des *bons à vue* aux particuliers, elle leur remit de ces billets sur elle-même, et elle en eut bientôt placé pour 18 millions, ce qui la mit en possession d'une égale somme en écus. Elle conclut encore un traité particulier avec le Mont-de-Piété, qui avait ordinairement besoin de 15 à 18 millions d'*obligations*, pour l'emploi de ses fonds. Au lieu de lui remettre des *obligations*, on lui remit des billets de la caisse de service, en lui donnant la garantie d'un dépôt de 18 millions d'*obligations* conservées au Trésor dans un portefeuille spécial. De la sorte les *obligations* et *bons à vue* ne circulèrent plus; les billets de la caisse de service les remplacèrent dans le public. Il y avait en juillet 1807 un an que cette caisse existait, et elle avait déjà reçu 45 millions des receveurs généraux (dont moitié pour leur compte, moitié pour celui des capitalistes de province), 18 millions du public, 18 millions du Mont-de-Piété, c'est-à-dire une somme totale de 80 millions.

On comprend quelle facilité la création de la nouvelle caisse avait dû apporter dans le service du Trésor, qui, soulagé de l'arriéré des budgets par la création des 70 millions de rescriptions, remboursé de la plus grande partie du débet des négociants réunis, trouva en outre, dans cet emprunt flottant de 80 millions, des ressources qui le dispensèrent de recourir à l'escompte des *obligations* et *bons à vue*. En réalité cet emprunt avait toujours existé, puisque toujours les capitaux avaient cherché un placement temporaire dans les bonnes valeurs du Trésor. Mais le Trésor n'en avait pas été l'intermédiaire.

96 LIVRE XXVIII.

Août 1807.

Des spéculateurs, placés entre lui et le public, attiraient les capitaux à eux, et ensuite lui faisaient désirer, demander, souvent attendre, et payer à un taux exorbitant l'escompte des *obligations* et des *bons à vue*. Quelquefois même ces spéculateurs n'étaient autres que ses propres comptables, qui lui prêtaient les fonds de l'impôt, et non-seulement le rançonnaient sans pudeur, mais prenaient aussi de funestes habitudes d'agiotage. La caisse de service étant devenue l'intermédiaire, se trouvait maîtresse de cet emprunt permanent, du taux auquel il se contractait; s'affranchissait des comptables, qu'elle réduisait à n'être plus que les simples dépositaires des deniers publics, et ne leur laissait du rôle de banquiers que le soin de mouvoir les fonds du Trésor d'un point à un autre. L'abaissement subit et extraordinaire des frais de négociation de 1806 à 1807, devint la preuve matérielle de tous ces avantages. Pour l'exercice 1806, qui, à cause du changement de calendrier, comprenait, outre les douze mois de 1806, les trois derniers mois de 1805, la dépense des frais de négociation s'était élevée à la somme exorbitante de 27 à 28 millions[1]. Pour les quatre premiers mois, elle avait été de 14 millions (ce qui supposait 3 millions et demi par mois, c'est-à-dire 40 millions par an). Pour les sept mois suivants elle avait été de près de 9 millions (ce qui ne supposait

[1] 27,369,022 fr. pour 465 jours, se décomposant ainsi qu'il suit :
Pour 130 jours. . . . 14,385,680 fr.
Pour 197 jours. . . . 8,609,872
Pour 138 jours. . . . 4,373,470

27,369,022

plus que 1,200 mille francs par mois, et 14 ou 15 millions par an). Enfin pour les quatre derniers mois elle avait été de 4 millions 300 mille francs (ce qui supposait tout au plus 12 millions par an). Cette dépense était réduite en 1807 à 9 ou 10 millions, économie considérable, qui ne laissait aux capitalistes que des bénéfices légitimes, et nullement regrettables, si on considère surtout le partage qui s'en faisait. Sur ces 9 millions la Banque percevait 1,400 mille francs, la caisse d'amortissement 1,500, le Mont-de-Piété 1,350, les receveurs généraux et particuliers, pour leurs frais et rétributions, 5 millions. Quel changement, si on se reporte aux années antérieures, où les comptables se ménageaient des bénéfices exorbitants sur les sommes qu'ils retenaient, si on remonte surtout aux temps de l'ancienne monarchie, où les fermiers généraux payaient la cour, les ministres, les employés, et réalisaient encore des fortunes immenses pendant un bail de quelques années!

La caisse de service, outre ces divers avantages, d'émanciper le Trésor, de lui procurer de grandes économies, de ramener ses comptables à de meilleures habitudes, avait pour conséquence de faire cesser dans la circulation générale des valeurs de faux mouvements, qui se résolvaient pour l'État et pour le pays lui-même, ou en frais de banque, ou en pertes d'intérêts, ou en déplacements inutiles de numéraire. Lorsque, par exemple, le Trésor n'était pas encore, au moyen du compte courant avec ses comptables, en communication directe et journalière avec eux, et qu'il avait besoin d'argent quelque part, ignorant ce qu'il en était, il faisait escompter à Paris des *obligations*, et en expédiait la valeur sur les lieux, où souvent se trouvaient déjà dans la caisse du receveur général des fonds en abondance. De son côté le receveur général, intéressé à se débarrasser de fonds inutiles, cherchait à les diriger sur Paris ou sur d'autres points, et chargeait de métaux les voitures publiques, tandis que si le compte courant eût existé, de simples écritures auraient suffi, et eussent dispensé le Trésor d'envoyer du numéraire dans les départements, et les départements d'en envoyer à Paris.

M. Mollien ne s'était pas borné à la création d'une caisse de service au centre de l'Empire, il en avait institué une semblable dans les départements situés au delà des Alpes. Là plus encore que dans l'ancienne France, se rencontrait la fâcheuse contradiction de fonds stagnants chez les comptables avec des besoins pressants auxquels il fallait pourvoir par des envois de numéraire. Pour faire cesser ce grave inconvénient, M. Mollien établit, non pas à Turin, mais à Alexandrie, dans l'enceinte de la grande forteresse construite par Napoléon, une caisse de virements, à laquelle tous les comptables de la Ligurie, du Piémont et de l'Italie française, devaient verser leurs fonds, et qui à son tour les dirigeait vers les lieux où existaient des besoins, à Milan surtout, où il y avait à payer l'armée française. Cette caisse, placée sous la direction d'un agent habile, M. Dauchy, avait bientôt produit les mêmes avantages que celle qu'on avait instituée à Paris, c'est-à-dire rendu le service facile, les ressources abondantes, les envois de numéraire inutiles; et c'était la peine, en vérité, d'apporter un tel ordre dans cette partie des finances de l'Empire, car l'Italie française (nous entendons par ce nom celle qui était convertie en départements, et non celle qui était constituée, sous le prince Eugène, en État allié mais indépendant), l'Italie française rapportait à cette époque jusqu'à 40 millions, dont 18 étaient consacrés à payer l'administration locale, la justice, la police, les routes; et 22 millions restaient, soit pour la construction des places fortes, soit pour contribuer à l'entretien des 120 mille hommes, qui fermaient aux Autrichiens les routes de la Lombardie.

Napoléon avait suivi attentivement, tandis qu'il faisait la guerre au Nord, la marche et les progrès de ces nouvelles créations financières; et à son retour, le jour même où les ministres étaient venus saluer en lui l'heureux vainqueur du continent, il avait félicité M. Mollien avec une sorte d'effusion. Ne voulant jamais faire le bien à demi, il se proposait de rendre plus complète encore ce qu'il appelait l'émancipation du Trésor. La nouvelle caisse de service, moyennant l'emprunt flottant de 80 millions dont il vient d'être parlé, était presque dispensée, sauf dans certains besoins pressants, pour lesquels elle s'adressait à la Banque, de recourir à l'escompte des *obligations* et *bons à vue*. Mais Napoléon résolut d'assurer ses ressources d'une manière définitive, à l'aide d'une combinaison dont il avait déjà eu l'idée lorsqu'il bivouaquait au milieu des neiges de la Pologne. La somme des *obligations* et *bons à vue*, dont l'échéance n'arrivait que dans l'année suivante, et

Août 1807.

Prêt permanent de 124 millions fait par le trésor de l'armée à la caisse de service pour assurer définitivement ses ressources.

qu'il fallait dès lors escompter, s'élevait à 124 millions environ. Il est vrai que la dépense comme la recette ne s'acquittait pas dans l'année. Mais Napoléon voulait autant que possible faire solder la dépense dans l'année même, et pour cela réaliser dans le même intervalle de temps les revenus de l'État. Conformément à ce qu'il avait imaginé en Pologne, il voulut que les *obligations* de 1807, qui ne devaient échoir qu'en 1808, fussent abandonnées à l'exercice 1808; que celles de 1808, qui ne devaient échoir qu'en 1809, fussent abandonnées également à 1809, de façon que chaque exercice n'eût que des valeurs échéant dans les douze mois de sa durée. Mais pour qu'il en fût ainsi, il fallait fournir à 1807 l'équivalent des 124 millions de valeurs reportées sur les exercices suivants. Napoléon résolut de faire à la caisse de service un prêt de 124 millions, qui pouvait être définitif, grâce aux ressources dont il disposait. Après diverses combinaisons, il s'arrêta à l'idée de faire fournir 84 millions, sur les 124, par le trésor de l'armée, et les 40 restants par les établissements qui avaient l'habitude de placer leurs fonds dans les valeurs du Trésor. La nouvelle caisse allait dès lors se trouver dans une abondance extraordinaire, ayant 84 millions qui lui venaient tout à coup de l'armée, et n'ayant plus que 40 millions à demander au public, au lieu de 80 qu'elle lui avait empruntés en 1807. Elle devait être dispensée à l'avenir d'escompter les *obligations* et *bons à vue*, puisque chaque exercice n'aurait désormais à sa disposition que des valeurs échéant dans l'année même. Napoléon décida en outre que les 124 millions d'*obligations* et de *bons* à eue, reportés d'une année sur l'autre, seraient enfermés dans un portefeuille, pour n'en sortir que l'année suivante, au moment de leur remplacement par une égale somme de valeurs nouvelles. Il devenait facile alors de les supprimer comme inutiles, car leur seule fonction consistait à rester en dépôt dans le portefeuille, ou à procurer aux comptables par des échéances différées des bénéfices d'intérêts qu'on avait jugé convenable de leur accorder. On pouvait obtenir les mêmes résultats en réglant le compte d'intérêt établi entre le Trésor et les receveurs généraux, de manière à indemniser ces derniers. C'est en effet ce qui est arrivé depuis. La caisse de service, instituée d'après les mêmes principes, s'appelle caisse centrale du Trésor. Les receveurs généraux sont en compte courant avec cette caisse. On les *débite*, c'est-à-dire on les constitue débiteurs de tout ce qu'ils ont reçu dans la dizaine. On les *crédite*, c'est-à-dire on les constitue créanciers de tout ce qu'ils ont versé dans la même dizaine. L'intérêt qui court contre eux, quand ils sont débiteurs, court pour eux quand ils sont créanciers. On règle ensuite le compte d'intérêt tous les trois mois, et, de plus, à la fin de l'année, on leur alloue pour la masse des contributions directes, autrefois représentées par les *obligations*, une bonification d'intérêt, qui les indemnise si les rentrées n'ont pas eu lieu dans les douze mois, qui les récompense s'ils ont su les opérer dans cet intervalle de temps, qui les intéresse enfin au prompt et facile recouvrement des deniers publics.

Cette belle opération achevait la réorganisation

des finances, par la bonne constitution de la trésorerie. Il fut convenu qu'elle ne s'exécuterait définitivement qu'en 1808, soit à cause du débet des négociants réunis qui ne pouvait être entièrement acquitté qu'à cette époque, soit à cause du recouvrement des contributions étrangères qu'il était impossible d'opérer plus tôt. L'emprunt de 124 millions dut être applicable à l'exercice 1808, lequel, moyennant cette somme de 124 millions, allait faire abandon à l'exercice 1809 de toutes les *obligations* et *bons à vue* échéant après le 31 décembre 1808; de façon que l'exercice 1809 devait être le premier qui n'aurait à sa disposition que des valeurs échéant dans les douze mois de sa durée[1].

Ce prêt accordé au Trésor de l'État par le trésor de l'armée ne devait pas être temporaire, mais définitif, au moyen d'une combinaison profonde, qui révélait plus clairement encore l'usage que Napoléon entendait faire des produits de la victoire. Il entrevoyait qu'après avoir payé les dépenses extraordinaires de guerre de 1805, de 1806 et de 1807, il lui resterait environ 300 millions, lesquels étaient déjà déposés en partie, et devaient être déposés en totalité à la caisse d'amortissement. Il prétendait faire sortir de ce trésor comme d'une source merveilleuse, non-seulement le bien-être de ses généraux, de ses officiers, de ses soldats, mais la prospérité de l'Empire. Si à cette somme on ajoute 12 à 15 millions qu'il avait l'art d'économiser tous les ans sur les 25 millions de la liste civile, plus

[1] Le décret définitif, ordonnant le prêt de 84 millions, ne fut signé que le 6 mars 1808.

une quantité de domaines fonciers, en Pologne, en
Prusse, en Hanovre, en Westphalie, on aura une
idée des ressources immenses qu'il s'était ménagées,
pour assurer à la fois les fortunes particulières et la
fortune publique. Mais, dans le désir d'en retirer un
double bienfait, il se serait bien gardé de récompenser ses généraux, ses officiers, ses soldats avec
des sommes en argent, car ces sommes auraient été
bientôt dévorées par ceux qu'il voulait enrichir, et
qui, se sentant exposés continuellement à la mort,
entendaient jouir de la vie pendant qu'elle leur était
laissée. Il lui suffisait donc que le trésor de la grande
armée fût riche en revenus, et il ne tenait pas à
ce qu'il le fût en argent comptant. En conséquence
il décida que, pour les 84 millions qu'il allait verser
à la caisse de service, l'État fournirait au trésor
de l'armée une somme équivalente d'inscriptions de
rentes 5 pour cent. Bien résolu à ne pas recourir
au public pour contracter des emprunts, il avait ainsi
dans le trésor de l'armée un capitaliste tout trouvé,
qui prêtait à l'État, moyennant un intérêt raisonnable, sans qu'il y eût ni agiotage ni dépréciation de
valeurs; et de plus il pouvait compléter par des dotations en rentes les fortunes militaires, qu'il avait
déjà commencées avec des dotations en terres.

C'est d'après ce principe qu'il acheva de régulariser les budgets de 1806 et de 1807, qui n'étaient
pas encore définitivement liquidés. Les contributions de guerre frappées en pays conquis servaient
à acquitter les dépenses extraordinaires d'entretien,
de matériel, de remonte de l'armée, et Napoléon
ne laissait au compte du Trésor que la solde annuelle

Août 1807.

Supplément
tiré du trésor
de l'armée
pour l'entier
acquittement
des budgets
de 1806 et
1807.

et ordinaire. Mais cette charge seule de la solde devait faire monter à 770 millions le budget de 1806, à 778 celui de 1807, et, comme on l'a vu, les ressources ordinaires de l'impôt n'avaient pas encore atteint ce chiffre. Napoléon pensa que les produits de la victoire devaient servir non-seulement à enrichir ses soldats, mais aussi à soulager les finances, et à les maintenir en équilibre. Il voulut donc qu'il fût pourvu par la caisse de l'armée à ces excédants de dépense que l'impôt ne pouvait pas couvrir, jusqu'à concurrence de 33 millions pour 1806, et de 27 millions pour 1807. Grâce à ce secours, les quatorze mois de solde dont le versement avait été ajourné, et dont la valeur avait été accumulée peu à peu en numéraire, dans des caisses de prévoyance établies à Paris, à Mayence, à Erfurt, se trouvèrent liquidés. Si on joint ce supplément à ceux que la caisse des contributions avait déjà fournis pour les dépenses extraordinaires de guerre, on arrive à des sommes de 80 millions pour 1806, de 150 millions pour 1807; ce qui ferait monter les dépenses totales de l'armée à 372 millions pour 1806, et à 486 millions pour 1807, sans parler de beaucoup d'autres consommations locales échappant à toute évaluation. C'est là ce qui explique comment sur les 60 millions imposés à l'Autriche en 1805, sur les 570 imposés en 1806 et 1807 à l'Allemagne, soit en nature, soit en argent, il ne devait rester au trésor de l'armée qu'environ 20 millions de la première contribution, et 280 de la seconde. Mais ce genre de service n'était pas le seul que le trésor de l'armée dût rendre aux budgets de 1806 et de 1807.

Le Trésor avait compté comme recettes de ces deux exercices des valeurs qui n'étaient pas immédiatement réalisables, telles que 10 millions de biens rétrocédés par les négociants réunis, 6 millions du prix des salines de l'Est, 8 millions d'anciens décomptes des acquéreurs de biens nationaux, le tout montant à 24 millions. Napoléon consentit à ce que le Trésor payât avec ces valeurs ce qu'il devait à l'armée pour le règlement de la solde. Ces valeurs, d'une réalisation plus ou moins éloignée, mais certaine, convenaient au trésor de l'armée, qui n'avait pas besoin d'argent mais de revenus, et ne convenaient pas au Trésor de l'État, auquel il fallait des ressources immédiates.

Août 1807.

Napoléon compléta les belles mesures financières de cette année par l'établissement de la nouvelle comptabilité en *partie double*, laquelle acheva d'introduire dans nos finances la clarté admirable qui n'a cessé d'y régner depuis.

Établissement de la comptabilité en partie double.

La nouvelle caisse de service ayant créé aux comptables le devoir, l'intérêt, la nécessité de verser leurs fonds au Trésor à l'instant même où ils les percevaient, en n'y apportant que le délai inévitable de la perception locale, de la centralisation au chef-lieu de département, et de l'envoi soit à Paris, soit sur les lieux de dépenses, avait fourni le moyen d'observer plus exactement les faits dont se composent la recette et le versement des impôts. M. Mollien, qui avait été employé autrefois dans la régie des fermes, où l'on ne suivait pas dans la tenue des comptes les formes routinières et vagues de l'ancienne trésorerie, mais les formes simples, pratiques et sûres du commerce, les avait introduites à la caisse d'amortissement, lorsqu'il en était le directeur, et à la caisse de service depuis qu'il en avait fait adopter l'institution. Il avait fait usage dans cette caisse des écritures en *partie double*, qui consistent à tenir un journal quotidien de toutes les opérations de recette ou de dépense au moment même où elles s'exécutent, à extraire de ce journal les faits particuliers à chacun des débiteurs ou créanciers auxquels on a affaire dans une même journée, pour ouvrir à chacun d'eux un compte particulier qui met en regard ce qu'ils doivent et ce qu'on leur doit ; à résumer enfin tous ces comptes particuliers dans un compte général, qui n'est qu'une analyse quotidienne et bien faite des relations d'un commerçant avec tous les autres, et lui donne pour contradicteurs naturels tous ceux qui sont nommés dans ses livres, lesquels ont dû tenir de leur côté des livres semblables, et les tenir exactement sous peine de faux. M. Mollien, observant, à l'aide de pareilles écritures, la marche de la caisse de service, et la situation des comptables envers elle, pouvant à chaque instant s'assurer de leur exactitude à verser, et à chaque instant aussi savoir ce qu'elle avait de ressources ou d'engagements, se demanda naturellement pourquoi cette comptabilité ne deviendrait pas celle du Trésor lui-même, sa comptabilité obligatoire et unique. Les receveurs généraux n'envoyaient alors à la comptabilité générale que des déclarations résumées de leurs recettes et de leurs versements, à des intervalles de temps éloignés, et sans y joindre un journal quotidien de leurs opérations. Les comptables inférieurs qui leur versaient les fonds, les payeurs qui les recevaient de leurs mains pour les appliquer aux dépenses de l'État, et qui étaient les uns et les autres leurs contradicteurs naturels, n'envoyaient pas non plus le journal de leurs opérations. Ils n'adressaient tous que des résultats généraux, qui étaient recueillis plus tard, et trop tard pour que la comptabilité générale fût à même, en les comparant, d'apurer le compte de chacun. Aussi les receveurs généraux pouvaient-ils se constituer en débet, sans que le Trésor le sût, et, ce qui est pire, sans qu'ils le sussent eux-mêmes. Lorsqu'il y avait, en effet, tel d'entre eux qui percevait dans l'année trente à quarante millions, il lui était bien facile, sur pareille somme, de retenir annuellement deux ou trois cent mille francs, et, en gagnant ainsi quatre ou cinq années sans régler son compte, d'accumuler trois ou quatre débets ensemble, et de s'arriérer avec le Trésor d'un ou de plusieurs millions. Il y en avait qui devaient 12, 15, 18 cent mille francs, et qui les employaient ou à faire des spéculations aventureuses, ou à s'engager dans de folles dépenses, ou même, se croyant riches avant de l'être, à acheter des propriétés qui devenaient pour eux des causes de ruine, parce qu'elles n'étaient pas en rapport avec leur fortune véritable. Une enquête sévère prouva que beaucoup d'entre eux se trouvaient dans ces diverses situations. Les receveurs généraux qui ne trompaient pas le Trésor, ou qui, en le trompant, ne se trompaient pas eux-mêmes, étaient ceux qui, sans le dire, faisaient usage pour leur propre compte

Août 1807.

Création d'un bureau spécial pour l'introduction de la nouvelle comptabilité.

de la comptabilité quotidienne, rigoureuse, contradictoire, que le commerce emploie sous le titre d'écritures *en partie double*, et que M. Mollien venait d'introduire tant à la caisse d'amortissement qu'à la caisse de service. Cette circonstance, bientôt constatée par les inspecteurs du Trésor, suffisait pour servir de leçon décisive et au ministre, et à Napoléon lui-même, toujours informé de ce qui se passait dans l'administration. M. Mollien, n'osant pas changer sur-le-champ la comptabilité de l'Empire, ni éteindre une lumière, quelque obscure qu'elle fût, sans auparavant en avoir fait luire une nouvelle, imagina de créer une seconde comptabilité à côté de l'ancienne, et concurremment avec elle. Il institua auprès de lui un bureau de comptabilité, dirigé par un comptable exercé[1], lui adjoignit des teneurs de livres pris dans diverses maisons de commerce, et une quantité de jeunes gens qui appartenaient à de vieilles familles de finances, quelques-uns même qui étaient fils de ces fermiers généraux dont la révolution avait fait tomber la tête. Il fit tenir par ce bureau des écritures en *partie double* avec plusieurs receveurs généraux, qui, n'ayant pas l'intention de dérober la vérité au Trésor, cherchaient, au contraire, les meilleurs moyens de la connaître. Quelques autres qui, sans mauvaise intention, n'avaient de raisons d'éloignement pour le nouveau mode d'écritures, que sa nouveauté et leur ignorance, reçurent des jeunes gens tirés du bureau créé à Paris, pour leur enseigner à s'en servir. Enfin on l'imposa à ceux qu'on suspec-

[1] M. de Saint-Didier.

tait. Il fallut fort peu de temps pour reconnaître que beaucoup de comptables étaient en débet, les uns par aveuglement sur leur situation, les autres par l'entraînement des fausses spéculations ou d'un luxe exagéré. Il y en avait qui avaient fini par regarder leurs débets, reportés depuis longues années d'un exercice sur l'autre, comme un capital à eux appartenant, et qui avaient acquis des terres en proportion d'une fortune qu'ils croyaient avoir, et qu'ils n'avaient pas. Plusieurs furent obligés de livrer le secret de leurs relations avec les riches spéculateurs de Paris, et on découvrit ainsi que leurs fonds, c'est-à-dire ceux de l'État, avaient servi à l'agiotage sur les *obligations* et *bons à vue*, agiotage qui coûtait au Trésor 25 millions de frais de négociation au lieu de 10. Le receveur général de la Meurthe fut, à lui seul, constitué débiteur envers le Trésor d'une somme de 1,700,000 francs. Une fois ce mystère éclairci, il n'y eut plus à hésiter, et il fallut changer le système de comptabilité. La chose était facile, puisqu'on avait le moyen de substituer partout le nouveau mode à l'ancien. Napoléon, qui donnait toujours force aux bonnes innovations, en repoussant les mauvaises, avait depuis son retour constamment suivi la marche de cette expérience financière, et il autorisa M. Mollien à rédiger un décret pour rendre la nouvelle comptabilité obligatoire dans tout l'Empire à partir du 1ᵉʳ janvier 1808. Les relations de chaque comptable avec la caisse de service, décrites exactement et rendues obligatoires, fournirent le dispositif de ce décret. Chaque receveur général ou particulier, chaque payeur, chaque

Août 1807.

dépositaire en un mot des deniers publics, chargé de les recevoir ou de les verser, fut astreint désormais à tenir un journal quotidien de ses opérations, à l'envoyer tous les dix jours au Trésor, qui, en comparant ces divers journaux les uns avec les autres, a été depuis mis en mesure de constater exactement l'entrée, la sortie des valeurs, de ne payer, de n'exiger que les intérêts qu'il doit, ou ceux qui lui sont dus. Les dispositions de ce décret sont les mêmes qui se pratiquent encore aujourd'hui, et elles ont fait de la comptabilité française la plus sûre, la plus exacte, la plus claire de l'Europe. Elles ont permis de clore chaque exercice dix mois après la fin de l'année à laquelle il appartient, c'est-à-dire au 1er novembre suivant. Grâce à cette réforme, les agents du Trésor, contrôlés les uns par les autres, à l'aide du témoignage journalier et direct de leurs écritures, inondés en quelque sorte de lumière, ne pouvaient plus avoir ni le moyen ni la tentation de tromper, et étaient même soustraits au danger de s'endetter envers l'État. Napoléon et M. Mollien, d'accord sur ce point comme sur tous les autres, furent d'avis qu'il ne fallait, chez les comptables surpris en faute, punir que la mauvaise foi évidente, mais pardonner ou les inexactitudes involontaires, ou les lenteurs, suite d'anciennes habitudes; car la mauvaise méthode avait été le complice et le séducteur des mauvais comptables, et était plus coupable qu'eux. En conséquence, excepté trois receveurs généraux qu'on frappa de destitution, les autres furent ramenés à de meilleures habitudes, mais non privés de leur charge.

Napoléon, charmé de ce bel ordre, voulut récompenser le ministre qui l'avait établi, et qu'il avait du reste puissamment secondé par son approbation, par la force qu'il lui avait prêtée contre des résistances intéressées. N'approuvant pas toujours ses idées en fait d'économie publique, quoiqu'il approuvât toutes ses idées en fait de comptabilité financière, il avait un jour au Conseil d'État lancé quelques traits acérés contre les novateurs. M. Mollien avait cru que ces traits étaient dirigés contre lui, et s'en était plaint dans une lettre respectueuse, mais empreinte du chagrin qu'il avait ressenti. Napoléon se hâta de lui répondre en termes pleins de noblesse et de cordialité, et de lui exprimer sa haute estime, et son regret d'avoir été mal compris. Puis il lui adressa l'une des grandes décorations qu'il distribuait à ses serviteurs, et une somme considérable pour acheter une terre, dans laquelle ce ministre passe aujourd'hui les dernières années d'une vie utile et justement honorée.

Août 1807.

Récompense accordée par Napoléon à M. Mollien pour ses réformes financières.

Une seule institution manquait encore pour que l'administration de la France ne laissât plus rien à désirer. On avait réuni dans la comptabilité centrale, comme dans un foyer où des rayons lumineux viennent se concentrer pour répandre plus d'éclat, tous les moyens de contrôle et de constatation mathématique. Mais cette comptabilité n'avait qu'une autorité purement administrative. Ses décisions à l'égard des comptables étaient insuffisantes dans certains cas, pour les contraindre ou pour les libérer, et, à l'égard du pays, elles n'avaient d'autre valeur morale que celle d'un témoignage rendu par les ad-

Création de la Cour des comptes.

Août 1807.

La nouvelle Cour des comptes instituée sur le modèle fort amélioré des anciennes Chambres des comptes.

ministrateurs du Trésor sur eux-mêmes et sur leurs subordonnés. Il restait à créer une juridiction plus élevée, c'est-à-dire une magistrature apurant tous les comptes, déchargeant valablement les comptables, dégageant leurs personnes et leurs biens hypothéqués à l'État, affirmant, après un examen fait en dehors des bureaux des finances, l'exactitude des comptes présentés, et donnant à leur règlement annuel la forme et la solennité d'un arrêt de cour suprême. Il fallait enfin créer une Cour des comptes. Napoléon y avait souvent pensé, et il réalisa au retour de Tilsit cette grande pensée.

Il avait existé autrefois en France, sous le titre de Chambres des comptes, des tribunaux de comptabilité, exerçant sur les comptables une surveillance active, remplaçant jusqu'à un certain degré celle qu'une trésorerie mal organisée ne pouvait exercer alors, ayant sur eux les pouvoirs d'une juridiction criminelle, chargée de poursuivre les délits de concussion, mais exposée aussi à être dessaisie par un gouvernement arbitraire, et l'ayant été plus d'une fois quand il s'agissait de riches comptables, hautement protégés parce qu'ils avaient été hautement corrupteurs. C'était là un premier modèle qu'il fallait améliorer, et adapter aux institutions, aux mœurs, à la régularité des temps nouveaux. Depuis l'abolition en 1789 des Chambres des comptes, ensevelies avec les parlements dans une ruine commune, il n'avait existé qu'une commission de comptabilité, indépendante à la vérité du Trésor, mais privée de caractère, trop peu nombreuse, et ayant laissé s'arriérer un nombre immense de comptes. Napoléon, obéissant à son goût pour l'unité, et se conformant au caractère de la nouvelle administration française, centralisée dans toutes ses parties, ne voulut qu'une seule Cour des comptes, qui aurait rang égal au Conseil d'État et à la Cour de cassation, et viendrait immédiatement après ces deux grands corps. Elle dut juger, directement, individuellement, et tous les ans, les receveurs généraux et les payeurs, c'est-à-dire les agents de la recette et de la dépense. On ne lui attribua aucune action criminelle sur eux, car c'eût été déplacer les juridictions, mais on lui donna le pouvoir de les déclarer tous les ans quittes envers l'État pour leur gestion annuelle, et de libérer leurs biens, c'est-à-dire de décider les questions d'hypothèque. On la chargea enfin de tenir des cahiers d'observations sur la fidèle exécution des lois de finances, cahiers remis chaque année au chef de l'État par le prince architrésorier de l'Empire.

On discuta vivement devant Napoléon, et dans le sein du Conseil d'État, si la nouvelle Cour des comptes jugerait ou ne jugerait pas les ordonnateurs, c'est-à-dire si elle se bornerait à constater que les agents des recettes avaient perçu des deniers légalement votés, et en avaient rendu un compte fidèle, que les agents de la dépense avaient acquitté des dépenses légalement autorisées, ou bien si elle irait jusqu'à décider que les ordonnateurs, c'est-à-dire les ministres, avaient bien ou mal administré, avaient, par exemple, bien ou mal acheté les blés destinés à nourrir l'armée, les chevaux destinés à remonter la cavalerie, qu'ils avaient été, en un mot, ou n'avaient pas été dispensateurs intelligents, économes

Août 1807.

et habiles de la fortune publique. Aller jusque-là, c'était donner à des magistrats, qui devaient être inamovibles pour être indépendants, le moyen, et avec le moyen la tentation, d'arrêter la marche du gouvernement lui-même, en leur permettant de s'élever du jugement des comptes au jugement des agents suprêmes du pouvoir. Le gouvernement eût abdiqué son autorité en faveur d'une juridiction inamovible, dès lors invincible dans ses écarts. Il fut donc résolu que la nouvelle Cour des comptes ne jugerait que les comptables, jamais les ordonnateurs; et, pour plus de sûreté, il fut établi que ses décisions, loin d'être sans appel, pourraient être déférées au Conseil d'État, juridiction souveraine, à la fois impartiale et imbue de l'esprit de gouvernement, d'ailleurs amovible, et toujours facile à ramener si elle avait pu s'égarer.

Organisation et composition de la nouvelle Cour.

Restait à régler l'organisation de la nouvelle Cour. On voulut proportionner le nombre de ses membres à l'étendue de sa tâche. D'abord pour que l'examen auquel elle se livrerait fût réel, et ne devînt pas une simple homologation du travail exécuté dans les bureaux des finances, on institua, sous le nom de conseillers référendaires, une première classe de magistrats, n'ayant pas voix délibérative, aussi nombreux que la multiplicité des comptes l'exigerait, et chargés de vérifier chacun de ces comptes, les pièces comptables sous les yeux. Ils devaient soumettre le résultat de leur travail à la haute magistrature des conseillers-maîtres, qui seuls auraient voix délibérative, et seraient divisés en trois chambres de sept membres chacune, six conseillers et un vice-président. Il fut établi que, suivant la gravité des questions, les trois chambres se réuniraient en une seule assemblée, sous la présidence d'un premier président, qui, avec un procureur général, devait être à la tête de la compagnie, lui donner l'impulsion et la direction. Ce corps respectable, qui a depuis rendu de si grands services à l'État, devait prendre rang immédiatement après la Cour de cassation, et recevoir les mêmes traitements. On lui assigna, dès son début, une tâche difficile, et qu'il pouvait seul accomplir, c'était d'apurer les comptabilités arriérées, dont le nombre ne s'élevait pas à moins de 2,300, dont la date remontait à la création des assignats, et dont la dernière commission de comptabilité n'avait jamais pu achever l'examen. Cet examen était difficile, car il fallait distinguer entre les comptables de bonne foi, qui avaient souffert des variations continuelles du papier-monnaie, et les comptables frauduleux qui en avaient profité. Il était non-seulement difficile mais urgent, urgent pour l'État qui avait à réclamer des valeurs considérables, et pour les familles des comptables morts ou révoqués, qui avaient à se débarrasser de l'hypothèque légale mise sur tous leurs biens. La nouvelle Cour reçut le pouvoir d'arbitrer à l'égard de ces comptabilités arriérées, tandis que pour les comptes nouveaux elle devait s'en tenir à l'application rigoureuse des lois. Elle s'acquitta bientôt de cet arbitrage, avec autant de justice qu'elle en montra depuis dans l'application pure et simple des lois de finances, dont elle a la garde, comme la Cour de cassation a la garde des lois civiles et criminelles de notre pays.

Août 1807.

M. de Marbois tiré de sa disgrâce pour présider la Cour des comptes.

travaux publics.

Cette institution, qui devait avoir des résultats si utiles et si durables pour l'administration tout entière, eut encore l'avantage secondaire de fournir des emplois honorables et lucratifs aux membres les plus distingués du Tribunat, que Napoléon tenait à placer d'une manière convenable, car dans ses conceptions tout se liait et s'enchaînait fortement. Il composa donc la nouvelle Cour des comptes avec les membres de la commission de comptabilité qui venait d'être supprimée, et avec les membres du Tribunat qui venait d'être supprimé également. MM. Jard-Panvilliers, Delpierre, Brière de Surgy, les deux premiers membres du Tribunat, le troisième membre de la commission de comptabilité, furent nommés vice-présidents de la nouvelle Cour. M. Garnier, membre de la commission de comptabilité, en fut nommé procureur général. Restait à pourvoir à la charge importante de premier président. C'était le cas de réparer envers un homme respectable les rigueurs passagères dont il avait été l'objet. Cet homme était M. de Marbois, destitué en 1806 des fonctions de ministre du Trésor, pour avoir manqué de finesse et de fermeté dans ses relations avec les négociants réunis. Napoléon avait eu tort d'attendre de lui ces qualités, et de le punir parce qu'il ne les avait pas. Il répara ce tort, en le mettant à sa véritable place, celle de premier président de la Cour des comptes, car M. de Marbois était bien plus fait pour être le premier magistrat de la finance que pour en être l'administrateur actif et avisé.

A ces soins donnés à la comptabilité de l'Empire, Napoléon ajouta des soins non moins actifs pour les grands travaux d'utilité générale. S'occupant de ce sujet avec M. Cretet, ministre de l'intérieur, avec MM. Regnault et de Montalivet, membres du Conseil d'État, avec les ministres des finances et du Trésor public, il prit des résolutions nombreuses, qui avaient pour but, ou d'imprimer une plus grande activité aux travaux déjà commencés, ou d'en ordonner de nouveaux. Le rétablissement de la paix, la diminution supposée prochaine des dépenses publiques, la faculté de puiser dans le trésor de l'armée soit pour égaler les recettes aux dépenses, soit pour contracter des emprunts à un taux modique sans recourir au crédit, permettaient à Napoléon de suivre les inspirations de son génie créateur. Treize mille quatre cents lieues de grandes routes, formant le vaste réseau des communications de l'Empire, avaient été ou réparées, ou entretenues aux frais du Trésor public. Deux routes monumentales, celles du Simplon et du Mont-Cenis, venaient d'être achevées. Napoléon fit allouer des fonds pour entreprendre enfin celle du Mont-Genèvre. Il ouvrit les crédits nécessaires pour tripler les ateliers de la grande route de Lyon au pied du Mont-Cenis, pour doubler ceux de la route de Savone à Alexandrie, destinée à relier la Ligurie au Piémont, pour tripler ceux de la grande route de Mayence à Paris, l'une de celles auxquelles il attachait le plus d'importance. Il décréta en outre l'ouverture d'une route non moins utile à ses yeux, celle de Paris à Wesel. Quatre ponts étaient terminés parmi ceux qui avaient été antérieurement décrétés. Dix étaient en construction, notamment ceux de

Roanne et de Tours sur la Loire, de Strasbourg sur le Rhin, d'Avignon sur le Rhône. Il ordonna celui de Sèvres sur la Seine, l'achèvement sur la même rivière de celui de Saint-Cloud, dont une partie était en bois, celui de la Scrivia entre Tortone et Alexandrie, celui enfin de la Gironde devant Bordeaux, qui est devenu l'un des plus grands monuments de l'Europe.

Les canaux, moyen alors le seul connu de procurer aux transports par terre la facilité et le bas prix des transports par mer, n'avaient cessé d'attirer l'attention de Napoléon. Dix grands canaux, destinés à unir toutes les parties de l'Empire entre elles, l'Escaut avec la Meuse, la Meuse avec le Rhin [1], le Rhin avec la Saône et le Rhône [2], l'Escaut avec la Somme, la Somme avec l'Oise et la Seine [3], la Seine avec la Saône et le Rhône [4], la Seine avec la Loire, la Loire avec le Cher, la mer au nord de la Bretagne avec la mer au midi, les uns tellement naturels, tellement anciens qu'ils avaient été projetés, même entrepris dans les dix-septième et dix-huitième siècles, les autres entièrement imaginés par Napoléon, tous ou continués ou commencés par lui, étaient en pleine exécution. Le canal dit *du Nord*, qui devait mettre en communication l'Escaut et la Meuse, la Meuse et le Rhin, et affranchir les Pays-Bas de la Hollande, conçu par Napoléon, possible pour lui seul, à cause de la réunion à la France des pays traversés par

---

[1] Canal du Nord.
[2] Canal Napoléon, depuis canal du Rhône au Rhin.
[3] Canal de Saint-Quentin.
[4] Canal de Bourgogne.

ce canal, était définitivement résolu et tracé. Les travaux récemment adjugés commençaient à s'exécuter. Le percement de Saint-Quentin, difficulté principale du canal qui devait réunir l'Escaut à la Somme, la Somme à la Seine, était terminé, et promettait la prompte ouverture de la navigation de Paris à Anvers. Le canal de l'Ourcq, achevé aux quatre cinquièmes, allait apporter à Paris les eaux de la Marne. En attendant, les eaux de la Beuvronne pouvant arriver jusqu'au bassin de la Villette, Napoléon voulut les introduire tout de suite dans les quartiers Saint-Denis et Saint-Martin. Le canal de Bourgogne, vœu et création du dix-huitième siècle, avait été abandonné depuis long-temps. Napoléon avait fait continuer la partie de Dijon à Saint-Jean-de-Losne. Sur vingt-deux écluses dont se composait cette partie, onze, exécutées sous son règne, venaient d'être terminées. La navigation allait donc devenir possible de Dijon à la Saône. De l'Yonne à Tonnerre il fallait dix-huit écluses, et on y travaillait. Mais le point important de l'œuvre consistait à franchir les faîtes qui séparent le bassin de la Seine de celui de la Saône. Jusqu'ici les moyens proposés paraissaient insuffisants. Napoléon ordonna de reprendre d'abord par des études, et le plus tôt possible par des travaux sur le sol, cette grande ligne de navigation. Après avoir fait un examen des difficultés que présentait le canal du Rhône au Rhin, qu'il avait fort à cœur d'exécuter, et auquel il avait permis qu'on donnât son nom, il lui assigna de nouveaux fonds. Le canal de Beaucaire était achevé. Il fit examiner

Août 1807.

la situation de celui du Midi, gloire éternelle de Riquet, se proposant de le continuer jusqu'à Bordeaux. Il fit reprendre celui du Berry, tendant à prolonger la navigation du Cher, depuis Montluçon jusqu'à la Loire. Il ordonna de nouveaux travaux sur celui de La Rochelle, indispensable à ce grand établissement maritime, et sur ceux d'Ille-et-Rance, du Blavet, de Nantes à Brest, destinés à percer dans tous les sens, à rendre navigable dans toutes les directions, la péninsule de Bretagne, et à faciliter les approvisionnements de nos grands ports militaires.

A cette navigation artificielle des canaux il pensait avec raison que devait s'ajouter la navigation naturelle des fleuves et rivières, et que pour cela il en fallait améliorer le cours. Il ordonna d'étudier dix-huit rivières, sur lesquelles du reste certains travaux étaient déjà entrepris. Toujours conséquent dans ses conceptions, il passa des canaux et des fleuves aux ports. Il consacra de nouveaux fonds à celui de Savone, qui était l'un des aboutissants de la route d'Alexandrie. On sait quelles merveilles s'accomplissaient à Anvers, où de vastes bassins, creusés comme par enchantement, contenaient déjà des vaisseaux à trois ponts, qu'ils avaient reçus des chantiers établis dans l'enceinte de cette grande ville, et qu'ils transmettaient par l'Escaut à Flessingue. En arrangement avec la Hollande pour se faire céder Flessingue, Napoléon y ordonna des travaux, afin de rendre l'entrée, la sortie, le mouillage de ce port plus faciles, et d'y mettre les flottes à l'abri de l'ennemi. A Dunkerque, à Calais, il alloua des fonds pour allonger les jetées. A Cherbourg, la grande jetée destinée à former un port était sortie de l'eau, et avait été couronnée par une batterie, dite *batterie Napoléon*. La continuation de cette superbe entreprise, œuvre de Louis XVI, reçut de nouvelles allocations, quoiqu'elle rappelât l'une des gloires de l'ancienne monarchie. Napoléon livra enfin à un nouvel examen le système entier des places fortes de l'Empire. Il voulut leur consacrer une somme qui n'était pas moins de 12 millions par an, et il la distribua entre elles, en raison de leur importance, qu'il apprécia et fixa en les classant de la manière suivante : Alexandrie, Mayence, Wesel, Strasbourg, Kehl, etc.

Mais jamais il ne s'occupait de grands travaux sans songer à Paris, Paris son séjour, le centre de son gouvernement, la ville de sa prédilection, la capitale qui résumait en elle-même la grandeur, la prédominance morale de la France sur toutes les nations. Il s'était promis de ne pas finir son règne sans l'avoir couverte de monuments d'art et d'utilité publique, sans l'avoir rendue aussi salubre que magnifique. Déjà, grâce à lui, trente fontaines, au lieu de verser l'eau pendant quelques heures, la versaient jour et nuit. L'avancement du canal de l'Ourcq permettait encore d'ajouter à cette abondance, et de faire couler l'eau sans interruption, dans les autres fontaines anciennes ou nouvelles. En ce moment s'élevaient, par la main de plusieurs milliers d'ouvriers, les deux arcs de triomphe du Carrousel et de l'Étoile, la colonne de la place Vendôme, la façade du Corps Législatif, le temple de la Madeleine, alors dit Temple de la Gloire, le Panthéon. Le pont d'Austerlitz, jeté sur la Seine, à l'entrée de cette rivière dans Paris, était achevé. Le pont d'Iéna, jeté sur la Seine à sa sortie, se construisait, et la capitale de l'Empire allait ainsi être enfermée entre deux souvenirs immortels. Napoléon avait enjoint à l'administration de la Banque de bâtir un hôtel pour ce grand établissement. Il avait décrété le palais de la nouvelle Bourse, et en faisait chercher l'emplacement. La grande rue Impériale, résolue en 1806, devait être commencée prochainement. C'était assez, en fait de monuments d'art, et il fallait s'occuper de monuments d'utilité publique. Napoléon, dans l'un de ses conseils, décida que de longues galeries couvertes seraient construites dans les principaux marchés, pour y mettre à l'abri des intempéries des saisons les acheteurs et les vendeurs; qu'à la place de quarante tueries, où l'on abattait les bestiaux destinés à l'alimentation de Paris, et qui étaient aussi insalubres que dangereuses, on élèverait quatre grands abattoirs aux quatre principales extrémités de Paris; que la coupole de la Halle aux blés serait reconstruite; enfin que de vastes magasins, capables de contenir plusieurs millions de quintaux de grain, seraient bâtis du côté de l'Arsenal, près de la gare du canal Saint-Martin, au point même où venaient aboutir les voies navigables. Il avait donné des soins assidus et consacré des sommes considérables à l'approvisionnement de Paris; mais il pensait que ce n'était pas tout que d'acheter des blés pour vingt millions de francs, comme il l'avait fait à une autre époque, qu'il fallait en outre avoir un lieu dans lequel on pût les déposer, et c'est à cette pensée que sont dus les greniers d'abondance existant aujourd'hui près de la place de la Bastille.

Pour tous ces travaux, répandus du centre à la circonférence de l'Empire, le budget de l'intérieur monta instantanément de trente et quelques millions à 56. Le fonds de réserve, placé dans le budget comme ressource, et enfin des sommes complémentaires qu'on savait où prendre, devaient suffire à ces excédants de dépense, ordonnés, non dans des vues intéressées d'utilité locale, mais dans des vues générales de bien public, et ne dépassant jamais une sage mesure, malgré la fougue créatrice du chef de l'État. Cependant Napoléon voulait soulager le Trésor, ou plutôt lui ménager le moyen de pourvoir sans cesse à de nouvelles entreprises, et il imagina pour arriver à ce but diverses combinaisons. D'abord l'abolition des dix centimes de guerre, récemment accordée, lui parut une occasion dont on devait profiter. Il suffisait de retenir une petite partie de ce bienfait dans quelques départements, trois ou quatre centimes par exemple, pour créer des ressources considérables. Napoléon pensa que certains travaux, quoique ayant un haut caractère d'utilité générale, comme le canal de Bourgogne, le canal du Berry, la route de Bordeaux à Lyon, présentaient, en même temps, un caractère évident d'utilité particulière et locale; que les départements feraient volontiers des sacrifices pour en accélérer l'achèvement, et qu'on trouverait dans leur concours, avec une plus grande justice distributive, des moyens d'exécution plus considérables. Ce n'était pas là une vaine espérance, car plusieurs départements

Août 1807.

Moyens financiers imaginés pour suffire à la dépense des nouvelles créations.

Août 1807.

Loi qui ordonne le concours des départements à certains travaux d'utilité générale et particulière.

s'étaient déjà volontairement imposés, pour contribuer à ces vastes travaux d'utilité générale et particulière. Mais ces votes avaient l'inconvénient d'être temporaires, soumis aux vicissitudes des délibérations des conseils généraux, et on ne pouvait guère fonder sur une pareille base des entreprises durables. Napoléon résolut donc de présenter une loi, en vertu de laquelle la participation des départements à certains travaux serait équitablement réglée, et les centimes jugés nécessaires imposés pour un nombre d'années déterminé. Trente-deux départements se trouvèrent dans ce cas. La plus grande durée des centimes était de vingt et un ans, la moindre de trois, la moyenne de douze; le maximum des centimes imposés 6, la moyenne 2 2/3. Ainsi les départements de la Côte-d'Or et de l'Yonne, avec l'arrondissement de Bar, durent concourir au canal de Bourgogne; ceux de l'Allier et du Cher, au canal du Berry; ceux du Rhône, de la Loire, du Puy-de-Dôme, de la Corrèze, de la Dordogne et de la Gironde, à la grande route de Bordeaux à Lyon. Il serait trop long de citer les autres. En général la proportion du concours de l'État et du département était fixée à la moitié pour chacun. Cette imposition n'était après tout qu'un moindre dégrèvement de la contribution foncière, et la source d'immenses avantages pour les localités imposées. Un subside annuel étant dès lors assuré par la loi qui imposait les centimes, il était possible de contracter des emprunts, puisqu'on avait le moyen d'en servir les intérêts. On s'adressa au prêteur ordinaire, au trésor de l'armée, qui, suivant les intentions de Napoléon, devait tendre à se procurer des revenus solides, en plaçant bien ses capitaux. Ce trésor prêta immédiatement au préfet de la Seine huit millions pour les travaux de Paris. D'autres villes, ainsi que plusieurs départements, eurent recours à cette bienfaisante dispensation des richesses acquises par la victoire. Tirant toujours de chaque idée tout ce qu'elle renfermait d'utile, Napoléon imagina de pousser plus loin encore l'emploi de ce genre de ressources. Trois canaux parmi ceux que nous venons d'énumérer, ceux de l'Escaut au Rhin, du Rhin au Rhône, du Rhône à la Seine, lui paraissaient plus dignes de fixer son attention, et de devenir l'objet de son activité toute-puissante. A côté de ces trois canaux, et presque dans leur voisinage, s'en trouvaient trois autres, achevés ou près de l'être, et pouvant donner des revenus prochains : c'étaient les canaux de Saint-Quentin, d'Orléans, du Midi. Napoléon résolut de les terminer sur-le-champ, de les vendre ensuite à des capitalistes sous forme d'actions qui devaient rapporter 6 ou 7 pour cent, se faisant fort de procurer un acheteur pour toutes celles que le public ne prendrait pas. Cet acheteur, comme on le pense bien, c'était toujours le trésor de l'armée. — Ces sommes, dit-il au ministre de l'intérieur, vous les emploierez à pousser l'exécution des trois canaux dont l'achèvement importe si fort à la prospérité de l'Empire, et, ces trois derniers achevés, je les vendrai à un acheteur qui les prendra encore, et en promenant ainsi d'un ouvrage sur un autre un capital de trois ou quatre cents millions, accru des prestations annuelles de l'État et des départements, nous changerons en peu d'années la face du sol. —

Son projet était, après avoir mis toutes ces entreprises en mouvement, après avoir fait voter dans une courte session, outre le budget, les mesures législatives dont il avait besoin pour l'exécution de ses plans, de donner avant l'hiver quelques jours à l'Italie, voulant apporter, à elle aussi, le bienfait de ses regards créateurs. Il se proposait de résoudre à son retour les questions restées sans solution, pour qu'au printemps les travaux pussent commencer dans tout l'Empire. Il ordonna donc au ministre de l'intérieur de soumettre toutes ces idées à un examen approfondi, afin de les réaliser le plus promptement possible. « Si nous ne nous hâtons, lui
» disait-il, nous mourrons avant d'avoir vu la navi-
» gation ouverte sur ces trois grands canaux. Des
» guerres, des gens ineptes arriveront, et ces canaux
» resteront sans être achevés! Tout est possible en
» France, dans ce moment où l'on a plutôt besoin de
» chercher des placements d'argent que de l'argent...
» J'ai des fonds destinés à récompenser les généraux
» et les officiers de la grande armée. Ces fonds peu-
» vent leur être donnés aussi bien en actions sur les
» canaux qu'en rentes sur l'État ou en argent... Je
» serais obligé de leur donner de l'argent, si quel-
» que chose comme cela n'était promptement éta-
» bli... J'ai fait consister la gloire de mon règne à
» changer la face du territoire de mon Empire.
» L'exécution de ces grands travaux publics est
» aussi nécessaire à l'intérêt de mes peuples qu'à
» ma propre satisfaction. » —

De plus, Napoléon tenait beaucoup à l'extinction de la mendicité. Pour arriver à l'abolir il voulait

créer des maisons départementales, dans lesquelles on fournirait aux mendiants du travail et du pain, et dans lesquelles aussi on les enfermerait de force lorsqu'on les trouverait demandant l'aumône sur les places publiques ou sur les grandes routes. Il exigeait qu'on ouvrit avant peu des maisons de ce genre, dans tous les départements. — « J'attache, écrivait-il
» dans la même lettre au ministre de l'intérieur, une
» grande importance et une grande idée de gloire à
» détruire la mendicité. Les fonds ne manquent pas,
» mais il me semble que tout marche lentement; et
» cependant les années s'écoulent! Il ne faut point
» passer sur cette terre sans y laisser des traces qui
» recommandent notre mémoire à la postérité. Je
» vais faire une absence d'un mois. Faites en sorte
» qu'à mon retour vous soyez prêt sur toutes ces
» questions, que vous les ayez examinées en détail,
» afin que je puisse, par un décret général, porter
» le dernier coup à la mendicité. Il faut qu'avant le
» 15 décembre vous ayez trouvé, sur les quarts de
» réserve et sur les fonds des communes, les res-
» sources nécessaires à l'entretien de soixante ou
» cent maisons pour l'extirpation de la mendicité,
» que les lieux où elles seront placées soient dési-
» gnés, et le règlement général mûri. N'allez pas
» me demander encore des trois ou quatre mois pour
» obtenir des renseignements. Vous avez de jeunes
» auditeurs, des préfets intelligents, des ingénieurs
» des ponts-et-chaussées instruits; faites courir tout
» cela, et ne vous endormez point dans le travail
» ordinaire des bureaux.... Les soirées d'hiver sont
» longues, remplissez vos portefeuilles, afin que

Août 1807.

Août 1807.

» nous puissions, pendant les soirées de ces trois
» mois, discuter les moyens d'arriver à ces grands
» résultats. »

Dans cette ardeur extrême qui le portait à accélérer, à précipiter même l'accomplissement du bien, il s'occupa également de la Banque de France, dont il voulait faire l'un des principaux instruments de la prospérité publique. Il avait exigé en 1806 que ce grand établissement changeât sa constitution, et prît la forme monarchique, au lieu de la forme républicaine qu'il avait auparavant, résultat obtenu en lui donnant un gouverneur, et trois régents nommés par le ministre des finances. Il avait voulu de plus que le capital de la Banque fût proportionné au rôle qu'il lui destinait, et qu'au lieu de 45 mille actions elle en émît 90 mille, ce qui devait porter son capital de 45 à 90 millions. Ces actions n'avaient pas encore été émises, parce que la Banque craignait de ne pas trouver l'emploi des fonds qui en proviendraient, depuis surtout que Napoléon avait jugé plus expédient de faire exécuter le service du Trésor par le Trésor lui-même, et qu'il avait consacré à ce service une somme de 84 millions, dont plus de moitié était déjà versée. Le résultat de cette excellente mesure était cependant de laisser sans emploi les capitaux habitués à se placer sur les *obligations et bons à vue*. Napoléon était enchanté de l'embarras qu'il causait ainsi à certains capitalistes; car c'était, disait-il, mettre dans la nécessité de chercher dans le commerce, dans l'industrie, dans les grands travaux publics, des placements que ne leur offraient plus les valeurs du Trésor. La Banque, qui ordi-

Émission des nouvelles actions de la Banque de France.

nairement se livrait aussi à l'escompte de ces valeurs, et qui ne pouvait plus s'en procurer, hésitait à émettre ses 45 mille actions nouvelles. Napoléon la força de les émettre, promettant de lui fournir bientôt, à elle et à tous les capitalistes, l'emploi de leur argent, par la multiplication des entreprises de tout genre. Dans son langage figuré, il disait à la Banque de France : « Avec le penchant qui » existe dans notre pays à tout centraliser à Paris, » à y centraliser les payements comme le gouver- » nement lui-même, la Banque doit y devenir le » plus grand des agents commerciaux; elle doit » être vraiment digne de son nom de Banque de » France, et devenir pour Paris ce que la Tamise, » qui apporte tout à Londres, est pour Londres. » Il exigea donc l'émission des 45 mille nouvelles actions, qui, du reste, se placèrent avec avantage, car émises à 1,200 francs (1,000 francs représentaient le capital de l'action, 200 francs représentaient d'anciens bénéfices accumulés), elles se négociaient à 1,400 francs. Les trois effets publics du temps étaient la rente 5 pour cent, les actions de la Banque, et les rescriptions sur domaines nationaux, inventées pour liquider l'arriéré. Le 5 pour cent, à l'époque dont il s'agit (août 1807), se vendait 93 francs, les actions de la Banque 1,425, les rescriptions 92. Le taux de ces dernières était devenu presque invariable.

Napoléon demanda que l'intérêt fût réduit à 4 pour cent à la Banque, mesure qu'elle adopta avec empressement. Il ordonna que l'intérêt des cautionnements fût réduit, pour les uns de 6 à 5, pour les au-

Août 1807.

tres de 5 à 4. Enfin il poussa l'impatience du bien jusqu'à vouloir fixer à 3 et 3 1/2, l'intérêt que la caisse de service allouait aux capitaux. N'ayant pas besoin d'argent, en versant abondamment à cette caisse, il soutenait qu'il ne fallait garder que les fonds qui pouvaient se contenter de cette rémunération, renvoyer les autres au commerce, et forcer ainsi la baisse de l'intérêt par tous les moyens dont pouvait disposer le gouvernement. Mais M. Mollien l'arrêta en lui prouvant qu'un tel résultat était prématuré, car l'argent promis à la caisse n'était pas entièrement versé, et on avait encore besoin des ressources qui l'alimentaient ordinairement. Le succès d'une telle mesure eût été infaillible l'année suivante, si de nouvelles entreprises au dehors n'étaient venues détourner les capitaux comme les soldats de la France de leur emploi le meilleur, le plus utile, le plus sûr.

Essor de l'industrie et du commerce en août 1807.

L'aspect sinon effrayant, du moins triste, que la guerre avait pris durant l'hiver de 1807, joint aux rigueurs de la saison, à l'absence de la cour impériale, avait ralenti un moment l'activité des affaires, particulièrement à Paris. Mais le rétablissement de la paix continentale, l'espérance de la paix maritime, avaient rendu le plus vif essor aux imaginations, et de toutes parts on commençait à fabriquer dans les manufactures, et à faire dans les maisons de commerce des projets de spéculation qui embrassaient l'étendue entière du continent. Bien que les produits de la Grande-Bretagne franchissent encore le littoral européen, par quelques issues ignorées de Napoléon, néanmoins ils avaient de la peine à pénétrer, et beaucoup plus encore à circuler. Les fils et les étoffes de coton, qui, grâce aux lois prohibitives rendues alors en France, avaient été fabriquées avec bénéfice, en grande quantité, et avec un commencement de perfection, remplaçaient les produits anglais du même genre, passaient le Rhin à la suite de nos armées, et se répandaient en Espagne, en Italie, en Allemagne. Nos soieries, sans rivales dans tous les temps, remplissaient les marchés de l'Europe, ce qui causait à Lyon une satisfaction générale. Nos draps, qui avaient l'avantage de la matière première, depuis que les laines espagnoles manquaient aux Anglais et surabondaient pour nous, chassaient les draps anglais de toutes les foires du continent, car ils avaient la supériorité, non-seulement de la qualité, mais de la beauté. Ce n'étaient pas, au surplus, nos produits seuls qui gagnaient à l'exclusion des produits anglais. La Saxe, la plus industrieuse des provinces allemandes, envoyait déjà des charbons par l'Elbe à Hambourg, des draps fabriqués avec les belles laines saxonnes sur des marchés où ils n'avaient jamais pénétré, et les métaux de l'Erzgebirge partout où manquaient les métaux de l'Amérique. Nos fers et les fers allemands profitaient aussi beaucoup de l'exclusion des fers anglais et suédois, et se perfectionnaient à vue d'œil.

Napoléon s'efforçait de favoriser, par la puissance de la mode, puissance légère et fantasque, qui partage avec la sainte puissance de la conscience le privilége d'échapper au pouvoir, mais qui cependant obéit volontiers à la gloire, Napoléon s'effor-

Août 1807.

çait par cette puissance de faire prévaloir l'usage des produits fabriqués avec des matières d'origine continentale. Il voulait qu'on préférât par exemple la toile et le linon, composés de chanvre et de lin, à la mousseline fabriquée avec du coton. Il voulait aussi qu'on préférât la soierie au simple drap, ce qui devait entraîner un retour vers le luxe de l'ancien régime, vers ce temps où les hommes, au lieu de se vêtir de la modeste étoffe qu'on appelle le drap noir, s'habillaient en étoffes aussi riches que celles qui sont employées aux robes des femmes. Et il encourageait ce retour au luxe, comme le retour à la noblesse, aux titres, aux dotations, par des raisons à lui propres, raisons sérieuses, qui le dirigeaient toujours dans les choses en apparence les plus futiles.

Premiers emplois de la vapeur dans l'industrie et la navigation.

Sauf nos industries maritimes qu'il cherchait à dédommager de leur inaction par d'immenses créations navales, nos autres industries trouvaient donc une cause puissante de développement dans cette situation extraordinaire que Napoléon avait procurée à la France. Mais, chose singulière, la plus grande des forces mécaniques, celle de la vapeur, qui, par sa puissance expansive, anime aujourd'hui l'industrie humaine tout entière, qui fait mouvoir tant de métiers, qui pousse tant de bâtiments, qui est, avec la paix, la cause principale du bien-être des classes inférieures et du luxe des classes supérieures, la force de la vapeur, échappant seule aux regards de Napoléon, se développait à côté de lui et sans lui. Ces machines, dites alors machines à feu, de leur phénomène le plus apparent, grossièrement construites, consommant une quantité excessive de combustible, n'étaient employées que sur les houillères, à cause du bon marché du charbon dans ces sortes d'établissements. La Société d'encouragement pour l'industrie proposait un prix, afin de récompenser ceux qui les rendraient d'un usage plus pratique et plus économique; et, à deux mille lieues de nos rivages, Fulton, peu écouté de Napoléon en 1803, parce que celui-ci avait besoin pour passer la mer, non pas d'un moyen à l'essai, mais d'un moyen éprouvé, était allé faire l'expérience d'un bateau mû par ce qu'on appelait alors la machine à feu. Il avait exécuté le double trajet de New-York à Albany, et d'Albany à New-York, en quatre jours, et avait à peine attiré les regards du monde, dont trente ans plus tard il devait changer la face. Ce n'est pas la première fois qu'une grande invention, due à des génies secondaires mais spéciaux, a passé à côté de génies supérieurs sans attirer leur attention. La poudre à canon, qui, en détruisant à la guerre l'empire de la force physique, contribua si puissamment à une révolution dans les mœurs européennes, fut non-seulement odieuse à l'héroïque Bayard, mais inspira le dédain de Machiavel, ce juge si profond des choses humaines, cet auteur si admiré par Napoléon, du traité sur la guerre, et fut considérée par lui comme une invention éphémère et de nulle conséquence.

Pensant qu'une bonne législation est, avec les capitaux et les débouchés, le plus grand bien qu'on puisse procurer au commerce, Napoléon avait ordonné à l'archichancelier Cambacérès de faire pré-

Août 1807.

Dotations accordées aux généraux et soldats, ainsi qu'aux fonctionnaires de l'ordre civil.

parer un code commercial. Ce code venait effectivement d'être rédigé. On en avait emprunté le fond aux nations maritimes les plus célèbres, et la forme simple et analytique à l'esprit français, qui, plus que jamais, brillait sous ce rapport dans la rédaction des lois, parce que, conçues sur un plan uniforme et vaste, soigneusement remaniées dans leur rédaction au Conseil d'État, elles n'étaient jamais retouchées par le Corps Législatif, qui les adoptait ou les rejetait sans amendement. Ce code, tout préparé au moment du retour de Napoléon, devait, avec les autres mesures dont nous venons de parler, être présenté au Corps Législatif dans la courte session qui se préparait.

Il était temps que Napoléon accordât enfin à ses glorieux soldats les récompenses qu'il leur avait promises, et qu'ils avaient si bien méritées durant les deux dernières campagnes. Mais ce fut dans la forme même de ces récompenses qu'il fit surtout éclater son génie organisateur et puissant. Il se serait bien gardé, en effet, de leur jeter les dépouilles des vaincus, pour qu'ils les dévorassent dans une orgie. Il voulait avec ce qu'il leur donnerait fonder de grandes familles, qui entourassent le trône, concourussent à le défendre, contribuassent à l'éclat de la société française, sans nuire à la liberté publique, sans entraîner surtout aucune violation des principes d'égalité proclamés par la révolution française. L'expérience a prouvé qu'une aristocratie ne nuit point à la liberté d'un pays, car l'aristocratie anglaise n'a pas moins contribué que les autres classes de la nation à la liberté de la Grande-Bretagne. La raison dit encore qu'une aristocratie peut être compatible avec le principe de l'égalité, à deux conditions : premièrement, que les membres qui la composent ne jouissent d'aucuns droits particuliers, et subissent en tout la loi commune ; secondement, que les distinctions purement honorifiques accordées à une classe, soient accessibles à tous les citoyens d'un même État, qui les ont achetées par leurs services ou leurs talents. C'est là ce qu'il y avait de raisonnable dans les vœux de la révolution française, et c'est là ce que Napoléon entendait maintenir invariablement. Cependant, à notre avis, dans les sociétés modernes, où l'envie est soulevée contre les institutions aristocratiques, ce qu'un gouvernement sensé a de mieux à faire, c'est de laisser les lois de la nature humaine agir, sans s'en mêler aucunement. Elles ramènent l'homme libre à Dieu, et, après Dieu, à un autre culte, celui des ancêtres. Quoi qu'on fasse ou qu'on ne fasse pas, le grand guerrier, le grand magistrat, le savant illustre, légueront à leurs descendants une considération qui les fera distinguer de la foule, et qui leur épargnera, quand ils auront du mérite, la plus sérieuse des difficultés que rencontre le mérite en ce monde, celle d'attirer le premier regard du public. Les lois n'ont pas besoin d'intervenir pour qu'il en soit ainsi ; car ce ne sont pas les lois écrites, c'est la nature qui a produit l'aristocratie de tous les pays, et surtout celle des républiques. La nature avait créé l'aristocratie de Venise, bien avant que celle-ci songeât à s'attribuer par les lois des droits particuliers. C'est une chose dont il n'y a pas à se mêler, si on y a goût. Le temps fait partout des aristocraties; il n'y a qu'à s'épargner le ridicule d'en faire soi-même, et tout au plus à les empêcher, ce dont elles ne seront plus tentées à l'avenir, de s'arroger des priviléges exclusifs.

S'il y avait cependant un souverain dans le monde qui pût échapper au ridicule ou à l'odieux qu'excite quelquefois l'établissement d'institutions aristocratiques, c'était celui qui osait et pouvait rétablir la monarchie le lendemain de la République, la différence des rangs (non celle des droits), le lendemain d'une brutale égalité; qui dans sa vaste imagination rêvait une société grande comme son génie et son âme, et qui avait, pour créer de puissantes familles, des noms immortels et des trésors; qui pouvait les appeler Rivoli, Castiglione, Montebello, Elchingen, Awerstaedt, et leur donner jusqu'à un million de revenu annuel. Il était donc excusable, car il ne voulait pas violer les vrais principes de la révolution française, et il croyait au contraire les consacrer d'une manière éclatante, en faisant, à l'image de sa propre fortune, un duc, un prince, avec un enfant de la charrue. Une dernière considération enfin se présentait ici pour désarmer la raison la plus sévère, c'était de se ménager des moyens innocents et inoffensifs d'exciter et de récompenser les grands dévouements [1].

Napoléon profita donc de la gloire de Tilsit, et du prestige dont il était entouré en ce moment, pour

---

[1] Ces lignes ont été écrites en 1856, sous la monarchie. Je les ai écrites parce que je les ai crues vraies dans tous les temps. Je ne les changerai donc pas, quoique les temps aient changé.

accomplir enfin le projet qu'il méditait depuis longtemps d'instituer une noblesse. Déjà, en 1806, lorsqu'il avait donné des couronnes à ses frères, à ses sœurs, à son fils adoptif, des principautés à plusieurs de ses serviteurs, celle de Ponte-Corvo au maréchal Bernadotte, celle de Bénévent à M. de Talleyrand, celle de Neufchâtel au major-général Berthier, il avait annoncé qu'un statut postérieur règlerait le système des successions pour les familles en faveur desquelles seraient créés des principautés, des duchés, et autres distinctions destinées à être héréditaires. En conséquence, il établit par un sénatus-consulte que les titres donnés par lui, ainsi que les revenus accompagnant ces titres, seraient transmissibles héréditairement, en ligne directe, de mâle en mâle, contrairement au système de succession admis par le Code civil. Il établit en outre que les dignitaires de l'Empire, à tous les degrés, pourraient transmettre à leur fils aîné un titre, qui serait celui de duc, de comte ou de baron, suivant la dignité du père, à la condition d'avoir fait preuve d'un certain revenu, dont le tiers au moins devait demeurer attaché au titre conféré à la descendance. Ces mêmes personnages avaient aussi le droit de constituer pour leurs fils puînés des titres, inférieurs toutefois à ceux qui auraient été accordés aux aînés, et toujours à la condition de prélever sur leur fortune une part qui serait l'accompagnement héréditaire de ces titres. Telle fut l'origine des majorats. Les grands dignitaires, comme le grand-électeur, le connétable, l'archichancelier, l'architrésorier, durent porter le titre d'*altesse*. Leurs fils aînés durent

Août 1807

porter le titre de *ducs*, si leur père avait institué en leur faveur un majorat de 200 mille livres de rente. Les ministres, les sénateurs, les conseillers d'État, les présidents du Corps Législatif, les archevêques, furent autorisés à porter le titre de *comtes*, et à transmettre ce titre à leurs fils ou neveux, sous la condition d'un majorat de 30 mille livres de rente. Enfin les présidents des colléges électoraux à vie, les premiers présidents, procureurs-généraux et évêques, les maires des trente-sept bonnes villes de l'Empire, furent autorisés à porter le titre de *barons*, et à le transmettre à leurs fils aînés, sous la condition d'un majorat de 15 mille livres de rente. Les simples membres de la Légion-d'Honneur purent s'appeler chevaliers, et transmettre ce titre moyennant un majorat de 3 mille livres de rente. Un autre statut dut déterminer les conditions auxquelles seraient soumises ces portions de la fortune des familles, qu'on plaçait ainsi sous un régime exceptionnel.

Ce fut encore le Sénat qui reçut la mission d'imprimer un caractère légal à cette nouvelle création impériale, au moyen d'un sénatus-consulte, qui stipulait très-expressément que ces titres ne conféraient aucun droit particulier, n'emportaient aucune exception à la loi commune, n'attribuaient aucune exemption des charges ou des devoirs imposés aux autres citoyens. Il n'y avait d'exceptionnel que le régime des substitutions imposé aux familles anoblies, lesquelles acquéraient leur nouvelle grandeur en sacrifiant pour elles-mêmes l'égalité des partages.

Ces dispositions arrêtées, Napoléon distribua entre

ses compagnons d'armes une partie des trésors amassés par son génie. En attendant qu'il eût décerné à Lannes, Masséna, Davout, Berthier, Ney et autres, les titres qu'il se proposait d'emprunter aux grands événements du règne, il voulut assurer tout de suite leur opulence. Il leur donna des terres situées en Pologne, en Allemagne, en Italie, avec faculté de les revendre, pour en placer la valeur en France, plus des sommes en argent comptant pour acheter et meubler des hôtels. Ce n'était là qu'un premier don, car ces dotations furent plus tard doublées, triplées, quadruplées même pour quelques-uns. Le maréchal Lannes reçut 328 mille francs de revenu, et un million en argent; le maréchal Davout, 440 mille francs de revenu, et 300 mille francs en argent; le maréchal Masséna, 183 mille francs de revenu, et 200 mille francs en argent (il fut plus tard l'un des mieux dotés); le major-général Berthier, 405 mille francs de revenu, et 500 mille francs en argent; le maréchal Ney, 229 mille francs de revenu, et 300 mille francs en argent; le maréchal Mortier, 198 mille francs de revenu, et 200 mille francs en argent; le maréchal Augereau, 172 mille francs de revenu, et 200 mille francs en argent; le maréchal Soult, 305 mille francs de revenu, et 300 mille francs en argent; le maréchal Bernadotte, 291 mille francs de revenu, et 200 mille francs en argent. Les généraux Sébastiani, Victor, Rapp, Junot, Bertrand, Lemarrois, Caulaincourt, Savary, Mouton, Moncey, Friand, Saint-Hilaire, Oudinot, Lauriston, Gudin, Marchand, Marmont, Dupont, Legrand, Suchet, Lariboissière, Loison, Reille,

Août 1807.

Dotations en terres et en argent accordées aux militaires de tout grade.

Nansouty, Songis, Chasseloup et autres, reçurent les uns 150, les autres 100, 80, 50 mille francs de revenu, et presque tous 100 mille francs en argent. Les hommes civils eurent aussi leur part de ces largesses. L'archichancelier Cambacérès et l'architrésorier Lebrun obtinrent chacun 200 mille francs de revenu. MM. Mollien, Fouché, Decrès, Gaudin, Daru en obtinrent chacun 40 ou 50 mille. Tous, civils et militaires, n'étaient encore que provisoirement dotés par ces dons magnifiques, et l'étaient en Pologne, en Westphalie, en Hanovre; ce qui devait les intéresser au maintien de la grandeur de l'Empire. Napoléon s'était réservé en Pologne 20 millions de domaines, en Hanovre 30, en Westphalie un capital représenté par 5 à 6 millions de revenu, indépendamment de 30 millions en capital, et de 1,250 mille francs de rente en Italie, déjà réservés dans l'année 1805. Il avait donc de quoi enrichir les braves qui le servaient, et de quoi réaliser les belles paroles qu'il avait adressées à plusieurs d'entre eux : « Ne pillez pas; je vous donnerai plus » que vous ne prendriez, et ce que je vous donnerai, » amassé par ma prévoyance, ne coûtera rien ni à » votre honneur, ni aux peuples que nous avons vain- » cus. » — Et il avait raison, car les domaines qu'il distribuait étaient des domaines impériaux en Italie, royaux ou grand-ducaux en Prusse, en Hanovre, en Westphalie. Mais ces domaines acquis par la victoire pouvaient être perdus par la défaite, et, heureusement pour eux, ceux qu'il dotait si magnifiquement, devaient pour la plupart recevoir en France, sur des rentes ou des canaux, d'autres dotations moins exposées au hasard des événements que des terres situées à l'étranger.

Les généraux français ne furent pas les seuls à participer à ces largesses, car les généraux polonais Zayonscheck et Dombrowski, vieux serviteurs de la France, obtinrent chacun un million.

Après les généraux, les officiers et les soldats reçurent aussi des marques de sa libéralité. Napoléon fit payer à tous, outre la solde arriérée, des gratifications considérables, afin de leur procurer sur-le-champ quelques plaisirs qu'ils avaient bien mérités. Dix-huit millions furent distribués sous cette forme, dont six millions pour les officiers, douze pour les soldats. Les blessés avaient triple part. Ceux qui avaient été assez heureux pour assister aux quatre grandes batailles de la dernière guerre, Austerlitz, Iéna, Eylau, Friedland, obtenaient le double des autres. A ces gratifications du moment il fut ajouté des dotations permanentes de 500 francs pour les soldats amputés, et de mille, 2 mille, 4 mille, 5 mille, 10 mille en faveur des militaires qui s'étaient distingués, depuis le grade de sous-officier jusqu'à celui de colonel. Pour les officiers comme pour les généraux, ce ne fut là qu'une première rémunération, suivie postérieurement d'autres plus considérables, et indépendante des traitements de la Légion-d'Honneur, ainsi que des pensions de retraite légalement dues à la fin de la carrière militaire.

Ce glorieux vainqueur voulait donc que tout le monde participât à sa prospérité comme à sa gloire. Quant à lui, simple, économe, magnifique seulement pour les autres, réprimant le moindre détournement des deniers publics, impitoyable pour toute dépense qui ne lui semblait pas nécessaire dans son palais ou dans l'État, il n'était prodigue que dans de nobles vues, et pour tout ce qui avait servi la grandeur de la France ou la sienne. Les détracteurs de sa gloire et de la nôtre ont prétendu qu'il avait, en spoliant les vaincus, en assouvissant l'avidité des soldats, pris chez les uns le moyen d'exalter la bravoure des autres. Il faut laisser de telles calomnies à l'étranger, ou aux partis associés aux passions de l'étranger. Ces trésors étaient pris non sur les peuples, mais sur les empereurs, rois, princes, couvents, conjurés contre la France depuis 1792. Quant aux peuples vaincus, ils étaient ménagés autant que la guerre permet de le faire, beaucoup plus qu'ils ne l'avaient été dans aucun temps et dans aucun pays, beaucoup plus que nous ne l'avons été nous-mêmes. Et, quant à ces héroïques soldats, dont on dit que Napoléon excitait la bravoure avec de l'argent, ils ne se doutaient pas plus, en courant à Austerlitz, à Iéna, à Eylau, à Friedland, qu'ils rencontreraient la fortune sur leur chemin, qu'ils ne s'en doutaient en courant à Marengo, à Rivoli, et plus anciennement à Valmy ou à Jemmapes. Après avoir en 1792 volé à la défense de leur pays, ils s'élançaient maintenant à la gloire, entraînés par la passion des grandes choses, passion que la révolution française avait fait naître en eux, et que Napoléon avait exaltée au plus haut degré. Si au lendemain d'un long dévouement à braver le froid, la faim, la mort, ils trouvaient le bien-être, c'était une surprise de la fortune, dont ils jouissaient ainsi qu'un soldat jouit d'un peu d'or trouvé sur un champ de bataille; et ces satisfactions qu'on leur avait ménagées, ils étaient prêts à les quitter de nouveau, pour répandre encore cette vie qu'ils ne regardaient pas comme à eux, et dont ils se hâtaient d'user comme d'un prêt que leur faisait Napoléon, en attendant qu'il leur en demandât le sacrifice.

Napoléon prit d'autres mesures aussi sages qu'elles étaient humaines. Il ordonna, selon son habitude à chaque intervalle de paix, il ordonna coup sur coup plusieurs revues de l'armée, pour faire sortir des rangs les soldats fatigués ou mutilés, et ne rendant plus d'autre service que celui de stimuler les jeunes soldats par leurs récits militaires. Il faisait régler leur pension, et occuper leur place dans les rangs par des conscrits, répétant sans cesse que le trésor de l'armée était assez riche pour payer tous les vieux services, mais que le budget de l'État ne l'était pas assez pour payer des soldats qui ne pouvaient plus servir activement. Songeant aux mérites civils non moins qu'aux mérites militaires, il exigea et obtint une modification à la loi des pensions civiles, loi qui depuis 1789 avait autant varié sous l'influence du caprice populaire, que les récompenses variaient avant cette époque sous l'influence du caprice royal. Du temps de l'Assemblée constituante on avait adopté, pour limite la plus élevée de toute pension civile, 10 mille francs, du temps de la Convention 3 mille, du temps du Consulat 6 mille. Napoléon voulut que ce terme fût fixé à 20 mille, se réservant de n'en approcher, et de ne l'atteindre, qu'en faveur de services éclatants. C'est la mort de

Août 1807.

M. Portalis, laissant une veuve sans fortune, qui lui inspira cette pensée, peu dangereuse pour les finances d'un État, et utile pour le développement des talents. Il accorda une pension de 6 mille francs, et une somme de 24 mille francs, à mademoiselle Dillon, sœur du premier officier égorgé dans nos désordres populaires. La mère de l'impératrice, madame de La Pagerie, étant morte à la Martinique, il fit affranchir les nègres et les négresses qui l'avaient servie, doter une jeune fille qui l'avait soignée, placer en un mot dans l'aisance tous ceux qui avaient eu l'honneur d'approcher d'elle.

Augmentation du nombre des cures de campagne.

L'Église, comme tous les serviteurs de l'État, eut part à cette munificence du conquérant. Sur la proposition du prince Cambacérès, qui avait administré temporairement les cultes, pendant l'intervalle écoulé entre la mort de M. Portalis et la nomination de M. Bigot de Préameneu, il établit que le nombre des succursales serait porté de 24 à 30 mille, afin d'étendre le bienfait du culte à toutes les communes de l'Empire. S'apercevant en outre que la carrière du sacerdoce était moins recherchée qu'autrefois, il accorda 2,400 bourses pour les petits séminaires. Il voulait faire savoir à l'Église que, s'il avait avec son chef quelques différends de nature purement temporelle, il était sous le rapport spirituel toujours aussi disposé à la servir et à la protéger. Dans ce moment il s'occupait, en exécution de la loi de 1806, qui l'autorisait à créer une université, de la fondation de ce grand établissement. Mais cette pensée n'était pas mûre encore, ni chez lui ni autour de lui. Pour le présent il se contenta d'augmenter le nombre des bourses dans les lycées.

Tandis qu'il songeait tant aux autres, il se prêta cependant à une mesure qui semblait n'intéresser que sa gloire personnelle. Il consentit, d'après un vœu que l'attachement sincère chez les uns, l'adulation chez les autres, avaient provoqué, à changer le titre du Code civil, et à l'appeler Code Napoléon. Assurément si jamais titre fut mérité, c'était celui-là, car ce code était autant l'œuvre de Napoléon que les victoires d'Austerlitz et d'Iéna. A Austerlitz, à Iéna, il avait eu des soldats qui lui prêtaient leurs bras, comme dans la rédaction de ce code il avait eu des jurisconsultes qui lui prêtaient leur savoir; mais c'est à la force de sa volonté, à la sûreté de son jugement, qu'était dû l'achèvement de ce grand ouvrage. Et si Justinien, qui, suivant une expression de l'exposé des motifs, *combattait par ses généraux, pensait par ses ministres*, avait pu donner son nom au code des lois romaines, Napoléon avait bien plus le droit de donner le sien au code des lois françaises. D'ailleurs le nom d'un grand homme protége de bonnes lois, autant que de bonnes lois protégent la mémoire d'un grand homme. Rien donc n'était plus juste que cette mesure, et elle fut imaginée, proposée, accueillie par tout ce qui prenait part au gouvernement, presque sans laisser à Napoléon la peine de la désirer et de la demander. En même temps Napoléon écrivait à ses frères et aux princes placés sous son influence, pour les engager à introduire dans leurs États ce code de la justice et de l'égalité civile. Il en avait prescrit l'adoption dans toute l'Italie. Il enjoignit à son

Août 1807.

Le Code civil appelé Code Napoléon.

Propagation du Code Napoléon dans tous les pays dépendant de l'Empire.

frère Louis de l'adopter en Hollande, à son frère Jérôme de l'adopter en Westphalie. Il invita le roi de Saxe, grand-duc de Varsovie, à le mettre en vigueur dans la Pologne restaurée. Déjà on l'étudiait en Allemagne, et, malgré la répugnance que cette contrée devait alors éprouver pour tout ce qui venait de France, tous les cœurs chez elle étaient attirés par l'équité d'un code qui, outre sa précision, sa clarté, sa conséquence, avait l'avantage de rétablir la justice dans la famille, et d'y faire cesser la tyrannie féodale. A Hambourg le Code civil avait été réclamé par le vœu de la population. Il venait d'être mis en pratique à Dantzig. On annonçait qu'il en serait ainsi à Brême, et dans les villes anséatiques. Le prince primat dans sa principauté de Francfort, le roi de Bavière dans sa monarchie agrandie, l'avaient mis à l'étude, pour l'introduire dans les esprits avant de l'introduire dans les usages. Le grand-duc de Bade venait de l'admettre pour son duché. C'est ainsi que la France dédommageait l'humanité du sang versé pendant la guerre, et compensait un peu de mal fait à la génération présente, par un bien immense assuré aux générations futures.

Tous les genres de gloire seraient par la Providence dispensés à une nation, que cette nation aurait de vifs regrets à concevoir si la gloire des lettres, des sciences, des arts, lui était refusée; et, si les Romains n'avaient eu que le mérite de vaincre le monde, de le civiliser après l'avoir vaincu, de lui donner des lois immortelles, qui, adaptées à nos mœurs, vivent encore dans nos codes; s'ils n'avaient eu que cet éminent mérite, s'ils n'avaient compté parmi leurs grands hommes Horace, Virgile, Cicéron, Tacite, n'ayant rien fait pour charmer l'humanité, après avoir tant fait pour la dominer, ils laisseraient aux Grecs l'honneur d'en être les délices, et ils occuperaient dans l'histoire de l'esprit humain une place inférieure à celle de ce petit peuple. Mais le génie du gouvernement et de la guerre n'exista jamais sans le génie des lettres, des arts et des sciences, parce qu'il est impossible d'agir sans penser, et de penser sans parler, écrire et peindre.

La France, qui a répandu tant de sang généreux sur tous les champs de bataille de l'Europe, la France a eu aussi cette double gloire; et tandis qu'elle remportait les victoires des Dunes, de Rocroy, elle créait *le Cid* et *Athalie;* elle avait Condé, et Bossuet pour célébrer Condé. Napoléon, dans son immense désir d'être grand, mais de l'être avec la France et par la France, aurait voulu aussi qu'elle eût sous son gouvernement toutes les couronnes, celles de l'intelligence comme celles de la force, et ne renonçait pas à produire des littérateurs, des savants, des peintres, comme il produisait des héros. Mais la volonté peut tout chez les hommes, excepté de changer les temps, et les temps peuvent plus sur le génie des nations que toute la volonté des gouvernements. Charlemagne, si grand qu'il fût, si épris qu'il se montrât des plus nobles études, ne parvint pas à féconder un siècle barbare. Louis XIV, en aimant le génie, quelquefois sans le comprendre, quelquefois même en le maltraitant, n'eut qu'à le laisser faire pour avoir autour de lui le plus beau spectacle que l'esprit humain ait jamais donné, car jamais il n'enfanta des œuvres si grandes et si parfaites. Napoléon aurait eu le temps, qui lui a manqué par sa faute, qu'il n'aurait pas rendu à la nation française la jeunesse d'esprit qui produit *le Cid* et *Athalie*, et certainement lui aurait refusé la liberté qui crée les Cicéron et les Salluste quand elle existe, les Tacite quand elle a cessé d'exister.

La France de 1789 à 1814, éminente dans les sciences, croyant l'être dans les arts du dessin, ne se flattait pas même de l'être dans les lettres. Dans les sciences trois savants illustres, par leurs vastes et nobles travaux, assuraient à leur époque une gloire durable. M. Lagrange, en poussant au delà de ses anciennes limites la science algébrique, donnait au calcul abstrait une nouvelle puissance. M. de Laplace, appliquant cette puissance à l'univers, exécutait la seule chose qui, après Galilée, Descartes, Kepler, Copernic et Newton, restât à accomplir : c'était de calculer avec une précision encore inconnue les mouvements des corps célestes, et de présenter dans son sublime ensemble le système du monde. Enfin M. Cuvier, appliquant l'observation froide et patiente aux débris dont notre planète est couverte, étudiant, comparant entre eux les cadavres des animaux et des plantes enfouis sous le sol, retrouvait la succession des temps dans celle des êtres, et, en créant l'ingénieuse science de l'*anatomie comparée*, rendait positive cette belle histoire de la terre, que Buffon avait conjecturée par un effort de génie, et laissée conjecturale, faute de faits suffisamment observés à l'époque où il vivait.

Dans les arts du dessin, une réaction estimable par

l'intention s'était opérée contre les goûts du dix-huitième siècle. Durant ce siècle efféminé et philosophe, Boucher, le peintre adoré de la Régence, avait d'une main légère tracé sur la toile de licencieuses courtisanes, remarquables non par la beauté, mais par une certaine grâce lascive. Greuze, plus honnêtement inspiré, leur avait opposé des vierges charmantes, peintes avec un pinceau fin et suave. Mais l'art abaissé par Boucher n'avait pas été relevé par Greuze à la dignité de style que Poussin, à défaut de génie, avait su lui conserver. Il n'est permis qu'une fois et qu'à une nation de montrer au monde le génie de Michel-Ange et de Raphaël, mais toutes, quand elles pratiquent les arts, doivent aspirer au moins à la correction, à la noblesse du dessin, et peuvent y arriver par de sévères études. C'est ce que venait d'accomplir le célèbre peintre David. Dégoûté du caractère de l'art au temps de sa jeunesse, il était accouru à Rome, s'y était épris de la beauté touchante, pittoresque et sublime des maîtres italiens, et, sa passion pour le beau s'exaltant peu à peu, il était remonté des Italiens du quinzième siècle aux anciens eux-mêmes, et, au lieu des courtisanes de Boucher, ou des pudiques jeunes filles de Greuze, il avait tracé sur la toile des statues antiques, élégantes mais roides, privées de vie, même de couleur, et, en acquérant un meilleur style de dessin, avait perdu la facilité et l'éclat de pinceau, qui distinguaient encore Boucher et Greuze. C'était une école d'imitation, grave, noble, et sans génie. Un peintre toutefois, M. Gros, échappait à l'imitation des bas-reliefs antiques en peignant des batailles. Dessinant mal, composant médiocrement, mais excité par le spectacle du temps, et entraîné par une sorte de fougue naturelle, il jetait sur la toile des images, qui vivront probablement par une certaine force d'exécution et un certain éclat de couleur. C'est le style qui assure la durée des œuvres de l'esprit, c'est l'exécution qui assure celle des œuvres de l'art, parce qu'elle est, non pas le seul, mais le plus élevé, mais le plus constant des signes de l'inspiration. Un autre peintre, M. Prudhon, en imitant Corrège par un goût naturel pour la grâce, se donnait quelques apparences d'originalité dans un temps où, si l'on ne peignait des Brutus et des Léonidas, il fallait peindre des grenadiers de la garde impériale. Mais ni M. Gros, ni M. Prudhon, auxquels l'âge suivant a rendu plus de justice, n'inspiraient autant d'enthousiasme que MM. David, Girodet, Gérard. La France croyait presque avoir en eux les égaux des grands maîtres d'Italie. Singulière et honorable illusion d'une nation éprise de tous les genres de gloire, aspirant à les posséder tous, et applaudissant même la médiocrité, dans l'espérance de faire naître le génie!

Dans les lettres la France était plus loin encore de la vraie supériorité. Mais, juge exquis en cette matière, elle ne s'abusait point. Une sorte d'inertie peu ordinaire s'était emparée alors du génie national. On avait vu au dix-septième siècle la France, parée de tout l'éclat de la jeunesse et de la gloire, exceller au plus haut point dans la représentation tragique des passions de l'homme, et dans la représentation comique de ses travers, illustrer la chaire, par une éloquence grave, forte, sublime, inconnue au monde, qui ne l'avait jamais entendue, qui ne l'entendra plus. On l'avait vue dans le dix-huitième siècle, changeant soudainement de goût, d'esprit, de croyance, abandonner l'art pour la polémique, attaquer l'autel, le trône, toutes les institutions sociales, et produire une littérature nouvelle, acrimonieuse, véhémente, immortelle aussi, quoique moins belle que la littérature qui s'attache à la peinture du cœur humain. On l'avait vue ainsi varier à l'infini les productions de son esprit, et ne jamais tarir, comme cette fontaine où les anciens faisaient abreuver le génie, et qui versait sur le monde un flot perpétuel. Mais, tout à coup, après une révolution immense, la plus humaine par le but, la plus terrible par les moyens, la plus vaste par ses conséquences, l'esprit français, qui l'avait voulue, appelée et produite, se montrait surpris, troublé, épouvanté de son œuvre, et pour ainsi dire épuisé. La littérature française, à la suite de la révolution de 1789, malgré l'influence de Napoléon, demeurait nulle et sans inspiration. La tragédie, déjà bien déchue, même lorsque Voltaire peignait dans *Zaïre* les combats de la religion et de l'amour, se traînait, demandant tantôt à la Grèce, tantôt à l'Angleterre, tantôt à Sophocle, tantôt à Shakspeare, des inspirations, qu'il vaut mieux attendre de la nature, qui ne viennent pas quand on les cherche, car le génie vraiment inspiré n'a pas besoin d'excitation étrangère. Sa propre plénitude lui suffit. M. Chénier imitait, en un style noble et pur, la tragédie grecque; M. Ducis, en un style incorrect et touchant, la tragédie anglaise. La comédie, dont M. Picard était alors en France le continuateur le plus renommé, peignait, sans profondeur, mais avec quelque gaieté, des caractères indécis, les grands caractères ayant été tracés pour jamais par Molière, et par un ou deux de ses disciples. La chaire avait perdu son autorité; la tribune était muette. Il n'y avait d'autre éloquence que celle de M. Regnault, exposant en un style brillant et facile les menues affaires du temps, et celle de M. de Fontanes, exprimant quelquefois à la tête des corps de l'État, et en un style correct, élégant et noble, grand de la grandeur des événements plus que de celle de l'écrivain, l'admiration de la France pour les prodiges du règne impérial. L'histoire enfin manquait de liberté, manquait d'expérience, et n'avait pas encore contracté ce goût de recherches qui l'a distinguée depuis.

La littérature française ne retrouvait une originalité véritable, une éloquence touchante, que lorsque M. de Chateaubriand, célébrant les temps d'autrefois, s'adressait, comme nous l'avons dit ailleurs, à cette mélancolie vraie du cœur humain, qui regrette toujours le passé quel qu'il soit, même le moins regrettable, uniquement parce qu'il n'est plus. Cependant le siècle avait un écrivain immortel, immortel comme César : c'était le souverain lui-même, grand écrivain, parce qu'il était grand esprit, orateur inspiré dans ses proclamations, chantre de ses propres exploits dans ses bulletins, démonstrateur puissant dans une multitude de notes émanées de lui, d'articles insérés au *Moniteur*, de lettres écrites à ses agents, qui, sans doute, paraîtront un jour, et qui surprendront le monde autant que l'ont surpris ses actions. Coloré quand il peignait, clair, précis, véhément, impérieux quand il démontrait, il était toujours simple comme le comportait le rôle sérieux qu'il tenait de la Providence, mais quelquefois un peu déclamateur, par un reste d'habitude, particulière à tous les enfants de la révolution française. Singulière destinée de cet homme prodigieux, d'être le plus grand écrivain de son temps, tandis qu'il en était le plus grand capitaine, le plus grand législateur, le plus grand administrateur! La nation lui ayant, dans un jour de fatigue, abandonné le soin de vouloir, d'ordonner, de penser pour tous, lui avait en quelque sorte, par le même privilége, concédé le don de parler, d'écrire mieux que tous.

Déjà à cette époque, dans cette agitation inquiète d'une littérature vieillie, qui cherche partout des inspirations, une double tendance littéraire se faisait remarquer. Les uns voulaient remonter au dix-septième siècle et à l'antiquité, comme à la source de toute beauté; les autres voulaient demander à l'Angleterre, à l'Allemagne, le secret d'émotions plus fortes : tristes efforts de l'esprit d'imitation, qui change d'objet sans arriver à l'originalité qui lui est refusée! Napoléon, par goût naturel pour le beau pur, et par un instinct de nationalité, repoussait ces tentatives nouvelles, préconisait Racine, Bossuet, Molière, les anciens avec eux, et s'attachait à faire fleurir les études classiques dans l'Université. Enfin, cherchant à agir fortement sur l'esprit public, il imagina un moyen, à son avis le plus efficace de produire de bons ouvrages, c'était de bien donner

Août 1807.

Rapports demandés aux diverses classes de l'Institut sur chaque branche des connaissances humaines.

la réputation, de la donner justement, grandement, avec autorité. Dans un pays libre, des milliers d'écrivains voués à la critique, éclairés ou ignorants, justes ou passionnés, honnêtes ou vils, discutent les œuvres de l'esprit, et puis, après un vain bruit, sont remplacés par le temps, qui prononce de la manière à la fois la plus douce et la plus sûre, en ne parlant plus de certaines œuvres, en parlant encore de certaines autres. Mais la liberté de discussion, Napoléon, en l'accordant pour les lettres, n'était pas même résolu pour elles à la souffrir tout entière; et quant au temps, il était trop impatient pour en attendre les décisions. Il imagina donc de demander à chaque classe de l'Institut des rapports approfondis sur la marche des lettres, des sciences et des arts depuis 1789, en signalant les tendances bonnes ou mauvaises, les œuvres distinguées ou médiocres, en distribuant la louange et le blâme avec une rigoureuse impartialité. Les rapports devaient être délibérés par chacune des classes, pour qu'ils eussent l'autorité d'un arrêt, présentés par l'un des hommes éminents de l'époque, et lus devant l'Empereur au milieu du Conseil d'État, jugeant ainsi du haut du trône, encourageant par cette attention solennelle les œuvres de l'esprit français.

En conséquence, M. Chénier vint faire devant Napoléon, et dans une séance du Conseil d'État, un rapport simple, ferme, élevé, sur la marche des lettres depuis 1789. Napoléon, après cette lecture, répondit à M. Chénier par ces belles paroles :

« Messieurs les députés de la seconde classe de
» l'Institut,

» Si la langue française est devenue une langue universelle, c'est aux hommes de génie qui ont siégé, ou qui siégent parmi vous, que nous en sommes redevables.

» J'attache du prix au succès de vos travaux; ils tendent à éclairer mes peuples, et sont nécessaires à la gloire de ma couronne.

» J'ai entendu avec satisfaction le compte que vous venez de me rendre.

» Vous pouvez compter sur ma protection. »

Quand les gouvernements veulent se mêler des œuvres de l'esprit humain, c'est avec cette grandeur qu'ils doivent le faire; et d'ailleurs, à cette manière de distribuer la gloire par une décision de l'autorité publique, Napoléon ajoutait une munificence dont nous avons déjà cité de nombreux exemples, et le plus fécond de tous les encouragements, l'approbation du génie. Dans d'autres séances il entendit M. Cuvier faisant un rapport sur la marche des sciences, M. Dacier sur celle des recherches historiques, et successivement les représentants de toutes les classes sur les objets qui les concernaient. Dans le désir de donner aux arts du dessin une marque non moins éclatante d'attention, il se rendit lui-même avec l'Impératrice et une partie de sa cour dans l'atelier du peintre David, afin d'y voir le tableau du Couronnement, et lui adressa après l'avoir vu les paroles les plus flatteuses.

Telles étaient les occupations de Napoléon après son retour de Tilsit; tel est aussi le spectacle que la France présentait sous son règne, soit par l'effet des circonstances, soit par l'influence personnelle qu'il exerçait sur elle. La plupart des résolutions qu'il venait de prendre ne pouvaient se passer du concours du pouvoir législatif. Il y avait plus d'une année qu'il ne l'avait assemblé, et il était impatient de le réunir, autant pour lui présenter les lois de finances, le Code de commerce, les lois relatives aux travaux publics, que pour faire devant les corps de l'État une manifestation européenne. Il avait résolu d'ouvrir la session du Corps Législatif le 16 août, lendemain du 15, destiné à célébrer la Saint-Napoléon. Le 15 fut pour Paris, et pour toute la France, un véritable jour de fête. On était tout plein encore de la joie que la paix avait causée; car, signée à Tilsit le 8 juillet, connue à Paris le 15, il y avait un mois à peine qu'on en jouissait. A cette joie de la paix continentale, se joignait l'espérance de la paix maritime. La présence de Napoléon à Paris avait déjà exercé son influence ordinaire. Un mouvement nouveau se communiquait partout. L'argent abondait. Les riches que Napoléon venait de faire construisaient des hôtels élégants, et commandaient pour les orner des ameublements somptueux. Leurs femmes répandaient l'or à pleines mains chez les marchands de luxe. On annonçait un long séjour à Fontainebleau, où toute la haute société de Paris serait conviée, et où l'on donnerait les fêtes dont l'hiver avait été privé. Enfin la gloire nationale, qui touchait vivement les cœurs, contribuait aussi à toutes ces joies, en les relevant. La soirée du 15 août fut éblouissante comme une belle journée. La population entière de Paris était le soir sous les fenêtres du palais, ivre d'enthousiasme, et demandant à voir le souverain glorieux qui avait versé tant de biens, réels ou apparents, sur la France, et qui l'avait surtout rendue si grande. Il faut reconnaître, pour l'honneur de la nature humaine, que ce qui l'attire le plus c'est la gloire. Napoléon n'eût pas été empereur et roi, qu'on aurait voulu voir dans sa personne le plus grand homme des temps modernes. Il parut plusieurs fois, tenant l'Impératrice par la main, à peine discerné au milieu d'un groupe brillant, mais salué et applaudi comme s'il avait été aperçu distinctement. Il voulut lui-même être témoin de plus près de cet enthousiasme populaire, et sortit déguisé avec son fidèle Duroc pour se promener dans le jardin des Tuileries. A la faveur de la nuit et de son déguisement, il put jouir des sentiments qu'il inspirait, sans être reconnu, et il entendit au milieu de tous les groupes son nom prononcé avec reconnaissance et amour. Il s'arrêta dans le jardin pour écouter un jeune enfant, qui criait *vive l'Empereur* avec transport. Il saisit ce jeune enfant dans ses bras, lui demanda pourquoi il criait ainsi, et en obtint pour réponse que son père et sa mère lui enseignaient à aimer et à bénir l'Empereur. C'étaient des Bretons, qui, obligés de fuir les horreurs de la guerre civile, avaient trouvé à Paris le repos et l'aisance dans un modeste emploi. Napoléon s'entretint avec eux, et ils ne surent que le lendemain, par une marque de faveur, devant quel témoin puissant s'était épanchée la naïveté de leurs sentiments.

Août 1807.

Le jour suivant, 16, Napoléon se rendit au Corps Législatif, entouré de ses maréchaux, suivi par un peuple immense, et trouva le Conseil d'État, le Tri-

Convocation du Corps-Législatif.

bunat réunis aux membres du Corps Législatif. M. de Talleyrand, en qualité de vice-grand-électeur, présenta au serment les membres récemment élus du Corps Législatif; et puis l'Empereur, d'une voix claire et pénétrante, prononça le discours suivant :

« Messieurs les députés des départements au Corps
» Législatif, messieurs les Tribuns et les membres de
» mon Conseil d'État,

» Depuis votre dernière session, de nouvelles
» guerres, de nouveaux triomphes, de nouveaux
» traités de paix ont changé la face de l'Europe po-
» litique.

» Si la maison de Brandebourg, qui, la première,
» se conjura contre notre indépendance, règne en-
» core, elle le doit à la sincère amitié que m'a ins-
» pirée le puissant empereur du Nord.

» Un prince français régnera sur l'Elbe : il saura
» concilier les intérêts de ses nouveaux sujets avec
» ses premiers et ses plus sacrés devoirs.

» La maison de Saxe a recouvré, après cinquante
» ans, l'indépendance qu'elle avait perdue.

» Les peuples du duché de Varsovie, de la ville
» de Dantzig, ont recouvré leur patrie et leurs droits.

» Toutes les nations se réjouissent d'un commun
» accord de voir l'influence malfaisante que l'An-
» gleterre exerçait sur le continent, détruite sans
» retour.

» La France est unie aux peuples de l'Allemagne
» par les lois de la Confédération du Rhin; à ceux
» des Espagnes, de la Hollande, de la Suisse et des
» Italies, par les lois de notre système fédératif. Nos
» nouveaux rapports avec la Russie sont cimentés

» par l'estime réciproque de ces deux grandes
» nations.

» Dans tout ce que j'ai fait, j'ai eu uniquement
» en vue le bonheur de mes peuples, plus cher à
» mes yeux que ma propre gloire.

» Je désire la paix maritime. Aucun ressentiment
» n'influera jamais sur mes déterminations. Je n'en
» saurais avoir contre une nation, jouet et victime
» des partis qui la déchirent, et trompée sur la si-
» tuation de ses affaires, comme sur celle de ses
» voisins.

» Mais quelle que soit l'issue que les décrets de
» la Providence aient assignée à la guerre maritime,
» mes peuples me trouveront toujours le même, et
» je trouverai toujours mes peuples dignes de moi.

» Français, votre conduite dans ces derniers temps
» où votre Empereur était éloigné de plus de cinq
» cents lieues, a augmenté mon estime et l'opinion
» que j'avais conçue de votre caractère. Je me suis
» senti fier d'être le premier parmi vous. Si, pen-
» dant ces dix mois d'absence et de périls, j'ai été
» présent à votre pensée, les marques d'amour que
» vous m'avez données ont excité constamment mes
» plus vives émotions. Toutes mes sollicitudes, tout
» ce qui pouvait avoir rapport même à la conserva-
» tion de ma personne, ne me touchaient que par
» l'intérêt que vous y portiez, et par l'importance
» dont elles pouvaient être pour vos futures desti-
» nées. Vous êtes un bon et grand peuple.

» J'ai médité différentes dispositions pour simpli-
» fier et perfectionner nos institutions.

» La nation a éprouvé les plus heureux effets de

» l'établissement de la Légion-d'Honneur. J'ai créé
» différents titres impériaux pour donner un nouvel
» éclat aux principaux de mes sujets, pour honorer
» d'éclatants services par d'éclatantes récompenses,
» et aussi pour empêcher le retour de tout titre
» féodal, incompatible avec nos constitutions.

» Les comptes de mes ministres des finances et
» du trésor public vous feront connaître l'état pros-
» père de nos finances. Mes peuples éprouveront
» une considérable décharge sur la contribution fon-
» cière.

» Mon ministre de l'intérieur vous fera connaître
» les travaux qui ont été commencés ou finis; mais
» ce qui reste à faire est bien plus important encore;
» car je veux que dans toutes les parties de mon
» Empire, même dans le plus petit hameau, l'ai-
» sance des citoyens et la valeur des terres se trou-
» vent augmentées par l'effet du système général
» d'amélioration que j'ai conçu.

» Messieurs les députés des départements au
» Corps Législatif, votre assistance me sera néces-
» saire pour arriver à ce grand résultat, et j'ai le
» droit d'y compter constamment. »

Ce discours fut écouté avec une vive émotion et applaudi avec transport. Napoléon rentra aux Tuileries accompagné de la même foule, salué des mêmes cris.

Le lendemain et les jours suivants, furent apportées les différentes lois qui fixaient le budget de 1807 à 720 millions en recettes et en dépenses; qui demandaient pour 1808 de simples crédits provisoires, conformément à l'usage du temps; qui pour cette même année 1808 restituaient au pays 20 millions sur la contribution foncière [1]; qui réglaient le concours des départements aux grands travaux d'utilité générale, instituaient une Cour des comptes, et devaient enfin composer le Code de commerce. Au Sénat étaient réservées les mesures concernant l'institution des nouveaux titres, l'épuration de la magistrature, la réunion du Tribunat au Corps Législatif. Après la présentation de toutes ces lois vint l'exposé de la situation de l'Empire par le ministre de l'intérieur. Quand ce ministre dans un tableau, dont Napoléon avait fourni le fond et presque la forme, eut achevé de peindre l'état florissant de la France, les progrès de son industrie et de son commerce, l'impulsion donnée à tous les travaux, la construction simultanée de canaux, de routes, de ponts, de monuments publics sur toute la surface du territoire, la régularité, l'ordre, l'abondance régnant dans les finances, les efforts déployés pour répandre l'instruction, pour étendre à toutes les communes le bienfait du culte, enfin tant de créations utiles, dont une guerre de géants n'avait pas interrompu le cours, dont elle avait même procuré les moyens, grâce aux tributs levés sur les rois vaincus, M. de Fontanes, président du Corps Législatif, répondit par le discours suivant, qu'il avait pu écrire d'avance, car les sentiments qui s'y trouvaient exprimés remplissaient toutes les âmes.

---

[1] J'ai dit ailleurs 15 millions : c'était néanmoins 20 millions, mais les nouveaux centimes imposés pour le concours des départements aux travaux publics réduisaient ces 20 millions à 15.

« Monsieur le ministre de l'intérieur, messieurs
» les conseillers d'État,

» Le tableau que vous avez mis sous nos yeux
» semble offrir l'image d'un de ces rois pacifiques
» uniquement occupés de l'administration intérieure
» au milieu de leurs États; et cependant tous ces
» travaux utiles, tous ces sages projets qui doivent
» les perfectionner encore, furent ordonnés et con-
» çus au milieu du bruit des armes, aux derniers
» confins de la Prusse conquise, et sur les frontières
» de la Russie menacée. S'il est vrai qu'à cinq cents
» lieues de la capitale, parmi les soins et les fati-
» gues de la guerre, un héros prépara tant de bien-
» faits, combien va-t-il les accroître en revenant au
» milieu de nous! Le bonheur public l'occupera tout
» entier, et sa gloire en sera plus touchante.

» Nous sommes loin de refuser à l'héroïsme les
» hommages qu'il obtint dans tous les temps. La phi-
» losophie outragea plus d'une fois l'enthousiasme
» militaire, osons ici le venger.

» La guerre, cette maladie ancienne, et malheu-
» reusement nécessaire, qui travailla toutes les so-
» ciétés; ce fléau, dont il est si facile de déplorer les
» effets et si difficile d'extirper la cause, la guerre
» elle-même n'est pas sans utilité pour les nations.
» Elle rend une nouvelle énergie aux vieilles socié-
» tés, elle rapproche de grands peuples long-temps
» ennemis, qui apprennent à s'estimer sur le champ
» de bataille; elle remue et féconde les esprits par
» des spectacles extraordinaires; elle instruit sur-
» tout le siècle et l'avenir, quand elle produit un de
» ces génies rares faits pour tout changer.

» Mais pour que la guerre ait de tels avantages, » il ne faut pas qu'elle soit trop prolongée, ou des » maux irréparables en sont la suite. Les champs et » les ateliers se dépeuplent, les écoles où se for- » ment l'esprit et les mœurs sont abandonnées, la » barbarie s'approche, et les générations ravagées » dans leur fleur voient périr avec elles les espé- » rances du genre humain.

Août 1807.

» Le Corps Législatif et le peuple français bénis- » sent le grand prince qui finit la guerre avant qu'elle » ait pu nous faire éprouver d'aussi désastreuses in- » fluences, et lorsqu'elle nous porte au contraire tant » de nouveaux moyens de force, de richesses, et de » population. La guerre, qui épuise tout, a renou- » velé nos finances et nos armées. Les peuples vain- » cus nous donnent des subsides, et la France trouve » des soldats dignes d'elle chez les peuples alliés.

» Nos yeux ont vu les plus grandes choses. Quel- » ques années ont suffi pour renouveler la face du » monde. Un homme a parcouru l'Europe en ôtant et » en donnant des diadèmes. Il déplace, il resserre, » il étend à son choix les frontières des empires : tout » est entraîné par son ascendant. Eh bien! cet homme » couvert de tant de gloire nous promet plus encore : » paisible et désarmé, il prouvera que cette force » invincible qui renverse en courant les trônes et les » empires, est au-dessous de cette sagesse vraiment » royale, qui les conserve par la paix, les enrichit » par l'agriculture et l'industrie, les décore par les » chefs-d'œuvre des arts, et les fonde éternellement » sur le double appui de la morale et des lois. »

Les travaux du Corps Législatif commencèrent im-

Août 1807.

Mariage du prince Jérôme Bonaparte avec la princesse Catherine de Wurtemberg.

médiatement, et se poursuivirent avec le calme et la célérité, naturels dans des discussions qui n'étaient que de pure forme; car l'examen sérieux des lois proposées avait eu lieu ailleurs, c'est-à-dire dans les conférences entre le Tribunat et le Conseil d'État. Durant cette courte session, qui le retenait à Paris et différait son départ pour Fontainebleau, Napoléon célébra le mariage de la princesse Catherine de Wurtemberg avec son frère Jérôme. Cette jeune princesse, douée des plus nobles qualités, belle et imposante de sa personne, fière comme son père, mais douce et dévouée à tous ses devoirs, et destinée à être un jour le modèle des épouses dans le malheur, arriva au château du Rainey près de Paris, le 20 août, un peu troublée de la situation qui l'attendait, dans une cour dont personne en Europe ne niait l'éclat, la puissance, mais qu'on peignait comme le séjour de la force brutale, et dans laquelle ne devait l'accompagner aucun des serviteurs qui l'avaient entourée dès son enfance. Napoléon la reçut le 21 sur la première marche de l'escalier des Tuileries. Elle allait s'incliner devant lui, mais il la recueillit dans ses bras, et la présenta ensuite à l'Impératrice, à toute sa cour, et aux députés du nouveau royaume de Westphalie, convoqués à Paris pour assister à cette union. Le lendemain les deux jeunes époux furent civilement unis par l'archichancelier Cambacérès, et le surlendemain ils reçurent dans la chapelle des Tuileries la bénédiction nuptiale du prince primat, qui, toujours aussi attaché à l'Empereur par goût et par reconnaissance, était venu consacrer lui-même la nouvelle royauté allemande,

FONTAINEBLEAU.   165

fondée au nord de la Confédération, dont il était le chancelier et le président.

Août 1807.

Les fêtes célébrées à l'occasion de ce mariage durèrent plusieurs jours, et pendant ce temps Napoléon prépara le départ des nouveaux époux pour la Westphalie. Leur royaume, composé principalement des États du grand-duc de Hesse, détrôné à cause de ses perfidies, devait avoir Cassel pour capitale. Il comprenait, outre la Hesse électorale, la Westphalie, et les provinces détachées de la Prusse à la gauche de l'Elbe. Magdebourg en était la principale forteresse. Il avait encore l'espérance de s'enrichir d'une partie du Hanovre. Le titre de royaume de Westphalie convenait à sa situation géographique, à son étendue, à son rôle dans la Confédération du Rhin. Il avait de plus une sorte de grandeur, et ne rappelait pas, comme aurait fait celui de royaume de Hesse, la dépossession d'une grande famille allemande. Napoléon avait chargé trois conseillers d'État, MM. Siméon, Beugnot et Jollivet, d'aller, sous le titre de régence provisoire, commencer l'organisation administrative de ce royaume, de manière que le prince Jérôme trouvât en arrivant une sorte de gouvernement institué, et après son arrivée de sages conseillers capables de guider son inexpérience. Napoléon le fit partir ensuite avec les instructions qui suivent :

Constitution du nouveau royaume de Westphalie.

« Mon frère, je pense que vous devez vous ren-
» dre à Stuttgard, comme vous y avez été invité
» par le roi de Wurtemberg. De là vous vous ren-
» drez à Cassel, avec toute la pompe dont les espé-
» rances de vos peuples les porteront à vous envi-

Instructions données au prince Jérôme.

» ronner. Vous convoquerez les députés des villes,
» les ministres de toutes les religions, les députés
» des États actuellement existants, en faisant en
» sorte qu'il y ait moitié non-nobles et moitié no-
» bles; et devant cette assemblée ainsi composée
» vous recevrez la constitution et prêterez serment
» de la maintenir, et immédiatement après vous re-
» cevrez le serment de ces députés de vos peuples.
» Les trois membres de la régence seront chargés
» de vous faire la remise du pays. Ils formeront un
» conseil privé qui restera près de vous tant que
» vous en aurez besoin. Ne nommez d'abord que la
» moitié de vos conseillers d'État; ce nombre sera
» suffisant pour commencer le travail. Ayez soin que
» la majorité soit composée de non-nobles, toutefois
» sans que personne s'aperçoive de cette habituelle
» surveillance à maintenir en majorité le tiers état
» dans tous les emplois. J'en excepte quelques pla-
» ces de cour, auxquelles, par suite des mêmes
» principes, il faut appeler les plus grands noms.
» Mais que dans vos ministères, dans vos conseils,
» s'il est possible dans vos cours d'appel, dans vos
» administrations, la plus grande partie des person-
» nes que vous emploierez ne soient pas nobles. Cette
» conduite ira au cœur de la Germanie, et affligera
» peut-être l'autre classe; mais n'y faites pas atten-
» tion. Il suffit de ne porter aucune affectation dans
» cette conduite. Ayez soin de ne jamais entamer de
» discussions, ni de faire comprendre que vous at-
» tachez tant d'importance à relever le tiers état. Le
» principe avoué est de choisir les talents partout
» où il y en a. Je vous ai tracé là les principes gé-

» néraux de votre conduite. J'ai donné l'ordre au
» major-général de vous remettre le commandement
» des troupes françaises qui sont dans votre royaume.
» Souvenez-vous que vous êtes Français, protégez-
» les, et veillez à ce qu'ils n'essuient aucun tort.
» Peu à peu, et à mesure qu'ils ne seront plus né-
» cessaires, vous renverrez les gouverneurs et les
» commandants d'armes. Mon opinion est que vous
» ne vous pressiez pas, et que vous écoutiez avec
» prudence et circonspection les plaintes des villes
» qui ne songent qu'à se défaire des embarras qu'oc-
» casionne la guerre. Souvenez-vous que l'armée
» est restée six mois en Bavière, et que ce bon peu-
» ple a supporté cette charge avec patience. Avant
» le mois de janvier vous devez avoir divisé votre
» royaume en départements, y avoir établi des pré-
» fets, et commencé votre administration. Ce qui
» m'importe surtout, c'est que vous ne différiez en
» rien l'établissement du Code Napoléon. La consti-
» tution l'établit irrévocablement au 1er janvier. Si
» vous en retardiez la mise en vigueur, cela de-
» viendrait une question de droit public; car, si des
» successions venaient à s'ouvrir, vous seriez em-
» barrassé par mille réclamations. On ne manquera
» pas de faire des objections, opposez-y une ferme
» volonté. Les membres de la régence, qui ne sont
» pas de l'avis de ce qui a été fait en France pen-
» dant la révolution, feront des représentations; ré-
» pondez-leur que cela ne les regarde pas. Mais
» aidez-vous de leurs lumières et de leur expérience;
» vous pourrez en tirer un grand parti. Écrivez-moi
» surtout très-souvent... Vous trouverez ci-joint la

» constitution de votre royaume. Cette constitution
» renferme les conditions auxquelles je renonce à
» tous mes droits de conquête, et à mes droits acquis
» sur votre pays. Vous devez la suivre fidèlement.
» Le bonheur de vos peuples m'importe, non-seu-
» lement par l'influence qu'il peut avoir sur votre
» gloire et la mienne, mais aussi sous le point de
» vue du système général de l'Europe. N'écoutez
» point ceux qui vous disent que vos peuples, ac-
» coutumés à la servitude, recevront avec ingrati-
» tude vos bienfaits. On est plus éclairé dans le
» royaume de Westphalie qu'on ne voudrait vous
» le persuader, et votre trône ne sera véritablement
» fondé que sur la confiance et l'amour de la popu-
» lation. Ce que désirent avec impatience les peu-
» ples d'Allemagne, c'est que les individus qui ne
» sont point nobles, et qui ont des talents, aient un
» égal droit à votre considération et aux emplois;
» c'est que toute espèce de servage et de liens inter-
» médiaires entre le souverain et la dernière classe
» du peuple soit entièrement abolie. Les bienfaits
» du Code Napoléon, la publicité des procédures,
» l'établissement des jurys, seront autant de carac-
» tères distinctifs de votre monarchie; et, s'il faut
» vous dire ma pensée tout entière, je compte plus
» sur leurs effets pour l'extension et l'affermisse-
» ment de cette monarchie, que sur le résultat des
» plus grandes victoires. Il faut que vos peuples
» jouissent d'une liberté, d'une égalité, d'un bien-
» être inconnus aux autres peuples de la Germanie,
» et que ce gouvernement libéral produise d'une
» manière ou d'autre les changements les plus salu-

» taires au système de la Confédération, et à la
» puissance de votre monarchie. Cette manière de
» gouverner sera une barrière plus puissante pour
» vous séparer de la Prusse que l'Elbe, que les pla-
» ces fortes, et que la protection de la France. Quel
» peuple voudra retourner sous le gouvernement ar-
» bitraire prussien, quand il aura goûté les bienfaits
» d'une administration sage et libérale? Les peuples
» d'Allemagne, ceux de France, d'Italie, d'Espagne,
» désirent l'égalité et veulent des idées libérales.
» Voilà bien des années que je mène les affaires de
» l'Europe, et j'ai eu lieu de me convaincre que le
» bourdonnement des privilégiés était contraire à
» l'opinion générale. Soyez roi constitutionnel. Quand
» la raison et les lumières de votre siècle ne suffi-
» raient pas, dans votre position la bonne politique
» vous l'ordonnerait... »

La session du Corps Législatif, bien qu'il y eût beaucoup de projets à convertir en lois, ne pouvait être longue, grâce, comme nous l'avons déjà dit, aux conférences préalables qui rendaient la discussion publique à peu près inutile et de pur apparat. La seconde moitié du mois d'août et la première moitié de septembre y suffirent. Les travaux de cette session terminés, le sénatus-consulte qui supprimait le Tribunat, et en transférait les attributions et le personnel au Corps Législatif, fut porté aux deux assemblées. Il était accompagné d'un discours où l'on rendait hommage aux travaux et aux services du corps supprimé. Le président de ce corps, en recevant cette communication, prononça de son côté un discours pour remercier le souverain qui

Sept. 1807.

Séjour de la cour impériale à Fontainebleau.

reconnaissait les mérites des membres du Tribunat, et leur ouvrait à tous une nouvelle carrière. Après ces vaines formalités, la session fut close, et le caractère légal se trouva imprimé aux dernières œuvres du gouvernement impérial.

Le 22 septembre, la cour partit enfin pour Fontainebleau, où elle devait passer l'automne au milieu des fêtes et d'un faste magnifique. Napoléon y voulut reproduire l'image complète des mœurs de l'ancienne cour. Beaucoup de princes étrangers y avaient été appelés, tels que le prince primat, accouru à Paris pour le mariage du roi et de la reine de Westphalie; l'archiduc Ferdinand, ancien souverain de Toscane et de Salzbourg, actuellement duc de Wurtzbourg, venu dans l'espérance de rétablir la bonne harmonie entre la France et l'Autriche; le prince Guillaume, frère du roi de Prusse, dépêché à Paris pour obtenir la modération des charges imposées à son pays; enfin une multitude de grands personnages français et étrangers. Dans la journée, on chassait, et on forçait à la course les cerfs de la forêt. Napoléon avait prescrit un costume de rigueur pour la chasse, et l'avait imposé aux hommes comme aux femmes. Il ne dédaignait pas de le porter lui-même, s'excusant à ses propres yeux de ces puérilités, par l'opinion que l'étiquette dans les cours, et surtout dans les cours nouvelles, contribue au respect. Le soir, les premiers acteurs de Paris venaient représenter devant lui les chefs-d'œuvre de Corneille, de Racine, de Molière; car il n'admettait à l'honneur de sa présence que les grandes productions, titres immortels de la nation; et comme pour achever cette résurrection des anciennes mœurs, il accorda à certaines dames de la cour, renommées pour leur beauté, des regards qui affligèrent l'impératrice Joséphine, et qui firent tenir sur son compte des discours moins sérieux que ceux dont il était ordinairement l'objet.

Sept. 1807.

Pendant que Napoléon, mêlant à beaucoup d'affaires quelques distractions, attendait à Fontainebleau le résultat des négociations entamées par la Russie avec l'Angleterre, les stipulations de Tilsit occupaient les cabinets, et amenaient dans le monde leurs naturelles conséquences. Le Portugal, obligé de se prononcer, demandait à la cour de Londres la permission de se prêter aux volontés de Napoléon, de manière cependant à froisser le moins possible le commerce britannique, et à épargner aux Anglais comme aux Portugais la présence d'une armée française à Lisbonne. La cour d'Espagne, soucieuse au plus haut point des conséquences que pouvait avoir sa perfide conduite de l'année dernière, alarmée des pensées que la toute-puissance et le loisir allaient faire naître chez Napoléon, expédiait, comme on l'a vu, auprès de lui, outre son ambassadeur ordinaire, M. de Massaredo, un ambassadeur extraordinaire, M. de Frias, et de plus un envoyé secret, M. Yzquierdo. Aucun d'eux n'avait réussi à pénétrer l'affreux mystère de son avenir. L'Autriche, regrettant amèrement de n'avoir pas agi dans l'intervalle des deux batailles d'Eylau et de Friedland, profondément inquiétée par les signes d'intelligence que l'on commençait à apercevoir entre les deux empereurs de France et de Russie, se disait que leur alliance, si

Conséquences du traité de Tilsit en Europe.

Le Portugal.

L'Espagne.

L'Autriche.

Sept. 1807.

naturelle quand la France était aux prises avec l'Angleterre sur mer, avec l'Allemagne sur terre, et si redoutable en tout temps pour l'Europe, était peut-être en ce moment tout à fait conclue, et que les provinces du Danube, actuellement occupées par les Russes, seraient selon toute probabilité le prix de la nouvelle union. S'il en était ainsi, les malheurs dont elle avait été frappée en ce siècle allaient être au comble; car en quinze ans, dépouillée des Pays-Bas, de l'Italie, du Tyrol, de la Souabe, rejetée derrière l'Inn, derrière les Alpes Styriennes et Juliennes, il ne pouvait après tant de malheurs lui en arriver qu'un plus grand encore, c'était de voir la Russie établie sur le bas du Danube, la couper de la mer Noire, et l'envelopper à l'orient, tandis que la France l'enveloppait à l'occident. Aussi, dans toutes les cours où les représentants de l'Autriche se rencontraient avec les nôtres, en Espagne, en Italie, en Allemagne, on les voyait inquiets, soupçonneux, fureteurs, chercher par tous les moyens possibles à surprendre le secret de Tilsit, ici le marchander à prix d'argent, là s'efforcer de l'obtenir d'un moment d'abandon, et enfin, quand on refusait de le leur découvrir, le demander avec une ridicule indiscrétion. Et tandis qu'ils cherchaient partout à pénétrer les projets de la nouvelle alliance, sans y avoir réussi, à Constantinople ils les donnaient pour complétement découverts, disaient aux Turcs que la France les avait abandonnés, trahis, livrés à la Russie, qu'ils devaient tourner leurs armes contre les Français, continuer les hostilités contre les Russes, et se réconcilier avec les Anglais, qui, ajoutaient-ils, ne seraient pas seuls à les soutenir.

La Prusse, accablée par son malheur, s'inquiétant peu des conditions secrètes stipulées à Tilsit, se souciant encore moins de ce que deviendrait en Orient l'équilibre de l'Europe déjà détruit pour elle en Occident, ne songeait qu'à obtenir l'évacuation de son territoire, et à faire réduire les contributions de guerre qui lui avaient été imposées; car, dans l'épuisement où elle se trouvait, toute somme donnée à la France était une ressource de moins pour reconstituer son armée, et réparer un jour ses revers.

En Russie, le spectacle était tout autre, et on voyait le souverain, qui avait cherché dans l'alliance française des perspectives de grandeur propres à le dédommager de ses dernières mésaventures, tenter de continuels efforts pour amener la cour, l'aristocratie, le peuple, à ses vues. Mais ayant été seul exposé à Tilsit aux séductions de Napoléon, il ne pouvait pas obtenir qu'on passât aussi vite que lui des fureurs de la guerre aux enchantements d'une nouvelle alliance. Il s'efforçait donc actuellement de persuader à tout le monde, qu'en se terminant par un rapprochement avec la France, les choses avaient tourné le mieux possible; que ses derniers ministres en le brouillant avec cette puissance l'avaient engagé dans une voie funeste, dont il était sorti avec autant de bonheur que d'habileté; qu'il n'avait dans tout cela commis qu'une erreur, c'était d'avoir cru à la valeur de l'armée prussienne et à la loyauté de l'Angleterre, mais qu'il était bien revenu de cette double illusion; qu'il n'y avait que deux armées en Europe qui méritassent d'être comptées, l'armée

Sept. 1807.

La Prusse.

La Russie.

Efforts de l'empereur Alexandre pour amener la nation russe à sa nouvelle politique.

Sep. 1807.

russe et l'armée française; qu'il était inutile de les faire battre pour servir la cause d'une puissance perfide et égoïste comme la Grande-Bretagne, et qu'il valait mieux les unir dans un but commun de paix et de grandeur : de paix, si le cabinet de Londres voulait enfin se désister de ses prétentions maritimes; de grandeur, s'il obligeait l'Europe à continuer encore la même vie de tourments et de sacrifices; que dans ce cas il fallait que chacun songeât à soi, à ses propres intérêts, et qu'il était temps que la Russie songeât aux siens. Arrivé à ce point de ses explications, Alexandre, n'osant dévoiler toutes les espérances que Napoléon lui avait permis de concevoir, ni surtout avouer l'existence du traité occulte qu'on s'était promis de tenir entièrement secret, prenait une attitude mystérieuse mais satisfaite, laissait entrevoir tout ce qu'il n'osait pas dire, bien qu'il en fût fort tenté, et, parlant par exemple de la Turquie, déclarait assez ouvertement qu'on allait signer un armistice avec elle, mais qu'on se garderait d'évacuer les provinces du Danube, qu'on y était pour long-temps, et qu'on ne rencontrerait pas de difficulté à Paris au sujet de cette occupation prolongée.

Ces demi-confidences avaient plutôt excité une curiosité indiscrète et fâcheuse que gagné les esprits aux idées de l'empereur Alexandre. Il était du reste fort secondé par M. de Romanzow, qui savait tout, qui avait servi Catherine, et hérité de son ambition orientale. Le ministre comme le souverain répétait qu'il fallait prendre patience, laisser les événements se dérouler, et qu'on aurait bientôt à donner la plus satisfaisante explication du revirement de politique opéré à Tilsit.

Mais l'empereur n'était pas toujours écouté et obéi. Le public, étranger aux secrets de la diplomatie impériale, froissé des dernières défaites, montrait une attitude triste, et surtout malveillante à l'égard des Français. Les grands en particulier, se rappelant la mobilité de la politique russe sous Paul, commençant à croire que cette mobilité serait la même sous son fils Alexandre, craignaient que l'intimité avec la France ne présageât bientôt la guerre avec l'Angleterre, ce qui les alarmait pour leurs revenus, toujours menacés quand le commerce britannique n'achetait plus leurs produits. Aussi le général Savary, arrivé à Saint-Pétersbourg peu de temps après la signature de la paix, y avait-il trouvé l'accueil le plus froid, excepté auprès de l'empereur Alexandre et de deux ou trois familles composant la société intime de ce prince. La catastrophe de Vincennes, que rappelait le général Savary, n'était pas faite assurément pour lui ramener des cœurs que la politique éloignait; mais la vraie cause de l'éloignement général était dans le souvenir d'hostilités récentes, de grandes défaites, sans aucun événement qui pût consoler l'amour-propre national. L'empereur, parfaitement instruit de cette situation, cherchait à rendre le séjour de Saint-Pétersbourg supportable, agréable même au général Savary, le comblait de prévenances, l'admettait presque tous les jours auprès de lui, l'invitait fréquemment à sa table, et, dans la crainte des rapports qu'il pourrait adresser à Napoléon, l'engageait

Sept. 1807.

Dispositions malveillantes de la nation russe à l'égard des Français.

Accueil que reçoit à Saint-Pétersbourg le général Savary.

à prendre patience, lui disant que tout changerait quand les dernières impressions seraient effacées, et que la France aurait fait quelque chose pour la juste ambition de la Russie. Il ne savait pas jusqu'à quel point le général Savary pouvait être initié au secret de Tilsit, et travaillait à le deviner, pour avoir le plaisir, si le général connaissait ce secret, de s'entretenir avec lui de ses plus chères préoccupations. L'envoyé français n'était informé qu'en partie, et avait même l'ordre de paraître encore moins informé qu'il ne l'était; car Napoléon n'avait pas voulu que le jeune empereur, s'entretenant sans cesse des objets qui l'avaient occupé à Tilsit, finît par se confirmer dans ses propres désirs, et par prendre de simples éventualités pour des réalités certaines et prochaines. Le général Savary répondait donc avec une extrême réserve aux insinuations de l'empereur, avec une vive gratitude à ses aimables prévenances, se montrait content, point troublé du désagréable accueil de la société russe, et plein de confiance dans un prompt changement de dispositions. Il avait d'ailleurs, pour se défendre, suffisamment d'esprit, beaucoup d'aplomb, et l'immensité de la gloire nationale, qui permettait aux Français de marcher partout la tête haute.

L'exemple de l'empereur Alexandre, sa volonté fortement exprimée, avaient ouvert au général Savary quelques-unes des plus importantes maisons de Saint-Pétersbourg, mais la plupart des grandes familles continuaient à l'exclure; car Alexandre, maître du pouvoir, ne l'était cependant pas de la haute société, placée sous une autre influence que la sienne. Ayant dû à une catastrophe tragique la possession anticipée du sceptre des czars, ce prince cherchait à dédommager sa mère, descendue avant le temps au rôle de douairière, en lui laissant tout l'extérieur du pouvoir suprême. Cette princesse, vertueuse mais hautaine, se consolait d'avoir perdu avec Paul la moitié de l'empire, par tout le faste de la représentation impériale, dont son fils voulait qu'elle fût entourée. Quant à lui, il n'avait point de cour. N'aimant point l'impératrice son épouse, beauté froide et grave, il se hâtait après ses repas de sortir de son palais, pour se livrer ou aux affaires avec les hommes d'État ses confidents, ou à ses plaisirs auprès d'une dame russe dont il était épris. La cour se réunissait chez sa mère. C'est là que se faisaient voir les courtisans aimant à vivre dans la société du souverain, ayant des faveurs à obtenir, ou des remerciments à adresser pour des faveurs obtenues. Tous venaient ou solliciter, ou rendre grâce auprès de l'impératrice-mère, comme si elle eût été l'auteur unique des actes du pouvoir impérial. Alexandre lui-même s'y montrait avec l'assiduité d'un fils respectueux, soumis, qui n'aurait pas encore hérité du sceptre paternel. L'impératrice-mère chérissait tendrement son fils, ne tenait ni ne souffrait aucun propos qui pût le contrarier, mais donnait cours à ses propres sentiments, en manifestant à l'égard des Français un éloignement visible. Elle avait donc accueilli le général Savary avec une froide politesse. Celui-ci ne s'en était point ému, mais avait adroitement témoigné au fils qu'aucune de ces circonstances ne lui échappait. Un moment Alexandre, ne se contenant plus, et craignant que sous ce respect affecté pour sa mère, un étranger, un aide-de-camp de Napoléon pût ne pas reconnaître le véritable maître de l'empire, saisit la main du général et lui dit : Il n'y a de souverain ici que moi. Je respecte ma mère, mais tout le monde obéira, soyez-en sûr; et en tout cas je rappellerai à qui en aurait besoin la nature et l'étendue de mon autorité. — Le général Savary, satisfait d'avoir amené l'empereur à une pareille confidence en piquant son orgueil impérial, s'arrêta, rassuré sur ses dispositions, et sur son zèle à maintenir la nouvelle alliance. Du reste, la cour de l'impératrice-mère se montra bientôt, non pas plus polie, car elle n'avait jamais cessé de l'être, mais plus affectueuse. — Attendons, disait sans cesse l'empereur Alexandre au général Savary, ce que fera l'Angleterre. Sachons quel parti elle va prendre, alors j'éclaterai, et quand je me serai prononcé, personne ne résistera. —

On attendait effectivement avec une vive impatience la conduite qu'allait tenir l'Angleterre. Le traité patent de Tilsit avait été publié. Chacun voyait bien qu'il ne disait pas tout, et que la nouvelle intimité avec la France supposait d'autres stipulations secrètes. Mais enfin, d'après les dispositions patentes de ce traité, et sans aller au delà, on savait que la Russie servirait de médiatrice à la France auprès de l'Angleterre, et la France de médiatrice à la Russie auprès de la Porte. On attendait donc le résultat de cette double médiation.

Fidèle à ses engagements, l'empereur Alexandre,

à peine arrivé à Saint-Pétersbourg, avait adressé une note au cabinet britannique, pour lui exprimer le vœu du rétablissement de la paix générale, et lui offrir sa médiation, dans le but d'amener un rapprochement entre la France et l'Angleterre. Cette note avait été reçue par l'ambassadeur britannique à Saint-Pétersbourg, et par le ministre des affaires étrangères à Londres, avec une froideur qui ne laissait pas beaucoup d'espérance d'accommodement. Les nouveaux ministres anglais, en effet, médiocres disciples de M. Pitt, n'étaient guère enclins à la paix. Leur origine, leurs relations de parti, leur avénement au ministère, peuvent seuls expliquer la politique qu'ils adoptèrent en cette circonstance décisive.

On se souvient sans doute que, lorsque M. Pitt rentra en 1806 dans les conseils de Georges III, après avoir soutenu en commun avec M. Fox une lutte fort vive contre le ministère Addington, il avait eu ou la faiblesse, ou l'infidélité, d'y rentrer sans M. Fox d'une part, sans ses amis les plus anciens de l'autre, tels que MM. Grenville et Windham. Il était revenu aux affaires avec des hommes nouveaux, qui avaient peu d'importance politique alors, MM. Canning et Castlereagh. Cette conduite envers ses amis anciens ou récents, l'avait beaucoup affaibli dans le parlement, et avait rendu son second ministère peu brillant. La bataille d'Austerlitz l'avait rendu mortel. A peine M. Pitt était-il mort, que ses faibles collègues, MM. Canning et Castlereagh, s'étaient crus incapables de tenir tête à des hommes tels que MM. Grenville et Windham, vieux collè-

Sept. 1807.

gleterre et situation des partis chez elle.

gues délaissés de M. Pitt, et M. Fox, son illustre et constant rival. Ils s'étaient retirés devant eux en toute hâte, et on avait vu MM. Grenville et Windham rentrer au ministère avec M. Fox. Le sage M. Addington, sous le nom de lord Sydmouth, le célèbre M. Grey, sous le nom de lord Howick, faisaient partie de ce cabinet, qui était une double transaction entre les personnes et entre les opinions. M. Sheridan lui-même s'y était associé en devenant trésorier de la marine. La réapparition de M. Fox au pouvoir, aussi courte que l'avait été celle de M. Pitt, et terminée de même par sa mort, n'avait pas assez duré, comme nous l'avons dit ailleurs, pour amener le rétablissement de la paix. Après les inutiles négociations de lord Yarmouth et de lord Lauderdale à Paris, Napoléon avait envahi la Prusse et la Pologne. Le ministère qu'on appelait Fox-Grenville s'était maintenu après la mort de M. Fox, grâce aux hommes puissants dont il était encore composé, et au système de transaction qu'il avait continué de suivre. A l'intérieur on ménageait les catholiques, à l'extérieur on soutenait la guerre, mais avec une sorte de prudence, en donnant des subsides aux puissances continentales, et en ne risquant les troupes anglaises que dans des expéditions d'un avantage démontré pour la Grande-Bretagne. Les anciens collègues de M. Pitt, fondus avec les anciens amis de M. Fox, affectaient de ne plus faire à la France une guerre de principes, mais d'intérêt. Ils négligeaient ce qui pouvait rappeler la croisade contre la révolution française, et s'occupaient exclusivement d'étendre dans toutes les mers les conquêtes de l'Angleterre. Pressés par la Prusse et la Russie d'envoyer des troupes sur le continent, soit à Stralsund, soit à Dantzig, pour opérer une diversion sur les derrières de Napoléon, ils avaient toujours différé, tantôt sous le prétexte de l'Irlande, qui exigeait des troupes pour la garder, tantôt sous le prétexte de la flottille de Boulogne, qui n'avait pas cessé d'être armée, et, pendant ce temps, ils avaient fait des expéditions lointaines et conçues dans le seul intérêt de l'Angleterre. Ainsi, ils avaient pris le cap de Bonne-Espérance sur les Hollandais. Du cap de Bonne-Espérance, ils s'étaient reportés sur les bords de la Plata, et avaient essayé un coup de main contre Montevideo et Buenos-Ayres. L'inertie du gouvernement espagnol et la lâcheté de ses commandants avaient permis aux Anglais de pénétrer dans Buenos-Ayres, et de s'emparer de cette métropole de l'Amérique du Sud. Mais un Français, M. de Liniers, passé depuis la guerre d'Amérique au service d'Espagne, avait rallié les troupes et la population espagnoles, et avait chassé les Anglais de Buenos-Ayres, après leur avoir imposé une capitulation affligeante pour leur gloire. A Montevideo également, après être entrés et sortis, les Anglais avaient été obligés de s'éloigner de la ville, et ils occupaient quelques îles à l'embouchure de la Plata. La Méditerranée était devenue aussi le théâtre de leurs expéditions ambitieuses. Ils avaient, on s'en souvient, forcé les Dardanelles, sans résultat pour eux, et fait en Égypte une descente, qui, après un échec devant Rosette et Alexandrie, avait été suivie de leur retraite. A toutes ces entreprises, les Anglais avaient

Sept. 1807.

gagné le Cap, l'île de Curaçao, et l'animadversion de leurs alliés, qui se disaient abandonnés.

Telle était la situation du ministère Grenville lorsque, en mars 1807, une question se présenta inopinément, qui mit les principes modérés de ce ministère en opposition avec les principes religieux du vieux Georges III. Une fois déjà ce prince dévot avait poussé l'entêtement contre les catholiques d'Irlande jusqu'à se séparer de M. Pitt, plutôt que d'accorder un commencement d'émancipation. La même cause devait le séparer des collègues et successeurs de M. Pitt. Les Irlandais servaient bien dans l'armée anglaise, et dans un moment où la lutte avec la France prenait un nouveau caractère d'acharnement, il était politique de satisfaire ces braves militaires, en leur permettant d'arriver aux mêmes grades que les officiers anglais, et de rattacher ainsi les catholiques à la couronne d'Angleterre par un premier acte de justice. Une loi avait donc été projetée en ce sens par le ministère, et, grâce à l'obscurité de cette loi, obscurité calculée de la part des ministres qui l'avaient rédigée, Georges III, la comprenant mal, avait consenti à ce qu'elle fût présentée. Mais à peine l'avait-elle été que les ennemis du cabinet, qui n'étaient autres que les personnages secondaires dont M. Pitt s'était entouré lors de son dernier ministère, avaient par des intrigues secrètes éveillé les scrupules du vieux roi, et fait parvenir jusqu'à lui des explications qui donnaient à la loi une gravité dont il ne s'était pas douté d'abord. Georges III avait alors voulu qu'elle fût retirée. Lord Grenville, lord Howick (M. Grey), s'étaient résignés avec peine à cette démarche humiliante, en déclarant au roi que les concessions qu'on refusait actuellement aux Irlandais, il faudrait les leur accorder un peu plus tard; à quoi Georges III avait répliqué en exigeant qu'on lui promît de ne plus rien proposer de semblable à l'avenir. Devant cette royale exigence, MM. Grenville, Grey, et leurs collègues s'étaient retirés en mars 1807. Le faible personnel ministériel qui avait entouré M. Pitt était alors rentré au ministère, sous la présidence du vieux duc de Portland, ancien whig, qui n'avait plus aucune signification politique à cause de son grand âge, et qui n'était appelé que pour conserver au nouveau cabinet quelque apparence de la politique de transaction. MM. Canning, Castlereagh, Perceval, membres principaux de ce ministère, étaient poursuivis à juste titre de la qualification de complaisants du roi, profitant des faiblesses royales pour se substituer aux hommes les plus considérables et les plus capables de l'Angleterre. De violentes discussions dans les deux Chambres les ayant constitués presque en minorité, ils avaient osé menacer le parlement de dissolution, et avaient fini par le dissoudre, forts qu'ils étaient de l'appui de Georges III. Les élections avaient eu lieu en juin 1807, au cri d'*A bas les papistes!* cri qui trouve toujours beaucoup d'échos en Angleterre. Secondés par le fanatisme populaire, qui allait jusqu'à croire que le Pape venait de débarquer en Irlande, des ministres sans considération, défenseurs d'une détestable cause, avaient obtenu une majorité considérable. Tels étaient les hommes qui gouvernaient en ce moment l'Angleterre.

Sept. 1807.

Nouvelle politique du ministère Canning-Castlereagh.

Ces nouveaux venus, à qui la fortune destinait plus tard l'honneur, qu'ils n'avaient pas mérité, de recueillir le fruit des efforts de M. Pitt, voulaient naturellement se distinguer de leurs prédécesseurs, et, ces prédécesseurs ayant cherché à tempérer la politique de M. Pitt, ils devaient, eux, chercher à l'exagérer. Ils avaient d'abord pris l'engagement, qu'on leur avait fort amèrement reproché, de ne rien proposer au roi pour les catholiques; et, quant à la politique extérieure, ils affectaient un grand zèle pour les alliés de l'Angleterre, indignement abandonnés, disaient-ils, par MM. Grenville, Windham, Grey.

Ils s'étaient hâtés de promettre des expéditions sur le continent, et, bien qu'entrés au ministère en mars, ils eussent pu, en avril, mai et juin, apporter aux puissances belligérantes d'utiles secours, puisque Dantzig ne s'était rendu que le 26 mai, ils n'avaient rien fait, soit incapacité, soit préoccupation des affaires intérieures; préoccupation qui devait être grande, car ils avaient alors à dissoudre le parlement et à le convoquer de nouveau. Quoi qu'il en soit, après avoir rassemblé une flotte considérable aux Dunes, et réuni sur ce point de nombreuses troupes d'embarquement, leur coopération à la guerre continentale s'était bornée à l'envoi d'une division anglaise à Stralsund. La nouvelle de la bataille de Friedland et de la paix de Tilsit les avait glacés d'effroi, pour leur pays et surtout pour eux-mêmes; car, après avoir critiqué avec une extrême vivacité l'inaction de leurs prédécesseurs, ils étaient exposés à s'entendre reprocher bien plus justement leur inertie pendant les trois mois décisifs d'avril, mai et juin 1807. Il fallait donc à tout prix tenter quelque entreprise qui frappât l'opinion publique, qui fît tomber le reproche d'inaction, qui, utile ou inutile, humaine ou barbare, fût assez spécieuse, assez éclatante, pour occuper les esprits mécontents et alarmés.

Dans cette situation, ils résolurent une entreprise qui a long-temps retenti dans le monde comme un attentat envers l'humanité, entreprise non-seulement odieuse, mais très-mal calculée au point de vue de l'intérêt britannique. Cette entreprise n'était autre que la fameuse expédition contre le Danemark, imaginée pour le violenter, et pour l'obliger à se prononcer en faveur de l'Angleterre. Tristes imitateurs de M. Pitt, les ministres anglais voulaient renouveler contre Copenhague le coup d'éclat au moyen duquel l'Angleterre avait en 1804 dissous la coalition des neutres. Mais lorsque le ministère Addington, alors inspiré par M. Pitt, avait frappé Copenhague en 1801, c'était pour rompre une coalition dont le Danemark faisait publiquement partie; c'était un acte de guerre opposé à un acte de guerre; c'était une opération téméraire mais habile dans sa témérité, cruelle dans ses moyens mais nécessaire. En 1807 au contraire, il n'y avait ni prétexte, ni justice, ni habileté à attaquer le Danemark. Cet État, scrupuleusement neutre, avait apporté un soin extrême à maintenir sa neutralité. Il avait, par une malheureuse habitude de prendre plus de précautions contre la France que contre l'Angleterre, placé toute son armée le long du Holstein, s'exposant,

Sept. 1807.

Motifs qui font naître le projet d'une expédition contre Copenhague.

comme on l'avait vu à Lubeck, à une collision avec les troupes françaises, plutôt que de laisser franchir la ligne de ses frontières. Sa diplomatie avait agi comme son armée, et il avait toujours manifesté à l'égard de la France une susceptibilité ombrageuse. Dans le moment même il ne venait pas, ainsi que le prétendirent mensongèrement les ministres anglais, de traiter avec la Russie et la France, et de stipuler son adhésion à la nouvelle coalition continentale. Loin de là, il venait de protester encore une fois de son désir de conserver la neutralité, bien que Napoléon lui fît déclarer avec ménagement, mais avec résolution, que lorsque l'Angleterre se serait expliquée relativement à la médiation russe, il faudrait enfin prendre un parti, et se prononcer pour ou contre les oppresseurs des mers. Si les ministres anglais avaient en cette circonstance agi habilement, ils auraient laissé à Napoléon le rôle odieux de contraindre le Danemark à se prononcer, et envoyé une flotte dans le Cattégat; puis, les Français approchant, ils auraient secouru Copenhague, et seraient devenus, en secourant cette capitale, les maîtres légitimes de la marine danoise, des deux Belts et du Sund. A une époque où l'Europe, déjà lasse de souffrir pour la querelle de la France et de l'Angleterre, était disposée à juger sévèrement celui des deux adversaires qui aggraverait les maux de la guerre, cette conduite amicale et secourable pour le Danemark était la seule à suivre. La conduite contraire donnait le Danemark à Napoléon, épargnait à celui-ci l'embarras d'exercer lui-même une contrainte tyrannique, et l'enlèvement de quelques carcasses de vaisseaux sans un matelot n'était pour les Anglais qu'un acte infructueux de pillage, acte d'autant plus impolitique et odieux qu'on ne pouvait le consommer que par un moyen abominable, celui de bombarder une population de femmes, d'enfants et de vieillards.

Sept. 1807.

Supposez que des ministres éclairés, placés dans une position simple, eussent alors dirigé la politique de l'Angleterre, le choix n'eût pas été douteux, et la conduite qui aurait consisté à aider le Danemark dans sa résistance contre Napoléon, eût certainement prévalu. Mais MM. Canning, Castlereagh, Perceval étaient, avec plus ou moins de talent oratoire, des politiques médiocres, et des ministres plus préoccupés de leur intérêt que de celui de leur pays. Ils crurent qu'une répétition du coup d'éclat de 1801 leur était actuellement nécessaire, et ils se montrèrent en ceci tristement imitateurs de la politique de M. Pitt, et qui dit imitateur dit corrupteur, car tout imitateur corrompt ce qu'il imite en l'exagérant.

A peine avait-on la nouvelle de la paix de Tilsit, que le cabinet anglais, alléguant faussement la connaissance acquise par des communications secrètes d'une stipulation qui tendait, disait-il, à soumettre le Danemark à la coalition continentale, résolut d'envoyer une puissante expédition devant Copenhague, pour s'emparer de la flotte danoise, sous prétexte qu'enlever à Napoléon les ressources maritimes du Danemark, n'était de la part de l'Angleterre qu'un acte de légitime défense. Cette résolution prise, le cabinet anglais donna immédiatement les ordres nécessaires. Déjà les troupes et la flotte étaient prêtes aux danes, et il ne restait qu'à mettre à la voile.

Sept. 1807.

Préparatifs de l'expédition de Copenhague.

Depuis l'échec essuyé devant Constantinople, il était établi dans les conseils de l'amirauté que toute expédition maritime devait être entreprise avec des troupes de débarquement. Conformément à cette opinion, on avait réuni 20 mille hommes aux dunes, lesquels, joints aux troupes anglaises envoyées à Stralsund, allaient former une armée de 27 à 28 mille hommes, sous les murs de Copenhague. Les procédés devaient être dignes du but. Profitant de ce que le Danemark avait toutes ses troupes, non dans les îles de Seeland et de Fionie, mais sur la frontière du Holstein, on voulait jeter une division navale dans les deux Belts, intercepter ces passages, empêcher ainsi que l'armée danoise ne revînt au secours de Copenhague, puis débarquer vingt mille hommes autour de cette capitale, l'investir, la sommer, et, si elle refusait de se rendre, la bombarder jusqu'à la détruire. Ce plan d'attaque fondé sur le défaut de préparatifs du côté de la mer, et sur la réunion de toutes les forces danoises du côté de la terre, était la complète démonstration de la bonne foi du Danemark, et de l'indigne mauvaise foi du cabinet britannique. Sir Home Popham, fort compromis dans l'insuccès de la tentative sur Buenos-Ayres, et fort impatient de se réhabiliter, avait beaucoup contribué à la conception du plan, et contribua beaucoup aussi à son exécution.

Réponse évasive dans la forme, négative dans le fond, à l'offre de la médiation russe.

C'est dans ces circonstances que parvinrent à Londres l'offre de la médiation russe et la proposition de traiter d'un rapprochement avec la France. On était beaucoup trop engagé dans un système d'hostilités acharnées, beaucoup trop alléché par l'espérance d'une expédition éclatante, pour écouter aucune proposition pacifique. On résolut donc de faire une réponse évasive, hypocritement calculée, qui, sans interdire tout rapprochement ultérieur, laissât pour le moment la liberté de continuer l'entreprise commencée. En conséquence, on adressa à la Russie une note, dans laquelle, parodiant l'ancien langage de M. Pitt, on disait comme lui qu'on était tout prêt à la paix, mais qu'elle avait toujours manqué par la mauvaise foi de la France, et que, ne voulant pas, après tant de négociations infructueuses, donner dans un nouveau piège, on désirait savoir sur quelles bases la Russie devenue médiatrice avait mission de traiter. C'était une réponse dilatoire, mais dont les actes postérieurs allaient fournir une interprétation cruellement négative.

Sept. 1807.

L'amiral Gambier, commandant la flotte anglaise, et le lieutenant-général Cathcart, commandant les troupes de débarquement, mirent à la voile en plusieurs divisions, vers les derniers jours de juillet. L'expédition partie des divers ports de la Manche se composait de 25 vaisseaux de ligne, 40 frégates, 377 bâtiments de transport. Elle portait environ 20 mille hommes, et devait en trouver 7 ou 8 mille revenant de Stralsund. La flotte de guerre précédait la flotte de transport, afin d'envelopper l'île de Seeland, et d'empêcher le retour des troupes danoises vers Copenhague. Cette flotte était le 1ᵉʳ août dans le Cattégat, le 3 à l'entrée du Sund. Avant de s'engager dans le Sund, l'amiral Gambier avait détaché, sous le commodore Keats, une division de frégates et de bricks, avec quelques vaisseaux de soixante-

Départ de la flotte anglaise.

Division navale détachée dans les deux Belts pour empêcher l'ar-

Sept. 1807.

mée danoise de venir au secours de Copenhague.

Sommation adressée par M. Jackson au prince régent de Danemark.

quatorze tirant peu d'eau pour envahir les deux Belts, et y établir une croisière qui ne permît pas le passage d'un seul homme de la terre ferme dans l'île de Fionie, et de l'île de Fionie dans celle de Seeland. Cette précaution prise, la flotte franchit le Sund sans résistance, parce que le Danemark ne savait rien, et que la Suède savait tout. Elle jeta l'ancre dans la rade d'Elseneur, près de la forteresse de Kronenbourg restée silencieuse, et elle dépêcha un agent anglais pour adresser une sommation au prince royal de Danemark, alors régent du royaume. L'agent choisi était digne de la mission. C'était M. Jackson, qui avait été autrefois chargé d'affaires en France, avant l'arrivée de lord Whitworth à Paris, mais qu'on n'avait pas pu y laisser, à cause du mauvais esprit qu'il manifestait en toute occasion. Il ne rencontra pas le prince royal à Copenhague, et alla le chercher à Kiel, dans le Holstein, résidence qu'occupait en ce moment la famille royale. Introduit auprès du régent, il allégua de prétendues stipulations secrètes, en vertu desquelles le Danemark devait, disait-on, de gré ou de force, faire partie d'une coalition continentale contre l'Angleterre; il donna comme raison d'agir la nécessité où se trouvait le cabinet britannique de prendre ses précautions pour que les forces navales du Danemark et le passage du Sund ne tombassent pas au pouvoir des Français, et en conséquence il demanda, au nom de son gouvernement, qu'on livrât à l'armée anglaise la forteresse de Kronenbourg qui commande le Sund, le port de Copenhague, et enfin la flotte elle-même, promettant de garder le tout en dépôt, pour le compte du

Danemark, qui serait remis en possession de ce qu'on allait lui enlever, dès que le danger serait passé. M. Jackson assura que le Danemark ne perdrait rien, que l'on se conduirait chez lui en auxiliaires et en amis, que les troupes britanniques payeraient tout ce qu'elles consommeraient. — Et avec quoi, répondit le prince indigné, payeriez-vous notre honneur perdu, si nous adhérions à cette infâme proposition?.... — Le prince continuant, et opposant à cette perfide agression la conduite loyale du Danemark, qui n'avait pris aucune précaution contre les Anglais, qui les avait toutes prises contre les Français, ce dont on abusait pour le surprendre, M. Jackson répondit à cette juste indignation avec une insolente familiarité, disant que la guerre était la guerre, qu'il fallait se résigner à ses nécessités, et céder au plus fort quand on était le plus faible. Le prince congédia l'agent anglais avec des paroles fort dures, et lui déclara qu'il allait se transporter à Copenhague, pour y remplir ses devoirs de prince et de citoyen danois. Il s'y rendit en effet, annonça par une proclamation les dangers dont le pays était menacé, adressa un appel patriotique à la population, et prescrivit toutes les mesures que le temps et l'investissement inopiné de l'île de Seeland permettaient de prendre, investissement qui était déjà devenu si étroit que le prince avait eu lui-même la plus grande difficulté à traverser les deux Belts. Malheureusement les moyens de défense étaient loin de répondre aux besoins à Copenhague, car il y avait à peine 5 mille hommes de troupes dans la ville, dont 3 mille de troupes de ligne, 2 mille de milice assez

Sept. 1807.

Noble réponse du prince de Danemark.

Moyens de défense réunis autour de Copenhague.

bien organisée. On y ajouta une garde civique de trois à quatre mille bourgeois et étudiants. On embossa comme en 1801 tout ce qu'on avait de vieux vaisseaux, en dehors des passes, de manière à couvrir la ville du côté de la mer, avec des batteries flottantes. On abrita soigneusement dans l'intérieur des bassins la flotte, objet de la prédilection et de l'orgueil des Danois; et enfin, du côté de terre, on éleva des ouvrages à la hâte, car on savait que les Anglais amenaient une armée de débarquement, et de toutes parts on mit en batterie la grosse artillerie dont les arsenaux danois étaient abondamment pourvus. Mais si de tels moyens suffisaient à empêcher une prise d'assaut, ils étaient loin de suffire contre le danger d'un bombardement. Il aurait fallu, pour tenir l'ennemi à une distance qui rendît tout bombardement impossible, ou des ouvrages extérieurs que le Danemark, comptant sur la position insulaire de sa capitale, n'avait jamais songé à construire, ou une armée de ligne que sa loyauté l'avait porté à placer sur sa frontière de terre. Quoi qu'il en soit, le prince, après avoir fait les dispositions que comportait l'urgence des circonstances, laissa un brave militaire, le général Peymann, pour commander la ville de Copenhague, avec ordre de se défendre jusqu'à la dernière extrémité. Comme il existait dans l'étendue même de l'île de Seeland, et par conséquent en dedans des Belts, une population assez nombreuse qui pouvait fournir quelques mille hommes de milice, il ordonna au général Castenskiod de réunir cette milice en toute hâte, et de l'introduire s'il était possible dans Copenhague, avant l'investissement de cette ville. Quant à lui, il sortit de la place, et courut de sa personne dans le Holstein, pour rassembler l'armée disséminée sur la frontière, et la conduire au secours de la capitale, si on parvenait à franchir les Belts.

Pendant ce temps l'envoyé anglais ayant rejoint la flotte, prescrivit à la légation anglaise de sortir de Copenhague, et donna à l'amiral Gambier ainsi qu'au général Cathcart le signal de l'exécution épouvantable préparée contre une cité dont tout le crime consistait dans la possession d'une flotte que les ministres anglais avaient besoin de conquérir pour relever leur situation dans le parlement. Les pourparlers avec le gouvernement danois, la nécessité de laisser arriver la flotte de transport, partie plus tard que la flotte de guerre, l'attente d'un vent favorable, avaient retardé jusqu'au 15 août les opérations de l'amiral Gambier. Le 16 il prit terre sur un point de la côte appelé Webeck, à quelques lieues au nord de Copenhague, et y débarqua environ 20 mille hommes, la plupart Allemands au service de l'Angleterre. La division des troupes de Stralsund devait débarquer au midi vers Kioge. Rassurés par la présence dans les Belts de la division de bâtiments légers du commodore Keats, ils commencèrent en sécurité leur criminelle entreprise. Les Anglais savaient bien qu'ils ne parviendraient pas, même avec 30 mille hommes, à emporter d'assaut une place où se trouvaient de 8 à 9 mille défenseurs, dont 5 mille de troupes réglées, et une population de marins fort braves. Mais ils comptaient sur les moyens de destruction dont ils pouvaient disposer,

Sept. 1807.

Débarquement des Anglais au nord et au sud de Copenhague.

Sept. 1807.

grâce à l'immense quantité de grosse artillerie transportée sur leurs vaisseaux. Ils avaient même, pour être plus assurés du succès, amené avec eux le colonel Congrève, qui devait faire pour la première fois l'essai de ses formidables fusées. En conséquence leur opération ne consista point en travaux réguliers d'approche, mais dans l'établissement solide et bien protégé de quelques batteries incendiaires. Il régnait autour de Copenhague une espèce de lac de forme allongée, qui embrassait presque toute la portion de l'enceinte du côté de terre. Ils prirent position derrière ce lac, et s'y retranchèrent. Couverts ainsi du côté de la place contre les sorties des assiégés, ils cherchèrent à se couvrir du côté de la campagne par une seconde ligne de contrevallation, afin de tenir en respect soit les milices de la Seeland, réunies sous le général Castenskiod, soit les troupes régulières elles-mêmes, s'il en était quelques-unes qui pussent repasser les Belts. Après s'être solidement établis ils commencèrent à construire leurs batteries incendiaires, s'abstenant d'en faire usage avant qu'elles fussent complétement armées, et en état d'ouvrir un feu destructeur. Pendant qu'ils travaillaient ainsi, leur flotte s'était approchée du côté de la mer, et des escarmouches fort vives avaient lieu sur les deux éléments entre les assiégés et les assiégeants. Une flottille danoise, armée à la hâte, disputait avec avantage à la flottille anglaise les passes étroites par lesquelles on peut approcher de Copenhague, tandis que les troupes de ligne, enfermées dans la ville, exécutaient des sorties fréquentes contre les troupes du général Cathcart. N'ayant mal-

Dispositions des Anglais pour incendier Copenhague.

heureusement que deux points d'attaque à choisir, aux deux extrémités du lac qui les séparait de l'ennemi, les Danois trouvaient, quand ils essayaient des sorties, la totalité des forces anglaises réunies sur ces deux points, et n'étaient pas assez nombreux pour y forcer les lignes des assiégeants. Chaque fois ils étaient obligés de reculer, après avoir tué quelques hommes, et en avoir perdu beaucoup plus qu'ils n'en avaient tué, à cause du désavantage de la position.

Les Anglais attendaient, pour en finir, l'arrivée de la seconde division qui était devant Stralsund. Les Suédois, excités par eux, ayant repris les hostilités, le maréchal Brune venait d'entreprendre le siége de cette place avec 38 mille hommes de troupes, et tout le matériel de siége dont la prise de Dantzig, la cessation des hostilités devant Colberg, Marienbourg et Graudenz, avaient rendu l'usage à l'armée française. Le maréchal Brune était accompagné du général du génie Chasseloup, le même qui avait tant contribué à la prise de Dantzig. Cet habile officier, possédant cette fois tous les moyens dont la réunion n'avait été que successive devant la place de Dantzig, s'était promis de faire du siége de Stralsund un modèle de précision, de vigueur et de promptitude. Il avait préparé trois attaques, mais avec la résolution de ne rendre sérieuse que l'une des trois, celle qui, dirigée vers la porte de Knieper au nord, pouvait amener la destruction de la flotte suédoise. Ayant ouvert la tranchée sur tous les points à la fois, malgré les feux de la place, il avait en quelques jours établi et armé ses batteries, et com-

Sept. 1807.

Reddition de Stralsund, et translation de toutes les forces anglaises devant Copenhague.

mencé une attaque si terrible, que le général ennemi, quoiqu'il eût 15 mille Suédois et 7 à 8 mille Anglais, soit dans la place, soit dans l'île de Rugen, s'était vu contraint d'envoyer un parlementaire, et de livrer Stralsund le 21 août.

Pendant ce siége, conduit par les Français avec une bravoure et une habileté dignes d'admiration, le général Cathcart avait attiré à lui la division des troupes anglaises chargée de coopérer avec les Suédois. Il venait de la débarquer à Kioge, et dès ce moment il avait tellement enfermé la ville de Copenhague dans une double ligne de contrevallation, qu'il était en mesure de détruire cette ville infortunée sans avoir à craindre les effets de son désespoir. Rien n'est plus légitime qu'un siége. Rien n'est plus barbare qu'un bombardement, quand l'une de ces nécessités impérieuses de guerre qui justifient tout, ne le rend pas excusable. Et quelle nécessité pour justifier l'atroce exécution préparée par les Anglais, que celle de piller une flotte et un arsenal réputé fort riche!

Néanmoins le 1ᵉʳ septembre le général Cathcart, ayant en batterie 68 bouches à feu, dont 48 mortiers et obusiers, somma Copenhague, dans un langage dont la feinte humanité ne pouvait tromper personne. Il demandait qu'on lui livrât le port, l'arsenal et la flotte, menaçant, si on les refusait, d'incendier la ville, et ajoutant à sa sommation de vives instances pour qu'on le dispensât d'employer des moyens qui répugnaient, disait-il, à son cœur. Le général Peymann ayant répondu négativement, le 2 septembre au soir, un feu épouvantable d'obus, de bombes, de fusées à la Congrève, éclata sur la malheureuse capitale du Danemark. Les barbares auteurs de cette entreprise n'avaient pas même l'excuse de leur propre danger, car ils étaient couverts de manière à ne pas perdre un seul homme. Après avoir continué cette cruauté pendant toute la nuit du 2 septembre et une partie de la journée du 3, le général anglais suspendit le feu pour voir si la place se rendrait. L'incendie s'était déclaré dans divers quartiers; des centaines de malheureux avaient péri; plusieurs grands édifices étaient en flammes; la population valide, employée à verser les eaux de la Baltique sur les quartiers incendiés, était exténuée de fatigue. Le général Peymann, le cœur déchiré par ce spectacle, gardait un morne silence, attendant pour se rendre que l'humanité fit taire l'honneur. Insensibles à tant de maux, les Anglais recommencèrent à tirer le 3 au soir, soutinrent leur feu toute la nuit, toute la journée du lendemain, sauf une courte interruption, et persistèrent dans cette barbarie jusqu'au 5 au matin. Il n'était pas possible de laisser plus long-temps exposée à de tels ravages une population de cent mille âmes. Près de deux mille individus, hommes, femmes, enfants, vieillards, avaient succombé. Une moitié de la ville était en flammes; les plus belles églises étaient en ruines; le feu avait atteint l'arsenal. Le général Peymann blessé, ne résistant pas aux scènes horribles qu'il avait sous les yeux, céda enfin aux menaces d'une destruction totale, que renouvelait le général anglais, et livra Copenhague à ses barbares conquérants. La capitulation fut signée le 7. Elle accordait

Sept. 1807.

Capitulation

Sept. 1807.

de Copenhague, enlèvement de la flotte, et pillage de l'arsenal.

aux Anglais la forteresse de Kronenbourg, la ville de Copenhague et l'arsenal, avec faculté de les occuper pendant six semaines, temps jugé nécessaire pour équiper la flotte danoise, et l'emmener en Angleterre. Cette flotte était livrée à l'amiral Gambier, sous condition de la restituer à la paix.

Cette capitulation signée, les Anglais entrèrent à Copenhague, et leurs marins se précipitèrent dans l'arsenal. Aucun spectacle, depuis leur entrée à Toulon, n'était comparable à celui qu'ils offrirent en cette occasion. En présence d'une population au désespoir, qui voyait ses habitations ravagées, qui comptait dans son sein des milliers de victimes, mortes ou mourantes, qui, outre ses malheurs privés, sentait vivement les malheurs publics, car la perte de la marine danoise semblait à chacun la ruine de sa propre existence, en présence de cette population désolée, les matelots anglais, descendus en grand nombre à terre, se ruèrent sur l'arsenal avec une brutalité inouïe. L'usage anglais d'accorder aux marins une grande part de la valeur des prises, ajoutant à leur haine contre toutes les marines européennes le stimulant de l'avidité personnelle, officiers et matelots déployèrent une ardeur, une activité extraordinaires à mettre à flot tout ce que Copenhague renfermait de bâtiments en état de naviguer. On y comptait seize vaisseaux de ligne, une vingtaine de bricks et frégates capables de servir, avec le gréement déposé dans des magasins fort bien tenus. En quelques jours ces quarante et quelques bâtiments étaient gréés, équipés, et sortis des bassins. Le zèle destructeur des marins anglais ne se borna pas à cet enlèvement. Il y avait deux vaisseaux en construction, ils les démolirent. Tout ce qui se trouvait dans l'arsenal de bois, de munitions navales, fut transporté à bord de l'escadre danoise ou de l'escadre anglaise. Ils prirent jusqu'aux outils des ouvriers, et détruisirent tout ce qu'ils ne purent enlever. Une moitié des équipages anglais fut ensuite placée à bord des vaisseaux danois pour les manœuvrer, et l'expédition entière, tant la flotte conquérante que la flotte conquise, sortit des passes, ayant soin de rembarquer à la hâte l'armée qu'elle avait mise à terre, laquelle ne se croyait plus en sûreté dans une ville qu'elle avait ensanglantée, et à l'approche des Français qui allaient arriver en toute hâte pour venger un tel attentat. En passant devant Webeck, Kronenbourg, et tous les points de la côte, cet immense armement naval recueillit les troupes anglaises, puis il fit voile vers les côtes d'Angleterre.

Il serait impossible d'exprimer la sensation que produisit en Europe l'acte inouï que venait de se permettre, non pas la nation anglaise, qui blâma sévèrement cet acte, mais le ministère de MM. Canning et Castlereagh. L'indignation fut générale tant chez les amis de la France, peu nombreux alors, car elle avait trop de succès pour avoir beaucoup d'amis, que chez ses ennemis les plus décidés. Il n'existait pas une nation plus estimée que la nation danoise. Sage, modeste, laborieuse, appliquée à son commerce sans chercher à nuire à celui d'autrui, s'attachant à maintenir scrupuleusement sa neutralité au milieu d'une guerre acharnée, et, quoique inoffensive, sachant, comme en 1801, se dévouer

Sept. 1807

Sensation produite en Europe par l'attentat commis sur Copenhague.

héroïquement au principe de cette neutralité qui formait toute sa politique, elle était, comme les Suisses, comme les Hollandais, l'une de ces nations qui rachètent la faiblesse numérique par la force morale, et savent conquérir le respect universel. La surprise dont elle venait d'être la victime faisait encore plus éclater sa bonne foi, car elle périssait pour n'avoir pris aucune précaution contre l'Angleterre, et pour en avoir trop pris contre la France. Ce ne fut donc qu'un sentiment et qu'un cri dans toute l'Europe. Auparavant on disait que personne ne pouvait reposer tranquille à côté du conquérant redoutable enfanté par la révolution française. Maintenant on disait que l'Angleterre était tout aussi tyrannique sur mer que Napoléon sur terre, qu'elle était perfide autant qu'il était violent, et qu'entre les deux il n'y avait ni sécurité ni repos pour aucune nation. C'était là le langage de nos ennemis, c'était le langage de Berlin et de Vienne. Mais chez nos amis, et chez les hommes impartiaux, on reconnaissait que la France avait bien raison de vouloir réunir toutes les nations contre un despotisme maritime intolérable, despotisme qui une fois établi serait invincible, n'admettrait de pavillon que le pavillon anglais, ne souffrirait de trafic que celui des produits anglais, et finirait par fixer à sa volonté le prix des marchandises ou exotiques ou manufacturées. Il fallait donc s'entendre pour tenir tête à l'Angleterre, pour lui arracher le sceptre des mers, et l'obliger à rendre au monde le repos dont il était, à cause d'elle, privé depuis quinze années.

Il est certain que rien, excepté la paix, n'était

plus souhaitable pour Napoléon qu'un événement pareil. Il n'avait plus désormais à violenter le Danemark, qui allait, au contraire, se jeter dans ses bras, l'aider à fermer le Sund, et lui fournir, ce qui valait mieux que quelques carcasses de vaisseaux, des matelots excellents, propres à armer les innombrables bâtiments que la France avait sur ses chantiers. Il pouvait pousser les armées russes sur la Suède, pousser les armées de l'Espagne sur le Portugal; il pouvait même exiger à Vienne l'exclusion des Anglais des côtes de l'Adriatique; il pouvait enfin tout demander à Saint-Pétersbourg, car Alexandre, après ce qui venait de se passer à Copenhague, ne devait plus rencontrer dans l'opinion des Russes de résistance à sa politique. Si Napoléon, en ce moment, profitait de la faute de l'Angleterre, sans en commettre une égale, il était dans une position unique; il devenait moralement aussi fort par les torts de son ennemi, qu'il l'était matériellement par ses propres armées. En effet, l'inconvénient de son système, de vaincre la mer par la terre, était sauvé, car la violence faite aux puissances continentales pour les obliger à concourir à ses desseins, se trouvait désormais expliquée et justifiée. S'il fermait les ports des villes anséatiques, de la Hollande, de la France, du Portugal, de l'Espagne, de l'Italie; s'il condamnait les peuples à se passer de sucre et de café, à substituer à ces produits des tropiques des imitations européennes, coûteuses et fort imparfaites; s'il violentait tous les goûts après avoir violenté tous les intérêts, il avait dans le crime de Copenhague une excuse complète et éclatante. Mais,

Sept. 1807.

moral que procurait à Napoléon l'indigne conduite de l'Angleterre.

nous le répétons, il fallait laisser l'Angleterre faillir seule, et ne pas faillir soi-même aussi gravement: chose difficile, car, dans une lutte acharnée, les fautes s'enchaînent, et il est rare que les torts de l'un ne soient promptement balancés ou surpassés par les torts de l'autre.

Napoléon sentit bien l'avantage que lui donnait la conduite de l'Angleterre, et, s'il perdit une espérance d'accommodement, espérance qui n'était pas grande à ses yeux, il vit se préparer tout à coup un concours de moyens, un ensemble d'efforts, qui lui promettaient une paix dont les conditions compenseraient le retard. Aussi ne manqua-t-il pas de déchaîner les journaux de France, et ceux dont il disposait hors de France, contre l'acte abominable qui venait d'indigner l'Europe. Ses armées, ses flottes, tout fut, de Fontainebleau même, et du milieu des plaisirs de cette résidence, préparé pour une lutte plus vaste, plus terrible encore que celle qui épouvantait le monde depuis tant d'années.

Du reste, Napoléon n'avait aucun effort à faire pour imprimer à l'opinion de l'Europe l'impulsion qu'il lui convenait de lui donner. En Angleterre même, l'attentat commis sur la ville de Copenhague fut jugé avec la plus extrême sévérité. Dans ce pays grand et moral, il se trouva, malgré un ministère indigne, malgré un parlement abaissé, malgré la passion du peuple pour les succès de la marine nationale, il se trouva des gens éclairés, honnêtes, impartiaux, qui flétrirent l'acte inouï qu'on s'était permis envers une puissance inoffensive et désarmée. MM. Grenville, Windham, Addington,

Grey, Shéridan et d'autres encore, se prononcèrent avec véhémence contre cet acte odieux, qui n'était, suivant eux, que la parodie inique et funeste de celui de 1804; car le Danemark, en 1804, faisait partie d'une coalition hostile à l'Angleterre, et le moyen employé pour le réduire était le plus légitime de tous, une bataille navale. En 1807 au contraire, ce même Danemark était en paix, tout occupé de défendre sa neutralité contre la France, désarmé du côté de l'Angleterre, et le moyen de le réduire était un atroce bombardement contre une population inoffensive. Le résultat était, au lieu de dissoudre une coalition de neutres, d'enchaîner étroitement le Danemark à la France, d'épargner à celle-ci l'odieux d'une contrainte générale exercée sur le continent, de prendre cet odieux pour soi, de se fermer le Sund; car les Danois allaient le fermer de leur côté, et les Suédois allaient être forcés de le fermer du leur. Enfin, pour compenser d'aussi déplorables conséquences, on avait à alléguer le pillage d'un arsenal, l'enlèvement d'une flotte, fort vieille, et dont quatre vaisseaux seulement méritaient les frais du radoub. Telles furent les attaques dirigées contre M. Canning avec une véhémence méritée, et il y répondit avec une intrépidité dans le mensonge, qui n'est pas de nature à honorer sa mémoire, relevée d'ailleurs par sa conduite postérieure. Pour toute excuse il ne cessa de répéter qu'on avait obtenu le secret des négociations de Tilsit, et que ce secret justifiait l'expédition de Copenhague. A quoi on répliquait avec raison, en demandant à connaître non pas l'auteur de la divulgation, que la feinte géné-

Sept. 1807

rosité du cabinet britannique refusait de nommer, mais la substance même de ce qu'il avait révélé. Or, sur ce point, le cabinet n'articulait que des réponses confuses et embarrassées, et ne pouvait en fournir d'autres; car s'il était vrai qu'à Tilsit (ce que le cabinet britannique ne savait que très-vaguement) la Russie et la France se fussent promis d'unir leurs efforts pour contraindre le continent à se coaliser contre l'Angleterre, ce n'était qu'après une offre de paix à des conditions modérées; c'était de plus à l'insu du cabinet de Copenhague, qui n'était pas complice de ce projet. Il y avait donc dans la conduite tenue à l'égard du Danemark iniquité sous le rapport de la morale, et ineptie sous le rapport de la politique; car le vrai moyen d'avoir avec soi cette puissance neutre, d'avoir sa flotte, ses matelots et le Sund, c'était de la secourir, en laissant à Napoléon le soin de la violenter.

Efforts du cabinet britannique pour faire approuver à Vienne

Cependant, malgré la réprobation dont les honnêtes gens d'Angleterre frappèrent l'expédition de Copenhague, un parlement asservi aux préjugés anti-catholiques de la couronne, et à la politique outrée de M. Pitt, donna gain de cause aux ministres, mais non sans laisser voir l'embarras qu'il éprouvait. Il prit en effet la forme d'un ajournement, en déclarant qu'on jugerait l'acte plus tard, quand les ministres pourraient dire ce qu'ils étaient obligés de taire dans le moment. Mais toute idée de paix fut à jamais éloignée. Le cabinet britannique, ne se dissimulant pas la fâcheuse impression produite en Europe par ses dernières violences, s'occupa de rétablir son crédit auprès des deux principales cours du continent, celles de Vienne et de Saint-Pétersbourg. Il envoya à Vienne lord Pembroke, à Saint-Pétersbourg le général Wilson, pour porter quelques-unes de ces propositions qu'on aime mieux communiquer de vive voix que par écrit. Voici quelles étaient ces propositions.

<small>Sept. 1807.

et à Saint-Pétersbourg la violence commise contre le Danemark.</small>

A la satisfaction apparente que l'empereur Alexandre semblait avoir rapportée d'une guerre signalée cependant par des revers, aux demi-confidences qu'il avait faites, et qui toutes donnaient à entendre qu'on verrait sortir de grands résultats de l'alliance avec la France, à la persistance qu'il mettait à occuper la Moldavie et la Valachie, il était évident pour les hommes doués de quelque sagacité, que la France, afin d'amener la Russie à ses vues, lui avait fait la promesse de grands avantages en Orient, et qu'elle avait singulièrement flatté son ambition de ce côté. Le cabinet britannique se décida donc sans hésiter aux sacrifices que la circonstance lui paraissait commander; et, quoiqu'il affectât sans cesse de défendre l'intégrité de l'empire ottoman, il pensa qu'il valait mieux donner soi-même la Valachie et la Moldavie à la Russie, que de les lui laisser donner par Napoléon. En conséquence, M. Wilson, militaire et diplomate, personnage hardi et spirituel, trop peu important alors pour qu'on craignît de le désavouer au besoin, fut chargé de porter à Saint-Pétersbourg les paroles les plus séduisantes pour l'empereur Alexandre. Il n'avait aucuns pouvoirs ostensibles; mais M. Canning s'entretenant avec M. d'Alopeus, ministre de Russie, lui déclara qu'on pouvait ajouter foi à ce que dirait M. Wilson. Lord Pembroke,

<small>L'Angleterre se montre disposée à flatter l'ambition de la Russie pour la détacher de la France.</small>

envoyé extraordinairement en Autriche malgré la présence de M. Adair, fut chargé de démontrer à la cour de Vienne la nécessité de bien vivre avec la Russie, et de se résigner dès lors à tous les sacrifices que cette politique pourrait entraîner. Il ne s'agissait effectivement de rien moins que de disposer l'Autriche à voir de sang-froid la Moldavie et la Valachie devenir la propriété des Russes.

Lord Gower, ambassadeur en Russie, et M. Wilson, qu'on lui avait envoyé pour le seconder, s'efforcèrent de persuader au cabinet russe qu'il ne fallait pas trouver mauvais ce qu'on avait fait à Copenhague, qu'on avait tout simplement tâché d'enlever des moyens de nuire à l'ennemi commun de l'Europe; qu'il fallait s'en réjouir au lieu de s'en irriter; que l'on comptait sur la Russie pour ramener le Danemark à une plus juste appréciation des derniers événements, et que, quant à sa flotte, on la lui rendrait plus tard, s'il voulait se rattacher à la bonne cause; que du reste, sans prétendre s'instituer juge de la nouvelle politique adoptée par la Russie, on était certain qu'elle reviendrait bientôt à son ancienne politique, comme à la seule qui fût bonne; qu'on ne chercherait pas à la mettre de nouveau en guerre avec la France, dans un moment où elle avait tant besoin de repos pour se refaire; qu'on verrait même avec plaisir tout agrandissement de son territoire et de sa puissance; car il n'y avait qu'une sorte d'agrandissement fâcheux, qu'il fallût empêcher par tous les moyens, c'était l'agrandissement de la France; mais que si la Russie désirait la Moldavie et la Valachie, on consentirait à ce qu'elle en fît l'acquisition, pourvu que ce ne fût point par suite d'un partage des provinces turques avec l'empereur Napoléon.

Sept. 1807.

Les plus compromettantes de ces paroles, celles qu'on ne voulait hasarder qu'avec faculté de les retirer au besoin, furent dites par M. Wilson à M. de Romanzoff, qui les rapporta un instant après au général Savary. Les autres furent dites par lord Gower lui-même avec une arrogance qui n'était pas de nature à détruire ce qu'elles avaient d'étrange. Cette manière si leste d'expliquer l'expédition de Copenhague, cette commission donnée à la Russie de justifier l'Angleterre auprès du Danemark, étaient à l'égard du cabinet russe une familiarité des plus offensantes. L'empereur de Russie la ressentit vivement, et voulut qu'on accueillît avec la plus grande hauteur les ouvertures de l'Angleterre. A la proposition de justifier à Copenhague l'enlèvement de la flotte danoise, il fit répondre par une demande formelle d'explications sur ce même sujet, et il exigea de lord Gower qu'il se prononçât sur-le-champ, et d'une manière catégorique, sur la proposition de médiation que le cabinet russe avait adressée au cabinet britannique. Lord Gower, si honorablement connu depuis sous le nom de lord Granville, sembla sortir en cette occasion de son indolence accoutumée, insista impérieusement pour qu'on lui fît connaître le secret des négociations de Tilsit, et prétendit que, tant qu'on ne dirait pas ce qu'on avait fait dans cette célèbre entrevue, l'Angleterre se croirait dispensée de toute explication sur ce qu'elle avait fait à Copenhague. Pour ce qui était de la médiation russe, lord Gower, pressé définitivement de

Vives explications entre lord Gower et le cabinet russe.

déclarer s'il consentait ou non à l'accepter, répondit fièrement que non.

Telle fut l'issue des explications avec lord Gower. Quant aux ouvertures dont le soin était laissé à M. Wilson, M. de Romanzoff les accueillit légèrement, comme paroles sans importance, et congédia M. Wilson lui-même, sans paraître comprendre ce que celui-ci avait voulu dire. Il l'avait cependant bien compris, ainsi qu'on va bientôt le voir.

M. de Romanzoff, ancien ministre de Catherine, conservant un reflet de la gloire de cette princesse, héritier de sa vaste ambition, grand personnage à tous les titres, était devenu dans ces circonstances le confident intime d'Alexandre et de tous ses rêves. Ministre du commerce, il allait être nommé ministre des affaires étrangères; et Alexandre, cherchant un ambassadeur qui pût convenir à Paris, n'avait pas voulu l'y envoyer, bien qu'aucune qualité ne lui manquât pour un tel poste, uniquement pour le garder auprès de sa personne. Le jeune souverain et son vieux ministre désiraient avec ardeur les provinces du Danube. La Finlande, acquisition immédiatement plus souhaitable, car c'était le nécessaire, tandis que les provinces du Danube n'étaient que le superflu, ne les touchait pas à beaucoup près autant. La Moldavie, la Valachie menaient à Constantinople, et c'était là ce qui les séduisait. Aussi les auraient-ils acceptées n'importe de quelle main, et, dans l'impatience de leurs désirs, ils ne conservaient de leur jugement que ce qu'il en fallait pour apprécier le donateur le plus capable de donner vite et solidement. Napoléon avait à cet égard toute leur préférence. De qui, en effet, pouvait-on à cette époque recevoir quelque chose, et quelque chose de considérable, si ce n'était de Napoléon? Prendre du territoire dans une partie quelconque du continent européen, sans son assentiment, c'était la guerre avec lui, et la guerre avec lui, en quelque nombre qu'on l'eût faite jusqu'ici, n'avait réussi à personne. En supposant même qu'on pût former de nouveau une coalition générale, c'était une perspective peu engageante que des batailles telles qu'Austerlitz, Iéna, Friedland; et à cette époque, dans l'état de l'armée française, toute rencontre avec elle devait avoir les mêmes conséquences. D'ailleurs si l'Angleterre, répandant çà et là de légères amorces, avait montré au sujet des provinces du Danube une humeur facile, pouvait-on se flatter que l'Autriche témoignât les mêmes dispositions? N'avait-on pas à Saint-Pétersbourg son ambassadeur, M. de Merfeld, qui demandait tous les jours, et tout haut, à tout le monde, le secret des négociations de Tilsit, et qui disait que si la Moldavie et la Valachie étaient le prix de la nouvelle alliance, il fallait se préparer à détruire jusqu'au dernier Autrichien, avant que d'obtenir le consentement de la cour de Vienne? On ne devait donc pas espérer qu'une coalition se formât pour assurer un tel don à la Russie. Ce don, fait malgré l'Autriche, ne pouvait venir que de l'homme qui l'avait toujours vaincue depuis quinze ans, c'est-à-dire de Napoléon; et, l'empereur de Russie d'accord avec celui de France, personne en Europe n'oserait s'élever contre ce qu'ils auraient résolu en commun.

Sept. 1807.

Il fallait donc persister dans ce qu'on avait entrepris à Tilsit, et obtenir de Napoléon, en sachant lui plaire, la réalisation des espérances auxquelles il s'était prêté si complaisamment sur les bords du Niémen. Le prix qu'il mettrait à tout ce qu'on attendait de lui était facile à entrevoir. Si la guerre continuait, il essaierait en Italie, en Portugal, peut-être même en Espagne, de nouvelles entreprises. Il y avait là des Bourbons, qui devaient faire avec sa dynastie un contraste choquant, insupportable pour lui. Il n'en avait rien dit à Tilsit, ni ailleurs, à qui que ce fût; néanmoins, si la paix était encore ajournée, il était aisé de prévoir qu'il ne s'arrêterait pas dans son activité, qu'il poursuivrait à l'Occident cette œuvre de renouvellement, qui consistait à détrôner les royautés composant les alliances ou la parenté de l'ancienne maison de Bourbon. Mais la Russie n'était nullement intéressée à empêcher les entreprises de ce genre. Peu importait en effet à la Russie qu'un Bourbon ou un Bonaparte régnât à Naples, à Florence, à Milan, à Madrid. Les idées qui s'introduisaient à la suite des dynasties nouvelles créées par Napoléon, ne menaçaient pas encore l'autorité des czars. Quant à l'influence de la France, la Russie n'avait pas à en regretter l'agrandissement, si cette influence était employée à faciliter la marche des armées moscovites vers Constantinople. L'empereur Alexandre ne devait donc pas s'inquiéter de ce que Napoléon serait tenté d'entreprendre au midi et à l'occident de l'Europe, et en s'y prêtant il avait toute raison d'espérer que Napoléon lui laisserait entreprendre en Orient ce qu'il voudrait.

Napoléon pouvait condescendre plus ou moins aux désirs d'Alexandre, permettre qu'il s'avançât jusqu'au Danube, jusqu'au pied des Balkans, ou jusqu'au Bosphore même; mais le moins qu'il pût accorder, c'était la Valachie et la Moldavie. Tout ce que Napoléon avait dit à ce sujet, ou du moins tout ce qu'Alexandre croyait avoir entendu, semblait n'offrir aucun doute. Alexandre ruminant jour et nuit ses souvenirs de Tilsit, M. de Romanzoff ruminant ce qu'Alexandre lui en avait raconté, s'étaient habitués à considérer la Moldavie et la Valachie comme le moindre des dons qu'ils pussent espérer. Ils en étaient même arrivés, à force de compter sur ce don, à une sorte de satiété anticipée, et déjà ils commençaient à concevoir de nouveaux désirs. Malheureusement ils ne s'étaient pas bornés à cette jouissance intime et secrète de leurs futures conquêtes, ils avaient voulu en faire part à beaucoup de confidents, aux uns pour répandre leur satisfaction intérieure, aux autres pour se justifier du brusque revirement de la politique russe. Ils avaient ainsi communiqué autour d'eux la conviction que la Moldavie et la Valachie étaient le prix assuré de la nouvelle alliance, et ils avaient pour en souhaiter la possession, outre la passion de les posséder, le besoin de ne pas passer pour dupes.

Les derniers événements ne firent donc que confirmer Alexandre et M. de Romanzoff dans la politique adoptée à Tilsit. Puisque la médiation tournait à la guerre, il fallait tirer de la guerre tout ce que Napoléon avait promis d'en faire sortir; seulement, pour le lier davantage, on devait se prêter à ce qu'il désirerait. Il allait demander évidemment qu'on expulsât la légation anglaise et la légation suédoise, qu'on marchât sur la Finlande pour obliger la Suède à fermer le Sund. Il fallait le satisfaire sur tous ces points, pour qu'il consentît à laisser les troupes russes en Valachie et en Moldavie. Chose singulière, marcher en Finlande aurait dû être pour la Russie le premier de ses vœux, car c'était le premier de ses intérêts[1]. Pourtant, l'imagination du jeune empereur et celle de son vieux ministre avaient tellement pris les routes de l'Orient, que marcher sur la Finlande était, de leur part, un vrai sacrifice, qu'ils faisaient uniquement pour obtenir qu'on les souffrît à Bucharest et à Yassy.

L'empereur Alexandre avait alors au département des affaires étrangères un ministre insignifiant, sans

[1] Les historiens font trop souvent penser et parler les personnages historiques, sans avoir aucun moyen de connaître ni leurs pensées ni leurs discours. Je ne me permets ici de rapporter les pensées les plus secrètes et les conversations les plus intimes de l'empereur Alexandre, que parce que je puis m'appuyer, pour le faire, sur des documents d'une authenticité irréfragable. J'ai dit, dans une note du tome VII, livre XXVII, qu'il existait au Louvre une suite d'entretiens des généraux Savary et Caulaincourt avec l'empereur Alexandre et avec M. de Romanzoff, entretiens de tous les jours, d'une familiarité et d'une intimité telles, que je n'oserais les reproduire en entier, car Alexandre racontait jusqu'à ses plaisirs aux deux envoyés français; que ces entretiens, écrits au moment même où ils venaient d'avoir lieu, rapportés avec une fidélité minutieuse, par demandes et par réponses, peignaient avec une vérité frappante ce qui se passait jour par jour dans l'esprit de l'empereur et de son ministre. Aux instances, aux agitations mal dissimulées de l'un et de l'autre, il est impossible de ne pas discerner clairement ce qu'ils pensaient. D'autres documents authentiques et secrets, tels, par exemple, que la correspondance personnelle de Napoléon et d'Alexandre, complètent cet ensemble de preuves, et me permettent de donner comme certains les détails que je fournis dans cette partie de mon récit.

passions, sans idées, confident désagréable pour parler d'objets qui le laissaient tout à fait froid : c'était M. de Budberg. Alexandre le congédia, et réalisa son projet de confier les affaires étrangères à M. de Romanzoff lui-même. Il restait dans le cabinet l'un des membres de la petite société occulte qui avait long-temps gouverné l'empire, le prince de Kotschoubey. C'était le moins jeune et le plus réservé d'entre eux. Mais c'était un témoin du passé, juge incommode du présent; et d'ailleurs MM. de Czartoryski, de Nowosiltzoff, avec lesquels il vivait, ne dissimulaient guère leur improbation touchant la nouvelle marche des choses. On ne pouvait conserver près de soi des critiques aussi fâcheux, et il fallait de plus leur donner un signe de mécontentement. Le ministère de l'intérieur fut donc retiré à M. de Kotschoubey. M. de Labanoff, l'un des personnages qui avaient figuré à Tilsit, fut appelé au ministère de la guerre, l'amiral Tchitchakoff à la marine. M. de Nowosiltzoff reçut l'invitation de voyager. Le prince de Czartoryski, ami trop particulier du souverain pour qu'à son égard l'amitié ne fît pas oublier la politique, vit redoubler le silence affecté que l'empereur gardait avec lui relativement aux affaires de l'empire. Enfin, on fit choix pour l'ambassade de Paris du personnage qui semblait le plus propre à y réussir. Alexandre aurait voulu y envoyer, comme nous venons de le dire, M. de Romanzoff lui-même, mais il aimait mieux le retenir auprès de sa personne. Il avait, comme grand maréchal du palais, un seigneur russe qui lui était dévoué, c'était M. de Tolstoy, et ce seigneur avait

Sept. 1807.

Choix de M. de Tolstoy pour

Sept. 1807.

L'ambassade de Paris.

pour frère le général de Tolstoy, militaire distingué par l'esprit et par les services. Alexandre pensa que ce dernier, par fidélité à son maître, ne chercherait pas à se rendre désagréable en France, comme M. de Markoff avait pris à tâche de le faire; que, par ambition, il serait charmé d'attacher son nom à une politique d'agrandissement, et que, par état, il saurait se plaire auprès d'une cour militaire, lui plaire à son tour, et la suivre partout dans ses mouvements rapides. On se réserva du reste de sonder Napoléon à ce sujet, et de lui soumettre le choix du général comte de Tolstoy, avant de le nommer définitivement.

Le général Savary n'avait pas cessé d'être à Saint-Pétersbourg entouré des soins d'Alexandre, et de la froide politesse de la haute société russe. Bien qu'il ne sût pas d'abord tout ce qu'on s'était dit à Tilsit, et qu'il ne l'eût appris que par une communication postérieure de Napoléon, qui avait voulu l'informer pour prévenir de sa part des fautes d'ignorance, il avait promptement deviné le secret des cœurs, et aperçu que la Russie ferait tout ce qu'on voudrait, moyennant l'abandon d'une ou deux provinces, non pas au Nord, mais à l'Orient. Sans engager Napoléon plus qu'il ne fallait, sans sortir de son rôle, il avait cherché à se rendre agréable à Saint-Pétersbourg, et il y avait réussi en flattant avec prudence les passions du souverain. Aussi, à peine les événements de Copenhague étaient-ils connus, à peine les vives explications avec lord Gower avaient-elles eu lieu, qu'Alexandre et M. de Romanzoff appelèrent le général Savary, et, avec le langage qui convenait à chacun d'eux, lui firent part des résolutions du cabinet russe. — Vous le savez, dit Alexandre au général, dans plusieurs entretiens fort longs, nos efforts pour la paix aboutissent à la guerre. Je m'y attendais; mais, je l'avoue, je ne m'attendais ni à l'expédition de Copenhague, ni à l'arrogance du cabinet britannique. Mon parti est pris, et je suis prêt à tenir mes engagements. Dans mon entrevue avec l'empereur Napoléon, nous avions calculé que, si la guerre devait continuer, je serais amené à me prononcer en décembre; et je désirais que ce ne fût pas avant, pour n'avoir la guerre avec les Anglais qu'après la clôture de la Baltique. Peu importe, je me prononcerai tout de suite. Dites à votre maître que, s'il le désire, je vais renvoyer lord Gower. Cronstadt est armé, et si les Anglais veulent s'y essayer, ils verront qu'avoir affaire aux Russes est autre chose que d'avoir affaire à des Turcs ou à des Espagnols. Cependant je ne déciderai rien sans un courrier de Paris, car il ne faut pas nous hasarder à contrarier les calculs de Napoléon. D'ailleurs je voudrais, avant de rompre, que mes flottes fussent rentrées dans les ports russes. Quoi qu'il en soit, je suis entièrement disposé à tenir la conduite qui conviendra le mieux à votre maître. Qu'il m'envoie même, si cela lui convient, une note toute rédigée, et je la ferai remettre à lord Gower en même temps que des passe-ports. Quant à la Suède, je ne suis pas en mesure, et je demande le temps de réorganiser mes régiments fort maltraités par la dernière guerre, et fort éloignés de la Finlande, attendu qu'il faut les ramener du sud au nord de l'empire. En outre sur

Sept. 1807.

Entretien d'Alexandre avec le général Savary.

ce théâtre mon armée ne me suffit pas. Dans les bas-fonds des golfes du Nord on se sert beaucoup de flottilles à rames. Les Suédois en ont une très-nombreuse; la mienne n'est pas encore équipée, et je ne veux pas m'exposer à un échec de la part d'un si petit État. Dites donc à votre maître qu'aussitôt mes moyens préparés, j'accablerai la Suède, qu'il me faut attendre décembre ou janvier; mais qu'à l'égard des Anglais, je suis prêt à me prononcer immédiatement. Je suis même d'avis que nous ne nous bornions pas là, et que nous exigions de l'Autriche son adhésion, volontaire ou forcée, à la coalition continentale. En ceci encore je suis disposé à recevoir, pour l'envoyer à Vienne, une note rédigée à Paris, car il n'y a pas de demi-alliance; il faut agir en toutes choses dans un parfait accord. Je désire que mon intimité avec Napoléon soit entière, et c'est dans cette vue que j'ai choisi M. de Tolstoy. Je ne possède pas, comme votre maître, une abondance d'hommes éminents en tous genres. M. de Markoff avait de l'esprit, et cependant il a tout brouillé. J'ai préféré M. de Tolstoy à tout autre, parce qu'il appartient à une famille qui m'est dévouée, parce qu'il est militaire, parce qu'il pourra monter à cheval, et suivre votre Empereur à la chasse, à la guerre, partout où il faudra. S'il ne convient pas, qu'on m'avertisse, et j'en enverrai un autre, tant j'ai à cœur de prévenir le moindre nuage. On n'essaiera certainement pas de nous faire battre de sitôt; mais on dira à Napoléon que je suis faible, changeant, entouré de ses ennemis, qu'il n'y a pas à compter sur moi. On me dira que Napoléon est insatiable, qu'il veut tout pour lui, rien pour les autres, qu'il est aussi rusé que violent, qu'il me promet beaucoup, qu'il n'accordera rien; qu'il me ménage aujourd'hui, mais que lorsqu'il aura tiré de moi ce qu'il en souhaite, il me frappera à mon tour, et que, séparé de mes alliés que j'aurai laissé détruire, il faudra me résigner au même sort. Je ne le crois point. J'ai vu Napoléon, je me flatte de lui avoir inspiré une partie des sentiments qu'il m'a inspirés à moi-même, et je suis certain qu'il est sincère. Mais lorsqu'on est loin, et qu'on ne peut pas se voir, les défiances sont promptes à naître. Qu'au premier doute, à la première impression pénible, il m'écrive, on me fasse dire un mot par vous, ou par l'homme de confiance qu'il aura choisi, et tout s'expliquera. Pour moi je lui promets une franchise entière, et j'en attends une semblable de sa part. Oh! si je pouvais le voir comme à Tilsit, tous les jours, à toute heure! quel entretien que le sien! quel esprit! quel génie! combien je gagnerais à vivre souvent auprès de lui! que de choses il m'a enseignées en quelques jours! Mais nous sommes si loin! cependant j'espère le visiter bientôt. Au printemps j'irai à Paris, et je pourrai l'admirer dans son Conseil d'État, au milieu de ses troupes, partout enfin où il se montre si grand! Mais d'ici là il faut essayer de nous entendre par intermédiaire, et rendre la confiance aussi complète que possible. Pour moi, j'y fais ce que je puis; mais je n'exerce pas ici l'ascendant que Napoléon exerce à Paris. Vous le voyez, ce pays a été surpris par le changement un peu brusque qui s'est opéré. Il craint les maux que l'Angleterre peut causer à son commerce, il vous en

Sept. 1807.

veut de vos victoires. Ce sont des intérêts qu'il faut satisfaire, des sentiments qu'il faut apaiser. Envoyez-nous ici des négociants français, achetez nos munitions navales et nos denrées; nous achèterons en retour vos produits parisiens : le commerce rétabli fera cesser les inquiétudes que les hautes classes ont conçues pour leurs revenus. Aidez-moi surtout à vous conquérir la nation tout entière, en faisant quelque chose pour la juste ambition de la Russie. Ces misérables Turcs, qui égorgent aujourd'hui vos partisans, qui font voler les têtes de quiconque est réputé ami des Français (c'est ce qui avait lieu dans le moment à Constantinople, grâce aux suggestions de l'Autriche et de l'Angleterre), ces misérables Turcs ne me valent pas, et il me semble que, mis dans la balance avec moi, vous ne devez pas trouver qu'ils pèsent d'un poids égal. Votre maître, sans doute, vous a parlé de ce qui s'est passé à Tilsit.... — Ici l'empereur se montra curieux et inquiet. Il était impatient de s'ouvrir avec le général Savary sur le sujet qui l'intéressait le plus, et en même temps il craignait de commettre une indiscrétion en s'épanchant avec quelqu'un qui n'aurait pas connu le secret des choses. Il avait cependant un nouveau motif de s'expliquer avec le représentant de Napoléon. Un armistice venait d'être signé entre les Turcs et les Russes par suite de la médiation française, armistice qui stipulait la restitution des vaisseaux pris aux Turcs par l'amiral Siniavin, l'interdiction de toute hostilité avant le printemps, et enfin l'évacuation des bords du Danube. Au fond il n'y avait que cette dernière condition qui touchât l'empereur Alexandre, mais il n'en voulait pas convenir, et il se plaignait d'une manière générale de l'armistice qu'il imputait à l'intervention peu amicale du ministre de France. — Je ne pensais pas, dit-il au général Savary, aux provinces du Danube; c'est votre Empereur qui, en recevant la nouvelle de la chute de Selim, s'est écrié à Tilsit : *On ne peut rien faire avec ces barbares! la Providence me dégage envers eux; arrangeons-nous à leurs dépens!....* Je suis entré dans cette voie, poursuivit l'empereur Alexandre, et M. de Romanzoff avec moi. La nation nous y a suivis, et ce n'est pas trop d'un notable avantage de ce côté pour la rendre favorable à la France. La Finlande, où vous me pressez de marcher, est un désert, dont la possession ne sourit à personne, qu'il faut de plus enlever à un ancien allié, à un parent, par une sorte de défection qui blesse la délicatesse nationale, et qui fournit des prétextes aux ennemis de l'alliance. Nous devons donc chercher ailleurs des raisons spécieuses de notre brusque revirement. Dites tout cela à l'empereur Napoléon; persuadez-lui bien que je suis beaucoup moins animé du désir de posséder une province de plus, que du désir de rendre solide, agréable à ma nation, une alliance de laquelle j'attends de grandes choses... Ah! répéta l'empereur, si je pouvais aller à Paris en ce moment, tout s'arrangerait en quelques instants d'entretien; mais je ne le puis pas avant le mois de mars. — En proférant ces dernières paroles, l'empereur Alexandre questionnait le général Savary avec une insistance inquiète, pour savoir s'il n'avait rien reçu de Napoléon, s'il n'avait

Sept. 1807.

pas la confidence de ses projets, de ses résolutions à l'égard de l'Orient et de l'Occident.

Le général Savary mit un art infini à ne pas décourager l'empereur Alexandre, lui dit avec raison qu'il ne pouvait pas savoir encore ce que la continuation de la guerre allait provoquer de grandes pensées chez l'empereur Napoléon, mais que certainement il ferait tout pour contenter son puissant allié. M. de Romanzoff fut encore plus explicite que son souverain, raconta au général Savary les ouvertures du général Wilson, l'effet qu'elles avaient produit sur l'empereur Alexandre, l'empressement de ce prince à saisir cette occasion de prouver sa fidélité à la France, en ne voulant tenir que de sa main ce qu'il pourrait tenir de la main de l'Angleterre. Il lui exprima plus vivement que jamais la résolution de se déclarer contre l'Angleterre et la Suède, contre l'Autriche même, s'il en était besoin, afin d'amener cette dernière puissance à la politique de Tilsit. C'est ainsi que, dans le langage du jour (car on s'en crée un pour chaque circonstance), on qualifiait le système de tolérance qu'on s'était réciproquement promis les uns aux autres, pour les entreprises qu'on serait tenté de faire chacun de son côté. Mais M. de Romanzoff ajoutait qu'il fallait que la Russie obtînt l'équivalent de tout ce qu'elle était disposée à permettre, ne fût-ce que pour rendre la nouvelle alliance populaire et durable. Recevant dans ce moment des dépêches de Constantinople qui annonçaient de nouveaux désordres, M. de Romanzoff dit en souriant au général Savary, qu'il voyait bien que c'en était fait du vieil empire ottoman, et que, sans que l'empereur Alexandre s'en mêlât, l'empereur Napoléon serait bientôt obligé d'annoncer lui-même, dans le *Moniteur*, l'ouverture de la succession des sultans, pour que *les héritiers naturels eussent à se présenter*.

Tandis que tout était prodigué au général Savary, les instances, les caresses, les épanchements, les cadeaux même, l'empereur Alexandre, sans en rien dire, fit donner à son armée l'ordre de ne point évacuer les provinces du Danube, sous prétexte que l'armistice ne pouvait être ratifié tel qu'il était. Lui et son ministre répétèrent qu'il fallait les laisser tranquilles au sujet des Turcs, ne pas exiger que les Russes s'abaissassent devant des barbares, s'occuper le plus tôt possible d'un arrangement territorial en Orient, s'envoyer des ambassadeurs de confiance, et surtout diriger sur Saint-Pétersbourg des acheteurs français, pour remplacer les acheteurs anglais. Alexandre demanda spécialement deux choses : d'abord, l'autorisation de faire élever en France les cadets appelés à servir dans la marine russe, lesquels étaient ordinairement élevés en Angleterre, où ils contractaient un fâcheux esprit ; ensuite la faculté d'acheter dans les manufactures françaises des fusils pour remplacer ceux des soldats russes, qui étaient de mauvaise qualité ; ajoutant que, les deux armées étant destinées maintenant à servir la même cause, elles pouvaient échanger leurs armes. Il accompagna ces paroles gracieuses d'un magnifique présent de fourrures pour l'empereur Napoléon, en disant qu'il voulait *être son marchand de fourrures*, et répéta qu'il attendait M. de Tolstoy pour le faire partir dès qu'on l'aurait définitivement agréé à Paris.

Sept. 1807.

Sentiments qu'éprouve Napoléon en apprenant les dispositions de la Russie, et le prix auquel on peut acheter son dévouement.

Efforts du général Sébastiani pour dissuader Napoléon de tout projet d'alliance avec la Russie, fondée sur le partage de l'Empire turc.

En apprenant ces détails, fidèlement rapportés par le général Savary, Napoléon fut à la fois satisfait et embarrassé, car il vit bien qu'il pouvait disposer à son gré de l'empereur Alexandre et de son ministre principal; mais il avait réfléchi froidement depuis Tilsit, et il commençait à penser que c'était chose grave que de laisser faire un nouveau pas vers Constantinople au gigantesque empire de Pierre-le-Grand, empire dont la croissance depuis un siècle était si rapide qu'elle avait de quoi épouvanter le monde. Le général Sébastiani de son côté lui écrivait de Constantinople que les Russes y étaient abhorrés; que si les Turcs avaient la moindre espérance de trouver un appui auprès de la France, ils se jetteraient eux-mêmes dans ses bras, et qu'au lieu d'avoir à les combattre pour les forcer à devenir sujets de la Russie, il suffirait peut-être d'un léger secours pour les aider à devenir sujets de la France; que toutes les parties de l'empire propres par leur situation à devenir françaises, se donneraient spontanément à nous; que, dans ce cas, c'est avec l'Autriche et non avec la Russie qu'il faudrait chercher à s'entendre; que l'accord avec l'Autriche serait bien plus facile et plus avantageux, soit qu'on voulût partager, soit qu'on voulût conserver l'empire ottoman; car si on le partageait, elle demanderait moins, toujours satisfaite que la Russie n'eût rien sur les bords du Danube; et, si on se décidait à le conserver, elle se tiendrait pour si heureuse d'une telle résolution qu'on aurait son concours avec de très-faibles sacrifices. Ces diverses idées, qui avaient toutes leur côté spécieux, s'étaient succédé et alternativement combattues dans l'esprit de Napoléon, dont l'activité ne reposait jamais, et il ne voulait pas être trop pressé de prendre un parti sur un sujet aussi important. Dans un système d'ambition modérée, refuser des satisfactions à l'ambition russe, eût été fort sage. Mais avec ce qu'on avait entrepris, avec ce qu'on allait entreprendre encore, c'était ajouter à la témérité de la politique française que de s'engager dans de nouveaux événements, sans s'attacher complétement la Russie, par un sacrifice en Orient.

Sept. 1807.

Napoléon imagina de satisfaire l'ambition moscovite, non vers l'Orient, où elle était vivement attirée, mais vers le Nord, où elle l'était fort peu, et de lui livrer la Finlande, sous prétexte de la pousser sur la Suède. C'est beaucoup, se disait-il, qu'une conquête telle que celle de la Finlande, et l'empereur Alexandre doit y trouver pour l'opinion russe une première satisfaction, qui lui donnera le temps d'en attendre d'autres. C'était beaucoup en effet que la Finlande, surtout en considérant les véritables intérêts européens; car si la Russie, en prenant la Moldavie et la Valachie, faisait vers les Dardanelles un progrès alarmant pour l'Europe, elle en faisait un non moins inquiétant vers le Sund, en s'appropriant la Finlande. Malheureusement, tandis qu'elle obtenait ainsi une extension regrettable pour l'indépendance future de l'Europe, elle recevait un présent presque sans prix à ses yeux. Napoléon donnait beaucoup en réalité, fort peu en apparence; et c'est le contraire qu'il aurait fallu qu'il fît, pour acheter au meilleur marché possible la nouvelle alliance qui allait devenir le fondement de toutes ses entreprises ultérieures. Il se

Napoléon cherche à ajourner les idées de partage à l'égard de la Turquie, et s'efforce de pousser l'ambition de la Russie vers la Finlande.

flatta donc de contenter la Russie avec la Finlande ; et quant aux provinces du Danube, il résolut d'ajourner toute décision à leur égard, sans détruire toutefois les espérances qu'il avait besoin d'entretenir.

Il avait eu, lui aussi, beaucoup de peine à trouver un ambassadeur qui pût convenir à Saint-Pétersbourg, et il avait fini par choisir M. de Caulaincourt, actuellement grand écuyer, militaire de profession, homme droit, sensé, digne, très-injustement compromis dans l'affaire du duc d'Enghien (ce que Napoléon regardait presque comme une convenance pour l'ambassade de Russie); mais très-propre à imposer au jeune empereur, à le suivre partout, et à dissimuler par sa droiture même ce qu'aurait d'un peu artificieux une mission dont le but était de ne pas tenir tout ce qu'on laissait espérer. Napoléon instruisit M. de Caulaincourt de ce qui s'était passé à Tilsit, lui avoua qu'en s'efforçant de contenter l'empereur Alexandre il ne voulait cependant pas lui faire des concessions trop dangereuses pour l'Europe, et lui recommanda de ne rien négliger pour conserver une alliance sur laquelle devait reposer désormais toute sa politique. Il plaça à sa suite quelques-uns des jeunes gens les plus distingués de sa cour, et lui alloua la somme de huit cent mille francs par an, afin qu'il pût représenter dignement le grand Empire.

Il écrivit en même temps à l'empereur Alexandre pour le remercier de ses présents, et lui en offrir de magnifiques en retour (c'étaient des porcelaines de Sèvres de la plus grande beauté); pour lui demander instamment de l'aider à ramener la paix, en forçant l'Angleterre à la subir; pour le prier de renvoyer à l'instant même de Saint-Pétersbourg les ambassadeurs d'Angleterre et de Suède; pour le prévenir qu'une armée française allait occuper le Danemark, en vertu d'un traité d'alliance conclu avec la cour de Copenhague, et le presser de faire marcher une armée russe en Suède, afin que le Sund fût ainsi fermé des deux côtés; pour lui donner de nouveau son adhésion expresse à la conquête de la Finlande; pour lui annoncer les démarches qu'il faisait auprès de l'Autriche, afin de la décider à adhérer à la politique de Tilsit, et lui annoncer aussi l'entrée d'armées nombreuses dans la péninsule espagnole, dans le but de la fermer définitivement aux Anglais; pour lui dire enfin qu'il était étranger à la rédaction de l'armistice avec la Porte, qu'il le désapprouvait (ce qui emportait l'approbation tacite de l'occupation prolongée des provinces du Danube), et que, quant au maintien ou au partage de l'empire ottoman, cette question était si grave, si intéressante dans le présent et l'avenir, qu'il avait besoin d'y penser mûrement; qu'il ne pouvait en traiter par écrit, et que c'était avec M. de Tolstoy qu'il se proposait de l'approfondir; qu'il la réservait à cet ambassadeur, et que c'était même afin de l'attendre qu'il avait retardé son départ pour l'Italie, où il était cependant pressé de se rendre. Unissons-nous, disait Napoléon à Alexandre, et *nous accomplirons les plus grandes choses des temps modernes*. — Napoléon manda en outre à l'empereur et à M. de Romanzoff, que le ministre Decrès allait acheter vingt millions de munitions navales dans les ports de la Russie, que la

Sept. 1807.

marine française recevrait tous les cadets russes qu'on lui donnerait à instruire, et enfin que cinquante mille fusils du meilleur modèle étaient à la disposition du gouvernement impérial, qui pouvait les envoyer prendre au lieu qu'il lui plairait de désigner.

Tandis qu'il écrivait avec effusion à l'empereur Alexandre, Napoléon recommanda à M. de Caulaincourt de ne pas trop parler d'une prochaine entrevue; car, dans un nouveau tête-à-tête impérial, il faudrait arriver à une conclusion relativement à la Turquie, ce qu'il redoutait infiniment. Toutefois la Finlande immédiatement accordée, les provinces du Danube laissées en perspective, le silence gardé sur leur occupation prolongée, enfin beaucoup de témoignages d'intimité, paraissaient à Napoléon et étaient effectivement des moyens suffisants de vivre en bon accord, pendant un temps plus ou moins long, mais restreint.

Napoléon, malheureusement, ne s'était pas borné à voir dans l'attentat de l'Angleterre contre le Danemark une occasion de ramener à lui l'opinion de l'Europe, il y avait découvert au contraire un prétexte pour se permettre de nouvelles entreprises, et il voulait profiter de la prolongation de la guerre pour achever tous les arrangements qu'il méditait. Il pensa que pour mieux arriver à son but il convenait de se concilier la cour d'Autriche, et de faire cesser avec elle un état de malaise extrême, qui provenait, indépendamment des chagrins ordinaires de cette cour, des derniers événements de la guerre. L'Autriche s'en voulait à elle-même d'avoir armé, sans profiter de l'occasion d'agir qui s'offrait après Eylau et avant Friedland; de s'être livrée à des dépenses inutiles, et d'avoir montré en pure perte des dispositions dont Napoléon ne pouvait pas être dupe. Elle était inquiète de ce qu'il allait exiger d'elle pour la punir, plus inquiète encore de ce qu'il avait pu promettre à la Russie sur le Danube, et peu consolée par le langage de l'Angleterre, qui lui répétait toujours qu'il fallait d'une part se préparer sérieusement à la guerre, et de l'autre ramener la Russie en lui accordant soi-même tout ce que Napoléon était près de lui accorder; c'est-à-dire, après quinze ans d'affreux malheurs, s'en infliger un nouveau, plus grand que tous les autres, celui de voir les Russes sur le bas Danube.

Napoléon, qui n'avait pas eu de peine à discerner le malaise de l'Autriche, tenait à le faire cesser, pour être plus libre de ses actions. Il avait reçu à Fontainebleau, avec une parfaite courtoisie, le duc de Wurtzbourg, frère de l'empereur François, transféré, comme nous l'avons dit bien des fois, de principautés en principautés, et très-désireux de rapprocher l'Autriche de la France, pour n'avoir plus à souffrir de leurs querelles. Napoléon s'expliqua longuement et en toute franchise avec ce prince, le rassura complétement sur ses intentions vis-à-vis de la cour de Vienne, à laquelle il ne voulait, disait-il, rien enlever, à laquelle, au contraire, il était prêt à rendre la place de Braunau, demeurée dans les mains des Français depuis l'infidélité commise à l'égard des bouches du Cattaro. Napoléon déclara que, les bouches du Cattaro lui

Sept. 1807.

Explications amicales de Napoléon avec le duc de Wurtzbourg

ayant été restituées, il se considérait comme sans droit et sans intérêt à garder Braunau, place importante qui commandait le cours de l'Inn; que, du côté de l'Istrie, il ne demandait rien que la conservation de la route militaire accordée antérieurement pour le passage des troupes françaises qui se rendaient en Dalmatie; que tout au plus, si on y consentait à Vienne, il proposerait une rectification de frontières entre le royaume d'Italie et l'empire d'Autriche, rectification qui se bornerait à échanger les petits territoires italiens situés sur la rive gauche de l'Izonzo, contre les petits territoires autrichiens situés sur la rive droite, de manière à prendre pour limite le thalweg de ce fleuve; que cela fait il n'exigerait rien de plus, et était tout disposé à respecter scrupuleusement la lettre des traités. Sous le rapport de la politique générale, Napoléon ajouta qu'il s'unissait à la Russie pour demander à l'Autriche de l'aider à rétablir la paix, en fermant les côtes de l'Adriatique au commerce anglais; que l'atroce événement de Copenhague en faisait un devoir pour toutes les puissances; que, si l'Autriche prenait ce parti, elle aurait l'honneur du rétablissement de la paix, car l'Angleterre ne tiendrait pas devant l'unanimité bien prononcée du continent; qu'enfin, cet accord sur toutes choses étant obtenu, la cour de Vienne renoncerait sans doute à des armements inutiles, dispendieux, inquiétants; que, de son côté, Napoléon n'aurait rien de plus pressé que d'éloigner ses armées, et de les transporter vers les rivages de la basse Italie. Quant à la Turquie, Napoléon en parla très-vaguement, et ne se montra disposé à aucune résolution prochaine. De plus, il laissa toujours entendre que rien en Orient ne devait se faire que d'accord avec l'Autriche, c'est-à-dire en lui ménageant sa part, dans le cas où l'empire ottoman cesserait d'exister.

Ces explications, qui étaient données avec bonne foi, et qui furent reçues avec joie par le duc de Wurtzbourg, ces explications transmises à Vienne y causèrent un vrai soulagement. Quel que fût le regret qu'on éprouvât de n'avoir pas saisi le moment où Napoléon marchait sur le Niémen pour se placer entre lui et le Rhin, on ne demandait pas mieux, maintenant que l'occasion était perdue, que de demeurer tranquille, et de n'avoir pas un tel ennemi sur les bras, lorsqu'on était seul et sans autre allié que l'Angleterre, alliée peu secourable, qui, lorsqu'elle avait poussé les puissances continentales à la guerre et les avait fait battre, se retirait tranquillement dans son île, se plaignant de la mauvaise qualité des troupes auxiliaires. Apprendre qu'on pouvait recouvrer Braunau sans rien perdre en Istrie, apprendre en outre que rien de prochain ne se préparait en Orient, aurait procuré au cabinet autrichien une véritable joie, si dans l'état des choses il eût été capable d'en éprouver. Aussi parut-il enclin à faire tout ce que voudrait Napoléon, soit quant au thalweg de l'Izonzo, soit quant aux démarches à tenter auprès de l'Angleterre, dont la conduite à Copenhague était si odieuse, que même à Vienne on n'hésitait pas à la condamner hautement. En conséquence, des pouvoirs furent envoyés à M. de Metternich, ambassadeur d'Autriche à Paris, pour signer une convention qui embrasserait tous les objets sur lesquels un accord était désirable, et paraissait facile depuis les explications échangées à Fontainebleau.

Il fut convenu que la place de Braunau serait remise à l'Autriche, que le thalweg de l'Izonzo serait pris pour frontière des possessions autrichiennes et italiennes, et qu'une route militaire continuerait d'être ouverte à travers l'Istrie aux troupes françaises qui se rendaient en Dalmatie. La convention contenant ces stipulations fut signée à Fontainebleau le 10 octobre. Aux stipulations écrites on joignit des promesses formelles relativement à l'Angleterre. L'Autriche ne pouvait pas envers cette vieille alliée procéder par une brusque et ferme déclaration de guerre, mais elle promit d'arriver au résultat désiré en y apportant des formes qui n'ôteraient rien à la fermeté de ses résolutions. En effet elle chargea M. de Stahremberg, son ambassadeur à Londres, de se plaindre de l'acte commis sur Copenhague, comme d'un attentat que devaient ressentir vivement tous les États neutres, d'exiger une réponse aux offres de médiation qui avaient été faites en avril par la cour d'Autriche, en juillet par la cour de Russie, et de signifier que si l'Angleterre ne répondait pas dans un délai prochain à des ouvertures de paix tant de fois réitérées, sauf à débattre ensuite les conditions en présence des puissances médiatrices, on serait forcé de rompre toute relation avec elle, et de rappeler l'ambassadeur d'Autriche. A ces communications officielles il fut ajouté la déclaration secrète, que l'Autriche, complètement isolée sur le continent, était incapable de tenir tête à la Russie et à la France réunies; qu'elle était donc obligée de leur céder; que d'ailleurs en ce moment la France lui accordait des conditions tolérables; que décidément elle ne pouvait ni ne voulait plus songer à la guerre, et que l'Angleterre devait de son côté songer à la paix; car, s'il en était autrement, elle contraindrait ses meilleurs amis à se séparer d'elle. Il est vrai que, si le cabinet parlait ainsi, les partisans passionnés de la guerre cherchaient à faire croire que ce n'était là qu'une résolution passagère pour obtenir la remise de Braunau, résolution qui changerait bientôt dès qu'on aurait ramené la Russie à une autre politique. Malgré ces assertions du parti de la guerre à Vienne, le cabinet autrichien en réalité ne demandait pas mieux que de voir ses représentations pacifiques écoutées à Londres, et avait pris le parti d'interrompre les relations diplomatiques avec l'Angleterre, dans le cas où celle-ci persisterait à fermer l'oreille à tout accommodement.

Quant à ses armements, l'Autriche donna des assurances beaucoup moins sincères. Elle affirma qu'elle vidait ses cadres en renvoyant les hommes qui les avaient remplis momentanément, qu'elle vendait ses magasins, qu'en un mot elle se remettait sur le pied de paix le plus étroit. En réalité elle ne renvoyait que les hommes près d'atteindre l'âge de la libération, pour les remplacer par de jeunes recrues dont elle faisait l'éducation militaire avec beaucoup de soin, sous la direction de l'archiduc Charles, toujours occupé d'apporter de nouveaux

Octob. 1807.

Le concours de la Prusse et du Danemark aux vues de Napoléon complète la coalition continentale.

perfectionnements à l'organisation de l'armée autrichienne. Elle ne vendait en fait de magasins que les matières peu propres à être conservées, et elle remplissait ses arsenaux d'armes et de munitions de tout genre. En résumé, l'Autriche, adhérant temporairement aux vues de Napoléon pour s'épargner la guerre, voulait néanmoins être prête à se venger de ses revers, si des circonstances nouvelles l'amenaient à reprendre les armes. Pour le présent elle désirait la paix, même générale.

Napoléon, dont le plan était sur tous les points de reporter les hostilités vers le littoral du continent, et pour cela d'en pacifier l'intérieur, avait déclaré à la Prusse qu'il reprendrait volontiers le mouvement d'évacuation, un instant suspendu par suite du retard mis à l'acquittement des contributions, mais qu'il fallait qu'on s'entendît le plus tôt possible sur le montant de ces contributions et sur leur mode d'acquittement. La Prusse ayant proposé d'envoyer le prince Guillaume, Napoléon avait témoigné qu'il l'accueillerait avec infiniment d'égards. Cette puissance infortunée était si abattue, qu'elle avait déclaré non-seulement son adhésion au système continental, mais sa disposition à conclure avec la France un traité formel d'alliance offensive et défensive. Quant au Danemark, il avait signé un traité de ce genre, et stipulé l'envoi de troupes françaises dans les îles de Fionie et de Seeland, pour fermer le Sund, le passer sur la glace, et envahir la Suède au moment où commenceraient les opérations des Russes contre la Finlande.

Napoléon, obligé par les événements à continuer

la guerre contre l'Angleterre, et armé de tous les moyens du continent, songea à les employer avec l'énergie et l'habileté dont il était capable. Même avant de connaître le résultat de l'expédition de Copenhague, et dès qu'il avait su que cette expédition se dirigeait vers la Baltique, il avait fait partir M. l'amiral Decrès pour Boulogne, afin d'inspecter la flottille, et de voir si elle pourrait embarquer l'armée qu'il voulait ramener d'Allemagne, aussitôt que la Prusse aurait acquitté ses contributions. Le départ de l'expédition anglaise envoyée vers le Sund était une occasion unique pour surprendre l'Angleterre à moitié désarmée. M. Decrès, transporté en toute hâte à Boulogne, Wimereux, Ambleteuse, Calais, Dunkerque, Anvers, avait trouvé malheureusement la flottille dans un état qui la rendait peu propre à se charger d'une nombreuse armée. Le port circulaire creusé à Boulogne était ensablé de deux pieds; les ports de Wimereux et d'Ambleteuse, de trois; et il suffisait de quelques années encore pour faire disparaître ces créations du génie de Napoléon, et de la constance de nos soldats. La plupart des bâtiments construits précipitamment et avec du bois vert, exigeaient de grands radoubs. On n'avait maintenu en état de servir à la mer qu'environ 300 de ces bâtiments, sur 12 ou 1,300, et ces trois cents étaient sans cesse occupés à manœuvrer, ou à former comme en 1804 la ligne d'embossage, du fort de l'Heurt au fort de la Crèche. Quant aux 900 bâtiments de transport, achetés en tout lieu et à tout âge, ils étaient presque hors de service, par suite d'un séjour de quatre années au mouil-

Octob. 1807.

Le départ de l'expédition anglaise pour la Baltique fait renaître l'idée de se servir de la flottille de Boulogne.

État de la flottille de Boulogne en 1807.

lage. Les marins, organisés pour la plupart en bataillons, avaient perdu quelques-unes de leurs qualités comme hommes de mer, mais comme soldats de terre ils présentaient la plus belle troupe qu'il y eût au monde. Le général Gouvion Saint-Cyr, qui commandait le camp de Boulogne, déclarait qu'il n'y avait rien de plus beau dans l'armée française, la garde impériale comprise. Reportés sur des vaisseaux, et bientôt redevenus marins, ils pouvaient former l'équipage de douze grands vaisseaux de ligne. Quant à la flottille hollandaise, renvoyée en partie chez elle, restée en partie à Boulogne, elle souffrait moins dans son matériel, qui avait été mieux construit; mais elle s'ennuyait de son oisiveté, et les hommes regrettaient un emploi plus utile de leur activité et de leur courage.

Il n'était donc pas possible de mettre immédiatement la flottille à la voile, pour la charger de cent cinquante mille hommes, comme en 1804. Mais avec cinq à six millions de dépenses, deux mois de temps, en détruisant un cinquième des bâtiments, en radoubant les autres, on pouvait embarquer sur les deux flottilles, hollandaise et française, environ 90 mille hommes et 3 à 4 mille chevaux. Cette inspection terminée et M. Decrès revenu à Paris, Napoléon fut d'avis, comme son ministre lui-même, qu'on ne devait pas retenir plus long-temps les marins de la Hollande pour un service aussi éventuel que celui de cette flottille, toujours en partance et ne partant jamais; qu'il était difficile de faire sortir un aussi grand nombre de bâtiments à la fois de ces petits ports, qui bientôt même seraient dans l'impossibilité de les contenir; qu'il valait mieux diviser cette expédition, renvoyer les marins hollandais chez eux avec une partie de leur matériel, garder les meilleurs bâtiments de guerre, détruire les autres, radouber ceux qu'on aurait conservés, et les rendre propres à l'embarquement de 60 mille hommes, placer ensuite les matelots hollandais rentrés chez eux à bord de la flotte du Texel, les marins français inutiles à la flottille à bord de l'escadre de Flessingue, et se procurer ainsi, outre la flottille apte à jeter d'un seul coup 60 mille hommes sur les côtes d'Angleterre, les escadres du Texel et de Flessingue aptes à en transporter 30 mille des bouches de la Meuse à celles de la Tamise, sans compter les expéditions qui pourraient partir de Brest et de tous les autres points du continent. Cette opinion arrêtée, les ordres furent expédiés, et la flottille de Boulogne, rendue plus maniable, combinée en même temps avec les escadres qui s'organisaient au Texel, à Flessingue, à Brest, à Lorient, à Rochefort, à Cadix, à Toulon, à Gênes, à Tarente, prit place dans le vaste système conçu par Napoléon, système de camps établis près des grandes flottes, menaçant sans cesse la Grande-Bretagne d'une expédition formidable contre son sol ou contre ses colonies.

Octob. 1807.

Organisation de la flottille de Boulogne d'après un nouveau système.

Napoléon donna en outre tous les ordres pour l'expédition de Sicile, et pour le complet approvisionnement des îles Ioniennes, sur lesquelles toute son attention était en ce moment appelée par le langage que tenaient les agents anglais à Vienne et à Saint-Pétersbourg. On pouvait en effet conclure de ce langage que tous les efforts imaginables seraient

Préparatifs de l'expédition de Sicile.

Octob. 1807.

tentés pour enlever ces îles aux Français. Napoléon prescrivit à son frère Joseph, avec une vivacité d'expressions poussée jusqu'à la passion, de recouvrer Scylla et Reggio, restés aux Anglais depuis l'expédition de Sainte-Euphémie; de réunir une partie des régiments composant l'armée de Naples autour de Baies et autour de Reggio, pour les tenir prêts à s'embarquer. Il enjoignit au prince Eugène de reporter ses troupes de la haute Italie vers l'Italie moyenne, afin de remplacer celles qui seraient employées en expéditions maritimes. Il ordonna au roi Joseph et au prince Eugène de multiplier les expéditions de vivres, de munitions et de recrues pour Corfou, Céphalonie et Zante. Enfin il renouvela plus expressément que jamais l'ordre aux deux divisions de Rochefort et de Cadix d'opérer leur sortie afin de se rendre à Toulon. Il expédia l'amiral Ganteaume à Toulon, pour y commander la flotte destinée à dominer la Méditerranée, à terminer la conquête du royaume de Naples par la prise de la Sicile, et à consolider la domination française dans les îles Ioniennes par le transport de vastes ressources dans ces îles. En attendant, il était recommandé aux ingénieurs de la marine de hâter les constructions entreprises sur tout le littoral européen.

Départ de l'armée française destinée à envahir le Portugal.

Tandis qu'il s'occupait ainsi des positions maritimes situées en Italie, Napoléon avait de nouveau pressé l'expédition du Portugal. Les trois camps de Saint-Lô, Pontivy, Napoléon, réunis sous le général Junot à Bayonne, y présentaient un effectif nominal de 26 mille hommes, un effectif réel de 23, dont 2 mille hommes de cavalerie, et 36 bouches à feu. Un renfort de 3 à 4 mille hommes était en route pour rejoindre. Le 12 octobre, surlendemain de la convention signée avec l'Autriche, Napoléon ordonna au général Junot de franchir la frontière d'Espagne, se contentant d'un simple avis donné à Madrid du passage des troupes françaises. Il assigna au général Junot la route de Burgos, Valladolid, Salamanque, Ciudad-Rodrigo, Alcantara, et la rive droite du Tage jusqu'à Lisbonne. Il lui recommanda la marche la plus rapide. L'Espagne avait promis de joindre ses forces à celles de la France pour concourir à l'expédition, et pour participer naturellement à la distribution du butin. Napoléon avait non-seulement accepté, mais exigé l'envoi réel d'une force espagnole, sauf à en fixer plus tard la composition et le prix, quand on aurait réussi à conquérir le Portugal. Mais, ne comptant ni sur l'Espagne, ni sur les troupes qu'elle pouvait envoyer, il prépara une seconde armée pour le cas possible où le Portugal opposerait quelque résistance, et pour le cas beaucoup plus probable où l'Angleterre réunirait aux bouches du Tage les forces qui revenaient de l'expédition de Copenhague. Dès son arrivée à Paris, Napoléon avait voulu que les cinq légions de réserve, dont il a été si souvent parlé, et qui avaient mission de remplacer les camps chargés de la défense des côtes, fussent complétement organisées, instruites et armées. Il avait prescrit aux cinq sénateurs qui les commandaient, de tout disposer pour faire marcher deux ou trois bataillons sur les six dont elles étaient composées. Ayant appris que ces deux ou trois bataillons par chaque légion étaient prêts, il ordonna

Octob. 1807.

Organisation d'une seconde armée pour le Portugal.

de les réunir à Bayonne, de les former en trois divisions sous les généraux Barbou, Vedel, Malher; de les compléter avec deux bataillons de la garde de Paris, que le retour de cette garde, aguerrie en Pologne, rendait disponibles, avec quatre bataillons suisses qui stationnaient les uns à Rennes, les autres à Boulogne et à Marseille, enfin avec le troisième bataillon du 5ᵉ léger, en garnison à Cherbourg, et le premier du 47ᵉ de ligne, en garnison à Grenoble. C'étaient vingt et un ou vingt-deux bataillons, qui allaient partir du siége de chaque légion, c'est-à-dire de Rennes, Versailles, Lille, Metz, Grenoble, et être rendus vers la fin de novembre à Bayonne. Ils devaient former un corps de 23 à 24 mille hommes, suivi de 40 bouches à feu, et de quelques centaines de cavaliers, sous les ordres de l'un des généraux de division les plus distingués du temps, du général Dupont, illustré à Albeck, Diernstein, Hall, Friedland, et destiné par Napoléon à devenir bientôt maréchal. C'était une seconde armée suffisante pour soutenir celle de Junot, quelque importance que pussent acquérir les événements du Portugal. Elle prit le nom de deuxième corps d'observation de la Gironde, l'armée de Junot ayant déjà reçu le titre de premier corps. Il ne manquait à l'une et à l'autre de ces armées que de la cavalerie. Napoléon leur en prépara une nombreuse et bonne, à Compiègne, Chartres, Orléans et Tours. Il avait, comme on doit s'en souvenir, pendant la campagne de Pologne, mis autant de soin à entretenir les dépôts de cavalerie que ceux d'infanterie. Il les avait sans cesse pourvus d'hommes et de chevaux, et il pouvait en tirer, pour les employer dans le midi, les renforts que la paix de Tilsit le dispensait d'envoyer dans le nord. Il ordonna donc de réunir à Compiègne une brigade de 1,000 hussards, à Chartres une brigade de 1,200 chasseurs, à Orléans une brigade de 1,500 dragons, et une quatrième de 1,400 cuirassiers à Tours, ce qui formait un total de 5,000 chevaux tiré des dépôts, et bien assez nombreux pour les pays montagneux où les deux armées de la Gironde étaient appelées à opérer. Ce n'étaient là que de simples précautions, car il était douteux qu'il fallût autant de forces en Portugal; mais Napoléon avait grand désir d'attirer les Anglais de ce côté, et, bien que les soldats qu'il y envoyait fussent jeunes, il les trouvait suffisants pour les opposer aux troupes britanniques, et plus que suffisants pour battre les armées méridionales, dont il ne faisait alors aucun cas.

Octob. 1807.

Tout était donc préparé pour s'emparer du Portugal, indépendamment du secours promis par les Espagnols. On avait reçu de la cour de Lisbonne une réponse telle que Napoléon l'avait prévue, et telle qu'il la lui fallait après l'événement de Copenhague, pour se dispenser de tout ménagement. Le prince régent du Portugal, gendre, comme on sait, du roi et de la reine d'Espagne, n'en était pas moins par tradition héréditaire et par faiblesse personnelle le sujet dévoué de l'Angleterre. Ses ministres différaient d'avis, il est vrai, et quelques-uns d'entre eux pensaient que la dépendance de l'Angleterre n'était ni le régime le plus souhaitable pour le Portugal, ni le moyen le plus assuré de vendre ses vins et de se

Réponse du Portugal à Napoléon secrètement concertée avec l'Angleterre.

procurer des blés. Mais les autres pensaient que vivre de l'Angleterre et par l'Angleterre était chose bonne en tout temps, et bien meilleure depuis que la France était entrée dans la carrière des révolutions, et qu'en se rapprochant de celle-ci on courait la chance de changer non-seulement de régime industriel, mais de régime social. Le prince régent, averti par M. de Lima, son ambassadeur à Paris, et par M. de Rayneval, chargé d'affaires de France à Lisbonne, des volontés absolues de Napoléon, avait concerté avec le cabinet britannique la conduite à tenir, dans le double but de s'épargner la présence d'une armée française, et de faire essuyer aux intérêts anglais le moindre dommage possible. En conséquence, on s'était entendu avec M. Canning, par l'intermédiaire de lord Strangfort, et on avait pris le parti de concéder à la France l'exclusion apparente du pavillon britannique, si même il le fallait, une déclaration de guerre simulée contre l'Angleterre; mais de se refuser, à l'égard des négociants de celle-ci, à toute mesure contre les personnes et les propriétés, car Lisbonne et Oporto étaient devenus de vrais comptoirs anglais, où négociants, capitaux, bâtiments, tout était anglais. Accorder l'arrestation des personnes et la saisie des propriétés, comme le demandait Napoléon, c'eût été porter dans ces comptoirs le ravage et la ruine. Cette réponse convenue, on espérait que, si la France s'en contentait, le commerce du Portugal, si avantageux à l'activité britannique, si commode à la paresse portugaise, en serait quitte pour une gêne momentanée, et que la marine royale anglaise en serait quitte aussi pour aller directement de Portsmouth à Gibraltar sans toucher à Lisbonne. Encore ne manquerait-elle pas, au besoin, de relâcher sur les points les moins fréquentés des côtes du Portugal, en prétextant le mauvais temps; de quoi la cour de Portugal s'excuserait en alléguant les lois de l'humanité. Si la France n'acceptait pas de telles conditions, la cour de Lisbonne, plutôt que de rompre avec l'Angleterre, était résolue aux dernières extrémités, non pas à une lutte contre les troupes françaises (elle était incapable de ce noble désespoir), mais à une fuite au delà des mers.

Cette race de Bragance, vieillie comme sa voisine la race des Bourbons d'Espagne, plongée comme elle dans l'ignorance, la mollesse, la lâcheté, avait pris en aversion et le siècle où se passaient de si effrayantes révolutions, et le sol même de l'Europe qui leur servait de théâtre. Elle allait dans sa honteuse misanthropie jusqu'à vouloir se retirer dans l'Amérique du sud, dont elle partageait le territoire avec l'Espagne. Les flatteurs de ses vulgaires penchants lui vantaient sans cesse la richesse de ses possessions d'outre-mer, comme on vante à un riche qu'on encourage à se ruiner son patrimoine qu'il ne connaît pas. Ils lui disaient que ce n'était pas la peine de contester aux oppresseurs de l'Europe le petit sol, tour à tour rocailleux ou sablonneux, du Portugal, tandis qu'on avait au delà de l'Atlantique un empire magnifique, presque aussi grand à lui seul que cette triste Europe qu'un million d'avides soldats se disputaient; empire semé d'or, d'argent, de diamants, où l'on trouverait le repos, sans un seul ennemi à craindre. Fuir le Portugal, en abandonner les stériles rivages aux Anglais et aux Français, qui les arroseraient de leur sang tant qu'il leur plairait, et laisser au peuple portugais, vieux compagnon d'armes des Bragance, le soin de défendre son indépendance s'il y tenait encore, tels étaient les honteux projets qui de temps en temps calmaient les terreurs du régent de Portugal et de sa famille. Cependant cette indigne faiblesse n'était combattue chez ce prince que par une autre faiblesse, c'est-à-dire par la peine de prendre un grand parti, de se séparer des lieux où il avait passé sa molle vie, d'armer une flotte, de s'y transporter avec ses domestiques, ses courtisans, ses richesses, de s'en aller enfin à travers les mers braver une nouveauté pour en fuir une autre. Entre ces deux faiblesses, la cour de Portugal hésitait, mais prête à s'embarquer si le bruit des pas d'une armée française venait frapper ses oreilles. Il fut donc officiellement répondu à M. de Rayneval qu'on romprait avec la Grande-Bretagne, bien que le Portugal pût difficilement se passer d'elle, qu'on irait même jusqu'à lui déclarer la guerre, mais qu'il répugnait à l'honnêteté du prince régent de faire arrêter les négociants anglais et saisir leurs propriétés.

Napoléon était trop perspicace pour se payer de semblables défaites. Il voyait très-clairement que la réponse avait été concertée à Londres[1], que l'exclu-

---

[1] Ce n'est point ici une assertion inventée pour justifier Napoléon de sa conduite envers le Portugal, mais une vérité authentique, officiellement prouvée. En effet, quelque temps après, lorsque la cour de Lisbonne réfugiée au Brésil n'avait plus à craindre les armées françaises,

sion des Anglais ne serait qu'illusoire, et qu'ainsi son but principal ne serait pas atteint. Il savait d'ailleurs que la famille de Bragance nourrissait le projet de se retirer au Brésil; et il n'en était point fâché, car malheureusement depuis le désastre de Copenhague ses idées avaient pris un autre cours. Il voulait, non pas achever en occupant le Portugal la clôture des rivages du continent, mais s'approprier le Portugal lui-même pour en disposer à son gré. Au lieu de profiter de l'avantage moral que lui donnait sur l'Angleterre la honteuse violence commise par celle-ci contre le Danemark, il était décidé à ne plus s'imposer de ménagements envers les amis et les complaisants de la politique anglaise, et à les détruire tous au profit de la famille Bonaparte, se disant qu'à la fin de la guerre il n'en serait ni plus ni moins; qu'un État de plus supprimé en Europe n'ajouterait pas aux difficultés de la paix; que ce qui serait fait serait fait; qu'on adopterait, suivant l'usage, le *status præsens* comme base des négociations, et que, si la face de la Péninsule était changée, on serait bien obligé de l'admettre telle qu'on la trouverait, et de la comprendre au traité général dans son nouvel état. En conséquence, il résolut de s'approprier le Portugal, sauf à s'entendre avec l'Espagne, et même à s'en servir pour révolutionner l'Espagne elle-même; car elle lui déplaisait, elle le gênait, elle le révoltait dans son état actuel, autant que

Octob. 1807.

La réponse du Portugal décide Napoléon à s'emparer de ce royaume.

M. Canning avoua à la tribune du parlement que toutes les réponses du Portugal à Napoléon avaient été concertées avec le ministère britannique. Des dépêches publiées depuis fournirent cette preuve avec encore plus de détail et d'évidence.

Octob. 1807

les cours de Naples et de Lisbonne, qu'il avait déjà chassées, ou qu'il allait chasser de leur trône chancelant. Tel fut le commencement des plus grandes fautes, des plus grands malheurs de son règne! Notre cœur se serre en approchant de ce sinistre récit, car ce n'est pas seulement l'origine des malheurs de l'un des hommes les plus extraordinaires, les plus séduisants de l'humanité, mais c'est l'origine des malheurs de notre patrie infortunée, entraînée avec son héros dans une chute épouvantable.

Ordre à M. de Rayneval de quitter Lisbonne, et à Junot de marcher en toute hâte vers le Tage.

Napoléon ordonna donc à M. de Rayneval de quitter Lisbonne, fit remettre à M. de Lima ses passeports, recommanda au général Junot de hâter la marche de ses troupes, et de n'écouter aucune proposition, quelle qu'elle fût, sous le prétexte qu'il ne devait se mêler en rien de négociations, et qu'il avait pour mission unique de fermer Lisbonne aux Anglais. L'intention de Napoléon, en faisant marcher sans relâche et sans rémission sur Lisbonne, était de saisir la flotte portugaise, et de confisquer toutes les propriétés anglaises, tant à Lisbonne qu'à Oporto. Si la cour de Lisbonne prenait la fuite, il tenait à lui enlever le plus de matériel naval et de valeurs commerciales qu'il pourrait. Si elle restait, au contraire, en se soumettant à ses exigences, la capture de la flotte portugaise, le butin enlevé aux Anglais, le dédommageraient de ne pouvoir détruire la maison de Bragance, car il devenait impossible de sévir contre une cour soumise et désarmée.

Premières pensées de Napoléon.

Mais restait à disposer du Portugal, au cas où la maison de Bragance s'en irait en Amérique. S'en emparer pour la France n'était pas admissible, même pour un conquérant qui avait déjà constitué des départements français sur le Pô, qui devait en constituer bientôt sur le Tibre et sur l'Elbe. Le donner à un des princes de la maison Bonaparte, qui attendait encore une couronne, semblait plus raisonnable; mais c'était adopter pour la Péninsule un arrangement qui aurait un caractère définitif, et Napoléon de ce côté voulait tout laisser dans un doute qui n'interdît aucune combinaison ultérieure. Depuis quelque temps une pensée fatale commençait à dominer son esprit. Ayant déjà chassé de leur trône les Bourbons de Naples, il se disait souvent qu'il faudrait un jour agir de même avec les Bourbons d'Espagne, qui n'étaient pas assez entreprenants pour l'assaillir ouvertement, comme avaient fait ceux de Naples, mais qui au fond lui étaient aussi hostiles; qui avaient essayé de le trahir la veille d'Iéna; qui ne manqueraient pas d'en saisir encore la première occasion; qui finiraient peut-être par en trouver une mortelle pour lui, et qui, lorsqu'ils ne le trahissaient pas d'intention, le trahissaient de fait, en laissant périr dans leurs mains la puissance espagnole, puissance aussi nécessaire à la France qu'à l'Espagne elle-même, et aussi complétement anéantie en 1807 que si elle n'avait jamais existé. Quand Napoléon songeait au danger d'avoir des Bourbons sur ses derrières, danger peu alarmant pour lui-même, mais très-inquiétant pour ses successeurs qui n'auraient pas son génie, et qui rencontreraient peut-être dans les successeurs de Charles IV des qualités qu'ils n'auraient plus eux-mêmes; quand il songeait à toutes les bassesses, à toutes les indi-

Octob. 1807.

à l'égard de la péninsule espagnole.

gnités, à toutes les perfidies de la cour de Madrid, non pas du malheureux Charles IV, mais de sa criminelle épouse et de son ignoble favori; quand il songeait à l'état de cette puissance, si grande encore sous Charles III, ayant alors des finances et une marine imposante, n'ayant plus aujourd'hui ni un écu, ni une flotte, et laissant inertes des ressources qui dans d'autres mains auraient déjà servi, par leur réunion avec celles de France, à réduire l'Angleterre, il était saisi d'indignation pour le présent, de crainte pour l'avenir; il se disait qu'il fallait en finir, et profiter de la soumission du continent à ses vues, du concours dévoué que la Russie offrait à sa politique, de la prolongation inévitable de la guerre à laquelle l'Angleterre condamnait l'Europe, et de l'odieux que venait d'exciter contre elle sa conduite envers le Danemark, pour achever de renouveler la face de l'Occident; pour y substituer partout les Bonaparte aux Bourbons; pour régénérer une noble et généreuse nation, endormie dans l'oisiveté et l'ignorance; pour lui rendre sa puissance, et procurer à la France une alliée fidèle, utile, au lieu d'une alliée infidèle, inutile, désespérante. Napoléon se disait, enfin, que la grandeur du résultat l'absoudrait de la violence ou de la ruse qu'il faudrait peut-être employer pour renverser une cour toujours prête à le trahir lorsque dans ses courses incessantes il s'éloignait de l'Occident, prompte à se prosterner quand il y revenait, donnant enfin cent raisons réelles, mais aucune raison ostensible de la détruire.

Ces pensées auraient été vraies, justes, réalisables même, si déjà il n'avait entrepris au nord plus d'œuvres qu'il n'était possible d'en accomplir en plusieurs règnes, si déjà il ne s'était chargé de constituer l'Italie, l'Allemagne, la Pologne! De toutes ces œuvres, non pas la plus facile, mais la plus urgente, la plus utile après la constitution de l'Italie, c'eût été la régénération de l'Espagne. Sur les quatre cent mille vieux soldats, employés du Rhin à la Vistule, cent mille y auraient suffi, et n'auraient pu recevoir un meilleur emploi. Mais ajouter à tant d'entreprises au nord une entreprise nouvelle au midi, la tenter avec des troupes à peine organisées, était bien grave et bien hasardeux! Napoléon ne le croyait pas. Il ne savait pas une difficulté qu'il n'eût vaincue du Rhin au Niemen, de l'Océan à l'Adriatique, des Alpes juliennes au détroit de Messine, du détroit de Messine aux bords du Jourdain. Il méprisait profondément les troupes méridionales, leurs officiers, leurs chefs, ne faisait pas beaucoup plus de cas des troupes anglaises, et ne considérait pas les Espagnes comme plus difficiles à soumettre que les Calabres. Elles étaient plus vastes, à la vérité; ce qui signifiait que si trente mille hommes avaient suffi dans les Calabres, quatre-vingt ou cent suffiraient en Espagne, surtout quand on apporterait à la brave nation espagnole, au lieu de la dissolution honteuse où elle était plongée, une régénération qu'elle appelait de tous ses vœux! Ce n'était donc pas la difficulté matérielle qui faisait hésiter Napoléon, c'était la difficulté morale, c'était l'impossibilité de trouver aux yeux du monde un prétexte plausible pour traiter Charles IV et sa femme comme il

Octob. 1807.

avait traité Caroline de Naples et son époux. Or, une dynastie qui au retour de Tilsit lui envoyait trois ambassadeurs pour lui rendre hommage; qui, tout en le trahissant secrètement quand elle pouvait, lui donnait ses armées, ses flottes dès qu'il les demandait, une telle dynastie ne fournissait pour la détrôner aucun motif que le sentiment public de l'Europe pût accepter comme spécieux. Si puissant, si glorieux que fût Napoléon; qu'aux victoires de Montenotte, de Castiglione, de Rivoli, il eût ajouté celles des Pyramides, de Marengo, d'Ulm, d'Austerlitz, d'Iéna, de Friedland; qu'au Concordat, au Code civil, il eût ajouté cent mesures d'humanité et de civilisation, il n'était pas possible, sans révolter le monde, de venir dire un jour: Charles IV est un prince imbécile, trompé par sa femme, dominé par un favori qui avilit et ruine l'Espagne; et moi, Napoléon, en vertu de mon génie, de ma mission providentielle, je le détrône pour régénérer l'Espagne. — De telles manières de procéder, l'humanité ne les permet à aucun homme quel qu'il soit. Elle les pardonne quelquefois après l'événement, après le succès, et alors elle y adore la main de Dieu, si le bien des nations en est résulté. Mais en attendant elle considère de telles entreprises comme un attentat à la sainte indépendance des nations.

Napoléon ne pouvait donc pas détrôner Charles IV pour son imbécillité, pour sa faiblesse, pour l'adultère de sa femme, pour l'abaissement de l'Espagne. Il lui aurait fallu un grief qui lui conférât le droit d'entrer chez son voisin, et d'y changer la dynastie régnante. Il lui aurait fallu une trahison dans le genre de celle que se permit la reine de Naples, lorsqu'après avoir signé un traité de neutralité, elle assaillit l'armée française par derrière; ou bien un massacre tel que celui de Vérone, lorsque la république de Venise égorgea nos blessés et nos malades pendant que l'armée française marchait sur Vienne. Mais Napoléon n'avait à alléguer qu'une proclamation équivoque, publiée la veille d'Iéna pour appeler la nation espagnole aux armes, proclamation qu'il avait affecté de considérer comme insignifiante, qui était accompagnée, il est vrai, de communications secrètes avec l'Angleterre, démontrées depuis, fortement soupçonnées alors, mais niées par la cour d'Espagne; et de tels griefs ne suffisaient pas pour justifier ces mots romains prononcés déjà contre les Bourbons de Naples : *Les Bourbons d'Espagne ont cessé de régner.*

Napoléon toutefois attendait des divisions intestines qui troublaient l'Escurial un prétexte pour intervenir, pour entrer en libérateur, en pacificateur, en voisin offensé peut-être. Mais s'il avait une pensée générale, systématique, quant au but à atteindre, il n'était fixé ni sur le jour, ni sur la manière d'agir. Il se serait même accommodé d'une simple alliance de famille entre les deux cours, qui eût promis une régénération complète de l'Espagne, et par cette régénération une alliance sincère et utile entre les deux nations. Aussi ne voulait-il, à propos du Portugal, aucun parti définitif qui l'enchaînât à l'égard de la cour de Madrid. Il aurait pu, par exemple, et c'eût été le parti le plus sûr, donner le Portugal à l'Espagne, moyennant les Baléares,

Octob. 1807.

Résolution
de Napoléon
de tout laisser
en suspens en
Espagne.

les Philippines, ou telle autre possession éloignée. Il aurait ainsi transporté de joie la nation espagnole, en satisfaisant la plus ancienne, la plus constante de ses ambitions; il aurait enchanté la cour elle-même en jetant un voile glorieux sur ses turpitudes; il aurait fait aimer l'alliance de la France, qui jusqu'ici ne paraissait qu'onéreuse aux Espagnols. Mais agir de la sorte c'eût été récompenser la lâcheté, la trahison, l'incapacité, comme la fidélité la mieux éprouvée et la plus utile. On ne pouvait guère l'exiger d'un allié aussi mécontent que Napoléon avait sujet de l'être. Il y avait un autre parti à prendre, c'était de s'approprier, en échange du Portugal, quelques provinces espagnoles voisines de notre frontière, et de se créer un pied-à-terre au delà des Pyrénées, comme on en avait un au delà des Alpes, par la possession du Piémont; politique détestable, bonne tout au plus pour l'Autriche, qui a toujours voulu posséder le revers des Alpes, et dont le sol d'ailleurs, composé de conquêtes mal liées ensemble, n'est pas dessiné par la nature de manière à lui inspirer le goût des frontières bien tracées. S'emparer des provinces basques et de celles qui bordent l'Èbre, telles que l'Aragon et la Catalogne, eût donc été une faute contre la géographie, un moyen assuré de blesser tous les Espagnols au cœur, et une bien impuissante manière de placer leur gouvernement sous la dépendance de Napoléon; car pour soumis, incapable de se défendre, ce gouvernement l'était; mais habile, actif, dévoué, tel enfin qu'il fallait le souhaiter, il ne le serait pas devenu par l'abandon de l'Aragon ou de la Catalogne à la France. On l'aurait ainsi rendu plus méprisable, mais non plus fort, plus courageux, plus appliqué.

Cette manière de disposer du Portugal était la plus mauvaise de toutes, et la plus dangereuse. Napoléon n'y inclinait pas. Cependant il l'avait examinée comme toutes les autres, et même à cette époque, ce qui prouve qu'il y avait pensé, il faisait demander à la légation française à Madrid une statistique des provinces basques et des provinces que l'Ebre arrose dans son cours. Auprès de lui se trouvait alors un conseiller dangereux, dangereux non parce qu'il manquait de bon sens, mais parce qu'il manquait de l'amour du vrai : c'était M. de Talleyrand, qui, ayant deviné les secrètes préoccupations de Napoléon, exerçait sur lui la plus funeste des séductions, c'était de l'entretenir sans relâche de l'objet de ses pensées. Il n'y a pas pour la puissance de flatteur plus dangereux que le courtisan disgracié qui veut recouvrer sa faveur. Le ministre Fouché, ayant perdu en 1802 le portefeuille de la police, pour avoir improuvé l'excellente institution du Consulat à vie, s'était efforcé de regagner son portefeuille perdu en secondant par mille intrigues la funeste institution de l'Empire. M. de Talleyrand jouait en ce moment un rôle pareil. Il avait sensiblement déplu à Napoléon en voulant quitter le portefeuille des affaires étrangères pour la position de grand dignitaire, et il cherchait à lui plaire de nouveau, en le conseillant comme il aimait à l'être. M. de Talleyrand était du voyage de Fontainebleau. Il voyait depuis l'événement de Copenhague la série des guerres reprise et continuée, la France

Octob. 1807.

Opinion et conseils de M. de Talleyrand relativement aux affaires d'Espagne.

lançant la Russie au nord et à l'orient, pour pouvoir se lancer elle-même au midi et à l'occident, la question du Portugal devenue pressante, et, s'il n'avait pas assez de génie pour juger les arrangements qui convenaient le mieux à l'Europe, il avait assez d'entente des passions humaines pour juger que Napoléon était plein de pensées encore vagues, mais absorbantes, relativement à la Péninsule. Cette découverte faite, il avait essayé d'amener l'entretien sur ce sujet, et il avait vu tout à coup la froideur de Napoléon à son égard s'évanouir, la conversation renaître, et sinon la confiance, du moins l'abandon se rétablir. Il en avait profité, et n'avait cessé d'ajouter, au tableau déjà si hideux de la cour d'Espagne, des couleurs dont ce tableau n'avait pas besoin pour offenser les yeux de Napoléon. A propos du Portugal, il avait paru fort d'avis que descendre sur l'Èbre, s'y établir, en compensation de la cession faite à l'Espagne des bords du Tage, était une position d'attente, utile et bonne à prendre. Napoléon n'inclinait pas vers ce projet, et en préférait un autre. Mais M. de Talleyrand n'en était pas moins devenu son plus intime confident, après avoir été accueilli pendant deux mois avec une froideur extrême. On voyait sans cesse Napoléon, dès qu'il revenait de la chasse, ou qu'il quittait le cercle des femmes, on le voyait en tête-à-tête avec M. de Talleyrand, parler longuement, avec feu, quelquefois avec une sombre préoccupation, d'un sujet évidemment grave, qu'on ignorait, qu'on ne s'expliquait même pas, tant l'Empire semblait puissant, prospère et pacifié depuis Tilsit! Napoléon, se promenant dans

FONTAINEBLEAU.   253

les vastes galeries de Fontainebleau, tantôt avec lenteur, tantôt avec une vitesse proportionnée à celle de ses pensées, mettait à la torture le courtisan infirme, qui ne pouvait le suivre qu'en immolant son corps, comme il immolait son âme à flatter les funestes et déplorables entraînements du génie. Un seul homme, privé pour la première fois de la confiance dont il avait joui, l'archichancelier Cambacérès, pénétrait le sujet de ces entretiens, n'osait malheureusement ni les interrompre, ni opposer ses assiduités à celles de M. de Talleyrand; car avec le temps Napoléon, devenu pour lui plus impérieux sans être moins amical, était moins accessible aux conseils de sa timide sagesse. Quelques mots échappés à l'archichancelier Cambacérès avaient suffi pour déceler l'opposition de cet homme d'État clairvoyant à toute nouvelle entreprise, et particulièrement à toute immixtion dans les affaires inextricables de la Péninsule, où des gouvernements corrompus régnaient sur des peuples à demi sauvages, où l'on devait trouver décuplées les difficultés que Joseph rencontrait dans les Calabres. Napoléon avait donc parfaitement discerné l'opinion du prince Cambacérès, et, craignant l'improbation d'un homme sage, lui qui ne craignait pas le monde, il lui témoignait la même amitié, mais plus la même confiance [1].

On venait de voir paraître à Fontainebleau un autre personnage, celui-là obscur, rarement admis

Octob. 1807.

L'archichancelier Cambacérès privé de toute confidence au sujet de l'Espagne.

Intervention de M. Yzquierdo, envoyé secret du prince de la Paix, dans les négociations relatives au Portugal.

---

[1] Je rapporte ici l'assertion du prince Cambacérès lui-même, confirmée par le dire de témoins oculaires, les uns anciens ministres de Napoléon, les autres membres de sa cour, et par de nombreuses correspondances.

à l'honneur de figurer en présence de Napoléon, mais aussi rusé, aussi habile qu'aucun agent secret puisse l'être : c'était M. Yzquierdo, l'homme de confiance du prince de la Paix, et envoyé à Paris, comme nous l'avons dit plus haut, pour traiter sérieusement les affaires que MM. de Masserano et de Frias ne traitaient que pour la forme. Il était non-seulement chargé des intérêts de l'Espagne, mais aussi des intérêts personnels du prince de la Paix, auquel il était fort attaché, en ayant été distingué et apprécié jusqu'à recevoir de lui les plus importantes missions. Il faisait le mieux qu'il pouvait les affaires de son pays, et celles d'Emmanuel Godoy; car, bien que dévoué à ce dernier, il était bon Espagnol. Doué d'une sagacité rare, il avait pressenti que le moment critique approchait pour l'Espagne; car d'une part Napoléon se dégoûtait chaque jour davantage d'une alliée incapable et perfide, et d'autre part, ayant successivement touché à toutes les questions européennes, il était naturellement conduit à celle de la Péninsule, et amené aux affaires du midi, par la conclusion, du moins apparente, de celles du nord. Aussi cet agent subtil et insinuant employait-il tous ses efforts pour être informé de ce qui se passait dans les conseils de l'Empereur. Il avait trouvé un moyen d'y pénétrer par le grand maréchal du palais, Duroc, lequel avait épousé une dame espagnole, fille de M. d'Hervas, autrefois chargé des affaires de finances de la cour de Madrid, et depuis devenu marquis d'Almenara et ambassadeur à Constantinople. M. Yzquierdo avait cultivé cette précieuse relation, et cherchait à travers la droiture et la discrétion du grand maréchal Duroc, soit à découvrir les desseins de Napoléon, soit à lui faire parvenir des paroles utiles. Il n'avait pas manqué, à l'occasion du Portugal, de paraître plus souvent à Fontainebleau, pour tâcher d'obtenir le résultat le plus avantageux à l'Espagne et à son protecteur.

La cour de Madrid, bien qu'elle sentît tous ses désirs se réveiller à l'idée d'une opération sur le Portugal, ne voyait pas néanmoins sans quelque chagrin la maison de Bragance poussée vers le Brésil, car elle-même éprouvait de grandes inquiétudes pour ses colonies d'Amérique depuis que les États-Unis avaient secoué le joug de l'Angleterre. L'établissement d'un État européen et indépendant au Brésil lui faisait craindre une nouvelle commotion qui conduirait le Mexique, le Pérou, les provinces de la Plata, à se constituer également en États libres, et dans les moments où la prévoyance l'emportait chez elle sur l'avidité, elle aurait mieux aimé voir les Bragance rester à Lisbonne, que de voir naître par leur départ des chances d'acquérir le Portugal. Cependant il n'était pas probable que les Bragance, sauvés une première fois en 1802 par l'Espagne, ce qui avait coûté à celle-ci l'île de la Trinité, pussent l'être encore une fois en 1807. Il fallait donc se résigner à ce qu'ils fussent, de gré ou de force, relégués au Brésil. Dans cette situation, la cour de Madrid n'avait pas mieux à faire que de chercher à acquérir le Portugal. Mais elle sentait bien qu'elle avait peu mérité de Napoléon une si riche récompense; elle se doutait qu'il faudrait l'acheter par

Octob. 1807.

Vœux de la cour de Madrid à l'égard du Portugal.

Octob. 1807.

Désir du prince de la Paix d'obtenir pour lui-même, et à titre de principauté souveraine, une portion du Portugal.

Intérêts de la reine d'Étrurie dans le partage à faire du Portugal.

des sacrifices, peut-être même consentir à ce qu'il fût divisé; et pour ce cas M. Yzquierdo avait une mission secondaire, c'était d'obtenir l'une des provinces du Portugal pour son protecteur, le prince de la Paix. Celui-ci voyant de jour en jour se former contre lui, tant à la cour qu'au sein de la nation, un orage redoutable, voulait, s'il était précipité du faîte des grandeurs, ne pas tomber dans le néant, mais dans une principauté indépendante et solidement garantie. La reine souhaitait avec ardeur pour son favori ce beau refuge. Le bon Charles IV le croyait dû aux grands services de l'homme qui, disait-il, l'aidait depuis vingt ans à porter le poids de la couronne. En conséquence M. Yzquierdo avait reçu de ses souverains, autant que du prince de la Paix lui-même, la recommandation expresse de poursuivre ce résultat, dans le cas toutefois où le Portugal ne serait pas intégralement donné à l'Espagne. Il y avait une autre ambition à satisfaire encore en cas de partage du Portugal, c'était celle de la reine d'Étrurie, fille chérie du roi et de la reine d'Espagne, veuve du prince de Parme, mère d'un roi de cinq ans, et régente du royaume d'Étrurie, institué il y avait quelques années par le Premier Consul. On se doutait bien que Napoléon ne laisserait pas plus à l'Espagne qu'à l'Autriche des possessions en Italie, et, dans cette prévision, l'on demandait pour la reine d'Étrurie une partie du Portugal. Le Portugal, divisé alors en deux principautés vassales de la couronne d'Espagne, serait devenu en réalité une province espagnole. De plus la cour de Madrid, dans sa fainéantise, dans son abaissement, nourrissait un désir ambitieux, c'était d'acquérir un titre qui couvrît ses misères présentes, et elle souhaitait que Charles IV s'appelât ROI DES ESPAGNES ET EMPEREUR DES AMÉRIQUES. Chacun ainsi dans cette cour avilie eût été satisfait. Le favori aurait eu une principauté pour y abriter ses turpitudes; la reine aurait eu le plaisir de pourvoir son favori et avec lui sa fille préférée; le roi enfin aurait en passant recueilli un titre pour l'amusement de son imbécile vanité.

Octob. 1807.

Telles étaient les idées que M. Yzquierdo avait mission de faire agréer à Fontainebleau. De tous les projets possibles, le dernier était celui qui s'éloignait le moins des vues de Napoléon. Il ne voulait d'abord, comme nous l'avons dit, d'aucun arrangement qui pût devenir définitif. Il n'entendait pas donner purement et simplement le Portugal à la cour de Madrid, don qu'elle n'avait pas mérité, et qui l'aurait relevée aux yeux des Espagnols. Il avait renoncé à l'idée, préconisée par M. de Talleyrand, de prendre pied au delà des Pyrénées par l'acquisition des provinces de l'Èbre. Dès lors il devait préférer, sauf à le modifier, le projet de morcellement qu'avait apporté M. Yzquierdo, et qui avait pour le moment les seuls avantages auxquels il aspirât. D'abord Napoléon était résolu à purger l'Italie de tous princes étrangers, et après en avoir expulsé les Autrichiens il tenait à en écarter aussi les Espagnols, non pas comme dangereux, mais comme incommodes. On avait donc bien deviné sa véritable pensée, en supposant qu'il chercherait à recouvrer l'Étrurie, au moyen d'un échange contre une portion du Portu-

Opinion de Napoléon sur les divers projets proposés pour le Portugal.

Octob. 1807.

Traité de Fontainebleau résolu le 23 octobre et signé le 27.

gal. Ensuite, bien que rempli de mépris pour le favori qui avilissait et perdait l'Espagne, il tenait à se l'attacher quelque temps encore, afin de l'avoir à sa disposition dans les différentes éventualités qu'il prévoyait, ou qu'il voulait faire naître. Mais il trouvait que c'était trop que de donner à la reine d'Étrurie une moitié du Portugal pour prix de la Toscane, et au favori l'autre moitié pour prix de son dévouement. En conséquence, prenant peu de peine pour persuader des gens auxquels il n'avait qu'à signifier ses volontés, il dicta à M. de Champagny, le 23 octobre au matin, une note contenant ses résolutions définitives[1]. Il accordait à la reine d'Étrurie pour son fils un État de 800 mille âmes de population, situé sur le Douro, ayant Oporto pour capitale, et devant porter le titre de royaume de LA LUSITANIE SEPTENTRIONALE. A l'autre extrémité du Portugal, dans la partie méridionale, il accordait au prince de la Paix un État de 400 mille âmes de population, composé des Algarves et de l'Alentejo, sous le titre de PRINCIPAUTÉ DES ALGARVES. Ces deux petits États réunis représentaient la population de la Toscane, alors évaluée à 1,200 mille âmes. Napoléon n'était pas assez content de l'Espagne pour lui rendre plus qu'il ne lui ôtait. Il se réservait le milieu du Portugal, c'est-à-dire Lisbonne, le Tage, le haut Douro, portant les noms d'*Estramadure portugaise*, de *Beyra*, de *Tras-os-Montes*, et comprenant une population de 2 millions d'habitants, pour en dis-

[1] C'est d'après cette note elle-même, et les propres instructions envoyées de Madrid à M. Yzquierdo, les unes et les autres conservées au Louvre dans les papiers de Napoléon, que j'écris ce récit.

poser à la paix. Cet arrangement tout provisoire lui convenait à merveille, car il laissait toutes choses en suspens, et il offrait ou le moyen de recouvrer plus tard les colonies espagnoles en rendant les deux tiers du Portugal à la maison de Bragance, ou le moyen de faire avec la maison d'Espagne tel partage de territoire qu'on voudrait, si on se décidait à la laisser régner en se l'attachant par les liens d'un mariage. Dans tous les cas, il était convenu que les nouvelles principautés portugaises seraient constituées en souverainetés vassales de la couronne d'Espagne, et que le pauvre roi Charles IV s'appellerait, suivant ses désirs, ROI DES ESPAGNES ET EMPEREUR DES AMÉRIQUES, et porterait comme Napoléon le double titre de MAJESTÉ IMPÉRIALE ET ROYALE.

Outre ces conditions, Napoléon exigeait que l'Espagne joignît aux troupes françaises une division de 10 mille Espagnols pour envahir la province d'Oporto, une de 10 à 14 mille pour seconder le mouvement des Français sur Lisbonne, et une de 6 mille pour occuper les Algarves. Il était entendu que le général Junot commanderait les troupes françaises et alliées, à moins que le prince de la Paix ou le roi Charles IV ne se rendissent à l'armée; ce qu'ils avaient promis de ne pas faire, car Napoléon n'aurait jamais voulu confier à de tels généraux le sort d'un seul de ses soldats. En disposant ainsi du Portugal, Napoléon recouvrait tout de suite l'Étrurie, ce dont il était pressé pour ses arrangements d'Italie, jetait un grossier appât à l'ambition du prince de la Paix, ajournait toute résolution à l'égard de la Péninsule, et ne décidait même pas sans

Octob. 1807.

retour la question de l'établissement des Bragance en Amérique.

Le traité qui contenait ce partage provisoire du Portugal fut rédigé conformément à la note que Napoléon avait dictée à M. de Champagny, et signé par M. Yzquierdo pour l'Espagne, par le grand maréchal Duroc pour la France. Il fut signé à Fontainebleau même, le 27 octobre, et il a acquis sous le titre de TRAITÉ DE FONTAINEBLEAU une malheureuse célébrité, parce qu'il a été le premier acte de l'invasion de la Péninsule.

Ordre au général Junot de marcher sur Lisbonne.

A peine les signatures étaient-elles données que l'ordre fut expédié au général Junot, dont les troupes entrées le 17 en Espagne se trouvaient déjà rendues à Salamanque, de se porter sur le Tage par Alcantara, d'en suivre la rive droite, tandis que le général Solano, marquis del Socorro, avec 10 mille Espagnols, en suivrait la rive gauche. Il fut expressément recommandé au général Junot d'envoyer à Paris tous les émissaires portugais qui viendraient à sa rencontre, en disant qu'il n'avait aucun pouvoir pour traiter, que ses instructions étaient de marcher à Lisbonne, en ami si on ne lui résistait pas, en conquérant si on lui opposait une résistance quelconque.

M. de Talleyrand chargé de suppléer dans ses fonctions l'archichancelier d'État.

M. de Talleyrand, pour avoir prêté l'oreille à tous les épanchements de Napoléon sur l'Espagne, obtint ce qu'il désirait, c'est-à-dire une sorte de suprématie sur le département des affaires étrangères. Napoléon, irrité d'abord de le voir abandonner le portefeuille des affaires étrangères pour la dignité purement honorifique de vice-grand-électeur, lui avait signifié qu'il n'aurait plus aucune part à la diplomatie de l'Empire. Mais, vaincu par l'adresse de M. de Talleyrand, il décréta que le vice-grand-électeur remplacerait dans leurs fonctions, non-seulement le grand-électeur lui-même, absent parce qu'il régnait à Naples, mais l'archichancelier d'État, absent aussi parce qu'il régnait à Milan. On se souvient sans doute que l'archichancelier d'État avait pour attribution spéciale la présentation des ambassadeurs, la garde des traités, en un mot la partie honorifique de la diplomatie impériale. M. de Talleyrand, joignant ainsi au rôle d'apparat qui lui était attribué par décret le rôle sérieux qu'il tenait de la confiance de l'Empereur, se trouvait à la fois dignitaire et ministre, ce qu'il avait toujours ambitionné, et ce que Napoléon avait déclaré ne jamais vouloir. L'archichancelier Cambacérès en fit la remarque à Napoléon, qui fut légèrement embarrassé, et promit que le décret ne serait point signé. Mais l'archichancelier Cambacérès partait alors pour revoir sa ville natale, celle de Montpellier, qu'il n'avait pas visitée depuis long-temps; et à peine était-il parti que le décret, si désiré par M. de Talleyrand, fut signé et publié comme acte officiel [1]. Ainsi en cet instant décisif et funeste, la sagesse s'éloignait, et la cou-

[1] Ce qui paraîtra singulier, et ce qui est bien digne de remarque, c'est que l'archichancelier Cambacérès, dans ses précieux mémoires manuscrits, raconte que Napoléon adhéra à son conseil, et que M. de Talleyrand n'obtint pas ce qu'il souhaitait. C'est une erreur de ce grave personnage, car la correspondance de Napoléon et le *Moniteur* (n° 311 de 1807, date du 7 novembre) prouvent que le décret fut signé. Mais Napoléon, pour échapper sans doute à l'embarras de s'en expliquer, n'en parla probablement plus à l'archichancelier, qui put croire que le décret n'existait pas.

plaisance restait, complaisance plus dangereuse chez M. de Talleyrand que chez aucun autre, car elle prenait chez lui toutes les formes du bon sens.

Le projet de Napoléon était de partir pour l'Italie, tout de suite après avoir reçu M. de Tolstoy, car depuis 1805 il n'avait pas revu ce pays de sa prédilection. Il voulait lui apporter le bienfait de sa présence vivifiante, embrasser son fils adoptif Eugène de Beauharnais, son frère aîné Joseph, et entretenir Lucien lui-même, qu'il espérait faire rentrer dans le sein de la famille impériale, peut-être même placer sur un trône. Mais tout à coup, au moment de partir, les nouvelles venues de Madrid l'arrêtèrent, et l'obligèrent à suspendre son départ [1]. Ces nouvelles, qui depuis quelque temps commençaient à prendre un caractère grave, étaient de la nature la plus étrange et la plus inattendue. Elles annonçaient que le 27 octobre, jour même où se signait en France le traité de Fontainebleau, le prince des Asturies avait été arrêté à l'Escurial, et constitué prisonnier dans ses appartements; que ses papiers avaient été saisis, qu'on y avait trouvé les preuves d'une conspiration contre le trône, et qu'un procès criminel allait lui être intenté. Immédiatement après, une lettre du 29, signée de Charles IV lui-même, apprenait à Napoléon que son fils aîné, séduit par des scélérats, avait formé le double projet d'attenter à la vie de sa mère et à la couronne de son père. L'infortuné roi ajoutait qu'un tel attentat devait être puni, qu'on était occupé à en re-

---

[1] La correspondance de Napoléon prouve ce fait de la manière la plus authentique.

chercher les instigateurs; mais que le prince, auteur ou complice de projets si abominables, ne pouvait être admis à régner; qu'un de ses frères, plus digne du rang suprême, le remplacerait dans le cœur paternel et sur le trône.

Poursuivre criminellement l'héritier de la couronne, changer l'ordre de successibilité au trône, étaient des résolutions d'une immense gravité, qui devaient émouvoir Napoléon, déjà fort occupé des affaires d'Espagne, et qui ne lui permettaient plus de s'éloigner. L'appel qu'on faisait à son amitié, presque à ses conseils, en lui annonçant ce malheur de famille; malheur bien affreux s'il était vrai, bien déshonorant s'il n'était qu'une calomnie d'une mère dénaturée, accueillie par un père imbécile, l'obligeait à s'enquérir exactement des faits, et presque à intervenir pour en dominer les conséquences. De plus, à la même époque, arrivaient des lettres du prince des Asturies, qui implorait la protection de Napoléon contre d'implacables ennemis, et demandait à devenir non-seulement son protégé, mais son parent, son fils adoptif, en obtenant la main d'une princesse française[1]. Ainsi ces malheureux Bourbons, le père comme le fils, appelaient eux-mêmes, forçaient presque à se mêler de leurs affaires, le conquérant redoutable, déjà si dégoûté de leur in-

---

[1] La lettre fort connue dans laquelle Ferdinand demandait à Napoléon sa protection et la main d'une princesse de sa famille, est du 11 octobre. Mais, par des raisons que nous dirons ailleurs, elle ne fut expédiée par M. de Beauharnais que dans une dépêche du 20, partit le 20 ou le 21 de Madrid, et ne put arriver que le 28 à Paris, peut-être le 29 à Fontainebleau. Les courriers de Madrid mettaient alors sept ou huit jours pour se rendre à Paris.

Octob. 1807.

capacité, et trop disposé à les chasser d'un trône où ils étaient non-seulement inutiles, mais dangereux à la cause commune de la France et de l'Espagne.

État de la cour d'Espagne en 1807.

On ne s'expliquerait pas ces circonstances étranges, si on ne revenait en arrière pour prendre connaissance de ce qui se passait depuis une année à la cour d'Espagne. On a vu ailleurs (tome IV) le tableau de cette cour dégénérée, dominée par un insolent favori, qui était parvenu à usurper en quelque sorte l'autorité royale, grâce à la passion qu'il avait inspirée vingt ans auparavant à une reine sans pudeur. S'il était en Europe un lieu fait pour présenter, dans tout ce qu'il a de plus hideux, le spectacle de la corruption des cours, c'était assurément l'Espagne. Derrière les Pyrénées, entre trois mers, presque sans communication avec l'Europe, à l'abri de ses armées et de ses idées, au milieu d'une opulence héréditaire, qui avait sa source dans les trésors du Nouveau-Monde, et qui entretenait la paresse de la nation comme celle de ses princes; sous un climat ardent qui excite les sens plus que l'esprit, une vieille cour pouvait bien en effet s'endormir, s'amollir et dégénérer, entre un clergé intolérant pour l'hérésie mais tolérant pour le vice, et une nation habituée à considérer la royauté, quoi qu'elle fît, comme aussi sacrée que la divinité elle-même. Vers la fin du dernier siècle, un prince sage, éclairé, laborieux, et un ministre digne de lui, Charles III et M. de Florida-Blanca, avaient essayé d'arrêter la décadence générale, mais n'avaient fait que suspendre un moment le triste cours des choses. Sous le règne suivant l'Espagne était descendue au dernier degré de l'abaissement, bien que les belles qualités de la nation ne fussent qu'engourdies. Le roi Charles IV, toujours droit, bien intentionné, mais incapable de tout autre travail que celui de la chasse, regardant comme un bienfait du ciel que quelqu'un se chargeât de régner pour lui; son épouse, toujours dissolue comme une princesse romaine du Bas-Empire, toujours soumise à l'ancien garde du corps devenu prince de la Paix, et lui gardant son cœur tandis qu'elle donnait sa personne à de vulgaires amants que lui-même choisissait; le prince de la Paix toujours vain, léger, paresseux, ignorant, fourbe et lâche, manquant d'un seul vice, la cruauté, toujours dominant son maître en prenant la peine de concevoir pour lui les molles et capricieuses résolutions qui suffisaient à la marche d'un gouvernement avili; le roi, la reine, le prince de la Paix, avaient conduit l'Espagne à un état difficile à peindre. Plus de finances, plus de marine, plus d'armée, plus de politique, plus d'autorité sur des colonies prêtes à se révolter, plus de respect de la part d'une nation indignée, plus de relations avec l'Europe qui dédaignait une cour lâche, perfide et sans volonté; plus même d'appui en France, car Napoléon avait été amené par le mépris à croire tout permis envers une puissance arrivée à cet état d'abjection : telle était l'Espagne en octobre 1807.

Octob. 1807.

Le premier intérêt de la monarchie espagnole, depuis qu'enfermée entre les Pyrénées et les mers qui l'enveloppent, elle n'a plus à s'inquiéter ni des Pays-

Décadence de la marine et des colonies espagnoles.

Bas ni de l'Italie, le premier intérêt c'est la marine, qui comprenait alors l'administration de ses colonies et celle de ses arsenaux. Ses colonies ne contenaient ni soldats, ni fusils pour armer les colons à défaut de soldats. Ses capitaines généraux étaient pour la plupart des officiers si timides et si incapables, que le gouverneur des provinces de la Plata avait livré sans combat Buenos-Ayres aux Anglais, et qu'il avait fallu qu'un Français, M. de Liniers, à la tête de cinq cents hommes, entreprît lui-même de chasser les envahisseurs, ce qu'il avait fait avec un succès complet. Les Espagnols, indignés, avaient déposé le capitaine général, et voulaient nommer à sa place M. de Liniers, qui n'avait accepté que le titre provisoire de commandant militaire. La chaîne des Cordillières épuisait en vain de métaux ses riches flancs : l'or et l'argent arrachés de ses entrailles gisaient inutiles dans les caves des capitaineries générales. Il n'y avait pas un vaisseau espagnol qui osât les aller chercher. Le gouverneur des Philippines, par exemple, manquant de munitions, de vivres, d'argent pour en acheter, avait été obligé de s'adresser au brave capitaine Bourayne, commandant la frégate française *la Canonnière*, dont nous avons raconté précédemment les beaux combats, pour lui procurer des piastres. Le capitaine Bourayne en avait apporté pour 12 millions après avoir fait le trajet des Philippines au Mexique, et traversé deux fois la moitié du globe. Pour avoir à Madrid quelque peu de ce précieux numéraire américain, il fallait que le gouvernement espagnol en vendît des sommes considérables aux États-Unis, à la Hollande, quelquefois même à l'Angleterre, qui, en ayant indispensablement besoin pour elle-même, consentait à se charger du transport en Europe, et à donner une moitié de la valeur à l'ennemi afin d'avoir l'autre moitié.

Quant à la marine elle-même, voici quel était son état. Composée de 76 vaisseaux et 54 frégates sous Charles III, elle était sous Charles IV de 33 vaisseaux et 20 frégates. Sur ces 33 vaisseaux, il y en avait 8 à détruire immédiatement, comme ne valant pas le radoub. Restaient 25, dont 5 vaisseaux à trois ponts, bien construits et fort beaux ; 11 vaisseaux de soixante-quatorze, médiocres ou mauvais ; 9 vaisseaux de cinquante-quatre et de soixante-quatre, la plupart anciens et d'un échantillon trop faible depuis les nouvelles dimensions adoptées dans la construction navale. Les 20 frégates se divisaient en 10 armées ou propres à l'être, 10 mauvaises ou à radouber. Dans tout ce matériel naval, il n'y avait que 6 vaisseaux prêts à faire voile, ayant des vivres pour trois mois à peine, des équipages incomplets, et leur carène sale au point de ne pouvoir naviguer. C'étaient les 6 vaisseaux de Carthagène, armés et équipés depuis trois ans, et n'ayant jamais levé l'ancre que pour paraître à l'embouchure du port, et rentrer immédiatement. Il ne se trouvait pas un vaisseau capable de prendre la mer ni à Cadix ni au Ferrol. A Cadix il y avait à la vérité six vaisseaux armés, mais privés de vivres et d'équipages. Les matelots ne manquaient pas ; mais, n'ayant pas de quoi les payer, on n'osait pas les lever, et on les laissait sans emploi dans les ports. Le petit nombre

Octob. 1807.

Nombre et état des vaisseaux composant la marine espagnole sous Charles III et Charles IV.

de ceux qu'on avait levés, au lieu d'être à bord de l'escadre, étaient employés sur des chaloupes canonnières entre Algésiras et Cadix pour protéger le cabotage. Ainsi toute la marine espagnole, en état d'activité, se réduisait à 6 vaisseaux armés et équipés à Carthagène (ceux-ci sans une seule frégate), et à 6 armés à Cadix, mais non équipés. Sur 20 frégates il n'y en avait que 4 armées, et 6 capables de l'être. L'avenir était aussi triste que le présent, car dans toute l'Espagne il n'existait que deux vaisseaux en construction, et placés depuis si long-temps sur chantier, qu'on ne les croyait pas susceptibles d'achèvement.

Les bois, les fers, les cuivres, les chanvres manquaient au Ferrol, à Cadix, à Carthagène. Ces magnifiques arsenaux, construits sous plusieurs règnes, et dignes de la grandeur espagnole par leur étendue autant que par leur appropriation à tous les besoins d'une puissante marine, tombaient en ruines. Les ports s'envasaient. La superbe darse de Carthagène se remplissait de sable et d'immondices. Les nombreux canaux qui mettent le port de Cadix en communication avec les riches plaines de l'Andalousie, se comblaient de vase et de débris de bâtiments. Il y avait de submergé dans ces canaux un vaisseau, *le Saint-Gabriel*, deux frégates, une corvette, trois grandes gabares, deux transports, et quantité d'embarcations. L'un des deux magasins de l'arsenal de Cadix, détruit depuis neuf ans par les flammes, n'avait pas été reconstruit. Les bassins destinés à mettre les vaisseaux à sec se perdaient par les infiltrations. Sur deux bassins à Carthagène, construits depuis cinquante ans, et restés sans réparations, l'un des deux, pour être tenu à sec, avait eu besoin qu'on brûlât le bois de plusieurs vaisseaux pour le service de la machine à épuisement. Encore *le Saint-Pierre d'Alcantara*, qu'on y réparait, avait-il failli être submergé. Les corderies de Cadix et de Carthagène étaient les plus belles de l'Europe ; mais on n'avait pas même quelques quintaux de chanvre pour les occuper. Cependant Séville, Grenade, Valence demandaient avec instance qu'on leur achetât leurs chanvres demeurés sans débit. Les hêtres et les chênes de la Vieille-Castille, de la Biscaye, des Asturies, destinés au Ferrol ; les chênes de la Sierra de Ronda, destinés à Cadix ; les beaux pins de l'Andalousie, de Murcie, de la Catalogne, destinés à Carthagène et Cadix, abattus sur le sol, y pourrissaient faute de transports pour les amener vers les chantiers où ils devaient être employés. Les matières manquaient non-seulement parce qu'on n'en achetait pas, mais parce qu'on les vendait. Sous prétexte de se débarrasser des objets de rebut, l'administration du port de Carthagène, pour se procurer de l'argent, et payer quelques appointements, avait vendu les matières les plus précieuses, surtout des métaux. La régie de Carthagène, chargée d'approvisionner l'escadre, ne trouvait pas de vivres, parce qu'elle était arriérée de 13 millions de réaux avec les fournisseurs. Les ouvriers désertaient, non par trahison, mais par besoin. Sur 3 mille ouvriers, il en restait à peine 700 à Carthagène. Les uns étaient morts de l'épidémie qui avait désolé les côtes d'Espagne quelques années auparavant, les autres avaient fui à Gibraltar, et allaient manger le pain de l'Angleterre en la servant. Ceux de Cadix se voyaient par les mêmes causes considérablement diminués en nombre. On leur devait en 1807 neuf mois de paye, et ils étaient réduits à tendre la main. Les matelots étaient de même dispersés à l'intérieur ou à l'étranger. Il y en avait à qui il était dû vingt-sept mois de solde. Le peu de ressources dont on pouvait disposer servait à appointer un état-major qui eût suffi à plusieurs grandes marines. On comptait dans cet état-major un grand amiral, 2 amiraux, 29 vice-amiraux, 63 officiers répondant au grade de contre-amiral, 80 capitaines de vaisseau, 134 capitaines de frégate, plus 12 intendants, 6 trésoriers, 44 commissaires-ordonnateurs, 74 commissaires de marine, tout cela pour une puissance maritime réduite à 33 vaisseaux et 20 frégates, sur lesquels 6 vaisseaux et 4 frégates seulement armés et équipés! Voilà où en était arrivée la marine de l'une des nations du globe les plus naturellement destinées à la mer, d'une nation insulaire presque autant que les Anglais, ayant de plus beaux ports que les leurs, tels que le Ferrol, Cadix, Carthagène; des bois que les Anglais n'ont pas, tels que les chênes de la Vieille-Castille, de Léon, de la Biscaye, des Asturies, de la Ronda; les pins de l'Andalousie, de Murcie, de Valence, de la Catalogne; des matières de tout genre, telles que les fers des Pyrénées, les cuivres du Mexique et du Pérou, les chanvres de Valence, Grenade, Séville; enfin des ouvriers habiles et nombreux, des matelots braves, des officiers capables, comme Gravina, de mourir en héros! Tous ces faits que nous venons de rapporter, on les connaissait à peine à Madrid[1]. Quand on demandait à l'administration espagnole combien il existait de vaisseaux, ou construits, ou armés, ou équipés, elle ne pouvait le dire. Quand on lui demandait à quelle époque telle division serait prête à lever l'ancre, elle était encore plus embarrassée de répondre. Tout ce que le gouvernement savait, c'est que la marine était négligée. Il le savait, et le voulait même. La marine lui paraissait un intérêt secondaire, secondaire pour une nation qui avait à défendre les Florides, le Mexique, le Pérou, la Colombie, la Plata, les Philippines! L'entreprise de lutter contre l'Angleterre lui paraissait une chimère, une chimère quand la France et l'Espagne coalisées avaient des ports tels que Copenhague, le Texel, Anvers, Flessingue, Cherbourg, Brest, Rochefort, le Ferrol, Lisbonne, Cadix, Carthagène, Toulon,

---

[1] Le gouvernement espagnol ne savait rien, en effet, ou presque rien des détails que nous rapportons sur l'état de la marine, et de ceux que nous allons rapporter sur l'armée et sur les finances. Napoléon en connaissait la plus grande partie par ses agents, qui étaient fort nombreux, et fort stimulés par son incessante curiosité. Mais leurs rapports n'étaient pas la seule source de ses informations. Lorsque, quelques mois plus tard, il entra en Espagne, les faits relatifs à la marine furent entièrement connus, grâce à une inspection ordonnée dans les ports, et à un travail précieux de M. Muñoz, le plus habile ingénieur de la marine espagnole. Un semblable travail sur l'armée fut ordonné à M. O'Farill, et sur les finances à M. d'Azanza. Ce travail, exécuté avant l'insurrection générale de l'Espagne, eut pour éléments, quant à l'armée, des inspections générales; quant aux finances, les papiers de la caisse de consolidation. Le tout fut envoyé avec les pièces probantes à Napoléon, qui pendant plusieurs mois gouverna l'Espagne de son palais de Bayonne. Là, tout s'éclaircit, et on sut exactement ce qu'on soupçonnait d'ailleurs, l'état déplorable de l'administration espagnole. C'est dans le recueil volumineux et très-curieux de ces papiers, réunis au Louvre avec les pa-

Gênes, Tarente, Venise, et en pouvaient faire sortir 120 vaisseaux de ligne! Le gouvernement, c'est-à-dire le prince de la Paix, avait quelquefois l'indignité de déverser lui-même la raillerie sur la marine espagnole; il avait des moqueries au lieu de larmes pour Trafalgar! C'est qu'au fond il détestait la France, cette alliée importune, qui lui reprochait sans cesse sa criminelle inertie; et il préférait l'Angleterre, qui lui faisait espérer, s'il trahissait la cause des nations maritimes, le repos si commode à sa lâcheté. Aussi, tandis qu'il affectait de mépriser la marine, moyen de lutter contre l'Angleterre, il témoignait une grande estime pour l'armée de terre, moyen de résister aux conseils de la France. Le prince de la Paix parlait volontiers de ses grenadiers, de ses dragons, de ses hussards! Voici pourtant où en était cette armée, objet de sa prédilection:

piers de Napoléon, que sont puisés les renseignements authentiques que je donne ici sur les affaires administratives de l'Espagne. J'ai fait de tous ces états une soigneuse confrontation, qui ne me permet pas de concevoir un seul doute sur leur exactitude. MM. Muñoz, O'Farrill, d'Azanza, n'écrivant ni pour le public, ni pour une assemblée, ne soutenant de polémique avec personne, faisant connaître purement et simplement les ressources dont on pouvait disposer, étaient forcés de dire la vérité, qu'ils n'avaient aucun intérêt à cacher, et l'appuyaient au surplus de documents irréfragables, tels que des inspections de la veille, ou des registres et des états de caisse. Du reste, à peu de chose près, leurs renseignements concordèrent avec ce que les agents de Napoléon lui avaient antérieurement appris. L'étude de tous ces documents m'a donc permis de tracer un tableau complet de l'état de la monarchie espagnole, qui ne pourrait pas être tracé aujourd'hui en Espagne; car les documents ont passé en France au moment de l'invasion, et y sont restés depuis. J'ai cru ce tableau utile, nécessaire même à l'intelligence des événements; et c'est pour cela que je me suis donné la peine de le composer, et que je donne à mes lecteurs celle de le lire.

L'armée espagnole se composait d'environ 58 mille hommes d'infanterie et d'artillerie, de 15 à 16 mille hommes de cavalerie, de 6 mille gardes royaux, de 14 mille Suisses, 2 mille Irlandais, et enfin de 28 mille soldats de milices provinciales, en tout 120 mille hommes à peu près, pouvant fournir 50 à 60 mille combattants au plus. L'infanterie était faible, chétive, et recrutée en partie dans le rebut de la population. La cavalerie, formée avec des sujets mieux choisis, n'était montée qu'en très-petite partie, la belle race des chevaux espagnols, si ardents et si doux, tombant chaque jour en décadence. Les gardes royaux, espagnols et wallons, présentaient la seule troupe vraiment imposante. Les milices, composées de paysans qui n'étaient pas exercés, qui ne pouvaient pas être déplacés, n'étaient presque d'aucun usage. Les auxiliaires suisses étaient comme partout, une troupe de métier, fidèle et solide. Aussi, après avoir défalqué les 14 mille hommes envoyés dans le nord de l'Allemagne, il ne restait pas plus de 15 à 16 mille hommes à diriger vers le Portugal, sur les 26 mille promis par le traité de Fontainebleau. Les présides d'Afrique, notamment Ceuta, ce redoutable vis-à-vis de Gibraltar, dont la prise par les Anglais ou les Maures aurait fini par rendre impossible le passage de la Méditerranée dans l'Océan, ne contenaient ni garnisons ni vivres. A Ceuta, au lieu de 6 mille hommes de garnison, prescrits par les règlements et l'usage, il y en avait 3 mille. Au fameux camp de Saint-Roch, devant Gibraltar, on comptait tout au plus 8 à 9 mille hommes. Le reste de l'armée espagnole, ré-

Octob. 1807.

État de l'armée espagnole en 1807.

Octob. 1807.

pandu dans les provinces, y était employé à faire le service de la police, attendu qu'il n'existait pas alors de gendarmerie en Espagne. La réunion d'une armée quelconque eût été impossible, car les 14 mille hommes envoyés en Allemagne, les 16 mille acheminés vers le Portugal, absorbaient presque entièrement la portion disponible des troupes régulières. Du reste tout ce personnel de guerre, mal vêtu, mal nourri, rarement payé, dépourvu d'émulation, d'esprit militaire, d'instruction, était un corps sans âme. Là comme dans la marine l'état-major dévorait presque toutes les ressources. Il comptait un généralissime, 5 capitaines généraux répondant au grade de maréchal, 87 lieutenants généraux, 127 maréchaux de camp, 252 brigadiers (grade intermédiaire entre celui de maréchal de camp et celui de colonel) et un nombre inconnu de colonels, car il y en avait dont le titre était réel, d'autres provisoire, ou honorifique, et, compris les uns et les autres, on ne parlait pas de moins de deux mille. Voilà ce qui restait de ces redoutables bandes qui avaient fait trembler l'Europe aux quinzième et seizième siècles! Voilà aussi à quoi servait la prédilection marquée du prince de la Paix pour l'armée!

Détresse des finances espagnoles.

Quant aux finances, qui avec les forces de terre et de mer forment le complément de la puissance d'un État, elles répondaient à la situation de ces forces, et servaient à l'expliquer. On devait à la Hollande, à la Banque, au public, aux grandes fermes, en emprunts à échéances fixes et annuelles 114 millions, en arriérés de solde et d'appointements 144 millions, en vales royaux (papier-monnaie, qui perdait 50 pour cent) 1 milliard 33 millions, ce qui présentait une dette exigible de 1,258 millions, partie échéant prochainement, partie tout de suite, et pouvant être qualifiée de *criarde*; car pour un gouvernement, 110 millions d'arriérés de solde et d'appointements, 32 millions dus aux grandes fermes, 8 millions promis mois par mois à la France et non payés, 7 millions d'intérêts annuels dus à la Hollande, 7 millions d'intérêts de valès non servis, pouvaient bien s'appeler des dettes *criardes*. Les dépenses et les revenus se composaient comme il suit : 126 millions de revenus, et 159 millions de dépenses, offrant par conséquent un déficit annuel de 33 millions, c'est-à-dire du cinquième des besoins. Les impôts étaient fort mal assis. Les douanes, les tabacs, les salines, les octrois supportaient les principales charges. La terre, grâce à ses propriétaires, nobles ou prêtres pour la plupart, ne payait que la dîme au profit du clergé. Avec un tel système d'impôt on n'aurait obtenu que cent millions de produits, si l'Amérique n'avait fourni un supplément de 25 ou 26 millions. L'Espagne contribuait pour des sommes beaucoup plus considérables, mais qui restaient en grande partie dans les mains des collecteurs du revenu public. L'industrie, depuis longtemps détruite, ne produisait plus ni belles soieries, ni belles draperies, malgré les mûriers de l'Andalousie et les magnifiques troupeaux de la race espagnole. Quelques fabriques de toiles de coton, en Catalogne, étaient plutôt un prétexte pour la contrebande qu'une industrie réelle, car alors comme aujourd'hui, elles servaient à attribuer mensongèrement une origine espagnole aux cotonnades anglaises. Le commerce était ruiné, car il se trouvait réduit à quelques échanges clandestins de piastres, dont la sortie était défendue, contre des marchandises anglaises, dont l'entrée était défendue également, et à l'importation (celle-ci permise) de certains produits du luxe français. L'approvisionnement des colonies et de la marine, qui seul depuis long-temps entretenait encore un reste d'activité dans les ports de l'Espagne, était devenu nul par la guerre. La contrebande anglaise dans l'Amérique du sud, rendue plus facile depuis la conquête de la Trinité, y suffisait. L'agriculture, arriérée dans ses procédés, difficilement modifiable par les nouvelles méthodes, à cause de la chaleur du climat, et d'un manque d'eau presque absolu, ravagée en outre par la *mesta*, c'est-à-dire par la migration annuelle de sept à huit millions de moutons du nord au midi de la Péninsule, présentait depuis des siècles un état stationnaire. Ainsi le peuple était pauvre, la bourgeoisie ruinée, la noblesse obérée, et le clergé lui-même, quoique richement doté, et plus nombreux à lui seul que l'armée et la marine, souffrait aussi de la vente du septième de ses biens, demandée et obtenue en cour de Rome, à cause de la détresse publique. Mais sous cette misère générale, il y avait une nation forte, orgueilleuse, aussi fière du souvenir de sa grandeur passée que si cette grandeur existait encore; ayant perdu l'habitude des combats, mais capable du plus courageux dévouement; ignorante, fanatique, haïssant les autres nations; sachant néanmoins que de l'autre côté des Pyrénées il s'était opéré d'utiles réformes, accompli de grandes choses; appelant et craignant tout à la fois les lumières de l'étranger; pleine en un mot de contradictions, de travers, de nobles et attachantes qualités, et dans le moment ennuyée au plus haut point de son oisiveté séculaire, désolée de ses humiliations, indignée des spectacles auxquels elle assistait !

C'est en présence d'une nation si près de perdre patience que l'inepte favori, dominateur de la paresse de son souverain, des vices de sa souveraine, poursuivait le cours de ses turpitudes. Tandis qu'on manquait de numéraire, dans un pays qui possédait le Mexique et le Pérou, et qu'on y suppléait avec un papier-monnaie discrédité, Emmanuel Godoy, par un vague pressentiment, accumulait chez lui des sommes en or et en argent, que la libre disposition de toutes les ressources du trésor lui permettait d'amasser, et que le bruit public exagérait follement, car on parlait de plusieurs centaines de millions entassés dans son palais. Ainsi, tandis qu'on se sentait misérable, on croyait toute la richesse nationale réunie chez Emmanuel Godoy. Au scandale public de ses relations adultères avec la reine, se joignaient de bien autres scandales encore. Après avoir épousé dona Maria-Luisa de Bourbon, infante d'Espagne, propre nièce de Charles III, cousine-germaine de Charles IV, sœur du cardinal de Bourbon, qu'il avait choisie pour se rapprocher du trône, et qu'il négligeait par dégoût de ses modestes vertus, il était publiquement attaché, par mariage suivant les uns, par une longue habitude suivant les autres, à une demoiselle, nommée Josefa Tudo, dont il avait

Octob. 1807.

Fortune et conduite privée du prince de la Paix.

plusieurs enfants. Il avait voulu donner à cette liaison une sorte de consécration, en faisant nommer mademoiselle Josefa Tudo comtesse de Castillo-Fiel (Château-Fidèle), et en ajoutant à ce titre une grandesse pour l'aîné de ses enfants. Il la comblait de richesses, l'entourait d'une sorte de puissance; car c'était auprès d'elle qu'on allait le voir, quand on désirait l'entretenir en liberté; c'était chez elle que les agents de la diplomatie européenne allaient chercher leurs informations; c'était de ses propos que les ambassadeurs remplissaient leurs dépêches; et, tout en épanchant auprès d'elle les soucis, les chagrins, les anxiétés dont son aveugle légèreté ne le sauvait pas, il trouvait encore dans la jeunesse et la beauté d'une sœur de mademoiselle Tudo des plaisirs qui mettaient le comble aux scandales de sa vie. Et toute l'Espagne connaissait ces honteux désordres! la reine elle-même les connaissait et les supportait! Le roi seul les ignorait, et remerciait le ciel de lui avoir envoyé un homme qui travaillait et gouvernait pour lui!

La malheureuse nation espagnole ne sachant, entre un favori insolent, une reine coupable, un roi imbécile, à qui donner son cœur, l'avait donné à l'héritier de la couronne, le prince des Asturies, depuis Ferdinand VII, qui n'était pas beaucoup plus digne que ses parents de l'amour d'un grand peuple. Ce prince, alors âgé de 23 ans, était veuf d'une princesse de Naples, morte, disait-on, d'un poison administré par la haine de la reine et du favori; ce qui était faux, mais admis comme vrai par toute l'Espagne. Repoussé par sa mère qui dans sa tristesse habituelle croyait apercevoir un blâme, par le prince de la Paix qui croyait y découvrir une jalousie d'autorité, opprimé par tous les deux, obligé de chercher autour de lui un refuge, il l'avait trouvé auprès de sa jeune épouse, et s'était vivement attaché à elle. Comme les deux maisons de Naples et d'Espagne se haïssaient mortellement, et que la jeune princesse arrivait à l'Escurial avec les sentiments puisés dans sa famille, elle n'avait pas contribué à ramener Ferdinand à ses parents, et avait, au contraire, fomenté l'aversion qu'il nourrissait pour eux. Aussi, dans sa médiocrité d'esprit et de cœur, accueillant tout bruit conforme à sa haine, Ferdinand croyait avoir été privé par un crime de la femme qu'il aimait, et il imputait ce crime à sa mère, ainsi qu'au favori adultère qui la dominait. On comprend tout ce qu'il devait fermenter de passions dans ces âmes vulgaires, ardentes et oisives. Le prince était gauche, faible et faux, doué pour tout esprit d'une certaine finesse, pour tout caractère d'un certain entêtement. Mais, aux yeux d'une nation passionnée, ayant besoin d'aimer l'un de ses maîtres, et d'espérer que l'avenir vaudrait mieux que le présent, sa gaucherie passait pour modestie, sa sauvage tristesse pour le chagrin d'un fils vertueux, son entêtement pour fermeté, et, sur le bruit de quelque résistance opposée à divers actes du prince de la Paix, on s'était plu à lui prêter les plus nobles et les plus fortes vertus.

Octob. 1807.

Dans le courant de 1807, la nouvelle se répandit tout à coup que la santé du roi déclinait rapidement, et que sa fin approchait. Les apparences en effet

Maladie

Octob. 1807.

Maladie de Charles IV dans l'hiver de 1807, et conséquences de cette maladie.

étaient alarmantes. Ce roi, honnête et aveugle, ne se doutait pas de toutes les bassesses qui à son insu déshonoraient son règne. Doué néanmoins d'un certain bon sens, il voyait bien qu'il y avait des malheurs autour de lui; car, quoi qu'on fît pour le tromper, la perte de la Trinité, le désastre de Trafalgar, le papier-monnaie substitué à l'argent, ne pouvaient pas prendre l'apparence de la prospérité et de la grandeur. Il accusait les circonstances, et demeurait convaincu que, sans le prince de la Paix, tout serait allé plus mal. Au fond il était triste et malade. On crut sa mort prochaine. La nation, sans lui vouloir du mal, vit dans cette mort la fin de ses humiliations; le prince des Asturies, la fin de son esclavage; la reine et Godoy, la fin de leur pouvoir. Pour ces derniers, c'était plus que le terme d'un pouvoir usurpé, c'était une catastrophe; car ils supposaient que le prince des Asturies se vengerait, et ils mesuraient cette vengeance à leurs propres sentiments. C'est pour ce motif que le prince de la Paix avait attaché tant de prix à devenir souverain des Algarves.

Efforts de la reine et du prince de la Paix pour dominer Ferdinand par un mariage.

Divers moyens furent successivement imaginés par la reine et par le favori pour se garantir contre les dangers qu'ils prévoyaient. D'abord ils songèrent à s'emparer du prince des Asturies, et à lui faire contracter un mariage qui le plaçât sous leur influence. Pour l'accomplissement de ce dessein ils jetèrent les yeux sur dona Maria-Theresa de Bourbon, sœur de dona Maria-Luisa, princesse de la Paix. Ils pensèrent qu'en épousant cette infante, Ferdinand, devenu beau-frère d'Emmanuel Godoy, se-

FONTAINEBLEAU.

rait ou ramené, ou contenu. Mais Ferdinand opposa à ce projet des refus invincibles et même outrageants. — Moi, dit-il, devenir beau-frère d'Emmanuel Godoy, jamais! Ce serait un opprobre! — Ces refus, exprimés en un tel langage, redoublèrent les anxiétés de la reine et du favori. Ils ne songèrent plus qu'à se prémunir contre les conséquences de la mort du roi, supposée alors beaucoup plus prochaine qu'elle ne devait l'être. Le prince de la Paix était déjà généralissime de toutes les armées espagnoles. Il résolut, et la reine accueillit cette résolution avec empressement, de se donner de nouveaux pouvoirs, afin de réunir peu à peu toutes les prérogatives de la royauté dans ses mains, et d'exclure, quand il se croirait assez fort, Ferdinand du trône. Il voulait le faire déclarer inhabile à régner, transporter la couronne sur une tête plus jeune, amener ainsi la nécessité d'une régence, et s'attribuer cette régence à lui-même, ce qui aurait assuré la continuation du pouvoir qu'il exerçait depuis tant d'années. Ce plan une fois arrêté, on commença par compléter l'autorité nominale du prince, car son autorité réelle était depuis longtemps aussi entière qu'elle pouvait l'être. On persuada au roi que, grâce à Emmanuel Godoy, l'armée se trouvait dans un état florissant, mais qu'il n'en était pas ainsi de la marine; que celle-ci avait besoin de recevoir l'influence du génie qui soutenait la monarchie espagnole; que la placer sous l'autorité directe du prince de la Paix, ce serait rendre sa réorganisation certaine, et procurer une vive satisfaction au puissant Empereur des Français, le-

Octob. 1807.

Nouveaux pouvoirs attribués au prince de la Paix, et tentative pour changer l'ordre de successibilité au trône.

Octob. 1807.

Emmanuel Godoy créé grand amiral d'Espagne.

quel se plaignait sans cesse de la décadence de la marine espagnole. Charles IV adopta cette proposition avec la joie qu'il mettait toujours à se dépouiller de son autorité en faveur d'Emmanuel Godoy, et celui-ci, par un décret royal, fut gratifié du titre de GRAND AMIRAL, titre qu'avaient porté l'illustre vainqueur de Lépante, don Juan d'Autriche, et plus récemment encore l'infant don Philippe, frère de Charles III. A ce titre, qui conférait à Emmanuel Godoy le commandement de toutes les forces de mer, outre le commandement de toutes les forces de terre qu'il avait déjà, on ajouta celui d'ALTESSE SÉRÉNISSIME. Il fut formé autour du prince, à l'effet de le seconder, un conseil d'amirauté composé de ses créatures, et malgré la misère publique on décida qu'un palais, dit de l'Amirauté, serait édifié pour lui, dans le plus beau quartier de Madrid. Ainsi pour tout bienfait la marine vit créer de nouvelles charges, propres uniquement à aggraver sa détresse.

Ce n'était pas assez que de réunir dans les mains du prince de la Paix le commandement de toutes les forces de la monarchie, on voulut le rendre maître du palais, et en quelque sorte de la personne du roi. On insinua à celui-ci que son fils dénaturé, détaché de ses parents par les funestes influences de la maison de Naples, entouré de sujets perfides, était chaque jour plus à craindre; que l'esprit de désordre, particulier au siècle, seconderait peut-être ses mauvais projets, et qu'il fallait que la puissante main d'Emmanuel (c'est ainsi que Charles IV le nommait dans sa confiante amitié) s'étendît sur la demeure royale, pour la préserver de tout péril. En conséquence le prince fut encore nommé colonel général de la maison militaire du roi. Dès cet instant il commandait dans le palais même, et il était le chef de toutes les troupes composant la garde royale. A peine avait-il reçu ce nouveau titre, qui complétait sa toute-puissance, qu'il se hâta de faire subir des réformes aux divers corps de la garde. Il existait, indépendamment de deux régiments à pied, l'un dit des gardes espagnoles, l'autre des gardes wallones, lesquels présentaient un effectif de six mille hommes, un régiment de cavalerie qu'on appelait les carabiniers royaux, et ensuite une troupe d'élite qui était celle des gardes du corps, distribuée en quatre compagnies, l'*espagnole*, la *flamande*, l'*italienne*, l'*américaine*, rappelant par leurs titres toutes les anciennes dominations espagnoles. Ce corps, le plus éclairé de tous, grâce au choix des hommes dont il était composé, et bon juge de ce qui se passait en Espagne, n'inspirait pas au prince de la Paix une entière confiance. Le prince imagina de le dissoudre, sous prétexte de faire cesser des dénominations qui ne répondaient plus à la réalité des choses, et de le former en deux compagnies seulement, désignées par les titres de *première* et *seconde*. Il profita de l'occasion pour en faire sortir tous les sujets dont il se défiait, et particulièrement beaucoup d'émigrés français, qui avaient cherché asile auprès des Bourbons d'Espagne, et qui, dévoués de corps et d'âme au bon Charles IV, étaient cependant, à cause de leur meilleure éducation, plus capables que les autres de juger l'indigne administration qui déshonorait la monarchie. Emmanuel Godoy en les excluant écartait

Octob. 1807.

Au titre de grand amiral, le prince de la Paix joint celui de colonel général de la maison militaire du roi.

Octob. 1807.

Intrigues du prince de la Paix auprès des conseils de Castille et des Indes pour s'assurer la régence.

d'honnêtes gens qu'il redoutait, et donnait cours à sa haine à chaque instant croissante contre la France.

Emmanuel Godoy ne se borna pas à cette mesure. Il créa son frère grand d'Espagne, et le nomma colonel du régiment des gardes espagnoles. Enfin il choisit pour lui-même une garde dans les carabiniers royaux. Toutes ces précautions prises, il fit sonder l'un après l'autre les membres du conseil de Castille dont il croyait pouvoir disposer, afin de les préparer à un changement dans l'ordre de successibilité au trône. Les conseils de Castille et des Indes étaient deux corps qui tempéraient l'autorité absolue des rois d'Espagne, comme les parlements tempéraient celle des rois de France. Cependant il y avait une différence dans leurs attributions; car, outre une juridiction d'appel qui leur appartenait sur tous les tribunaux du royaume, ils avaient des attributions administratives, le conseil de Castille relativement aux affaires intérieures du royaume, le conseil des Indes relativement aux vastes affaires des possessions d'outre-mer. Par une suite séculaire de la confiance royale, et du besoin qu'a toute royauté de s'entourer d'un certain assentiment public, aucune grande affaire de la monarchie n'était résolue sans prendre l'avis de ces deux conseils. Le prince de la Paix, qui avait déjà introduit dans leur sein bon nombre de ses créatures, voulait naturellement s'assurer leur concours pour ses projets criminels. Mais tout asservis qu'ils étaient, ils paraissaient peu enclins à se prêter à un changement dans l'ordre de succession au trône. On continuait toutefois à les travailler secrètement, et on pratiquait les mêmes menées auprès des colonels des régiments. Le langage auprès des uns et des autres consistait à dire que le prince des Asturies était à la fois incapable et méchant, et qu'à la mort du roi la monarchie ne pouvait tomber sans péril entre des mains aussi malfaisantes qu'inhabiles.

Le prince de la Paix étendait ses intrigues fort au delà de la cour d'Espagne. Quoiqu'il détestât la France, pour les conseils importuns et sévères qu'il en recevait, il savait que toute force était en elle, et que les projets auxquels il attachait son salut seraient chimériques s'ils n'avaient l'appui de Napoléon. Il cherchait donc à se l'assurer par mille bassesses, surtout depuis la fameuse proclamation dont le souvenir troublait son sommeil. Ayant appris que Napoléon, qui aimait à monter des chevaux espagnols, venait de perdre à la guerre l'un de ceux que le roi d'Espagne lui avait donnés, il lui en avait offert quatre, choisis parmi les plus beaux du royaume. Se faisant de la cour impériale une idée fausse, empruntée à la cour de Madrid, il s'était imaginé que les influences secondaires valaient la peine d'y être conquises, que Murat était le premier homme de l'armée, qu'il jouissait de beaucoup d'ascendant sur Napoléon, et il avait songé à l'acquérir. Il avait par ce motif entamé avec lui une correspondance secrète[1], appuyée par des présents, et notamment

---

[1] Il existe au Louvre des échantillons de cette correspondance, dont Napoléon s'était procuré la communication, soit par Murat lui-même, soit par son active surveillance. Ces échantillons donnent une singulière idée de la bassesse du prince de la Paix. Nous citons, pour faire mieux connaître ce personnage, son caractère et ses vues, la lettre suivante, reproduite avec toutes les fautes de langage qu'elle contient.

par l'envoi de chevaux superbes. L'imprudent Murat de son côté, croyant utile de nouer des relations partout où des couronnes pouvaient venir à vaquer, avait mis de l'empressement à se ménager dans la Péninsule un aussi puissant ami que le prince de la Paix. La couronne de Portugal, qui paraissait devoir être bientôt vacante, n'était pas étrangère à ce calcul.

Les menées du prince de la Paix pour changer l'ordre de successibilité au trône, si secrètes qu'elles fussent, n'avaient pas laissé que de transpirer à Madrid, et, jointes à une accumulation de titres

---

On jugera mieux ainsi du genre d'éducation que recevaient à cette époque les personnages composant la cour d'Espagne.

« *A Son Altesse Impériale et Royale le grand-duc de Berg.*

» La lettre de V. A. I., datée le 7 décembre, à Venise, est pour moi la preuve la plus haute du caractère éminent qui constitue le cœur d'un grand prince comme V. A. I. Je n'ai jamais douté des vertus qui la caractérisent, et jamais mon âme sentit la basse idée de la méfiance. Oui, prince, j'ai juré à V. A. fidélité dans l'amitié dont elle m'honore, et ma correspondance durera autant que mon existence.

» J'avais le plus grand regret à garder avec V. A. I. un secret auquel je m'ai vu forcé par la parole de mon souverain, signée dans un traité avec S. M. I. et R. Ma reconnaissance à V. A. I. me l'aurait fait déceler si l'Empereur ne l'aurait pas exigé. Mais puisque je dois croire que V. A. I. en est informée maintenant, je ne puis que lui dévoiler mes sentiments. C'est à présent que je commence à jouir de la tranquillité que me présente un traité qui me met sous la protection de l'Empereur. Rien ne me saurait être nécessaire du vivant de mon roi, puisque Sa Majesté m'honore de sa plus singulière estime; mais si malheureusement elle venait à décéder, ce serait alors que mes ennemis tâcheraient de flétrir mes services et de détruire ma réputation. Je n'ai au monde d'autre ami que dans V. A. I., et quoique je sois persuadé que son pouvoir m'aurait sauvé de l'affliction, je considérais toutefois que ses efforts n'auraient été assez puissants pour éviter le premier coup de l'infamie. Que V. A. I. voie donc si ce qui a été convenu dans le traité me doit être d'un prix inestimable! C'est pour ça que j'ose prendre la liberté d'exprimer à S. M. I. et R. ma reconnaissance dans la lettre ci-

sans exemple, elles avaient donné l'éveil aux esprits. Le prince des Asturies, aussi exaspéré qu'alarmé, s'était ouvert de sa situation à quelques amis, sur lesquels il croyait pouvoir compter. Les principaux étaient son ancien gouverneur, le duc de San Carlos, grand-maître de la maison du roi, fort honnête personnage, n'ayant d'autre mérite que celui d'homme de cour; le duc de l'Infantado, l'un des plus grands seigneurs de l'Espagne, militaire n'exerçant pas son état, ayant de l'ambition, peu de ta-

---

jointe. Je me serais empressé de m'acquitter auparavant de ce respectable devoir, si l'expression du traité lui-même ne s'y aurait pas opposé.

» J'attends avec la plus grande impatience les explications que V. A. I. veut bien m'offrir aussitôt après son arrivée à Paris, et puisque S. M. I. et R. a démontré qu'il verrait avec plaisir que le roi, mon maître, distingue avec la Toison-d'Or le maréchal Duroc, j'ai l'honneur de l'accompagner à cette lettre, et en même temps V. A. I. en trouvera une autre ci-jointe pour que l'Empereur veuille bien la donner au roi de Westphalie, en démonstration de l'alliance qui existe de fait entre S. M. C. et tous les souverains de la maison de S. M. I. et R.

» Le procès contre les criminels séducteurs du prince des Asturies est poursuivi d'après les dispositions de nos lois, parce que le roi a bien voulu se démettre de son autorité souveraine par laquelle elle pouvait les juger par soi-même, et laissant aux juges la liberté de consulter à S. M. leur sentence. Ils ont tous encouru la peine d'être dépouillés de leurs dignités, et les deux les plus inculpés ont mérité la peine capitale; mais la reine a disposé la volonté du roi à la clémence, et le dernier supplice sera commuté dans une prison perpétuelle, et pour les autres ils seront déportés hors du royaume. On a eu le soin de ne faire la moindre mention d'aucun des sujets de S. M. I. et R. par égard à ce qu'elle a fait signifier.

» Il m'est fort sensible de ne pouvoir écrire à V. A. I. dans sa langue, mais je ne veux pas me priver de la satisfaction de lui adresser ma lettre originelle avec cette traduction littérale. Il n'est pas possible de transcrire le langage du cœur, mais dans le mien se trouvent empreintes la reconnaissance et l'admiration avec lesquelles aura toujours pour V. A. I. la plus haute considération

» Son invariable serviteur, « MANUEL.

» A San Lorenzo, ce 26 décembre 1807. »

lents, des intentions droites, et entouré d'une considération universelle; enfin un ecclésiastique qui avait enseigné au prince le peu que celui-ci savait, le chanoine Escoïquiz, relégué alors à Tolède, où il était membre du chapitre archiépiscopal. Ce dernier était un prêtre bel-esprit, fort instruit dans les lettres, très-peu dans la politique, aimant tendrement son élève, en étant fort aimé, désolé de la situation à laquelle il le voyait réduit, résolu à l'en tirer par tous les moyens, et, quoique très-bien intentionné, sensible cependant à la perspective qui s'ouvrait devant lui d'être un jour l'ami, le directeur de conscience du roi d'Espagne. C'est dans la société de ces personnages et de quelques femmes de cour attachées à la défunte princesse des Asturies, que Ferdinand épanchait les amers sentiments dont il était plein. Le chanoine Escoïquiz étant absent, on le manda secrètement à Madrid, parce que, aux yeux de Ferdinand et de sa petite cour, il passait pour le plus capable de donner un bon conseil. De ce qu'il était plus lettré que les autres, de ce qu'il entendait Virgile et Cicéron, et connaissait les auteurs français, degré de science peu ordinaire à la cour d'Espagne, on croyait que, dans ce labyrinthe d'intrigues affreuses, il dirigerait mieux le prince opprimé. Le chanoine étant arrivé de Tolède, on convint que, dans le grave péril qui le menaçait, le prince n'avait qu'une ressource, c'était de se jeter aux pieds de Napoléon, d'invoquer sa protection, et, pour se l'assurer d'une manière plus complète, de lui demander à épouser une princesse de la famille Bonaparte. Le chanoine Escoïquiz voyait dans une pareille alliance deux avantages : le premier, de se ménager un protecteur tout-puissant ; le second, d'atteindre le but que Napoléon devait avoir en vue, celui de rattacher l'Espagne à sa dynastie par des liens étroits et solides. Ce conseil fut écouté, bien qu'il ne fût pas du goût de Ferdinand. Le jeune prince, en effet, nourrissait au fond du cœur les moins bonnes des passions espagnoles, et spécialement une haine farouche contre les nations étrangères, surtout contre la révolution française et son illustre chef. Ces passions qui lui étaient naturelles avaient été encore fomentées par la princesse de Naples, son épouse. Cependant, plein de confiance dans les lumières du chanoine Escoïquiz, il adopta son avis et résolut de s'y conformer. Le chanoine avait voyagé, visité la France, et il avait pour celle-ci, pour Napoléon, les sentiments que devait éprouver un Espagnol éclairé. Il dirigeait donc tant qu'il pouvait les regards de Ferdinand vers la France et vers Napoléon.

Mais si le prince de la Paix avait le moyen d'établir des relations de tout genre avec la cour de France, le prince des Asturies, au contraire, ordinairement relégué à l'Escurial, entouré d'une surveillance continuelle, n'avait aucun moyen de faire parvenir jusqu'à Napoléon ses pensées et ses désirs. Lui et les siens imaginèrent de s'adresser à l'ambassadeur de France, M. de Beauharnais.

M. de Beauharnais, frère du premier mari de l'impératrice Joséphine, avait remplacé en 1806 le général Beurnonville à Madrid. C'était un esprit médiocre, un ambassadeur gauche et parcimonieux,

Octob. 1807.

Rôle et caractère de M. de Beauharnais, ambassadeur de France à Madrid.

Octob. 1807.

peu propre aux finesses de son état, et moins encore au genre de représentation que cet état commande, doué cependant de quelque bon sens et d'une parfaite droiture. A tout cela il ajoutait une morgue assez ridicule, excitée par le sentiment de sa situation, puisqu'il avait, d'après ce que nous venons de dire, l'honneur d'être beau-frère de sa souveraine.

Sa gravité, sa probité, sa maladresse concordaient peu avec la fourberie et la légèreté du favori, et il aimait ce dernier aussi peu qu'il l'estimait. Il adressait à Napoléon des rapports conformes à ce qu'il sentait. Aussi le regardait-on à Madrid comme ennemi du grand-amiral. C'étaient là des circonstances favorables pour les confidents de Ferdinand. Le chanoine Escoïquiz se chargea d'entrer en relations avec M. de Beauharnais, et se fit présenter à lui sous prétexte de lui offrir un poëme qu'il avait composé sur la conquête du Mexique. Peu à peu le chanoine en arriva à des communications plus intimes, s'ouvrit entièrement à l'ambassadeur de France, et lui fit part de la situation du prince, de ses dangers, de ses désirs, et du vœu qu'il formait d'obtenir une épouse de la main de Napoléon, ne voulant à aucun prix de celle que lui destinait Emmanuel Godoy[1].

Secrètes relations entre le prince des Asturies et M. de Beauharnais par l'entremise du chanoine Escoïquiz.

[1] M. de Toreno et plusieurs historiens, tant français qu'espagnols, ont prétendu que M. de Beauharnais avait reçu de Paris, ou s'était donné à lui-même la mission d'entrer en rapport avec le prince des Asturies, soit pour lui inspirer l'idée d'épouser une princesse française, soit pour diviser la famille royale d'Espagne, et se ménager ainsi le moyen d'y semer les troubles dont on profita depuis. C'est une erreur complète, dont la preuve se trouve dans la correspondance officielle

M. de Beauharnais était beaucoup trop nouveau dans la profession qu'il exerçait pour ne pas s'effrayer d'une position aussi délicate, car il s'agissait d'accepter des rapports clandestins avec l'héritier de la couronne. Il avait peur d'être trompé par des intrigants, et compromis envers la cour d'Espagne. Il refusa d'abord d'en croire le chanoine Escoïquiz, et accueillit ses ouvertures avec une froideur capable de décourager des gens moins décidés à se faire écouter et comprendre. Mais le chanoine imagina un moyen singulier d'obtenir crédit : ce fut d'établir un échange de signes entre le prince et M. de Beauharnais, dans les visites que celui-ci faisait à l'Escurial pour y présenter ses hommages à la cour. Ces signes convenus d'avance ne devaient pas laisser de doute sur la secrète mission que le chanoine Escoïquiz disait avoir reçue de Ferdinand. En effet M. de Beauharnais à sa première vi-

---

et secrète de M. de Beauharnais. Celui-ci raconte, dans cette double correspondance, comment les agents du prince des Asturies vinrent à lui, et de son récit parfaitement sincère, car il était incapable de mentir, il résulte évidemment que l'initiative de ces relations fut prise par le prince des Asturies et non par la légation française. Nous allons citer, du reste, deux pièces qui éclaircissent parfaitement ce point. La première est une dépêche de M. de Champagny, dans laquelle ce ministre, répondant à une lettre pleine de réticences de M. de Beauharnais, lui enjoint en un langage assez sévère de s'exprimer avec plus de clarté. Cette première dépêche démontre positivement que ce n'est pas Napoléon qui avait eu l'idée de s'immiscer dans l'intérieur de la famille royale d'Espagne, et qu'au contraire on était venu à lui. La seconde est la lettre même du prince Ferdinand à M. de Beauharnais, dans laquelle ce prince avait renfermé la demande de mariage adressée à Napoléon. On a publié la demande de mariage, on n'a jamais connu, ni publié la lettre qui la contenait. La lecture même de cette seconde pièce prouvera que M. de Beauharnais, pas plus que son gouvernement, n'avaient commencé les relations avec le prince des Asturies. Au ton de cette

site à l'Escurial observa le prince avec attention, aperçut les signes convenus, fut en outre de sa part l'objet des prévenances les plus marquées, et ne put dès lors conserver aucune incertitude sur la mission du chanoine Escoïquiz. Quand il fut rassuré sur ce point, il différa encore de l'écouter, jusqu'à ce qu'il eût été autorisé par sa cour à s'engager dans de pareilles relations. Il écrivit alors à Paris une dépêche mystérieuse, pour dire qu'un fils innocent, cruellement traité par son père et sa mère, invoquait l'appui de Napoléon, et demandait à devenir son protégé reconnaissant et dévoué. Napoléon, impatienté de ce ridicule mystère, fit enjoindre à M. de Beauharnais de se rendre plus intelligible et plus clair. Celui-ci obéit en racontant tout ce qui s'était passé; il en fit le récit détaillé dans une correspondance secrète, qui révélait également sa maladresse et sa sincérité, et qui ne devait pas

---

lettre il est facile de reconnaître que le prince recherchait ceux auxquels il s'adresse, et n'était pas recherché par eux.

Voici la dépêche de M. de Champagny à M. de Beauharnais :

« Paris, le 9 septembre 1807.

« Monsieur l'ambassadeur, j'ai reçu votre lettre confidentielle et je m'empresse d'y répondre en n'admettant entre vous et moi aucun intermédiaire. Tous les moyens que vous jugerez convenable d'employer pour me faire connaître, soit les hommes avec qui vous êtes dans le cas de traiter, soit l'état des affaires que vous avez à conduire, me paraîtront tous fort bons lorsqu'ils tendront à me donner plus de lumières et d'une manière plus sûre. Vous n'avez rien à redouter de l'emploi que je pourrai faire de vos lettres. La communication aux bureaux, quand elle aura lieu, sera toujours sans danger : ils méritent toute confiance, et depuis plusieurs années ils sont gardiens des plus grands intérêts du gouvernement et dépositaires de ses secrets les plus importants. C'est d'ailleurs un des premiers devoirs de tout ministre à une cour étrangère de faire connaître à son gouvernement, sans restriction,

être, qui n'a pas été déposée aux affaires étrangères. On lui répondit qu'il fallait tout écouter, ne rien promettre qu'un intérêt bienveillant pour les infortunes du prince, et, quant à la demande de mariage, déclarer que l'ouverture était trop vague pour être prise en considération, et suivie d'un consentement ou d'un refus.

Commencées en juillet 1807, ces relations continuèrent en août et septembre, avec la même crainte de se compromettre de la part de M. de Beauharnais, et le même désir d'être accueilli de la part de Ferdinand. Ce prince se décida enfin à faire remettre par le chanoine Escoïquiz deux lettres, l'une pour l'ambassadeur, l'autre pour Napoléon lui-même, dans lesquelles, déplorant ses malheurs et les dangers dont il était menacé, il demandait formellement la protection de la France et la main d'une princesse de la famille Bonaparte. Ces deux

---

sans réserve, tout ce qu'il voit, tout ce qu'il entend, tout ce qui parvient à sa connaissance. Placé pour voir et pour entendre, pourvu de tous les moyens d'être instruit, ce qu'il apprend n'est pas chose qui lui appartienne : elle est la propriété de celui dont il est le mandataire. Vous connaissez ce devoir mieux que personne, et c'est sans doute pour le remplir dans toute son étendue que vous désirez multiplier ces moyens de communication avec moi : je suis loin de m'y opposer.

« Votre lettre confidentielle renferme des choses très-importantes, et tellement importantes qu'on peut regretter que vous ne les ayez pas présentées avec plus de détail, *et surtout que vous n'ayez pas fait connaître comment elles vous sont parvenues. Telle a été la réflexion de l'Empereur lorsque j'ai eu l'honneur de l'en entretenir. Quels ont été vos rapports avec le jeune prince dont vous parlez ? Quelles sont les raisons positives que vous avez de le juger d'une certaine manière ? Il sollicite à genoux, dites-vous, la protection de l'Empereur; comment le savez-vous ? Est-ce lui qui vous l'a dit ? ou par qui vous l'est-il fait dire ?* Ces questions vous sont faites par l'Empereur, et

lettres, datées du 14 octobre, ne furent expédiées que le 20, par le soin que M. de Beauharnais mit à se procurer un messager sûr, et n'arrivèrent que le 27 ou le 28, au moment même où parvenaient à Paris d'autres nouvelles non moins importantes, dont on va connaître le sujet.

Tandis qu'il s'adressait à Napoléon, Ferdinand, ne sachant si la protection française serait assez prompte ou assez déclarée pour le sauver, avait voulu en même temps prendre ses précautions à Madrid même. D'accord avec ses amis, il conçut l'idée de tenter une démarche auprès de son père, pour lui ouvrir les yeux, pour lui dénoncer les crimes du prince de la Paix, la complicité de la reine, et, sinon ses relations adultères avec le favori, du moins son abjecte soumission aux volontés de ce dominateur de la maison royale; pour le supplier enfin d'apporter un terme aux scandales, aux malheurs

_{Octob. 1807.}

_{Tentative du prince Ferdinand pour ouvrir les yeux à son père sur l'état de la cour d'Espagne.}

---

c'est lui qui a fait la réflexion que j'ai énoncée plus haut, qu'un ministre ne peut avoir de secrets pour son gouvernement.

« CHAMPAGNY. »

Voici la lettre du prince Ferdinand à M. de Beauharnais :

« Vous me permettrez, monsieur l'ambassadeur, de vous exprimer toute ma reconnaissance pour les preuves d'estime et d'affection que vous m'avez données dans la correspondance *secrète et indirecte* que nous avons eue jusqu'à présent par le moyen de la personne que vous savez, qui a toute ma confiance. Je dois enfin à vos bontés ce que je n'oublierai jamais, le bonheur de pouvoir exprimer, *directement et sans risque*, au grand Empereur votre maître, les sentiments si longtemps retenus dans mon cœur. Je profite donc de ce moment heureux pour adresser par vos mains à S. M. I. et R. la lettre adjointe, et craignant l'importuner par une longueur déplacée, je n'explique encore qu'à demi ce que je sens d'estime, de respect et d'affection pour son auguste personne, et je vous prie, monsieur l'ambassadeur, d'y suppléer dans celles que vous aurez l'honneur de lui écrire.

qui désolaient l'Espagne, aux périls qui menaçaient un fils infortuné. Ferdinand devait remettre au roi un écrit contenant ces révélations, avec prière de le lui rendre après en avoir pris connaissance, car une indiscrétion pouvait mettre sa vie en danger. La minute de cet écrit était de la main même du chanoine Escoïquiz. Indépendamment de cette démarche, les auteurs du plan avaient encore imaginé, pour le cas où le roi viendrait à mourir subitement, de donner au duc de l'Infantado des pouvoirs signés à l'avance par Ferdinand, pouvoirs en vertu desquels le duc aurait le commandement militaire de Madrid et de la Nouvelle-Castille, afin qu'on fût en mesure, s'il le fallait, de résister par la force des armes aux tentatives du prince de la Paix. Tels étaient les moyens préparés par ce conciliabule, pour se garder contre un projet vrai ou supposé d'usurpation; et ces moyens ne décelaient assurément ni beaucoup de profondeur d'esprit, ni beaucoup d'audace de

« Vous me faites aussi le plaisir d'ajouter à S. M. I. et R., que je le conjure d'excuser des fautes d'usage, de style, et qui se trouveront dans ladite lettre, tant par égard à ma qualité d'étranger qu'en considération de l'inquiétude et de la gêne avec lesquelles j'ai été obligé de l'écrire, étant, comme vous le savez, *entouré jusque dans ma chambre d'espions qui m'observent, et obligé de profiter pour ce travail du peu de moments que je puis dérober à leurs yeux malins.* — *Comme je me flatte d'obtenir dans cette affaire la protection de S. M. I. et R., et qu'en conséquence les communications deviendront plus nécessaires et plus fréquentes, je charge ladite personne qui a eu cette commission jusqu'ici, de prendre ses mesures de concert avec vous pour la conduire sûrement; et comme jusqu'à présent elle n'a eu pour garants de ladite commission que les signes convenus, étant entièrement assuré de sa loyauté, de sa discrétion et de sa prudence, je lui donne, par cette lettre, mes pleins et absolus pouvoirs pour traiter cette affaire jusqu'à sa conclusion, et je ratifie tout ce qu'elle dira ou fera sur ce point en mon nom comme si je l'eusse dit ou fait moi-même, ce que*

caractère. Mais pendant ces menées du prince et de ses amis, des espions apostés autour d'eux avaient observé des allées et venues inaccoutumées. Ils avaient vu Ferdinand lui-même écrire plus souvent qu'il ne le faisait d'ordinaire, et ils l'avaient entendu, dans son exaspération contre sa mère et le favori, tenir des propos d'une singulière amertume. L'entrée des troupes françaises en Espagne, sujet d'une infinité de conjectures, avait été aussi l'occasion de discours fort irréfléchis de la part du prince et de ses amis. Ceux-ci se regardant déjà comme certains de la protection de la France et s'en vantant volontiers, bien qu'ils eussent long-temps fait un crime à Emmanuel Godoy de la rechercher, et de la payer d'une aveugle soumission, se plaisaient à insinuer, quelquefois même à dire tout haut, que ce n'était pas en vain que les armées françaises passaient les Pyrénées, et que le méprisable gouvernement qui opprimait

---

vous aurez la bonté de faire parvenir à S. M. I. avec les plus sincères expressions de ma reconnaissance.

» Vous aurez aussi la bonté de lui dire que si par hasard il arrivait que S. M. I. *jugeât, en quelque temps que ce fût, qu'il était utile que j'envoyasse à sa cour avec le secret convenable quelque personne de confiance pour lui donner sur ma situation des renseignements plus amples que ceux qu'on peut donner par écrit, ou pour tout autre objet que sa sagesse jugeât nécessaire, S. M. I. n'a qu'à vous le mander pour être au moment obéie, comme elle le sera en tout ce qui dépendra de moi.*

» Je vous renouvelle, monsieur, les assurances de mon estime et de ma gratitude; je vous prie de conserver cette lettre comme un témoignage de la perpétuité de ces sentiments, et je prie Dieu qu'il vous ait en sa sainte garde.

» Écrit et signé de ma propre main et scellé de mon sceau.

» FERDINAND.

» À l'Escurial, le 11 octobre 1807. »

l'Espagne ne tarderait pas à s'en apercevoir; ce qui était malheureusement plus vrai qu'ils ne le croyaient eux-mêmes, et qu'ils n'eurent bientôt à le désirer.

Parmi les personnes chargées d'observer Ferdinand, l'une d'elles (on prétend que c'était une dame de la cour), soit qu'elle eût obtenu la confidence des secrets du prince, soit qu'elle eût porté sur ses papiers un œil indiscret, révéla tout à la reine. Celle-ci en apprenant ces détails fut saisie d'un violent accès de colère. Le prince de la Paix ne se trouvait point en ce moment à l'Escurial, distant de Madrid d'une douzaine de lieues. Il avait l'habitude de passer une semaine à l'Escurial, une semaine à Madrid. Il était malade, disait-on, des suites de ses débauches. On le manda secrètement, et il sortit de son palais par une porte dérobée, voulant en cette circonstance laisser ignorer sa présence à l'Escurial, et écarter l'idée qu'il pût être l'instigateur des scènes qui se préparaient. La reine, encore plus irritée que lui, chercha à persuader au roi qu'il n'y avait pas moins qu'une vaste conspiration contre son trône et sa vie dans les indices dénoncés, soutint qu'il fallait agir sur-le-champ, ne pas craindre un éclat devenu nécessaire, envahir l'appartement du prince à l'improviste, et enlever ses papiers avant qu'il eût le temps de les détruire. Le faible Charles IV, incapable d'apercevoir dans quelle voie il s'engageait par une pareille démarche, consentit à tout ce qu'on lui demandait, et le soir même, 27 octobre, jour de la signature du traité de Fontainebleau, permit qu'on violât la demeure de son fils, et qu'on saisît ses papiers. Le jeune

Octob. 1807

Dénonciation des menées du prince des Asturies à la reine et au roi.

Enlèvement

prince, qui, sauf un peu de finesse, n'avait ni esprit ni courage, fut consterné, et livra sans résistance tout ce qu'il avait. Les papiers dont nous venons de faire mention, mêlés à d'autres plus insignifiants, furent portés chez la reine, qui voulut les examiner elle-même. On devine les emportements de cette princesse, en lisant l'écrit où étaient dénoncées toutes les turpitudes du favori, et où les siennes étaient au moins indiquées. Si faible, si asservi que fût l'infortuné Charles IV, cette pièce pourtant n'aurait pas suffi pour lui persuader que son fils avait médité un crime, et elle aurait peut-être, en dessillant ses yeux, atteint le but que le chanoine Escoïquiz et Ferdinand s'étaient proposé. Mais il y avait malheureusement d'autres papiers, tels qu'un chiffre destiné à une correspondance mystérieuse, de plus l'ordre qui nommait le duc de l'Infantado commandant de la Nouvelle-Castille, et sur lequel la date avait été laissée en blanc afin de la mettre au moment de la mort du roi. Ces dernières pièces suffisaient à la reine pour construire toutes les suppositions imaginables, pour tromper l'infortuné Charles IV, pour se tromper elle-même. Ne se contenant plus à la lecture de ces papiers, elle dit, peut-être elle crut, que c'étaient là les preuves d'une conspiration tendant à détrôner elle et son époux, à menacer même leurs jours; car pourquoi ce chiffre, si ce n'était pour correspondre avec des conspirateurs? pourquoi cette nomination d'un commandant militaire, par Ferdinand qui n'était pas encore roi, si ce n'était pour consommer une criminelle usurpation? Cette démonstration présentée au pauvre Charles IV, avec beaucoup d'emportements et de cris pour unique preuve, le remplit de trouble. Il versa des larmes de douleur sur un fils qu'il aimait encore, et qu'il était affligé de trouver si coupable; puis il remercia le ciel qui sauvait d'un si grand péril sa vie, son trône, sa femme, son ami Emmanuel. La reine, que l'exaltation naturelle à son sexe portait à prendre en tout ceci une initiative commode pour le favori, la reine déclara qu'il fallait une répression prompte, énergique, qui satisfît à la majesté du trône outragée, et garantît l'État du retour de pareils complots. Il fut donc résolu qu'on arrêterait à l'instant même le prince et ses complices, qu'on appellerait ensuite les ministres, les principaux personnages de l'État, qu'on leur dénoncerait la découverte qu'on venait de faire, et la résolution royale d'intenter contre les coupables un procès criminel. C'était là une résolution abominable et insensée, car après un tel éclat il fallait poursuivre le prince à outrance, le convaincre de crime, fût-il innocent, le priver de ses droits au trône, et donner ainsi à ce trône suspendu au bord d'un abîme un ébranlement qui pouvait l'y précipiter, qui l'y a précipité en effet. Mais poursuivre le prince, le faire condamner par des juges vendus, le priver de la couronne, était justement ce que voulait cette reine furieuse, quelque péril qu'il y eût à braver!

Tout ce qu'elle désirait s'accomplit. Godoy fut renvoyé à Madrid, pour faire croire qu'il n'en était pas sorti, et qu'il était étranger aux scènes tragiques de l'Escurial. Le roi se rendit auprès de Ferdinand,

Octob. 1807.

du prince
des Asturies.

lui demanda son épée, et le constitua prisonnier dans son propre appartement. Des courriers furent ensuite envoyés dans toutes les directions, pour ordonner l'arrestation des prétendus complices du prince. Les ministres, les membres des conseils furent convoqués, et, la consternation sur le front, reçurent communication de tout ce qui avait été décidé. Ils donnèrent leur adhésion silencieuse, non par zèle, mais par abattement.

Il n'était plus possible après un semblable scandale de cacher à la nation espagnole les tristes événements dont l'Escurial venait d'être le théâtre. Dans les pays asservis, où toute publicité est interdite, les nouvelles importantes ne se répandent ni moins vite, ni moins complétement. Elles volent de bouche en bouche, propagées par une curiosité ardente, et exagérées par une crédulité non détrompée. Madrid tout entier savait déjà, et toutes les villes d'Espagne allaient savoir les scènes de l'Escurial. Cependant publier officiellement la prétendue découverte du complot, c'était dénoncer le prince à la nation, et rendre irréparables les malheurs du trône. Mais la reine et le favori ne voulaient pas autre chose. En conséquence ils exigèrent un acte de publicité, et dans un pays où il n'y en avait que pour les plus grands événements, tels qu'une naissance ou une mort de roi, une déclaration de guerre, une signature de paix, une grande victoire, une grande défaite, le décret royal qui suit fut communiqué à toutes les autorités du royaume :

« Dieu qui veille sur ses créatures ne permet pas la consommation des faits atroces quand les victimes sont innocentes; aussi sa toute-puissance m'a-t-elle préservé de la plus affreuse catastrophe. Tous mes sujets connaissent parfaitement mes sentiments religieux et la régularité de mes mœurs, tous me chérissent, et je reçois de tous les preuves de vénération dues à un père qui aime ses enfants. Je vivais persuadé de cette vérité, quand une main inconnue est venue m'apprendre et me dévoiler le plan le plus monstrueux et le plus inouï qui se tramait contre ma personne dans mon propre palais. Ma vie, tant de fois menacée, était devenue à charge à mon successeur, qui, préoccupé, aveuglé, et abjurant tous les principes de foi chrétienne que lui enseignèrent mes soins et mon amour paternels, était entré dans un complot pour me détrôner. J'ai voulu alors rechercher par moi-même la vérité du fait, et, surprenant mon fils dans son propre appartement, j'ai trouvé en sa possession le chiffre qui servait à ses intelligences avec les scélérats et les instructions qu'il en recevait. Je convoquai, pour examiner ces papiers, le gouverneur par intérim du conseil, pour que, de concert avec d'autres ministres, ils se livrassent activement à toutes les recherches nécessaires. Tout a été fait, et il en est résulté la découverte de plusieurs coupables : j'ai décrété leur arrestation ainsi que la mise aux arrêts de mon fils dans sa demeure. Cette peine manquait à toutes celles qui m'affligent; mais, comme elle est la plus douloureuse, c'est aussi celle qu'il importe le plus de faire expier à son auteur, et, en attendant que j'ordonne de publier le résultat des poursuites commencées, je ne veux pas négliger de manifester à

Octob. 1807.

mes sujets mon affliction, que les preuves de leur loyauté parviendront à diminuer. Vous tiendrez cela pour entendu, afin que la connaissance s'en répande dans la forme convenable.

» Saint-Laurent (de l'Escurial), le 30 octobre 1807.

» *Au gouverneur par intérim du conseil.* »

Dans cette cour, où l'on n'osait rien faire sans en référer à Paris, où le fils opprimé, le père involontairement oppresseur, le favori persécuteur de tous les deux, cherchaient auprès de Napoléon un appui pour leur malheur, leur ineptie ou leur crime, il n'était pas possible qu'on se livrât à de si déplorables extravagances sans lui en écrire. En conséquence, la veille même de l'acte officiel que nous venons de rapporter, on dicta au malheureux Charles IV une lettre à Napoléon, pleine d'une ridicule douleur, dépourvue de toute dignité, où il se disait trahi par son fils, menacé dans sa personne et son pouvoir, et n'annonçait pas moins que la volonté de changer l'ordre de succession au trône [1].

Napoléon n'avait reçu, comme on l'a vu plus haut, la lettre du 11 octobre, dans laquelle Ferdinand lui

---

[1] Voici le texte même de cette lettre :

Lettre du roi Charles IV à l'Empereur Napoléon.

« Monsieur mon frère, dans le moment où je ne m'occupais que des moyens de coopérer à la destruction de notre ennemi commun, quand je croyais que tous les complots de la ci-devant reine de Naples avaient été ensevelis avec sa fille, je vois avec une horreur qui me fait frémir que l'esprit d'intrigue a pénétré jusque dans le sein de mon palais. Hélas! mon cœur saigne en faisant le récit d'un attentat si affreux! Mon fils aîné, l'héritier présomptif de mon trône, avait formé le complot horrible de me détrôner ; il s'était porté jusqu'à l'excès d'attenter à la

demandait sa protection et une épouse, que le 28 du même mois. Il reçut successivement dans les journées des 5, 6 et 7 novembre, celles de son ambassadeur et de Charles IV, qui lui apprenaient l'esclandre qu'on n'avait pas craint de faire à l'Escurial. Il était donc en quelque sorte obligé de s'immiscer dans les affaires d'Espagne, quand même il ne l'eût pas voulu, et certainement beaucoup plus tôt qu'il ne s'y attendait et ne le désirait. Depuis quelque temps, ainsi que nous venons de le rapporter, il se disait qu'il y avait danger à laisser des Bourbons sur un trône à la fois si haut et si voisin, et qu'il fallait de plus renoncer à tirer de l'Espagne aucun service utile, tant qu'elle resterait aux mains d'une race dégénérée. Il ne savait quel prétexte employer pour frapper des esclaves prosternés à ses pieds, le détestant, voulant le trahir, l'essayant quelquefois, puis désavouant avec humilité leurs trahisons à peine commencées. Il ne se dissimulait pas non plus le danger, en détrônant la dynastie espagnole, de heurter une nation ardente et farouche, désirant des changements, incapable de les opérer elle-même, et prête néanmoins à se révolter contre la main étrangère qui

Nov. 1807.

Résolutions de Napoléon en recevant les nouvelles de l'Escurial.

vie de sa mère. Un attentat si affreux doit être puni avec la rigueur la plus exemplaire des lois. La loi qui l'appelait à la succession doit être révoquée ; un de ses frères sera plus digne de le remplacer et dans mon cœur et sur le trône. Je suis en ce moment à la recherche de ses complices pour approfondir ce plan de la plus noire scélératesse, et je ne veux pas perdre un seul moment pour en instruire V. M. I. et R. en la priant de m'aider de ses lumières et de ses conseils.

» Sur quoi, je prie Dieu, mon bon frère, qu'il veuille avoir V. M. I. et R. en sa sainte et digne garde.

« CHARLES.

» A Saint-Laurent, le 29 octobre 1807. »

tenterait de les opérer pour elle. Il ajournait donc, n'étant ni pressé, ni fixé quant au parti à prendre, témoin le traité de Fontainebleau, qui ne contenait que des ajournements. Mais un fils qui s'adressait à lui pour demander une épouse et sa protection, un père qui lui dénonçait ce fils comme criminel, lui offraient une occasion, pour ainsi dire forcée, de se mêler immédiatement des affaires d'Espagne; et tout plein encore de doutes, d'anxiétés, désirant, redoutant ce qu'il allait entreprendre, l'entreprenant par une sorte d'entraînement fatal, il donna des ordres précipités, signes d'une volonté fortement excitée.

Jusqu'ici les mouvements de troupes prescrits par lui, n'avaient eu que le Portugal pour but [1]. Mais dès ce moment les préparatifs reçurent une étendue et une accélération qui ne pouvaient laisser aucune incertitude sur leur objet. Il avait composé l'armée du général Junot, destinée à envahir le Portugal, avec les trois camps de Saint-Lô, Pontivy, Napoléon; l'armée de réserve du général Dupont (connue sous le titre de deuxième corps de la Gironde), avec les premiers, deuxièmes et troisièmes bataillons des cinq légions de réserve, et quelques bataillons suisses. Ces deux armées, l'une déjà entrée en Espagne, l'autre en route pour Bayonne, présentaient un effectif de 50 mille hommes environ. Ce n'était pas assez, si de

[1] La lecture réitérée de sa correspondance la plus secrète m'a prouvé que jusqu'aux événements de l'Escurial il songeait au Portugal seul, et qu'à partir de ces événements il ne pensa plus qu'à l'Espagne. Les dates de ses ordres, comparées avec les dates des nouvelles de Madrid, ne peuvent laisser aucun doute sur leur corrélation, et prouvent que les uns furent la suite certaine des autres.

graves événements éclataient dans la Péninsule, car la seconde de ces armées pouvait seule être employée en Espagne. Napoléon accéléra sa marche vers Bayonne, ordonna au général Dupont d'aller sur-le-champ se mettre à sa tête, et résolut d'en composer une troisième, qui empruntât son titre au besoin spécieux de veiller sur les côtes de l'Océan, privées des troupes consacrées à leur garde. Il appela cette troisième armée *corps d'observation des côtes de l'Océan*, lui donna pour la commander le maréchal Moncey, qui avait fait jadis la guerre en Espagne, et voulut qu'elle fût forte d'environ 34 mille hommes. Il puisa pour la composer dans les dépôts des régiments de la grande armée, stationnés sur le Rhin, de Bâle à Wesel. Ces dépôts, qui avaient reçu plusieurs conscriptions, et qui n'avaient plus d'envois à faire à la grande armée, abondaient en jeunes soldats, dont l'instruction était déjà commencée, et à l'égard de quelques-uns presque achevée. Pour un corps d'observation, soit en France, soit en Espagne, Napoléon croyait ces jeunes soldats très-suffisants. Il ordonna donc de tirer des quarante-huit dépôts stationnés sur le Rhin quarante-huit bataillons provisoires, composés de quatre compagnies à 150 hommes chacune, ce qui faisait 600 hommes par bataillon, et en tout 28 mille hommes d'infanterie. Il ordonna de réunir quatre de ces bataillons pour former un régiment, deux régiments pour former une brigade, deux brigades pour former une division, et de distribuer le corps entier en trois divisions sous les généraux Musnier, Gobert, Morlot. Les points où elles allaient s'organiser étaient

Metz, Sedan, Nancy. Ces troupes devaient avoir l'organisation de corps provisoires, chaque bataillon relevant toujours du régiment dont il était détaché. Napoléon ordonna d'attacher à chaque division une batterie d'artillerie à pied, de former à Besançon et La Fère trois autres batteries d'artillerie à cheval, ce qui devait porter l'artillerie totale du corps à 36 bouches à feu. Le général Mouton eut ordre de se transporter à Metz, Nancy, Sedan, pour surveiller l'exécution de ces mesures. Les quatre brigades de cavalerie, de formation provisoire aussi, réunies à Compiègne, Chartres, Orléans et Tours, furent distribuées entre les deux corps des généraux Moncey et Dupont. Les cuirassiers et les chasseurs furent affectés à celui du général Dupont, les dragons et les hussards à celui du maréchal Moncey. L'armée du général Junot suffisant à l'occupation du Portugal, il restait donc, pour parer aux événements d'Espagne, le corps du général Dupont, intitulé *deuxième de la Gironde*, le corps du maréchal Moncey, intitulé *corps d'observation des côtes de l'Océan*, présentant à eux deux une soixantaine de mille hommes. Enfin, les nouvelles de Madrid s'aggravant de jour en jour, Napoléon prescrivit, comme il l'avait déjà fait, l'établissement de relais de charrettes de Metz, Nancy et Sedan à Bordeaux, afin de transporter les troupes en poste. Pour les encourager à supporter la fatigue, et aussi pour cacher son but, il enjoignit de dire aux soldats qu'ils allaient au secours de leurs frères du Portugal, menacés par la descente d'une armée anglaise.

Napoléon fit coïncider avec le mouvement de ses

conscrits vers l'Espagne un mouvement rétrograde de ses vieux soldats vers le Rhin. Tous les pays au delà de la Vistule furent évacués. Le maréchal Davout, qui avec les Polonais, les Saxons, son troisième corps, et une partie des dragons, était resté en Pologne, au delà de la Vistule, et formait le premier commandement, se replia entre la Vistule et l'Oder, occupant Thorn, Varsovie et Posen, sa cavalerie sur l'Oder même. La Pologne, fort recommandé à Napoléon par le roi de Saxe, obtint ainsi un notable soulagement. Le maréchal Soult, qui formait le deuxième commandement, reçut ordre d'évacuer la Vieille-Prusse, et de se reporter vers la Poméranie prussienne et suédoise, sa cavalerie continuant seule à vivre dans l'île de Nogat. Il ne resta sur la droite de la Vistule que les grenadiers d'Oudinot à Dantzig. Le premier corps, passé aux ordres du maréchal Victor, continua d'occuper Berlin, avec la grosse cavalerie en arrière sur les bords de l'Elbe. Le maréchal Mortier, avec les cinquième et sixième corps, et deux divisions de dragons, fut laissé dans la haute et la basse Silésie. Le prince de Ponte-Corvo, commandant seul les bords de la Baltique, depuis la prise de Stralsund et la dissolution du corps du maréchal Brune, dut occuper Lubeck avec la division Dupas, Lunebourg avec la division Boudet, Hambourg avec les Espagnols, Brême avec les Hollandais. Tout ce qui restait de cavalerie n'ayant pas pris place dans ces divers commandements fut envoyé en Hanovre. Les Bavarois, Wurtembergeois, Badois, Hessois, Italiens, obtinrent l'autorisation de rentrer chez eux. La

Nov. 1807.

en France de quelques troupes de la grande armée.

grosse artillerie de siége, les approvisionnements en vêtements, souliers, armes, confectionnés à prix d'argent dans la Pologne et l'Allemagne, furent dirigés sur Magdebourg. La garde impériale, au nombre de douze mille hommes, accéléra sa marche vers Paris.

Napoléon en prescrivant ces mouvements avait la double intention de décharger le nord de l'Europe, et de ramener quelques régiments de vieilles troupes en France. Indépendamment de la garde qui allait arriver, il fit rentrer neuf ou dix régiments d'infanterie, une certaine portion d'artillerie à pied, et beaucoup de cadres de dragons. Il s'y prit avec sa dextérité ordinaire, pour qu'il résultât de ce changement, au lieu d'une dislocation, une meilleure organisation de ses corps d'armée.

Le corps de Lannes, composé des grenadiers Oudinot, avait été laissé d'abord à Dantzig. C'était assez des grenadiers pour Dantzig, comme défense et comme charge. Napoléon prononça la dissolution de la division Verdier, composée de quatre beaux régiments d'infanterie. Deux de ces régiments, les 2⁶ et 12⁶ légers, faisant partie de la garnison de Paris, furent rappelés dans cette capitale. Les deux autres, le 72⁶ et le 3⁶ de ligne, passèrent à la division Saint-Hilaire, pour la dédommager de trois régiments, les 43⁶, 55⁶, 44⁶ de ligne, qu'on lui retira, parce qu'ils avaient leur dépôt au camp de Boulogne et à Sedan. Cette division restait à cinq régiments, nombre que Napoléon ne voulait pas dépasser. La division Morand, ayant six régiments, fut diminuée du 51⁶. La division Dupas, qui avec les Saxons et les Polonais composait à Friedland le corps de Mortier, aujourd'hui dissous, ne présentait qu'une agrégation passagère, et pesait sur la ville de Lubeck. Napoléon lui prit le 4⁰ léger, qui faisait partie de la garnison de Paris, et le 15⁰ de ligne, qui appartenait à Brest. Enfin le 44⁰ de ligne, laissé en garnison à Dantzig, pour s'y reposer du désastre d'Eylau, n'étant plus nécessaire dans cette ville, en fut rappelé. Le 7⁰ de ligne, devenu disponible par l'évacuation de Braunau, le fut également. L'artillerie de la division Verdier, dissoute, se joignit aux corps qui revenaient en France. L'arme des dragons était dans le Nord plus nombreuse qu'il ne fallait. Les troisièmes escadrons des 1ᵉʳ, 3ᵉ, 5ᵉ, 9ᵉ, 10ᵉ, 15ᵉ, 4ᵉ régiments, après avoir versé tous leurs hommes dans les deux premiers escadrons, durent rentrer en France.

Nov. 1807.

Ainsi, sans désorganiser ses corps, en les ramenant à des proportions plus uniformes, en ne rompant que les agrégations passagères, Napoléon sut se créer le moyen de rappeler dix beaux régiments d'infanterie, appartenant presque tous ou à Paris ou aux camps des côtes; ce qui était une convenance de plus, car ces régiments étant ceux qui avaient le plus fourni aux corps du Portugal et de la Gironde, se trouvaient ainsi rapprochés de leurs détachements. Cet art profond de disposer des troupes est la partie la plus élevée peut-être de la science de la guerre. Il est nécessaire à tout gouvernement, même pacifique, à titre de bonne administration. La grande armée dans le Nord était encore d'environ 300 mille Français, sans compter les Polonais et les Saxons restés en Pologne, les Bavarois, les Wurtembergeois, les Badois, les Hessois, les Italiens acheminés vers leur pays, mais non licenciés, et prêts à revenir au premier appel. Napoléon avait alors, en ajoutant à la grande armée les armées de la haute Italie, de la Dalmatie, de Naples, des îles Ioniennes, de Portugal, d'Espagne, de l'intérieur, huit cent mille hommes de troupes françaises, et au moins cent cinquante mille de troupes alliées [1], puissance colossale, effrayante, si l'on songe surtout que la plus grande partie se composait de soldats éprouvés, que les conscrits eux-mêmes étaient enfermés dans d'anciens

---

[1] Nous croyons devoir citer une lettre curieuse de Napoléon à Joseph, dans laquelle il lui expose lui-même, et en grande confidence, l'immense étendue de ses forces, lettre où éclate, avec l'orgueil de les voir si grandes, l'embarras d'en avoir à payer de si nombreuses :

Lettre de l'Empereur au roi de Naples.

« Fontainebleau, 21 octobre 1807.

« Le grand besoin que j'ai d'établir le bon ordre dans l'état de mon militaire, afin de ne pas porter le dérangement dans toutes mes affaires, exige que j'établisse sur un pied définitif mon armée de Naples, et que je sache qu'elle est bien entretenue.

« Vous jugerez du soin qu'il faut que je prenne des détails quand vous saurez que j'ai plus de 800 mille hommes sur pied. J'ai une armée encore sur la Passarge, près du Niémen, j'en ai une à Varsovie, j'en ai une en Silésie, j'en ai une à Hambourg, j'en ai une à Berlin, j'en ai une à Boulogne, j'en ai une qui marche sur le Portugal, j'en ai une seconde que je réunis à Bayonne, j'en ai une en Italie, j'en ai une en Dalmatie que je renforce en ce moment de 6 mille hommes, j'en ai une à Naples. J'ai des garnisons sur toutes mes frontières de mer. Vous pouvez donc juger, lorsque tout cela va refluer dans l'intérieur de mes États et que je ne pourrai plus trouver d'allégeance étrangère, combien il sera nécessaire que mes dépenses soient sévèrement calculées.

« Vous devez avoir un inspecteur aux revues assez habile pour vous faire l'état de ce que doit vous coûter un régiment selon nos ordonnances. »

cadres, que tous étaient commandés par les officiers les plus expérimentés, les plus habiles que la guerre eût jamais produits, et que ceux-ci enfin marchaient sous les ordres du plus grand des capitaines!

Nov. 1807.

Après avoir rapproché du Rhin ses vieilles troupes, et poussé les jeunes vers les Pyrénées, Napoléon, plein d'une avide curiosité, attendit impatiemment les nouvelles de Madrid, qu'il croyait devoir se succéder coup sur coup à la suite d'un éclat tel que l'arrestation de l'héritier présomptif de la couronne. N'ayant aucune résolution prise, espérant des événements celle qui serait la plus conforme à ses désirs, ne se fiant nullement à l'esprit de M. de Beauharnais, quoiqu'il se fiât pleinement à sa droiture, il ne lui donna d'autre instruction que celle de tout observer, et de tout mander à Paris avec la plus grande célérité possible.

C'est par secousses successives que se développent les grandes révolutions, et avec des intervalles entre elles toujours plus longs que ne le voudrait l'impatience humaine. C'est ce qui arriva cette fois en Espagne. Les événements ne s'y précipitèrent pas aussi vite qu'on l'aurait cru d'abord.

Le prince des Asturies, engagé dans une trame peu criminelle assurément, dont le but, après tout, n'était que de détromper un père abusé et de prévenir un acte d'usurpation, le prince des Asturies engagé dans cette trame sans prudence, sans discrétion, sans courage, devait bientôt prouver qu'il méritait l'esclavage auquel il avait voulu se soustraire. Enfermé seul dans son appartement, effrayé quand il songeait au sort que le fondateur de l'Es-

Ferdinand effrayé, dénonce ses complices, et les livre aux vengeances de la reine.

curial, Philippe II, avait fait éprouver à l'infant don Carlos, tout plein d'idées exagérées sur la cruauté du favori, assez crédule pour admettre que ce favori et sa mère avaient fait empoisonner sa première femme, il s'imagina qu'il était perdu, et voulut sauver sa vie par le plus lâche des moyens, la délation de ses prétendus complices. Ce fils, de valeur égale, comme on le voit, à ceux contre l'oppression desquels il luttait, forma le projet de se jeter aux pieds de sa mère, de lui tout avouer; aveu qui ne devait guère la satisfaire s'il ne lui disait que la vérité, mais qui deviendrait une infâme trahison, si pour lui complaire il chargeait ses complices de crimes supposés. Après la communication aux membres des conseils rapportée plus haut, le roi était allé chercher à la chasse l'oubli ordinaire des soucis du trône, qu'il ne pouvait supporter au delà de quelques instants. La reine se trouvait seule à l'Escurial, toujours transportée de colère. Emmanuel Godoy, resté malade à Madrid, s'y faisait passer pour plus malade qu'il n'était. Ferdinand fit supplier sa mère de venir le voir dans son appartement, pour recevoir ses aveux, l'expression de son repentir, et l'assurance de sa soumission. Cette princesse, qui avait plus d'esprit que son fils, et qui ne voulait pas d'une réconciliation, suite probable de l'entrevue demandée par le prince, lui envoya M. de Caballero, ministre de grâce et de justice, personnage fort avisé, sachant prendre tous les rôles, mais entre tous préférant celui qui le rapprochait du parti victorieux. Ferdinand s'humilia profondément devant ce ministre de son père, déclara ce qui s'était passé, en réduisant toutefois son récit à la vérité, qui n'était pas bien accablante; soutint qu'il n'avait voulu que se prémunir contre une atteinte à ses droits, et ajouta, ce qu'on ignorait, qu'il avait écrit à Napoléon pour lui demander la main d'une princesse française. Ce qu'il y eut de plus grave dans ses aveux, ce fut de désigner les ducs de San-Carlos et de l'Infantado, et surtout le chanoine Escoïquiz, comme les instigateurs qui l'avaient égaré. Sa déclaration eut pour résultat de faire arrêter sur-le-champ, avec une brutalité inouïe, et incarcérer à l'Escurial les personnages qu'il venait de dénoncer. Les prisonniers répondirent avec une dignité, une fermeté qui les honorait, à toutes les questions qui leur furent adressées, et ramenèrent l'accusation à ce qu'elle avait de vrai, en déclarant qu'ils avaient uniquement cherché à détromper Charles IV abusé par un indigne favori, à tirer le prince des Asturies d'une oppression intolérable, et à prévenir, en cas de mort du roi, un acte d'usurpation prévu et redouté par toute l'Espagne. La fermeté de ces honnêtes gens, coupables sans doute de s'être prêtés à des démarches irrégulières, mais ayant pour excuse une situation extraordinaire, leur fermeté, disons-nous, déshonorait et la cour infâme qui voulait les sacrifier à sa vengeance, et le prince pusillanime qui payait leur dévouement du plus lâche abandon.

Nov. 1807.

Arrestation de MM. de San-Carlos, de l'Infantado et Escoïquiz.

Cependant l'effet de cette audacieuse et inepte procédure fut immense dans toute la Péninsule. Ce n'était qu'un cri de fureur et d'indignation contre le prince de la Paix, contre la reine, qui cherchaient, disait-on, à immoler un fils vertueux, seul espoir de

Sensation produite en Espagne par le procès de l'Escurial.

la nation. On ne savait pas le fond des choses, mais on refusait de croire à cette absurde imputation dirigée contre le prince des Asturies d'avoir voulu détrôner un père, et le bon sens populaire entrevoyait qu'il n'y avait eu dans les actes incriminés qu'un effort pour détromper Charles IV, et quelques précautions pour empêcher le favori d'usurper l'autorité suprême. Peu à peu la démarche tentée par Ferdinand auprès de Napoléon finissant par être connue, on interpréta par la colère que la cour avait dû en ressentir le scandaleux procès de l'Escurial. Aussitôt l'esprit public, se conformant à ce qu'avait fait l'héritier adoré de la couronne, l'approuva sans réserve. C'était, disait-on, une bonne inspiration que de s'adresser à ce grand homme, qui avait rétabli l'ordre et la religion en France, qui pourrait, s'il le voulait, régénérer l'Espagne, sans lui faire traverser une révolution ; c'était surtout une sage pensée que de songer à unir les deux maisons par les liens du sang, car cette union pouvait seule faire cesser les défiances qui séparaient encore les Bourbons des Bonaparte. On approuva Ferdinand d'avoir eu confiance dans Napoléon ; on sut gré à Napoléon de la lui avoir inspirée, et sur-le-champ, avec la mobilité, l'ardeur d'une nation passionnée, la population des Espagnes ne forma qu'un vœu, ne poussa qu'un cri : ce fut de demander que les longues colonnes de troupes françaises acheminées vers Lisbonne se détournassent un moment vers Madrid, afin de délivrer un père abusé, un fils persécuté, du monstre qui les opprimait tous les deux. Ce sentiment fut général, unanime chez toutes les classes de la nation : singulier contraste avec ce qui devait bientôt, dans cette même Espagne, éclater de sentiments contraires à la France et à son chef!

Après avoir long-temps méprisé l'Espagne, au point de se permettre sous ses yeux tous les genres de scandales, le favori commença à s'effrayer, en entendant le cri de réprobation qui de toutes parts s'élevait contre lui. Il sortit de son lit, où il affectait d'être retenu par une grave indisposition, et imagina de se montrer à l'Escurial en pacificateur et en conciliateur. Les passions déchaînées de la reine étaient moins faciles à contenir que les siennes, et il eut quelque peine à lui faire entendre qu'il fallait s'arrêter dans la voie où l'on était entré, si on ne voulait provoquer une sorte de soulèvement populaire. La signature du traité de Fontainebleau venait de lui être annoncée, et, quoique ce traité ne dût pas recevoir encore la consécration de la publicité, Emmanuel Godoy était dans la joie d'avoir obtenu la qualité de prince souverain, avec la garantie par la France de cette qualité nouvelle. Il y voyait une raison de se rassurer, d'éviter toute crise violente, de rechercher en un mot des moyens plus doux pour arriver à son but. Déshonorer le prince des Asturies lui semblait plus sûr que de lui infliger une condamnation, qui révolterait toute l'Espagne, et après laquelle ce prince deviendrait l'idole de la nation [1].

Nov. 1807.

les yeux vers Napoléon, et approuve Ferdinand de s'être adressé à lui.

Le prince de la Paix se décide à jouer à l'Escurial le rôle de conciliateur entre Charles IV et Ferdinand.

---

[1] M. de Toreno a prétendu, et d'autres écrivains ont répété, que le motif qui fit suspendre la procédure entamée contre le prince des Asturies n'était autre que l'injonction adressée par Napoléon au prince de la Paix de ne compromettre en rien les agents du gouvernement français, ni ce gouvernement lui-même. C'est là une pure supposition, démentie par les faits et par les dates. Il était très-facile de con-

Nov. 1807.

Il y avait déjà un premier pas de fait dans cette voie par l'empressement du prince à offrir des aveux qu'on ne lui demandait pas, et à dénoncer des complices auxquels on ne songeait point. En conséquence, Emmanuel Godoy amena la reine, et ce ne fut pas sans difficulté, à accorder un pardon, que le prince solliciterait avec humilité, et en s'avouant coupable. Il se rendit donc dans l'appartement de Ferdinand, qu'on avait converti en prison, et y fut accueilli, non pas avec le mépris qu'il aurait dû essuyer de la part d'un prince doué de quelque dignité, mais avec la satisfaction qu'éprouve un accusé qui se sent sauvé. Emmanuel Godoy fit à Ferdinand, ou reçut de lui, la proposition d'écrire à

Pardon humiliant accordé à Ferdinand.

tinuer ce procès sans faire figurer l'ambassadeur de France, puisque les communications avec lui n'étaient que le moindre des griefs, et que les autres pièces, telles que l'écrit où l'on révélait à Charles IV la conduite du favori, le chiffre, la nomination éventuelle de M. le duc de l'Infantado, constituaient les prétendus délits du prince et de ses complices. Ce qui le prouve mieux encore, c'est que la procédure fut continuée contre les complices du prince, et que les griefs restant exactement les mêmes, la difficulté, si elle avait existé, eût été aussi grande avec eux qu'avec le prince. Mais cette invention, je le répète, est contredite péremptoirement par les dates. La demande de pardon, l'acte royal qui l'accorde, sont du 5 novembre. Or, à cette époque on savait à peine à Paris l'arrestation du prince; car la saisie de ses papiers est du 27 octobre, son arrestation du 28, la divulgation de tous ces faits à Madrid du 29. Aucune nouvelle explicite ne put donc partir de Madrid avant le 29 octobre. Tous les courriers, à cette époque, mettaient à faire le trajet de 7 à 8 jours. Ainsi la nouvelle ne pouvait pas être à Paris avant le 5 novembre. Partie même le 27, elle n'y eût été que le 3, et on n'aurait pas eu le temps assurément d'ordonner à Paris, le 3, un acte qui se consommait à Madrid le 5, qui même y avait été résolu le 3 ou le 4. Les dates suffisent par conséquent pour démentir une pareille supposition. Le prince de la Paix ne fut décidé à jouer le rôle de conciliateur que parce que l'entreprise de faire condamner l'héritier présomptif, pour le priver de ses droits au trône, était au-dessus de son audace et de la patience de la nation espagnole.

son père et à sa mère des lettres dans lesquelles il solliciterait le pardon le plus humiliant, après quoi tout serait oublié. Ces deux lettres étaient conçues dans les termes suivants :

« 5 novembre 1807.

» SIRE ET MON PÈRE,

» Je me suis rendu coupable. En manquant à
» V. M., j'ai manqué à mon père et à mon roi. Mais
» je m'en repens, et je promets à V. M. la plus hum-
» ble obéissance. Je ne devais rien faire sans le con-
» sentement de V. M.; mais j'ai été surpris. J'ai
» dénoncé les coupables, et je prie V. M. de me par-
» donner, et de permettre de baiser vos pieds à votre
» fils reconnaissant. »

« MADAME ET MA MÈRE,

» Je me repens bien de la grande faute que j'ai
» commise contre le roi, et contre vous, mes père et
» mère. Aussi je vous en demande pardon avec la
» plus grande soumission, ainsi que de mon opi-
» niâtreté à vous nier la vérité l'autre soir. C'est
» pourquoi je supplie V. M. du plus profond de
» mon cœur de daigner interposer sa médiation
» auprès de mon père, afin qu'il veuille bien per-
» mettre d'aller baiser les pieds de S. M. à son fils
» reconnaissant. »

Après que ces lettres eurent été signées, un nouvel acte public de Charles IV prononça le pardon du prince accusé, en réservant toutefois la continuation des poursuites commencées contre ses complices, et en défendant de laisser circuler le premier acte dans lequel il avait été dénoncé à la nation espagnole. Mais il n'était plus temps de revenir sur un si grand scandale. Les déplorables scènes de l'Escurial étaient inséparables les unes des autres, et aucune ne pouvait demeurer cachée. Les premières déshonoraient le roi, la reine, le favori; la dernière déshonorait le prince des Asturies.

Cependant l'effet sur l'opinion publique ne fut pas tel qu'on l'aurait supposé. Bien que tous les acteurs de ces scènes eussent mérité une réprobation à peu près égale, le père pour sa faiblesse, la mère et le favori pour leurs criminelles passions, le fils pour le lâche abandon de ses amis, néanmoins le peuple espagnol, résolu à ne trouver de torts qu'au favori et à la reine, ne voulut voir dans la conduite du prince qu'une suite de l'oppression sous laquelle il gémissait; dans ses déclarations, que des aveux ou supposés ou extorqués, et continua de l'aimer avec idolâtrie, de lui prêter toutes les vertus imaginables, de demander à Napoléon un mouvement de son bras puissant vers l'Espagne. Sur-le-champ Napoléon devint le dieu tutélaire, invoqué de tous les côtés, et par toutes les voix. C'est le seul moment peut-être où le peuple espagnol ait admiré avec transport un héros qui ne fût pas Espagnol, et fait appel à une influence étrangère.

De même qu'on avait mandé à Napoléon la mise en accusation du prince des Asturies, on lui manda aussi le pardon accordé à ce prince. Il fut surpris de l'un autant que de l'autre, mais il vit clairement que ce drame, qui eût été sanglant dans un autre siècle, qui n'était que repoussant dans le nôtre, allait se ralentir, pour reprendre ultérieurement son cours, et n'aboutir que plus tard à sa conclusion. Quoique la démarche du prince des Asturies l'eût disposé favorablement, il ne savait s'il fallait se fier à un tel caractère, s'il n'y avait pas dans sa faiblesse et dans ses passions des raisons de voir en lui ou un allié impuissant, ou un ennemi perfide. Lui donner une princesse de la maison Bonaparte, solution en apparence la plus facile, n'était donc pas un parti très-sûr. D'ailleurs l'histoire présentait des exemples peu encourageants à l'égard des princesses chargées de nous attacher l'Espagne par des mariages. Faire régner encore Charles IV, le prince de la Paix, la reine, ne semblait pas non plus une solution qui offrît beaucoup de durée, tant à cause de la santé du roi, que de l'indignation de l'Espagne prête à éclater. Changer la dynastie paraissait donc le parti le plus simple. Mais restait toujours dans ce cas le danger de froisser le sentiment d'une grande nation, et surtout le sentiment de l'Europe, tout prétexte manquant pour détrôner des princes qui, divisés entre eux, n'étaient unis que pour invoquer Napoléon comme ami et comme maître. Persévérant dans ses doutes, comme l'Espagne dans ses agitations, Napoléon résolut de profiter de cet instant de répit, pour consacrer quelques jours à l'Italie, et pour mettre ordre à beaucoup de grandes affaires qui réclamaient sa présence. D'ailleurs il devait rencontrer en Italie son frère Lucien, se réconcilier avec lui, et recevoir de ses mains une fille, qui pourrait être la princesse destinée à l'Espagne, si le projet moins violent d'unir les deux maisons par un ma-

Nov. 1807.

Napoléon ajourne de nouveau ses projets en voyant la marche des événements se ralentir en Espagne.

Nov. 1807.

Contre-ordre aux troupes qui devaient se rendre en poste à Bayonne.

riage l'emportait définitivement. Ces résolutions prises, il donna des contre-ordres à ses armées, non pas pour arrêter leur marche vers l'Espagne, mais pour ralentir la célérité de cette marche. Il voulut que les troupes du corps des côtes de l'Océan, qui devaient être transportées en poste à Bordeaux, exécutassent le même trajet à pied, et sans aucune précipitation. Il enjoignit au général Dupont de disposer toutes choses pour que le deuxième corps de la Gironde pût entrer à la fin de novembre en Espagne, et il lui prescrivit d'aller jusqu'à Valladolid, sans s'avancer davantage vers le Portugal. Il fit partir de Paris son chambellan M. de Tournon, dont il appréciait le bon sens, avec ordre de se rendre en Espagne, d'observer ce qui s'y passerait, de bien examiner si le prince des Asturies y avait des partisans nombreux, si la vieille cour en conservait encore, avec mission enfin de porter une réponse aux diverses communications de Charles IV. Dans cette réponse pleine de convenance et de générosité, Napoléon conseillait à Charles IV le calme, l'indulgence envers son fils, niait d'avoir reçu de sa part aucune demande, et ne cherchait pas à jeter de nouvelles semences de discorde, bien qu'il eût plus d'intérêt à troubler qu'à pacifier l'Espagne.

Réponse de Napoléon aux diverses communications de la cour d'Espagne, et son départ pour faire un court séjour en Italie.

Cela fait, Napoléon, se doutant qu'il aurait bientôt à reporter son attention de ce côté, quitta Fontainebleau le 16 novembre, accompagné de Murat, des ministres de la marine et de l'intérieur, de MM. Sganzin et de Proni, des directeurs de plusieurs services importants, et se dirigea vers Milan pour y embrasser son fils chéri, le prince Eugène de Beauharnais. En partant il donna des ordres pour la réception triomphale de la garde impériale, qui allait arriver à Paris.

Nov. 1807.

Il désirait être absent de cette solennité, et, s'il était possible, qu'on n'y pensât pas même à lui. Il voulait qu'on fêtât l'armée, l'armée seule, en fêtant la garde qui en était l'élite. Aussi, écrivant au ministre de l'intérieur pour lui prescrire les détails de la cérémonie, lui disait-il : *Dans les emblèmes et inscriptions qui seront faits dans cette occasion, il doit être question de ma garde et non de moi, et on doit faire voir que dans la garde on honore toute la grande armée.*

Fête triomphale décernée à la garde impériale par la ville de Paris.

En effet, le 25 novembre, le préfet de la Seine, les maires de Paris se rendirent à la barrière de la Villette, suivis d'une immense affluence de peuple, pour recevoir les héros d'Austerlitz, d'Iéna, de Friedland. Le maréchal Bessières était à leur tête. Un arc de triomphe avait été élevé en cet endroit. Les porte-drapeaux sortirent des rangs, inclinèrent leurs étendards, sur lesquels les magistrats de la capitale posèrent des couronnes d'or portant cette inscription : *La Ville de Paris à la grande armée.* Puis la garde, forte de douze mille vieux soldats, hâlés, mutilés, quelques-uns à la barbe déjà grise, défila à travers Paris, suivie de la foule enthousiaste, qui applaudissait à son triomphe. Un repas abondant, servi dans les Champs-Élysées, fut offert à ces douze mille soldats par la ville de Paris, qui, dans cette solennité fraternelle et nationale, représentait la France aussi bien que la garde représentait l'armée. Le ciel ne favorisa pas la fin de cette journée souvent attristée par la pluie ; car il semblait que cette armée, qui dans nos grandeurs et nos fautes n'eut jamais d'autre part que son héroïsme, ne fût pas heureuse. Du milliard décrété par la Convention il n'était resté qu'une fête promise en 1806 à toute l'armée d'Austerlitz; de cette fête il restait une fête à la garde, contrariée par le ciel, et privée de la présence de Napoléon. Mais la gloire de l'armée française pouvait se passer de ces pompes frivoles. L'histoire dira que tout le monde en France, de 1789 à 1815, mêla des fautes à ses services, tout le monde excepté l'armée; car tandis qu'on égorgeait des victimes innocentes en 1793, elle défendait le sol; tandis que Napoléon violait les règles de la prudence en 1807 et 1808, elle se bornait à combattre, et toujours, sous tous les gouvernements, elle ne savait que se dévouer et mourir pour l'existence ou la grandeur de la France.

FIN DU VINGT-HUITIÈME LIVRE.

LIVRE VINGT-NEUVIÈME.

ARANJUEZ.

Expédition de Portugal. — Composition de l'armée destinée à cette expédition. — Première entrée des Français en Espagne. — Marche de Ciudad-Rodrigo à Alcantara. — Horribles souffrances. — Le général Junot, pressé d'arriver à Lisbonne, suit la droite du Tage, par le revers des montagnes du Beyra. — Arrivée de l'armée française à Abrantes, dans l'état le plus affreux. — Le général Junot se décide à marcher sur Lisbonne avec les compagnies d'élite. — En apprenant l'arrivée des Français, le prince régent de Portugal prend le parti de s'enfuir au Brésil. — Embarquement précipité de la cour et des principales familles portugaises. — Occupation de Lisbonne par le général Junot. — Suite des événements de l'Escurial. — Situation de la cour d'Espagne depuis l'arrestation du prince des Asturies, et le pardon humiliant qui lui a été accordé. — Continuation des poursuites contre ses complices. — Méfiances et terreurs qui commencent à s'emparer de la cour. — L'idée de fuir en Amérique, à l'exemple de la maison de Bragance, se présente à l'esprit de la reine et du prince de la Paix. — Résistance de Charles IV à ce projet. — Avant de recourir à cette ressource extrême, on cherche à se concilier Napoléon, et on renouvelle au nom du roi la demande que Ferdinand avait faite d'une princesse française. — On ajoute à cette demande de vives instances pour la publication du traité de Fontainebleau. — Ces propositions ne peuvent rejoindre Napoléon qu'en Italie. — Arrivée de celui-ci à Milan. — Travaux d'utilité publique ordonnés partout où il passe. — Voyage à Venise. — Réunion de princes et de souverains dans cette ville. — Projets de Napoléon pour rendre à Venise son antique prospérité commerciale. — Course à Udine, à Palma-Nova, à Osopo. — Retour à Milan par Legnago et Mantoue. — Entrevue à Mantoue avec Lucien Bonaparte. — Séjour à Milan. — Nouveaux ordres militaires relativement à l'Espagne, et ajournement des réponses à faire à Charles IV. — Affaires politiques du royaume d'Italie. — Adoption d'Eugène Beauharnais, et transmission assurée à sa descendance de la couronne d'Italie. — Décrets de Milan opposés aux nouvelles ordonnances maritimes de l'Angleterre. — Départ de Napoléon pour Turin. — Travaux ordonnés pour lier Gênes au Piémont, le Piémont à la France. — Retour à Paris le 1ᵉʳ janvier 1808. — Napoléon ne peut pas différer plus long-temps sa réponse à Charles IV, et l'adoption d'une résolution définitive à l'égard de l'Espagne. — Trois partis se présentent : un mariage, un démembrement de territoire, un changement de dynastie. — Entraînement irrésistible de Napoléon vers le changement de dynastie. — Fixé sur le but, Napoléon ne l'est pas sur les moyens, et en attendant il ajoute au nombre des troupes qu'il a déjà dans la Péninsule, et répond d'une manière évasive à Charles IV. — Levée de la conscription de 1809. — Forces colossales de la France à cette époque. — Système d'organisation militaire suggéré à Napoléon par la dislocation de ses régiments, qui ont des bataillons en Allemagne, en Italie, en Espagne. — Napoléon veut terminer cette fois toutes les affaires du midi de l'Europe. — Aggravation de ses démêlés avec le Pape. — Le général Miollis chargé d'occuper les États romains. — Le mouvement des troupes anglaises vers la Péninsule dégarnit la Sicile, et fournit l'occasion, depuis long-temps attendue, d'une expédition contre cette île. — Réunion des flottes françaises dans la Méditerranée. — Tentative pour porter seize mille hommes en Sicile, et un immense approvisionnement à Corfou. — Suite des événements d'Espagne. — Conclusion du procès de l'Escurial. — Charles IV, en recevant les réponses évasives de Napoléon, lui adresse une nouvelle lettre pleine de tristesse et de trouble, et lui demande une explication sur l'accumulation des troupes françaises vers les Pyrénées. — Pressé de questions, Napoléon sent la nécessité d'en finir. — Il arrête enfin ses moyens d'exécution, et se propose, en effrayant la cour d'Espagne, de l'amener à fuir comme la maison de Bragance. — Cette grave entreprise lui rend l'alliance russe plus nécessaire que jamais. — Attitude de M. de Tolstoy à Paris. — Ses rapports inquiétants à la cour de Russie. — Explications d'Alexandre avec M. de Caulaincourt. — Averti par celui-ci du danger qui menace l'alliance, Napoléon écrit à Alexandre, et consent à mettre en discussion le partage de l'empire d'Orient. — Joie d'Alexandre et de M. de Romanzoff. — Divers plans de partage. — Première pensée d'une entrevue à Erfurt. — Invasion de la Finlande. — Satisfaction à Saint-Pétersbourg. — Napoléon, rassuré sur l'alliance russe, fait ses dispositions pour amener un dénoûment en Espagne dans le courant du mois de mars. — Divers ordres donnés du 20 au 25 février dans le but d'intimider la cour d'Espagne et de la disposer à la fuite. — Choix de Murat pour commander l'armée française. — Ignorance dans laquelle Napoléon le laisse relativement à ses projets politiques. — Instruction sur la marche des troupes. — Ordre de surprendre Saint-Sébastien, Pampelune et Barcelone. — Le plan adopté mettant en danger les colonies espagnoles, Napoléon pare à ce danger par un ordre extraordinaire expédié à l'amiral Rosily. — Entrée de Murat en Espagne. — Accueil qu'il reçoit dans les provinces basques et la Castille. — Caractère de ces provinces. — Entrée à Vittoria et à Burgos. — État des troupes françaises. — Leur jeunesse, leur dénûment, leurs maladies. — Embarras de Murat résultant de l'ignorance où il est touchant le but politique de Napoléon. — Surprise de Barcelone, de Pampelune et de Saint-Sébastien. — Fâcheux effet produit par l'enlèvement de ces places. — Alarmes conçues à Madrid en recevant les dernières nouvelles de Paris. — Projet dénitif de se retirer en Amérique. — Opposition du ministre Caballero à ce plan. — Malgré son opposition, le projet de départ est arrêté. — Ébruitement des préparatifs de voyage. — Émotion extraordinaire dans la population de Madrid et d'Aranjuez. — Le prince des Asturies, son oncle don Antonio, contraires à toute idée de s'éloigner. — Le départ de la cour fixé au 15 ou 16 mars. — La population d'Aranjuez et des environs, attirée par la curiosité, la colère et de sourdes menées, s'accumule autour de la résidence royale, et devient effrayante par ses manifestations. — La cour est obligée de publier le 16 une proclamation pour démentir les bruits de voyage. — Elle n'en continue pas moins ses préparatifs. — Révolution d'Aranjuez dans la nuit du 17 au 18 mars. — Le peuple envahit le palais du prince de la Paix, le ruine de fond en comble, et cherche le prince lui-même pour l'égorger. — Le roi est obligé de dépouiller Emmanuel Godoy de toutes ses dignités. — On continue à rechercher le prince lui-même. — Après avoir été caché trente-six heures sous des nattes de jonc, il est découvert au moment où il sortait de cette retraite. — Quelques gardes du corps parviennent à l'arracher à la fureur du peuple, et le conduisent à leur caserne, atteint de plusieurs blessures. — Le prince des Asturies réussit à dissiper la multitude en promettant la mise en jugement du prince de la Paix. — Le roi et la reine, effrayés de trois jours de soulèvement, et croyant sauver leur vie et celle du favori en abdiquant, signent leur abdication dans la journée du 19 mars. — Caractère de la révolution d'Aranjuez.

Nov. 1807.

Tandis que Napoléon, résolu quant au but qu'il poursuivait en Espagne, incertain quant aux moyens, se rendait en Italie, plein au reste de confiance dans l'immensité de sa puissance, les armées françaises s'avançaient dans la Péninsule, et allaient y faire une première épreuve des difficultés qui les attendaient sur cette terre inhospitalière.

Expédition de Portugal.

L'armée appelée à y entrer d'abord était celle du général Junot. Sa mission, comme on l'a vu, consistait à s'emparer du Portugal. Elle était composée d'environ 26 mille hommes, dont 23 mille présents sous les armes, et suivie de 3 à 4 mille hommes de renfort tirés des dépôts. Elle était distribuée en trois divisions sous les généraux Laborde, Loison, Travot. Elle avait pour principal officier d'état-ma-

Composition de l'armée du général Junot.

jor le général Thiébault, et pour commandant en chef le brave Junot, aide-de-camp dévoué de Napoléon, un moment ambassadeur en Portugal, officier intelligent, courageux jusqu'à la témérité, n'ayant d'autre défaut qu'une ardeur naturelle de caractère, qui devait aboutir un jour à une maladie mentale. L'armée était formée de jeunes soldats de la conscription de 1807, levés en 1806, mais enfermés dans de vieux cadres et suffisamment instruits. Ils étaient très-capables de se bien comporter au feu, mais malheureusement peu rompus aux fatigues, qui allaient devenir cependant leur principale épreuve. Napoléon, qui voulait qu'on entrât promptement à Lisbonne, pour y surprendre non pas la famille royale dont il se souciait peu, mais la flotte portugaise et les immenses richesses appartenant aux négociants anglais, avait donné ordre au général Junot de redoubler de célérité, de n'épargner à ses soldats ni fatigues ni privations, afin d'arriver à temps. Junot, dans son ardeur, n'était pas homme à corriger par un sage discernement ce que cet ordre pouvait avoir de dangereux dans les pays qu'on allait traverser.

Le 17 octobre, l'armée entra en Espagne sur plusieurs colonnes, afin de subsister plus aisément. Elle se dirigea sur Valladolid, par Tolosa, Vittoria et Burgos. Malgré les promesses du prince de la Paix, presque rien n'était préparé sur la route, et le soir on était obligé de réunir quelques vivres à la hâte pour nourrir les troupes exténuées des fatigues de la journée. Les gîtes étaient détestables, remplis de vermine, et si repoussants que nos soldats préféraient coucher dans les champs ou dans les rues, plutôt que d'accepter les tristes abris qu'on leur offrait. La population les accueillait avec la curiosité naturelle à un peuple vif, amoureux de spectacles, et à qui son inerte gouvernement n'en procurait guère depuis un siècle. Les classes élevées recevaient bien nos troupes, mais déjà le bas peuple montrait à leur égard sa sombre haine de l'étranger. Sur la route de Salamanque, quelques coups de couteau furent donnés à des soldats isolés, bien qu'ils se conduisissent partout avec la plus sage retenue.

Nov. 1807

Accueil fait à nos soldats par les populations espagnoles.

L'armée, en arrivant à Salamanque, où elle fit une courte halte, avait déjà beaucoup souffert des fatigues, et laissé un certain nombre d'hommes en arrière. Le général Junot, qui avait un chef d'état-major prévoyant, établit à Valladolid, à Salamanque, et en avant à Ciudad-Rodrigo, des dépôts composés d'un commandant de place, de plusieurs employés d'administration, et d'un détachement, pour y recueillir les hommes fatigués ou malades, et les acheminer plus tard à la suite de l'armée en groupes assez nombreux pour se défendre. L'ordre de marcher sans relâche ayant trouvé l'armée à Salamanque, elle quitta cette ville le 12 novembre, formée en trois divisions. Elle avait à traverser, pour se rendre de Ciudad-Rodrigo à Alcantara, la chaîne de montagnes qui sépare la vallée du Douro de celle du Tage, et qui est le prolongement du Guadarrama. De Salamanque à Alcantara, il fallait faire cinquante lieues, par un pays pauvre, montagneux, boisé, habité seulement par des pâtres, qui avaient l'habitude d'y conduire leurs troupeaux deux fois l'an,

Arrivée à Salamanque.

en automne quand ils se rendaient de la Vieille-Castille en Estramadure, et au printemps quand ils revenaient de l'Estramadure dans la Vieille-Castille. Bien que les autorités espagnoles eussent promis de préparer des vivres, on ne trouva presque rien à San Mûnos, point intermédiaire qui partageait en deux la distance de Salamanque à Ciudad-Rodrigo. Les troupes parcoururent donc dix-neuf lieues en deux jours, sans manger autre chose qu'un peu de viande de chèvre, qu'elles se procuraient en saisissant les troupeaux rencontrés sur leur route. A Ciudad-Rodrigo, ville assez considérable, et place forte de grande importance, on trouva un gouverneur fort mal disposé, qui pour s'excuser allégua l'ignorance où on l'avait laissé du passage de l'armée française, et qui ne se donna aucune peine pour suppléer aux préparatifs qu'on avait négligé de faire. On recueillit cependant quelques vivres, assez pour fournir demi-ration aux soldats; on organisa un nouveau dépôt pour y recueillir les traînards, dont le nombre s'accroissait à chaque pas, et on s'achemina vers les montagnes, pour passer du bassin du Douro dans celui du Tage. Le temps était tout à coup devenu affreux, ainsi qu'il arrive dans ces contrées méridionales, où la nature, extrême comme les habitants, passe avec une singulière violence de la température la plus douce à la plus rigoureuse. La pluie, la neige se succédaient sans relâche. Les sentiers que suivaient les diverses colonnes étaient entièrement défoncés, et disparaissaient même sous les pas des hommes et des chevaux. Trompées par des guides à demi sauvages, qui se trompaient souvent eux-mêmes, faute d'avoir jamais franchi les limites de leur village, plusieurs colonnes s'égarèrent, et arrivèrent près des crêtes de la chaîne, au village de Peña Parda, épuisées par la fatigue et la faim, laissant sur la route une partie de leur monde. Il fallait, pour vivre, aller coucher à la Moraleja, sur le revers des montagnes. Une tempête affreuse survint. En un instant tous les torrents furent débordés, et, au milieu du mugissement des vents, du bruit des eaux, nos soldats inexpérimentés, n'ayant presque pas mangé depuis plusieurs jours, n'espérant pas de gîtes meilleurs pour les jours suivants, furent saisis de l'une de ces démoralisations subites, qui surprennent, abattent les âmes jeunes, peu habituées aux traverses de la vie guerrière. La nuit étant venue, et les tambours détendus par la pluie ne donnant plus de sons, une sorte de confusion s'introduisit dans cette marche. Les soldats ne distinguant plus les lieux, ayant de la peine à s'apercevoir les uns les autres, et cherchant à communiquer entre eux par des cris, firent retentir ces montagnes de hurlements sauvages. Les officiers n'étaient plus ni reconnus ni écoutés; l'indiscipline s'était jointe au désespoir, et la scène était devenue affreuse. Cependant, une première colonne étant arrivée vers onze heures du soir à la Moraleja, et ayant trouvé un détachement déjà rendu au gîte, fit connaître dans quel état elle avait laissé le reste de l'armée. Alors on fit sortir les hommes les moins fatigués pour aller au secours de leurs camarades. On alluma de grands feux, on plaça un fanal au sommet du clocher, on sonna le tocsin pour attirer sur ce point les hommes égarés. Par surcroît de malheur, il n'avait pas été fait plus de préparatifs à la Moraleja qu'ailleurs. Les vivres manquaient absolument. Les soldats, dans le délire de la faim, ne respectant plus rien, se livrèrent au pillage, et ravagèrent ce malheureux bourg, qui fut ainsi victime de l'inexactitude du gouvernement espagnol à remplir ses promesses. Il n'y avait pas au moment de l'arrivée un quart des hommes autour du drapeau. Peu à peu, dans la nuit, tout ce qui n'avait pas succombé à la fatigue, tout ce qui n'avait pas été noyé dans les torrents, ou assassiné par les pâtres de l'Estramadure, atteignit le gîte dévasté de la Moraleja. Quelques chèvres suffirent encore, non pas à satisfaire la faim des soldats, mais à les empêcher de mourir d'inanition. Il était impossible de s'arrêter en un tel lieu, et le lendemain on s'achemina sur Alcantara, où l'on joignit enfin les bords du Tage et la frontière du Portugal.

Arrivée de l'armée française à Alcantara.

Le général en chef Junot y avait précédé son armée afin d'y suppléer par ses soins à l'incurie du gouvernement espagnol. La ville présentait un peu plus de ressources que les montagnes sauvages de l'Estramadure. Cependant ces ressources n'étaient pas très-considérables, et elles avaient été absorbées en partie par les troupes espagnoles du général Carafa, lequel devait, avec une division de neuf à dix mille hommes, appuyer le mouvement des troupes françaises, et descendre la gauche du Tage, tandis que le général Junot en descendrait la droite. On recueillit quelques bœufs et quelques moutons, on les distribua entre les régiments; on se procura du pain pour en fournir une demi-ration à chaque homme, et on accorda un séjour à l'armée, tant pour la rallier que pour lui rendre ses forces épuisées. Elle avait laissé en arrière ou perdu dans les forêts et les torrents un cinquième de son effectif, c'est-à-dire de quatre à cinq mille hommes. La moitié de la cavalerie était démontée, beaucoup de chevaux étant morts de faim, ou n'ayant pu suivre faute de ferrure. Quant à l'artillerie, on avait été réduit à la traîner avec des bœufs, et, ce moyen ayant bientôt manqué, on n'avait pas à Alcantara six bouches à feu. Quant aux munitions, il avait fallu les abandonner en chemin avec le reste du matériel.

L'embarras du malheureux général Junot était extrême. D'une part, il était stimulé par les ordres de Napoléon, par la certitude que, s'il n'arrivait pas bientôt à Lisbonne, il trouverait ou la flotte portugaise partie avec les richesses du Portugal, ou une résistance organisée qu'il aurait de la peine à vaincre; d'autre part, il voyait devant lui le revers des montagnes du Beyra, incliné vers le Tage, consistant en une foule de contre-forts abrupts, séparés les uns des autres par des ravins épouvantables, tailladés en quelque sorte, comme l'indique le nom de *Talladas* donné à quelques-uns, entièrement dépeuplés, privés de toute ressource, et devenus plus affreux par les pluies torrentielles de l'automne. Ajoutez que nos soldats, partis de France à la hâte, n'ayant pu se faire suivre par leur matériel, se trouvaient pour la plupart sans souliers, sans cartouches, et hors d'état soit de soutenir une longue marche, soit de vaincre une résistance sérieuse, s'ils venaient à en rencontrer une ; ce qui n'était pas impossible, car il restait aux Portugais vingt-cinq mille hommes de troupes assez bonnes, et très-portées à se défendre, attendu que la perspective d'appartenir à l'Espagne ne les disposait guère à accueillir favorablement les envahisseurs de leur territoire. On ne pouvait pas non plus compter sur le concours des Espagnols, car, au lieu de vingt bataillons, ils ne nous en avaient fourni que huit, et animés de si mauvais sentiments à l'égard des Français qu'il avait fallu les renvoyer dans leurs cantonnements.

En présence de cette alternative, ou de laisser consommer à Lisbonne des événements regrettables, ou de braver de nouvelles fatigues avec des troupes exténuées, à travers un pays plus affreux que celui qu'on venait de parcourir, le général Junot n'hésita pas, et préféra le parti de l'obéissance à celui de la prudence. Il prit donc la résolution de continuer cette marche précipitée, en traversant la suite des contre-forts détachés du Beyra, qui bordent le Tage depuis Alcantara jusqu'à Abrantès. Il ramassa quelques souliers et quelques bœufs, profita d'un dépôt de poudres existant sur les lieux, et du papier sur lequel étaient écrites les volumineuses archives des chevaliers d'Alcantara, pour fabriquer des cartouches. Puis il fit deux parts de son armée, l'une composée de l'infanterie des deux premières divisions, l'autre de l'infanterie de la troisième division, de la cavalerie, de l'artillerie et des traînards. Il porta la première en avant, et laissa la seconde à Alcantara, avec ordre de rejoindre, dès qu'elle serait un peu ralliée, refaite, et pourvue de moyens de transport. Il n'emmena avec lui que quelques canons de montagne, que leur calibre rendait plus faciles à traîner.

Il résolut de partir le 20 novembre d'Alcantara, et de franchir la frontière du Portugal par la droite du Tage, tandis que le général Carafa la franchirait par la gauche. Sans doute il eût beaucoup mieux valu passer le Tage, s'enfoncer plus avant dans l'Estramadure, gagner Badajoz, et prendre la grande route de Badajoz à Elvas, que suivent ordinairement les Espagnols, à travers l'Alentejo, province unie et d'un parcours facile. Mais il fallait descendre la Péninsule jusqu'à Badajoz, faire ensuite un long détour à droite pour gagner Lisbonne. Napoléon ordonnant de Paris, d'après la seule inspection de la carte, et préférant la route qui menait le plus vite à Lisbonne, avait prescrit de suivre la droite du Tage, d'Alcantara à Abrantès, tandis que les Espagnols en suivraient la gauche. On s'assurait ainsi, outre l'avantage de la célérité, celui de n'avoir pas à opérer plus tard un passage du Tage, lorsqu'on approcherait de Lisbonne. Toutefois, si Napoléon avait pu savoir qu'on rencontrerait en Portugal des pluies torrentielles, que par la négligence des alliés l'armée arriverait à Alcantara exténuée de faim et de fatigue, il aurait mieux aimé perdre quelques jours que de poursuivre une marche qui allait bientôt ressembler à une déroute. Mais ici commençaient à se révéler les inconvénients funestes d'une politique extrême, qui voulant agir partout à la fois, sur la Vistule et sur le Tage, à Dantzig et à Lisbonne, était obligée d'ordon-

Nov. 1807.

Départ d'Alcantara et trajet jusqu'à Abrantès, en longeant le pied des montagnes du Beyra.

ner de très-loin, et de se servir de faibles soldats ou de généraux inexpérimentés, quand les soldats robustes et les généraux habiles se trouvaient employés ailleurs. Il y a des lieutenants qui pèchent par mollesse, d'autres par excès de zèle. Ceux-ci sont les plus rares, et en général les plus utiles, quoique souvent dangereux. Le brave Junot était de ces derniers. Il n'hésita donc pas à partir d'Alcantara le 20 novembre, en renvoyant, comme nous l'avons dit, une partie des troupes espagnoles, qui semblaient peu sûres, et en confiant aux autres le soin de border la gauche du Tage, tandis qu'il en suivrait la droite. D'une armée qui avait été à Bayonne de 23 mille hommes présents sous les armes sur 26, il en amenait 15 mille au plus avec lui : non pas que les autres fussent tous morts ou perdus, mais parce qu'ils étaient incapables de continuer cette marche précipitée. Il s'avança le long du Tage par des sentiers attachés au flanc des montagnes, réduit sans cesse à monter ou à descendre, tantôt s'élevant sur la croupe des contreforts qui se détachent du Beyra, tantôt s'enfonçant dans les ravins profonds qui les séparent, ayant la cime des monts à sa droite, le fleuve à sa gauche. Il dirigea ses deux divisions d'infanterie sur Castel-Branco par deux chemins différents. La première prit le chemin de Idanha-Nova, la seconde celui de Rosmaniñal. Elles avaient l'une et l'autre à leur suite quelques troupes légères espagnoles. Le temps était toujours affreux, la pluie continuelle, la route presque impraticable. La première division, que commandait le général Laborde, ayant eu à franchir un torrent débordé, plus large, plus profond que les autres, ce brave général mit pied à terre, entra dans l'eau jusqu'à la poitrine, et resta dans cette position jusqu'à ce que tous ses soldats eussent passé. On ne vécut à la couchée qu'avec de la viande de chèvre, des glands, et une once de pain par homme. On arriva le lendemain à Castel-Branco, où les deux divisions se trouvèrent réunies, dans un état difficile à décrire. La première arrivée, qui avait eu moins de difficultés à vaincre, alla bivouaquer au dehors, pour laisser à celle qui la suivait, et qui était encore plus fatiguée, l'avantage de se loger dans l'intérieur de Castel-Branco. On avait mis des gardes à chaque four, afin d'empêcher le pillage. Grâce à ce soin, on put distribuer deux onces de pain par homme. On manqua de viande, mais on eut du riz, des légumes et du vin. Les soldats étaient pâles, défigurés, et presque tous pieds nus. S'arrêter, c'eût été s'exposer à mourir de faim, sans compter l'inconvénient de perdre un temps précieux. On repartit donc dans l'espoir d'atteindre Abrantès, ville riche et peuplée, située hors de la région des montagnes, dans un pays ouvert et fertile. On y marcha sur deux colonnes, l'une formée de la première division par Sobreira-Formosa, l'autre formée de la deuxième division par Perdigao. La première avait quatorze lieues à parcourir, quatre ou cinq torrents à traverser. La pluie les avait tellement grossis qu'on ne pouvait les franchir sans danger. Les soldats faisaient la chaîne avec leurs fusils pour se défendre contre la violence des eaux. Quelques-uns débiles ou exténués étaient parfois entraînés. Les officiers, pleins de dévouement, voulant donner aux plus forts l'exemple de secourir les plus faibles, prenaient eux-mêmes sur leurs épaules les soldats incapables de passer, et les aidaient ainsi à franchir les torrents. Sur la route on trouva un seul village, celui de Sarcedas, et les soldats mourant de faim le pillèrent, malgré les efforts du général en chef pour les en empêcher. Le soir on n'arriva à Sobreira-Formosa qu'à onze heures, dans un véritable état de désespoir. Pendant la première heure, il n'y eut qu'un sixième des hommes réunis. On trouva des châtaignes, quelque bétail, et on en vécut. La deuxième division, pour se rendre à Perdigao, avait essuyé de son côté de cruelles souffrances.

Le reste de la route jusqu'à Abrantès était moins affreux par les aspérités du sol, mais tout autant par la stérilité et le dénûment. Enfin, après des fatigues et des privations inouïes, on arriva le 24 à Abrantès au nombre de quatre à cinq mille hommes, pâles, défaits, les pieds en sang, les vêtements déchirés, et avec des fusils hors de service, car les soldats en avaient fait des bâtons pour s'aider à passer les torrents, ou à gravir les montagnes. Arriver dans cet état au milieu d'une ville très-peuplée, c'eût été lui donner la tentation de fermer ses portes à de tels assaillants, et de se défendre contre eux rien qu'en les laissant mourir de faim. Mais heureusement les immortelles victoires remportées, dans toutes les parties du monde, par les vieux soldats de la France, protégeaient nos jeunes troupes quelque part qu'elles se trouvassent. Le renom de l'armée française était tel qu'à son approche il n'y avait dans les populations qu'un sentiment, celui de la satisfaire en lui fournissant au plus tôt ce dont elle avait besoin. Si on avait le temps de la connaître, on cessait bientôt de la détester, sans cesser de la craindre, et on lui offrait de bonne volonté ce que le premier jour on lui avait offert sous une impression de terreur.

Le général en chef avait précédé son armée à Abrantès pour préparer d'avance les secours que réclamait son triste état. Les habitants se prêtèrent à tout ce qu'il voulut. On réunit du bétail, du pain en abondance, et, pour la première fois depuis leur départ de Salamanque, c'est-à-dire depuis douze jours, les soldats reçurent la ration complète. On leur procura des vins excellents, de la chaussure, des vêtements, des moyens de transport. On put même envoyer en arrière des voitures pour recueillir les hommes fatigués ou malades. Le temps n'était pas encore redevenu serein et sec; mais on se trouvait dans un beau pays, uni, chaud, couvert d'orangers, exhalant les doux parfums du Midi, présentant le spectacle du bien-être et de la richesse. L'effet sur ces jeunes soldats, accessibles à toutes les sensations, fut prompt, et ils passèrent en deux jours du plus sombre désespoir à une sorte de joie et de confiance. Beaucoup d'entre eux étaient encore engagés au milieu des rochers du Beyra; mais ils venaient peu à peu, par bandes détachées, recevoir à leur tour la douce impression d'une belle contrée, abondante en ressources de tout genre.

Junot fit réparer les armes, et, réunissant les compagnies d'élite, forma une colonne de quatre mille

Nov. 1807.

Événements qui se préparaient à Lisbonne pendant la marche de l'armée française.

hommes, en état de continuer la marche sur Lisbonne. Ayant prévenu par sa célérité une résistance qui, dans les montagnes du Beyra, aurait pu devenir invincible, il avait recueilli un premier prix de ses efforts. Mais il aurait voulu arriver à Lisbonne, de manière à saisir au passage tout ce qui allait s'échapper de cette capitale. Ce second succès était presque impossible à obtenir.

En ce moment une incroyable confusion régnait à Lisbonne. Le prince régent, qui gouvernait pour sa mère, atteinte de démence, avait flotté entre mille résolutions contraires. Il avait essayé, d'accord avec le cabinet de Londres, de faire accepter à Napoléon un moyen terme, qui consistait à fermer ses ports aux Anglais, sans confisquer leurs propriétés. Napoléon s'y étant refusé, le prince régent était retombé dans d'affreuses perplexités. Ses ministres, partagés sur la conduite à suivre, conseillaient, les uns de vivre comme on avait toujours vécu, c'est-à-dire de rester attachés à l'Angleterre, et de résister aux Français avec le secours de celle-ci; les autres de sortir des errements du passé, d'entrer dans les vues de la France, de chasser les Anglais, et de s'épargner ainsi une invasion étrangère. D'autres encore proposaient un troisième parti, dont nous avons déjà parlé, celui de fuir au Brésil, en livrant la malheureuse patrie des Bragance aux Anglais et aux Français, qui allaient s'en disputer les lambeaux. Au milieu de ces pénibles hésitations, le prince régent, dès qu'il avait appris la marche de l'armée française sur Valladolid, avait accédé à toutes les demandes de Napoléon, déclaré la guerre à la Grande-Bretagne, décrété la saisie de toutes ses propriétés, en donnant toutefois aux commerçants anglais le temps d'emporter ou de vendre ce qu'ils possédaient de plus précieux. Il avait enfin dépêché à la rencontre du général Junot, pour arrêter l'armée française, des messagers, qui malheureusement la cherchaient sur les routes où elle n'était pas. Lord Strangford, ambassadeur d'Angleterre, avait pris ses passe-ports, et s'était retiré à bord de la flotte anglaise, qui avait immédiatement commencé le blocus du Tage.

L'apparition imprévue de l'armée française sur la route d'Alcantara à Abrantès, sans qu'aucun des émissaires envoyés pût ralentir sa marche, fit naître une indicible terreur dans l'âme du régent, terreur partagée par tous ses parents et conseillers. L'idée de fuir prit alors le dessus sur toutes les autres. Lord Strangford, sachant ce qui se passait, s'empressa de reparaître à Lisbonne, en apportant des nouvelles de Paris, qui avaient passé par Londres, et qui annonçaient la résolution prise par Napoléon de détrôner la maison de Bragance [1].

[1] Plusieurs historiens, tant portugais qu'espagnols et français, ont prétendu que lord Strangford décida le prince régent à quitter le Portugal en produisant un *Moniteur* du 11 novembre, arrivé par la voie de Londres, contenant un décret impérial semblable à celui qui avait prononcé la déchéance de la maison de Naples, et déclarant que *la maison de Bragance avait cessé de régner*. Cette assertion, si elle n'est pas tout à fait inexacte, est cependant erronée. Le *Moniteur* ne renferme, ni à la date du 11 novembre, ni à des dates antérieures ou postérieures, un décret portant que la maison de Bragance *avait cessé de régner*. Cette forme employée en 1806 contre la maison de Naples, après une trahison impardonnable, ne pouvait pas se renouveler contre des familles régnantes, qui n'avaient fourni à Napoléon aucun prétexte de les traiter de la sorte. Le dépôt des minutes à la secrétairerie d'État

Nov. 1807.

La famille royale, n'ayant pu fléchir l'armée française par ses offres de soumission, prend la résolution de fuir au Brésil.

Embarquement de la cour et des principales familles à bord de l'escadre portugaise.

Ces nouvelles et sa présence décidèrent définitivement le départ de la famille royale pour le Brésil. On avait, dans la supposition qu'il faudrait peut-être fermer le Tage aux Anglais, armé, tant bien que mal, ce qui restait de la flotte portugaise, c'est-à-dire un vaisseau de quatre-vingts, sept de soixante-quatorze, trois frégates et trois bricks. La nouvelle de l'entrée de Junot à Abrantès, auquel il suffisait de trois marches pour arriver à Lisbonne, ayant été connue dans cette capitale le 27 novembre, on mit à bord la famille royale et une partie de l'aristocratie, avec ce qu'elle pouvait emporter de ses effets précieux. Par un temps affreux, une pluie battante, on vit les princes, les princesses, la reine-mère les yeux égarés par la folie, presque toutes les personnes composant la cour, beaucoup de grandes familles, hommes, femmes, enfants, domestiques, au nombre de sept ou huit mille individus, s'embarquer confusément sur l'escadre, et sur une vingtaine de grands bâtiments consacrés au commerce du Brésil. Le mobilier des palais royaux et des plus riches maisons de Lisbonne, les fonds des caisses publiques, l'ar-

ne renferme pas plus que le *Moniteur* le décret dont on parle contre la maison de Bragance. Mais le *Moniteur* du 13 novembre contient sous la rubrique Paris, date du 12, un article sur les diverses expéditions des Anglais contre Copenhague, Alexandrie, Constantinople et Buenos-Ayres. Dans cet article, dicté évidemment par Napoléon, et tendant à montrer les conséquences auxquelles s'exposaient tous les gouvernements qui se sacrifiaient à la politique anglaise, on lit le passage suivant :

« Après ces quatre expéditions qui déterminent si bien la décadence morale et militaire de l'Angleterre, nous parlerons de la situation où ils laissent aujourd'hui le Portugal. Le prince régent du Portugal perd son trône; il le perd, influencé par les intrigues des Anglais; il le perd pour

gent que le régent avait pris soin d'amasser depuis quelque temps, celui que les familles fugitives avaient pu se procurer, tout gisait sur les quais du Tage, à moitié enfoui dans la boue, aux yeux d'un peuple consterné, tour à tour attendri de ce spectacle douloureux, ou irrité de cette fuite si lâche, qui le laissait sans gouvernement et sans moyens de défense. La précipitation était si grande, que, sur quelques-uns de ces bâtiments qu'on chargeait de richesses, on avait oublié de placer les vivres les plus indispensables. Dans la journée du 27, tout fut embarqué, et trente-six bâtiments de guerre ou de commerce, rangés autour du vaisseau amiral, au milieu du Tage, large devant Lisbonne comme un bras de mer, attendirent le vent favorable, tandis qu'une population de trois cent mille âmes les regardait tristement, partagée entre la douleur, la colère, la curiosité, la terreur. A l'embouchure du Tage, la flotte anglaise croisait pour recevoir les émigrants et les protéger au besoin de son artillerie.

Toute la journée du 27 se passa ainsi, les vents ne permettant pas la sortie du Tage, et l'anxiété

---

n'avoir pas voulu saisir les marchandises anglaises qui sont à Lisbonne ; que fait donc l'Angleterre, cette alliée si puissante? Elle regarde avec indifférence ce qui se passe en Portugal. Que fera-t-elle quand le Portugal sera pris? Ira-t-elle s'emparer du Brésil? Non : si les Anglais font cette tentative, les catholiques les chasseront. La chute de la maison de Bragance restera une nouvelle preuve que la perte de quiconque s'attache aux Anglais est inévitable. »

C'est là probablement ce qu'on a entendu par le décret déclarant que la maison de Bragance avait cessé de régner; c'est là le *Moniteur* qui, paraissant à Paris le 13, rendu à Londres le 15 ou le 16, ont par l'amirauté arriver le 23 ou le 24 à bord de la flotte anglaise, et être communiqué au prince régent de Portugal.

Nov. 1807.

Arrivée du général Junot à Lisbonne au moment où la flotte portugaise met à la voile.

régnant sur la flotte portugaise; car si un détachement français parvenu à temps à Lisbonne eût couru à la tour de Belem, le Tage se serait trouvé fermé.

Pendant ce temps le général Junot, menant à la hâte ses malheureux soldats, arrivait à perte d'haleine sous les murs de Lisbonne. Il avait été retenu pendant les journées du 26 et du 27 devant le Zezère, dont les eaux s'étaient élevées de douze à quinze pieds en quelques heures, et qui se jette dans le Tage, près de Punhette. Il le passa avec quelques mille hommes, dans des bateaux que lui amenèrent des mariniers bien payés, et au milieu des plus grands périls, car ces bateaux emportés avec une grande violence allaient tomber dans le Tage, et étaient ensuite obligés d'en remonter le cours pour rejoindre le point de débarquement. Le 28, Junot marcha sur Santarem, à travers les inondations qui couvraient au loin les bords du Tage, et au milieu desquelles les soldats faisaient quelquefois une lieue de suite, en ayant de l'eau jusqu'au genou. Le 29, il atteignit Saccavem, et y reçut des nouvelles de Lisbonne. Il apprit que la famille royale était embarquée avec toute la cour, et qu'elle allait emmener la marine portugaise chargée de richesses. Il n'était plus à espérer qu'on pût arriver à temps; mais il fallait prévenir un soulèvement, qu'il aurait été impossible de comprimer avec quelques mille hommes épuisés n'ayant pas un canon. Le général Junot prit son parti résolument, et quitta Saccavem le 30 au matin avec une colonne qui n'était pas de plus de quinze cents grenadiers, et avec une escorte de quelques cavaliers portugais rencontrés sur sa route qu'il avait obligés à le suivre. Il entra dans Lisbonne à huit heures du matin, fut reçu par une commission du gouvernement, à laquelle le prince régent avait livré le royaume, et par un émigré français, M. de Novion, qui était chargé de la police, et qui s'acquittait de ce soin avec autant d'intelligence que d'énergie. Le général Junot trouva la capitale tranquille, désolée de la présence de l'étranger, mais soumise, et d'ailleurs tellement indignée de la fuite de la cour, qu'elle en voulait un peu moins à ceux qui venaient prendre son trône. La flotte portugaise, après avoir attendu sous voiles toute la journée du 27, et une partie de celle du 28, avait enfin franchi le soir la barre du Tage, grâce à un changement de vents, et avait été accueillie par les salves de la flotte anglaise, saluant la royauté fugitive. L'amiral Sidney Smith détacha une forte division pour accompagner cette royauté en Amérique, où elle allait commencer par le Brésil l'affranchissement de toutes les colonies portugaises et espagnoles; car il était donné à la révolution française de changer la face du nouveau monde comme de l'ancien, et ces trônes de la Péninsule, qu'elle précipitait dans l'Océan, devaient y produire en tombant un reflux qui se ferait sentir jusqu'à l'autre bord de l'Atlantique.

Nov. 1807.

Le général Junot avait donc vu lui échapper une partie des résultats qu'il poursuivait avec tant d'ardeur. Mais quelques carcasses de vaisseaux tellement usées que les fugitifs qui s'y étaient embarqués craignaient de ne pas arriver au Brésil, quelques pierreries, quelques métaux monnayés, et enfin une famille dont la prise eût été un grand embarras, ne valaient pas l'avantage de devenir maître sans coup férir des plus importantes positions du littoral européen, et d'avoir prévenu une résistance qu'on n'aurait pas pu vaincre si elle avait été tant soit peu énergique. Le général Junot et son armée avaient donc recueilli le prix de leur constance. Mais il fallait s'établir à Lisbonne, rallier l'armée, la faire reposer, la pourvoir du nécessaire, et lui rendre l'aspect imposant qu'elle avait perdu pendant cette marche mémorable.

Vers la fin de la journée du 30, Junot vit arriver une partie de la première division. Il s'empara des forts et des positions dominantes de Lisbonne, qui est située sur quelques collines, au bord des eaux épanchées du Tage. La commission du gouvernement, et surtout le commandant de la légion de police, M. de Novion, l'aidèrent dans le maintien de l'ordre; en quoi ils agirent en bons citoyens, car l'ordre troublé n'eût amené qu'une effusion inutile de sang, et peut-être le sac de Lisbonne. Junot répartit les troupes de la manière la plus convenable pour leur bien-être et leur sûreté au milieu d'une population ennemie de trois cent mille âmes. Après avoir solidement établi les premiers détachements arrivés, il s'occupa de rallier les autres. Beaucoup de soldats avaient été ou noyés ou assassinés; quelques-uns étaient morts de fatigue. Cependant, quoique très-regrettables, ces pertes n'étaient pas aussi grandes qu'on aurait pu le craindre d'après le petit nombre d'hommes qui se trouvaient dans les rangs le jour de l'entrée à Lisbonne.

Les relevés faits plus tard constatèrent que les morts ou égarés ne dépassaient pas 1,700. Il restait donc environ 21 ou 22 mille soldats, déjà fort éprouvés par cette campagne, et suivis de 3 à 4 mille, qui, conduits par une route d'étapes bien frayée, devaient arriver sains et saufs au but où leurs devanciers n'étaient parvenus qu'après tant de peines et de fatigues. La plupart des soldats demeurés en arrière s'étaient réunis en bandes, marchant plus lentement que les têtes de colonne, mais se défendant contre les paysans, et vivant comme ils pouvaient de ce qu'ils trouvaient dans les bois. Les troupeaux de chèvres ou de moutons rencontrés sur la route faisaient les frais de leur subsistance. Une fois à Abrantès, ils s'embarquaient sur des bateaux qui les transportaient par le Tage à Lisbonne. L'artillerie, fort retardée, fut aussi chargée sur des bateaux, et par ce moyen expéditif de transport conduite au point commun de ralliement. La cavalerie arriva sans chevaux. Mais le Portugal allait fournir à l'armée tout ce qui lui manquait. Il y avait à Lisbonne un arsenal magnifique, servant également aux armées de terre et de mer, peuplé de trois mille ouvriers très-habiles, et ne demandant pas mieux que de continuer à gagner leur vie, même en travaillant pour les Français. Junot les employa à réparer ou à refaire tout le matériel de l'armée, et à fabriquer des affûts pour la nombreuse artillerie qui existait à Lisbonne, et qu'il fallait mettre en batterie contre les Anglais. Près de la capitale se trouvait l'armée portugaise, forte de vingt-cinq mille hommes, laquelle attendait qu'on prononçât sur son sort. Les soldats portugais, en général, aimaient mieux vivre dans leurs villages que sous les drapeaux. Junot leur donna des congés, de manière qu'il n'en restât que six mille dans les cadres. Il prit tous les chevaux de la cavalerie, et remonta ainsi la cavalerie française. Il fit de même pour l'artillerie, et en quelques jours son armée, ralliée, armée, vêtue à neuf, reposée de ses fatigues, présentait le plus bel aspect. Pour suffire à ces dépenses, il n'y avait aucuns fonds dans les caisses. Mais en attendant la rentrée des impôts, le commerce, rassuré par le langage et les actes du général Junot, lui fit une avance de cinq millions afin de pourvoir aux besoins les plus pressants, et on put ainsi payer toutes les consommations de l'armée. Le général Junot établit sa première division dans Lisbonne; la seconde, moitié dans Lisbonne et moitié vis-à-vis d'Abrantès; la troisième, sur le revers des montagnes au pied desquelles Lisbonne est assise, de Peniche à Coimbre. Il envoya sa cavalerie sous le général Kellermann dans la plaine de l'Alentejo, pour y faire reconnaître partout l'autorité française. Il plaça à Setuval les Espagnols du général Carafa, qui l'avaient accompagné. Il établit une route d'étapes bien gardée et bien approvisionnée par Leiria, Coimbre, Almeida, Salamanque et Bayonne. Dans ce premier moment, tout parut tranquille et presque rassurant. Il n'y avait qu'une difficulté très-embarrassante dès le début, c'était d'approvisionner, malgré les Anglais, une capitale de trois cent mille habitants, habituée à recevoir par la mer les blés et les bestiaux de la côte d'Afrique. Le général Junot traita avec plusieurs commerçants, et donna des commissions de tous les côtés pour amener des vivres de l'intérieur. Il fut habilement secondé par son chef d'état-major Thiébault, et par M. Hermann, que Napoléon lui avait envoyé pour administrer les finances portugaises. Ce dernier était parfaitement probe et très au fait du pays, ayant long-temps rempli des fonctions diplomatiques tant à Lisbonne qu'à Madrid. Grâce aux soins combinés de ces divers agents, rien ne manqua, dans les premiers temps du moins, et on commença même à réarmer les restes de la flotte portugaise. Dans le même moment, le général espagnol Taranco occupait avec sept ou huit mille hommes la province d'Oporto, et le général Solano, avec trois ou quatre mille, celle des Algarves.

Tandis qu'une armée française pénétrait en Portugal, Napoléon, qui en avait disposé deux autres à l'entrée de la Péninsule, avait ordonné au général Dupont, commandant le deuxième corps de la Gironde, de porter l'une de ses divisions à Vittoria, sous prétexte de secourir le général Junot contre les Anglais. Un peu avant la marche de cette division, trois ou quatre mille hommes de renfort, destinés à se fondre dans les trois divisions de l'armée de Portugal, avaient déjà pris le chemin de Salamanque. On s'habituait donc à regarder la frontière espagnole comme une démarcation abolie, et l'Espagne elle-même comme une route ouverte dont on se servait, sans même prévenir le souverain du territoire. La première division du général Dupont, en effet, était rendue à Vittoria avant que M. de Beauharnais eût donné avis de ce mouvement au cabinet de Madrid. C'était le prince de la Paix qui le premier en avait parlé à M. de Beauharnais avec une anxiété visible. A ce sujet il s'était fort excusé du défaut de préparatifs dont on s'était plaint sur la route parcourue par le général Junot, et avait attribué cette négligence aux graves préoccupations résultant du procès de l'Escurial.

Depuis ce procès, et malgré le pardon accordé au prince des Asturies, l'agitation n'avait cessé de croître en Espagne, tant au sein de la cour qu'au sein du pays lui-même. Le prince des Asturies, que son abjecte soumission, sa lâche trahison envers ses amis, auraient dû déshonorer, était au contraire adoré d'une nation qui, ne trouvant pas un autre prince à aimer dans cette famille dégénérée, se plaisait à tout excuser chez lui, et imputait à ses ennemis, à leurs menaces, à leur tyrannie, ce qu'il y avait eu d'équivoque dans sa conduite. La demande d'une princesse française adressée par Ferdinand à Napoléon, demande désormais bien connue, avait tourné les yeux de la nation comme ceux du prince vers le haut protecteur qui réglait en ce moment les destinées du monde. Les troupes françaises déjà entrées sur le territoire espagnol, celles qui s'accumulaient entre Bordeaux et Bayonne, excédant de beaucoup la force nécessaire à l'occupation du Portugal, accréditaient l'opinion que ce puissant protecteur songeait à se mêler des affaires de l'Espagne, et la nation tout entière se plaisait à croire que ce serait dans le sens de ses désirs, c'est-à-dire pour renverser le favori, reléguer la reine dans un couvent, Charles IV dans une maison de chasse, et donner la couronne à Ferdinand VII uni à une princesse française. L'attitude de M. de Beauharnais ne faisait que favoriser ces illusions. Cet ambassadeur, plein d'aversion pour le favori, induit par ses rapports secrets avec le prince des Asturies à lui porter de l'intérêt, se flattant que ce prince épouserait bientôt une princesse française qui était sa parente (mademoiselle de Tascher), abondait dans tous les sentiments des Espagnols eux-mêmes, et ceux-ci, croyant que le représentant de la France avait ordre d'être tel qu'il se montrait, se prenaient pour Napoléon et les Français d'un enthousiasme croissant, au point que nos troupes, au lieu d'être pour le peuple le plus défiant de la terre un sujet d'alarme, étaient au contraire devenues pour lui un sujet d'espérance.

Vainement quelques esprits plus avisés se disaient-ils que pour renverser un favori abhorré de la nation espagnole il ne faudrait pas tant de soldats, qu'il suffirait pour le précipiter dans le néant d'un signe de tête du tout-puissant empereur des Français; que ces troupes qui s'accumulaient étaient peut-être les instruments longuement préparés d'une résolution plus grave, tendant à exclure les Bourbons de tous les trônes de l'Europe; vainement quelques esprits plus clairvoyants faisaient-ils ces remarques : elles ne se propageaient pas, parce qu'elles étaient contraires à la passion qui possédait tous les cœurs.

La crainte, inspirant mieux la reine et le favori, leur ouvrait les yeux sur leur propre danger. Ils sentaient tous les deux, et la reine avec plus de vivacité que son amant, quel mépris ils devaient inspirer au grand homme qui dominait l'Europe. Ils sentaient à quel point leur lâche incapacité était au-dessous de ses grands desseins, et le voile dont il couvrait ses intentions ajoutait encore à leurs pressentiments la terreur qui naît de l'obscurité. Bien que Napoléon eût signé le traité de Fontainebleau, que par ce traité il eût reconnu Emmanuel Godoy prince souverain des Algarves, ils n'étaient l'un et l'autre que médiocrement rassurés. D'abord Junot venait de s'emparer de l'administration entière du Portugal, sans en excepter les provinces occupées par les troupes espagnoles. Ensuite Napoléon avait voulu que le traité de Fontainebleau continuât à rester secret. Pourquoi ce secret, lorsque le Portugal se trouvait au pouvoir des troupes alliées, que la maison de Bragance était partie, et avait en quelque sorte par son départ laissé le trône vacant? À ces questions inquiétantes venaient s'ajouter les lettres de l'agent Yzquierdo, qui ne pouvait dissimuler à son patron les appréhensions dont il commençait à être saisi. Ces appréhensions ne reposaient, il est vrai, sur aucun fait précis, car Napoléon n'avait dit à personne sa pensée sur l'Espagne, et n'avait pu la dire, incertain encore de ce qu'il ferait. Mais ce penchant fatal à remplacer partout la famille de Bourbon par la sienne, penchant qui dominait son âme au point de lui faire oublier toute prudence, quelques esprits doués de clairvoyance le pressentaient, et Napoléon, sans avoir parlé, était deviné par plus d'un observateur. Le silence qu'il gardait, tout en se livrant à des préparatifs très-apparents, avait surtout frappé l'agent Yzquierdo, l'homme le plus habile à découvrir ce qu'on voulait lui cacher, et ce dernier ne cessait d'écrire au prince de la Paix que, bien que Napoléon fût parti pour l'Italie, qu'autour de ses ministres et de ses confidents il ne circulât aucun propos, pourtant il y avait dans tout ce qu'il voyait un mystère qui le remplissait d'inquiétude.

Nov. 1807.

Aussi le prince de la Paix et la reine étaient-ils singulièrement agités. La reine, souvent indisposée, cachant son trouble sous un calme affecté, son âge sous les parures les plus recherchées, laissait néanmoins échapper malgré elle de fréquents éclats de colère. Elle remplissait le palais de ses emportements, demandait le sacrifice de tous ceux qu'elle croyait ses ennemis, exprimait follement la volonté de faire tomber la tête du chanoine Escoïquiz et du duc de l'Infantado, et s'indignait contre l'obséquieux ministre de la justice Caballero, qui, tout tremblant, se bornait à opposer à ses désirs les difficultés naissant d'anciennes lois du royaume, inviolées et inviolables. Elle allait jusqu'à déclarer ce ministre un traître, vendu à Ferdinand. Celui-ci de son côté, mécontent de ce même ministre, l'appelait un vil exécuteur des volontés de sa mère, et se promettait d'en tirer plus tard une vengeance éclatante. Le prince de la Paix croyant, dans son intérêt même, utile de calmer la reine, la comblait de prévenances, et avait passé pour elle d'une indifférence insultante à des attentions de tous les moments. Bien qu'il allât le soir chez les demoiselles Tudo reposer son âme des fatigues de l'intrigue et de la crainte, il prodiguait le matin à cette reine exaspérée les soins

Agitations croissantes de la reine.

Efforts du prince de la Paix pour calmer l'exaspération de la reine.

d'un courtisan fidèle ; et l'on voyait ces deux amants, qu'à leurs infidélités nombreuses on avait dû croire dégoûtés l'un de l'autre, ramenés par des terreurs et des haines communes à une intimité qui présentait tous les semblants de l'amour. En public, la reine témoignait au prince de la Paix un redoublement d'affection, et se plaisait à braver par ses témoignages la pudeur des assistants et l'aversion de ses ennemis. La cour était déserte. Tout ce qu'il y avait d'honnête l'avait abandonnée. Quand la famille royale paraissait hors des jardins de l'Escurial, le peuple restait silencieux, excepté pour le prince des Asturies, qu'il poursuivait de ses acclamations, au point que la reine avait fait rendre une ordonnance de police par laquelle toute acclamation était interdite. Elle avait poussé l'extravagance de ses volontés jusqu'à ordonner un *Te Deum*, pour remercier le ciel de la protection miraculeuse qu'il avait accordée au roi, en déjouant les complots du prince des Asturies. Entre les membres de la grandesse, tous convoqués, quatre seulement avaient paru, deux Espagnols, deux étrangers, consternés tous les quatre de leur propre bassesse. Au sortir de l'église, la reine avait montré à Emmanuel Godoy une tendresse, une familiarité outrageantes pour les assistants ; et l'infortuné Charles IV lui-même n'apercevant rien de ces infamies, mais sentant confusément le péril de la situation, avait mis sans le vouloir le comble au scandale, en s'appuyant sur le bras du favori, comme sur un bras puissant duquel il espérait son salut. Déplorable spectacle, honteux non-seulement pour le trône, mais pour l'humanité elle-même, dont la dégradation, manifestée en si haut lieu, devenait plus éclatante!

Chaque soir le prince de la Paix allait, comme nous l'avons dit, chez les demoiselles Tudo épancher les douleurs de son âme, fort souffrante quoique légère. Dans cette maison où les curieux venaient chercher des nouvelles, on avait conçu et témoigné une grande joie du traité de Fontainebleau, joie bientôt empoisonnée par l'ordre reçu de Paris de tenir le traité secret, par l'entrée continuelle des troupes françaises, par les lettres de l'agent Yzquierdo. Comme le public se plaisait à recueillir tout ce qui était défavorable au prince de la Paix, ses affidés tâchaient d'opposer au torrent des mauvaises nouvelles un torrent contraire, citant avec exagération tous les signes de faveur obtenus de la cour des Tuileries. Ainsi, malgré l'ordre de tenir secret le traité de Fontainebleau, on en avait raconté toutes les particularités chez les demoiselles Tudo, et on l'avait fait avec le plus grand détail. On avait dit que le nord du Portugal était donné à la reine d'Étrurie, le midi au prince de la Paix, constitué prince souverain des Algarves, et le milieu réservé pour en disposer plus tard. On motivait ainsi la présence des armées françaises; et quant à leur nombre, fort supérieur à ce qu'une simple occupation du Portugal aurait exigé, on l'expliquait par les grands projets de Napoléon sur Gibraltar. Afin de prévenir le fâcheux effet que devait produire l'entrée des autres corps prochainement attendus, on disait que l'armée française serait au moins de quatre-vingt mille hommes, que le prince de la Paix la commanderait en personne, que par conséquent il n'y avait pas à s'en alarmer. Quant au procès contre les complices du prince des Asturies, qui indignait tout le monde, et que Napoléon, disait-on, ne laisserait pas achever, les amis du prince de la Paix répondaient que la cour avait des nouvelles de Paris, que Napoléon avait déclaré l'affaire de l'Escurial une affaire étrangère à la France, et qu'il approuvait fort la punition d'intrigants qui avaient voulu ébranler le trône.

Ni le prince de la Paix, ni les femmes de rang si différent qui s'intéressaient à son sort, ne croyaient beaucoup à ces nouvelles. La crainte les tourmentait, et leur inspirait des précautions de la nature de celles qu'on prend en Orient contre la fortune ou contre la tyrannie. Ainsi on accumulait chez le prince de la Paix l'or et les pierreries. On démontait de superbes parures, pour en détacher les diamants qu'on transportait chez lui, avec de fortes valeurs en numéraire. Chacun avait pu voir la nuit des mulets chargés sortir de sa demeure, les uns dirigés vers Cadix, les autres vers le Ferrol. Le peuple, suivant sa coutume, exagérait ces faits, et les grossissait démesurément. Il parlait de cinq cents millions en espèces, amassés chez le prince de la Paix, et partis ensuite en plusieurs convois pour des destinations inconnues. Ces récits fabuleux, concordant avec la fuite de la maison de Bragance, avaient fait naître de toutes parts la supposition que le prince de la Paix voulait entraîner la famille royale au Mexique, pour prolonger au delà des mers un pouvoir qui expirait en Europe. Propagée avec une incroyable rapidité, cette supposition avait indigné tous les Espagnols. L'idée de voir la famille royale d'Espagne fuir lâchement comme la famille royale de Portugal, emmener prisonnier un prince adoré, laisser à Napoléon un royaume vacant, les révoltait, et cette crainte avait ajouté, s'il était possible, à la fureur populaire qu'excitait le favori. Toutes les semaines, le bruit que les richesses de la couronne avaient été emballées pour être secrètement emportées à Cadix, et que le prince de la Paix allait conduire la famille royale à Séville, se répandait comme une sinistre rumeur, soulevait les esprits, déchaînait les langues, s'évanouissait ensuite pour un moment, quand les faits ne venaient pas le confirmer, et renaissait de nouveau comme les sourds mugissements qui précèdent la tempête.

Nov. 1807.

Et quelque faux que soient, en général, les bruits qui circulent chez un peuple agité, ceux-ci n'étaient pas sans fondement. Bien avant la fuite de la maison de Bragance, le projet de cette fuite avait été communiqué à la cour de Madrid, soumis à son jugement, discuté avec elle, à ce point qu'il en avait été parlé à l'ambassadeur de France. Frappé de cet exemple, le prince de la Paix, quand il désespérait de sa situation, aimait à rêver en Amérique un asile où il irait chercher le repos, la sécurité, la continuation de son pouvoir. Il s'en était ouvert à la reine, à qui ce projet convenait fort, et, pour y disposer le roi, il avait commencé à l'effrayer des intentions de Napoléon. Après lui avoir dit sur ce sujet plus qu'il ne savait, mais pas plus qu'il n'y

Vérité des bruits de départ.

23.

Nov. 1807.

Raisons que fait valoir le prince de la Paix en faveur de la retraite en Amérique.

avait, il s'était longuement étendu sur un plan de fuite en Amérique, comme sur le parti le plus sûr, le plus profitable même à l'Espagne. Résister aux armées de Napoléon, suivant le prince de la Paix, était impossible. On pouvait lutter, mais pour finir par succomber devant celui que l'Europe entière avait vainement essayé de combattre, et dans cette lutte on perdrait non-seulement l'Espagne, mais le magnifique empire des Indes, cent fois plus beau que le territoire européen de la maison de Bourbon. Les provinces d'outre-mer, déjà fort remuées par le soulèvement des colonies anglaises, ne demandant qu'à se déclarer indépendantes, fort travaillées en ce sens par les agents britanniques, profiteraient de la guerre qui absorberait les forces de la métropole pour secouer le joug de celle-ci, et ainsi, outre les Espagnes, on se verrait enlever le Mexique, le Pérou, la Colombie, la Plata, les Philippines. Au contraire, en se réfugiant aux colonies, on les maintiendrait par la présence de la famille régnante, qu'elles seraient heureuses d'avoir à leur tête pour former un empire indépendant; et si Napoléon, toujours plus odieux à l'Europe, à mesure qu'il devenait plus puissant, finissait par succomber, on reviendrait sur l'ancien continent, plus assuré de la fidélité des provinces d'Amérique avec lesquelles on aurait resserré ses liens, et ayant dans l'intervalle échappé, par un simple voyage, au bouleversement général de tous les États. Si, au contraire, le tyran de l'ancien monde devait mourir sur son trône usurpé et y laisser sa dynastie consolidée, on trouverait dans le Nouveau-Monde un empire rajeuni, qui avait de quoi faire oublier tout ce qu'on aurait abandonné en Europe.

Ces idées, les seules fortes et sensées qu'eût jamais conçues le favori, car, si on renonçait à disputer l'Espagne par une résistance héroïque, ce qu'il y avait de mieux c'était de conserver à la nation les deux Indes, et à la famille régnante un trône quelque éloigné qu'il fût, ces idées étaient de nature à bouleverser Charles IV. Se défendre par les armes, il n'y songeait certainement pas. S'en aller de l'Escurial à Cadix, s'embarquer, traverser les mers, se priver pour jamais des chasses du Pardo, l'épouvantait presque autant qu'une bataille. Il aimait mieux repousser loin de lui ces sinistres prévisions, et se jeter, disait-il, dans les bras de son *magnanime ami Napoléon*. Il faut ajouter, à l'honneur de ce bon et malheureux prince, que, malgré sa médiocrité, il sentait pourtant ce que Napoléon avait de grand, qu'il admirait ses exploits, et que s'il eût été capable de quelques efforts, il les eût faits pour l'aider à battre l'Angleterre, dans l'intérêt des deux pays, qu'il comprenait quand il lui arrivait d'y penser. Aussi répondait-il à ceux qui lui parlaient de retraite lointaine, qu'il fallait chercher à deviner les intentions de Napoléon, et s'y conformer, car, au fond, elles ne pouvaient pas être mauvaises; que le prince des Asturies, après tout, n'avait pas été si mal inspiré en demandant pour épouse une princesse de la famille Bonaparte; que c'était un moyen de resserrer l'alliance des deux pays, de faire cesser la haine des deux races; qu'il n'était pas possible que Napoléon, quand il aurait donné à

Nov. 1807.

Répugnance de Charles IV à l'égard de tout parti décisif.

Charles IV veut qu'on fasse comme Ferdinand, et qu'on cherche à s'attacher

Nov. 1807.

Napoléon par un mariage.

Charles IV exige que la demande clandestine de mariage faite par Ferdinand soit officiellement renouvelée au nom de la couronne d'Espagne.

Répugnance de la reine et du prince de la Paix pour le mariage proposé.

Ferdinand l'une de ses filles adoptives, voulût la détrôner. Il était un héros trop grand, trop magnanime, pour commettre un tel manque de parole. C'était peut-être pour la première fois de sa vie que l'infortuné roi, dont l'esprit s'éveillait sous l'aiguillon des circonstances, concevait une idée à lui, et paraissait y tenir. Il avait déjà pensé à ce mariage du prince héritier de la couronne avec une nièce de Napoléon, et il n'avait pas de violence à se faire pour adopter un tel projet. Il voulait donc que la demande faite par Ferdinand, d'une manière irrégulière, fût renouvelée régulièrement au nom de la couronne d'Espagne, avec la solennité convenable, et les pouvoirs nécessaires pour traiter. Si Napoléon acceptait, il était lié envers la maison de Bourbon; s'il refusait, on saurait ce qu'il fallait croire de ses intentions, et il serait temps alors de songer à la retraite.

Rien ne pouvait être plus désagréable à la reine et au favori que l'idée d'un tel mariage; car Ferdinand, époux d'une princesse française, protégé de Napoléon, protecteur à son tour de la maison d'Espagne, serait devenu tout-puissant. La chute du favori et la destruction de l'influence de la reine devaient s'ensuivre. Mais ne pas renouveler pour le compte de la couronne la proposition de Ferdinand, c'était déclarer qu'il avait eu tort, non-seulement dans la forme, mais dans le fond; c'était laisser voir à Napoléon qu'on ne voulait pas de son alliance; c'était se priver d'un moyen assuré de sonder ses intentions, et surtout se priver d'arguments indispensables auprès de Charles IV, pour lui faire approuver le projet de fuite en Amérique. Ces raisons furent celles qui ramenèrent la reine et le favori à l'idée de demander une princesse française, c'est-à-dire de renouveler, au nom de la couronne, la proposition clandestine de Ferdinand. C'était la seule fois peut-être qu'il eût fallu débattre une résolution avec Charles IV, la seule fois assurément, pendant tout son règne, qu'une de ses volontés fût devenue celle du gouvernement.

Nov. 1807.

En conséquence, on fit écrire par Charles IV une lettre des plus affectueuses, pour prier Napoléon d'unir l'héritier de la couronne d'Espagne à une princesse de la maison Bonaparte. On ne se borna pas à cette demande. On réclama de Napoléon, dans une seconde lettre jointe à la première, l'exécution immédiate du traité de Fontainebleau, la publication de ce traité, et l'entrée en possession pour les copartageants des provinces portugaises du lot qui leur revenait à chacun. Cette réclamation, inspirée par le prince de la Paix, lui tenait fort à cœur, car il était impatient de se voir proclamer prince souverain; elle était en outre dans les intérêts bien entendus de la maison d'Espagne, puisque, par ce traité, Charles IV avait reçu de Napoléon la garantie de ses États, et le titre de roi des Espagnes et d'empereur des Amériques. La publication du traité de Fontainebleau eût été, dans le moment, un préservatif puissant contre les projets vrais ou supposés d'invasion.

Lettre de Charles IV à Napoléon pour demander la main d'une princesse française.

En attendant cette publication, on ne s'était pas fait faute, comme nous l'avons dit, de commettre des indiscrétions de tout genre, et de divulguer le

Nov. 1807.

traité tout entier. On débitait publiquement dans les rues de Madrid, en exagérant même les assertions de la maison Tudo, que le prince de la Paix allait être déclaré roi de Portugal, Charles IV empereur des Indes; qu'en un mot la faveur de Napoléon à l'égard d'Emmanuel Godoy allait se manifester d'une manière éclatante. Dans les instants fort courts où l'on ajoutait foi à ces bruits, on ouvrait les yeux à moitié; on disait que, sans doute, Napoléon se préparait à détrôner les derniers Bourbons comme il avait détrôné tous les autres, qu'il était d'accord avec Godoy pour se les faire livrer, et qu'il lui donnait le Portugal, pour que Godoy à son tour lui donnât l'Espagne. On calomniait ainsi ce personnage si difficile à calomnier; car, s'il était vrai qu'il eût asservi, avili et perdu ses maîtres, il n'était pas vrai qu'il les eût trahis en faveur de Napoléon. Heureusement pour la popularité de Napoléon en Espagne, ces bruits ne trouvaient pas longue créance. M. de Beauharnais, à qui sa cour laissait tout ignorer, affirmait qu'il n'avait aucune connaissance de ce traité, et avec tant de bonne foi que personne ne doutait de sa parole. On prenait donc les assertions des amis du favori pour une de leurs vanteries accoutumées, et on recommençait à croire ce qui plaisait, c'est-à-dire que Ferdinand allait devenir d'abord l'époux d'une fille adoptive de Napoléon, puis roi, et qu'ainsi disparaîtrait l'odieuse faction qui opprimait et déshonorait l'Escurial. Et, chose singulière, dans cette triste et sombre histoire de la chute des Bourbons d'Espagne, tandis que le prince de la Paix demandait à Paris l'autorisation de publier le traité de Fontainebleau, M. de Beauharnais y demandait de son côté l'autorisation de le démentir.

Les lettres de Charles IV, les dépêches de M. de Beauharnais, avaient un long trajet à parcourir pour rejoindre Napoléon alors en Italie, et voyageant de ville en ville avec sa rapidité accoutumée. Dans l'état des communications à cette époque, il ne fallait pas moins de sept jours pour aller de Madrid à Paris, pas moins de cinq pour aller de Paris à Milan; et si Napoléon était en ce moment en course, soit à Venise, soit à Palma-Nova, les dépêches d'Espagne lui arrivaient quelquefois quatorze et quinze jours après leur départ. Il en fallait autant pour l'envoi des réponses, et ces délais convenaient à Napoléon, qui aurait voulu ralentir la marche du temps, tant il lui en coûtait de prendre des résolutions relativement à l'Espagne, partagé qu'il était entre le désir de détrôner partout les Bourbons, et l'appréhension des moyens violents et odieux qu'il lui faudrait employer pour y réussir.

Parti le 16 novembre de Paris, Napoléon était arrivé le 21 à Milan, après avoir déjà visité plusieurs points intéressants. Il avait même surpris son fils Eugène Beauharnais, qui n'avait pas eu le temps d'accourir à sa rencontre. Se montrant le matin de son arrivée à la cathédrale de Milan pour y entendre un *Te Deum*, l'après-midi au palais de Monza pour y visiter la vice-reine sa fille, le soir au théâtre de la Scala pour s'y faire voir aux Italiens, il avait, dans les intervalles, entretenu les fonctionnaires chargés des services les plus importants. Il employa le 23, le 24, le 25, à expédier un grand nombre

Nov. 1807.

Les courriers de Madrid ne peuvent joindre Napoléon qu'en Italie.

Voyage de Napoléon en Italie.

Nov. 1807.

Création
d'une
commune
au
Mont-Cenis.

d'affaires, et à donner une foule d'ordres. Frappé en traversant la nouvelle route du Mont-Cenis, qui était son ouvrage, du dénûment de secours auquel se trouvaient exposés les voyageurs, faute de population sur ces hauteurs couvertes de neiges, il ordonna la création d'une commune, divisée en trois hameaux, un au bas de la montée, un au sommet, un sur le revers. Le hameau situé au sommet devait être le chef-lieu de la commune. Il prescrivit la construction d'une église, d'une maison commune, d'un hôpital, d'une caserne. Il accorda une dispense d'impôts pour tous les paysans qui viendraient s'établir dans la nouvelle commune, et en commença la population par l'établissement d'un certain nombre de cantonniers, chargés d'entretenir la route en temps ordinaire, et de se réunir en cas d'accident sur les points où leur secours serait nécessaire. Après avoir arrêté le budget du royaume d'Italie, donné une sérieuse attention à l'armée italienne, convoqué les trois colléges des Possidenti, des Dotti et des Commercianti pour le moment de son retour à Milan, c'est-à-dire pour le 10 décembre, il partit afin de se rendre à Venise, en suivant la route de Brescia, Vérone, Padoue, accueilli sur son passage par les acclamations d'un peuple enthousiaste. Toujours occupé utilement, même au milieu des fêtes, il avait rectifié en passant le tracé des fortifications de Peschiera, se réservant d'arrêter au retour celles de Mantoue. Chemin faisant, il avait recueilli une partie de sa parenté, le roi et la reine de Bavière, dont Eugène avait épousé la fille; sa sœur Élisa, princesse de Lucques et bientôt gouvernante de Toscane; enfin son frère Joseph, qu'il n'avait pas vu depuis qu'il l'avait nommé roi de Naples, et qu'il chérissait tendrement, malgré de nombreux reproches sur sa molle façon de gouverner. A Fusine, petit port sur les lagunes, où l'on s'embarque pour se rendre à Venise, les autorités et la population l'attendaient dans des gondoles richement pavoisées, afin de le conduire au séjour de l'ancienne reine des mers. Ce peuple vénitien, qui se consolait de ne plus former une république indépendante par la satisfaction d'avoir échappé à des lois tyranniques, par l'espérance d'appartenir bientôt à un vaste royaume qui comprendrait l'Italie tout entière, par la promesse enfin de grands travaux destinés à rendre ses eaux navigables, avait déployé pour recevoir Napoléon tout le luxe qu'il étalait autrefois quand son doge épousait la mer. D'innombrables gondoles brillant de mille couleurs, retentissant du son des instruments, escortaient les canots qui portaient, avec le maître du monde, le vice-roi et la vice-reine d'Italie, le roi et la reine de Bavière, la princesse de Lucques, le roi de Naples, le grand-duc de Berg, le prince de Neufchâtel, et la plupart des généraux de l'ancienne armée d'Italie. Après avoir donné aux réceptions le temps nécessaire, Napoléon employa les jours suivants à parcourir les établissements publics, les chantiers, l'arsenal, les canaux, accompagné partout de MM. Decrès, Proni, Sganzin. L'examen des lieux terminé, il rendit un décret en douze titres qui embrassait tous les besoins de Venise régénérée. Il commença, en vertu de ce décret, par rétablir une quantité de perceptions abo-

> Déc. 1807.
>
> lui rendre l'usage de son port, et préparer le retour de son ancienne prospérité commerciale.

lies depuis la chute de la république, mais justifiées par une longue expérience, peu onéreuses en elles-mêmes, et indispensables pour suffire aux dépenses d'une existence tout artificielle, car Venise comme la Hollande est une œuvre de l'art plus que de la nature. Les moyens assurés, il songea à leur emploi. Il organisa d'abord une administration pour l'entretien des canaux et le creusement des lagunes, décréta ensuite un grand canal pour conduire les bâtiments de l'arsenal à la passe de Malamocco, un bassin pour des vaisseaux de soixante-quatorze, des travaux hydrauliques tant sur la Brenta qui amène les eaux dans les lagunes, que sur les diverses issues par lesquelles elles se jettent dans l'Adriatique. Il institua en outre un port franc, où le commerce pouvait introduire les marchandises avant l'acquittement des droits de douanes. Il pourvut à la santé publique en transportant les sépultures des églises dans une île destinée à cet usage; il s'occupa des plaisirs du peuple en réparant et faisant éclairer la place de Saint-Marc, éternel objet de l'orgueil et des souvenirs des Vénitiens; il assura enfin l'existence des marins par la réorganisation de tous les anciens établissements de bienfaisance. Après avoir répandu ces bienfaits, et reçu en retour mille acclamations, Napoléon partit pour visiter le Frioul, pour voir les fortifications de Palma-Nova et d'Osoppo, qu'il ne cessait de diriger de loin, et qu'il regardait avec Mantoue et Alexandrie comme les gages de la possession de l'Italie. Osoppo et Palma-Nova sur l'Izonzo, Peschiera et Mantoue sur le Mincio, Alexandrie sur le Tanaro, étaient à ses yeux les échelons d'une résistance presque invincible contre les Allemands, si les Italiens mettaient quelque énergie à se défendre. Il était venu par Porto-Legnago à Mantoue, où il devait revoir son frère Lucien, pour essayer d'un rapprochement dont il avait le plus vif désir, mais qu'il ne voulait accorder qu'à certaines conditions. M. de Meneval alla pendant la nuit chercher Lucien dans une hôtellerie, et le conduisit au palais qu'occupait Napoléon. Lucien, au lieu de se jeter dans les bras de son frère, l'aborda avec une fierté fort excusable, puisqu'il était des deux frères celui qui n'avait aucune puissance, mais poussée peut-être au delà de ce qu'une dignité bien entendue aurait exigé. L'entrevue fut donc pénible et orageuse, mais non sans résultat utile. Napoléon, au nombre des combinaisons possibles en Espagne, rangeait encore l'union d'une princesse française avec Ferdinand. Dans le moment, en effet, il venait de recevoir la lettre du roi Charles IV, renouvelant la demande d'un mariage; et bien qu'il inclinât vers une résolution plus radicale, cependant il n'excluait pas de ses projets cette espèce de moyen terme. Il voulait donc que Lucien Bonaparte lui donnât une fille qui était issue d'un premier mariage, pour la faire élever auprès de l'impératrice-mère, la pénétrer de ses vues, et l'envoyer ensuite en Espagne régénérer la race des Bourbons. S'il ne se décidait pas à lui confier ce rôle, il ne manquait pas d'autres trônes, plus ou moins élevés, sur lesquels il pouvait la faire monter par le moyen d'une alliance. Quant à Lucien lui-même, il était disposé à lui conférer la qualité de prince français, à le faire

Déc. 1807.

Entrevue de Napoléon avec Lucien Bonaparte à Mantoue.

même roi de Portugal, ce qui l'aurait placé près de sa fille, à condition de casser son second mariage, en dédommageant l'épouse ainsi répudiée par un titre et une riche dotation. Ces arrangements étaient possibles, mais furent demandés avec autorité, refusés avec irritation, et les deux frères se séparèrent émus, irrités, point brouillés toutefois, puisque une partie de ce que désirait Napoléon, l'envoi à Paris de la fille de Lucien Bonaparte, se réalisa quelques jours après. Napoléon repartit le lendemain même pour Milan, où il fut de retour le 15 décembre.

Séjour de Napoléon à Milan.

Des dépêches venues d'Espagne et de toutes les parties de l'Empire l'y attendaient, et il avait plus d'une résolution à prendre. Les lettres de ses agents relatives à la Péninsule, les lettres de Charles IV demandant une princesse française et la publication du traité de Fontainebleau, lui avaient été remises en route. Résoudre de si graves questions lui était impossible dans la situation d'esprit où il se trouvait. Il ne voulait encore s'engager sur aucun point, car il n'était définitivement fixé sur aucun, bien qu'il inclinât, comme nous l'avons déjà dit, vers la résolution de détrôner les Bourbons.

Ajournement de toute réponse significative aux lettres du roi d'Espagne.

En conséquence, il fit écrire par M. de Champagny à Madrid, qu'il avait reçu les lettres du roi Charles IV, qu'il en apprécierait l'importance, mais qu'absorbé exclusivement par les affaires de l'Italie, où il n'avait que quelques jours à passer, il ne pouvait s'occuper de celles d'Espagne avec l'attention dont elles étaient dignes, et que, de retour à Paris, il ferait aux lettres du roi les réponses que ces lettres méritaient. Il insista de nouveau pour que le traité de

Fontainebleau restât secret quelque temps encore; et quant à M. de Beauharnais, ne tenant aucun compte de ses avis et de ses jugements, il lui adressa des réponses insignifiantes, mais formelles en un point : c'était la défense d'afficher aucune préférence pour les partis qui divisaient la cour d'Espagne, et de laisser entrevoir de quel côté penchait le cabinet français.

Il n'était pas vrai cependant que, tout entier aux affaires d'Italie, Napoléon ne songeât pas à celles d'Espagne. Il avait, au contraire, donné de nouveaux ordres militaires, tendant à augmenter peu à peu ses forces, tant en deçà qu'au delà des Pyrénées, de manière qu'il pût, quelque parti qu'il adoptât, n'avoir qu'une volonté à exprimer, lorsqu'il en aurait une. Tout ce qu'il apprenait de l'état de l'Espagne contribuait à lui persuader que le moment d'une crise était proche; car il ne semblait plus possible de faire régner le favori, d'inspirer patience à Ferdinand, et de contenir l'indignation de la nation espagnole. Il voulait donc être prêt à profiter d'une occasion, et avoir pour cela dans la Péninsule des forces considérables, sans diminuer ni la grande armée ni l'armée d'Italie, qui lui servaient l'une et l'autre à maintenir l'Europe dans son alliance ou dans la soumission. Indépendamment de l'armée du général Junot, nécessaire au Portugal, il avait préparé, comme on l'a vu, deux autres corps, celui du général Dupont et celui du maréchal Moncey, et il ne jugeait pas que ce fût assez. Il considérait que ces deux corps dirigés sur la route de Burgos et de Valladolid, sous le pré-

Déc. 1807.

Nouveaux ordres militaires relativement à l'Espagne.

Déc. 1807.

Formation de deux nouvelles divisions destinées, l'une à la Catalogne, l'autre à l'Aragon.

texte du Portugal, pouvant par un mouvement à gauche se porter sur Madrid, tiendraient en respect la capitale et les deux Castilles. Mais la Navarre, l'Aragon, la Catalogne, provinces si importantes en elles-mêmes, et par leur esprit, et par leur position, et par les places qu'elles contenaient, lui semblaient devoir être occupées, sinon par des forces qui s'y transporteraient immédiatement, du moins par des forces qui seraient toutes prêtes à y entrer. Il voulait donc avoir deux divisions préparées, l'une qui, placée près de Saint-Jean-Pied-de-Port, pourrait, sous un prétexte quelconque, se jeter sur Pampelune; l'autre qui, réunie à Perpignan, pourrait également entrer à Barcelone, et s'emparer de cette ville ainsi que des forts qui la dominent. Maître de Pampelune et des forts de Barcelone, Napoléon avait deux bases solides pour les armées qui auraient à s'avancer sur Madrid. Toutefois, bien que la crise lui semblât imminente à l'Escurial, il ne voulait ni la précipiter, ni prendre trop ostensiblement le rôle d'envahisseur, en portant des troupes ailleurs que sur la route de Burgos, Valladolid, Salamanque, qui était celle du Portugal. La réunion probable des troupes anglaises sur les côtes de la Péninsule ne pouvait manquer de lui fournir plus tard des motifs spécieux d'introduire de nouvelles forces dans l'intérieur de l'Espagne. En attendant il lui suffisait de les tenir réunies sur la frontière. L'armée du général Junot, composée des anciens camps de la Bretagne, avait laissé quelques bataillons de dépôt, dont on pouvait former une division de trois à quatre mille hommes, très-suffisante pour occuper Pampelune et contenir la

Navarre. Ces bataillons, au nombre de cinq, appartenaient aux 15ᵉ, 47ᵉ, 70ᵉ, 86ᵉ de ligne. Un bataillon suisse, cantonné dans le voisinage, offrait le moyen de les porter à six. Napoléon ordonna de les réunir immédiatement à Saint-Jean-Pied-de-Port, sous le commandement du général Mouton, et d'y ajouter une compagnie d'artillerie à pied. Quant à la division de Perpignan, il en chercha les éléments en Italie même. Il avait là des régiments lombards et napolitains, bons à employer sous le climat de l'Espagne, mais ayant besoin d'apprendre la guerre à l'école des Français. La rentrée des troupes auxiliaires dans leur pays permettait de disposer sur-le-champ d'une partie des régiments italiens placés le plus près de France. Napoléon prescrivit donc à quatre bataillons italiens, trois résidant à Turin, un à Gênes, de s'acheminer sur Avignon. Un beau régiment napolitain, que son frère Joseph lui avait déjà envoyé pour l'aguerrir, se trouvait près de Grenoble. Même ordre lui fut adressé pour Avignon. Quatre escadrons lombards et napolitains, formant 6 ou 700 chevaux, avec plusieurs compagnies d'artillerie, furent dirigés sur le même point. Le régiment français qui sortait de la place de Braunau, restituée aux Autrichiens, traversait les Alpes pour rentrer en Italie. Sa route fut tracée de manière à l'envoyer dans le midi de la France. Enfin les cinq régiments de chasseurs et les quatre régiments de cuirassiers, transportés l'hiver dernier d'Italie en Pologne, avaient leurs dépôts en Piémont, dépôts bien fournis d'hommes et de chevaux comme tous ceux de l'armée. Napoléon en tira encore deux belles brigades de

Déc. 1807.

cavalerie, qui formèrent sous le général Bessières une division de 1,200 chevaux. En joignant à ces troupes quelques bataillons français ou suisses résidant en Provence, il était possible de réunir à Perpignan un corps de 10 à 12 mille hommes pour la Catalogne.

Ces dispositions prescrites pour les troupes qui ne devaient pas encore passer les Pyrénées, Napoléon ordonna un nouveau mouvement à celles qui les avaient déjà franchies. Il enjoignit au général Dupont, dont une division s'était avancée jusqu'à Vittoria, de mettre en mouvement les deux autres, de manière à les avoir toutes trois réunies entre Burgos et Valladolid dans les premiers jours de janvier, avec apparence de se diriger sur Salamanque et Ciudad-Rodrigo, c'est-à-dire sur Lisbonne, mais avec la précaution d'observer le pont du Douro sur la route de Madrid, afin d'être prêt à s'en emparer au premier besoin. Il prescrivit au maréchal Moncey d'occuper avec le corps des côtes de l'Océan les positions laissées vacantes par le général Dupont, et de porter l'une de ses divisions vers Vittoria. Ces mouvements ne pouvaient pas sensiblement augmenter les ombrages de la cour d'Espagne, puisqu'ils avaient lieu sur la route de Lisbonne. Pour les rendre plus naturels encore, Napoléon fit adresser par M. de Beauharnais au ministère espagnol les avis les plus alarmants sur une agglomération de forces anglaises à Gibraltar : agglomération très-réelle d'ailleurs, et nullement supposée ; car on venait d'apprendre que le gouvernement britannique faisait évacuer la Sicile presque entièrement, et se disposait à envoyer en Portugal les troupes revenues de Copenhague. Il pressa vivement le cabinet espagnol de pourvoir à la garde de Ceuta, de Cadix, du camp de Saint-Roch, des Baléares, et, tout en lui donnant des avis utiles, il ajouta ainsi à la vraisemblance des prétextes allégués pour l'introduction de nouvelles troupes françaises en Espagne.

Déc. 1807.

Napoléon avait hâte d'expédier les affaires d'Italie pour revenir à Paris, d'où il pourrait veiller de plus près à l'objet de ses constantes préoccupations. Néanmoins il était une question qu'il aurait été plus en mesure de résoudre à Paris qu'à Milan, parce qu'il y aurait été entouré de plus de lumières, et sur laquelle cependant il ne voulut pas remettre sa décision d'un seul jour. Cette question était relative aux dernières ordonnances du conseil, rendues le 11 novembre par le gouvernement britannique, sur la navigation des neutres. Par ces ordonnances, l'Angleterre venait de s'engager davantage encore dans le système de la violence, et Napoléon, comme on le pense bien, n'entendait pas rester en arrière. A un coup fort rude, il avait à cœur de répondre immédiatement par un coup plus rude encore. On connaît les pas déjà faits dans cette voie funeste. A la prétention de saisir la propriété ennemie jusque sous le pavillon neutre, et d'appliquer le droit de blocus à de vastes étendues de côtes qu'il était matériellement impossible de bloquer, Napoléon avait répondu d'abord par l'interdiction au commerce anglais de toutes les côtes de l'Empire et des pays soumis à son influence; puis, son irritation croissant en proportion des violences de l'amirauté, il avait,

Décrets de Milan.

Progrès des deux puissances maritimes dans la voie des violences commerciales.

par les fameux décrets de Berlin, déclaré les Iles Britanniques en état de blocus, défendu le commerce des marchandises anglaises dans tous les lieux où il dominait, ordonné partout leur saisie et leur confiscation, et annoncé que tout vaisseau qui aurait touché soit à l'un des trois royaumes, soit à l'une des colonies anglaises, serait repoussé des ports appartenant à la France ou dépendant de sa volonté. Divers décrets réglementaires avaient imposé aux bâtiments chargés de denrées coloniales, l'obligation de porter avec eux des certificats d'origine délivrés par les agents français. Toutes marchandises privées de ces certificats étaient sujettes à confiscation. L'alliance conclue avec la Russie et avec le Danemark, l'adhésion promise de l'Autriche, l'obéissance assurée des deux gouvernements de la Péninsule, allaient étendre au continent entier ces redoutables dispositions.

L'Angleterre avait fini par s'apercevoir que le système des interdictions poussé à outrance lui était plus préjudiciable qu'à la France, car elle avait encore plus besoin de vendre que le continent d'acheter; que les denrées coloniales, dont elle avait opéré l'accaparement presque général, car sa marine arrêtait sous divers prétextes jusqu'aux bâtiments des États-Unis eux-mêmes, resteraient invendues dans ses magasins; que ses produits manufacturés subiraient le même sort; qu'elle souffrirait sous le rapport de l'importation autant que sous celui de l'exportation, car elle ne pourrait recevoir certaines matières premières qui lui étaient indispensables, telles que les laines d'Espagne et les munitions navales du

Nord; que dans cet état du commerce la France aurait beaucoup moins à se plaindre, car elle fournirait au continent les étoffes que ne fourniraient plus les manufactures anglaises; que, relativement aux denrées coloniales, il lui en arriverait ou par la course, ou par les navires échappés aux croisières, une certaine quantité, qu'on lui ferait payer fort cher, il est vrai, mais qui suffirait à ses besoins; et qu'après tout la cherté du sucre et du café n'entraînerait jamais pour la France des inconvénients aussi grands que ceux qu'entraînerait pour l'Angleterre la suppression de tous les échanges. Le cabinet britannique avait donc abandonné son système d'exclusion, et il avait imaginé de faciliter le commerce général, mais en le forçant à passer tout entier par la Grande-Bretagne, et en le constituant de plus son tributaire. En conséquence il avait décidé, par trois ordonnances du conseil, datées du 11 novembre 1807, que tout navire appartenant à une nation qui ne serait pas en guerre déclarée avec la Grande-Bretagne, fût-elle plus ou moins dépendante de la France, pourrait entrer librement dans les ports du Royaume-Uni ou de ses colonies, se rendre ensuite où il voudrait, moyennant qu'il eût touché en Angleterre, pour y porter des marchandises ou en recevoir, et qu'il y eût acquitté des droits de douane équivalant en moyenne à 25 pour cent. Tout bâtiment, au contraire, qui n'aurait point touché aux ports de la Grande-Bretagne, et aurait dans ses papiers des certificats d'origine délivrés par des agents français, devait être saisi et déclaré de bonne prise. De la sorte les navires de commerce (autant du moins

Déc. 1807.

Ordonnances du conseil du 11 novembre rendues par la couronne d'Angleterre.

que peuvent s'exécuter des lois violentes sur l'immensité des mers) étaient contraints, de quelque pays qu'ils vinssent, ou de s'arrêter en Angleterre pour y payer des droits, ou d'aller s'y approvisionner de denrées et de marchandises anglaises. Tout commerce devait donc passer par les ports anglais, toute marchandise en venir ou y acquitter des droits. Grâce à ces prescriptions, les Anglais avaient un moyen certain de nous envoyer leurs denrées coloniales, qui ne portaient pas en elles-mêmes, comme les toiles de coton, par exemple, la preuve de leur origine. Ils appelaient en effet dans la Tamise les bâtiments neutres, les chargeaient de sucre et de café, puis les convoyaient jusqu'à la vue de nos côtes, afin de leur épargner la visite, et les introduisaient ainsi dans nos ports ou ceux de Hollande, munis de faux papiers, qui les faisaient passer pour neutres, venant directement d'Amérique.

En recevant à Milan, où il était alors, les ordonnances du 11 novembre, Napoléon écrivit d'abord à Paris pour demander au ministre des finances et au directeur des douanes un rapport sur ces ordonnances. Mais, ne pouvant se résigner à attendre leur réponse, il rendit, le 17 décembre, un décret connu sous le titre de décret de Milan, plus rigoureux encore que les précédents. Il s'était borné dans le décret de Berlin à exclure des ports de l'Empire tout bâtiment qui aurait touché en Angleterre; il alla plus loin cette fois, et il déclara dénationalisé, partant de bonne prise, tout bâtiment qui aurait abordé en Angleterre, ou dans ses colonies, et qui se serait soumis à l'obligation d'y payer un droit. Par des mesures réglementaires, il établit des peines sévères contre les capitaines et les matelots coupables de fausses déclarations. Tandis que Napoléon rendait ce décret, MM. Gaudin, Cretet, Defermon, Collin de Sussy, répondant à ses questions, lui proposaient une mesure tendant à peu près au même but, mais encore plus rigoureuse : c'était d'interdire toute relation commerciale avec l'Empire français aux nations qui n'auraient pas elles-mêmes cessé tout commerce avec l'Angleterre. Tel quel, le décret de Milan suffisait pour fermer plus étroitement que jamais les communications que l'Angleterre avait voulu rouvrir à son profit. Mais on achetait cet avantage au prix d'un redoublement de violence, qui devait bientôt fatiguer la France et ses alliés autant que l'Angleterre elle-même.

Sauf cette courte diversion, Napoléon donna tout le temps qui lui restait à l'administration du royaume d'Italie. Conformément à la convocation qu'ils avaient reçue, les trois colléges des Possidenti, des Commercianti et des Dotti se réunirent à Milan vers la fin de décembre, pour entendre la communication de plusieurs actes essentiels. Par le premier de ces actes, Napoléon adoptait officiellement comme son fils le prince Eugène de Beauharnais. Par le second, il précisait les conséquences de cette adoption, en assurant au prince Eugène la succession de la couronne d'Italie, et en restreignant à cette couronne seule son droit d'hériter, ce qui excluait la possibilité de succéder un jour à celle de France. Après avoir établi ses frères et ses sœurs, il était naturel que Napoléon satisfît à la plus vive peut-être de ses affections,

Déc. 1807.

Divers actes relatifs au royaume d'Italie.

Adoption officielle d'Eugène de Beauharnais, et transmission de la couronne d'Italie assurée à sa descendance.

à celle que lui inspiraient les enfants de l'impératrice Joséphine, et surtout Eugène de Beauharnais, qui le servait en Italie avec modestie, sagesse et dévouement. Ce prince était fort estimé des Italiens, qui n'avaient jamais vécu sous un gouvernement aussi doux et aussi éclairé, et qui, depuis deux ans, se reposaient dans une tranquille paix des horreurs de la guerre.

La couronne d'Italie restant pour le présent unie à celle de France, et Eugène de Beauharnais n'en étant encore que l'héritier présomptif, avec la qualité de vice-roi, Napoléon voulut qu'il s'appelât prince de Venise, titre que devaient porter désormais les héritiers présomptifs du royaume d'Italie. Il créa le titre de princesse de Bologne pour la fille qu'Eugène venait d'avoir de son mariage avec la princesse Auguste de Bavière. Enfin, désirant donner au duc de Melzi, l'ancien vice-président de la république italienne, une nouvelle marque de faveur, il le nomma duc de Lodi, titre emprunté à l'un des faits d'armes éclatants de nos premières campagnes. Il s'occupa ensuite de modifier sur quelques points la constitution du royaume, constitution qui était peu importante en elle-même, la volonté de Napoléon faisant tout en Italie; ce qu'il ne fallait pas regretter pour le moment, car, sauf les exigences naissant de la guerre générale, cette volonté n'y poursuivait, n'y réalisait que le bien. Le collége des Possidenti, le plus riche des trois, vota l'érection à ses frais d'un monument qui devait perpétuer la mémoire des bienfaits dont Napoléon avait comblé l'Italie.

Ces opérations terminées, Napoléon partit pour

le Piémont, visita la grande place d'Alexandrie, compliments sur les lieux mêmes le général Chasseloup, chargé de la construction de cette place, puis se rendit à Turin, où il accorda de nouveaux avantages à ces provinces devenues françaises. Afin de rattacher la Ligurie au Piémont, il décréta un canal qui, s'embouchant dans la mer à Savone, et traversant l'Apennin dans sa partie la plus abaissée, pour gagner la Bormida à Carcare, devait joindre le Pô et la Méditerranée. Il ordonna le perfectionnement de la navigation d'Alexandrie au Pô, de manière que les bateaux pussent y passer en tout temps. Il fit rectifier en quelques points la grande route d'Alexandrie à Savone, et voulut qu'elle fût mise en communication avec la route de Turin par un embranchement de Carcare à Ceva. Il décida l'ouverture de la grande route du mont Genèvre, par Briançon, Fenestrelle et Pignerol, laquelle jointe à celle du mont Cenis devait compléter les communications de la France avec le Piémont par les Alpes Cottiennes. Il décréta aussi la construction de divers ponts : un en pierre sur le Pô, à Turin; un autre en pierre sur la Doire; un en bois sur la Sesia, à Verceil; un en bois sur la Bormida, entre Alexandrie et Tortone; trois enfin d'importance moindre, également en bois, sur trois torrents qui coulent entre Turin et Verceil. Il eut soin en même temps d'assurer des moyens financiers pour suffire à ces vastes travaux, car il n'était pas de ceux qui ordonnent des créations nouvelles sans s'inquiéter des charges qui en peuvent résulter. Un restant dû par les acquéreurs de domaines nationaux, le produit des domaines engagés, un prélèvement sur le monopole du sel, devaient pourvoir à ces utiles dépenses.

Janv. 1808.

Retour de Napoléon à Paris le 1er janvier 1808.

Napoléon quitta Turin accompagné par les acclamations des peuples reconnaissants, et arriva à Paris le 1er janvier 1808, fort avant dans la journée, mais assez à temps pour y recevoir les hommages de la cour, des autorités publiques et des Parisiens. Son retour dans la capitale de l'Empire allait être le signal des plus graves déterminations de son règne.

Nécessité de prendre un parti à l'égard de l'Espagne.

Il fallait en effet prendre un parti à l'égard de l'Espagne, car on ne pouvait différer davantage de répondre à Charles IV. Il fallait en prendre un aussi à l'égard de la cour de Rome, avec laquelle les relations devenaient chaque jour plus difficiles. Napoléon allait ainsi se heurter aux deux plus vieux, aux deux plus redoutables vestiges de l'ancien régime, les Bourbons d'Espagne et la papauté.

Dominé sans cesse, depuis que le continent était pacifié, par l'idée systématique de mettre sur tous les trônes les Bonaparte à la place des Bourbons, entraîné vers ce but par un sentiment de famille, et aussi par son génie réformateur, qui répugnait à laisser auprès de lui des royautés dégénérées, inutiles ou nuisibles à la cause commune, Napoléon, comme on l'a vu, était agité au sujet de l'Espagne des pensées les plus diverses. Trois partis s'offraient

Les trois partis qu'on pouvait prendre à l'égard de l'Espagne.

à son esprit : premièrement, s'attacher l'Espagne par le mariage d'une princesse française avec le prince des Asturies, par le renversement du favori, sans rien exiger des Espagnols qui pût blesser leur fierté ou leur ambition; secondement, accorder tout ce que nous venons de dire, mariage, renversement du favori, mais en le faisant payer par des sacrifices de territoire, qui nous auraient assuré les bords de l'Èbre, les côtes de la Catalogne, et la jouissance en commun des colonies espagnoles; troisièmement, enfin, recourir aux moyens extrêmes, c'est-à-dire détrôner les Bourbons, imposer aux Espagnols une dynastie nouvelle, en ne leur demandant aucun sacrifice de territoire, aucun avantage commercial, et en se contentant pour unique résultat d'avoir étroitement lié les destinées de l'Espagne à celles de la France.

De ces trois partis, aucun n'était bon (nous dirons tout à l'heure pourquoi); mais ils étaient loin d'être également mauvais.

Accorder à Ferdinand une princesse française, ajouter à cette faveur le renversement du favori, en ne faisant payer cette double satisfaction par aucun sacrifice, c'eût été transporter de joie la nation espagnole, acquérir pour quelque temps un dévouement absolu de sa part, et se la donner pour appui énergique contre tout ministre qui n'aurait pas franchement marché dans le sens de la politique française. Mais la reconnaissance dure peu chez les peuples comme chez les individus : la jalousie espagnole aurait bientôt reparu quand se serait effacée la mémoire des bienfaits de Napoléon, et Ferdinand, qui avait tous les défauts du caractère espagnol, sans aucune de ses qualités, serait devenu en peu de temps aussi ennemi de la France qu'Emmanuel Godoy. Son incapacité, sa paresse, lui auraient rendu les conseils de Napoléon aussi incommodes qu'ils l'étaient en ce moment au favori. Après quelques

Janv. 1808.

Du parti qui consistait à unir la France et l'Espagne par un mariage, sans exiger de celle-ci aucun sacrifice.

jours de vive reconnaissance, les choses eussent repris leur ancien cours : ignorance, incurie, haine de toute amélioration, jalousie de la supériorité étrangère, auraient été, comme par le passé, les caractères du gouvernement espagnol sous le nouveau règne. Il est vrai qu'une princesse française eût été placée auprès du trône pour y répéter les bons conseils partis de Paris; mais il lui aurait fallu une supériorité bien rare pour résister à des tendances si contraires, et cette supériorité même l'eût peut-être rendue odieuse. Le passé n'était pas rassurant pour une princesse française qui aurait apporté en Espagne de nobles et attrayantes qualités. D'ailleurs, on ne crée pas à volonté des princesses enrichies de tous les dons de la nature, et celles dont Napoléon aurait pu alors se servir n'annonçaient pas les facultés éclatantes que la situation aurait rendues aussi nécessaires à leur rôle que dangereuses à elles-mêmes.

Le second projet, consistant à exiger pour prix du mariage, du renversement du favori, et de la cession du Portugal, des sacrifices considérables, tels que l'abandon des provinces de l'Èbre et l'ouverture des colonies espagnoles aux Français, n'était que le premier projet fort aggravé. Les provinces de l'Èbre offraient un avantage plus apparent que réel, car ces provinces étaient, à cause du voisinage, celles qui aimaient le moins les Français. Elles n'eussent pas plus contracté, même avec le temps, l'amour de la France, que les Milanais n'ont contracté l'amour de l'Autriche. Les Pyrénées leur auraient toujours rappelé qu'elles étaient espagnoles et non point françaises, et, loin de nous donner un soldat ou un écu, elles nous auraient coûté beaucoup d'hommes et d'argent pour les garder. La prétendue domination qu'elles nous auraient assurée sur l'Espagne était, sous Napoléon du moins, bien illusoire. Partir de Pampelune ou de Saragosse, au lieu de Bayonne, pour marcher sur Madrid, ne constituait pas une assez grande différence pour qu'on pût croire que l'Espagne passait ainsi à notre égard d'un état d'indépendance à un état de soumission; et, au contraire, on aurait indigné les Espagnols par ce démembrement de leur territoire; on aurait tellement empoisonné leur joie de voir Ferdinand marié à une princesse française, le favori renversé, qu'on aurait fait naître l'ingratitude dès le premier jour. Lisbonne même n'aurait eu aucun charme à leurs yeux s'il avait fallu le payer de Saragosse et de Barcelone. Quant à l'ouverture des colonies espagnoles aux Français, c'était là un avantage sérieux, assez sérieux pour être désiré, mais facile à obtenir sans exciter de ressentiment, s'il eût été le seul prix exigé pour le Portugal, le mariage, et le renversement du favori. Ce second projet n'avait donc pas même le mérite de nous attacher l'Espagne un seul jour; et il nous exposait, pour quelques cessions territoriales impossibles à conserver, à l'éternelle haine des Espagnols.

Le troisième projet, celui vers lequel Napoléon paraissait entraîné d'une manière irrésistible, consistait à détrôner les Bourbons, à rapprocher définitivement par l'établissement d'une même dynastie la France et l'Espagne, à régénérer celle-ci pour la ren-

Janv. 1808.

tages, sans lui demander un seul sacrifice.

dre utile, soit à elle-même, soit à la cause commune, à ne lui rien ôter, à lui tout donner au contraire, Portugal, renversement du favori, réformes intérieures; à renouveler, en un mot, la politique de Louis XIV, qui n'avait rien de trop grand pour un homme qui avait dépassé toute grandeur connue. Cette politique de Louis XIV, outre qu'elle n'avait rien de trop grand pour Napoléon, était, il faut le reconnaître, la politique naturelle de la France. Réunir dans un même esprit, dans un même intérêt, tout l'Occident, c'est-à-dire la France et les deux péninsules italienne et espagnole; opposer leur puissance continentale à la coalition des cours du Nord, leur puissance maritime aux prétentions de l'Angleterre, était assurément la vraie, la légitime ambition qu'il aurait fallu souhaiter à Napoléon, celle qui eût été justifiée par les règles de la saine politique, n'eût-elle pas réussi. Mais la punition du prodigue qui a fait de folles dépenses, c'est de ne pouvoir plus faire les dépenses nécessaires. Napoléon, pour avoir entrepris au Nord une tâche immense, exorbitante, hors des véritables intérêts de la France, comme de constituer une Allemagne française au grand déplaisir des peuples allemands, comme d'entreprendre la restauration de la Pologne malgré l'Autriche et la Prusse, allait manquer des forces qu'eût exigées l'exécution des desseins les plus profondément politiques. Il était obligé, en effet, dans le moment même, de garder trois cent mille hommes entre l'Oder et la Vistule, pour s'assurer la soumission de l'Allemagne et l'alliance de la Russie, cent vingt mille hommes en Italie pour ôter à l'Autriche toute idée de repasser les Alpes. S'il lui fallait encore cent ou deux cent mille hommes pour contenir l'Espagne, pour en rejeter les Anglais, qui allaient trouver là un pied-à-terre commode et sûr, car ils n'avaient pour y arriver que le golfe seul de Gascogne à franchir; s'il lui fallait ces diverses armées en Allemagne, en Italie, en Espagne, c'était une masse de huit ou neuf cent mille hommes qui devenait nécessaire, et il devait en résulter une extension de soins, d'efforts, de commandement, à laquelle la France et son génie même finiraient par ne pouvoir suffire.

Ce qui se passait alors en était déjà une preuve frappante, puisque, pour se procurer des troupes sans affaiblir la grande armée, sans dégarnir l'Allemagne et l'Italie, Napoléon était réduit à s'ingénier de mille façons, et ne réussissait à trouver jusqu'ici que des conscrits commandés par des officiers qu'on prenait dans les dépôts ou qu'on arrachait à la retraite. C'était un premier et fort indice de la situation que Napoléon avait créée en multipliant démesurément ses entreprises. Une autre circonstance devait fort aggraver cette insuffisance de ressources. La soumission de la cour d'Espagne, quoique entremêlée de beaucoup de trahisons secrètes, quoique rendue stérile par l'incapacité de l'administration espagnole, avait tous les dehors du dévouement le plus absolu. Napoléon n'avait donc aucun grief spécieux à faire valoir contre la cour de l'Escurial, et l'acte dictatorial de détrôner Charles IV, pour des raisons très-politiques, il est vrai, mais contraires à la simple équité, difficiles à faire comprendre aux masses, et ayant besoin d'ailleurs du succès définitif pour être admises, pouvait soulever une nation fière, jalouse, animée d'une haine ardente contre l'étranger. On était donc exposé à révolter son sentiment moral, et il aurait fallu pour la contenir de bien autres forces que celles que Napoléon était en mesure de réunir. Ce n'étaient pas de jeunes conscrits, braves sans doute, mais peu imposants de leur personne, qu'il aurait fallu; c'étaient de vieux soldats, capables d'inspirer la terreur par leur nombre et leur aspect, et qui, saisissant à l'improviste, sur tous les points à la fois, la Péninsule épouvantée, empêchassent le sentiment public d'éclater, continssent la populace à demi sauvage des Espagnes, donnassent enfin aux classes moyennes, désirant un nouvel ordre de choses, portées à l'espérer de la France, le temps de se confirmer dans leurs sentiments et de les répandre autour d'elles. A ces conditions, l'acte extraordinaire auquel Napoléon était réduit avait chance de réussir, et, le premier mouvement de révolte étant ainsi prévenu, la nation espagnole aurait appris peu à peu à reconnaître les bienfaits que la France lui apportait. Mais, tenté avec de moindres ressources, le projet dont Napoléon nourrissait la pensée pouvait être le commencement d'une série de désastres.

Il y avait encore une autre condition nécessaire au succès de cette entreprise, c'était de conserver dans toute son intimité la nouvelle alliance que Napoléon venait de conclure à Tilsit; car si on était forcé de recommencer ou la campagne d'Austerlitz, ou celle de Friedland, pendant qu'on serait occupé en Espagne, c'était, outre la difficulté de vaincre à ces deux extrémités du monde européen, s'imposer non-seulement une double tâche, mais rendre la seconde cent fois plus difficile, les Espagnols devant recevoir un extrême encouragement de toute guerre qui s'élèverait au Nord. Il fallait donc, quelque fâcheuse que fût la condescendance qu'on montrerait pour l'ambition d'Alexandre, en prendre son parti, et prévenir l'inconvénient de la dispersion des forces françaises en achetant à tout prix le concours du grand empire du Nord, payer, en un mot, de la Moldavie et de la Valachie la possibilité de détrôner impunément les Bourbons d'Espagne.

Enfin, eût-on réuni toutes ces conditions, il restait un danger grave, grave pour l'Espagne et pour la France, la perte possible, probable même, des riches colonies espagnoles. Ces colonies, en effet, étaient déjà sourdement travaillées par l'esprit de révolte. L'exemple des États-Unis avait fort développé chez elles le penchant de l'indépendance, et la honteuse incurie de la métropole, qui les laissait sans défense, les y disposait encore davantage. Il était donc à craindre qu'une dynastie nouvelle et imposée à la nation ne leur fournît le prétexte qu'elles cherchaient pour s'insurger, et que la protection anglaise ne leur en fournît en outre le moyen. Dans ce cas, trop facile à prévoir, l'Espagne, en attendant qu'elle se fût ouvert d'autres sources de prospérité, allait être ruinée, et la France n'aurait fait qu'enrichir le commerce anglais de tous les avantages que devait lui procurer l'exploitation des vastes colonies espagnoles.

Janv. 1808.

Tels étaient les trois plans entre lesquels Napoléon avait à choisir. Ils présentaient chacun leurs inconvénients; car le premier, qui aurait comblé tous les vœux des Espagnols à la fois, en les débarrassant du favori, en leur assurant la protection de Napoléon par un mariage français, en leur donnant Lisbonne sans compensation territoriale, n'eût été peut-être qu'une duperie. Le second, qui aurait fait payer tous ces avantages d'un cruel sacrifice de territoire, les eût révoltés. Le troisième enfin, qui résolvait la question d'une manière décisive, qui rapprochait définitivement la France et l'Espagne, qui régénérait celle-ci en ne lui demandant d'autre sacrifice que celui d'une dynastie avilie, pouvait néanmoins soulever la nation, exigeait dès lors une disponibilité de forces que Napoléon ne s'était pas ménagée, et, pour dernier inconvénient, mettait les colonies espagnoles en grand péril.

Le premier plan considéré comme le moins mauvais des trois.

Tout considéré, ce que Napoléon aurait eu de mieux à faire, c'eût été d'adopter le premier plan, c'est-à-dire de délivrer l'Espagne du favori, de lui accorder la main d'une princesse française, de lui céder le Portugal sans exiger en retour les provinces de l'Èbre, ce qui aurait porté jusqu'à l'ivresse la joie de la nation, et de demander tout au plus l'ouverture des colonies, peut-être l'abandon des îles Baléares ou des Philippines, dont l'Espagne ne tirait aucun parti; avantages sérieux, les seuls désirables, qu'elle nous aurait abandonnés sans regret, sans que ses sentiments pour nous fussent altérés en aucune manière. La reconnaissance aurait pu ne pas durer, mais elle se serait conservée assez long-temps pour atteindre la fin de la guerre maritime, pour obtenir pendant la dernière période de cette guerre le concours sincère des Espagnols contre les Anglais, pour acquérir au moins à leurs propres yeux le droit de l'exiger, et, si on ne l'obtenait pas, le droit de punir des ingrats.

Janv. 1808.

Mais ce plan, le seul sage, parce qu'il était le seul qui n'ajoutât pas de nouvelles entreprises à celles qui surchargeaient déjà l'Empire, ne rencontrait aucune approbation, ni chez Napoléon dont il contrariait les secrets désirs, ni chez M. de Talleyrand qui n'avait pas le courage de l'appuyer, quoiqu'il commençât dès lors à s'effrayer des conséquences que pouvait avoir la politique dont il s'était fait le flatteur. On l'avait vu, pour recouvrer la faveur impériale, entrer complaisamment dans toutes les idées de Napoléon, se faire son confident secret, son interlocuteur patient; et maintenant, la prudence contre-balançant chez lui le goût de plaire, il hésitait, et cherchait dans le second projet un terme moyen qui mît d'accord le courtisan et l'homme d'État. Il semblait croire qu'on ne devait pas trop s'engager dans les affaires de la Péninsule, qu'il fallait tirer de l'Espagne ce qu'on pourrait, la livrer ensuite à elle-même, et pour cela, sans prétendre à l'honneur de la régénérer, lui donner une princesse française, puisqu'elle en voulait une, la débarrasser du favori, puisqu'elle n'en voulait plus, et lui abandonner enfin la portion réservée du Portugal, trop éloignée de France pour qu'on y tînt, mais se la faire payer par l'Aragon, la Catalogne, les Baléares, par l'ouverture des colonies espagnoles, et, après s'être ainsi

Penchant de M. de Talleyrand pour le plan qui se bornait à exiger de l'Espagne des cessions territoriales.

25.

ménagé la compensation de ce qu'on lui aurait donné, la laisser faire, en l'observant du haut des murailles de Barcelone, de Saragosse et de Pampelune[1]. C'est ainsi que M. de Talleyrand cherchait à ramener Napoléon de la voie fatale où il l'avait poussé. Mais celui-ci, qui jugeait sainement ce plan, parce qu'il n'y avait pas goût, y voyait autant de danger à braver qu'en adoptant le dernier; car enlever aux Espagnols Pampelune, Saragosse, Barcelone, était aussi difficile à ses yeux que de leur enlever une dynastie avilie. Il en revenait donc toujours et irrésistiblement à l'idée d'expulser les Bourbons du dernier trône qui leur restât en Europe, et se disait qu'il fallait profiter du moment où il était tout-puissant sur le continent, où l'Angleterre venait de tout autoriser par sa conduite à Copenhague, où il était jeune, victorieux, obéi, servi par la fortune, pour achever son système par un grand coup frappé sur la dynastie espagnole; après quoi, lui, l'armée, la

[1] C'est ce qui explique comment M. de Talleyrand, après avoir plus qu'aucun autre flatté le penchant de Napoléon à s'engager dans les affaires d'Espagne, a soutenu depuis qu'il n'avait pas été d'avis de ce qui s'était fait à cette époque. Il avait seul encouragé Napoléon à changer l'état des choses dans la Péninsule, ce qui rendait presque inévitable le détrônement des Bourbons : ce fait est prouvé par des documents authentiques; mais, à la vérité, les dépêches dans lesquelles M. de Talleyrand rend compte de ses négociations avec M. Yzquierdo, prouvent qu'il préférait un mariage avec Ferdinand, et l'acquisition des provinces de l'Èbre, au parti plus décisif du renversement des Bourbons. C'est en s'appuyant sur cette équivoque que M. de Talleyrand disait qu'il n'avait pas approuvé l'entreprise contre l'Espagne. Il n'en avait pas moins poussé Napoléon à cette entreprise, quand les hommes les plus dignes de confiance, tels que l'archichancelier Cambacérès, auraient voulu l'en éloigner, et, après l'y avoir poussé, la préférence donnée à la plus mauvaise des trois solutions possibles n'est pas une manière valable de dégager sa responsabilité.

France, l'Occident, se reposeraient, éblouis de sa gloire, satisfaits de l'ordre qu'il aurait établi, des sages réformes qu'il aurait opérées. Il se disait encore que la difficulté, après tout, ne pouvait pas surpasser beaucoup celle qu'on avait rencontrée dans le royaume de Naples; qu'en supposant les Espagnols aussi énergiques que les brigands des Calabres, il suffirait de tripler ou de quadrupler l'étendue des Calabres, et, au lieu de vingt-cinq mille Français, d'en imaginer cent mille, pour se faire une idée des obstacles à vaincre; que ses jeunes soldats, qui avaient prouvé partout qu'ils valaient les meilleures troupes européennes, réussiraient certainement à vaincre des Espagnols dégénérés, et qu'en faisant passer une conscription de plus dans les dépôts, il aurait, et au delà, les cent mille conscrits nécessaires à cette nouvelle entreprise; que la grande armée resterait intacte entre l'Oder et la Vistule pour contenir l'Europe; que d'ailleurs la Finlande abandonnée à la Russie, la Moldavie et la Valachie promises, lui assureraient le concours de l'empereur Alexandre à l'achèvement de ses desseins; qu'en un mot, ce qu'il voulait faire en Espagne était la dernière conséquence à tirer de ses victoires, l'établissement définitif de sa famille, l'entier accomplissement de ses destinées.

Toutefois, en janvier 1808, au retour d'Italie, même après le procès de l'Escurial, le parti de Napoléon n'était pas irrévocablement pris, et il revenait quelquefois à l'idée de s'en tenir à un mariage qui rapprocherait les deux maisons, lorsqu'un incident de famille fit naître pour cette combinaison une sorte

Janv. 1808.

Incident de famille qui prive Napoléon de la princesse française destinée d'abord à l'Espagne.

d'impossibilité matérielle. Napoléon avait, comme nous venons de le dire, appelé à Paris la fille issue du premier mariage de Lucien, qu'on lui avait envoyée pour ne pas rendre cet enfant victime des querelles de ses parents. Mais par malheur cette jeune fille élevée dans l'exil, entendant souvent des plaintes amères contre la toute-puissante famille qui se partageait les trônes de l'Europe, sans songer à un frère éloigné et méconnu, cette jeune fille n'apportait point à Paris les sentiments qu'on aurait pu désirer d'elle. Établie près de son aïeule l'Impératrice-mère, qui lui prodiguait ses soins, elle trouvait cependant chez elle une sévérité, chez ses tantes une négligence, qui ne devaient pas la ramener à ceux qu'on l'avait enseignée à craindre plus qu'à aimer. Aussi épanchait-elle, dans sa correspondance avec ses parents d'Italie, les sentiments chagrins qu'elle éprouvait. Napoléon qui, dans la supposition où il l'enverrait partager le trône d'Espagne, voulait savoir si elle y apporterait les dispositions qui convenaient à sa politique, la faisait observer avec soin, et avait ordonné qu'on lût sa correspondance à la poste. Elle était à peine arrivée à Paris qu'on saisit des lettres dans lesquelles elle rapportait sur sa grand'mère, ses tantes, son oncle Napoléon, des bruits peu favorables à la famille impériale. Quand on remit ces lettres à Napoléon, il en sourit malignement, et il convoqua sur-le-champ aux Tuileries sa mère, ses frères et ses sœurs, et fit lire en assemblée de famille les lettres qu'on avait interceptées. Il s'égaya fort de la colère excitée chez les témoins de cette scène, tous assez maltraités dans cette correspondance; puis, passant d'une gaieté ironique à une froide sévérité, il exigea le renvoi sous vingt-quatre heures de sa jeune nièce, qui fut dès le lendemain acheminée vers l'Italie. Il ne restait donc plus de princesse de la maison Bonaparte à donner à l'Espagne; car mademoiselle de Tascher, récemment admise dans la famille impériale, n'en était pas [1]. Napoléon venait d'adopter cette jeune personne, nièce de l'impératrice Joséphine, et de l'envoyer en Allemagne, pour y épouser l'héritier de la maison princière d'Aremberg. A mêler son sang avec celui des Bourbons, il aurait voulu que ce fût son propre sang, et non celui de sa femme, quelque attachement qu'il ressentît pour elle.

Même sans cet incident, Napoléon aurait probablement fini par préférer le parti le plus décisif, c'est-à-dire le détrônement des Bourbons. En tout cas, il n'avait plus le choix. Les renverser pour leur substituer un membre de sa famille était la seule solution qui lui restât. Mais le prétexte à faire valoir pour les détrôner, sans offenser profondément le sentiment public de l'Espagne, de la France et de l'Europe, était toujours ce qui l'embarrassait le plus.

---

[1] Madame la duchesse d'Abrantès, dans des Mémoires qui révèlent une personne spirituelle, mais mal informée, a dit que la fille du prince Lucien n'était point venue à Paris, et que le refus de son père de l'y envoyer était ainsi devenu la cause de grands événements; car Napoléon, obligé de renoncer à s'unir aux Bourbons d'Espagne, avait dès lors songé à les détrôner. Cette assertion est inexacte. La fille du prince Lucien vint à Paris, et n'y demeura point à cause de l'incident que je viens de rapporter. Je tiens d'un membre de la famille impériale, témoin oculaire de la scène que je raconte, et d'un personnage, membre de nos assemblées, et désigné pour reconduire la princesse en Italie (mission qu'il n'accepta pas), les détails que j'ai retracés.

Janv. 1808.

Napoléon
commence à
songer
au moyen
de faire fuir
la famille
d'Espagne
en l'épouvantant.

Ne pouvant le trouver dans l'abjecte soumission du gouvernement espagnol à ses volontés, il l'attendait des événements. Les divisions de la cour, les fureurs scandaleuses de la reine et du favori, la haine qu'ils avaient pour l'héritier de la couronne et celle qu'ils lui inspiraient, l'impatience de la nation prête à éclater, toutes ces passions, qui allaient croissant d'heure en heure, pouvaient amener une explosion soudaine, et faire naître le prétexte désiré. Il était facile en outre de s'apercevoir que l'introduction successive des troupes françaises en Espagne contribuait beaucoup à augmenter l'exaltation des esprits, par les espérances inspirées aux uns, les craintes inspirées aux autres, l'attente excitée chez tous, et qu'elle finirait peut-être par provoquer un dénoûment. D'ailleurs il pouvait sortir de cet ensemble de causes un résultat qui aurait fort convenu à Napoléon : c'était la fuite de la famille royale d'Espagne, imitant la famille royale de Portugal, et allant comme elle chercher un asile en Amérique. Une pareille fuite aurait mis Napoléon tout à fait à l'aise, en lui livrant un trône vacant, que peut-être la nation espagnole, dans son indignation contre les fugitifs, lui aurait décerné elle-même. Cette nouvelle émigration en Amérique d'une dynastie européenne devint dès cet instant la solution à laquelle il s'arrêta, comme à la moins odieuse, la moins révoltante pour le public civilisé. Une manière certaine d'amener ce résultat, c'était d'augmenter le nombre des troupes françaises en Espagne, en enveloppant ses intentions d'un mystère toujours plus profond. C'est ce qu'il ne manqua pas de faire. Obligé de répondre aux deux lettres de Charles IV, qui lui demandait la main d'une princesse française pour Ferdinand et la publication du traité de Fontainebleau, il répondit à la première que, fort honoré pour sa maison du désir exprimé par la royale famille d'Espagne, il avait besoin cependant, avant de s'expliquer, de savoir si le prince des Asturies, poursuivi récemment comme criminel d'État, était rentré en grâce auprès de ses augustes parents; car il n'était personne qui voulût, disait-il, *s'allier à un fils déshonoré*. Il répondit à la seconde que les affaires ne se trouvaient pas encore assez avancées en Portugal pour qu'on pût en morceler l'administration, et surtout y diviser le commandement militaire en présence des Anglais prêts à débarquer; qu'on devait aussi se garder d'agiter l'esprit des peuples par la révélation prématurée du sort qui les attendait; que par tous ces motifs il fallait éviter pour quelque temps encore la publication du traité de Fontainebleau. Ce fut M. de Vandeul, employé de la légation française, qui dut remettre ces deux lettres si ambiguës, sans y ajouter aucune explication de nature à en diminuer l'obscurité. A ce redoublement de mystère, Napoléon ajouta une nouvelle augmentation de ses forces.

Janv. 1808.

Napoléon accroît la terreur de la famille royale d'Espagne, en se taisant sur ses projets et en augmentant ses forces.

On a vu quel soin il avait mis à organiser les corps destinés à l'Espagne, sans affaiblir ses armées d'Allemagne et d'Italie. Il avait en effet composé l'armée du Portugal avec les anciens camps des côtes de Bretagne et de Normandie; l'armée du général Dupont, dite *corps de la Gironde*, avec les trois premiers bataillons des cinq légions de réserve,

Formation de nouveaux corps destinés à l'Espagne.

plus quelques bataillons suisses ou parisiens; l'armée du maréchal Moncey, dite *corps d'observation des côtes de l'Océan*, avec douze régiments provisoires tirés des dépôts de la grande armée; la division des Pyrénées-Occidentales destinée à Pampelune avec quelques bataillons restés dans les camps de Bretagne et de Normandie; enfin, la division des Pyrénées-Orientales avec les régiments italiens ou napolitains qui n'avaient pas servi en Allemagne, et que le retour de l'armée d'Italie rendait disponibles. Il voulut renforcer ces deux dernières divisions, et créer en outre une réserve générale pour tous ces corps.

Il augmenta la division des Pyrénées-Occidentales en lui adjoignant les quatrièmes bataillons des cinq légions de réserve, dont l'organisation s'achevait dans le moment. C'étaient trois mille hommes, qui, ajoutés aux trois ou quatre mille acheminés déjà par Saint-Jean-Pied-de-Port sur Pampelune, devaient former une division de six à sept mille, suffisante pour occuper cette place et surveiller l'Aragon. Elle fut mise sous les ordres du général Merle, et le général Mouton, qui en avait été d'abord nommé commandant, eut mission d'aller inspecter les autres corps d'armée. Napoléon augmenta la division des Pyrénées-Orientales, composée d'Italiens, en lui adjoignant des bataillons provisoires tirés des dépôts français placés entre Alexandrie et Turin, et regorgeant de conscrits déjà instruits. Cette nouvelle division française devait être de cinq mille hommes, et, jointe à la division italienne de six ou sept mille que commandait le général Lechi, former, sous le général Duhesme, un corps très-suffisant pour la Catalogne.

Quant à la réserve générale, Napoléon l'organisa à Orléans pour l'infanterie, à Poitiers pour la cavalerie. Il eut recours au même procédé qu'il avait employé pour composer le corps du maréchal Moncey, et il réunit à Orléans de nouveaux bataillons provisoires tirés des dépôts qui n'avaient pas encore fourni de détachements à l'Espagne. Le général Verdier dut commander ces six nouveaux régiments provisoires d'infanterie, désignés sous les numéros 13 à 18. Napoléon réunit à Poitiers quatre nouveaux régiments provisoires de cavalerie, également tirés des dépôts, présentant trois mille cavaliers de toutes armes, cuirassiers, dragons, hussards et chasseurs, sous un général de cavalerie d'un mérite rare, le général Lasalle. Il restitua au camp de Boulogne, à la garnison de Paris et aux camps de Bretagne, les dix vieux régiments ramenés de la grande armée; ce qui lui préparait, en cas de besoin, de nouvelles ressources d'une qualité supérieure. Enfin, il dirigea secrètement sur Bordeaux quelques détachements de la garde impériale en infanterie, cavalerie, artillerie, se doutant bien qu'il serait bientôt obligé de se rendre lui-même en Espagne, pour y amener le dénoûment qu'il désirait. En évaluant à 25 mille hommes le corps du général Dupont, à 32 mille celui du maréchal Moncey, à 6 ou 7 la division des Pyrénées-Occidentales, à 11 ou 12 le corps des Pyrénées-Orientales, à 10 mille les deux réserves d'Orléans et Poitiers, à 2 ou 3 mille les troupes de la garde, on pouvait considérer

Janv. 1808.

Mouvement des troupes françaises sur Madrid plus clairement indiqué.

comme représentant une force de 80 et quelques mille hommes les troupes dirigées sur l'Espagne, sans compter l'armée de Portugal, ce qui élevait à plus de cent mille les nouveaux soldats destinés à la Péninsule. Mais ils étaient si jeunes, si peu rompus aux fatigues, qu'il fallait s'attendre à une grande différence entre le nombre des hommes portés sur les contrôles et le nombre des hommes présents sous les armes. Du reste, un quart de cet effectif était encore en marche dans le courant de janvier 1808. Napoléon, voulant avancer le dénoûment, ordonna à ses troupes un mouvement décidé sur Madrid. La grande route qui mène à cette capitale se bifurque à la hauteur de Burgos. L'un des embranchements passe à travers le royaume de Léon par Valladolid et Ségovie, franchit le Guadarrama vers Saint-Ildefonse, et tombe sur Madrid par l'Escurial. L'autre traverse la Vieille-Castille par Aranda, franchit le Guadarrama à Somosierra (nom fameux dans nos annales militaires), et tombe sur Madrid par Buitrago et Chamartin. Les deux corps de Dupont et Moncey étant, le premier à Valladolid (route de Salamanque), le second entre Vittoria et Burgos, avant la bifurcation, n'avaient pas encore fait un pas qui pût révéler l'intention de marcher sur Madrid. Napoléon ordonna au général Dupont de diriger l'une de ses divisions sur Ségovie, et au maréchal Moncey l'une des siennes sur Aranda, sous prétexte de s'étendre pour vivre. Dès lors, la direction sur Madrid était démasquée. Mais l'entrée des troupes françaises en Catalogne et en Navarre, qu'il fallait enfin prescrire pour occuper Barcelone et

Pampelune, disait bien plus clairement encore que le véritable but de ces mouvements était tout autre que Lisbonne. Afin de fournir une explication qui ne serait croyable qu'à demi, Napoléon, en ordonnant au général Duhesme de pénétrer en Catalogne, au général Merle d'entrer en Navarre, fit annoncer à la cour d'Espagne, par M. de Beauharnais, l'intention d'un double mouvement de troupes sur Cadix, l'un à travers la Catalogne, l'autre à travers l'Estramadure et l'Andalousie. La flotte française qui était mouillée à Cadix, pouvait être le motif de cette expédition. Si, du reste, on doutait à quelque degré, soit à la cour, soit dans le pays, du but allégué, il devait en résulter tout au plus un redoublement d'émotion, que Napoléon ne regrettait pas, puisqu'il voulait amener, sinon tout de suite, du moins prochainement, la fuite de la famille royale.

Napoléon trouvait trop d'avantage à avoir ses dépôts toujours pleins, au moyen de conscrits appelés à l'avance, et instruits douze ou quinze mois avant d'être employés, pour ne pas persévérer dans le système de conscription anticipée, surtout dans un moment où il voulait former sur le littoral européen des camps nombreux à côté de ses flottes. En conséquence, après avoir demandé au printemps de 1807 la conscription de 1808, il voulut dès l'hiver de 1808 demander la conscription de 1809. Cette demande lui fournissait d'ailleurs l'occasion d'une communication au Sénat, et d'une explication spécieuse pour l'immense rassemblement de troupes qui s'opérait au pied des Pyrénées. Le Sénat fut donc réuni le 24 janvier, pour entendre un rapport sur

Janv. 1808.

Levée en 1808 de la conscription de 1809, demandée par une communication au Sénat.

Janv. 1808.

les négociations avec le Portugal et sur la résolution arrêtée, déjà même exécutée, d'envahir le patrimoine de la maison de Bragance. On en prenait texte pour développer le système d'occupation de toutes les côtes du continent, afin de répondre au blocus maritime par le blocus continental. La conscription de 1808, disait M. Regnaud de Saint-Jean-d'Angély, auteur du rapport présenté au Sénat, avait été le signal et le moyen de la paix continentale, signée à Tilsit ; la conscription de 1809 serait le signal de la paix maritime. Celle-ci malheureusement restait à signer dans un lieu que personne ne connaissait et ne pouvait dire. La promesse de n'employer que dans les dépôts les jeunes conscrits appelés un an d'avance était encore renouvelée cette fois, pour atténuer l'effet moral de ces appels anticipés. Un autre rapport annonçait la réunion à l'Empire, par suite de traités antérieurs, de Kehl, Cassel, Wesel et Flessingue : Kehl et Cassel, comme annexes indispensables aux places de Strasbourg et Mayence ; Wesel, comme un point de haute importance sur le cours inférieur du Rhin ; Flessingue enfin, comme le port d'un établissement maritime dont Anvers était le chantier. Cette dernière communication amenait à une profession de foi impériale sur le désintéressement de la France, qui ayant tenu dans ses mains l'Autriche, l'Allemagne, la Prusse, la Pologne, n'avait rien gardé pour elle-même, et se contentait d'acquisitions aussi insignifiantes que Kehl, Cassel, Wesel ou Flessingue. Napoléon voulait qu'on regardât le nouveau royaume de Westphalie, par exemple, non pas comme une extension de territoire, puisqu'il était donné à un prince indépendant, mais comme une simple extension du système fédératif de l'Empire français.

Bonnes ou mauvaises, ces argumentations, présentées en un langage brillant et grandiose, dont Napoléon avait fourni les idées et M. Regnaud le style, furent selon la coutume reçues avec une respectueuse inclination de tête de la part des sénateurs, et suivies du vote de la conscription de 1809.

Ce nouveau contingent de 80 mille hommes devait porter à près de 900 mille la masse des troupes françaises, répandues sur la Vistule, l'Oder, les bords de la Baltique, les Alpes, le Pô, l'Adige, l'Isonzo, les côtes de l'Illyrie et des Calabres, sur l'Èbre enfin et sur le Tage. En y joignant cent mille alliés au moins, c'était plus d'un million d'hommes, dont les trois quarts de vieux soldats, égaux pour le moins aux soldats de César, et conduits par un homme qui, sous le rapport du génie militaire, était supérieur au capitaine romain. Qu'y avait-il d'impossible avec ces forces colossales, les plus grandes dont aucun mortel ait jamais disposé, si la prudence politique venait contenir l'ivresse de la victoire? Napoléon ressentait, lorsqu'il en faisait le dénombrement, une satisfaction dangereuse, n'éprouvait d'embarras que pour les payer, mais comptait sur la continuation de la guerre pour les faire vivre à l'étranger, ou sur la paix pour lui permettre d'en réduire l'effectif sans en diminuer les cadres. C'est sur cette puissance militaire prodigieuse qu'il s'appuyait pour tout oser, pour tout vouloir, se considérant à cette hauteur comme dispensé des règles

Janv. 1808.

La conscription de 1809 élève la force de la France à un million d'hommes.

Janv. 1808.

Nouveau système d'organisation militaire, et formation de tous les régiments à cinq bataillons.

de la morale ordinaire, pouvant donner ou retirer les trônes à la façon de la Providence, toujours justifié comme elle par la grandeur des vues et des résultats.

C'est à cette époque que remonte l'origine d'une idée, dont Napoléon fut sans cesse préoccupé depuis, en fait d'organisation militaire, qui n'était pas absolument bonne en soi, mais qui pour lui seul aurait pu avoir des avantages : c'était de convertir les régiments français en légions, à peu près semblables aux légions romaines. Le bataillon composé de sept à huit cents soldats, ayant pour mesure la puissance physique de l'homme qui ne peut pas commander directement à un plus grand nombre; le régiment composé de trois ou quatre bataillons, et ayant pour mesure la sollicitude du colonel, qui ne peut soigner paternellement une plus grande réunion d'individus, ont été dans les temps modernes la base de l'organisation militaire. Avec plusieurs régiments on a formé la brigade, avec plusieurs brigades la division, avec plusieurs divisions l'armée. Généralement on a laissé sur la frontière un bataillon dit bataillon de dépôt, dans lequel on a pris l'habitude de réunir les hommes faibles, convalescents, non encore instruits, avec les officiers les moins capables d'un service actif, pour offrir à la fois un lieu de repos et d'instruction, et fournir au recrutement continuel des bataillons de guerre. C'est en maniant cette organisation avec un art profond que Napoléon avait su créer ces armées qui, parties du Rhin, quelquefois de l'Adige ou du Volturne, allaient combattre et vaincre sur la Vistule ou le Niémen. Le soin constant des dépôts avait été la secrète cause de ses succès, autant que son génie des combats. Maintenant son art allait se compliquer, sa sollicitude s'étendre, à mesure que ces dépôts, placés sur le Pô et sur le Rhin, ayant déjà envoyé des détachements aux armées de Prusse et de Pologne, devaient en envoyer encore aux armées d'Espagne, de Portugal, d'Illyrie. Suivre de l'œil cent seize régiments français d'infanterie, quatre-vingts de cavalerie, desquels on avait tiré un nombre considérable de corps provisoires, plus la garde impériale, les Suisses, les Polonais, les Italiens, les Irlandais, les auxiliaires allemands et espagnols; suivre de l'œil le régiment et ses détachements en tout pays, en diriger la formation, l'instruction, le placement, de manière à assurer le meilleur emploi de chacun, et à prévenir la désorganisation qui pouvait naître de la dislocation des parties; car un régiment dont le dépôt était sur le Rhin avait quelquefois des bataillons en Pologne, en Allemagne, en Espagne, en Portugal, tout cela exigeait une attention difficile, et singulièrement fatigante même pour le plus infatigable de tous les génies. Napoléon imagina donc soixante légions, au lieu de cent vingt régiments, composées chacune de huit bataillons de guerre, commandées par un maréchal-de-camp, plusieurs colonels et lieutenants-colonels, pouvant fournir des bataillons de guerre en Pologne, en Italie, en Espagne, et ayant un seul dépôt auquel se rapporteraient tous les détachements qu'on en aurait tirés. C'était dénaturer le régiment, base plus juste, avons-nous dit, puisqu'elle a pour mesure la force physique du chef de bataillon et la force morale du colonel, et lui substituer une nouvelle composition entièrement arbitraire, pour la commodité d'une position unique, unique comme le génie et la fortune de Napoléon; car, excepté lui, qui pouvait jamais avoir des bataillons d'un même régiment à envoyer en Pologne, en Italie, en Espagne? Cette conception lui tenait tellement à cœur qu'il ne cessa depuis d'y songer pendant son règne, et même dans l'exil. Toutefois, sur les objections de MM. Lacuée et Clarke, il se réduisit à un projet moyen, qui, sans dénaturer le régiment, en augmentait la composition, de manière à diminuer le nombre total des corps. Il décida par un décret, qui ne fut définitivement signé que le 18 février, que tous les régiments d'infanterie seraient formés à cinq bataillons, dont quatre de guerre, un de dépôt; chaque bataillon à six compagnies, une de grenadiers, une de voltigeurs, quatre de fusiliers. Le bataillon de dépôt était fixé à quatre compagnies seulement, les compagnies d'élite ne devant se former qu'en guerre. D'après ce décret, chaque compagnie était de 140 hommes, le régiment total de 3,970 hommes, dont 108 officiers et 3,862 sous-officiers et soldats. Le colonel et quatre chefs de bataillon commandaient les bataillons de guerre, et le major restait au dépôt. Dans cette formation, qui excédait déjà les proportions naturelles du régiment, et qui était amenée par la situation de Napoléon et de la France, un même régiment, ayant son dépôt sur le Rhin, pouvait, par exemple, avoir deux bataillons de guerre à la grande armée, un sur les côtes de Normandie, un en Espagne. Un régiment, ayant son dépôt en Piémont, pouvait avoir deux de ses bataillons de guerre en Dalmatie, un en Lombardie, un en Catalogne. De la sorte chaque corps prenait part à tous les genres de guerre à la fois; et quand les hostilités cessaient au Nord, on avait soin de laisser reposer tout ce qui venait de servir en Pologne, et de diriger vers l'Espagne tout ce qui n'avait pas fait les dernières campagnes, ou tout ce qui avait la force et le désir d'en faire plusieurs de suite. Mais cette composition des régiments, qui offrait peut-être quelques avantages pour Napoléon et pour l'Empire tel qu'il était devenu, est une preuve singulière de l'influence qu'une politique extrême exerçait déjà sur l'organisation militaire. Tandis que l'extension de ses entreprises allait affaiblir les armées de Napoléon en les dispersant, elle allait affaiblir aussi le régiment lui-même, en l'étendant outre mesure, en diminuant l'énergie de l'esprit de famille chez des frères d'armes trop éloignés les uns des autres. Un corps militaire est un tout qui a ses proportions naturelles, son architecture, si on peut ainsi parler, qu'on s'expose à dénaturer en voulant trop l'étendre.

Du reste, plusieurs dispositions de ce décret révélaient les nobles et mâles sentiments du grand homme qui l'avait conçu. L'aigle du régiment, objet du respect, de l'amour, du dévouement des soldats, car c'est leur honneur, devait être là où se trouverait le plus grand nombre de bataillons, et être confiée à un porte-aigle, qui aurait grade, rang, paye de lieutenant, qui compterait dix années de service, on aurait figuré aux campagnes d'Ulm, d'Austerlitz, d'Iéna,

Janv. 1808.

de Friedland. A côté de lui devaient être placés, à titre de second et troisième porte-aigle, avec rang de sergent et paye de sergent-major, deux vieux soldats, ayant assisté aux grandes batailles, et n'ayant pu avoir d'avancement comme illettrés. C'était une digne façon d'employer et de récompenser de braves gens, chez lesquels l'intelligence n'égalait pas le cœur. Tout dans l'État recevait, comme on le voit, l'influence du génie immodéré de Napoléon, et l'empreinte de sa grande âme.

Démêlés avec la cour de Rome.

Exalté par le sentiment de sa puissance, se croyant tout permis depuis que l'Angleterre se permettait tout à elle-même, considérant la guerre continentale comme terminée, et la prolongation de la guerre maritime comme un délai utile à l'achèvement de ses desseins, Napoléon était résolu à briser tous les obstacles qui contrariaient sa volonté. Tandis qu'il donnait les ordres que nous venons de rapporter pour faire entrer la Péninsule espagnole dans le système de son Empire, il en donnait d'à peu près semblables pour faire entrer dans le même système la Péninsule italienne, et pour en finir, d'une part, avec la souveraineté du Pape, qui le gênait au centre de l'Italie; de l'autre, avec celle des Bourbons de Naples, qui le bravait du milieu de l'île de Sicile.

On a vu comment le refus de rendre les Légations au Saint-Siège après le sacre, puis la conquête du royaume de Naples, qui achevait de faire des États romains une simple enclave de l'Empire français, avaient successivement mécontenté Pie VII, et converti sa douceur ordinaire en une irritation continue, quelquefois violente contre Napoléon, que cependant il aimait. La privation des principautés de Bénévent et de Ponte-Corvo, données à M. de Talleyrand et au maréchal Bernadotte, l'occupation d'Ancône, les passages continuels de troupes françaises, avaient mis le comble aux déplaisirs et à l'exaspération du Saint-Père. Aussi ne voulait-il adhérer à aucune des demandes de la France, et les rejetait-il toutes, les unes par des raisons spécieuses, les autres par des raisons qui ne l'étaient pas, et qu'il ne prenait pas la peine de rendre telles. Il avait refusé d'abord de casser le premier mariage du prince Jérôme, consommé sans aucune formalité, et avait consenti tout au plus, après l'annulation prononcée par l'autorité ecclésiastique française, à fermer les yeux sur cette annulation. Il avait refusé de reconnaître Joseph comme roi de Naples, reçu à Rome les cardinaux napolitains récalcitrants, et donné asile dans les faubourgs de cette capitale à tous les brigands qui égorgeaient les Français. Il avait gardé auprès de lui le consul du roi de Naples détrôné, prétendant que ce roi, retiré en Sicile, était au moins souverain de Sicile, et pouvait par conséquent se faire représenter à Rome. Il n'avait pas consenti à exclure les Anglais du territoire des États romains, disant qu'il était souverain indépendant, qu'à ce titre il pouvait être en paix ou en guerre avec qui il voulait; et il ajoutait qu'en sa qualité de chef de la chrétienté il ne devait se mettre en guerre avec aucune des puissances chrétiennes, même non catholiques. Il faisait attendre l'institution canonique des évêques, exigeait un voyage à Rome de la part des évêques italiens, contestait l'extension du concordat français aux provinces italiennes devenues françaises, telles que la Ligurie ou le Piémont, et l'extension du concordat italien aux provinces vénitiennes, annexées les dernières au royaume d'Italie. Enfin il ne se prêtait à aucun des arrangements proposés pour la nouvelle église allemande, et sur tout sujet, quel qu'il fût, opposait les difficultés naturelles qui en naissaient, ou créait volontairement celles qui n'existaient pas. Napoléon recueillait ainsi le prix de sa négligence à contenter la cour de Rome, qu'il aurait pu maintenir dans les meilleures dispositions, moyennant quelques sacrifices de territoire qui lui eussent été faciles; car, sans toucher aux royaumes de Lombardie et de Naples, il avait Parme, Plaisance, la Toscane, pour arrondir le domaine du Saint-Siége. Il est vrai que son impérieuse volonté de soumettre l'Italie entière à son régime de guerre contre les Anglais eût été dans tous les cas une difficulté grave. Mais il eût été certainement possible, sous la forme d'un traité d'alliance offensive et défensive, d'obtenir du Pape satisfait son adhésion à toutes les conditions de guerre qu'on voulait imposer à l'Italie.

Ne tenant aucun compte des motifs qui lui avaient aliéné le Saint-Père, Napoléon lui faisait dire : Vous êtes souverain de Rome, il est vrai, mais contenu dans l'Empire français; vous êtes pape, je suis empereur, empereur comme l'étaient les empereurs germaniques, comme l'était plus anciennement Charlemagne; et je suis pour vous Charlemagne à plus d'un titre, à titre de puissance, à titre de bienfait. Vous obéirez donc aux lois du système fédératif de l'Empire, et vous fermerez votre territoire à mes ennemis. — La forme de cette prétention avait blessé Pie VII encore plus que le fond. Ses yeux, ordinairement si doux, s'étaient allumés de tous les feux de la colère, et il avait déclaré au cardinal Fesch qu'il ne reconnaissait pas de souverain au-dessus de lui sur la terre; que si on voulait renouveler la tyrannie des empereurs allemands du moyen âge, il renouvellerait la résistance de Grégoire VII, et que, bien qu'on prétendît que les armes spirituelles avaient perdu de leur force, il ferait voir qu'elles pouvaient être puissantes encore contre un souverain d'origine récente, qu'il avait consacré de ses mains, et qui devait à cette consécration une partie de son autorité morale. A cela Napoléon répliquait qu'il craignait peu les armes spirituelles dans le dix-neuvième siècle; que du reste il ne donnerait aucun prétexte légitime à leur emploi, en s'abstenant de toucher aux matières religieuses; qu'il se bornerait à frapper le souverain temporel, qu'il le laisserait au Vatican, évêque respecté de Rome, chef des évêques de la chrétienté, et qu'au prince temporel, dont la souveraineté spirituelle n'aurait reçu aucune atteinte, personne ne s'intéresserait, ni en France, ni en Europe.

Le cardinal Fesch, dont le caractère hautain, l'esprit médiocre et tracassier, pouvaient compromettre les négociations les plus faciles, ayant été remplacé par M. Alquier, habitué successivement auprès des cours de Madrid et de Naples à traiter avec les vieilles royautés, et porté à les ménager, la situation n'en était pas moins restée la même, et les rapports entre les deux gouvernements avaient conservé toute

Janv. 1808.

leur aigreur. La cour pontificale imagina cependant d'envoyer à Paris un cardinal, pour terminer par une transaction les différends qui divisaient Rome et l'Empire, et elle fit choix du cardinal Litta. Napoléon le refusa, comme l'un des cardinaux animés du plus mauvais esprit. On choisit alors le cardinal français de Bayanne, membre éclairé et sage du sacré collége. Le Pape, en même temps, afin de prouver que le cardinal Consalvi n'était pas l'auteur de sa résistance, ainsi que le supposait Napoléon, retira la secrétairerie d'État à cet ami, pour la donner à un vieux prélat sans esprit et sans force, le cardinal Casoni. — On verra, s'écria-t-il avec un orgueil qui malgré sa douceur éclatait tout à coup lorsqu'on l'irritait, on verra que c'est à moi, à moi seul, qu'on a affaire; que c'est moi qu'il faut opprimer, fouler sous les pieds des soldats français, si on veut violenter mon autorité.

Ne gardant plus de ménagements, Napoléon, comme nous l'avons dit, fit occuper militairement par le général Lemarois les provinces d'Urbin, d'Ancône, de Macerata, qui forment le rivage de l'Adriatique; et alors le Saint-Siége, Pape et cardinaux, craignant que ces provinces ne finissent par subir le sort des Légations, songèrent un moment à composer, et on en vint à un accommodement, dont les conditions étaient les suivantes :

Proposition d'un accommodement entre le Saint-Siége et l'Empire.

Le Pape, souverain indépendant de ses États, proclamé tel, garanti tel par la France, contracterait cependant une alliance avec elle, et, toutes les fois qu'elle serait en guerre, exclurait ses ennemis du territoire des États romains;

Les troupes françaises occuperaient Ancône, Civita-Vecchia, Ostie, mais seraient entretenues aux frais du gouvernement français;

Le Pape s'engagerait à creuser et à mettre en état le port envasé d'Ancône;

Il reconnaîtrait le roi Joseph, renverrait le consul du roi Ferdinand, les assassins des Français, les cardinaux napolitains ayant refusé le serment, et renoncerait à son ancien droit d'investiture sur la couronne de Naples;

Il consentirait à étendre le concordat d'Italie à toutes les provinces composant le royaume d'Italie, et le concordat de France à toutes les provinces d'Italie converties en provinces françaises;

Il nommerait sans délai les évêques français et italiens, et n'exigerait pas de ces derniers le voyage à Rome;

Il désignerait des plénipotentiaires chargés de conclure un concordat germanique;

Enfin, pour rassurer Napoléon sur l'esprit du sacré collége, et pour proportionner l'influence de la France à l'extension de son territoire, il porterait à un tiers du nombre total des cardinaux le nombre des cardinaux français.

Cet arrangement était près de se terminer, lorsque le Pape, poussé par des suggestions malheureuses, et surtout blessé par deux clauses, celle qui obligeait le Saint-Siége à fermer son territoire aux ennemis de la France, et celle qui augmentait le nombre des cardinaux français, clauses dont la première était inévitable dans la situation géographique des États romains, et la seconde propre à tout pacifier dans

Janv. 1808.

Refus du Pape d'accéder à l'accommodement proposé.

l'avenir, le Pape refusa péremptoirement de donner son adhésion.

Janv. 1808.

Ordre d'envahir les États romains.

Alors, sans plus entendre une seule observation, sans même écouter l'offre de revenir sur un premier refus, Napoléon fit remettre ses passe-ports à M. le cardinal de Bayanne, et envoya les ordres nécessaires pour l'invasion des États romains. Au fond, il était décidé, là comme en Espagne, à en venir à une solution définitive, c'est-à-dire à laisser le Pape au Vatican, avec un riche revenu, avec une autorité purement spirituelle, et à le priver de la souveraineté temporelle de l'Italie centrale. Mais, s'attendant à avoir affaire aux Espagnols sous deux ou trois mois, c'est-à-dire aux approches de Pâques, il ne voulait pas que les causes religieuses vinssent se joindre aux causes politiques pour émouvoir un peuple fanatique. Il forma donc le projet d'occuper pour le moment Rome et les provinces qui bordent la Méditerranée, comme il avait déjà fait occuper celles qui bordent l'Adriatique. En conséquence, il ordonna au général commandant en Toscane de réunir 2,500 hommes à Pérouse, au général Lemarois d'en acheminer autant sur Foligno, au général Miollis de se mettre à la tête de ces deux brigades, de s'avancer sur Rome, de recueillir en passant une colonne de 3 mille hommes, que Joseph avait ordre de faire partir de Terracine, et d'envahir avec ces huit mille soldats la capitale du monde chrétien. Le général Miollis devait entrer de gré ou de force dans le château Saint-Ange, prendre le commandement des troupes papales, laisser le Pape au Vatican avec une garde d'honneur, ne se mêler en rien du gouverne-

Le général Miollis chargé d'occuper Rome.

ment, dire qu'il venait occuper Rome, pour un temps plus ou moins long, dans un intérêt tout militaire, et afin d'éloigner de l'État romain les ennemis de la France. Il ne devait s'emparer que de la police, et en user pour chasser tous les brigands qui faisaient de Rome un repaire, pour renvoyer les cardinaux napolitains à Naples, et puiser dans les caisses publiques ce qui était nécessaire à l'entretien des troupes françaises.

Janv. 1808.

L'illustre Miollis, vieux soldat de la république, joignant à un caractère inflexible l'esprit le plus cultivé, la probité la plus pure, et une grande habitude de traiter avec les princes italiens, était plus propre qu'aucun autre à remplir cette mission rigoureuse en conservant les égards dus au chef de la chrétienté. Napoléon lui alloua un traitement considérable, avec ordre de tenir à Rome un grand état, et d'habituer les Romains à voir dans le général français établi au château Saint-Ange le véritable chef du gouvernement, bien plutôt que dans le pontife laissé au Vatican.

L'invasion du Portugal avait attiré vers Gibraltar les troupes que les Anglais tenaient en Sicile, et celles qu'ils avaient ramenées battues d'Alexandrie. Il ne restait pas en Sicile, pour conserver ce débris de sa couronne à leur infortunée victime, la reine Caroline, plus de 7 à 8 mille hommes. C'était le cas de préparer une expédition contre cette île, et de profiter de la réunion des flottes françaises dans la Méditerranée pour transporter cette expédition. Napoléon avait ordonné à l'amiral Rosily, commandant la flotte française de Cadix, à l'amiral Allemand,

Expédition de Sicile.

Janv. 1808.

commandant la belle division de Rochefort, de lever l'ancre à la première occasion favorable, et de faire leur jonction avec la division de Toulon. Il avait obtenu qu'on donnât le même ordre à la division espagnole de Carthagène, commandée par l'amiral Valdès, ordre exécuté avec assez de ponctualité depuis que le gouvernement espagnol se montrait si soumis, et il s'attendait à avoir vingt et quelques vaisseaux à Toulon sous l'amiral Ganteaume, si toutes ces réunions s'opéraient heureusement. Avec une seule de ces réunions, celle de l'escadre de Rochefort, l'une des plus probables à cause du point de départ, et la plus désirable à cause de la qualité des équipages et du commandant, il en avait assez pour transporter une armée en Sicile, et pour ravitailler Corfou, second objet, et non pas le moins important de l'expédition. Il ordonna donc à l'amiral Ganteaume de réunir à Toulon, et d'embarquer sur la division déjà réunie en ce port, une masse considérable de munitions de tout genre, telles que blé, biscuit, poudre, projectiles, affûts, outils, afin de déposer ce chargement à Corfou, quel que fût le succès de l'opération contre la Sicile. Il enjoignit à Joseph de rassembler à Baies 8 ou 9 mille hommes avec leur armement complet, et à Scylla, vis-à-vis le Phare, 7 ou 8 mille autres, avec beaucoup de felouques et d'embarcations, propres à traverser le très-petit bras de mer qui sépare la Sicile de la Calabre. Il voulait que tout fût prêt de manière que l'amiral Ganteaume, parti de Toulon et arrivé devant Baies, pût embarquer les 8 à 9 mille hommes concentrés sur ce point, les transporter en vingt-

Plan adopté par Napoléon pour la conquête de la Sicile et le ravitaillement de Corfou.

ARANJUEZ.

quatre heures au nord du Phare, où viendraient
aboutir de leur côté les 7 ou 8 mille autres assemblés à Scylla, et embarqués sur les petits bâtiments
qu'on se serait procurés. On devait, avec ces 15 ou
16 mille hommes, enlever le Phare, le charger
d'artillerie, armer également le fort de Scylla, et,
ces deux points qui fermaient le détroit acquis aux
Français, se rendre maître à toujours du passage.
Un tel résultat obtenu, il n'y avait plus un soldat
anglais qui osât rester en Sicile.

Janv. 1808.

Mais cette hardie entreprise supposait que les ordres réitérés de Napoléon, relativement aux deux
points que les Anglais possédaient encore sur la côte
de Calabre, Scylla et Reggio, auraient reçu leur
exécution. Napoléon s'était plusieurs fois indigné
contre Joseph de ce qu'avec une armée de plus de
quarante mille hommes il souffrait que les Anglais
eussent encore le pied sur la terre ferme d'Italie.—
C'est une honte, lui écrivait-il, que les Anglais puissent nous résister sur terre. Je ne veux pas que vous
m'écriviez avant que cette honte soit réparée; et,
si elle ne l'est bientôt, j'enverrai l'un de mes généraux vous remplacer dans le commandement de
mon armée de Naples. — Sensible à ces reproches,
Joseph avait chargé le général Reynier d'attaquer
les deux points fortifiés de Scylla et de Reggio, qui
offusquaient si vivement les yeux de Napoléon. On
touchait au moment de les prendre, mais ils n'étaient pas pris. Napoléon en ressentit une vive colère. Cependant, son irritation contre la mollesse de
son frère ne changeant rien à l'état des choses, il
fut convenu que le projet d'expédition serait mo-

Le plan
de
l'expédition
de Sicile
modifié,
parce qu'on
ne possède
pas le Phare.

difié, car on ne pouvait pas s'emparer du détroit quand la côte des Calabres, qui aurait dû naturellement appartenir aux Français, n'était pas encore en leur possession. En conséquence, l'amiral Ganteaume dut se rendre d'abord à Corfou, pour y déposer le vaste approvisionnement de guerre embarqué sur la flotte; puis revenir dans le détroit, toucher à Reggio, qui probablement serait pris à l'époque présumée de son apparition dans ces mers, y prendre une douzaine de mille hommes, et les transporter par l'intérieur du détroit au midi du Phare. La saison était pour l'amiral Ganteaume une raison de plus d'agir ainsi; car, en opérant par l'intérieur du détroit et au midi du Phare, on était à l'abri des vents violents qui, dans l'hiver, soufflent du nord-ouest, et rendent dangereuse l'approche de la côte nord de la Sicile.

Ces dispositions étant arrêtées, l'amiral Ganteaume se tint prêt à s'embarquer à la première apparition de l'une des divisions navales qu'on attendait à chaque instant de Carthagène, de Cadix ou de Rochefort. On se souvient sans doute que, sur les observations fort sages de l'amiral Decrès, il avait été convenu que les divisions de Brest et de Lorient resteraient dans l'Océan, et que celles de Rochefort et de Cadix recevraient seules l'ordre de pénétrer dans la Méditerranée. L'amiral Rosily avait fort à cœur de sortir de Cadix, où il était retenu depuis plus de deux ans. Mais il lui était plus difficile de sortir qu'à aucun autre, à cause du détroit et de Gibraltar. C'est à l'immensité des mers qu'on doit la facilité de s'éviter; mais, dans le resserrement d'un détroit, et à portée d'un poste comme Gibraltar, il était presque impossible de tromper l'ennemi, et de lui échapper. La mer entre la côte d'Espagne et celle d'Afrique était couverte de petits bâtiments montant la garde pour la flotte anglaise, qui se tenait au large afin de donner à l'amiral Rosily la tentation de sortir. Mais, aussitôt que celui-ci appareillait, on voyait reparaître tout entière l'armée navale de l'ennemi. La division Rosily était parfaitement armée, grâce aux ressources du port de Cadix, abondantes pour le gouvernement français qui payait bien, nulles pour le gouvernement espagnol qui ne payait pas. Elle était de plus composée d'équipages excellents, qui avaient navigué et soutenu la plus grande bataille navale du siècle, celle de Trafalgar. L'amiral Rosily, vieux marin, expérimenté autant que brave, n'aurait pas été embarrassé de combattre une division anglaise, même supérieure en forces à la sienne; cependant, avec six vaisseaux et deux ou trois frégates, il ne pouvait braver douze ou quinze vaisseaux et une multitude de frégates, sans s'exposer à un nouveau désastre. Aussi, quoiqu'il eût l'ordre de sortir depuis septembre 1807, il n'y avait pas encore réussi en février 1808.

Le contre-amiral Allemand, l'officier de mer le plus hardi que la France eût alors, surtout comme navigateur, se trouvait aussi fort étroitement bloqué à Rochefort, et le revers essuyé par les frégates du capitaine Soleil en offrait la preuve. Mais une fois hors des pertuis par une sortie audacieuse, l'Océan s'ouvrait devant lui, et avec des équipages excellents, de bons vaisseaux, et sa hardiesse en mer, il

Janv. 1808.

avait bien des chances pour échapper aux Anglais. Plusieurs fois il appareilla, et plusieurs fois il vit l'ennemi accourir en tel nombre qu'échapper était impossible. Un jour cependant, le 17 janvier 1808, favorisé par un gros temps, il mit à la voile, sortit sans être aperçu, plongea dans le golfe de Gascogne, doubla heureusement le cap Ortegal, contourna toute l'Espagne, arriva en vue du resserrement des côtes d'Europe et d'Afrique, et, par une nuit obscure et un vent affreux de l'ouest, se jeta hardiment dans ce détroit, si bien gardé, que l'amiral Rosily ne pouvait y paraître sans qu'il se couvrît de voiles anglaises. Il y a long-temps qu'on a dit que la fortune seconde les audacieux; cette fois du moins elle n'y manqua pas, et en peu d'heures l'amiral Allemand se trouvait avec toute sa division en pleine Méditerranée, ayant passé devant Gibraltar et Ceuta sans être aperçu. Le 3 février il paraissait en vue de Toulon, et faisait signal à l'amiral Ganteaume de partir, pour aller tous ensemble au but marqué par l'Empereur. La joie de ce brave marin était au comble d'avoir opéré si heureusement une traversée si périlleuse.

Sortie de la flotte de Carthagène et sa retraite aux îles Baléares.

La division espagnole de Carthagène, beaucoup moins observée que celle de l'amiral Rosily, parce qu'elle était à plus de cent lieues du détroit, et qu'on ne faisait pas alors à la marine espagnole l'honneur de la croire entreprenante, la division de Carthagène avait peu de difficultés à vaincre pour sortir. Elle avait donc pu lever l'ancre et faire voile vers Toulon, conformément aux ordres de Napoléon. Elle était commandée par l'amiral Valdés, et se composait d'un vaisseau à trois ponts fort beau, d'un quatre-vingts, de quatre soixante-quatorze. Après trois ans d'immobilité dans le port, elle avait ses carènes sales, était médiocrement pourvue en équipages, et ne portait pas pour trois mois de vivres. Soit qu'on lui eût donné l'ordre secret de ne pas remplir sa mission, soit que la timidité des marins espagnols fût devenue extrême, elle avait navigué autour des Baléares, pour y trouver au besoin un asile, et, à la première apparition d'une voile anglaise, elle s'y était réfugiée, mandant à son gouvernement, qui s'était hâté de le faire savoir à Paris, qu'elle était bloquée, et qu'elle ne savait pas quand il lui serait possible de reprendre la mer. Trahison ou faiblesse, le résultat était absolument le même pour les projets de Napoléon, et révélait dans tout son jour la manière dont l'Espagne était habituée à remplir son devoir d'alliée.

Janv. 1808.

Du reste, l'amiral Ganteaume avait ordre de sortir à la première jonction qui viendrait augmenter ses forces. Ayant en effet rallié aux cinq vaisseaux de Toulon les cinq de Rochefort, il n'avait rien à craindre dans la Méditerranée. Les vaisseaux équipés à Toulon étaient loin de valoir ceux qui arrivaient de Rochefort; et en particulier les vaisseaux équipés dans le port de Gênes, l'avaient été avec des enfants recueillis sur les quais de cette grande ville, les vrais marins génois ayant fui dans les montagnes de l'Apennin. Néanmoins, comme il régnait un excellent esprit dans la marine de Toulon, esprit qui était traditionnel en ce port, et que le contre-amiral Cosmao s'attachait à ranimer par son exemple, la bonne vo-

Flotte que commandait l'amiral Ganteaume après le ralliement de la division de Rochefort.

Fév. 1808.

Heureuse sortie de Ganteaume, parti de Toulon pour les îles Ioniennes.

lonté suppléait à l'inexpérience, et la division de Toulon pouvait se conduire honorablement. L'amiral Ganteaume, avec deux lieutenants excellents, les contre-amiraux Allemand et Cosmao, comptait deux vaisseaux à trois ponts, un de quatre-vingts, sept de soixante-quatorze, deux frégates, deux corvettes, deux grosses flûtes, en tout seize voiles. Après avoir pris le temps de répartir sur la flotte entière l'immense approvisionnement qu'il était chargé de déposer à Corfou, il leva l'ancre le 10 février, se dirigeant sur les îles Ioniennes, d'où il devait revenir ensuite dans le détroit de Sicile, pour porter une armée française de Reggio à Catane, lorsqu'il aurait accompli la première partie de sa mission. Il mit à la voile le 10 février, et disparut sans qu'aucun bâtiment ennemi fût signalé. Avec la composition de sa flotte, et dans l'état des forces ennemies au sein de la Méditerranée, tout lui présageait un résultat heureux. En cas de séparation, le rendez-vous était à la pointe de l'Italie, vis-à-vis les côtes de l'Épire, ayant pour refuge le golfe de Tarente, les bouches du Cattaro, et Corfou même, premier but de l'expédition.

Continuation des événements d'Espagne.

Tandis que cette navigation, qui fut longue et dura deux mois, commençait, les événements d'Espagne suivaient leur triste cours. Les lettres de Napoléon en réponse à la demande de mariage et à la proposition de publier le traité de Fontainebleau, écrites le 10 janvier, expédiées le 20, n'arrivèrent que le 27 ou le 28, et ne furent remises que le 1ᵉʳ février. Elles n'étaient pas de nature à rassurer la cour d'Espagne. Par surcroît de malheur, le procès de l'Escurial s'achevait alors avec un éclat extraordinaire, et à la confusion de ceux qui l'avaient entrepris.

Malgré tous les efforts qu'on avait déployés pour faire déclarer complices d'un crime qui n'existait pas les amis du prince des Asturies, leur innocence, appuyée sur l'opinion publique, les avait sauvés. Le marquis d'Ayerbe, le comte d'Orgas, les ducs de San-Carlos et de l'Infantado, le dernier surtout, s'étaient comportés avec une dignité parfaite. Mais le chanoine Escoïquiz en particulier avait montré une fermeté presque provocatrice, excité qu'il était par le danger, par l'ambition de soutenir son rôle, par l'amour de son royal élève, par l'indignation d'un honnête homme. Malgré les menaces inconvenantes du directeur de ce procès, Simon de Viegas, l'un des plus vils agents de la cour, Escoïquiz, sans désavouer les écrits sur lesquels reposait l'accusation, avait persisté à soutenir et à démontrer son innocence, disant qu'en effet il avait cherché dans ces écrits à dévoiler les turpitudes et les crimes du favori, que c'était là servir le roi et non pas le trahir; que l'ordre en blanc, signé d'avance, pour conférer au duc de l'Infantado des pouvoirs militaires, était une précaution légitime contre un projet d'usurpation connu de tout le monde, et dont il prenait l'engagement de fournir la preuve, si on voulait le placer en présence de Godoy, et permettre qu'il appelât des témoins qui tous étaient prêts à révéler d'affreuses vérités. Le courage de ce pauvre prêtre, désarmé, n'ayant contre une cour toute-puissante d'autre appui que l'opinion, avait déconcerté les accusateurs, et inspiré un intérêt général : car, bien que la procédure fût secrète, les détails en étaient connus tous les jours, et se transmettaient de bouche en bouche avec une rapidité que la passion la plus vive peut seule expliquer, dans un pays sans journaux et presque sans routes. Les juges commençant à chanceler, on leur avait adjoint un renfort de magistrats qu'on supposait dévoués, pour rendre la condamnation plus certaine. Le fiscal don Simon de Viegas s'était conformé à l'ordre qu'il avait reçu de requérir la peine de mort contre les accusés. La cour, circonvenant de toutes les manières les juges sur lesquels elle avait cru pouvoir compter, leur demandait de prononcer la condamnation requise par le fiscal, non pour la faire exécuter, mais pour donner au roi l'occasion d'exercer sa clémence. On ne poursuivait qu'un but, disait-on : c'était de rendre plus respectable l'autorité royale, en punissant d'un arrêt de mort la pensée seule de lui manquer, et de la rendre plus chère aux peuples, en faisant émaner d'elle un grand acte de clémence envers les condamnés. C'était, en effet, le projet de la cour d'obtenir une condamnation à mort pour ne point la faire exécuter. Mais personne ne comptait assez sur elle pour lui confier la tête des hommes les plus honorés de la grandesse espagnole, et l'opinion publique d'ailleurs, prête à se déchaîner contre les juges prévaricateurs qui livreraient l'innocence, était plus imposante que la cour. L'un des juges, parent du ministre de grâce et de justice, don Eugenio Caballero, atteint d'une maladie mortelle, ne voulut pas rendre le dernier soupir sans avoir émis un avis digne d'un grand magistrat. Il pria ses collègues composant le tribunal extraordinaire de se transporter dans sa demeure, pour délibérer près de son lit de mort. Quand ils furent réunis, don Eugenio soutint qu'il était impossible de juger les complices d'un délit vrai ou faux sans l'auteur principal, c'est-à-dire sans le prince des Asturies, et que, d'après les lois du royaume, ce prince ne pouvait être appelé et entendu que devant les Cortez assemblées; qu'au surplus le crime était imaginaire; que les preuves fournies étaient nulles ou dépourvues de caractère légal, car c'étaient des copies et non des originaux qu'on avait sous les yeux; que la personne inconnue qui avait dénoncé ces faits devait, d'après la loi espagnole, se présenter elle-même et déposer sous la foi du serment; que dans l'état de la procédure, sans accusé principal, sans preuves, sans témoins, avec tout ce qu'on savait d'ailleurs du prétendu attentat imputé à un prince objet de l'amour de la nation, et à de grands personnages objet de son respect, des juges intègres devaient se déclarer hors d'état de prononcer, et supplier la royauté de mettre au néant un procès aussi scandaleux.

Fév. 1808.

A peine ce courageux citoyen d'une monarchie absolue, dans laquelle, tout absolue qu'elle était, il y avait des lois et des magistrats imbus de leur esprit, à peine avait-il opiné, que ses collègues adhérèrent à son avis, et opinèrent comme lui avec une sorte d'enthousiasme patriotique. Ils s'embrassèrent tous après cet arrêt, comme des hommes prêts à mourir. On croyait en effet, non pas Charles IV, mais la cour, capable de tout contre les juges

Courageux arrêt du tribunal extraordinaire chargé de prononcer sur le procès de l'Escurial.

Fév. 1808.

La cour substitue à l'arrêt prononcé des disgrâces royales.

Exil loin de la capitale des principaux accusés, et détention du chanoine Escoïquiz dans un couvent.

qui avaient trompé ses calculs, et on exagérait sa cruauté, ne pouvant exagérer sa bassesse.

Quand cet arrêt fut connu, il transporta le public de joie, et il frappa la cour d'abattement. On persuada au pauvre Charles IV qu'il fallait faire éclater sa propre justice, à défaut de celle des magistrats, et on lui arracha un décret royal, en vertu duquel les ducs de San-Carlos et de l'Infantado, le marquis d'Ayerbe, le comte d'Orgas, furent exilés à 60 lieues de la capitale, et privés de leurs dignités, grades et décorations. Le chanoine Escoïquiz, le plus haï de tous, fut traité plus sévèrement. On lui retira ses bénéfices ecclésiastiques, et on le condamna à finir ses jours dans le monastère du Tardon. On voulait en outre que le cardinal de Bourbon, archevêque de Tolède, frère de la princesse du sang qu'avait épousée Emmanuel Godoy, fît prononcer par le chapitre de Tolède la dégradation du chanoine Escoïquiz, membre de ce même chapitre. Le cardinal s'y refusa obstinément. A ce sujet il osa révéler à Charles IV les scandales de la monarchie, le triste sort de la princesse sa sœur, unie au favori, lequel à tous ses crimes avait joint celui de la bigamie. Il alla, dit-on, jusqu'à demander que sa sœur lui fût rendue, et pût s'enfermer dans une retraite religieuse pour y pleurer l'union qui faisait sa honte et son malheur. Pour toute réponse, le cardinal reçut l'ordre de se retirer dans son diocèse.

Le courageux magistrat qui avait si noblement rempli son devoir, don Eugenio Caballero, étant mort, ses funérailles devinrent une sorte de triomphe. Toutes les congrégations religieuses se disputèrent l'honneur de l'ensevelir gratuitement, et tout ce que Madrid renfermait de plus respectable accompagna à sa dernière demeure le magistrat qui avait si dignement terminé sa carrière. Quant aux accusés, on se réjouissait de voir leur tête sauvée, surtout après les craintes exagérées que leur procès avait inspirées. On ne craignait pas les conséquences de ce procès pour leur considération, car l'estime universelle les environnait, au delà même de leur mérite; et on ne s'inquiétait pas de leur exil, car personne n'imaginait qu'il dût être long. Tout le monde en effet s'attendait à une catastrophe prochaine, soit qu'elle provînt de l'indignation publique excitée au plus haut degré, soit qu'elle fût l'ouvrage des troupes françaises s'avançant silencieusement sur la capitale, sans dire ce qu'elles venaient y faire. On se plaisait toujours à croire qu'elles feraient ce qu'on désirait, c'est-à-dire qu'elles précipiteraient le favori de ce trône dont il avait usurpé la moitié, et uniraient le prince des Asturies avec une princesse française au bruit de leurs canons.

Tandis que les sympathies d'une nation exaltée entouraient ceux qui se prononçaient contre la cour, cette cour elle-même était remplie de terreur et de rage. Il était d'usage immémorial qu'en janvier la famille royale quittât la froide et sévère résidence de l'Escurial, pour aller jouir du climat d'Aranjuez, magnifique demeure, que traverse le Tage, et où le printemps, comme il arrive dans les latitudes méridionales, se fait sentir dès le mois de mars, quelquefois même dès la fin de février. Il était d'usage

Fév. 1808.

L'obscurité des intentions de Napoléon ajoute aux terreurs de la cour d'Espagne, et la confirme dans l'idée de fuir en Amérique.

encore que, Madrid se trouvant sur la route, la cour s'y arrêtât quelques jours pour recevoir les hommages de la capitale. S'attendant cette année à ne recueillir que des témoignages d'aversion, la cour passa aux portes de Madrid sans s'y arrêter, et alla cacher dans Aranjuez sa honte, son chagrin et son effroi.

Elle n'avait plus en effet un seul appui à espérer nulle part. Le peuple espagnol laissait éclater pour elle une haine implacable, et à peine faisait-il une différence en faveur du roi, en le méprisant au lieu de le haïr. Quant au terrible Empereur des Français, que cette cour avait alternativement flatté ou trahi, dont elle espérait, depuis Iéna, avoir reconquis la faveur par une année de bassesses, il se couvrait tout à coup de voiles impénétrables, et gardait sur ses projets un silence effrayant. Les armées françaises, dirigées d'abord sur le Portugal, exécutaient maintenant un mouvement sur Madrid, sous prétexte de s'acheminer vers Cadix ou Gibraltar. Mais il était inouï qu'on envahît de la sorte, et sans plus d'explications, le territoire d'une grande puissance. La réponse que Napoléon avait faite à la demande de mariage ne pouvait pas être prise pour sérieuse; car il voulait savoir, disait-il, avant de donner une princesse française à Ferdinand, si ce prince était rentré dans les bonnes grâces de ses parents, et il le demandait à Charles IV, qui lui avait annoncé formellement l'arrestation du prince des Asturies et la grâce qui s'en était suivie. Le refus de publier le traité de Fontainebleau, qui contenait la concession d'une souveraineté pour Emmanuel Godoy, et la garantie formelle des États appartenant à la maison d'Espagne, ne pouvait avoir qu'une signification sinistre. Par tous ces motifs, la tristesse régnait à Aranjuez dans l'intérieur royal, et au Buen-Retiro, chez la comtesse de Castelfiel, favorite du favori. Ici et là on commençait à ouvrir les yeux, et à reconnaître qu'à force de bassesses on avait inspiré à Napoléon l'audace de renverser une dynastie avilie, méprisée de tous les Espagnols. Chaque jour l'idée d'imiter la maison de Bragance et de fuir en Amérique revenait plus souvent à l'esprit des meneurs de la cour, et devenait l'occasion de bruits plus fréquents. Emmanuel Godoy et la reine s'étaient presque définitivement arrêtés à cette résolution, et ils faisaient secrètement leurs préparatifs, car les envois d'objets précieux vers les ports étaient encore plus nombreux et plus signalés que de coutume. Mais il fallait décider le roi d'abord, dont la faiblesse craignait les fatigues d'un déplacement presque autant que les horreurs d'une guerre; il fallait décider aussi les princes du sang, don Antonio, frère de Charles IV; Ferdinand, son fils et son héritier, ainsi que les plus jeunes infants: il suffisait qu'une indiscrétion fût commise pour soulever la nation contre un tel projet. Le prince de la Paix, afin de couvrir les préparatifs qui s'apercevaient du côté du Ferrol et du côté de Cadix, répandait le bruit qu'il allait lui-même, en sa qualité de grand amiral, faire l'inspection des ports, et qu'il devait débuter par ceux du Midi.

Mais avant d'en arriver à cette fuite, qui, même pour Godoy et la reine, n'était qu'un parti extrême,

Fév. 1808.

Avant de prendre le parti

Fév. 1808.

de la fuite, la cour d'Espagne fait une dernière tentative auprès de Napoléon.

Nouvelle lettre de Charles IV à l'Empereur.

il convenait d'essayer de tous les moyens pour arracher à Napoléon le secret de ses intentions, et fléchir s'il se pouvait sa redoutable volonté. Il n'était rien en effet qu'on ne dût tenter avant de se décider soi-même à quitter l'Espagne, et avant d'y contraindre Charles IV. En conséquence, pour répliquer à la dernière réponse de Napoléon, on lui fit écrire par Charles IV une nouvelle lettre, à la date du 5 février, huit ou dix jours après la conclusion du procès de l'Escurial, dans le but de le forcer à s'expliquer, de toucher son cœur s'il était possible, d'en appeler même à son honneur, fort intéressé à tenir les paroles qu'il avait données. Dans cette lettre, Charles IV avouait les alarmes qu'il commençait à concevoir à l'approche des troupes françaises, rappelait à Napoléon tout ce qu'il avait fait pour lui complaire, toutes les preuves de dévouement qu'il lui avait données, le sacrifice de ses flottes, l'envoi de ses armées en pays lointain, et lui demandait en retour d'une si fidèle alliance, la déclaration franche et loyale de ses intentions, ne pouvant pas supposer qu'elles fussent autres que celles que l'Espagne avait méritées. Le pauvre roi ne savait pas en écrivant de la sorte que cette fidèle alliance avait été entremêlée de mille trahisons secrètes, que ce sacrifice de ses flottes n'avait servi qu'à faire détruire les deux marines à Trafalgar, que l'envoi d'une division à Hambourg n'avait rendu d'autre service que celui d'une démonstration, et que l'Espagne avait été une auxiliaire inutile à elle-même et à ses alliés, quelquefois même l'occasion de beaucoup d'inquiétudes pour eux. Ignorant ces choses comme toutes les autres, il adressa avec une bonne foi parfaite ces questions à Napoléon, sous la dictée de ceux qui savaient, pensaient et voulaient pour lui. Ce malheureux prince ne pouvait pas croire qu'à la fin de ses jours, après n'avoir jamais cherché à nuire, il pût être réduit ou à se battre, ou à s'enfuir, convaincu qu'il était que pour régner honnêtement et sûrement, il suffisait de n'avoir jamais voulu mal faire; ce dont il était bien sûr, car il n'avait jamais rien fait que chasser, soigner ses chevaux et ses fusils.

Fév. 1808.

Cette lettre, destinée à Napoléon, fut suivie des lettres les plus pressantes pour M. Yzquierdo. On le suppliait de se procurer à tout prix, quoi qu'il en dût coûter, la connaissance précise des intentions de la France; d'essayer de les changer à force de sacrifices si elles étaient hostiles; ou bien, si on ne pouvait les changer, de les faire connaître au moins, afin qu'on pût en combattre ou en éviter les conséquences. On lui ouvrait tous les crédits nécessaires, si l'or était un moyen de réussir dans une pareille mission.

Les dépêches dont il s'agit arrivèrent à Paris au milieu de février. Napoléon avait éludé la demande d'une princesse française pour Ferdinand, en feignant d'ignorer si ce prince avait obtenu la grâce de ses parents. Ne pouvant plus alléguer un doute à ce sujet, et questionné directement sur ses intentions, il sentit que le jour du dénoûment était venu, et qu'après s'être fixé sur la résolution de détrôner les Bourbons, il fallait se fixer enfin sur les moyens d'y parvenir, sans trop révolter le sentiment public de l'Espagne, de la France et de l'Europe.

Les questions pressantes adressées à Napoléon l'obligent à prendre un parti définitif à l'égard de l'Espagne.

Fev. 1808.

Napoléon s'arrête à l'idée de faire fuir la maison royale en Amérique.

C'était là le seul point sur lequel il eût véritablement hésité; car s'il avait admis un moment comme praticable le plan de rapprocher les deux dynasties par un mariage, et comme discutable le plan de s'adjuger une forte partie du territoire espagnol, au fond il avait toujours préféré, comme plus sûr, plus décisif, plus honnête même, de n'enlever à l'Espagne que sa dynastie et sa barbarie, en lui laissant son territoire, ses colonies et son indépendance. Mais le moyen de rendre supportable cet acte de conquérant, même dans un temps où l'on avait vu tomber non-seulement la couronne des rois, mais leur tête, le moyen était difficile à trouver. La famille de Bragance par sa fuite lui en avait elle-même suggéré un, auquel il avait fini par s'arrêter, ainsi qu'on l'a vu : c'était d'amener la cour d'Espagne à s'embarquer à Cadix pour le Nouveau-Monde. Rien ne serait plus simple alors que de se présenter à une nation délaissée, de lui annoncer qu'au lieu d'une dynastie dégénérée, assez lâche pour abandonner son trône et son peuple, on lui donnait une dynastie nouvelle, glorieuse, paisiblement réformatrice, apportant à l'Espagne les bienfaits de la révolution française sans ses malheurs, la participation aux grandeurs de la France sans les horribles guerres que la France avait eu à soutenir. Cette solution était naturelle, moins sujette à blâme qu'aucune autre, et fournie par la lâcheté même des familles abâtardies qui régnaient sur le midi de l'Europe. Elle devenait d'ailleurs de jour en jour plus probable, puisqu'à chaque nouvel accès de terreur que ressentait la cour d'Espagne, le bruit d'une retraite en Amérique, écho des agitations intérieures du palais, circulait dans la capitale. Il suffisait, pour pousser cette terreur au comble, de faire avancer définitivement les troupes françaises vers Madrid, en continuant de garder sur leur destination un silence menaçant. En conséquence Napoléon disposa toutes choses pour amener la catastrophe en mars; car, s'il fallait agir en Espagne, le printemps était la saison la plus favorable pour introduire nos jeunes soldats dans cette contrée aride et brûlante, qui, au physique comme au moral, est le commencement de l'Afrique. On était à la moitié de février; Napoléon avait un mois jusqu'à la moitié de mars pour faire ses derniers préparatifs. Il les commença donc immédiatement après avoir reçu la lettre interrogative du roi Charles IV (datée du 5 février), dans laquelle ce malheureux prince le suppliait d'expliquer ses intentions à l'égard de l'Espagne.

Mais avant de provoquer à Madrid le dénoûment qu'il désirait, il lui fallait prendre un parti sur une question non moins grave que celle d'Espagne, sur la question d'Orient; car dans le moment l'une se trouvait liée à l'autre. Si quelque chose en effet pouvait ajouter à l'imprudence de se charger de nouvelles entreprises, quand on en avait déjà de si considérables sur les bras, c'était de s'engager dans l'affaire d'Espagne avec la Russie mécontente. Quelque habituée que fût l'Europe aux spectacles nouveaux, quelque préparée qu'elle fût à la fin prochaine des Bourbons d'Espagne, il y avait loin encore de la prévoyance à la réalité, et

Fév. 1808.

Napoléon fixe au mois de mars l'exécution de ses projets.

le renversement de l'un des plus vieux trônes de l'univers devait causer une émotion profonde, faire passer de la tête de l'Angleterre sur celle de la France la réprobation excitée par le crime de Copenhague. Bien que la Prusse fût écrasée, l'Autriche alternativement irritée ou tremblante, il eût été souverainement imprudent de ne pas s'assurer, à la veille du plus grand acte d'audace, l'adhésion certaine de la Russie. C'était en effet l'un des graves inconvénients de l'entreprise d'Espagne que d'entraîner inévitablement des sacrifices en Orient, et ce fut, comme on le verra plus tard, l'une des plus regrettables fautes de l'Empereur dans cette circonstance, que de n'avoir pas su faire franchement ces sacrifices. Il en eût été autrement, si ayant moins entrepris au Nord, si ayant abandonné l'Allemagne à la Prusse satisfaite, il n'avait pas eu à laisser sur la Vistule trois cent mille vieux soldats, qui composaient la véritable force de l'armée française. Se bornant alors à occuper l'Italie et l'Espagne, ayant ses armées concentrées derrière le Rhin et personne à craindre ou à soutenir au delà de cette frontière, il aurait pu se dispenser d'acheter par des sacrifices le concours de la Russie. Et si elle avait voulu profiter de l'occasion pour se jeter en Orient, l'Autriche elle-même, quoique inconsolable de la perte de l'Italie, fût devenue l'alliée de la France pour défendre le bas Danube. Mais Napoléon ayant détruit la Prusse, créé en Allemagne des royautés éphémères, et semé du Rhin à la Vistule la haine et l'ingratitude, il lui fallait au Nord un allié, même chèrement acheté.

Le général Savary avait été remplacé à Saint-Pétersbourg par M. de Caulaincourt, et presque en même temps M. de Tolstoy, ambassadeur de Russie, était arrivé à Paris. Celui-ci était, comme nous l'avons dit, militaire, frère du grand-maréchal du palais, imbu des opinions de l'aristocratie russe à l'égard de la France, mais membre d'une famille qui jouissait de la faveur impériale, qui mettait cette faveur au-dessus de ses préjugés, et qui voyait dans la conquête de la Finlande et des provinces du Danube une excuse suffisante pour les défectionnaires qui passeraient de la politique anglaise à la politique française. — Mon frère s'est dévoué, avait dit le grand-maréchal Tolstoy à M. de Caulaincourt; il a accepté l'ambassade de Paris; mais s'il n'obtient pas quelque chose de grand pour la Russie, il est perdu, et nous le sommes tous avec lui[1]. — Ces paroles prouvent dans quel esprit venait en France le nouvel ambassadeur. Alexandre lui avait raconté ce qui s'était passé à Tilsit comme il aimait à se le rappeler et à le comprendre, et, après cette communication fort altérée des entretiens de Napoléon, M. de Tolstoy avait cru que tout était dit, que le sacrifice de l'empire d'Orient était fait, qu'il n'arrivait à Paris que pour signer le partage de la Turquie, et l'acquisition sinon de Constantinople et des Dardanelles, au moins des plaines du Danube jusqu'aux Balkans. De plus, il s'était arrêté en route auprès des malheureux souverains de la Prusse, dépouillés d'une partie de leurs États, et privés de presque tous leurs revenus, par l'occupation pro-

Fév. 1808.

à Paris de M. de Tolstoy, et caractère de cet ambassadeur.

[1] Ces paroles sont textuellement extraites de la correspondance secrète, si souvent citée par nous.

longée des provinces qui leur restaient. M. de Tolstoy, pensant que si la conquête des provinces d'Orient intéressait la gloire de la Russie, l'évacuation des provinces prussiennes intéressait son honneur, venait à Paris avec la double préoccupation d'obtenir une partie de l'empire turc, et de faire évacuer la Prusse. Ajoutez à tout cela qu'il était susceptible, irritable, soupçonneux, et fort enorgueilli de la gloire des armées russes.

Napoléon s'était promis de le bien recevoir, et de lui faire aimer le séjour de Paris, pour qu'il contribuât par ses rapports au maintien de l'alliance. Mais il le trouva tellement vif, tellement intraitable sur la double affaire de l'évacuation de la Prusse et de l'acquisition des provinces du Danube, qu'il en fut importuné. Il se sentait si fort, et il était lui-même si peu patient, qu'il ne pouvait pas supporter longtemps l'insistance de M. de Tolstoy. Napoléon, ne dissimulant qu'à moitié l'ennui qu'il ressentait, dit au nouvel ambassadeur que si, après avoir évacué toute la vieille Prusse et une partie de la Poméranie, il continuait à occuper le Brandebourg et la Silésie, c'était parce qu'on avait refusé d'acquitter les contributions de guerre; qu'il ne demandait pas mieux que de retirer ses troupes dès qu'on l'aurait payé; que si du reste il demeurait en Prusse au delà du terme prévu, les Russes de leur côté demeuraient sans motif avouable dans les provinces du Danube, et que la Moldavie et la Valachie valaient bien la Silésie. Sans le dire précisément, Napoléon parut, aux yeux d'un esprit prévenu comme l'était M. de Tolstoy, faire dépendre l'évacuation de la Silésie de celle de la Moldavie et de la Valachie, et lier presque l'acquisition de celles-ci par les Russes à l'acquisition de celle-là par les Français. L'humeur de M. de Tolstoy dut céder à la hauteur de Napoléon, mais le ministre russe conçut un vif dépit, et comme on cherche toujours la société qui sympathise le mieux avec les sentiments qu'on éprouve, il fréquenta de préférence les entêtés peu nombreux qui, dans l'ancienne noblesse française, se vengeaient par leurs propos de n'être point encore admis à la cour impériale. Il tint un langage peu amical, faillit avoir avec le maréchal Ney, qui n'était pas endurant, une querelle sur le mérite des armées russe et française, et se montra plutôt le représentant d'une cour malveillante que celui d'une cour qui voulait être, et qui était en effet, pour le moment du moins, une intime alliée. M. de Talleyrand avec son sang-froid dédaigneux fut chargé de contenir, de calmer, de réprimer au besoin l'humeur incommode de M. de Tolstoy.

Fév. 1808.

Les choses se passèrent mieux à Saint-Pétersbourg, entre M. de Caulaincourt et l'empereur Alexandre; mais celui-ci ne dissimula pas plus que son ambassadeur le chagrin qu'il éprouvait. M. de Caulaincourt était un homme grave, portant sur son visage la droiture qui était dans son âme, n'ayant qu'une faiblesse, c'était de ne pouvoir se consoler du rôle qu'il avait joué dans l'affaire du duc d'Enghien, ce qui le rendait sensible outre mesure à l'estime qu'on lui témoignait, et ce qui fournit à l'empereur Alexandre un moyen de le dominer. M. de Caulaincourt trouva l'empereur plein à son égard de grâce et de courtoisie, mais blessé au cœur

Conduite de M. de Caulaincourt à Saint-Pétersbourg

Accueil fait par l'empereur

de ne pas voir se réaliser immédiatement les promesses qu'on lui avait faites. A Tilsit Napoléon avait dit à l'empereur Alexandre que si la guerre continuait, et si la Russie y prenait part, elle pourrait trouver vers la Baltique un accroissement de sûreté, vers la mer Noire un accroissement de grandeur, et il avait éventuellement parlé de la distribution à faire des provinces de l'empire turc, sans toutefois rien stipuler de positif. Mais si, d'une part, dans l'entraînement de ces communications, il avait peut-être plus dit qu'il ne voulait accorder, l'empereur Alexandre avait entendu plus qu'on ne lui avait dit, et, revenu à Pétersbourg au milieu d'une société mécontente, il avait fait, pour la ramener, beaucoup de confidences indiscrètes et exagérées. Peu à peu l'opinion s'était répandue dans les salons de Saint-Pétersbourg que la Russie, quoique vaincue à Friedland, avait rapporté de Tilsit le don de la Finlande, de la Moldavie et de la Valachie. Ceux qui étaient bien disposés pour l'empereur Alexandre, ou qui du moins n'avaient pas le parti pris de blâmer la nouvelle marche du gouvernement, estimaient que c'était là un fort beau prix de plusieurs campagnes malheureuses; que si la Russie devait de si vastes conquêtes à l'amitié de la France, elle faisait bien de cultiver et de conserver cette amitié. Ceux, au contraire, qui avaient encore dans le cœur tous les sentiments excités par la dernière guerre, ou qui en voulaient à l'empereur de son inconstance, tels que MM. de Czartoryski, Nowosiltzoff, Strogonoff, Kotschoubey, représentants de la politique abandonnée, ceux-là disaient que la conquête de la Finlande, vers laquelle on poussait la Russie, n'avait aucune valeur, que c'était un pays de lacs et de marécages, entièrement dépourvu d'habitants; que de plus cette conquête était immorale, puisqu'elle était obtenue sur un parent et un allié, le roi de Suède; que du reste ce serait la seule que Napoléon laisserait faire à l'empereur Alexandre, que jamais il ne lui livrerait la Moldavie et la Valachie, ce dont on ne tarderait pas à se convaincre; que l'alliance française était donc à la fois une défection, une inconséquence et une duperie.

Fév. 1808.

Ces propos répétés à l'empereur Alexandre le piquaient au vif, et, en voyant par les rapports de M. de Tolstoy qu'ils pourraient bien un jour se vérifier, il en exprima un chagrin extrême à M. de Caulaincourt. Il le reçut avec de grands égards, lui témoigna une estime dont il voyait que cet ambassadeur était avide, et puis, venant à ce qui concernait les intérêts russes, il se répandit en plaintes amères. Il n'avait jamais entendu, disait-il, lier le sort de la Silésie à celui de la Moldavie et de la Valachie. Il avait stipulé et obtenu de l'amitié de l'empereur Napoléon la restitution d'une partie des États prussiens, restitution nécessaire, indispensable à l'honneur de la Russie. Il se serait contenté de cette restitution, et se serait retiré au fond de son empire, satisfait d'avoir épargné à ses malheureux alliés quelques-unes des conséquences de la guerre, si l'empereur Napoléon, voulant l'engager dans son système, ne lui avait fait entrevoir des agrandissements soit au nord, soit au midi de l'empire, et n'avait été le premier à lui parler de la Mol-

Langage de l'empereur Alexandre.

28.

Fév. 1808.

davie et de la Valachie. Poussé à entrer dans cette voie, il avait fait tout ce que Napoléon avait désiré : il avait déclaré la guerre à l'Angleterre, malgré les intérêts du commerce russe; il l'avait résolue avec la Suède, malgré la parenté; et, quand lui et tout le monde dans l'empire s'attendait à recevoir le prix de tant de dévouement à une politique étrangère, il arrivait tout à coup de Paris la nouvelle qu'il fallait renoncer aux plus légitimes espérances! Le czar ne pouvait revenir de sa surprise et se consoler de son chagrin. Vouloir lier le sort de la Silésie à celui de la Moldavie et de la Valachie, retenir l'une aux Prussiens pour donner les deux autres aux Russes, c'était lui faire un devoir d'honneur de tout refuser. Il ne pouvait pas payer, avec les dépouilles d'un ami malheureux qu'on l'accusait d'avoir déjà trop sacrifié, les acquisitions qu'on lui permettait de faire sur le Danube. — *Ces malheureux Prussiens*, dit Alexandre à M. de Caulaincourt, *n'ont pas de quoi manger*. Délivrez-moi de leurs importunités, et je n'aurai plus rien qui me trouble dans mes relations avec la France. D'ailleurs que ferait Napoléon de la Silésie? La garderait-il pour lui? Mais ce serait devenir mon voisin, et les voisins, il me l'a déclaré lui-même, ne sont jamais des amis. A quoi lui servirait une province si éloignée de son empire? Qu'il prenne autour de lui, près de lui, tout ce qu'il voudra, je le trouve naturel et bien entendu. Il a pris l'Étrurie; il va, dit-on, prendre les États romains; il médite on ne sait quoi sur l'Espagne! soit. Qu'il fasse au Midi ce qui lui convient, mais qu'il nous laisse faire au Nord ce qui nous convient également, et qu'il ne se rapproche pas tant de nos frontières. S'il ne veut pas la Silésie pour lui, la pourrait-il donner à quelqu'un qui me vaille? Assurément non, et en la rendant aux Prussiens, ce qui est la plus simple des solutions, il ne faut pas qu'en revanche il me refuse ce qu'il m'a promis. Il tromperait ainsi non-seulement mon attente, mais celle de la nation russe, qui estimerait que la Finlande ne vaut pas la guerre qu'elle va lui coûter avec l'Angleterre et la Suède, qui dirait que j'ai été dupe du grand homme avec lequel je me suis abouché à Tilsit; qu'on ne peut le rencontrer sans danger, ni sur un champ de bataille, ni dans une négociation; et qu'il eût mieux valu, sans continuer une guerre impolitique et dangereuse, se séparer en paix, mais avec l'indifférence et la froideur que justifient les distances.

Tel avait été, et tel était tous les jours le langage de l'empereur Alexandre à M. de Caulaincourt. Il n'ajoutait pas que, si on lui avait laissé espérer les provinces du Danube, c'était sans les lui promettre, et que si d'une simple espérance la nation russe, trompée par des bruits de cour, avait fait un engagement formel, le tort en était à lui, à son indiscrétion, à sa faiblesse même, puisqu'il n'avait su dominer son entourage qu'en promettant ce qu'il ne pouvait pas tenir. Alexandre n'ajoutait pas cela, mais il était évident que, si on ne venait pas à son secours, en accordant ce qu'il avait imprudemment laissé espérer à la nation, il serait cruellement blessé, son ministre Romanzoff aussi, et que, si le brusque changement de politique opéré à Tilsit était trop ré-

Fév. 1808.

Efforts de M. de Caulaincourt pour rassurer l'empereur Alexandre.

cent pour qu'on osât s'en permettre un autre tout aussi brusque, on n'en garderait pas moins au fond du cœur une blessure profonde, toujours saignante, et que bientôt de nouvelles guerres pourraient s'ensuivre.

M. de Caulaincourt, en affirmant avec son honnêteté imposante la bonne foi de Napoléon, en assurant que tout s'éclaircirait, en rejetant sur un malentendu, sur la susceptibilité ombrageuse de M. de Tolstoy, les fâcheux rapports arrivés de Paris, parvint à remettre un peu de calme dans l'âme de l'empereur Alexandre. Celui-ci finit par s'en prendre à M. de Tolstoy lui-même, à sa maladresse, à ses mauvaises dispositions, et déclara devant M. de Caulaincourt qu'il ne manquerait pas, s'il trouvait encore M. de Tolstoy, comme jadis M. de Markoff, occupé à brouiller les deux cours, de faire un exemple éclatant de ceux qui prenaient à tâche de le contrarier, au lieu de s'appliquer à le servir. L'empereur Alexandre avait paru fort sensible aux magnifiques cadeaux de porcelaine de Sèvres envoyés à Saint-Pétersbourg, à la cession de cinquante mille fusils, à la réception des cadets russes dans la marine française. Mais rien ne touchait ce cœur, plein d'une seule passion, que l'objet de sa passion même. Les provinces du Danube ou rien, voilà ce qui était sur son visage comme dans son âme, vivement éprise d'ambition et de renommée.

Du reste M. de Caulaincourt, pour savoir au juste si la nation partageait les sentiments de son souverain, envoya à Moscou l'un des employés de l'ambassade afin de recueillir ce qu'on y disait. Cet employé, transporté au milieu des cercles de la vieille aristocratie russe, où le langage était plus naïf et plus vrai qu'à Saint-Pétersbourg, entendit répéter que le jeune czar avait bien vite passé de la haine à l'amitié en épousant à Tilsit la politique de la France, bien légèrement compromis les intérêts du commerce russe en déclarant la guerre à la Grande-Bretagne; que la Finlande était une bien faible compensation pour de tels sacrifices; qu'il fallait pour les payer convenablement la Valachie et la Moldavie au moins; mais que jamais on n'obtiendrait de Napoléon ces belles provinces, et que leur jeune empereur en serait cette fois pour une inconséquence et un désagrément de plus.

M. de Caulaincourt se hâta de transmettre ces divers renseignements à Napoléon, et lui déclara que sans doute la cour de Russie, quoique vivement dépitée, ne ferait pas la guerre, mais qu'on ne pourrait plus compter sur elle, si on ne lui accordait pas ce qu'avec ou sans raison elle s'était flattée d'obtenir.

Le général Savary, revenu de Saint-Pétersbourg, corrobora de son témoignage les rapports de M. de Caulaincourt, les appuya du récit d'une foule de détails qu'il avait recueillis lui-même, et confirma Napoléon dans l'idée qu'il dépendait de lui de s'attacher entièrement l'empereur Alexandre, de l'enchaîner à tous ses projets, quels qu'ils fussent, moyennant une concession en Orient. Décidé dès le milieu de février à en finir avec les Bourbons d'Espagne, Napoléon n'hésita plus, et prit son parti de payer sur les bords du Danube la nouvelle puissance qu'il se croyait près d'acquérir sur les bords de l'Èbre et du Tage.

C'était assurément le meilleur parti qu'il pût adopter; car quoiqu'il fût bien fâcheux de conduire soi-même par la main les Russes à Constantinople, ou du moins de les rapprocher de ce but de leur éternelle ambition, cependant il fallait être conséquent, et subir la condition de ce qu'on allait entreprendre. Il fallait accorder une ou deux provinces sur le Danube, pour acquérir le droit de détrôner en Espagne l'une des plus vieilles dynasties de l'Europe, et de renouveler au delà des Pyrénées la politique de Louis XIV. Du reste, si on s'était borné à donner aux Russes la Moldavie et la Valachie sans la Bulgarie, c'est-à-dire à les mener jusqu'aux bords du Danube, en prenant soin de les y arrêter; si en même temps on avait procuré aux Autrichiens la Bosnie, la Servie, la Bulgarie, pour les opposer aux Russes en les plaçant eux-mêmes sur le chemin de Constantinople, le mal n'eût pas été à beaucoup près aussi grand. L'Albanie, la Morée auraient été pour la France une belle compensation, et l'on n'aurait pas acheté trop cher la concession qu'on était obligé de faire, pour s'assurer l'alliance russe. Le langage quotidien de l'empereur Alexandre et de M. de Romanzoff ne laissait aucun doute sur leur acquiescement à ces conditions. Il fallait donc s'y tenir, payer l'alliance russe, puisqu'on s'en était fait un besoin, mais ne pas pousser plus loin le démembrement de la vieille Europe, ne pas contribuer davantage à la croissance du jeune colosse sorti des glaces du pôle, et grandissant depuis un siècle de manière à épouvanter le monde.

Cependant Napoléon, soit qu'il voulût occuper l'imagination d'Alexandre, soit que, réduit à la nécessité d'un sacrifice, il cherchât à l'envelopper dans un immense remaniement, soit enfin qu'il songeât à tirer des circonstances, outre le renversement de la dynastie des Bourbons, l'acquisition entière des rivages de la Méditerranée, Napoléon ne crut pas devoir s'en tenir au simple abandon de la Moldavie et de la Valachie, qui aurait tout arrangé, et consentit à laisser soulever la question immense du partage complet de l'empire ottoman. Dans le moment les Turcs excités secrètement par l'Autriche, publiquement par l'Angleterre, l'une et l'autre leur disant que la France allait les sacrifier à l'ambition russe, les Turcs se conduisaient de la manière la plus odieuse envers les Français, faisaient tomber la tête de leurs partisans, n'osant faire tomber celles de leurs nationaux, se comportaient en un mot en barbares furieux, ivres de sang et de pillage. Napoléon, exaspéré contre eux, se décida enfin à écrire à l'empereur Alexandre une lettre dans laquelle il annonçait l'intention d'aborder la question de l'empire d'Orient, de la traiter sous toutes ses faces, de la résoudre définitivement; dans laquelle il exprimait aussi le désir d'admettre l'Autriche au partage, et posait pour condition essentielle de ce partage, quel qu'il fût, partiel ou total, plus avantageux pour ceux-ci ou pour ceux-là, une expédition gigantesque dans l'Inde, à travers le continent d'Asie, exécutée par une armée française, autrichienne et russe. C'est M. de Caulaincourt qui remit à l'empereur Alexandre la

Fév. 1808.

Le partage de l'empire turc mis en discussion sous la condition essentielle d'une expédition dans l'Inde.

Fév. 1808.

Joie
d'Alexandre
en recevant
une lettre
de Napoléon.

lettre de Napoléon. Le czar était averti déjà par une dépêche de M. de Tolstoy du changement favorable survenu à Paris, et il accueillit l'ambassadeur de France avec des transports de joie. Il voulut lire sur-le-champ, et devant lui, la lettre de Napoléon. Il la lut avec une émotion qu'il ne pouvait pas contenir. — Ah, le grand homme! s'écriait-il à chaque instant, le grand homme! Le voilà revenu aux idées de Tilsit! Dites-lui, répéta-t-il souvent à M. de Caulaincourt, que je lui suis dévoué pour la vie, que mon empire, mes armées, tout est à sa disposition. Quand je lui demande d'accorder quelque chose qui satisfasse l'orgueil de la nation russe, ce n'est pas par ambition que je parle, c'est pour lui donner cette nation tout entière, et aussi dévouée à ses grands projets que je le suis moi-même. Votre maître, ajoutait-il, veut intéresser l'Autriche au démembrement de l'empire turc : il a raison. C'est une sage pensée, je m'y associe volontiers. Il veut une expédition dans l'Inde, j'y consens également. Je lui en ai déjà fait connaître les difficultés dans nos longs entretiens à Tilsit. Il est habitué à ne compter les obstacles pour rien; cependant le climat, les distances en présentent ici qui dépassent tout ce qu'il peut imaginer. Mais qu'il soit tranquille, les préparatifs de ma part seront proportionnés aux difficultés. Maintenant il faut nous entendre sur la distribution des territoires que nous allons arracher à la barbarie turque. Traitez ce sujet à fond avec M. de Romanzoff. Néanmoins il ne faut pas nous le dissimuler, tout cela ne pourra se traiter utilement, définitivement, que dans un tête-à-tête entre moi et Napoléon. Il faut commencer par examiner le sujet sous toutes ses faces. Dès que nos idées auront acquis un commencement de maturité, je quitterai Saint-Pétersbourg, et j'irai à la rencontre de votre Empereur aussi loin qu'il le voudra. Je désirerais bien aller jusqu'à Paris, mais je ne le puis pas; et d'ailleurs c'est un rendez-vous d'affaires qu'il nous faut, et non un rendez-vous d'éclat et de plaisir. Nous pourrions choisir Weimar, où nous serions au sein de ma propre famille. Cependant là encore nous serions importunés de mille soins. A Erfurt nous serions plus isolés et plus libres. Proposez ce lieu à votre souverain, et, sa réponse arrivée, je partirai à l'instant même, je voyagerai comme un courrier. — En disant ces choses et mille autres inutiles à rapporter, l'empereur, plein d'une joie dont il n'était pas maître, reconnut que M. de Caulaincourt avait raison quelque temps auparavant en cherchant à le rassurer sur les intentions de Napoléon, et en imputant le désaccord momentané dont il se plaignait à de purs malentendus. Il répéta de nouveau qu'il voyait bien que c'était M. de Tolstoy qui avait été cause de ces malentendus, que cet ambassadeur était gauche, emporté, peut-être même indocile à la nouvelle politique du cabinet russe; qu'il voulait le changer, en envoyer un autre qui serait tout à fait du goût de Napoléon, mais qu'il ne savait où le prendre; que partout il rencontrait des esprits récalcitrants; qu'il finirait bien cependant par les soumettre, quelque sévérité qu'il fallût déployer pour les *faire marcher dans le grand système de Tilsit*.

M. de Caulaincourt ne trouva pas le vieux M. de

Fév. 1808.

de M. de
Romanzoff
et de M. de
Caulaincourt
sur le partage
de l'empire
d'Orient.

Romanzoff moins vif, moins jeune dans l'expression de sa joie. — Nous voici enfin revenus aux grandes idées de Tilsit, répéta-t-il à M. de Caulaincourt. Celles-là, nous les comprenons, nous y entrons; elles sont dignes du grand homme qui honore le siècle et l'humanité. — Après d'incroyables témoignages de satisfaction et de dévouement à la France, M. de Romanzoff voulut enfin aborder cette difficile question du partage. Alors commencèrent les embarras, la confusion même, il faut le dire. Mettre audacieusement la main sur les vastes contrées qui importent tant à l'équilibre du monde, et qui appartiennent non pas seulement aux stupides possesseurs qui les font vivre dans la barbarie et la stérilité, mais bien plus encore à l'Europe elle-même, si puissamment intéressée à leur indépendance; mettre la main sur ces contrées, même en pensée, embarrassait l'avide ministre russe qui les dévorait de ses désirs, et le ministre français qui les livrait par nécessité au monstre de l'ambition moscovite. Bien que l'un et l'autre fussent munis de leurs instructions, et sussent quoi penser, quoi dire sur le sujet qui les réunissait, néanmoins aucun ne voulait proférer le premier mot. Le plus affamé devait parler le premier, et il parla. Il parla dans cette entrevue et dans plusieurs autres, en toute liberté, avec une audace d'ambition inouïe.

Deux plans
de partage,
l'un partiel,
l'autre
complet.

Deux plans se présentaient : d'abord un partage partiel, qui laisserait aux Turcs la portion de leur territoire européen s'étendant des Balkans au Bosphore, par conséquent les deux détroits et la ville de Constantinople, plus toutes leurs provinces d'Asie;

ensuite un partage complet, qui ne laisserait rien aux Turcs de leur territoire d'Europe, et leur enlèverait toutes celles des provinces d'Asie que baigne la Méditerranée.

Fév. 1808

Le premier plan était celui qui semblait avoir occupé les deux empereurs à Tilsit. Il présentait peu de difficultés. La France devait avoir toutes les provinces maritimes, l'Albanie qui fait suite à la Dalmatie, la Morée, Candie. La Russie devait acquérir la Moldavie et la Valachie qui forment la gauche du Danube, la Bulgarie qui en forme la droite, et s'arrêter ainsi aux Balkans. L'Autriche, pour se consoler de voir les Russes établis aux bouches du Danube, devait obtenir la Bosnie en toute propriété, et la Servie en apanage sur la tête d'un archiduc. Dans ce système les Turcs conservaient la partie essentielle de leurs provinces d'Europe, celles que la géographie et la nature des populations leur ont jusqu'ici assez bien assurées, c'est-à-dire le sud des Balkans, les deux détroits, Constantinople, et tout l'empire d'Asie. On ne leur enlevait que les provinces qu'ils ne pouvaient plus gouverner, la Moldavie, la Valachie, auxquelles il avait fallu déjà concéder une sorte d'indépendance; la Servie, qui cherchait alors à s'affranchir par les armes; l'Épire, qui appartenait à Ali, pacha de Janina, plus qu'à la Porte; la Grèce enfin, qui déjà se montrait disposée à braver le sabre de ses anciens conquérants plutôt que de supporter leur joug. La distribution de ces provinces entre les copartageants était faite d'après la géographie. La France y gagnait, il est vrai, de superbes positions maritimes. Cependant, outre l'in-

Avantages et inconvénients du premier plan de partage.

Fév. 1808.

convénient de rapprocher elle-même les Russes de Constantinople, il y en avait un autre non moins grave, c'était de donner à la Russie et à l'Autriche des provinces qui devaient leur rester par la contiguïté du territoire, et d'en prendre pour elle qui ne pouvaient lui rester que dans l'hypothèse d'une grandeur impossible à maintenir long-temps. Eussions-nous gardé la partie la plus essentielle de cette grandeur, le Rhin et les Alpes, et même le revers des Alpes, c'est-à-dire le Piémont, la Grèce était encore trop loin pour nous être conservée. Tout cela n'était donc en réalité qu'une triste concession du côté de l'Orient, pour le triomphe en Occident de vues grandes, sans doute, mais inopportunes, excessives, devant ajouter de nouvelles charges à celles qui accablaient déjà l'Empire.

Immense bouleversement résultant du second plan.

Le second plan était une sorte de bouleversement du monde civilisé. L'empire turc devait entièrement disparaître, soit de l'Europe, soit de l'Asie. Les Russes, d'après ce nouveau plan, passaient les Balkans et occupaient le versant méridional, c'est-à-dire l'ancienne Thrace jusqu'aux détroits, obtenaient l'objet de leurs vœux, Constantinople, et une portion du rivage de l'Asie pour assurer en leurs mains la possession de ces détroits. L'Autriche, mieux dotée aussi, et employée à séparer la Russie de la France, obtenait, outre la Bosnie et la Servie, l'une et l'autre en toute propriété, la Macédoine elle-même jusqu'à la mer, moins Salonique. La France, conservant son ancien lot, l'Albanie, la Thessalie jusqu'à Salonique, la Morée, Candie, avait encore toutes les îles de l'Archipel, Chypre, la Syrie, l'Égypte.

Les Turcs, rejetés au fond de l'Asie-Mineure et sur l'Euphrate, étaient libres d'y continuer ce culte du Coran, qui leur faisait perdre leur empire d'Europe et les trois quarts de celui d'Asie.

Fév. 1808

Dans cette chimérique distribution du monde, destinée peut-être à devenir un jour une réalité, moins ce qui alors était réservé à la France, il y avait un point cependant sur lequel on ne pouvait se mettre d'accord, et sur lequel on disputait comme si tous ces projets avaient dû recevoir une exécution prochaine. Constantinople intéressait à la fois l'orgueil et l'ambition des Russes, et chez les nations l'un n'est pas moins ardent que l'autre. Les Russes voulaient la ville même de Constantinople comme symbole de l'empire d'Orient; ils voulaient le Bosphore et les Dardanelles comme clefs des mers. M. de Caulaincourt, partageant les sentiments de Napoléon qui bondissait d'orgueil et d'effroi quand on lui demandait de céder Constantinople aux dominateurs du Nord, refusait péremptoirement, et proposait de faire de Constantinople et des deux détroits une sorte d'État neutre, une espèce de ville anséatique, telle que Hambourg ou Brême. Puis enfin, quand le ministre russe insistant demandait surtout la ville de Constantinople comme s'il n'eût tenu qu'à Sainte-Sophie, M. de Caulaincourt cédait, sauf la volonté de son maître, mais exigeait les Dardanelles pour la France, à titre de route de terre pour aller en Syrie et en Égypte, ce qui eût fait parcourir aux bataillons français le chemin des anciens croisés. Les Russes, ayant Sainte-Sophie, ne voulaient pas abandonner aux Français le détroit des Dardanelles,

Constantinople reste le point de désaccord entre MM. de Romanzoff et de Caulaincourt.

qu'ils étaient importunés de voir en la possession des Turcs, si faibles qu'ils fussent. Ils refusaient même Constantinople à ce prix, et déclaraient, ce qui était vrai, qu'ils préféraient le premier partage partiel, celui qui laissait aux Turcs le sud des Balkans et Constantinople. Satisfaits, dans ce cas, d'avoir les vastes plaines du Danube jusqu'aux Balkans, ils consentaient à ajourner le reste de leur conquête, et aimaient mieux voir les clefs de la mer Noire dans les mains des Turcs que de les mettre dans celles des Français.

On avait beau discuter sur ce grave sujet, on ne pouvait pas s'entendre, et la querelle interminable qui s'élevait, audacieuse et folle anticipation sur les siècles, révélait l'intérêt vrai de l'Europe contre la Russie dans la question de Constantinople. L'Empire français, devenu en ce moment grand comme l'Europe elle-même, en ressentait tous les intérêts, et ne voulait pas livrer le détroit d'où les Russes menaceront un jour l'indépendance du continent européen. C'était bien assez, en leur livrant la Finlande, de leur avoir procuré le moyen de faire un pas vers le Sund, autre détroit d'où ils ne seront pas moins menaçants dans l'avenir. Lorsque, en effet, le colosse russe aura un pied aux Dardanelles, un autre sur le Sund, le vieux monde sera esclave, la liberté aura fui en Amérique : chimère aujourd'hui pour les esprits bornés, ces tristes prévisions seront un jour cruellement réalisées; car l'Europe, maladroitement divisée comme les villes de la Grèce devant les rois de Macédoine, aura probablement le même sort.

Après avoir long-temps discuté, le ministre russe et l'ambassadeur français n'avaient fait que mûrir leurs idées, comme ils disaient. Il n'y avait plus que le rapprochement des deux souverains qui pût terminer ces gigantesques désaccords. Il fut donc convenu que l'exposé des deux plans serait adressé à Napoléon, avec prière d'envoyer ses opinions, et offre d'une entrevue pour les concilier avec celles de l'empereur Alexandre. On devait adopter pour cette entrevue un lieu fort voisin de France, tel qu'Erfurt, par exemple. Mais écrire de pareilles choses coûtait même à ceux qui avaient osé les dire. M. de Caulaincourt, averti quelquefois par son bon sens de ce qu'elles avaient de chimérique ou d'effrayant, aima mieux laisser le soin de les consigner par écrit à M. de Romanzoff. Celui-ci accepta cette tâche, et présenta une note, minutée tout entière de sa main, que M. de Caulaincourt devait adresser immédiatement à Napoléon. Cependant s'il osa l'écrire, il n'osa point la signer. Il la remit lui-même écrite de sa main, mais non signée, et, pour lui donner pleine authenticité, l'empereur Alexandre déclara de vive voix à M. de Caulaincourt que cette note avait sa pleine approbation, et devait être reçue, quoique dépourvue de signature, comme l'expression authentique de la pensée du cabinet russe[1].

Fév. 1808.

Envoi d'une note contenant les opinions du cabinet russe sur le partage de l'Empire turc.

---

[1] Nous croyons devoir citer cette pièce elle-même, monument peut-être le plus curieux de ce temps extraordinaire, copiée textuellement sur la minute écrite de la main de M. de Romanzoff, envoyée à Napoléon, et contenue aujourd'hui dans le dépôt du Louvre. Nous avons tenu la pièce originale, et nous affirmons la rigoureuse exactitude de la citation qui suit :

« Puisque S. M. l'Empereur des Français et Roi d'Italie, etc., vient de

Fév. 1808.

Napoléon presse les Russes d'envahir la Finlande.

Cependant ce n'était pas tout que de discuter éventuellement des projets de partage de l'empire turc. Napoléon pensait qu'il fallait quelque chose de plus positif pour satisfaire les Russes, quelque chose qui, en lui imposant un sacrifice moindre, les toucherait profondément, lorsque des paroles on passerait aux faits, c'était la conquête de la Finlande. Il avait ordonné à M. de Caulaincourt de presser vivement l'expédition contre la Suède, par le motif que nous venons de dire, et aussi parce qu'il désirait compromettre irrévocablement la Russie dans son système. Une fois engagée contre les Suédois, elle ne pouvait manquer de l'être contre les Anglais, et d'en venir à leur égard d'une simple dé-

juger que, pour arriver à la paix générale et affermir la tranquillité de l'Europe, il y fallait affaiblir l'empire ottoman par le démembrement de ses provinces, l'empereur Alexandre, fidèle à ses engagements et à son amitié, est prêt à y concourir.

» La première pensée qui a dû se présenter à l'empereur de toutes les Russies, qui aime à se retracer le souvenir de Tilsit, lorsque cette ouverture lui a été faite, c'est que l'Empereur, son allié, voulait porter tout de suite à exécution ce dont les deux monarques étaient convenus dans le traité d'alliance relativement aux Turcs, et qu'il y ajoutait la proposition d'une expédition dans l'Inde.

» L'on était convenu à Tilsit que la puissance ottomane devait être rejetée en Asie, ne conservant en Europe que la ville de Constantinople et la Roumélie.

» L'on en avait alors tiré cette conséquence, que l'Empereur des Français acquerrait l'Albanie, la Morée et l'île de Candie.

» L'on avait dès lors adjugé la Valachie, la Moldavie à la Russie, donnant à cet empire le Danube pour limite, ce qui comprend la Bessarabie, qui, en effet, est une lisière au bord de la mer, et que communément l'on considère comme faisant partie de la Moldavie; si l'on ajoute à cette part la Bulgarie, l'empereur est prêt à concourir à l'expédition de l'Inde, dont il n'avait pas été question alors, pourvu que cette expédition dans l'Inde se fasse comme l'empereur Napoléon vient de la tracer lui-même, à travers l'Asie-Mineure.

claration d'hostilités à des hostilités réelles. Mais, chose singulière, il en coûtait aux Russes d'entreprendre la conquête de la Finlande, la plus utile pourtant de toutes celles qu'ils méditaient, et il leur semblait que c'était assez d'en avoir obtenu l'autorisation, sans se hâter de l'exécuter. C'est avec regret qu'ils détournaient une partie de leurs forces, soit de l'Orient, soit des provinces polonaises, fort agitées en ce moment. Néanmoins, poussés continuellement par M. de Caulaincourt, ils finirent par envahir la Finlande dans le courant de février, à l'époque même où se discutait le plan de partage que nous avons rapporté.

Malgré tous ses efforts, l'empereur Alexandre

« L'empereur Alexandre applaudit à l'idée de faire intervenir dans l'expédition de l'Inde un corps de troupes autrichiennes, et, puisque l'empereur, son allié, paraît le désirer peu nombreux, il juge que ce concours trouverait une compensation suffisante si l'on adjugeait à l'Autriche la Croatie turque et la Bosnie, à moins que l'Empereur des Français ne trouvât sa convenance à en retenir une partie. L'on peut outre cela offrir à l'Autriche un intérêt moins direct, mais très-considérable, en réglant ainsi qu'il suit le sort de la Servie, qui est sans contredit une des belles provinces de l'empire ottoman.

« Les Serviens sont un peuple belliqueux, et cette qualité, qui commande toujours l'estime, doit inspirer le désir de bien arrêter leur destinée.

« Les Serviens, pleins du sentiment d'une juste vengeance contre les Turcs, ont secoué le joug de leurs oppresseurs avec hardiesse, et sont, dit-on, résolus de ne le reprendre jamais. Il paraît donc nécessaire, pour consolider la paix, de songer à les rendre indépendants des Turcs.

« La paix de Tilsit ne prononce rien à leur égard ; leur propre vœu, exprimé vivement et plus d'une fois, les a portés à prier l'empereur Alexandre de les admettre au nombre de ses sujets ; ce dévouement pour sa personne lui fait désirer qu'ils vivent heureux et satisfaits, sans vouloir étendre sur eux sa domination : Sa Majesté ne cherche pas des acquisitions qui pourraient entraver la paix ; elle fait avec plaisir ce sacrifice et tous ceux qui peuvent conduire à la rendre prompte et solide.

29.

n'avait pas pu réunir plus de 25 mille hommes sur la frontière de Finlande. Il en avait confié le commandement au général Buxhoewden, le même qui avait signalé son impéritie à Austerlitz, et qui la signala mieux encore dans la guerre contre la Suède. On lui avait donné d'excellentes troupes, de bons lieutenants, notamment l'héroïque et infatigable Bagration, qui, une guerre finie, en voulait commencer une autre. Napoléon les avait fort pressés d'agir pendant les gelées, afin qu'ils pussent traverser sans peine les eaux qui couvrent la Finlande, pays semé de lacs, de forêts, de roches granitiques tombées sur cette terre comme des aérolithes. Un brave officier suédois, le général Klingsporr, avec 15 mille hom-

Elle propose par conséquent d'ériger la Servie en royaume indépendant, de donner cette couronne à l'un des archiducs qui ne fût pas chef de quelque branche souveraine et qui fût assez éloigné de la succession au trône d'Autriche ; dans ce cas-ci, l'on stipulerait même que jamais ce royaume ne pourrait être réuni à la masse des États de cette maison.

« Toute cette supposition de démembrement des provinces turques, telle qu'elle est énumérée ci-dessus, étant calquée d'après les engagements de Tilsit, n'a paru offrir aucune difficulté aux deux personnes que les deux empereurs ont chargées de discuter entre elles quels étaient les moyens d'arriver aux fins que se proposent Leurs Majestés Impériales.

« L'empereur de Russie est prêt à prendre part à un traité entre les trois empereurs, qui fixerait les conditions ci-dessus énoncées ; mais, d'un autre côté, ayant jugé que la lettre qu'il venait de recevoir de la part de l'Empereur des Français semblait indiquer la résolution d'un beaucoup plus vaste démembrement de l'empire ottoman que celui qui avait été projeté entre eux à Tilsit, ce monarque, afin d'aller au-devant de ce qui pourrait convenir aux intérêts des trois cours impériales, et surtout afin de donner à l'Empereur, son allié, toutes les preuves d'amitié et de déférence qui dépendent de lui, a annoncé que, sans avoir besoin d'un plus grand affaiblissement de la Porte ottomane, il y concourrait volontiers.

« Il a posé pour principe de son intérêt en ce plus grand partage, que sa

mes de troupes régulières, solides comme les troupes suédoises, et 4 ou 5 mille hommes de milice, défendait la contrée. Si le gouvernement suédois, moins insensible à tous les avis qu'il avait reçus, avait pris ses précautions, et dirigé toutes ses forces sur ce point, au lieu de menacer les Danois de tentatives ridicules, il aurait pu disputer avantageusement cette précieuse province. Mais il y avait laissé trop peu de troupes, et des troupes trop peu préparées pour opposer une résistance efficace. De leur côté les Russes attaquèrent d'après un plan fort mal conçu, et qui attestait la profonde incapacité de leur général en chef. La Finlande, de Viborg à Abo, d'Abo à Uléaborg, forme un triangle, dont deux côtés sont baignés par les gol-

Fév. 1808.

Plan mal conçu des Russes.

part d'augmentation d'acquisition serait modérée en étendue ou extension, et qu'il consentait à ce que la part de son allié surtout fût tracée sur une bien plus grande proportion. Sa Majesté a ajouté qu'à côté de ce principe de modération elle en plaçait un de sagesse, qui consistait à ce qu'elle ne se trouvât pas, par ce nouveau plan de partage, moins bien placée qu'elle ne l'était aujourd'hui pour ses relations de limites et commerciales.

» Partant de ces deux principes, l'empereur Alexandre verrait non-seulement sans jalousie, mais même avec plaisir, que l'empereur Napoléon acquière et réunisse à ses États, outre ce qui a été mentionné ci-dessus, toutes les îles de l'Archipel, Chypre, Rhodes, et même ce qui restera des Échelles du Levant, la Syrie et l'Égypte.

» Dans le cas de ce plus vaste partage, l'empereur Alexandre changerait sa précédente opinion sur le sort de la Servie; il désirerait, cherchant à faire une part honorable et très-avantageuse à la maison d'Autriche, que la Servie fût incorporée à la masse des États autrichiens, et que l'on y ajoutât la Macédoine, à l'exception de la partie de la Macédoine que la France pourrait désirer pour fortifier sa frontière d'Albanie, de manière à ce que la France puisse obtenir Salonique; cette ligne de la frontière autrichienne pourrait se tirer de Scopia sur Orphano, et ferait aboutir la puissance de la maison d'Autriche jusqu'à la mer.

» La Croatie pourrait appartenir à la France ou à l'Autriche, au gré de l'empereur Napoléon.

fes de Finlande et de Bothnie, tandis que le troisième est bordé par la frontière russe. Le bon sens indiquait qu'il fallait opérer par le côté du triangle qui longeait la frontière russe, c'est-à-dire par le Savolax, parce que c'était la ligne la plus courte et la moins défendue. Les Suédois en effet occupaient les deux côtés qui forment le littoral des golfes de Finlande et de Bothnie; ils étaient répandus dans les ports, peuplés en général par des Suédois, anciens colons de la Finlande. Si, au lieu de parcourir pour les leur disputer les deux côtés maritimes du triangle, les Russes avaient suivi avec une colonne de quinze mille hommes le côté qui borde leur frontière de Viborg à Uléaborg, n'envoyant le long du littoral qu'une colonne de dix mille hommes, pour l'occuper à mesure

« L'empereur Alexandre ne dissimule pas à son allié que, trouvant une satisfaction particulière à tout ce qui a été dit à Tilsit, il place, d'après le conseil de l'Empereur son ami, ces possessions de la maison d'Autriche entre les leurs, afin d'éviter le point de contact toujours si propre à refroidir l'amitié.

« La part de la Russie en ce nouvel et vaste partage eût été d'ajouter, à ce qui lui avait été adjugé dans le projet précédent, la possession de la ville de Constantinople avec un rayon de quelques lieues en Asie, et en Europe une partie de la Romélie, de manière que la frontière de la Russie, du côté des nouvelles possessions de l'Autriche, partît de la Bulgarie et suivît la frontière de la Servie jusque un peu au delà de Solisnick et de la chaîne de montagnes qui se dirige depuis Solisnick jusqu'à Trayonopol y compris, et puis la rivière Moriza jusqu'à la mer.

2. « Dans la conversation qui a eu lieu sur ce second plan de partage, il y a eu cette différence d'opinion, que l'une des deux personnes supposait que si la Russie possédait Constantinople, la France devait posséder les Dardanelles ou au moins s'approprier celle qui était sur la côte d'Asie : cette assertion a été combattue de l'autre part, par l'immense disproportion que l'on venait de proposer dans les parts de ce nouvel et plus grand partage, et que l'occupation même du fort qui se trouvait sur la rive d'Asie détruisait tout à fait le principe de l'empereur de

que les Suédois l'évacueraient, et pour bloquer aussi les places, ils seraient arrivés avant les Suédois à Uléaborg, et auraient pris non-seulement la Finlande, mais le général Klingsporr avec la petite armée chargée de la défense du pays. Ils n'en firent rien, s'avancèrent le long du littoral en trois colonnes, commandées par les généraux Gortchakoff, Toutchkoff et Bagration, chassant devant eux les Suédois, qui se défendaient aussi vigoureusement qu'ils étaient attaqués, dans une suite de combats partiels. La colonne de gauche parvenue à Svéaborg, tandis que les deux autres marchaient sur Tavastéhus, entreprit le blocus de cette grande forteresse maritime, qui consistait en plusieurs îles fortifiées, et qui était défendue par le vieil amiral Cronstedt avec

Fév. 1808.

Première occupation de la Finlande.

Russie de ne pas se retrouver plus mal placé qu'il ne l'était maintenant relativement à ses relations géographiques et commerciales.

« L'empereur Alexandre, mû par le sentiment de son extrême amitié pour l'empereur Napoléon, a déclaré pour lever la difficulté : 1° qu'il conviendrait d'une route militaire pour la France qui, traversant les nouvelles possessions de l'Autriche et de la Russie, lui ouvrirait une route continentale vers les Échelles et la Syrie ; 2° que si l'empereur Napoléon désirait posséder Smyrne ou tel autre point sur la côte de Natolie, depuis le point de cette côte qui est vis-à-vis de Mytilène jusqu'à celui qui se trouve placé vis-à-vis de Rhodes, et y envoyait des troupes pour les conquérir, l'empereur Alexandre est prêt à l'assister dans cette entreprise, en joignant à cet effet un corps de ses troupes aux troupes françaises ; 3° que si Smyrne ou telle autre possession de la côte de Natolie, tels qu'ils viennent d'être indiqués, ayant passé sous la domination française, venait ensuite à être attaqué, non-seulement par les Turcs, mais même par les Anglais en haine de ce traité, S. M. l'empereur de Russie se portera en ce cas au secours de son allié toutes les fois qu'il en sera requis.

« 2° Sa Majesté pense que la maison d'Autriche pourrait sur le même pied assister la France en la prise de possession de Salonique, et se porter au secours de cette échelle toutes les fois qu'elle en sera requise.

« 3° L'empereur de Russie déclare qu'il ne désire pas acquérir la rive

7 mille hommes. Les colonnes du centre et de droite s'avancèrent de Tavastéhus jusqu'à Abo, après avoir parcouru le côté du triangle finlandais qui borde le golfe de Finlande. Le général Bagration fut laissé à Abo, et le général Toutchkoff fut ensuite acheminé sur le côté qui borde le golfe de Bothnie, montant droit au nord jusqu'à Uléaborg. Une faible colonne avait été dirigée sur la ligne essentielle, celle de Viborg à Uléaborg. Aussi les Russes ne firent-ils que pousser devant eux l'ennemi, lui enlevant à peine quelques prisonniers, et amenant eux-mêmes la concentration des Suédois, qui auraient pu, en se jetant en masse sur la véritable ligne d'opération, d'Uléaborg à Viborg, par le Savolax, leur faire expier une aussi fausse manière d'opérer. Il y eut néanmoins de brillants combats de détail, qui prouvaient la bravoure des troupes des deux nations,

méridionale de la mer Noire qui est en Asie, quoique dans la discussion il avait été pensé qu'elle pouvait être de sa convenance.

» 6° L'empereur de Russie a déclaré que, quels que fussent les succès de ses troupes dans l'Inde, il ne prétendait pas y rien posséder, et consentait volontiers à ce que la France fît pour elle toutes les acquisitions territoriales dans l'Inde qu'elle jugerait à propos; qu'elle était également la maîtresse de céder une partie des conquêtes qu'elle y ferait à ses alliés.

» Si les deux alliés conviennent entre eux d'une manière précise qu'ils adoptent l'un ou l'autre de ces deux projets de partage, S. M. l'empereur Alexandre trouvera un plaisir extrême à se rendre à l'entrevue personnelle qui lui a été proposée et qui peut-être pourrait avoir lieu à Erfurt. Il suppose qu'il serait avantageux que les bases des engagements que l'on y doit prendre soient d'avance fixées avec une sorte de précision, afin que les deux empereurs n'aient à ajouter à l'extrême satisfaction de se voir que celle de pouvoir signer sans retard le destin de cette partie du globe, et nécessiter par là, comme ils se le proposent, l'Angleterre à désirer la paix dont elle s'éloigne aujourd'hui à dessein et avec tant de jactance. »

l'expérience acquise par les officiers russes dans leurs guerres contre nous, mais l'ignorance de leur état-major dans tout ce qui concernait la conduite générale des opérations. Ce n'est pas ainsi que les généraux français élevés à l'école de Napoléon auraient agi sur un pareil théâtre de guerre. Les Russes ayant envahi, mais non conquis le pays, entreprirent le siége des places du littoral, entre autres celui de Svéaborg, que la gelée devait singulièrement faciliter.

Un mois à peu près avait suffi à cette marche militaire, qui n'était que le début de la guerre de Finlande, mois employé par le cabinet russe à la discussion du partage de l'Orient. En apprenant l'invasion de ses États, le roi de Suède, pour se venger apparemment de la surprise que lui faisait son beau-frère, se permit un acte qui n'était plus guère d'usage, même en Turquie : il fit arrêter l'ambassadeur de Russie, M. d'Alopéus, au lieu de se borner à le renvoyer, ce qui excita une indignation générale dans tout le corps diplomatique résidant à Stockholm. Alexandre répondit avec la dignité convenable à cette étrange conduite; il laissa partir avec des égards infinis M. de Steding, ambassadeur de Suède à Saint-Pétersbourg, vieillard respecté de tout le monde; mais il se vengea autrement, et plus habilement. Il profita de l'occasion, et prononça la réunion de la Finlande à l'empire russe. Cette conquête a été l'unique résultat des grands projets de Tilsit, mais seule elle suffit pour justifier la politique que suivait en ce moment l'empereur Alexandre, et elle est la preuve que la Russie ne peut

Fév. 1808.

Satisfaction produite à Saint-Pétersbourg par la réunion de la Finlande à l'Empire.

conquérir qu'avec la complicité de la France.

Malgré le dédain que les Russes avaient affecté pour la conquête de la Finlande, le fait lui-même, qui semblait consommé quoiqu'il restât encore bien du sang à verser, le fait toucha vivement les esprits à Saint-Pétersbourg. On remarqua que, n'ayant essuyé que des défaites au service de l'Angleterre, on venait, après quelques mois seulement d'amitié avec la France, d'acquérir une importante province, peu cultivée et mal peuplée, il est vrai, en quoi elle ressemblait assez au reste de l'empire, mais admirablement située comme frontière de terre et de mer, et on commença à espérer que la politique de l'alliance française pourrait être aussi féconde qu'on se l'était promis. L'empereur et son ministre étaient rayonnants. Leurs censeurs ordinaires, MM. de Czartoryski, de Nowolsiltzoff, étaient moins dédaigneux et moins amers dans leurs critiques. La société de Saint-Pétersbourg elle-même marquait son contentement à M. de Caulaincourt par des égards tout nouveaux, adressés non-seulement à sa personne que l'estime publique environnait, mais aussi à son gouvernement dont on commençait à être satisfait.

L'empereur et M. de Romanzoff, qui venaient d'apprendre l'invasion de l'Étrurie et du Portugal, les mouvements de troupes vers Rome et vers Madrid, et qui ne pouvaient pas douter que ces mouvements n'eussent un motif fort sérieux, n'en parlèrent qu'avec une singulière légèreté, sans apparence de préoccupation, et comme des gens qui livraient le faible pour qu'on leur permît de l'opprimer à leur tour. Cependant, bien qu'ils éprouvassent une véritable satisfaction, ils insistèrent beaucoup auprès de M. de Caulaincourt pour avoir une prompte réponse aux diverses propositions de partage, et l'indication d'un rendez-vous très-prochain, pour se mettre définitivement d'accord. Le printemps n'était pas loin, car on touchait à la fin de février, et il fallait, disaient-ils, pour l'ouverture de la navigation, quelque chose d'éclatant qui fît oublier toutes les disgrâces de cette année. L'ouverture de la navigation dans les mers septentrionales est une époque de contentement; car la lumière reparaît, la chaleur revient, le commerce apporte ses trésors. Les denrées du Nord s'échangent contre les produits de l'Europe civilisée ou contre de l'argent. Mais cette année le pavillon anglais, instrument ordinaire de ces échanges, n'allait point paraître, ou, s'il paraissait, devait flotter sur les mâts de bâtiments de guerre. La marine anglaise au lieu d'apporter des trésors ne devait montrer que la pointe de ses canons. Il fallait à ce spectacle attristant opposer une grande joie nationale, inspirée par des intérêts d'un autre genre, les intérêts de l'ambition russe.

M. de Caulaincourt, qui rendait exactement à son maître les pensées de cette cour ambitieuse, avait tout mandé à Napoléon avec sa véracité ordinaire. Mais en exposant les vœux de la Russie il donnait la certitude que pour le présent elle était pleinement satisfaite, et que pour le reste on pouvait la faire vivre quelque temps d'espérance.

Napoléon, averti successivement de cette situation à la fin de février et au commencement de mars,

Fév. 1808.

en discussion le partage de l'Empire turc.

avait bien prévu tout ce que sa lettre produirait à Saint-Pétersbourg d'émotions, de projets plus ou moins chimériques, d'espérances plus ou moins exagérées; mais il s'était dit qu'il y avait dans l'invasion immédiate de la Finlande, et dans l'acceptation d'une discussion ouverte sur le partage de l'empire turc, de quoi alimenter plusieurs mois l'imagination de la nation russe et de son souverain, et qu'il pourrait dans cet intervalle donner cours à ses projets sur l'Occident. Il n'est pas vrai, comme on serait disposé à le croire d'après ce qui précède, qu'il trompât entièrement la Russie, et qu'au fond il ne voulût à aucun prix lui accorder une concession en Orient. Il savait qu'en abandonnant la Moldavie et la Valachie, et même la Moldavie seulement, il satisferait le czar, et acquitterait sa dette envers l'ambition russe, quoi que se permît en Occident l'ambition française. Il avait donc cette ressource dans tous les cas pour réaliser les espérances qu'il avait fait concevoir à l'empereur Alexandre. Mais s'il allait plus loin, et s'il n'était pas fâché d'occuper de la sorte l'imagination si vive de son nouvel allié, c'est que de son côté sa propre imagination plongeait dans cet avenir plus profondément que celle de ses contemporains. Les Turcs, depuis la chute de Sélim, paraissant arrivés au terme de leur existence, Napoléon se demandait s'il ne fallait pas en finir de cette ruine toujours menaçante, et poussé par sa lutte maritime avec les Anglais, il se demandait encore si ce n'était pas le cas de s'emparer de tous les rivages de la Méditerranée, et de se servir du dévouement momentané qu'il inspirerait à la Russie pour diriger une armée sur l'Inde, à travers le continent partagé de l'Asie. Bien que chimériques aux yeux d'une génération ramenée, comme la nôtre, à de fort médiocres proportions, il ne faut pas juger ces projets de notre point de vue présent. Il faut songer que l'homme qui concevait ces rêves pouvait à volonté faire et défaire des rois, prononcer d'un mot sur les grandes monarchies de l'Europe; et, bien qu'à notre avis il s'abusât, il ne faudrait pas croire qu'on mesure exactement l'étendue de son erreur, en la mesurant d'après nos idées actuelles; car, en jugeant ainsi, notre petitesse se tromperait autant que s'était trompée sa grandeur. Parvenu au faîte de la toute-puissance, livré à une fermentation d'idées continuelle, il estimait que toutes ces questions devaient être examinées; et, bien qu'il en redoutât la solution autant que son allié la désirait, il ne le trompait point en les mettant en discussion, car dans l'immensité de ses vues il était quelquefois tout disposé à les résoudre.

Quoi qu'il en soit, Napoléon ayant poussé l'empereur Alexandre sur la Finlande, lui ayant donné à discuter le partage de l'empire turc, se dit qu'il avait plusieurs mois devant lui, et il se décida à mettre enfin à exécution le plan auquel il s'était arrêté relativement à l'Espagne.

On a déjà vu quel était ce plan. Il consistait à augmenter progressivement la terreur de la cour d'Espagne, jusqu'à la disposer à fuir, comme avait fait la maison de Bragance. Pour cela il employa les moyens les plus astucieux, et fit en cette cir-

Fév. 1808.

Napoléon, croyant avoir assez fait pour occuper l'empereur Alexandre, songe à résoudre définitivement la question d'Espagne.

constance un emploi de son génie qu'on ne saurait trop regretter. Toutes les troupes étaient prêtes. Le général Dupont avec vingt-cinq mille hommes était sur la route de Valladolid, une division sur Ségovie prenant la direction de Madrid. Le maréchal Moncey avec trente mille était entre Burgos et Aranda, route directe de Madrid. Le général Duhesme avec sept ou huit mille hommes, presque tous Italiens, marchait sur Barcelone. Cinq mille Français venant du Piémont et de la Provence étaient en route pour le joindre. Une division de trois mille hommes s'acheminait par Saint-Jean-Pied-de-Port sur Pampelune. Une seconde, composée des quatrièmes bataillons des cinq légions de réserve, allait renforcer la première. Une réserve d'infanterie s'organisait à Orléans, une de cavalerie à Poitiers. C'étaient quatre-vingt mille hommes environ, tous jeunes soldats, n'ayant jamais vu le feu, mais bien commandés, et pleins de l'esprit militaire qui à cette époque animait nos armées.

Il fallait donner un chef à ces forces. Napoléon en choisit un fort indiscret pour une mission politique aussi importante, mais il le plaça dans une situation à lui rendre toute indiscrétion impossible. Ce chef était Murat, toujours mécontent de n'être que grand-duc, impatient de devenir roi n'importe où, ayant pris part aux guerres d'Italie, d'Autriche, de Prusse, de Pologne, et contribué à élever des trônes à Naples, à Florence, à Milan, à La Haye, à Cassel, à Varsovie, sans gagner l'un de ces trônes pour lui, inconsolable surtout de n'avoir pas obtenu celui de Pologne, et avide de toute guerre qui lui offrirait de nouvelles chances de régner. La Péninsule, où vaquait en ce moment le trône de Portugal, où chancelait celui d'Espagne, était pour lui le pays des rêves, comme autrefois le Mexique ou le Pérou pour les aventuriers espagnols. Tout bon et généreux qu'était Murat, s'il fallait hâter la chute du malheureux Charles IV par quelque moyen détourné et peu avouable, il était, dans son ardeur de régner, homme à s'y prêter. Il n'y avait même à craindre de sa part que trop de zèle. Cependant, plus intelligent, plus spirituel qu'on ne l'a jugé en général (les circonstances qui vont suivre en fourniront la preuve), il était capable, dans un grand intérêt d'ambition, d'être même discret et réservé. Il avait à toutes fins, comme on a vu plus haut, noué des relations particulières avec Emmanuel Godoy, relations recherchées par celui-ci avec un égal empressement, l'un croyant que l'autre l'aiderait à atteindre l'objet de ses désirs, et s'abusant tous deux, car Godoy n'était pas plus en état de donner un roi aux Espagnols que Murat une pensée à Napoléon. C'était donc convier Murat à une fête que de l'envoyer en Espagne. Mais Napoléon voulant effrayer la maison régnante par l'envoi de troupes nombreuses, combiné avec un silence absolu sur ses intentions, se servit de son beau-frère conformément au plan qu'il avait adopté. Il l'avait eu à ses côtés soit en Italie, soit à Paris, sans lui dire un seul mot de ses projets sur l'Espagne, dans le moment même où il y pensait le plus. Le 20 février, l'ayant vu dans la journée, sans lui adresser une parole relative à la mission qu'il lui destinait, il chargea

Fév. 1808.

Instructions données à Murat pour le réglement de sa conduite en Espagne.

le ministre de la guerre de le faire partir dans la nuit pour Bayonne, afin d'y prendre le commandement des troupes entrant en Espagne. Murat devait y être le 26, et y trouver ses instructions. Ces instructions étaient les suivantes : Prendre le commandement général des corps de la Gironde et de l'Océan, de la division des Pyrénées-Orientales, de la division des Pyrénées-Occidentales, et de toutes les troupes qui pénétreraient plus tard en Espagne; être rendu dans les premiers jours de mars à Burgos, où allaient se trouver les détachements de la garde impériale; placer son quartier-général au milieu du corps du maréchal Moncey, c'est-à-dire à Burgos même; s'avancer avec ce corps sur la route de Madrid par Aranda et Somosierra, y diriger celui du général Dupont par Ségovie et l'Escurial; être maître vers le 15 mars des deux passages du Guadarrama; réunir six cent mille rations de biscuit déjà fabriquées à Bayonne, de manière que les troupes eussent des vivres pour quinze jours en cas de marche forcée; attendre pour tout mouvement ultérieur les ordres de Paris; occuper sur-le-champ la citadelle de Pampelune, les forts de Barcelone, la place de Saint-Sébastien; donner aux commandants espagnols, pour raison de cette occupation, la règle ordinaire à la guerre d'assurer ses derrières quand on marche en avant, même en pays ami; tenir toutes les troupes bien ensemble, comme on avait l'habitude de le faire en approchant de l'ennemi; veiller à ce que la solde fût toujours au courant, pour que les soldats ayant de l'argent ne fussent pas tentés de consommer sans payer, (et comme il y avait lieu de se défier des Napolitains entrant en Catalogne) faire fusiller le premier Italien qui pillerait; ne pas rechercher, ne pas accepter de communication avec la cour d'Espagne, sans en avoir l'ordre formel; ne répondre à aucune lettre du prince de la Paix; dire, si on était interrogé de manière à ne pouvoir se taire, que les troupes françaises entraient en Espagne pour un but connu de Napoléon seul, but certainement avantageux à la cause de l'Espagne et de la France; prononcer vaguement les mots de Cadix, de Gibraltar, sans rien alléguer de positif; annoncer particulièrement aux provinces basques que, quoi qu'il pût arriver, leurs priviléges seraient respectés; publier, quand on serait à Burgos, un ordre du jour, pour recommander aux troupes la discipline la plus rigoureuse, les relations les plus fraternelles avec le généreux peuple espagnol, ami et allié du peuple français; ne jamais mêler à toutes ces protestations d'amitié d'autre nom que celui du peuple espagnol, et ne jamais parler ni du roi Charles IV, ni de son gouvernement, sous quelque forme que ce fût.

Tel est le résumé des instructions adressées à Murat le 20 février, confirmées et développées les jours suivants, dans des ordres postérieurs. Le général Belliard fut placé auprès de lui comme chef d'état-major, le général Grouchy comme commandant de sa cavalerie. Le général Lariboissière fut chargé de diriger l'artillerie de l'armée. Celui-ci devait acheminer sur Bayonne, de tous les dépôts d'artillerie situés dans l'Ouest et le Midi, des munitions considérables, et notamment des outils, des artifices capables de faire sauter la porte d'une ville ou d'un château-fort. Les transports se faisant à dos de mulets en Espagne, ordre fut sur-le-champ expédié à Bayonne d'en acheter cinq cents des meilleurs et des plus beaux. Le ministre du trésor public, M. Mollien, fut invité à diriger plusieurs millions de numéraire, dont deux en or, sur Bayonne, pour suffire à toutes les dépenses de l'armée, et les acquitter argent comptant. Il devait dresser en outre un tarif équitable présentant la valeur comparative des monnaies françaises et espagnoles, qu'on publierait dans toutes les villes d'Espagne où l'on passerait, afin d'éviter les collisions entre les soldats et les habitants.

A ces instructions données pour les corps entrant en Espagne en furent ajoutées d'autres pour l'armée de Portugal. Napoléon voulait ne rien coûter à l'Espagne dans une entreprise qui allait lui coûter sa dynastie. Mais il ne se faisait pas les mêmes scrupules à l'égard du Portugal, qu'il était autorisé à traiter en pays conquis et allié de l'Angleterre. Calculant la richesse de ce pays, plutôt d'après celle des colonies que d'après celle de la métropole, il prescrivit à Junot d'y frapper une contribution de cent millions. Il lui recommanda la sévérité la plus extrême pour toute tentative d'insurrection, en lui rappelant comme exemple à suivre la manière terrible dont il avait réprimé le Caire en Égypte, Pavie et Vérone en Italie. Il lui ordonna de dissoudre l'armée portugaise, et d'envoyer en France tout ce qui ne pourrait être licencié. Il lui enjoignit expressément d'avoir l'œil sur les divisions espagnoles qui avaient concouru à l'invasion du Portugal, de les attirer le plus loin qu'il pourrait des frontières d'Espagne, de tenir le gros de ses forces à Lisbonne, et deux petites divisions françaises, de quatre à cinq mille hommes chacune, l'une à Almeida pour contenir les troupes espagnoles du général Taranco qui occupait Oporto, l'autre à Badajoz pour marcher au besoin sur l'Andalousie; de garder cet ordre absolument secret, et, si on apprenait qu'une collision eût éclaté entre les Espagnols et les Français, de répandre parmi les Portugais que le motif de la collision n'était autre que le Portugal lui-même, dont les Espagnols voulaient la possession qu'on leur avait refusée.

Enfin Napoléon donna des ordres à la garde, car il prévoyait qu'il serait obligé de se rendre lui-même en Espagne, soit pour diriger la guerre si elle venait à y éclater, soit pour diriger la politique si elle réussissait à terminer les événements d'Espagne, comme ceux de Portugal, par la fuite de la famille royale. Il avait successivement expédié sur Bayonne les mamelucks, les Polonais, les marins de la garde, plusieurs détachements de chasseurs et de grenadiers à cheval, et un régiment de fusiliers, c'est-à-dire trois mille hommes environ. Il envoya le brave Lepic pour les commander, avec ordre d'être dans les premiers jours de mars à Burgos, l'infanterie à Burgos même, la cavalerie sur la route de Bayonne à Burgos.

Ces dispositions militaires ne suffisaient pas pour atteindre complétement le but que se proposait Napoléon. Tandis que ses troupes devaient s'avancer mystérieusement sur Madrid, ne disant de paroles rassurantes que pour le peuple espagnol, et pas une

Fév. 1808.

Instructions à M. de Beauharnais calculées de manière à augmenter l'effroi de la cour de Madrid.

seule pour la famille régnante, il fit agir sa diplomatie dans le même sens. M. de Beauharnais demandait sans cesse à Paris des instructions pour une catastrophe qui semblait imminente. Il sollicitait surtout la permission d'accorder quelques témoignages d'intérêt à Ferdinand, toujours convaincu qu'il fallait renverser le favori au profit de ce prince, et opérer la fusion des deux dynasties par un mariage. Napoléon, qui était maintenant bien éloigné d'un plan pareil, et qui se riait souvent de la crédulité de M. de Beauharnais, de sa gaucherie, de son avarice, de l'importance qu'il aimait à se donner, et qui le laissait où il était, parce qu'un honnête homme sans esprit lui convenait mieux qu'un autre pour jouer le personnage ridicule d'un ambassadeur à qui on laissait tout ignorer, lui fit prescrire de garder la neutralité la plus absolue entre les factions qui divisaient l'Espagne, de ne témoigner d'intérêt à aucune d'elles, de répondre seulement, quand on lui parlerait des dispositions de l'Empereur des Français, qu'il était mécontent, très-mécontent, sans dire de quoi; d'ajouter, quand on lui parlerait de la marche des armées françaises, que Gibraltar, Cadix réclamaient probablement une concentration de troupes, car les Anglais amenaient beaucoup de forces sur ce point, mais que le cabinet espagnol était si indiscret qu'on ne pouvait lui confier le secret d'une seule opération militaire.

Ces instructions suffisaient pour le rôle qu'avait à jouer M. de Beauharnais. Mais Napoléon employa un moyen plus sûr pour remplir de terreur la malheureuse cour d'Espagne. M. Yzquierdo était à Paris, toujours errant autour des Tuileries, tantôt auprès du grand-maréchal Duroc, avec lequel il avait négocié le traité de Fontainebleau, tantôt auprès de M. de Talleyrand, principal entremetteur de toute l'affaire espagnole. Voyant qu'il lui était impossible d'obtenir la publication du traité de Fontainebleau, il en avait conclu qu'on voulait à Paris autre chose, que ce partage du Portugal n'avait été qu'un arrangement provisoire pour obtenir la cession immédiate de la Toscane, et qu'on méditait sans doute le renversement de la dynastie elle-même. Avec sa perspicacité ordinaire, il avait complétement entrevu non pas les moyens, mais le but auquel tendait Napoléon. Il avait essayé en circonvenant M. de Talleyrand de découvrir si de larges concessions de territoire, ou de commerce, ne pourraient pas, accompagnées d'un mariage, apaiser la colère réelle ou feinte du conquérant. M. de Talleyrand, qui inclinait vers un projet intermédiaire, avait écouté M. Yzquierdo, et peut-être autant proposé qu'accueilli les idées dont cet agent d'Emmanuel Godoy voulait faire l'essai. Ces idées revenaient précisément au second plan que nous avons déjà fait connaître. Il s'agissait en effet de marier Ferdinand avec une princesse française, de prendre pour la France les provinces de l'Èbre, en échange de la partie du Portugal restée disponible, d'ouvrir aux Français les colonies espagnoles, de lier les deux couronnes non-seulement par un mariage, mais par un traité d'alliance offensive et défensive, qui leur rendrait toute guerre, toute paix communes, et de donner enfin à Charles IV le titre

Fév. 1808.

M. Yzquierdo envoyé à Madrid avec des paroles menaçantes.

d'empereur des Amériques. Telles étaient les idées que M. Yzquierdo mettait en avant, autant pour sonder la cour des Tuileries que pour arriver à une conclusion. Tout à coup Napoléon ordonna de le traiter avec la plus extrême dureté, de le renvoyer comme si on était fatigué de ses tergiversations, comme si on ne voulait plus rien avoir de commun avec une cour aussi faible, aussi incapable, aussi peu sincère; en un mot, de le pousser à partir pour Madrid, afin qu'il y portât la terreur dont on l'aurait rempli. Le grand-maréchal Duroc eut l'ordre d'écrire à M. Yzquierdo qu'il ferait bien de retourner immédiatement à Madrid [1], afin de dissiper les épais nuages qui s'étaient élevés entre les deux cours. On ne disait pas quels nuages, mais M. Yzquierdo savait à quoi s'en tenir, et il suffisait de le faire partir pour causer à la cour d'Espagne une agitation après laquelle elle ne pourrait plus demeurer en place, et serait amenée à une résolution définitive. M. Yzquierdo quitta Paris le jour même.

Dernière lettre de Napoléon à Charles IV.

Il fallait en même temps répondre à la lettre du 5 février, par laquelle Charles IV éperdu avait demandé à Napoléon de le rassurer sur ses intentions, et sur la marche des troupes françaises qui s'avançaient en ce moment vers Madrid. Dans cette lettre Charles IV n'avait plus parlé du mariage de son fils avec une nièce de Napoléon, voyant que celui-ci affectait de ne plus songer à cette proposition. Comme quelqu'un qui cherche une mauvaise querelle, Napoléon, au lieu de s'appliquer dans sa réponse à dissiper les alarmes de Charles IV, sembla

[1] La lettre est au Louvre et porte la date du 24 février.

se plaindre de ce qu'au sujet du mariage on gardait un silence dont il avait lui-même donné l'exemple. Cette réponse, datée du 25 février, était fort courte et fort sèche. Il y rappelait que le 18 novembre le roi Charles lui avait demandé une princesse française, qu'il avait répondu le 10 janvier par un consentement conditionnel; que le 5 février le roi Charles, lui écrivant de nouveau, ne lui parlait plus de ce mariage; et il ajoutait que cette dernière réticence le laissait dans des doutes dont il avait besoin de sortir, pour régler des objets d'une grande importance.

Cette nouvelle lettre, qui n'était qu'un refus de rassurer l'infortuné Charles IV, et qui, rapprochée des autres circonstances du moment, devait le remplir d'effroi, fut portée par M. de Tournon, chambellan de l'Empereur, lequel avait déjà été envoyé à Madrid pour une pareille mission, et joignait à beaucoup de dévouement beaucoup de sens et d'amour de la vérité. Il avait pour instruction de bien observer la marche et la conduite des troupes françaises, les dispositions du peuple espagnol à leur égard, de bien observer aussi ce qui se passait à l'Escurial, et de revenir ensuite à Burgos vers le 15 mars, pour y attendre l'arrivée de Napoléon. Celui-ci en effet avait calculé que ses ordres, donnés du 20 au 25 février, auraient leurs conséquences en Espagne dans le milieu de mars, et qu'à cette époque il faudrait qu'il fût lui-même de sa personne à Burgos, pour y tirer des événements, toujours féconds en cas imprévus, le résultat qu'il désirait.

On avait donc tout lieu de croire que la cour

Fév. 1808.

Napoléon fixe à la première moitié de mars le dénoûment de l'affaire d'Espagne.

Fév. 1808.

d'Espagne, déjà fort tentée de suivre l'exemple de la maison de Bragance quand elle verrait l'armée française s'avancer sur Madrid, M. de Beauharnais ne disant rien parce qu'il ne savait rien, et M. Yzquierdo disant beaucoup parce qu'il craignait beaucoup, n'hésiterait plus à s'enfuir vers Cadix. Si toutefois, malgré les recommandations faites aux troupes françaises de ménager le peuple espagnol, une collision imprévue survenait, il y avait là encore une solution. On pourrait se considérer comme trahi par des alliés chez lesquels on était venu amicalement pour une grande expédition intéressant l'alliance, et on se vengerait en déposant les Bourbons d'Espagne, de même qu'on avait déposé ceux de Naples, pour une trahison vraie ou supposée. Napoléon, agissant ainsi en conquérant qui s'inquiète peu des moyens pourvu qu'il atteigne son but, comptant sur de grands résultats, tels que la régénération de l'Espagne, le rétablissement des alliances naturelles de la France, pour s'excuser aux yeux de la postérité de la sombre machination qu'il se permettait envers une cour amie, Napoléon croyait enfin avoir trouvé la véritable manière de renverser les Bourbons sans y employer les atroces violences que, dans des siècles moins humains que le nôtre, les conquérants n'ont jamais hésité à commettre. Il pensait qu'en imprimant une légère secousse au trône d'Espagne sans en précipiter violemment Charles IV, on amènerait ce faible prince, sa criminelle épouse, son lâche favori, à l'abandonner afin d'aller en chercher un autre en Amérique. Mais ce plan, imaginé pour ne pas trop révolter l'Europe et la France, donnait lieu à une objection qui avait long-temps fait hésiter Napoléon à l'adopter. En poussant la maison régnante à s'enfuir, comme celle de Portugal, dans le Nouveau-Monde, on amenait inévitablement pour l'Espagne la perte de ses colonies, ainsi que cela était arrivé pour le Portugal. Les Bragance au Brésil, les Bourbons au Mexique, au Pérou, sur les bords de la Plata, allaient fonder des empires, ennemis de leurs métropoles usurpées, amis des Anglais, qui pour long-temps trouveraient dans l'approvisionnement de ces colonies de quoi se dédommager de la clôture du continent. Sans doute, en perçant dans un avenir éloigné, on pouvait voir dans ces colonies affranchies des nations nouvelles, offrant à leurs anciennes métropoles plus de moyens d'échange, plus d'occasions de gain, ainsi que cela se passait déjà entre l'Angleterre et les États-Unis. Mais l'Espagne, le Portugal n'étaient pas l'industrieuse Angleterre, les Américains du Sud n'étaient pas les Américains du Nord; et tout ce qu'on pouvait prévoir pour de longues années, c'était la perte des colonies espagnoles, et leur exploitation au profit du commerce britannique. Il y avait donc à la fuite de Charles IV en Amérique, avec une grande commodité quant à l'usurpation du trône, de grands et sérieux inconvénients quant au sort futur des colonies espagnoles. Ce devait être pour les Espagnols eux-mêmes un grave sujet de douleur, dès lors de mécontentement et de révolte, et, pour notre commerce, un dommage proportionné au bénéfice qu'allait faire le commerce de l'ennemi.

Fév. 1808.

Inconvénients pour les colonies espagnoles du projet adopté par Napoléon.

Fév. 1808.

Moyen imaginé par Napoléon pour corriger l'inconvénient de son plan.

Ordre à l'amiral Rosily d'arrêter la famille d'Espagne à Cadix, si elle voulait fuir en Amérique.

Napoléon, fort instruit de ces intérêts compliqués, imagina une nouvelle combinaison beaucoup plus astucieuse que toutes celles dont nous venons de parler, et ayant pour but de corriger le seul inconvénient du plan qu'il avait définitivement adopté. Il y avait à Cadix une belle division française, capable d'en dominer le port et la rade. Il résolut de l'employer à retenir les Bourbons au moment où ils chercheraient à s'embarquer, et après les avoir poussés par la peur d'Aranjuez à Cadix, de les arrêter par la force à Cadix même, avant qu'ils eussent pris sous l'escorte des Anglais la route de la Vera-Cruz. En conséquence, à la date du 24 février, il expédia pour l'amiral Rosily une dépêche chiffrée, portant l'ordre exprès de prendre dans la rade de Cadix une position telle qu'on pût intercepter le départ de tout bâtiment, et d'arrêter la famille royale fugitive, si elle voulait imiter la folie, disait la dépêche, de la cour de Lisbonne [1].

Assurément, si on jugeait ces actes d'après la morale ordinaire qui rend sacrée la propriété d'autrui, il faudrait les flétrir à jamais, comme on flétrit ceux du criminel qui a touché au bien qui ne lui appartient point; et même en les jugeant d'après des principes différents, on ne peut que leur infliger un blâme sévère. Mais les trônes sont autre chose qu'une propriété privée. On les ôte ou on les donne par la guerre ou la politique, et quelquefois au grand avantage des nations dont on dispose ainsi

---

[1] On trouvera à la fin de ce volume une note qui expose comment je suis parvenu à découvrir le secret de toutes les machinations restées jusqu'ici entièrement inconnues.

arbitrairement. Seulement il faut prendre garde, en voulant jouer le rôle de la Providence, d'y échouer, d'être ou odieux ou malheureux en voulant être grand, et de ne pas atteindre les résultats qui devaient vous servir d'excuse. Il faut enfin se défier de toute entreprise si peu avouable qu'on est réduit à y employer la fourberie et le mensonge. Napoléon raisonnait sur ce qu'il allait faire comme raisonne toujours la politique ambitieuse. Cette nation espagnole, si fière, si généreuse, méritait, se disait-il, un plus noble sort que celui d'être asservie à une cour incapable et avilie; elle méritait d'être régénérée; régénérée, elle pourrait rendre de grands services à la France et à elle-même, aider au renversement de la tyrannie maritime de l'Angleterre, contribuer à l'affranchissement du commerce de l'Europe, être appelée enfin à de belles et vastes destinées. S'interdire tout cela pour un roi imbécile, pour une reine impudique, pour un favori abject, c'était plus qu'on ne pouvait attendre d'une volonté impétueuse qui s'élançait vers le but, comme l'aigle sur sa proie, dès qu'elle l'avait aperçu des hauteurs où elle habitait. Le résultat devait prouver à quel danger on s'expose lorsqu'on veut jouer un de ces rôles si au-dessus de l'humanité, lorsqu'on veut se tenir pour dispensé de respecter la vie, le bien des hommes, sous prétexte du but vers lequel on marche.

Murat avait exécuté avec une parfaite soumission les ordres de Napoléon transmis par le ministre de la guerre. Parti sur-le-champ pour Bayonne, il était arrivé en cette ville le 26, comme le lui prescrivaient ses instructions. Son départ avait été si

Fév. 1808.

Arrivée de Murat à Bayonne.

brusque, qu'il n'avait avec lui ni état-major, ni chevaux pour son service personnel. Il n'était suivi que des aides-de-camp qui devaient accompagner un officier de son grade, maréchal, grand-duc et prince impérial tout à la fois. Il les avait envoyés en tous sens pour connaître l'emplacement et la situation des corps, se mettre en communication avec eux, et attirer à lui la direction des choses. Le mystère que Napoléon avait observé dans ses instructions blessait sa vanité; mais il entrevoyait si bien le but, et le but lui plaisait tellement, qu'il n'en demanda pas davantage, et se mit à l'œuvre afin d'exécuter ponctuellement les volontés de son maître.

Bayonne présentait un spectacle de confusion, car il n'existait pas sur ce point l'immense attirail militaire que quinze ans de guerres avaient permis d'accumuler sur la frontière du Rhin ou des Alpes, et il avait fallu tout y créer à la fois. De plus, les troupes qui arrivaient, composées de conscrits, récemment organisées, manquaient du nécessaire, et de l'expérience qui peut y suppléer. On faisait cuire le biscuit, on fabriquait des souliers et des capotes, on créait les moyens de transport dont on était entièrement dépourvu; car il avait été impossible de se procurer les cinq cents mulets dont Napoléon avait ordonné l'achat, ces précieux animaux ne se trouvant que dans le Poitou. L'argent même était en arrière, faute de voitures. L'artillerie des divers corps rejoignait à peine, et le matériel retardé de l'armée de Junot, se croisant avec le matériel arrivant des armées d'Espagne, y augmentait l'encombrement. Malgré la clarté, la précision, la vigueur que Napoléon apportait, aujourd'hui comme autrefois, dans l'expédition de ses ordres, leur exécution se ressentait des distances, de la précipitation, de l'inexpérience des administrateurs, les plus capables étant employés dans les autres parties de l'Europe.

Mars 1808.

Murat, qui avait de l'intelligence, que Napoléon par ses grandes leçons et ses remontrances continuelles avait formé au commandement, passa plusieurs jours à Bayonne pour y mettre quelque ordre, s'informer de ce qui était exécuté ou demeuré en retard, et en avertir Napoléon, afin que ce dernier y portât remède. Il partit ensuite pour Vittoria. Il franchit la frontière le 10 mars, et se rendit le jour même à Tolosa. S'il y avait un chef qui par sa bonne mine, son air martial, ses manières ouvertes et toutes méridionales, convînt aux Espagnols, c'était assurément Murat. Il était fait pour leur plaire, en leur imposant, et, parmi les princes français destinés à régner, il eût été incontestablement le mieux choisi pour monter sur le trône d'Espagne. On verra plus tard combien ce fut une grave faute que de lui en préférer un autre. La population des provinces basques le reçut avec de grandes démonstrations de joie. Cet excellent peuple, le plus beau, le plus vif, le plus brave et le plus laborieux de ceux qui peuplent la Péninsule, n'avait pas les mêmes passions que le reste des Espagnols. Il n'avait ni la même haine des étrangers, ni les mêmes préjugés nationaux. Placé entre les plaines de la Gascogne et celles de la Castille, dans une région montagneuse, parlant une langue à part, vivant du commerce illicite qu'il

Entrée de Murat dans les provinces basques.

Caractère des provinces basques; accueil qu'elles font à Murat.

faisait avec la France et l'Espagne, jouissant de priviléges étendus dont il se servait pour continuer ce commerce, priviléges qu'il devait à la difficulté de vaincre ses montagnes et son courage, il était une espèce de pays neutre, de Suisse, pour ainsi dire, située entre la France et l'Espagne. Il ne tenait donc que médiocrement à la domination espagnole, et n'eût pas été fâché d'appartenir à un vaste empire, qui lui aurait permis d'étendre au loin son activité industrieuse. Il accueillit Murat avec de bruyantes acclamations, et laissa percer en mille manières le vœu d'appartenir à la France. Les troupes françaises furent parfaitement reçues; elles observèrent une exacte discipline, payèrent tout ce qu'elles prirent, et en consommant les denrées du pays furent pour lui un avantage plutôt qu'une charge.

Murat ne fut pas moins bien accueilli à Vittoria, capitale de l'Alava, la troisième des provinces basques, dans laquelle l'esprit espagnol commence à se prononcer davantage. Il y entra le 14 dans la voiture de l'évêque, qui était accouru à sa rencontre avec toutes les autorités du pays. La population se pressait aux portes des villes, et faisait au général devenu prince, bientôt appelé à devenir roi, une réception des plus brillantes. Les soldats français, bien que très-nombreux en Espagne, plus nombreux que ne le comportait la guerre du Portugal, n'avaient pas encore donné le moindre sujet de plainte. Si on supposait à leur venue une intention politique, c'était contre la cour, cour aussi exécrée que méprisée. On n'avait donc aucune raison de résister ni à la curiosité qu'ils inspiraient, ni aux espérances qu'ils faisaient naître. Les autorités auxquelles on avait envoyé de Madrid l'ordre de préparer des vivres, afin de prévenir tout mécontentement, les avaient réunis avec assez d'abondance. Murat ayant annoncé que la consommation de l'armée serait payée par la France, les autorités répondirent avec la fierté castillane qu'on recevait les Français en alliés, en amis, et que l'hospitalité espagnole ne se payait pas.

Ainsi dans ce premier moment les choses allaient au mieux. Les illusions étaient réciproques. Tandis que ces demi-Espagnols accueillaient si bien nos soldats et leur illustre chef, celui-ci se figurait que tout serait facile en Espagne, que les Français y étaient désirés, qu'un roi de leur nation y serait accepté avec joie, et avec plus de joie encore si ce roi c'était lui. Frappé de la haine profonde, universelle, qu'inspirait le favori, il reconnut bientôt que c'était un triste appui à se ménager en Espagne que celui d'Emmanuel Godoy, et que, pour y obtenir la faveur populaire, il fallait au contraire donner à croire qu'on venait le renverser.

De Vittoria, Murat se rendit à Burgos, qui devait être le siége de son quartier-général. Lorsqu'on quitte Vittoria, qu'on passe l'Èbre à Miranda, limite où se trouvait alors la douane espagnole, et où elle était placée il n'y a pas long-temps encore, on sort du pays montagneux, varié, riant, toujours frais, de la Suisse pyrénéenne, et on entre dans la véritable Espagne. L'Èbre, qui à Miranda n'est qu'un gros ruisseau coulant entre des cailloux, l'Èbre passé, on franchit les défilés de Pancorbo, espèce de fissure

Mars 1808.

Illusions de Murat en entrant en Espagne.

Entrée en Castille et aspect de cette province.

dans une ligne de rochers, qui forment le dernier banc des Pyrénées, et on débouche dans la Castille. Alors commencent les plaines immenses, les horizons lointains, les aspects tristes et sévères. Sur le vaste plateau des Castilles le ciel est serein et brûlant en été, brumeux et glacial en hiver, et toujours âpre. Les habitations sont rares, la culture est uniforme, et n'offre aux yeux, sauf l'époque où la moisson grandit et mûrit, que de vastes champs de chaume, sur lesquels vivent les troupeaux, maîtres absolus du sol de l'Espagne qu'ils traversent deux fois par an, du nord au midi, du midi au nord, comme des oiseaux voyageurs. A ce nouvel aspect de la nature physique, se joint en entrant dans les Castilles un autre aspect de la nature morale. L'habitant beau, dans les campagnes surtout, beau mais moins vif et moins alerte que le montagnard basque, grand, bien fait, grave, toujours armé d'un fusil ou d'un poignard, prompt à s'en servir contre un compatriote, plus volontiers contre un étranger, présente, avec exagération, tous les traits, bons ou mauvais, du caractère espagnol. Il est à la fois plus ignorant, plus sauvage, plus cruel, plus brave, que la bourgeoisie. Celle-ci, dans son instruction imparfaite, semblable à des Turcs à demi civilisés, a perdu avec sa férocité une partie de son énergie. Le peuple en Espagne, qui par ses vices et ses vertus a sauvé l'indépendance nationale, offre un trait particulier qui le distingue des autres peuples de l'Europe. On trouve chez lui avec des passions ardentes une sorte d'esprit public, qu'il doit à sa manière de vivre, à son agglomération dans de gros villages, où il demeure pendant tout le temps qu'il ne consacre pas à la terre, à laquelle il en donne peu, se bornant à un simple labour, puis aux semailles et à la moisson, pour ne rien faire après. Tandis que le paysan français, belge, anglais, lombard, dispersé sur le sol, occupé de cultures diverses et continuelles, n'est excité ni par le rapprochement, ni par le loisir, à se mêler d'autre chose que de son travail, on voit le paysan espagnol, revêtu d'un manteau, appuyé sur un bâton, réuni à ses pareils sur la place publique du village, parler du roi, de la reine, des affaires du temps, avec une étonnante curiosité, ou se livrer à des jeux, à des danses, à des chants, courir à des combats de taureaux, plaisir sanguinaire dont aucune classe de la nation ne saurait se priver, regarder à peine l'étranger qui passe, ou bien le regarder avec une fierté méprisante qui à la moindre prévenance se change tout à coup en un aimable abandon. L'Espagnol, à cette époque, était plus que jamais disposé à s'occuper de la chose publique avec un redoublement d'ardeur. Relégué à l'extrémité du continent, il y avait plus d'un siècle qu'il n'avait été sérieusement mêlé aux affaires de l'Europe. Quelques batailles navales, quelques opérations en Italie, une guerre d'un moment sur les Pyrénées en 1793, n'avaient pu ni épuiser, ni même satisfaire ses énergiques passions. Assistant avec l'impatience d'un spectateur qui voudrait y jouer un rôle aux grands événements du siècle, il était on ne peut pas plus préparé à prendre à toutes choses une part immodérée.

Tel était le pays, tel était le peuple au milieu

Mars 1808.

de Murat à Burgos.

duquel nous arrivions en mars 1808, en passant l'Èbre. Murat fut encore bien reçu à Burgos, capitale de la Vieille-Castille, c'est-à-dire avec curiosité et espérance. Cependant la classe inférieure, moins occupée que la bourgeoisie de ce que les Français venaient faire en Espagne, semblait plus affectée du déplaisir de voir des étrangers envahir son sol, et il y eut çà et là, entre la vivacité pétulante de nos jeunes soldats et la gravité orgueilleuse du bas peuple espagnol, quelques collisions, et quelques coups de couteau vengés à l'instant même par des coups de sabre. Il y avait dans cette première rencontre des deux peuples une circonstance fâcheuse. Il aurait fallu présenter à ces fiers Espagnols, si enclins dans leur ignorance à mépriser tout ce qui n'était pas eux, quelques-uns des soldats de la grande armée, qui leur eussent imposé par leur vieille assurance, leurs blessures, leurs moustaches grises.

Fâcheux effet produit sur les Espagnols par la présence de troupes trop jeunes.

Mais nos légions, composées de conscrits de 1807 et 1808, n'ayant jamais vu le feu, encadrées, comme nous l'avons dit, avec des officiers pris dans les dépôts, ou tirés de la retraite (c'était surtout le cas des officiers des cinq légions de réserve), n'avaient pour les faire respecter que l'immense renommée de nos armées. Parties à la hâte des dépôts, sans qu'on eût complété ni leur vêtement, ni leur chaussure, ni leur armement, elles n'avaient pas même l'éclat de l'équipement pour compenser la jeunesse de leur visage. Elles avaient donc le double inconvénient de n'être pas assez imposantes, et d'offrir les apparences d'une misère avide, qui vient dévorer le pays qu'elle envahit. Il y avait parmi nos soldats beaucoup de malades, les uns ayant souffert de fatigues auxquelles ils n'étaient pas assez préparés, les autres ayant reçu la gale des mendiants espagnols. Un cinquième de l'armée était atteint de cette hideuse maladie. Il avait fallu pour en garantir les troupes de la garde impériale les faire bivouaquer en plein champ. Les Espagnols, croyant que c'étaient là les soldats qui avaient vaincu l'Europe, se disaient qu'il ne devait pas être difficile de remporter des victoires, puisque de pareilles troupes y avaient suffi, ne sachant pas encore, comme ils l'apprirent bientôt pour leur malheur et pour le nôtre, que, tels quels, ces jeunes soldats étaient capables de vaincre eux, et plus forts qu'eux, grâce à l'esprit qui les animait, et au savoir militaire qui surabondait dans toutes les parties de l'armée française. Il n'y avait que les cuirassiers, dont la grande stature, l'armure imposante dissimulaient la jeunesse, et la garde, troupe incomparable, qui inspirassent à la populace des villes espagnoles le respect qu'il eût été nécessaire de lui inspirer dès le premier jour. Au surplus dans ce moment on ne songeait pas encore à résister; on n'attendait que du bien des Français, et, sauf quelques collisions accidentelles entre les hommes du peuple et nos conscrits surpris par le vin des Espagnes, ou excités par la beauté des femmes, la cordialité régnait. Certains Espagnols plus avisés se disaient bien que cette singulière accumulation de troupes devait présager autre chose que le renversement du prince de la Paix, car dans l'état des esprits il n'aurait fallu qu'un seul mot de Napoléon pour le précipiter du pouvoir. Mais on ne voulait croire, espérer que la chute du favori; on ne pensait qu'à cet unique objet. Un autre bruit d'ailleurs, celui d'une expédition sur Gibraltar, adroitement répandu, complétait l'illusion générale.

A peine Murat était-il entré en Espagne que deux lettres de son ami, le prince de la Paix, étaient venues le trouver, coup sur coup, pour le féliciter, et le questionner tout à la fois. Le désir d'y répondre, qui en toute autre circonstance eût été vif chez l'impétueux Murat, fut facilement surmonté par la crainte de resserrer ses liens avec un personnage aussi impopulaire, et par la crainte plus grande encore de déplaire à Napoléon. Les deux lettres demeurèrent sans réponse. Du reste, les questions du prince de la Paix n'étaient pas les seules auxquelles fût exposé Murat. Les autorités civiles, militaires, ecclésiastiques, accourues autour de lui pour le voir et le fêter, provoquaient de mille façons détournées son indiscrétion naturelle. Mais il se contenait, d'abord parce qu'il ignorait les projets de Napoléon, et secondement parce que le but général qu'il entrevoyait était si grave, qu'il aurait suffi de moins d'esprit de conduite qu'il n'en avait pour savoir se taire. Toutefois son dépit de se trouver au milieu de ce tumulte, sans autres instructions que des instructions militaires, était extrême. Aussi, à peine rendu en Espagne, ne manqua-t-il pas d'écrire à Napoléon tout ce qui en était de la situation des troupes, de leur dénûment, de leurs maladies, du bon accueil des Espagnols, de l'impopularité du prince de la Paix, de l'enthousiasme des Espagnols pour Napoléon, de la facilité de faire en Espagne tout ce qu'on

ARANJUEZ.

voudrait, mais de la nécessité de se fixer sur ce qu'on voulait faire, et de l'embarras de rester sans instructions en présence des événements qui se préparaient. — Je croyais, Sire, écrivait-il à Napoléon, je croyais, après tant d'années de services et de dévouement, avoir mérité votre confiance, et, revêtu surtout du commandement de vos troupes, devoir connaître à quelles fins elles allaient être employées. Je vous en supplie, ajoutait-il, donnez-moi des instructions. Quelles qu'elles soient, elles seront exécutées. Voulez-vous renverser Godoy, faire régner Ferdinand, rien n'est plus facile. Un mot de votre bouche suffira. Voulez-vous changer la dynastie des Bourbons, régénérer l'Espagne en lui donnant l'un des princes de votre maison, rien n'est plus facile encore. Votre volonté sera reçue comme celle de la Providence. — Le brave, mais faible observateur Murat, n'osait pas ajouter une dernière assertion, plus vraie que toutes celles dont il remplissait ses rapports : c'est qu'il eût été le mieux accueilli des princes étrangers qu'on aurait pu substituer à la dynastie régnante.

Mars 1808.

Napoléon, dont l'intention était d'effrayer la cour par son silence, tout en rassurant au contraire la population par une attitude amicale, afin d'arriver à Madrid sans coup férir, et de s'emparer pacifiquement d'un trône vide, Napoléon éprouva un mouvement d'impatience à la lecture les lettres de Murat remplies d'interrogations pressantes. — Quand je vous prescris, lui dit-il, de marcher militairement, de tenir vos divisions bien rassemblées et à distance de combat, de les pourvoir abondamment pour qu'elles

Dure réponse de Napoléon aux questions indiscrètes de Murat.

ne commettent aucun désordre, d'éviter toute collision, de ne prendre aucune part aux divisions de la cour d'Espagne, et de me renvoyer les questions qu'elle pourra vous adresser, ne sont-ce pas là des instructions? Le reste ne vous regarde pas, et, si je ne vous dis rien, c'est que vous ne devez rien savoir. —

Il ajouta à cette réprimande les ordres que réclamait la circonstance. Il prescrivit par un décret de fournir sur-le-champ aux bataillons détachés de leurs régiments des fonds dont on tiendrait compte à l'administration des corps; de prendre dans sa garde de jeunes sous-officiers, suffisamment lettrés, ayant fait les campagnes de 1806 et 1807, pour les nommer officiers, et pourvoir ainsi les régiments qui en manqueraient; de soumettre sur-le-champ tous les galeux à un traitement; de camper les troupes dès que le froid serait passé, ce qui ne pouvait tarder en Espagne; de faire partir la brigade composée des quatrièmes bataillons des légions de réserve, pour la joindre à celle du général Darmagnac, déjà chargée d'occuper Pampelune; de s'emparer de la citadelle de Pampelune, de l'armer, d'y laisser un millier d'hommes, puis de porter la division des Pyrénées-Orientales tout entière entre Vittoria et Burgos, afin de couvrir les derrières de l'armée; de réunir sur le même point tous les régiments de marche, composés des renforts destinés aux régiments provisoires, d'y envoyer en outre et sans délai la division Verdier (qualifiée plus haut réserve d'Orléans), de former ainsi un rassemblement considérable, sous les ordres du maréchal Bessières, qui, avec la garde, ne devait pas être de moins de douze à quinze mille hommes, et qui, en cas de collision, garderait la ligne de retraite de l'armée contre les troupes espagnoles chargées d'occuper le nord du Portugal. Napoléon régla ensuite la marche sur Madrid. Il ordonna à Murat de faire passer le Guadarrama tant au corps du maréchal Moncey qu'à celui du général Dupont, l'un par la route de Somosierra, l'autre par celle de Ségovie, du 19 au 20 mars, d'être le 22 ou le 23 sous les murs de Madrid, de demander à s'y reposer, avant de continuer sa marche sur Cadix, d'enfoncer les portes de Madrid si elles se fermaient devant lui, mais après avoir fait tout ce qui serait possible pour prévenir une collision. A toutes ces prescriptions se joignaient toujours, et itérativement, la recommandation de se taire sur les affaires politiques, de pourvoir la troupe de tout pour qu'elle ne prît rien, et de retarder même le mouvement d'un jour ou deux, si les moyens d'alimentation et de transport n'étaient pas suffisants.

Murat dut donc se résigner à n'en pas savoir davantage, et s'appliqua à obéir fidèlement aux ordres de l'Empereur, certain qu'après tout ce mystère ne pouvait cacher que ce qu'il désirait, c'est-à-dire le renversement des Bourbons d'Espagne, et la vacance de l'un des plus beaux trônes de l'univers.

L'occupation des places, ordonnée à plusieurs reprises par l'Empereur, fut exécutée. Les généraux Duhesme et Darmagnac, l'un à Barcelone, l'autre à Pampelune, n'avaient d'abord occupé que les villes mêmes, et non les forteresses dominant ces villes. Un ordre secret émané de Madrid prescrivait aux gé-

Mars 1808.

L'ordre d'occuper les places espagnoles exécuté par les généraux français.

néraux espagnols de bien recevoir les Français, de leur ouvrir les villes, mais autant que possible de leur refuser l'entrée des citadelles. Le général Duhesme arrivé à Barcelone à la tête d'environ sept mille hommes, la plupart Italiens, avait été reçu avec une politesse affectée par les autorités, avec bienveillance et curiosité par la bourgeoisie, avec défiance par le peuple. L'incontinence des Italiens avait attiré à ceux-ci plus d'un coup de couteau. La gravité des circonstances ayant occasionné la fermeture des fabriques, il y avait un grand nombre d'ouvriers oisifs, prêts à se livrer à toute espèce de désordres. Le général Duhesme, placé avec sept mille hommes au milieu d'une ville de cent cinquante mille âmes, bien que suivi à peu de distance par cinq mille Français, était dans une position critique, surtout n'étant pas maître de la citadelle de Barcelone, et du fort de Mont-Jouy qui domine entièrement la ville. Aussi était-il convenu avec le général Lechi, commandant les Italiens, d'un plan d'enlèvement des forteresses, lorsque l'ordre réitéré de s'en saisir vint mettre fin à toutes ses hésitations. Un matin il fit prendre les armes à ses troupes, en dirigea une partie sur la citadelle, une autre sur le Mont-Jouy. A la principale porte de la citadelle un poste français partageait la garde avec un poste espagnol. On en profita pour pénétrer dans l'intérieur. La moitié de la garnison, par suite de la négligence des officiers espagnols, était répandue dans la ville. On se trouva donc en force très-supérieure dans l'intérieur de la citadelle, et on s'en empara sans coup férir. Au fort Mont-Jouy il en fut autrement. L'entrée fut refusée par l'offi-

cier qui y commandait, et qui plus tard défendit
énergiquement Girone, le brigadier Alvarez. Bien
qu'une partie de ses troupes fût absente et dispersée, ainsi qu'il était arrivé à la citadelle, il fit
mine de se défendre. De son côté le général Duhesme, qui avait porté là le gros de ses forces,
déclara qu'il allait commencer l'attaque. Le capitaine général de la Catalogne, comte d'Ezpeleta,
craignant une collision qu'on lui avait recommandé
d'éviter, prit la détermination de céder, et de livrer
le Mont-Jouy aux Français. Ils s'y établirent immédiatement. Maîtres des deux forteresses qui dominent Barcelone, ils n'avaient plus rien à craindre.
Mais ils n'y étaient entrés qu'en faisant éprouver à
la population de la Catalogne une émotion pénible,
et très-fâcheuse dans les circonstances.

A Pampelune le général Darmagnac, brave
homme, plein d'énergie et de loyauté, qui aurait
plus volontiers escaladé de vive force que dérobé
par surprise une place qu'on lui ordonnait d'occuper, employa un moyen très-adroit pour pénétrer
dans la citadelle. Il était logé dans une maison peu
distante de la porte principale. Il y fit cacher cent
grenadiers bien armés. Ses troupes avaient l'habitude d'aller le matin chercher leurs vivres dans la citadelle même. Il envoya une cinquantaine d'hommes
choisis, qui se rendirent sans armes à la porte de la
citadelle un peu avant la distribution, et qui tout en
feignant d'attendre s'approchèrent du poste qui gardait la porte, se jetèrent sur lui, le désarmèrent,
tandis que les cent grenadiers embusqués dans la
maison du général Darmagnac, accourant en toute

Mars 1808.

Surprise de la citadelle de Pampelune.

490 LIVRE XXIX.

Mars 1808.

hâte, achevèrent l'enlèvement. Les troupes françaises secrètement réunies survinrent dans le même moment, et la citadelle fut conquise, mais au grand déplaisir du général Darmagnac, qui écrivit au ministre de la guerre, en lui rendant compte de ce qu'il avait fait : *Ce sont là de vilaines missions.* A Pampelune comme à Barcelone l'émotion fut vive et générale.

Entrée sans résistance dans la place de Saint-Sébastien.

On eut moins de peine à Saint-Sébastien. Un duc de Crillon, d'origine française, y commandait. Murat le somma de rendre la place. Il refusa nettement d'obéir. Murat lui répliqua qu'il avait ordre de l'occuper, non dans des vues hostiles, mais dans des vues de prudence militaire fort simples, pour assurer les derrières de l'armée, et que si on lui résistait il allait immédiatement ouvrir le feu. Le duc de Crillon, averti comme les autres commandants de place qu'une collision devait être évitée, rendit Saint-Sébastien, à condition que Murat le lui restituerait si sa condescendance n'était pas approuvée à Madrid. Murat consentit à cette réserve puérile, et fit entrer dans Saint-Sébastien un bataillon de troupes françaises.

Fâcheux effet produit en Espagne par l'occupation des places frontières.

Cette subite occupation des places, opérée dans les derniers jours de février et les premiers jours de mars, produisit en Espagne la plus fâcheuse impression. Les esprits prévoyants, qui avaient remarqué que pour s'emparer du Portugal, déjà conquis d'ailleurs, que pour renverser un favori abhorré de la nation, il ne fallait pas tant de troupes, commençaient à trouver leurs remarques justifiées, et à rencontrer plus d'assentiment. Dans les pays surtout qui avaient été témoins de ces surprises, accompagnées de plus ou moins de violence, on faillit en venir aux mains avec nos troupes. La bourgeoisie, qui, moins hostile aux étrangers que le peuple, plus portée à des changements, moins travaillée par le clergé, s'était plu à espérer de nous la chute du favori et la régénération de l'Espagne, fut désolée. Le peuple montra un premier mouvement de fureur, que la ferme attitude de nos soldats et de nos officiers réussit bientôt à réprimer. Deux circonstances contribuèrent encore à aggraver ces sentiments, de découragement chez la bourgeoisie, de colère jalouse chez le peuple : la première et la plus grave fut la contribution de cent millions frappée sur les Portugais ; la seconde, celle-là moins connue du public, fut le mariage de mademoiselle de Tascher avec le prince d'Aremberg. De toutes parts on se mit à dire que les Français traitaient bien mal ceux dont ils recevaient l'hospitalité, et on se demanda quelle serait la charge de l'Espagne si on frappait sur elle une contribution proportionnée à celle qui allait peser sur le Portugal. Quant au mariage de mademoiselle de Tascher, il affecta beaucoup la classe éclairée, de laquelle il fut plus particulièrement connu. On s'était persuadé, en effet, que c'était, non pas une fille de Lucien, personne ignorée en Espagne, mais une nièce de l'Impératrice, récemment adoptée, et parente de l'ambassadeur Beauharnais, que Napoléon destinait au prince des Asturies. Le mariage de cette jeune personne avec le prince d'Aremberg désespéra tous ceux qui comptaient sur la prochaine union d'une princesse française avec Ferdinand. Le détrônement des Bourbons devenait dès lors la seule intention qu'on pût prêter à l'Empereur. La bourgeoisie, et surtout la noblesse, se seraient peut-être accommodées d'un changement de dynastie, qui leur eût assuré la régénération de l'Espagne sans les faire passer par les cruelles épreuves de la révolution française; mais le clergé, et principalement les moines, qui voyaient dans les Français des ennemis dangereux pour leur existence, repoussaient une telle idée avec colère, et n'avaient pas de peine à agir sur un peuple encore fanatique, avide de mouvement et de désordres. Le clergé, correspondant d'un bout de l'Espagne à l'autre par les diocèses et par les couvents, avait un moyen puissant de communiquer partout avec une incroyable promptitude les impressions qu'il avait intérêt à répandre. Cependant ces premières impressions ne furent qu'un signe avant-coureur de la haine qui allait éclater contre nous. Pour le moment un autre objet préoccupait les Espagnols, c'était la cour, la cour dans laquelle une mère dénaturée, un favori exécré, dominant un roi faible, tenaient dans l'oppression un jeune prince adoré. C'était vers Madrid, vers Aranjuez, que se tournaient tous les regards, et qu'on appelait les Français, pour y accomplir une révolution universellement désirée. Certains actes venaient, il est vrai, d'inspirer quelques doutes sur leurs intentions; mais ces actes, les uns expliqués comme de simples précautions militaires, les autres comme des mesures uniquement applicables au Portugal, passèrent bien vite de la mémoire d'une nation exclusivement occupée d'un seul objet, et on se remit à penser à la cour, à souhaiter sa chute, à la demander aux Français.

Mars 1808.

Du reste le moment de la catastrophe approchait. Napoléon avait fait partir de Paris, vers le 25 février, M. Yzquierdo pour porter l'épouvante dans le cœur des souverains de l'Espagne, et M. de Tournon pour remettre une nouvelle lettre, inquiétante à force d'être insignifiante; car lorsqu'on lui avait demandé une princesse pour Ferdinand, il avait éludé en s'informant si ce prince était rentré en grâce; et maintenant qu'on ne lui parlait plus de mariage, il demandait qu'on lui en parlât. Ces contradictions, sinistrement expliquées par les rapports de M. Yzquierdo, par la marche des troupes françaises, par le silence de Murat, devaient amener à Madrid la crise long-temps attendue.

M. Yzquierdo, arrivé à Madrid du 3 au 4 mars, fut présenté le 5 à Aranjuez à toute la famille royale. Ses rapports furent des plus alarmants, et remplirent d'effroi tant la famille royale que la société intime du prince de la Paix, sa mère, ses sœurs, sa confidente mademoiselle Tudo. M. Yzquierdo, après avoir fait connaître l'état de la négociation entamée avec M. de Talleyrand, laquelle aurait dû aboutir à concéder aux Français les provinces de l'Èbre et l'ouverture des colonies espagnoles, M. Yzquierdo déclara que cette négociation, toute désolante qu'elle pouvait paraître, n'était elle-même qu'un véritable leurre; que Napoléon évidemment voulait autre chose, c'est-à-dire le trône d'Espagne pour un de ses frères. M. Yzquierdo parvint aisément à con-

Arrivée à Madrid de M. Yzquierdo, et ses rapports alarmants à la cour d'Espagne.

vaincre la cour d'Aranjuez, déjà saisie de terreur, et à lui persuader que si elle ne prenait pas un parti décisif, elle était perdue. L'arrivée de M. de Tournon et la remise de la lettre dont il était porteur n'étaient pas faites pour dissiper les alarmes excitées par M. Yzquierdo. Charles IV, malade, souffrant d'un rhumatisme au bras, reçut M. de Tournon avec une politesse à travers laquelle perçait un profond chagrin ; la reine et le favori le reçurent avec un sourire contraint, et cachant mal leur haine furieuse. Charles IV dit d'un ton pénétré de douleur qu'il répondrait bientôt à son allié l'empereur Napoléon, et se hâta de terminer une entrevue inutile et pénible. Dès ce moment, le parti de fuir fut arrêté. C'était pour Charles IV un cruel sacrifice que de quitter les trois ou quatre palais situés autour de Madrid, entre lesquels il avait l'habitude de partager sa vie, allant de l'un à l'autre à chaque changement de saison, comme ces animaux qui changent de climats à la suite du soleil. C'était pour lui une amère privation que de renoncer aux chasses du Pardo, au lieu d'attendre Napoléon, et de s'en remettre à sa toute-puissance du sort de la maison d'Espagne. Le bon roi Charles IV avait le cœur trop loyal et l'esprit trop borné pour supposer une seule des combinaisons de Napoléon, et il inclinait à penser qu'en l'attendant, et en se confiant à lui, tout s'arrangerait pour le mieux. Il est certain que ce naïf abandon de la faiblesse se livrant elle-même aurait étrangement embarrassé Napoléon, et peut-être amené d'autres résultats. Mais le prince de la Paix et la reine, sachant bien que pour eux il n'y avait aucune grâce à espérer; que l'intervention de Napoléon, quelle qu'elle fût, s'exercerait au moins contre eux, ne laissèrent pas le choix à Charles IV, et l'entraînèrent à se retirer en Andalousie. Il est probable qu'ils ne lui firent entrevoir que ce premier éloignement, comptant sur les événements pour décider la retraite définitive en Amérique. Leur résolution à cet égard était si ferme, que le prince de la Paix, emporté par son intempérance ordinaire de langage, s'écria qu'il enlèverait plutôt le roi que de consentir à ce qu'il attendît à Aranjuez l'arrivée des Français.

Mars 1808

Cependant, pour ne pas s'ôter toute ressource du côté de la France, M. Yzquierdo dut retourner immédiatement à Paris, employer les supplications auprès de Napoléon, l'or auprès de ses agents, pour conjurer le coup qui menaçait la maison d'Espagne, et signer tous les traités qu'on exigerait, quelque déshonorants qu'ils pussent être. Il repartit précipitamment le 11 mars au matin, afin d'arriver à Paris avant qu'un ordre fatal fût donné. Son trouble était tel que ceux qui le rencontrèrent, et il y avait beaucoup d'allants et de venants sur la route, en furent vivement frappés.

M. Yzquierdo renvoyé à Paris pour tenter de nouveaux efforts auprès de Napoléon.

La résolution de se retirer en Andalousie prise, il fallait y amener bien des volontés tant à Aranjuez qu'à Madrid. Le prince des Asturies, jugeant des intentions de Napoléon par les témoignages d'intérêt qu'il recevait de M. de Beauharnais, ne voyait dans les Français que des libérateurs, et ne voulait pas se laisser entraîner loin d'eux, prisonnier de la reine et du prince de la Paix. Il le disait hautement depuis qu'on parlait du voyage d'Andalousie, et on

Résistances que rencontre dans la cour

en parlait en effet dans le moment comme d'une résolution arrêtée. Il avait rangé de son avis son oncle don Antonio, qui partageait son aversion pour la reine et le favori, ainsi que tous les membres de la famille royale, excepté la reine d'Étrurie, récemment arrivée de Toscane pour prendre possession du nord du Portugal. Cette princesse chère à la reine était par ce motif odieuse à Ferdinand, mais on ne s'occupait guère de ce qu'elle pensait. Tout ce qui comptait dans la famille royale était prononcé contre le projet de fuite, et voulait qu'on attendît les Français. La reine et le favori, sans s'inquiéter de ces résistances, étaient résolus à les vaincre et à conduire de gré ou de force toute la famille royale à Séville. Mais il y avait encore à surmonter d'autres résistances plus redoutables. Le conseil de Castille, secrètement consulté, avait repoussé l'idée d'une retraite honteuse, et répondu qu'il n'aurait pas fallu admettre les Français en Espagne, mais qu'après les avoir si facilement admis, il fallait ou prendre la résolution subite de leur tenir tête, en soulevant contre eux la nation tout entière, ou leur ouvrir les bras en faisant appel à la loyauté de ces alliés, reçus en Espagne comme des amis et des frères. Une autre opposition, celle-là plus imprévue qu'aucune autre, éclata tout à coup. Le ministre de la justice, M. de Caballero, avait paru plus attaché qu'il n'était à la fortune du prince de la Paix. Appelé par ses fonctions de ministre de la justice à figurer fréquemment dans le procès de l'Escurial, il en avait assumé tout l'odieux, sans le mériter cependant, car il avait soutenu auprès du roi et de la reine qu'il n'existait ni dans les pièces trouvées, ni dans les faits recueillis, des indices suffisants pour intenter des poursuites criminelles. Il lui était même arrivé d'encourir pour ce motif la colère de la reine, qui l'avait qualifié de traître vendu au prince des Asturies. Le public ne l'en croyait pas moins beaucoup plus coupable qu'il ne l'était réellement. Quant au voyage en Andalousie, il n'en voulait pas entendre parler, disant que c'était un lâche abandon de la nation, qu'il n'aurait pas fallu introduire les Français en Espagne, mais que maintenant il fallait savoir les attendre; que c'était à ceux qui se défiaient d'eux à se retirer, mais que probablement Charles IV, dont la conduite avait toujours été loyale à leur égard, n'aurait pas à se plaindre de les avoir attendus. Un autre ministre, M. de Cevallos, qui plus tard voulut se faire passer pour un antagoniste du prince de la Paix, quoiqu'il lui fût servilement soumis, et qui n'avait pour tout patriotisme qu'une haine stupide des Français, M. de Cevallos, ministre des affaires étrangères, demeura paisible spectateur de ce conflit, et laissa M. de Caballero résister seul au projet de fuite. Le prince de la Paix n'en tint compte, et donna tous les ordres pour un prochain voyage en Andalousie. Cherchant à cacher l'objet de ce voyage, il parla vaguement d'un projet personnel de visiter les ports, dont la surveillance, depuis qu'il était grand amiral, lui appartenait spécialement.

Les transports de valeurs et de mobiliers déjà remarqués, les préparatifs de la cour et surtout de la famille Tudo, ne laissèrent bientôt aucun doute. On se ferait difficilement une idée de l'indignation des Espagnols en apprenant qu'ils allaient être abandonnés par la maison de Bourbon, comme les Portugais l'avaient été par la maison de Bragance. Se souciant peu des avantages qu'une telle résolution pourrait avoir plus tard pour la conservation des colonies, ils se disaient que si les Français avaient de si mauvaises intentions, on était ou bien inepte de ne pas les avoir entrevues, ou bien criminel de les avoir favorisées; qu'il fallait en tout cas leur résister à outrance; que tous les Espagnols, ayant le roi et les princes à leur tête, devaient couvrir la capitale de leurs corps, et se faire tuer plutôt que d'en permettre l'entrée, mais que fuir lâchement était une indignité, une trahison; que du reste il y avait dans cette fuite autre chose qu'une précaution de prudence dans l'intérêt de la famille royale, mais tout simplement un calcul pour prolonger le pouvoir usurpé du favori; car si on voulait fuir les Français, c'est qu'on les savait contraires à Emmanuel Godoy et favorables au prince des Asturies. Cette dernière pensée devenue générale avait rendu aux Français leur popularité, et on disait que, loin de les fuir ou de les combattre, il fallait aller à eux au contraire, et les accueillir, puisque le prince de la Paix se défiait si fort de leurs intentions. L'exaspération de toutes les classes contre la cour était au comble. La noblesse, la bourgeoisie, le peuple et l'armée n'avaient à Madrid qu'un même langage, et ce langage était aussi ouvert, aussi hardi, aussi immodéré, qu'il peut l'être à la veille des grands événements, dans les pays les plus libres. Dans l'armée surtout, une troupe fort maltraitée par le prince de la Paix, qui avait bouleversé son organisation, les gardes du corps manifestaient l'irritation la plus vive, et voulaient s'opposer même par la force au départ du roi. Parmi les officiers de cette troupe il y en avait plusieurs tout à fait dévoués au prince des Asturies, et en communication fréquente avec lui, recevant même, assurait-on, ses inspirations et ses ordres.

Cette bruyante opposition n'avait ébranlé dans leurs projets ni le prince de la Paix ni la reine, et leur inspirait seulement le désir de se soustraire plus tôt à tant de haine et de périls, en se retirant d'abord en Andalousie, puis, s'il le fallait, en Amérique. Le prince de la Paix avait donné des ordres en conséquence. Il avait fait rebrousser chemin aux troupes destinées à occuper le Portugal; car, à la veille de perdre l'Espagne, il s'agissait d'autre chose que des Algarves ou de la Lusitanie septentrionale. Le général Taranco avait dû quitter Oporto, repasser en Galice, et de Galice dans le royaume de Léon. Le général Carafa avait dû remonter le Tage, et s'avancer jusqu'à Talavera. Le général Solano, marquis del Socorro, avait dû revenir d'Elvas vers Badajoz, et se diriger sur Séville. Assurément le prince de la Paix n'avait pas la pensée avec ces forces, qui ne présentaient que des corps de six à sept mille hommes chacun, de lutter contre l'armée française. Il les destinait bien plutôt à couvrir la retraite de la famille royale, qu'à organiser une défense désespérée dans le midi de l'Espagne. Plusieurs frégates étaient éventuellement préparées dans le port de Cadix[1].

[1] Les résolutions intérieures du gouvernement espagnol ne sont en général connues que par oui-dire, car il n'y a rien eu d'écrit sur ce sujet

Mars 1808.

Les préparatifs de départ faits pour le 15 ou 16 mars.

Le prince de la Paix, suivant son usage de passer une semaine auprès de Leurs Majestés, après en avoir passé une à Madrid, était revenu le dimanche 13 mars à Aranjuez. Aranjuez se compose d'une magnifique résidence royale, située au bord du Tage, décorée suivant le style italien, avec de superbes jardins qui rappellent un peu le goût arabe. Cette résidence, quand on vient de Madrid, est à droite d'une grande route, large comme l'avenue des Champs-Élysées. Vis-à-vis le palais cette route s'arrondit en une vaste place. A gauche se trouvent plusieurs belles habitations qui appartenaient aux ministres, à des grands seigneurs de la cour, et dont l'une notamment était occupée par le prince de la Paix. Une multitude de petites maisons servant aux marchands et fournisseurs que la cour et sa nombreuse domesticité attirent après elles, forment ce qu'on peut appeler le bourg d'Aranjuez.

A peine arrivé, le prince de la Paix donna les ordres définitifs pour le départ, qui fut fixé au mardi ou mercredi, 15 ou 16 mars. Le majordome de la cour avait déjà fait préparer les voitures royales. Des relais étaient échelonnés sur la route d'Ocagna, qui est celle de Séville. On avait prescrit à Madrid, aux gardes wallonnes et espagnoles, aux gardes du

par aucun homme bien informé. Cependant le marquis de Caballero, questionné plus tard par Murat, lui remit, sur les événements qui avaient précédé les journées d'Aranjuez, trois mémoires fort instructifs, et dont le manuscrit existe à la secrétairerie d'État. M. de Caballero, racontant les discussions qu'il eut avec le prince de la Paix sur le projet de départ, rapporte tout ce qui se passa en cette occasion, et fournit beaucoup de détails infiniment curieux. Il entendit notamment le prince de la Paix affirmer qu'il venait de faire préparer à Cadix cinq frégates pour le transport de la famille royale au delà des mers.

corps qui n'étaient pas de service, de se tenir prêts à partir pour Aranjuez.

Mars 1808.

Mais il fallait enfin, bien qu'on n'eût tenu aucun compte de la résistance de certains ministres, leur annoncer la résolution définitive de la cour, et leur demander la signature de divers ordres. Le prince de la Paix, aussitôt son arrivée à Aranjuez, avait fait appeler plusieurs d'entre eux à la résidence royale, principalement le marquis de Caballero, qui s'était fait attendre. Le prince de la Paix impatienté l'accueillit assez mal. Ce ministre, obstiné dans sa résistance, refusa de concourir, soit de son consentement, soit de sa signature, au départ qui n'était plus projeté, mais résolu. — Je vous ordonne de signer, lui dit le prince dans un mouvement de colère. — Je ne reçois des ordres que du roi, répondit M. de Caballero. — Une telle opposition, de la part d'un homme qui ne se distinguait pas par l'audace du caractère, aurait dû prouver à quel point l'autorité du favori était déjà ébranlée. Les autres ministres étant survenus, une vive altercation s'établit entre eux. M. de Caballero, poussé au dernier degré d'irritation, reprocha à M. de Cevallos sa lâche complaisance pour le prince de la Paix, et ne fut soutenu que par le ministre de la marine. On se sépara sans conclure, et à leur sortie du palais, ces conseillers de la couronne, conservant sur leur visage et dans leur langage l'agitation dont ils étaient pleins, laissèrent entendre des paroles qui apprirent au public de quoi il s'agissait, de quoi on était menacé.

Vive altercation entre le prince de la Paix et M. de Caballero au sujet du départ, et divulgation des projets de la cour.

De son côté le prince des Asturies, son oncle don Antonio, avaient communiqué à leurs affidés ce qui

Les habitants d'Aranjuez,

était à leur connaissance, et avaient en quelque sorte demandé secours contre la violence qu'on leur préparait. Les officiers dévoués que le prince comptait dans les gardes du corps, avaient parlé à leur troupe, qui était disposée à enfreindre toutes les règles de la subordination au premier mot qu'on lui dirait. La domesticité, qui savait par les préparatifs mêmes qu'elle avait faits à quel point le voyage était prochain, et qui se détachait avec regret du vieux séjour où elle était habituée à vivre, avait prévenu les habitants d'Aranjuez. Ceux-ci, désolés d'être privés de la présence de la cour, étaient résolus à empêcher son départ, et ils avaient, en ébruitant dans les campagnes environnantes le projet de fuite, attiré les redoutables paysans de la Manche, très-fâchés aussi de voir la cour les quitter et leur enlever l'avantage de la nourrir. L'affluence à Aranjuez devenait extrême, et déjà les visages les plus sinistres et les plus étranges commençaient à y paraître. Un personnage singulier, le comte de Montijo, persécuté par la cour, ayant, avec la naissance et la fortune d'un grand seigneur, l'art et le goût de remuer les masses populaires, était au milieu de cette foule, prêt à lui donner le signal de l'insurrection. On voyait donc des bourgeois d'Aranjuez, des paysans de la Manche, mêlés à des gardes du corps, réunis tous par l'anxiété, l'intérêt, la passion, faire autour du château une garde continuelle.

Le lundi 14, lendemain de l'altercation entre M. Caballero et le prince de la Paix, fut extrêmement agité. Le mardi 15, le spectacle des derniers préparatifs de la cour, les propos des ministres dissidents, certaines paroles attribuées au prince des Asturies, qui demandait secours, disait-on, contre ceux qui voulaient l'emmener en Andalousie, produisirent une telle émotion qu'on s'attendait à chaque instant à voir éclater une insurrection populaire. C'en était déjà l'aspect, c'en étaient les cris : il n'y manquait plus que les actes et la violence.

Mars 1808.

Le lendemain matin 16, jour de mercredi, les auteurs du projet de voyage, voyant que le départ allait devenir impossible si on ne ramenait un moment de calme dans cette population agitée, imaginèrent de publier une proclamation, par laquelle Charles IV promettrait de ne pas quitter Aranjuez. Cette proclamation fut en effet immédiatement rédigée, lue et placardée dans les principales rues d'Aranjuez, et envoyée en toute hâte à Madrid. — Mes chers sujets, disait-elle en substance, ne vous alarmez ni sur l'arrivée des troupes de mon magnanime allié l'empereur des Français, entrées en Espagne pour repousser un débarquement de l'ennemi sur nos côtes, ni sur mes prétendus projets de départ. Non, il n'est pas vrai que je veuille m'éloigner de mon bien-aimé peuple. Je veux rester, vivre parmi vous, comptant sur votre dévouement, si j'en avais besoin contre un ennemi, quel qu'il fût. Espagnols, calmez-vous donc, votre roi ne vous quittera pas. —

Proclamation royale publiée pour calmer l'émotion populaire.

Cette proclamation, inspirant aux esprits un peu de sécurité, les calma pour un instant. La multitude se porta devant la résidence royale, demanda ses souverains, qui parurent aux fenêtres du palais, et les applaudit de toutes ses forces, en criant : Vive le roi ! Meure le prince de la Paix ! meure le favori

Calme momentané produit par la proclamation royale.

Mars 1808.

Départ pour Aranjuez des troupes de Madrid, avec une foule de peuple.

qui déshonore et trahit son maître! — La journée du 16 s'acheva ainsi au milieu d'une sorte de satisfaction, qui malheureusement devait être passagère.

Le jour suivant, 17 mars, malgré les promesses royales, le voyage semblait toujours résolu. Les voitures restaient chargées dans les cours du palais. Les chevaux attendaient aux relais. Les troupes formant la garnison de Madrid, et composées des gardes wallonnes et espagnoles, de la compagnie des gardes du corps qui n'était pas de service, s'étaient mises en route pour Aranjuez. Une partie du peuple de la capitale, une foule de curieux les avaient suivies, et avaient fait avec elles le trajet qui est de sept à huit lieues. Chemin faisant, ce peuple poussait des cris contre la reine, contre le prince de la Paix, et demandait aux officiers et soldats s'ils laisseraient enlever leurs souverains par un indigne usurpateur, qui voulait les emmener avec lui pour les tyranniser plus sûrement. Les troupes, ainsi accompagnées, arrivèrent vers la fin du jour à Aranjuez, et furent logées chez l'habitant, ce qui n'était pas un moyen de les ramener à la subordination militaire. Une dernière circonstance avait achevé de convaincre la foule que les promesses royales n'étaient qu'un leurre : c'est que les demoiselles Tudo étaient arrivées elles-mêmes à Aranjuez, et allaient, disait-on, partir le soir même pour l'Andalousie. L'affluence autour du palais du roi et de celui du prince de la Paix, situé de l'autre côté de la grande avenue, était plus considérable que les jours précédents; car aux habitants effarés d'Aranjuez, aux paysans de la Manche, s'étaient joints des soldats sans armes qui une fois arrivés à leur logement étaient venus se mêler à la foule, et des curieux sortis en grand nombre de Madrid. Les gardes du corps, ceux du moins qui n'étaient pas de service, visiblement excités par les amis du prince des Asturies, s'étaient répandus par bandes, faisant des patrouilles volontaires, tantôt vers les écuries du roi, tantôt vers la résidence du prince de la Paix.

Mars 1808

Aux approches de minuit un incident singulier, survenu devant le palais du prince de la Paix, devint l'étincelle qui détermina l'explosion. Une dame sortie de ce palais sous le bras d'un officier, escortée par quelques hussards dont le prince faisait sa garde habituelle, fut aperçue par une bande de gardes du corps et de curieux. Ils reconnurent ou crurent reconnaître mademoiselle Josépha Tudo, qui, suivant eux, allait monter en voiture. On se pressa autour d'elle. Les hussards du prince ayant voulu s'ouvrir un passage, un coup de fusil fut tiré on ne sait par qui. Il s'éleva à l'instant même un tumulte effroyable. Les gardes du corps coururent à leurs quartiers, sellèrent leurs chevaux, et se ruèrent à coups de sabre sur les hussards du prince qu'ils rencontrèrent. Les gardes wallonnes et espagnoles prirent aussi les armes, plutôt pour se joindre à la multitude que pour faire respecter l'autorité royale. Le peuple ne se contenant plus s'assembla sous les fenêtres du palais, appela le roi à grands cris, voulut le voir pour lui faire entendre l'expression de ses vœux, en poussant avec fureur les cris de Vive le roi! meure le prince de la Paix! Après l'avoir effrayé en le saluant de pareilles acclamations, il se porta de

Collision survenue autour du palais du prince de la Paix.

Mars 1808.

Le peuple se précipite sur le palais du prince de la Paix, et le ruine de fond en comble.

l'autre côté d'Aranjuez, vers la demeure du prince de la Paix, qu'il enveloppa de toutes parts. En forcer les portes pour s'y précipiter parut d'abord à ce peuple, qui débutait dans la carrière des révolutions, un attentat au-dessus de son audace. Il s'arrêta un instant, hésitant, mais plein d'impatience, et dévorant sa proie des yeux avant de la saisir. Tout à coup un individu, messager, dit-on, du château, se présente à la porte du prince pour se la faire ouvrir. On la lui refuse. Il insiste. Les gardiens de la maison, croyant qu'on les attaque, songent à se défendre. Un coup de fusil part au milieu de cette agitation. Alors l'hésitation cesse. La foule furieuse se rue sur les portes, les enfonce, pénètre dans la demeure somptueuse du favori, la ravage, jette par les fenêtres tableaux, tentures, meubles magnifiques, détruit et ne pille pas, plus furieuse qu'avide, comme il arrive dans les mouvements de toute multitude, passionnée mais non avilie. On court d'appartement en appartement, on cherche l'objet de la haine publique, on ne trouve que l'épouse infortunée du prince de la Paix. La populace, en Espagne, même la plus infime, avait fini par connaître toute la vie d'Emmanuel Godoy. Elle savait combien il avait de femmes, quelle il aimait, quelle il n'aimait pas. Elle savait les malheurs de cette auguste princesse de Bourbon, tristement unie à un soldat aux gardes, pour donner à ce soldat le lustre royal qui lui manquait. La foule, en l'apercevant, tombe à ses pieds, la conduit avec respect hors de cette maison envahie, la place dans une voiture, et la traîne en triomphe jusqu'au palais du sou-

verain, en s'écriant : Voilà l'innocente. — Après
l'avoir ainsi replacée dans la demeure des rois,
d'où elle n'aurait jamais dû sortir, la foule, qui
croyait n'en avoir pas fini avec le palais du prince
de la Paix, y revient, le cherche lui-même dans
les moindres recoins de sa demeure, et, ne le ren-
contrant pas, se venge par une affreuse dévastation.
Toute la nuit se passe en recherches, en ravages,
et, le jour venu, le favori n'étant pas découvert, on
suppose qu'il a trouvé ailleurs un asile.

On devine quels devaient être en ce moment l'effroi de Charles IV et le désespoir de la reine. Le
souvenir de la révolution française les avait toujours
remplis de terreur. Cette révolution qu'ils avaient
tant redoutée, ils la voyaient enfin chez eux poussant les mêmes cris, commettant les mêmes actes,
quoique excitée par d'autres sentiments. Ils étaient
désolés, éperdus, résignés à tout ce qu'on voudrait
d'eux. Cette reine, justement odieuse, éprouvait
cependant un sentiment vrai, qui sans la rendre
intéressante pouvait du moins excuser jusqu'à un
certain point sa honteuse vie. Elle ne songeait, dans
sa terreur, ni à sa famille ni à elle-même, mais au
dominateur de son âme, au méprisable Godoy. Elle
demandait à tout le monde ce qu'il était devenu, et
envoyait partout de fidèles domestiques pour qu'ils
lui en rapportassent des nouvelles. — Où est Emmanuel, s'écriait-elle, où est-il?... et elle ne cachait pas
les larmes que lui arrachait un souci pareil. Le roi
lui-même, quand il cessait d'avoir peur, demandait
aussi ce qu'on avait fait du pauvre Emmanuel, qui
lui était, disait-il, si attaché. Quant au prince des

Mars 1808.

Effroi du roi et de la reine.

Asturies, voyant son ennemi abattu, la couronne près de tomber de la tête de son père sur la sienne, et ignorant qu'elle tomberait bientôt à terre, pour être ramassée à la pointe du sabre, il montrait une lâche et perfide joie, que sa mère apercevait, et qui lui attirait de sa part les plus violents reproches.

Mars 1808.

Le roi enlève à Emmanuel Godoy tous ses grades et dignités.

Les ministres et quelques seigneurs dévoués étant accourus, on conseilla tumultueusement au roi de retirer tous ses grades et emplois au prince de la Paix, comme unique moyen de rétablir le calme, et de sauver la vie du prince lui-même. Le roi parce qu'il était prêt à tout, la reine parce qu'elle tenait plus à sauver la vie que le pouvoir de son amant, y consentirent à l'instant même, et un décret parut dès le matin du 18 mars, annonçant que le roi retirait à Don Emmanuel Godoy ses charges de grand-amiral et de généralissime, et l'autorisait à se rendre dans le lieu qu'il lui plairait de choisir pour sa retraite.

Joie délirante à la nouvelle de la chute du favori.

Ainsi finit ce déplorable favori, dont l'étrange destinée était, au milieu de notre temps, un dernier vestige des vices des anciennes cours, en contraste avec les mœurs du siècle; car, même dans les cours absolues, on en était venu à respecter l'opinion publique : déplorable favori à d'autres titres encore que celui du scandale; car, excepté l'effusion du sang, il avait attiré sur l'Espagne tous les maux à la fois, la honte, la désorganisation, la ruine, et en dernier lieu les soulèvements populaires. En apprenant la dégradation d'Emmanuel Godoy, le peuple qui encombrait Aranjuez, et qui se composait de plusieurs peuples, venus non-seulement d'Aranjuez, mais de Madrid, de Tolède, des campagnes de la Manche, se livra à une joie furieuse, comme s'il avait dû être le lendemain le peuple le plus heureux de la terre. Ce furent partout des chants, des danses, des feux; on s'embrassait dans les rues en se félicitant de cette chute, qui satisfaisait un sentiment plus vif encore que celui de l'intérêt, celui de la haine pour une fortune insolente qui avait offensé toute l'Espagne. La nouvelle, portée en deux ou trois heures à Madrid, y produisit un véritable délire.

Dès que ce mouvement populaire fut connu, l'ambassadeur de France, qui était dépourvu d'esprit, mais non de courage, accourut auprès du roi pour le couvrir de son corps, s'il avait été en danger. Tout s'étant terminé par la chute du favori, dont il était devenu l'ennemi à force de s'intéresser au prince des Asturies, il parut presque triomphant avec ce dernier. Il dit à Charles IV que les troupes françaises dont l'arrivée était prochaine (elles passaient en ce moment le Guadarrama pour descendre sur Madrid) seraient à ses ordres contre tous ses ennemis du dedans et du dehors, et qu'il croyait, en donnant cette assurance, obéir aux instructions de son auguste maître, qui ne laisserait jamais invoquer son amitié en vain. Charles IV remercia M. de Beauharnais, et lui témoigna qu'il serait heureux à l'avenir de traiter les affaires avec l'ambassadeur de France, et sans aucun intermédiaire. Infortuné roi! la destinée ne lui réservait pas un si lourd fardeau!

La journée du 18 fut calme. Cependant la multitude agitée avait besoin de nouvelles émotions. Il

Mars 1808.

lui fallait autre chose qu'un palais à détruire. Elle aurait voulu avoir pour le déchirer le corps d'Emmanuel Godoy. On le cherchait partout, et la reine tremblait à chaque minute d'apprendre la découverte de son asile et sa mort. Tous les ministres passèrent la nuit au château auprès des deux souverains, dont le sommeil ne vint pas un instant fermer les yeux.

Le 19 au matin l'agitation populaire, calmée une première fois par la proclamation du 16, une seconde fois par la déposition du favori qui avait été prononcée le 18, était remontée comme un flot qui s'abaisse et s'élève tour à tour. Au palais les officiers des gardes, sentant toute autorité sur leurs troupes leur échapper, avaient déclaré qu'ils étaient dans l'impuissance de faire respecter l'autorité royale si elle était attaquée. Le roi, la reine éperdus avaient fait appeler leur fils Ferdinand, pour le sommer de les protéger de sa popularité, et il venait de promettre ses bons offices avec la secrète joie d'un vainqueur, et l'aisance d'un conspirateur assuré des ressorts qu'il doit faire jouer, lorsque tout à coup une rumeur nouvelle et violente prouva qu'on avait raison de se défier de la journée qui commençait.

Le prince de la Paix est découvert par le peuple, et tiré tout sanglant de ses mains par les gardes du corps.

Le prince de la Paix, tant cherché, n'avait cependant pas quitté sa demeure. Au moment où les portes de son palais avaient été forcées, il avait pris une poignée d'or, une paire de pistolets, puis s'était caché sous les toits, en se roulant lui-même dans une natte, espèce de tapis de jonc dont on se sert en Espagne. Resté dans cette affreuse position pendant toute la journée du 18, pendant la nuit du 18 au

19, il n'y avait plus tenu le 19 au matin, et après trente-six heures de ce supplice, vaincu par la soif, il était sorti de son asile, et s'était trouvé en présence d'un soldat des gardes wallonnes qui était en faction. Offrant de l'or à cette sentinelle, et n'osant pas ajouter à son offre la menace de se servir de ses pistolets, il ne réussit qu'à se faire dénoncer, et fut livré à l'instant même. Heureusement pour lui le gros de la populace n'était pas alors autour de son palais. Quelques gardes du corps survenus à propos le placèrent au milieu de leurs chevaux, et s'acheminèrent le plus vite qu'ils purent vers le quartier qui leur servait de caserne. Il fallait traverser tout Aranjuez, et en un clin d'œil la populace avertie accourut. Le prince marchait à pied, entre deux gardes à cheval, appuyé sur le pommeau de leur selle, et défendu par eux contre les attaques de la foule. D'autres gardes en avant, en arrière, faisaient leurs efforts pour le protéger, mais ne pouvaient empêcher un peuple furieux de lui porter, avec des pieux, des fourches, et toutes les armes ramassées à la hâte, des coups dangereux. Les pieds brisés par le fer des chevaux, la cuisse percée d'une large blessure, un œil presque hors de la tête, il arriva enfin à la caserne des gardes, où il fut jeté tout sanglant sur la paille des écuries. Triste exemple de la faveur des rois, quand la fureur populaire vient venger en un jour vingt ans d'une toute-puissance imméritée! Il n'y avait rien dans l'histoire de plus lamentable que le spectacle que présentait en ce moment ce garde du corps, revenu, après avoir traversé la couche royale et presque le trône, dans

Mars 1808.

Ferdinand accourt pour dissiper la foule qui voulait égorger le prince de la Paix.

la caserne, et sur la paille où il avait couché dans sa jeunesse!

Le roi et la reine, apprenant ce nouveau tumulte, appelèrent encore une fois Ferdinand, et le supplièrent d'oublier ses injures pour aller au secours de l'infortuné Godoy. Il promit de le sauver, et courut en effet au quartier des gardes du corps, qu'une populace effrénée menaçait d'envahir, la dissipa en annonçant que le coupable serait jugé par le conseil de Castille, et que justice serait faite de tous ses crimes. A la voix de l'héritier de la couronne la foule se dispersa. Ferdinand se transporta auprès de Godoy, qu'il trouva tout en sang, et auquel il dit avec une feinte générosité qu'il lui pardonnait tous les maux qu'il en avait reçus, et lui faisait grâce. La vue d'un ennemi abhorré rendit au prince de la Paix la présence d'esprit, qu'il n'avait pas eue un seul instant depuis le commencement de la catastrophe. Es-tu déjà roi, dit-il à Ferdinand, pour faire grâce? — Non, répliqua le prince, je ne le suis pas, mais je le serai bientôt. —

Le prince retourna au palais pour tranquilliser ses augustes parents, restés dans un état de trouble difficile à décrire, et prêts pour se sauver, eux et leur cher Emmanuel, à tous les sacrifices possibles, même celui du trône. Que veut-on de nous, s'écriaient-ils, pour épargner notre malheureux ami? Sa déposition? Nous l'avons prononcée. Sa mise en jugement? Nous allons la prononcer. Veut-on la couronne? Nous la déposerons aussi. — Une sorte d'égarement d'esprit s'était emparé du roi, de la reine; ils ne savaient ce qu'ils disaient, et s'adressaient à tout le monde, pour demander soit un appui, soit un conseil. On imagina, pour les rassurer sur la vie du prince de la Paix, d'envoyer celui-ci bien escorté à Grenade, en se servant des relais dont la route était pourvue. Une voiture attelée de six mules fut aussitôt amenée devant la caserne des gardes du corps, afin de l'y placer, et de le faire sortir de ce dangereux séjour d'Aranjuez. Mais à peine ces préparatifs furent-ils aperçus, que la populace, devinant à quel usage ils étaient destinés, se précipita sur la voiture, la brisa, et se montra décidée à empêcher tout départ.

Ce nouvel incident acheva de troubler la tête de l'infortuné Charles IV et de sa femme. Ils crurent l'un et l'autre que c'était la révolution française qui recommençait en Espagne; qu'on en voulait, non-seulement au prince de la Paix, mais à eux-mêmes; que déposer le sceptre entre les mains de Ferdinand serait peut-être un moyen de conjurer cet orage naissant, de sauver leur vie et celle de leur malheureux ami. Ils le dirent à tous ceux qui les entouraient, à MM. de Caballero, de Cevallos, au duc de Castel-Franco, chef des troupes réunies dans la résidence royale, à diverses personnes de la cour enfin; et quand ils faisaient cette proposition, tous les assistants leur témoignaient, par un silence triste et approbateur, que ce serait là certainement la solution la plus simple, la plus sûre, la plus applaudie, la plus capable de terminer dès sa naissance une révolution aussi effrayante à ses débuts que celle qui avait fait tomber la tête de Louis XVI. Après quelques instants de ces vagues pourparlers, de cette

Mars 1808.

Le roi et la reine troublés donnent leur abdication.

Mars 1808.

Acte d'abdication de Charles IV.

Redoublement de joie à Aranjuez et à Madrid.

consultation de gens éperdus, Charles IV dit qu'il voulait abdiquer; son ambitieuse femme lui répondit qu'il avait raison, et, sans qu'il se présentât un seul contradicteur, leurs ministres s'offrirent pour rédiger l'acte d'abdication.

Cet acte fut rédigé à l'instant même, et publié immédiatement au milieu d'une joie sans égale. Charles IV y déclarait que, fatigué des soucis du trône, courbé sous le poids de l'âge et des infirmités, il résignait à son fils Ferdinand la couronne qu'il avait portée vingt années.

La nouvelle de cette abdication causa dans Aranjuez une sorte d'ivresse. Le peuple vint en foule saluer le jeune roi que depuis si long-temps appelaient tous ses vœux, et le combla de mille bénédictions. La cour, devançant le peuple, avait abandonné les vieux souverains, comme on abandonne leurs cadavres quand ils sont morts. Ils furent laissés seuls, un peu rassurés, mais tout abattus de leur chute, et on courut autour de Ferdinand pour bien exprimer à ce nouveau maître que c'était lui, lui seul, qu'on avait dans le cœur depuis des années en baissant la tête devant sa mère et le favori. Ferdinand, que la nature avait fait pour la dissimulation, et que les malheurs de sa jeunesse avaient encore perfectionné dans cet art odieux, parut content de tout le monde, et l'était assez de la fortune pour le paraître des hommes. Il conserva provisoirement les ministres de son père, ne pouvant en changer à l'instant même, et, pour première commission, leur donna l'ordre de faire venir le duc de l'Infantado, exilé à soixante lieues de Madrid, et le chanoine Escoïquiz, enfermé au couvent du Tardon. Il nomma tout de suite le duc de l'Infantado capitaine de ses gardes et président du conseil de Castille. Ainsi une faveur expulsée, une autre faveur naissait, mais celle-ci devant durer quelques jours à peine, car le redoutable Napoléon approchait. Ses troupes descendaient en ce moment des hauteurs de Somosierra sur Buitrago, et n'étaient plus qu'à une forte marche de Madrid. Les ministres temporaires de Ferdinand lui conseillèrent de commencer son règne par une démarche auprès de l'empereur des Français. Le duc del Parque fut envoyé à Murat, pour s'entendre avec ce prince sur l'entrée des Français à Madrid. Les ducs de Medina-Celi et de Frias, le comte de Fernand-Nuñez furent envoyés à Napoléon, qu'on supposait sur la route d'Espagne, pour lui jurer amitié, et lui renouveler la demande d'une princesse française. Cela fait à la fin même de cette première journée, Ferdinand s'endormit en se croyant roi. Il devait l'être, mais après une longue captivité et une guerre effroyable.

Ainsi tombèrent les derniers Bourbons, pour reparaître bien ou mal, glorieusement ou tristement, quelques années plus tard; ils tombèrent à Aranjuez, comme à Paris, comme à Naples, sous la révolution française, qui les poussait devant elle, semblable aux furies vengeresses poursuivant des coupables. A Paris cette révolution avait abattu la tête d'un Bourbon. A Naples elle en avait jeté un à la mer, et l'avait réduit à se réfugier en Sicile. A Aranjuez elle réduisait le dernier à abdiquer, pour sauver la vie d'un ignoble favori, et se servait non d'un peuple épris de la liberté, mais d'un peuple épris encore de la royauté, diverse ainsi dans ses manières d'agir comme les lieux où elle pénétrait, mais toujours terrible et régénératrice, quoique heureusement moins cruelle, car déjà elle détrônait et ne tuait plus les rois.

FIN DU LIVRE VINGT-NEUVIÈME.

LIVRE TRENTIÈME.

BAYONNE.

Désordres à Madrid à la nouvelle des événements d'Aranjuez. — Murat hâte son arrivée. — En approchant de Madrid, il reçoit un message de la reine d'Étrurie. — Il lui envoie M. de Monthyon. — Celui-ci trouve la famille royale désolée, et pleine du regret d'avoir abdiqué. — Murat, au retour de M. de Monthyon, suggère à Charles IV l'idée de protester contre une abdication qui n'a pas été libre, et diffère de reconnaître Ferdinand VII. — Entrée des Français dans Madrid le 23 mars. — Protestation secrète de Charles IV. — Ferdinand VII s'empresse d'entrer dans Madrid pour prendre possession de la couronne. — Déplaisir de Murat de voir entrer Ferdinand VII. — M. de Beauharnais conseille à Ferdinand VII d'aller à la rencontre de l'empereur des Français. — Effet des nouvelles d'Espagne sur les résolutions de Napoléon. — Nouveau parti qu'il adopte en apprenant la révolution d'Aranjuez. — Il conçoit à Paris le même plan que Murat à Madrid, celui de ne pas reconnaître Ferdinand VII, et de se faire céder la couronne par Charles IV. — Mission du général Savary à Madrid. — Retour de M. de Tournon à Paris. — Doute momentané qui s'élève dans l'esprit de Napoléon. — Singulière dépêche du 29, qui contredit tout ce qu'il avait pensé et voulu. — Les nouvelles de Madrid, arrivées le 30, ramènent Napoléon à ses premiers projets. — Il approuve la conduite de Murat, et l'envoi à Bayonne de toute la famille d'Espagne. — Il se met en route pour Bordeaux. — Murat, approuvé par Napoléon, travaille avec le général Savary à l'exécution du plan convenu. — Ferdinand VII, après avoir réuni à Madrid ses confidents intimes, le duc de l'Infantado et le chanoine Escoïquiz, délibère sur la conduite à tenir envers les Français. — Motifs qui l'engagent à partir pour aller à la rencontre de Napoléon. — Une entrevue avec le général Savary achève de l'y décider. — Il résout son départ, et laisse à Madrid une régence présidée par son oncle, don Antonio, pour le représenter. — Sentiments des Espagnols en le voyant partir. — Les vieux souverains, en apprenant qu'il va au-devant de Napoléon, veulent s'y rendre aussi pour plaider en personne leur propre cause. — Joie et folles espérances de Murat en voyant les princes espagnols se livrer eux-mêmes. — Esprit du peuple espagnol. — Ce qu'il éprouve pour nos troupes. — Conduite et attitude de Murat à Madrid. — Voyage de Ferdinand VII de Madrid à Burgos, de Burgos à Vittoria. — Son séjour à Vittoria. — Ses motifs pour s'arrêter dans cette ville. — Savary le quitte pour aller demander de nouvelles

Mars 1808.

instructions à Napoléon. — Établissement de Napoléon à Bayonne. — Lettre qu'il écrit à Ferdinand VII et ordres qu'il donne à son sujet. — Ferdinand VII se décide enfin à venir à Bayonne. — Son arrivée en cette ville. — Accueil que lui fait Napoléon. — Première ouverture sur ce qu'on désire de lui. — Napoléon lui déclare sans détour l'intention de s'emparer de la couronne d'Espagne, et lui offre en dédommagement la couronne d'Étrurie. — Résistance et illusions de Ferdinand VII. — Napoléon, pour tout terminer, attend l'arrivée de Charles IV, qui a demandé à venir à Bayonne. — Départ des vieux souverains. — Délivrance du prince de la Paix. — Réunion à Bayonne de tous les princes de la maison d'Espagne. — Accueil que Napoléon fait à Charles IV. — Il le traite en roi. — Ferdinand ramené à la situation de prince des Asturies. — Accord de Napoléon avec Charles IV pour assurer à celui-ci une riche retraite en France, moyennant l'abandon de la couronne d'Espagne. — Résistance de Ferdinand VII. — Napoléon est prêt à en finir par un acte de toute-puissance, lorsque les événements de Madrid fournissent le dénoûment désiré. — Insurrection de Madrid dans la journée du 2 mai. — Énergique répression ordonnée par Murat. — Contre-coup à Bayonne. — Émotion de Charles IV en apprenant la journée du 2 mai. — Scène violente entre le père, la mère et le fils. — Terreur et résignation de Ferdinand VII. — Traité pour la cession de la couronne d'Espagne à Napoléon. — Départ de Charles IV pour Compiègne, et de Ferdinand VII pour Valençay. — Napoléon destine la couronne d'Espagne à Joseph, et celle de Naples à Murat. — Douleur et dépit de Murat en apprenant les résolutions de Napoléon. — Il n'en travaille pas moins à obtenir des autorités espagnoles l'expression d'un vœu en faveur de Joseph. — Déclaration équivoque de la junte et du conseil de Castille, exprimant un vœu conditionnel pour Joseph. — Mécontentement de Napoléon contre Murat. — En attendant d'avoir la réponse de Joseph, et de pouvoir proclamer la nouvelle dynastie, Napoléon essaye de racheter la violence qu'il vient de commettre à l'égard de l'Espagne par un merveilleux emploi de ses ressources. — Secours d'argent à l'Espagne. — Distribution de l'armée de manière à défendre les côtes, et à prévenir tout acte de résistance. — Vastes projets maritimes. — Arrivée de Joseph à Bayonne. — Il est proclamé roi d'Espagne. — Junte convoquée à Bayonne. — Délibération de cette junte. — Constitution espagnole. — Acceptation de cette constitution, et reconnaissance de Joseph par la junte. — Conclusion des événements de Bayonne, et départ de Joseph pour Madrid, de Napoléon pour Paris.

Désordres à Madrid à la suite de la révolution d'Aranjuez.

La chute du prince de la Paix avait déjà produit chez le peuple de Madrid une sorte de joie féroce. La nouvelle de l'abdication de Charles IV, et de l'avénement de Ferdinand VII, y mit le comble. Il n'y a pas pour la multitude de joie complète sans un ravage. On savait le prince de la Paix arrêté à Aranjuez; on courut se précipiter sur sa famille et sur les personnages qui jouissaient de sa confiance. On dévasta leurs maisons, on poursuivit leurs personnes, dont aucune heureusement ne tomba au pouvoir de la multitude, grâce au courage de M. de Beauharnais. Celui-ci, après l'abdication de Charles IV, revenu immédiatement à Madrid, eut le temps de donner asile à la famille Godoy. La mère, le frère d'Emmanuel, ses sœurs, mariées aux plus grands seigneurs d'Espagne, avaient passé une affreuse nuit, sous le toit de leurs palais. M. de Beauharnais leur offrit un abri dans l'hôtel de l'ambassade, où ils devaient être protégés par la terreur des armes françaises, car Murat n'était plus en ce moment qu'à une marche de Madrid. Le sac, l'incendie durèrent toute la journée du 20, qui était un dimanche, et ne furent empêchés par aucune force publique. Il y avait à Madrid deux régiments suisses (les régiments de Preux et de Reding); mais ces soldats étrangers, plus mal placés que d'autres au milieu des agitations populaires, n'osèrent pas se montrer, et ne firent rien pour arrêter le désordre. Une espèce de fatigue, le concours de quelques bourgeois armés spontanément, une proclamation de Ferdinand, qui ne voulait pas déshonorer son nouveau règne par d'odieux excès, mirent fin à ces abominables ravages. D'ailleurs Madrid était tout entier à la joie de voir finir un règne détesté, et commencer un règne ardemment désiré. C'est à peine si dans les âmes satisfaites il restait quelque place à l'inquiétude en apprenant que les Français s'approchaient de la

Mars 1808

Confiance des Espagnols à l'égard des Français.

Mars 1808.

Arrivée
des troupes
françaises
aux portes
de Madrid.

Douleur
de Murat
en apprenant
les désordres
de Madrid.

capitale. Après avoir espéré qu'ils renverseraient le favori, le peuple espagnol se flattait maintenant de l'idée qu'ils allaient reconnaître Ferdinand VII; et en tout cas, ce peuple, enorgueilli de ce qu'il venait de faire, tout fier d'avoir à lui seul vaincu le redoutable favori, avait pris en lui-même une immense confiance, et semblait ne plus craindre personne. Au surplus, dans sa naïve joie, il ne croyait que ce qui lui plaisait, et les Français n'étaient à ses yeux que des auxiliaires, venus pour inaugurer le règne de Ferdinand VII. Avec une pareille disposition des esprits, nos troupes étaient assurées d'être bien reçues.

Elles avaient déjà en grande partie passé le Guadarrama. Les deux premières divisions du corps du maréchal Moncey étaient le 20 entre Cavanillas et Buitrago, la troisième à Somosierra. La première division du général Dupont était le même jour à Guadarrama, prête à descendre sur l'Escurial; la seconde du même corps à Ségovie, la troisième à Valladolid. Murat pouvait donc entrer en vingt-quatre heures dans Madrid, avec deux divisions du maréchal Moncey, une du général Dupont, toute sa cavalerie et la garde, c'est-à-dire avec trente mille hommes. Or, il ne restait dans cette capitale que deux régiments suisses déconcertés, et un peuple sans armes. Murat n'avait par conséquent aucune résistance à redouter.

Les désordres de la capitale l'avaient profondément affligé, et il craignait qu'en Europe on n'accusât les Français d'avoir voulu bouleverser l'Espagne, afin de s'en emparer plus facilement. Il ne savait pas non plus si cette solution imprévue était bien celle que Napoléon désirait, et celle surtout qui pourrait amener plus sûrement la vacance du trône d'Espagne. L'humanité, l'obéissance, l'ambition produisaient ainsi dans son âme un pénible conflit. Dans cet état, il écrivit à Napoléon pour lui faire part de ce qu'il venait d'apprendre, pour se plaindre de nouveau de n'avoir pas son secret, pour lui exprimer la peine que lui causaient les événements de Madrid, et lui annoncer qu'il allait entrer immédiatement dans cette capitale, afin de réprimer à tout prix les excès d'une populace barbare. En même temps il ébranla ses colonnes, et marcha en avant pour porter à San-Agostino les troupes du maréchal Moncey, et à l'Escurial celles du général Dupont.

Mars 1808.

Le lendemain 21, étant en personne à El-Molar, il reçut un courrier déguisé qui lui portait une lettre de la reine d'Étrurie. Cette princesse, qu'il avait connue en Italie, et avec laquelle il était lié d'amitié, faisait appel à son cœur, au nom d'une famille auguste et profondément malheureuse. Elle lui disait que ses vieux parents étaient menacés du plus grand danger, et que pour s'en garantir ils avaient recours à sa généreuse protection. Elle le suppliait de venir lui-même et secrètement à Aranjuez, pour être témoin de leur situation déplorable, et convenir des moyens de les en tirer.

Message secret de la reine d'Étrurie à Murat.

Cette jeune femme éperdue, peu versée dans la connaissance des affaires, bien qu'elle eût plus d'esprit que son mari défunt, imaginait qu'un général en chef, représentant Napoléon, conduisant une armée française à la porte de l'une des grandes

Mars 1808.

Réponse de Murat à la reine d'Étrurie, et mission de M. de Monthyon auprès des vieux souverains.

capitales de l'Europe, pourrait se dérober nuitamment pour un jour ou deux à son quartier-général, comme il l'avait fait peut-être à Florence, en pleine paix, plus occupé alors de plaisirs que de guerre ou de négociations. Murat lui répondit avec beaucoup de courtoisie qu'il était très-sensible aux malheurs de la famille royale d'Espagne, mais qu'il lui était impossible de quitter son quartier-général, où le retenaient des devoirs impérieux, et qu'il lui envoyait à sa place l'un de ses officiers, M. de Monthyon, homme sûr, auquel elle pourrait dire tout ce qu'elle lui aurait confié à lui-même [1].

État de désolation dans lequel M. de Monthyon trouve les vieux souverains.

M. de Monthyon partit d'El-Molar le 21, arriva le 22 à Aranjuez, et trouva la famille des vieux souverains désolée. Dans un accès d'effroi, Charles IV et son épouse avaient été amenés à se dépouiller de l'autorité suprême. La reine, principal auteur des déterminations de cette cour, avait été conduite à cette abdication par le désir de sauver la vie du prince de la Paix, et de se soustraire elle-même et son époux à des périls qu'elle s'était exagérés. Mais le premier moment passé, le silence et l'abandon succédant au tumulte populaire, de nouveaux dangers menaçant le prince de la Paix, dont le procès avait été ordonné par Ferdinand VII, elle était sai-

---

[1] Je ne suppose rien ici. J'écris d'après les pièces originales déposées au Louvre, dont quelques-unes furent publiées dans le *Moniteur*, mais en très-petite partie, et après de notables altérations. La correspondance de Murat avec Napoléon, la plus importante, la plus instructive de toutes celles qui sont relatives aux affaires d'Espagne, n'a jamais été publiée. Quelques fragments de celle de M. de Monthyon ont été insérés au *Moniteur*, mais fort altérés. C'est d'après des originaux autographes et exacts que je fais ce récit.

sie de la double douleur de se voir déchue, et de ne pas savoir en sûreté l'objet de ses criminelles affections. Et comme les mouvements de son âme se reproduisaient à l'instant dans l'âme de son faible époux, elle l'avait rempli des mêmes regrets et du même chagrin. Par surcroît de malheur, on venait de leur signifier au nom de Ferdinand VII qu'il fallait se rendre à Badajoz, au fond de l'Estramadure, loin de la protection des Français, pour y vivre dans l'isolement, la misère peut-être, tandis qu'un fils détesté régnerait, se vengerait, immolerait probablement le malheureux Godoy! En face d'une telle perspective, la déchéance était devenue plus cruelle. La jeune reine d'Étrurie, que cet exil désolait en proportion de son âge, ajoutait à toutes les douleurs de cette royale famille son propre désespoir. Liée avec Murat, apportant le secours de ses relations avec lui, elle avait été chargée d'invoquer la protection de l'armée française.

Telle était la situation dans laquelle M. de Monthyon trouva cette famille infortunée. Il fut entouré, assailli des prières et des instances les plus vives, par le vieux roi, la vieille reine, la jeune reine d'Étrurie. On lui raconta les angoisses des dernières journées, les violences qu'on avait subies, celles qu'on allait peut-être subir encore, les injonctions qu'on avait reçues de partir pour Badajoz, et surtout les périls qui menaçaient Emmanuel Godoy. On parla de celui-ci beaucoup plus que de la famille royale elle-même; on demanda pour lui, à mains jointes, la protection de la France, en offrant de s'en rapporter à la décision de Murat relativement à tout ce qui était ar-

Mars 1808.

Instances et prières des vieux souverains pour qu'on vienne à leur secours.

Mars 1808.

Murat, en apprenant les regrets exprimés par Charles IV, imagine de le faire protester contre son abdication, et de refuser de reconnaître Ferdinand VII.

rivé, de le faire l'arbitre des destinées de l'Espagne, de se soumettre enfin à tout ce qu'il ordonnerait.

M. de Monthyon repartit à l'instant afin de rejoindre Murat, qui s'était rapproché de Madrid, dans la journée du 22, pour y entrer le 23, jour presque indiqué d'avance dans les instructions de Napoléon. Il lui fit part de ce qu'il avait vu et entendu dans son entretien avec les vieux souverains, de leurs regrets amers, et de leur désir d'en appeler à Napoléon des derniers événements d'Espagne. Murat en écoutant ce récit fut saisi d'une sorte d'illumination subite. Il n'avait pas le secret de la politique dont il était l'instrument, mais il avait quelquefois supposé que Napoléon voulait en effrayant Charles IV le porter à s'enfuir, et se procurer la couronne d'Espagne comme celle du Portugal, par le délaissement des possesseurs. Ce plan se trouvant déjoué par la révolution d'Aranjuez, Murat crut qu'il fallait en faire sortir un tout nouveau des circonstances elles-mêmes. En conséquence il eut l'idée de convertir en une protestation formelle contre l'abdication du 19 les regrets que les vieux souverains manifestaient de leur déchéance, et, après avoir obtenu la rédaction, la signature, la remise en ses mains de cette protestation, de refuser la reconnaissance de Ferdinand VII; ce qui se pouvait très-naturellement, car il était impossible que Ferdinand VII, après une telle manière d'arriver au trône, fût reconnu avant qu'on en eût référé à l'autorité de Napoléon. Le résultat de cette combinaison allait être de laisser l'Espagne sans souverain; car le vieux roi, déchu par le fait, ne reprendrait

BAYONNE.

pas le trône en protestant, et la royauté de Ferdinand VII, grâce à cette protestation, resterait en suspens. Entre un roi qui n'était plus roi, qui ne pouvait plus l'être, et un roi qui ne l'était pas encore, qui ne le serait jamais si on ne voulait pas qu'il le fût, l'Espagne allait se trouver sans autre maître que le général commandant l'armée française. La fortune rendait ainsi le moyen qu'elle avait enlevé en empêchant le départ de Charles IV.

Mars 1808.

L'esprit de Murat, aiguisé par l'ambition, venait d'inventer tout ce que le génie de Napoléon, dans son astuce la plus profonde, imagina quelques jours plus tard, à la nouvelle des derniers événements. Sans perdre un moment, et avec toute la vivacité de ses désirs, Murat fit repartir M. de Monthyon pour Aranjuez, lui donnant l'ordre de revoir sur-le-champ la famille royale, et de lui proposer, puisqu'elle déclarait avoir été contrainte, de protester contre l'abdication du 19, de protester secrètement si elle n'osait le faire publiquement, de renfermer cette protestation dans une lettre à l'Empereur, qui ne pouvait manquer d'arriver sous peu de jours en Espagne, et qui serait ainsi constitué l'arbitre de l'usurpation odieuse commise par le fils au détriment du père. Murat promettait de gagner auprès de Napoléon la cause des vieux souverains, et en attendant de protéger non-seulement eux, mais le malheureux Godoy, devenu le prisonnier de Ferdinand VII.

M. de Monthyon retourne auprès des vieux souverains pour les amener à consigner leurs regrets dans une protestation formelle.

M. de Monthyon repartit pour Aranjuez, et Murat se hâta d'écrire à l'Empereur pour l'informer de ce qui s'était passé, et lui mander la combinaison qu'il avait imaginée. Parvenu le 22 au soir à Chamartin,

Résultat de la mission du duc del Parque, envoyé par

Mars 1808.

Ferdinand VII à Murat.

sur les hauteurs mêmes qui dominent Madrid, il s'apprêta à y faire son entrée le lendemain. Il venait de recevoir l'envoyé de Ferdinand VII, le duc del Parque, chargé de le complimenter au nom du nouveau roi d'Espagne, de lui offrir l'entrée dans Madrid, des vivres, des logements pour l'armée, et l'assurance des intentions amicales de la jeune cour envers la France. Murat fit au duc del Parque un accueil gracieux, où perçait cependant un peu de cette présomption qui lui était propre, et, en acceptant les assurances qu'il avait mission de lui apporter, lui exprima assez clairement que l'Empereur seul pouvait reconnaître Ferdinand VII, et légaliser au nom du droit des gens la révolution d'Aranjuez. Il lui déclara qu'il ne pouvait, quant à lui, en attendant la décision impériale, voir dans le nouveau gouvernement qu'un gouvernement de fait, et donner à Ferdinand VII d'autre titre que celui de prince des Asturies. Ce genre de relations fut accepté, puisque le lieutenant de Napoléon n'en admettait pas d'autre, et tout fut disposé pour l'entrée des Français dans Madrid le lendemain 23 mars 1808.

Les meneurs de la nouvelle cour, quoique très-peu sages, avaient senti néanmoins la nécessité de prévenir une collision avec les Français; car leur royauté, sortie d'une révolution de palais, aurait pu être enlevée par un régiment de cavalerie. En conséquence ils avaient fort recommandé à Madrid de bien accueillir les troupes françaises, et, pour être assurés qu'il en serait ainsi, ils avaient fait afficher à tous les coins de la capitale une proclamation, dans laquelle

Ferdinand VII en appelait aux sentiments de bienveillance qui devaient animer l'une à l'égard de l'autre deux nations anciennement alliées. Les Espagnols comprenant cette politique aussi bien que leur jeune roi, et entraînés de plus par la curiosité, étaient donc parfaitement disposés à courir au-devant de Murat, et à lui prodiguer leurs acclamations.

Le 23 au matin, Murat réunit sur les hauteurs situées en arrière de Madrid, lesquelles ne sont que les dernières pentes du Guadarrama, une partie de son armée, qui consistait en ce moment dans les deux premières divisions du maréchal Moncey, dans la cavalerie de tous les corps, et dans les détachements de la garde impériale envoyés de Paris pour former l'escorte de Napoléon. Il fit son entrée au milieu du jour, à la tête d'un brillant état-major, et charma tous les Espagnols par sa bonne mine, et son sourire confiant et gracieux. La garde impériale frappa singulièrement les Espagnols; les cuirassiers, par leur grande taille, leur armure et leur discipline, ne les frappèrent pas moins. Mais l'infanterie du maréchal Moncey, composée en majeure partie d'enfants mal vêtus et harassés de fatigue, inspira plus de commisération que de crainte; ce qui était fâcheux chez un peuple dont il fallait toucher les sens plutôt que la raison. Toutefois l'ensemble de ce spectacle militaire produisit un certain effet sur l'imagination des Espagnols. Ils applaudirent beaucoup les Français et leurs chefs.

Par une négligence involontaire, bien plus que par un défaut d'égards qui n'était dans l'intention de personne, on avait omis de préparer le logement

Mars 1808.

Entrée des Français à Madrid le 23 mars 1808.

du général en chef de l'armée française. Murat descendit aux portes de Madrid dans le palais abandonné du Buen-Retiro, et s'arrêta dans l'appartement qu'avaient habité les demoiselles Tudo avant leur départ. Il fut blessé de ce manque de soins. Mais on lui offrit immédiatement l'ancienne demeure du prince de la Paix, située près du magnifique palais que la royauté espagnole occupe à Madrid. Les autorités civiles et militaires, le clergé, le corps diplomatique, vinrent le visiter. Il les reçut avec grâce et hauteur, et presque en souverain, quoiqu'il n'eût d'autre titre que celui de général en chef de l'armée française.

Tandis qu'il entrait dans Madrid, on lui apprit qu'on allait y amener prisonnier, chargé de chaînes, sous la conduite des gardes du corps, le malheureux Godoy, dont on voulait avoir le plaisir de commencer le procès tout de suite. Murat, par générosité et par calcul, pour ménager l'ancienne cour, appelée à devenir l'instrument des nouvelles combinaisons, était résolu à ne pas tolérer un acte de cruauté envers le favori déchu. Craignant que la présence de ce personnage, objet de toutes les haines de la multitude, ne provoquât un tumulte populaire, surtout au moment de l'entrée des troupes françaises, il envoya un de ses officiers, avec l'ordre pur et simple d'ajourner la translation du prisonnier, et de le retenir dans un village voisin de Madrid. Cet ordre trouva et fixa le prince de la Paix au village de Pinto, où il fut détenu quelques jours. Murat dirigea sur-le-champ un détachement de cavalerie sur Aranjuez, pour y protéger les vieux souverains, s'opposer à ce qu'on les acheminât vers Badajoz, et leur rendre le courage de suivre ses conseils, en leur rendant la sécurité. Il annonça en même temps que ni lui ni son maître ne souffriraient les rigueurs qu'on préparait contre Emmanuel Godoy.

Mars 1808.

M. de Monthyon avait trouvé la famille des vieux souverains encore plus désolée qu'à son premier voyage, encore plus alarmée du sort du prince de la Paix, encore plus navrée de l'abandon dans lequel on la laissait, encore plus irritée du triomphe de Ferdinand VII, et bien plus disposée par conséquent à se jeter dans les bras de la France. L'idée d'une protestation propre à leur faire recouvrer le pouvoir ou à les venger, conforme d'ailleurs à la vérité des faits, ne pouvait qu'être accueillie avec transport. Elle le fut, et tout aussitôt Charles IV se montra prêt à la signer. Mais la rédaction proposée par Murat n'était pas exactement celle qui convenait aux vieux souverains, bien qu'ils fussent peu difficiles et mauvais juges en fait de convenances de langage. Ils craignaient qu'une telle démarche, si elle venait à être connue, ne compromît leur vie et celle du favori, et ils demandèrent quelques heures pour réfléchir à la forme qui semblerait la meilleure, s'engageant du reste à se conduire en tout comme on le voudrait, et à dater la protestation du jour qui ferait le mieux ressortir la spontanéité de leur recours à la justice de Napoléon. M. de Monthyon fut renvoyé à Murat avec toutes ces assurances, et un nouvel appel à la protection de l'armée française.

Les vieux souverains accueillent avec empressement l'idée de protester contre leur abdication.

Murat, certain de disposer des vieux souverains

Murat

Mars 1808.

songe à faire concourir Ferdinand VII à ses projets.

comme il l'entendrait pour le succès de la combinaison dont il était l'auteur, résolut d'agir également sur Ferdinand VII, pour l'engager à ne pas prendre encore la couronne, à faire acte de roi le plus tard qu'il pourrait, et surtout à différer son entrée solennelle dans Madrid. Murat pensait que moins Ferdinand VII serait roi, Charles IV ne l'étant plus, mieux iraient les choses dans le sens de ses espérances. Il désirait en outre obtenir de Ferdinand VII une autre détermination qui lui semblait urgente. Le prince de la Paix, lorsqu'il était question du voyage en Andalousie, avait ordonné aux troupes espagnoles de repasser la frontière du Portugal, pour rentrer, la division Taranco en Castille-Vieille, la division Solano en Estramadure. Celle-ci, déjà revenue aux environs de Talavera, s'approchait de Madrid, et pouvait occasionner une collision contraire aux vues de Murat, qui comprenait très-bien qu'il fallait mener par adresse et non par force les affaires d'Espagne. Mais pour que l'ordre de rétrograder fût donné aux troupes espagnoles, il fallait recourir à Ferdinand lui-même.

M. de Beauharnais chargé de se rendre auprès de Ferdinand VII pour l'amener aux vues de Murat.

Murat manda auprès de lui M. de Beauharnais, dont il se défiait fort, parce qu'il le savait attaché à Ferdinand VII, et auquel il supposait plus de finesse que cet honnête et maladroit ambassadeur n'était capable d'en mettre dans une trame politique. Il lui persuada de se rendre sur-le-champ à Aranjuez, et d'user de son ascendant sur Ferdinand VII pour lui arracher les résolutions que réclamait la circonstance. Afin de décider M. de Beauharnais, Murat commença par l'effrayer sur la fausse manière dont il avait entendu les intentions de Napoléon, en contribuant à empêcher le voyage d'Andalousie (ce qu'à tort ou à raison l'on imputait en effet à M. de Beauharnais). Murat, pour l'inquiéter davantage, lui affirma, ce qu'il ne savait pas, que Napoléon aurait voulu le renouvellement de la scène de Lisbonne; puis il lui suggéra, comme un moyen certain de réparer sa faute, l'idée de se transporter immédiatement à Aranjuez pour obtenir de Ferdinand VII qu'il fît rétrograder les troupes espagnoles, qu'il ne vînt pas à Madrid, et qu'il laissât sa nouvelle royauté en suspens, jusqu'à la décision de Napoléon. M. de Beauharnais, cédant à ces conseils, partit à l'instant même pour Aranjuez, afin de faire, sinon tout, au moins une partie de ce que désirait Murat.

Arrivé auprès de Ferdinand, il lui demanda d'abord avec son opiniâtreté ordinaire le renvoi des troupes espagnoles dans leurs premières positions. Ferdinand n'avait pas encore à côté de lui ses deux confidents principaux, le chanoine Escoïquiz et le duc de l'Infantado, exilés trop loin de Madrid pour avoir eu le temps de revenir. Il avait gardé quelques-uns des ministres de son père, notamment MM. de Cevallos et de Caballero, et, après les avoir consultés, il fit envoyer au général Taranco et au marquis de Solano l'ordre de rentrer en Portugal, ou du moins de s'arrêter sur la frontière de ce royaume, pour y attendre de nouvelles instructions. Les troupes du marquis de Solano en particulier durent retourner, par Tolède et Talavera, à Badajoz. Cette première partie de sa commission remplie, M. de Beauharnais, soit qu'il n'eût pas

Mars 1808.

M. de Beauharnais obtient le renvoi des troupes espagnoles, et encourage Ferdinand VII à se porter à la rencontre de Napoléon.

compris l'intention de Murat quant à la seconde, soit que l'ayant comprise il ne voulût pas s'y conformer, s'attacha à persuader à Ferdinand qu'il fallait acquérir à tout prix la bienveillance de Napoléon, et pour cela courir à sa rencontre, se jeter dans ses bras, en lui demandant son amitié, sa protection, et une épouse; que plus tôt il ferait une pareille démarche, plus tôt il serait assuré de régner; que le mieux serait de partir à l'instant même d'Aranjuez pour un tel voyage; qu'il n'aurait pas à faire beaucoup de chemin, car il trouverait Napoléon en route; qu'enfin il ne fallait venir à Madrid que pour le traverser, et se transporter le plus promptement possible à Burgos ou à Vittoria.

C'était de très-bonne foi, et sans se douter qu'il contribuait de son côté, comme Murat du sien, à l'invention de l'intrigue à laquelle Ferdinand succomberait bientôt, que M. de Beauharnais donnait un semblable conseil. Ferdinand VII ne le repoussa point, mais il remit sa décision à l'arrivée des deux confidents, sans lesquels il ne voulait rien entreprendre de grave. Il adopta du conseil de M. de Beauharnais ce qui lui convenait actuellement, c'était de quitter Aranjuez pour se rendre tout de suite à Madrid, et il annonça son entrée solennelle dans la capitale pour le lendemain 24.

M. de Beauharnais, revenu à Madrid, raconta naïvement à Murat tout ce qu'il avait dit et fait. Murat crut y voir un calcul perfide pour amener Ferdinand à entrer immédiatement à Madrid, et à prendre un peu plus tôt possession de la couronne. Il le dénonça sans perdre de temps à l'Empereur, comme un secret complice de Ferdinand VII, comme un agent actif de la révolution qui avait précipité le vieux roi du trône, comme un ambassadeur dangereux, qui favorisait la nouvelle royauté, la seule qui fût à craindre. Ces reproches, dictés par l'ombrageuse ambition de Murat, étaient cependant injustes, ou du moins fort exagérés. M. de Beauharnais s'était dès l'origine sincèrement attaché à Ferdinand VII, parce qu'il lui semblait le seul personnage de la cour qui méritât quelque intérêt; peut-être cet attachement était-il devenu plus vif depuis qu'il s'agissait de lui faire épouser une demoiselle de Beauharnais; mais il croyait en conscience que s'unir fortement à Ferdinand VII était pour la France la meilleure des solutions; et, en poussant ce prince sur la route de France, il voulait l'amener, non pas à Madrid, mais aux pieds de Napoléon, afin d'assurer le résultat qu'il estimait le meilleur. Du reste il n'était ni assez actif ni assez habile pour avoir pris une part quelconque à la dernière révolution, où il n'avait figuré qu'en apportant au vieux roi, à l'instant du danger, le secours de sa maladresse et de son courage.

Mars 1808.

Ceux qui dirigeaient les affaires de la nouvelle royauté avaient tout disposé pour l'entrée de Ferdinand VII dans Madrid. Bien qu'ils ignorassent les desseins de Napoléon, ils se disaient que la royauté de Ferdinand, étant la plus jeune, la plus vigoureuse, devait être la moins agréable aux Français, s'ils avaient quelque mauvaise intention relativement à la couronne d'Espagne. Aussi regardaient-ils comme urgent d'entrer dans Madrid, et de recevoir du peuple de cette capitale des acclamations qui seraient

Entrée de Ferdinand VII dans Madrid le 24 mars.

Mars 1808.

une espèce de consécration nationale. Murat étant entré le 23, c'était trop, à leur avis, que d'être sur lui en retard d'un jour. En conséquence on fit annoncer la translation de la jeune cour d'Aranjuez à Madrid pour le lendemain 24, sans autre appareil que quelques gardes et l'enthousiasme populaire.

Le lendemain 24, en effet, parti d'Aranjuez de bonne heure, Ferdinand descendit de voiture à l'une des portes de la ville, celle d'Atocha, monta à cheval, entouré des officiers de sa cour, traversa la belle promenade du Prado, et pénétra par la large rue d'Alcala dans l'intérieur de Madrid, au milieu d'une foule immense, qui, après avoir longtemps désiré la fin du dernier règne et le commencement du nouveau, voyait enfin ses espérances réalisées, et cherchait en quelque sorte à s'étourdir à force de cris sur les dangers qui menaçaient l'Espagne. Toute la population, ivre de joie, était aux fenêtres ou dans les rues. Les femmes jetaient des fleurs du haut des maisons. Les hommes, se précipitant au-devant du jeune roi, étendaient leurs manteaux sous les pieds de son cheval. D'autres brandissant leurs poignards juraient de mourir pour lui, car le danger se faisait confusément sentir à ces âmes ardentes. Ce prince, fourbe, haineux, si peu digne d'être aimé, était en ce moment entouré d'autant d'amour que Titus en obtint des Romains, et Henri IV des Français. Il faisait les délices de l'Espagne, qui ne se doutait guère de son avenir, à lui et à elle!

Empressement du corps diplomatique

Ferdinand VII, parvenu au palais, y reçut les autorités publiques. Dans la journée le corps diplomatique vint lui rendre hommage, comme au roi incontesté, quoique non reconnu, de toutes les Espagnes. M. de Beauharnais, retenu par Murat, n'y parut point; son absence alarma beaucoup la nouvelle cour, et embarrassa les membres eux-mêmes du corps diplomatique, qui avaient cédé à leurs secrets sentiments en adhérant si vite à la royauté des Bourbons. Les ministres des cours faibles et dépendantes s'excusèrent. Le ministre de Russie s'excusa aussi, mais moins humblement; il allégua les usages diplomatiques qui sont invariables, et en vertu desquels on salue tout nouveau roi, sans préjuger la question de sa reconnaissance définitive.

Murat accueillit avec un mécontentement peu dissimulé ces explications d'une conduite qui lui avait déplu, parce que déjà il regardait Ferdinand comme un rival à la couronne d'Espagne; et quand on vint lui proposer à lui-même d'aller le visiter, il s'y refusa nettement, en déclarant que pour lui Charles IV était toujours roi d'Espagne, et Ferdinand prince des Asturies, jusqu'à ce que Napoléon eût prononcé sur ce grand et triste conflit. Le 21 au soir, comme nous l'avons dit, il avait écrit d'El-Molar à Napoléon tout ce qui s'était passé; il lui avait communiqué son plan, consistant à faire protester Charles IV et à ne pas reconnaître Ferdinand VII, pour que l'Espagne se trouvât entre un roi qui ne l'était plus et un prince qui ne l'était pas encore. Le 22, le 23, occupé de sa marche et de son entrée à Madrid, il ne put pas écrire. Le 24 il écrivit ce qui avait eu lieu pendant ces deux jours, et, continuant à être inspiré par les événements, il ajouta à son plan une

Mars 1808.

pour Ferdinand VII, et refus de Murat de la reconnaître.

Rapports de Murat à Napoléon, et sa manière de présenter les événements d'Espagne.

Mars 1828.

Napoléon, en apprenant la révolution d'Aranjuez, conçoit à Paris le même plan que Murat avait conçu à Madrid.

nouvelle idée, celle que M. de Beauharnais lui avait innocemment fournie, et dont on allait faire un usage perfide : celle, disons-nous, d'envoyer Ferdinand au-devant de Napoléon, pour que celui-ci s'emparât de sa personne, et en fît ensuite ce qu'il voudrait. On n'aurait plus affaire alors qu'à Charles IV, auquel il serait aisé d'arracher le sceptre, incapable qu'il était de le tenir dans ses débiles mains, et l'Espagne elle-même n'étant pas disposée à l'y laisser.

Tandis que ces événements se passaient en Espagne, Napoléon les avait successivement appris six ou sept jours après leur accomplissement, car c'était le temps qu'il fallait alors pour les communications entre Madrid et Paris. C'est du 23 au 27 qu'il avait connu le soulèvement d'Aranjuez, puis le renversement du favori, et enfin l'abdication forcée de Charles IV. Cette solution, la moins prévue de toutes, quoiqu'elle ne fût pas la moins naturelle, le surprit sans le déconcerter. Le départ désiré de la famille régnante, qui aurait rendu vacant le trône d'Espagne, ne s'étant pas effectué, le premier plan n'était plus qu'une combinaison avortée. Cependant Napoléon vit dans ces événements mêmes un nouveau moyen d'arriver à son but, et ce moyen se rencontra exactement avec celui que les circonstances avaient suggéré à Murat. Bien avant que les lettres dans lesquelles celui-ci proposait ses idées fussent arrivées à Paris, Napoléon imagina de ne pas reconnaître Ferdinand VII, dont la royauté jeune, désirée des Espagnols, serait difficile à détruire, et de considérer Charles IV comme étant toujours roi, parce que sa royauté vieille, usée, odieuse aux Espagnols, serait facile à renverser. On pouvait d'ailleurs, sous la forme d'un arbitrage entre le père et le fils, donner gain de cause au père, qui bientôt après ne manquerait pas de céder à Napoléon la couronne d'Espagne, dirigé dans sa conduite par le prince de la Paix et la reine, lesquels avant tout voudraient se venger de Ferdinand VII. Si de plus, sous le prétexte de cet arbitrage, on réussissait à amener Ferdinand VII à la rencontre de Napoléon, il deviendrait dès lors aisé de s'emparer de sa personne, et la difficulté se trouverait ainsi très-simplifiée, car on n'aurait plus devant soi que les vieux souverains détrônés, instruments commodes dans la main qui pourrait leur assurer le repos dont leurs vieux jours avaient besoin, et la vengeance dont leur cœur ulcéré était avide. On pouvait leur laisser quelque temps le sceptre, et se le faire céder ensuite au prix d'une retraite opulente et douce, ou bien le leur enlever à l'instant même, en profitant de la peur que leur causait une révolution naissante, et de l'aversion que ressentait pour eux un peuple dégoûté de leurs vices.

C'est ainsi qu'entraîné dans cette voie de conquête d'un trône étranger, sans y employer la guerre, moyen légitime quand on ne l'a pas provoquée, Napoléon d'astuce en astuce devenait à chaque instant plus coupable. Les uns ont tout jeté sur ce qu'ils appellent sa perfidie naturelle, les autres sur l'imprudence de Murat, qui l'avait engagé malgré lui. La vérité est telle que nous la présentons ici. L'un et l'autre inspirés par l'ambition, et conduits par les circonstances, concoururent selon leur position à cette œuvre ténébreuse; et quant au projet

Mars 1808.

de ne pas reconnaître le fils, et de se servir du père irrité contre le fils rebelle, il naquit en même temps à Madrid et à Paris, dans la tête de Murat et de Napoléon, de la vue des événements eux-mêmes. Cela devait être; car la situation, une fois qu'on s'y était placé, ne comportait pas une autre manière d'agir[1].

Mission donnée au général Savary pour l'exécution des projets de Napoléon sur l'Espagne.

Sur-le-champ Napoléon fit appeler auprès de lui le général Savary, employé déjà dans les missions les plus redoutables, et qui dans le moment revenait de Saint-Pétersbourg, où il avait, comme on l'a vu, fait preuve de souplesse autant que d'aplomb. Napoléon lui révéla toutes ses pensées à l'égard de l'Espagne, son désir de la régénérer et de la rattacher à la France en changeant sa dynastie, les embarras qui résultaient de cette entreprise, alternativement contrariée ou secondée par les événements, la phase nouvelle qu'elle présentait depuis la révolution d'Aranjuez, la possibilité enfin de la conduire à la fin désirée, en se servant de Charles IV contre Ferdinand VII. Napoléon exprima au général Savary l'intention de ne pas reconnaître le fils, d'affecter pour l'autorité du père un respect religieux, de maintenir cette autorité le temps nécessaire pour s'emparer de la couronne, en se la faisant transmettre tout de suite ou plus tard, selon les circonstances; de tirer Ferdinand VII de Madrid pour l'amener à Burgos ou à Bayonne, afin de s'assurer de sa personne, et d'en obtenir la cession de ses droits moyennant une indemnité en Italie, telle que l'Étrurie

[1] Ce que j'avance ici est prouvé par les lettres de Murat et de Napoléon, par leur contenu et par leur date.

par exemple. Napoléon ordonna au général Savary de s'y prendre avec ménagement, d'attirer Ferdinand à Bayonne par l'espérance de voir le litige vidé en sa faveur; mais, s'il s'obstinait, de publier brusquement la protestation de Charles IV, de déclarer que lui seul régnait en Espagne, et de traiter Ferdinand VII en fils et en sujet rebelle. Les moyens les moins violents devaient toujours être préférés[1]. Napoléon voulut que le général Savary se rendît à l'instant même à Madrid, pour aller enfin y dire à Murat un secret qu'on lui avait caché jusqu'ici, qu'il avait bien entrevu, mais qu'il fallait lui faire connaître par un homme sûr, qui fût capable de le diriger dans cette voie tortueuse, où les moindres faux pas pouvaient devenir funestes. Le général Savary partit immédiatement pour exécuter tout entière et sans réserve la volonté de Napoléon.

Cependant il se produisit tout à coup dans l'esprit de Napoléon l'un de ces retours soudains qui éton-

Mars 1808.

Révolution momentanée dans les volontés de Napoléon à l'égard de l'Espagne.

[1] On a nié que le général Savary eût reçu cette mission, et que Napoléon l'eût donnée. On a voulu que la déplorable scène de Bayonne soit sortie du hasard des événements; que la famille royale d'Espagne, père, mère, fils, frère, oncles, soient tous venus par une sorte d'entraînement involontaire se jeter dans les mains de Napoléon, qui, les tenant une fois réunis, n'aurait pas résisté à la tentation de se saisir de leurs personnes. Je ne sais si Napoléon serait beaucoup plus excusable dans cette hypothèse que dans l'autre. Quoi qu'il en soit, les preuves existent, et ne laissent sur ce sujet aucun doute, et moi, qui ne veux en rien ternir la gloire de Napoléon, je dirai ici la vérité comme je l'ai dite dans l'affaire du duc d'Enghien, par la loi toute simple et toute souveraine de rapporter, quand on écrit l'histoire, les faits tels qu'ils se sont passés. J'ai donné précédemment la succession des pensées de Napoléon à l'égard de l'invasion de l'Espagne; ici je rapporte au juste, d'après des documents irréfragables, c'est-à-dire d'après les correspondances autographes contenues au Louvre, la succession de ses idées à l'égard de la

nent quand on ne connaît pas la nature humaine, et qu'on se hâte d'appeler des inconséquences, lorsqu'on les rencontre chez des hommes d'une supériorité moins reconnue que celui dont nous écrivons ici l'histoire. Bien qu'une sorte de penchant fatal l'entraînât vers l'usurpation de la couronne d'Espagne, il ne se dissimulait aucun des inconvénients attachés à cette déplorable entreprise. Il pressentait le blâme de la conscience publique, l'indignation des Espagnols, leur résistance opiniâtre, le parti avantageux que l'Angleterre pourrait tirer de cette résistance; il pressentait tous ces inconvénients avec une étonnante clairvoyance; et néanmoins aveuglé, non sur les difficultés, mais sur son immense force pour les vaincre, entraîné par la passion de fonder un ordre nouveau en Europe, il marchait à son but, troublé toutefois de temps en temps par l'apparition subite et passagère des plus sinistres images. Un incident, mal compris jusqu'aujourd'hui, fit donc naître tout à coup chez lui l'un de ces retours

---

réunion de Bayonne. D'après ces correspondances, il ne saurait être douteux que le général Savary reçut la mission que je lui attribue. Dès qu'il arrive, en effet, il écrit à l'Empereur : *J'ai rapporté vos intentions au prince Murat*. Le prince Murat répond à l'Empereur : *Je connais enfin vos intentions, et maintenant tout marchera suivant vos désirs*. Ensuite, jour par jour, Murat raconte tout ce qu'il fait pour conduire à Bayonne le fils, puis le père, les frères et tous les princes, s'en rapportant toujours aux intentions de Napoléon, transmises par le général Savary et d'autres agents envoyés depuis. Les lettres de Napoléon contiennent en outre une approbation de tous ces actes, d'abord à mots couverts, puis à mots découverts, découverts jusqu'à ordonner au maréchal Bessières l'arrestation de Ferdinand VII si celui-ci refuse de se rendre à Bayonne. Ainsi la résolution de faire venir les princes espagnols à Bayonne ne saurait être niée pour Napoléon, pas plus que la mission de les y amener pour le général Savary.

accidentels, et le porta un instant à donner des ordres tout contraires à ceux qu'il avait expédiés antérieurement, ordres que certains historiens mal informés ont présentés comme la preuve que Napoléon dans l'affaire d'Espagne n'avait pas voulu ce qui s'était fait, et qu'il avait été engagé plus vite, plus loin qu'il n'aurait souhaité, par l'imprudente ambition de Murat.

Parmi les agents de Napoléon voyageant en Espagne s'en trouvait un dans lequel il avait une juste confiance : c'était son chambellan de Tournon, esprit froid, peu enclin aux illusions, et assez dévoué pour dire la vérité. C'était l'un de ces hommes que Napoléon envoyait volontiers remplir une mission indifférente en apparence, comme de remettre une lettre de félicitations ou de condoléance, parce que chemin faisant il observait beaucoup, observait bien, et rapportait fidèlement ce qu'il avait observé. M. de Tournon depuis les six derniers mois avait fait plusieurs voyages en Espagne, pour porter à Charles IV des lettres de Napoléon. Il avait jugé la Péninsule et ce qui allait s'y passer avec une sagacité que les événements n'ont que trop justifiée. Ainsi, par exemple, il avait parfaitement discerné que la vieille cour était au terme de sa domination; qu'une nouvelle cour se préparait, adorée déjà des Espagnols; qu'il fallait chercher à se l'attacher par le besoin qu'elle aurait de la protection française, se bien garder de prendre la couronne d'Espagne, par force ou par ruse, car on trouverait dans un peuple fanatique une résistance désespérée, et que les avantages qu'on pourrait recueillir d'une telle conquête ne vaudraient pas les efforts qu'il en coûterait pour l'accomplir. M. de Tournon avait très-distinctement aperçu tout cela, et n'avait pas craint de le dire dans ses nombreux voyages, tant en présence de Murat que de ses officiers, tous épris d'entreprises aventureuses, méprisant profondément la populace espagnole, et ne croyant pas qu'elle pût nous résister quand les meilleurs soldats de l'Europe avaient fléchi devant nous. M. de Tournon, après avoir vu pendant son dernier séjour à Madrid les préludes de la révolution d'Aranjuez et l'enthousiasme du peuple pour le jeune roi, était demeuré convaincu qu'il y aurait folie à vouloir s'emparer de l'Espagne, soit par des moyens détournés, soit par des moyens ouverts, et qu'il valait cent fois mieux faire de Ferdinand VII un allié, qui serait plus soumis encore que Charles IV, parce que le prince de la Paix et la vieille reine ne seraient plus à ses côtés pour apporter à sa soumission l'intermittence de leurs caprices ou de leurs rancunes. Napoléon avait ordonné à M. de Tournon d'être le 15 mars à Burgos, se proposant d'y arriver lui-même à la même époque, et voulant recueillir de la bouche d'un homme sûr le détail de tout ce qui se serait passé. M. de Tournon traversa donc pour aller à Burgos le quartier-général de Murat, ne dissimula ni à lui ni à ses officiers l'effroi que lui inspirait l'entreprise dans laquelle on s'engageait, s'exposa à toutes leurs railleries (Murat en particulier ne s'en fit faute), et se rendit à Burgos le 15, comme il en avait l'ordre. De Burgos il écrivit à Napoléon pour le supplier humblement, mais avec l'insistance d'un honnête homme, de ne prendre encore aucun parti définitif avant d'avoir vu l'Espagne de ses propres yeux, surtout de ne point se décider d'après ce que lui manderaient des militaires braves mais étourdis, ne rêvant que batailles et couronnes; qu'on éprouverait en Espagne de cruels mécomptes, et peut-être d'affreux malheurs. Il attendit à Burgos jusqu'au 24; et, ne voyant point arriver Napoléon, il partit pour Paris, où il ne put être rendu que le 29, en se hâtant le plus possible, vu l'état des routes et des relais, ruinés alors par l'excessif usage qu'on venait d'en faire.

Murat n'ayant point écrit le 22 et le 23, occupé qu'il avait été de son entrée à Madrid, Napoléon se trouva le 28 et le 29 sans nouvelles. Il fut fort inquiet de ce qui avait pu survenir en Espagne, et dans cet état d'extrême inquiétude il fut porté un instant à voir les choses par leur côté le moins favorable. L'arrivée imprévue d'un témoin oculaire, sage, bien informé, contredisant avec conviction et désintéressement les rapports intéressés des militaires, l'arrivée d'un pareil témoin produisit chez Napoléon un changement de résolution soudain, et malheureusement trop court, car il dura à peine vingt-quatre heures. Napoléon partagea toutes les anxiétés de M. de Tournon à l'idée des Français pénétrant dans Madrid au moment d'une révolution politique, se mêlant avec leur pétulance naturelle aux factions qui divisaient l'Espagne, entrant en collision avec les Espagnols, et l'engageant dans d'immenses difficultés, peut-être dans une guerre d'extermination avec un peuple féroce, passionné

Mars 1808.

Lettre extraordinaire de Napoléon à Murat, en contradiction avec tout ce qu'il lui avait écrit auparavant.

pour son indépendance. Sur-le-champ il écrivit à Murat pour lui dire que M. de Tournon allait repartir et lui porter de nouveaux ordres, qu'il marchait trop vite et se hâtait trop de paraître sous les murs de Madrid (Murat cependant était plutôt en retard qu'en avance sur l'époque désignée par Napoléon pour l'entrée dans la capitale); que non-seulement il marchait trop vite en portant son corps d'armée sur Madrid, mais qu'il portait trop tôt le général Dupont au delà du Guadarrama; qu'il n'aurait pas dû, en apprenant le retour des troupes espagnoles du général Taranco vers la Vieille-Castille, dégarnir Ségovie et Valladolid; qu'il fallait se garder de se mêler aux Espagnols, de prendre part à leurs divisions, d'entrer surtout en collision avec eux, car toute guerre de ce genre serait funeste; qu'on se tromperait si on croyait que les Espagnols étaient peu à craindre parce qu'ils étaient désarmés; qu'indépendamment de leur férocité naturelle ils auraient toute l'énergie d'un *peuple neuf, que les passions politiques n'avaient point usé;* que l'armée, quoiqu'elle fût à peine de cent mille hommes et dans l'impuissance de résister à la plus faible troupe française, se dissoudrait pour aller dans chaque province *servir de noyau à une insurrection éternelle;* que les prêtres, les moines, les nobles, comprenant bien que les Français ne pouvaient venir que pour réformer le vieil état social de l'Espagne, useraient de toute leur influence pour exciter contre eux un peuple fanatique, que l'Angleterre ne manquerait pas de saisir cette occasion pour nous susciter de nouveaux embarras et nous créer d'immenses difficultés; qu'il fallait donc ne rien hâter, et garder entre le père et le fils une extrême réserve; que, relativement au père, il était impossible de le faire régner plus long-temps, car le gouvernement de la reine et du favori était devenu insupportable aux Espagnols; que, relativement au fils, c'était au fond un ennemi de la France, car il partageait au plus haut point tous les préjugés espagnols, et que l'aversion qu'on lui supposait pour la politique de son père (politique de concessions envers la France) était pour quelque chose dans la popularité dont il jouissait; que l'expérience avait prouvé combien il fallait peu compter sur les mariages pour changer la politique des princes; que Ferdinand serait donc avant peu l'ennemi déclaré des Français; que cependant il ne fallait pas rompre avec lui, car, tout médiocre qu'il était, pour nous l'opposer *on en ferait un héros;* qu'entre l'impossibilité de faire régner le père et le danger de se confier au fils, il ne fallait pas se hâter de choisir, ne pas surtout laisser deviner le parti qu'on prendrait, ce qui était d'autant plus facile que lui, Napoléon, *ne le savait pas encore;* qu'il fallait donner à espérer la possibilité d'un arbitrage bienveillant et désintéressé, et, quant à une entrevue avec Ferdinand VII, ne s'y engager que dans le cas où la France serait décidément obligée à le reconnaître; qu'en un mot la prudence conseillait de ne rien brusquer, de ne rien précipiter; que le prince Murat devait en particulier se garder des suggestions de son intérêt personnel; que Napoléon songerait à lui, pourvu qu'il n'y songeât pas lui-même; que la couronne de Portugal serait toujours à sa disposition pour récompenser les services du plus fidèle de ses lieutenants, de celui qui à tous ses mérites joignait l'avantage d'être l'époux de sa sœur.

Tels étaient les sages conseils que Napoléon, sous l'influence et par l'intermédiaire de M. de Tournon, allait adresser à son lieutenant, lorsque, après avoir passé deux jours sans nouvelles, il reçut les lettres de Murat datées du 24, dans lesquelles celui-ci racontait son entrée paisible à Madrid, l'accueil excellent qu'on lui avait fait, le penchant des vieux souverains à se jeter dans ses bras, leur empressement à protester contre l'abdication du 19, la facilité enfin de rendre le trône vacant en refusant de reconnaître Ferdinand VII, et en plaçant ainsi l'Espagne entre un roi qui avait abdiqué et un roi qui n'était pas reconnu. Napoléon, retrouvant sous sa main tous les moyens auxquels il avait cessé de croire un moment, revint au plan que la révolution d'Aranjuez avait suggéré à Murat et à lui-même, et confirma les ordres dont le général Savary venait d'être, un peu avant l'arrivée de M. de Tournon, constitué le dépositaire et l'exécuteur. En conséquence, dans une nouvelle lettre datée du 30, Napoléon écrivit à Murat qu'il approuvait toute sa conduite, qu'il avait bien fait d'entrer dans Madrid; qu'il fallait cependant continuer d'éviter toute collision, empêcher surtout qu'on ne fît aucun mal au prince de la Paix, l'envoyer même à Bayonne, s'il se pouvait, protéger avec soin les vieux souverains, les faire venir d'Aranjuez à l'Escurial, où ils seraient au milieu de l'armée française, se garder de reconnaître Ferdinand VII, et attendre enfin l'arrivée de la cour de France à Bayonne, où elle allait se transporter immédiatement. Napoléon fit partir sur-le-champ M. de Tournon sans lui remettre la lettre si prévoyante dont nous venons de donner l'analyse[1], mais sans avoir pu lui cacher non plus ni la désapprobation passagère dont il avait frappé la conduite de Murat, ni les appréhensions que lui causaient quelquefois les suites possibles de l'affaire d'Espagne. Il le renvoya sans lettre, avec la mission de continuer à tout observer, et de préparer ses logements à Madrid. Napoléon partit lui-même le 2 avril pour Bordeaux, où il voulait demeurer quelques jours, pour recevoir de nouvelles lettres de Murat, et donner à tous ceux qu'on devait conduire à Bayonne, de gré ou de force, le temps d'y être attirés et rendus. Il laissa à Paris M. de Talleyrand, pour y occuper et y entretenir les représentants de la diplomatie européenne, qui auraient besoin d'être rassurés ou contenus à chaque courrier qui leur parviendrait de Madrid. M. de Tolstoy plus qu'un autre réclamait ce genre de soins. Napoléon emmena le docile et fidèle M. de Champagny, duquel il n'avait pas grande objection à craindre, et devança même sa maison, tant il était pressé de se rapprocher du théâtre des événements. S'at-

Avril 1808.

Départ de Napoléon pour Bordeaux le 2 avril.

[1] On trouvera la lettre dont je donne ici l'analyse rapportée textuellement et discutée, quant à son authenticité, dans une note spéciale que j'ai cru devoir rejeter à la fin de ce volume, pour ne pas interrompre mon récit. Dans cette note j'ai voulu discuter les points principaux de l'affaire d'Espagne et établir les fondements sur lesquels reposent mes assertions historiques. La lettre dont il s'agit méritait par son importance une attention toute particulière, et je crois être parvenu à prouver et à expliquer son existence, que j'avais été d'abord disposé à contester.

tendant à demeurer long-temps sur la frontière d'Espagne, et à y recevoir beaucoup de princes et de princesses, il ordonna à l'impératrice de venir l'y joindre sous peu de jours. Il arriva à Bordeaux le 4 avril, très-impatient d'apprendre des nouvelles de Murat.

Avril 1808.

Suite des événements à Madrid.

Mais les événements à Madrid, ralentis un moment, parce que Murat attendait des ordres de Paris, et que Ferdinand VII attendait ses deux confidents principaux, le chanoine Escoïquiz et le duc de l'Infantado, les événements avaient bientôt repris leur cours. Tout en s'engageant avec sa hardiesse ordinaire, Murat ne laissait pas que d'avoir quelquefois des inquiétudes sur sa conduite, et de se demander s'il avait bien ou mal compris les intentions de l'Empereur. Il fut donc enchanté en recevant la lettre du 30, et, malgré le blâme momentané dont M. de Tournon avait divulgué le secret à Madrid, il n'en persévéra qu'avec plus de zèle et d'astuce dans le plan, si peu digne de sa loyauté, qu'il avait inventé aussi vite que son maître. Le général Savary venait d'arriver porteur des volontés secrètes de Napoléon, qui se trouvaient en si triste harmonie avec celles de Murat, et il n'y avait plus à hésiter sur la marche à suivre. Ne pas reconnaître Ferdinand VII, l'induire à se rendre au-devant de l'Empereur, s'il résistait se servir de la protestation de Charles IV pour déclarer celui-ci seul roi d'Espagne, et Ferdinand VII un fils rebelle et usurpateur; arracher le prince de la Paix à ses bourreaux, par humanité et par calcul, car il allait devenir dans les circonstances un utile instrument, parut à Mu-

Arrivée du général Savary à Madrid.

rat le plan indiqué par les événements, et commandé d'ailleurs par Napoléon, qui était en route alors vers Bayonne. Murat et le général Savary s'entendirent pour mener à bien cette difficile trame. Ils avaient dans les mains un commode auxiliaire, c'était M. de Beauharnais, d'autant plus commode qu'il était convaincu, dans son aveugle confiance, que Ferdinand VII n'avait rien de mieux à faire que de courir au-devant de Napoléon, pour se jeter dans ses bras ou à ses pieds, et obtenir de lui la reconnaissance de son nouveau titre, la confirmation de ce qui s'était passé à Aranjuez, et la main d'une princesse française. Tous les jours M. de Beauharnais conseillait cette conduite à Ferdinand, et celui-ci, qui avait grande impatience de recevoir de Napoléon la permission de régner, mais n'osait encore prendre aucun parti en l'absence de ses favoris, promettait de faire tout ce que lui conseillait l'ambassadeur de France dès qu'il aurait réuni à Madrid les hommes revêtus de sa confiance. Il avait déjà écarté de son ministère les personnages qui passaient pour être les plus dévoués au prince de la Paix, ou qui lui inspiraient peu de goût. Il avait appelé à l'administration de la guerre M. O'Farrill, militaire honorable, chargé autrefois de commander les troupes espagnoles en Toscane; à l'administration des finances, un ancien ministre fort respecté, M. d'Azanza; à l'administration de la justice, don Sébastien Pinuela, employé très-estimé de ce même département. Il avait écarté M. de Caballero, qui seul avait tenu tête dans les derniers jours au prince de la Paix, mais auquel on imputait dans la pour-

Avril 1808.

Murat et Savary se servent de M. de Beauharnais pour décider Ferdinand VII à se rendre au-devant de Napoléon.

suite du procès de l'Escurial un rôle peu favorable aux accusés, et il avait gardé aux affaires étrangères M. de Cevallos, l'humble serviteur du prince de la Paix en toute occasion, notamment dans la grande question du voyage d'Andalousie, se donnant aujourd'hui pour le personnage le plus fidèle à la nouvelle cour, et ayant aux yeux de celle-ci un précieux titre, c'était de détester les Français, que du reste il était prêt à servir si leurs armes venaient à triompher.

Enfin, le duc de l'Infantado étant arrivé, Ferdinand VII le créa, comme nous l'avons dit, gouverneur du conseil de Castille, et commandant de sa maison militaire. Il eut aussi la satisfaction de revoir et d'embrasser son précepteur, qu'il avait indignement livré dans le procès de l'Escurial, mais qu'il aimait d'habitude, et avec lequel il avait la coutume d'ouvrir son cœur, qu'il ouvrait à bien peu de gens. Il voulut le combler de dignités, et le faire grand-inquisiteur; ce que le chanoine Escoïquiz repoussa avec un feint désintéressement, jouant en cela le cardinal de Fleury, et ne désirant être que précepteur de son royal élève, mais, sous ce titre, aspirant à gouverner l'Espagne et les Indes. Il accepta seulement le titre de conseiller d'État et le cordon de Charles III, comme pour accorder à son roi le plaisir de lui donner quelque chose. C'est avec ces divers personnages, et en formant cependant avec le duc de l'Infantado et le chanoine Escoïquiz un conseil plus intime, où se prenaient les décisions les plus importantes, qu'il devait résoudre les grandes questions desquelles dépendaient son sort et celui de la monarchie.

Les questions que Ferdinand avait à décider se résumaient en une seule : irait-il au-devant de Napoléon pour s'acquérir sa bienveillance, obtenir la reconnaissance de son nouveau titre, et la main d'une princesse française; ou bien attendrait-il fièrement à Madrid, entouré de la fidélité et de l'enthousiasme de la nation, ce que les Français oseraient entreprendre contre la dynastie? Même avant de résoudre cette grave question, on avait multiplié les démarches obséquieuses auprès de Napoléon. Après avoir envoyé au-devant de lui trois grands seigneurs de la cour, le comte de Fernand Nuñez, le duc de Medina-Celi et le duc de Frias, on lui avait encore dépêché l'infant don Carlos, pour aller jusqu'à Burgos, Vittoria, Irun, Bayonne même, s'il fallait pousser jusque-là pour le joindre. Cette première marque de respect donnée à Napoléon, restait à savoir quelles concessions on ferait pour s'assurer sa faveur dans le cas où il prétendrait se constituer arbitre entre le père et le fils. On employa plusieurs jours à délibérer sur ce sujet difficile.

Avril 1808.

Importante question de savoir si Ferdinand VII doit aller à la rencontre de Napoléon.

D'abord il aurait fallu savoir ce que voulait Napoléon à l'égard de l'Espagne, lorsqu'il avait joint aux trente mille hommes envoyés à Lisbonne une autre armée qu'on n'estimait pas à moins de quatre-vingt mille, et dont la marche, par Bayonne et Perpignan, par la Castille et la Catalogne, indiquait un tout autre but que le Portugal. Or les conseillers de Ferdinand, tant ceux qu'il venait d'introduire nouvellement dans le ministère que ceux qui en faisaient partie du temps du prince de la Paix, ignoraient

Avril 1808.

Ignorance dans laquelle étaient les conseillers de Ferdinand de l'état des négociations avec la France.

absolument le secret des relations diplomatiques avec la France. M. de Cevallos, ministre des affaires étrangères, n'avait été initié à aucune des négociations conduites à Paris par M. Yzquierdo. Le prince de la Paix et la reine en avaient seuls la connaissance, et le roi Charles IV n'en savait que ce qu'on voulait bien lui en apprendre. D'ailleurs ces négociations elles-mêmes, comme l'affirmait avec sagacité M. Yzquierdo, n'étaient peut-être qu'un leurre, pour cacher sous une feinte contestation les desseins secrets de Napoléon.

Ainsi les conseillers de Ferdinand, tant les nouveaux que les anciens, ne savaient rien de ce que savait le prince de la Paix, et le prince de la Paix lui-même ne savait que ce que M. Yzquierdo avait plutôt deviné que connu d'une manière certaine. Tandis qu'on délibérait, il arriva à Madrid une dépêche de M. Yzquierdo adressée au prince de la Paix, et écrite de Paris le 24 mars, avant la connaissance de la révolution d'Aranjuez. Dans cette dépêche, M. Yzquierdo rapportait les détails de la négociation simulée existant entre les cabinets de Madrid et de Paris. Il semblait, d'après cette négociation, que Napoléon exigeait un traité perpétuel d'alliance entre les deux États, l'ouverture des colonies espagnoles aux Français, enfin, pour s'épargner les difficultés du passage des troupes destinées à la garde du Portugal, l'échange de ce royaume contre les provinces de l'Èbre situées au pied des Pyrénées, telles que la Navarre, l'Aragon, la Catalogne. A ces conditions, écrivait M. Yzquierdo, l'empereur Napoléon donnerait au roi des Espagnes le titre d'empereur des Amériques, accepterait Ferdinand VII comme héritier présomptif de la couronne d'Espagne, et lui accorderait en mariage une princesse française. Il avait, disait-il, fort combattu ces conditions, surtout celle qui consistait, dans l'abandon des provinces de l'Èbre, mais sans succès. Il n'ajoutait pas, parce qu'il l'avait déjà dit de vive voix dans son court passage à Madrid, que Napoléon voulait tout autre chose, et aspirait à s'emparer de la couronne elle-même. Du reste, le contenu de cette dépêche était rigoureusement exact, car M. de Talleyrand, de son côté, avait fait un semblable rapport à l'Empereur, lui offrant, s'il le désirait, d'en finir à ces conditions avec la cour d'Espagne.

Les conseillers de Ferdinand en recevant la dépêche de M. Yzquierdo, qui ne leur était pas destinée, se crurent, dans leur ignorance des hommes et des affaires, tout à fait initiés au secret de la politique de Napoléon. Ils supposaient de bonne foi qu'entre les deux gouvernements de France et d'Espagne, il ne s'agissait pas d'autre chose que des questions mentionnées dans la dépêche de M. Yzquierdo, et que Napoléon ne songeait nullement à se saisir de la couronne d'Espagne. Voici comment ils raisonnaient. D'abord, que Napoléon osât braver la puissance de l'Espagne jusqu'à vouloir s'emparer de la couronne, en vrais Espagnols, ils ne pouvaient pas l'admettre. Qu'il en eût le désir, ils l'admettaient moins encore. N'avait-il pas après Austerlitz, après Iéna, laissé les souverains d'Autriche et de Prusse sur leur trône? Il n'avait jusqu'ici détrôné que les Bourbons de Naples, qui s'étaient attiré ce traite-

Avril 1808.

Fausse idée que les conseillers de Ferdinand se faisaient du différend existant entre la France et l'Espagne.

ment sévère par une trahison impardonnable. Or la cour d'Espagne n'avait en rien mérité un pareil sort, puisqu'elle avait au contraire prodigué toutes ses ressources au service de la France. Il ne s'agissait donc, suivant les conseillers de Ferdinand, que de savoir si on échangerait quelques provinces contre le Portugal, si on ouvrirait les colonies espagnoles aux Français, si on consentirait à une alliance qui existait déjà de droit et de fait, et qui après tout était dans les vrais intérêts des deux pays. Le seul point délicat, c'était le sacrifice des provinces de l'Èbre, sacrifice qu'on obtiendrait difficilement de la nation, et qui pourrait nuire beaucoup à la popularité du jeune roi. Toutefois, sur ce point même, le langage de M. Yzquierdo n'avait rien d'absolu. C'était pour ainsi dire en échange de la route militaire vers le Portugal que le cabinet français paraissait désirer les provinces de l'Èbre. Mais si on préférait supporter la servitude de cette route militaire, on serait dispensé d'abandonner les provinces demandées, on en serait quitte pour un passage de troupes françaises, incommode mais temporaire; car dès que Napoléon (ce qui ne pouvait manquer d'arriver) aurait une nouvelle guerre au nord, il serait forcé d'évacuer le Portugal, et l'Espagne se verrait ainsi délivrée de la présence de ses troupes.

Telle était la manière d'interpréter la dépêche de M. Yzquierdo. Les conseillers de Ferdinand se disaient que le pis qui pût arriver d'une négociation directe avec Napoléon, ce serait d'être obligé à quelques sacrifices relativement aux colonies, à la nouvelle stipulation d'une alliance qui n'avait pas cessé d'exister, à la concession d'une route militaire vers le Portugal, et qu'en retour on obtiendrait certainement la reconnaissance du titre du nouveau roi. Cette dernière considération était celle qui exerçait le plus d'influence sur l'esprit de ces ignorants conseillers, de leur ignorant maître, et qui à elle seule faisait taire toutes les autres. Quoiqu'il ne leur vînt pas à l'esprit qu'on pût refuser la reconnaissance de Ferdinand VII, cependant certains symptômes leur avaient donné de l'inquiétude à ce sujet. Les égards manifestés par Murat pour les vieux souverains, l'empressement à les protéger par un détachement de cavalerie française, la déclaration qu'on ne souffrirait aucun acte de rigueur contre le prince de la Paix, quelques propos venus d'Aranjuez, où la vieille cour se consolait en se vantant de la protection de son puissant ami Napoléon, tous ces signes faisaient appréhender à Ferdinand et à sa petite cour quelque brusque revirement politique en faveur de Charles IV, revirement amené par l'intervention de la France. Bien que M. de Beauharnais leur eût laissé espérer, sans la leur promettre, la bienveillance de Napoléon, ils n'obtenaient plus depuis plusieurs jours de cet ambassadeur que des paroles vagues, le conseil réitéré d'aller se jeter dans les bras de Napoléon, pour se concilier sa faveur, qui n'était donc point acquise, puisqu'il fallait aller la conquérir si loin. Murat, tenant à l'Empereur des Français d'une manière bien plus directe, était encore moins rassurant. Il ne montrait, lui, de penchant que pour les vieux souverains, et n'accordait

Avril 1808.

Principales raisons qui décident Ferdinand VII et ses conseillers à aller

Avril 1808.

À la rencontre de Napoléon.

au jeune roi que le seul titre de prince des Asturies. D'après d'autres propos toujours venus d'Aranjuez, on craignait que les vieux souverains n'eussent l'idée d'aller eux-mêmes au-devant de Napoléon lui raconter à leur manière la révolution d'Aranjuez, surprendre son suffrage, et obtenir le redressement de leurs griefs. On craignait que le pouvoir ne revînt ainsi à Charles IV, et, sinon au prince de la Paix, du moins à la reine, qui remettrait Ferdinand dans sa triste situation de fils opprimé, le duc de l'Infantado, le chanoine Escoïquiz dans des châteaux-forts, et se vengerait ainsi sur les uns et les autres des quelques jours d'abaissement qu'elle venait de subir, et surtout de la chute du favori, dont elle serait à jamais inconsolable.

Cette raison fut celle qui, bien plus que toute autre, bien plus que l'ignorance des affaires ou les suggestions étrangères, amena Ferdinand VII et ses ineptes conseillers à l'idée de se porter tous ensemble à la rencontre de Napoléon. Le danger de compromettre dans une négociation imprudente des provinces, des priviléges coloniaux, ou quelque autre grand intérêt de la monarchie espagnole, ne se présenta pas même à leur esprit, tant les occupait exclusivement la crainte que Charles IV n'allât lui-même plaider, et peut-être gagner sa cause auprès de Napoléon. Ils auraient cent fois mieux aimé voir Napoléon régner en Espagne que de voir la reine y ressaisir l'autorité royale; sentiment que les vieux souverains éprouvaient à leur tour, et qui fit tomber, pour le malheur de l'Espagne et de la France, le sceptre de Philippe V dans les mains de la famille Bonaparte.

Dès que cette crainte eut pénétré dans l'esprit de la nouvelle cour, la question du voyage pour aller à la rencontre de Napoléon se trouva décidée, et les délibérations dont ce voyage put encore être l'objet ne furent que les hésitations d'esprits faibles qui ne savent pas même vouloir résolument ce qu'ils désirent. Du reste, pour terminer ces hésitations, les efforts ne manquèrent ni de la part du prince Murat, ni de la part du général Savary. Murat se servait tous les jours de M. de Beauharnais pour faire parvenir à Ferdinand le conseil de partir, en répétant à ce malheureux ambassadeur que c'était le seul moyen de réparer la faute qu'il avait commise en empêchant le voyage en Andalousie. Murat avait vu aussi le chanoine Escoïquiz. Celui-ci, se croyant bien rusé, beaucoup plus surtout que ne pouvait l'être un militaire qui avait passé sa vie sur le champ de bataille, s'était flatté de pénétrer facilement le secret de la cour de France, en s'abouchant quelques instants avec celui qui la représentait à la tête de l'armée française. Murat le vit, se garda bien de promettre à l'avance la reconnaissance de Ferdinand VII, mais déclara plusieurs fois que Napoléon n'avait que des intentions parfaitement amicales, qu'il ne voulait en rien se mêler des affaires intérieures de l'Espagne, que si ses troupes se trouvaient aux portes de Madrid au moment de la dernière révolution, c'était un pur hasard; mais que, l'Europe pouvant le rendre responsable de cette révolution, il était obligé de s'assurer, avant de reconnaître le nouveau roi, que tout s'était passé à Aranjuez légitimement et naturellement; que personne mieux que

Avril 1808.

Efforts de Murat et du général Savary pour résoudre les doutes de Ferdinand VII au sujet du voyage à Bayonne.

Ferdinand VII ne saurait l'édifier complétement à ce sujet, et que la présence de ce prince, les explications qui sortiraient de sa bouche ne pouvaient manquer de produire sur l'esprit de Napoléon un effet décisif. Murat dupa ainsi le pauvre chanoine, qui s'était flatté de le duper, et qui sortit convaincu que le voyage amènerait infailliblement la reconnaissance du prince des Asturies comme roi d'Espagne.

On savait le général Savary arrivé à Madrid, et on le regardait, quoiqu'il fût dans une position bien inférieure à celle de Murat, comme plus initié peut-être à la vraie pensée de Napoléon. On désirait donc beaucoup une entrevue avec lui. Le chanoine Escoïquiz, le duc de l'Infantado voulurent l'entretenir eux-mêmes, et le mettre ensuite en présence de Ferdinand VII. Après avoir recueilli de sa bouche des paroles plus explicites encore que celles qu'avait dites Murat, parce que le général Savary était tenu à moins de réserve, ils le présentèrent au prince des Asturies. Celui-ci interrogea le général Savary sur l'utilité du voyage qu'on lui conseillait, et sur les conséquences d'une entrevue avec Napoléon. Il n'était pas question encore d'aller à Bayonne, mais seulement à Burgos ou à Vittoria; car l'Empereur, assurait-on, était sur le point d'arriver, et il s'agissait uniquement de lui rendre hommage, de devancer auprès de lui les vieux souverains, d'être les premiers à parler, pour lui expliquer de manière à le convaincre cette inexplicable révolution d'Aranjuez. Le général Savary, sans engager la parole de l'Empereur, dont il ignorait, disait-il, les intentions sur des événements qui étaient inconnus lorsqu'il avait quitté Paris, n'eut pas de peine à abuser des gens qui se seraient trompés à eux seuls, si on ne les avait trompés soi-même. Affectant de ne parler que pour son propre compte, il affirma cependant que, lorsque Napoléon aurait vu le prince espagnol, entendu de sa bouche le récit des derniers événements, et surtout acquis la conviction que la France aurait en lui un allié fidèle, il le reconnaîtrait pour roi d'Espagne. Il arriva là ce qui arrive dans les entretiens de ce genre : le général Savary crut n'avoir rien promis en faisant beaucoup espérer, et Ferdinand VII crut que tout ce qu'on lui avait donné à espérer, on le lui avait promis. Le général n'avait pas plutôt quitté le prince, que la résolution, déjà prise à peu près, de se rendre au-devant de Napoléon fut définitivement arrêtée. Toutefois un incident faillit compromettre le résultat que Murat et Savary venaient d'obtenir.

L'Empereur avait prescrit d'arracher le prince de la Paix à la fureur des ennemis qui voulaient sa mort, pour ne pas laisser commettre un crime sous les yeux et en quelque sorte sous la responsabilité de l'armée française, et ensuite pour avoir dans ses mains un instrument à l'aide duquel il comptait bien faire mouvoir à son gré les vieux souverains. D'autre part la vieille reine, fort secondée par l'imbécile bonté de Charles IV, demandait comme une grâce, qui pour elle passait avant le trône, et presque avant la vie, de sauver celui qu'elle appelait toujours Emmanuel, leur meilleur, leur seul ami, victime, disait-elle, de sa trop grande amitié pour les Français. Ainsi sauver le favori était non-seulement un acte d'humanité, mais

Avril 1808.

Le voyage à Bayonne définitivement résolu.

le moyen le plus sûr de remplir de gratitude et de joie la vieille cour, et d'en faire tout ce qu'on voudrait. Murat demanda donc avec toute l'arrogance de la force qu'on lui remît le prince de la Paix, lequel, détenu d'abord au village de Pinto, avait été transporté ensuite à Villa-Viciosa, espèce de château royal où il était plus en sûreté. On l'avait mis là sous une escorte de gardes du corps, résolus à l'égorger plutôt que de le rendre. Après l'avoir chargé de fers, on lui faisait son procès avec un barbare acharnement, inspiré à la fois par la haine, par le désir de déshonorer la vieille cour, et de se mettre en garde, par la mort de cet ancien favori, contre un retour de fortune. Ferdinand VII et ses conseillers se prêtaient à ces indignités autant pour leur propre compte que pour celui de la vile multitude qu'ils voulaient flatter.

Murat leur déclara que si on ne lui livrait pas le prince il ferait sabrer par ses dragons les gardes du corps qui le détenaient, et résoudrait ainsi la difficulté de vive force. Il faut dire, pour l'honneur de ce vaillant homme, qu'en cette occasion une généreuse indignation parlait chez lui autant que le calcul. Plus il insista, et plus les confidents de Ferdinand, peu capables de comprendre un noble sentiment, virent dans son insistance un projet de se servir du prince de la Paix contre Ferdinand VII, et on assure que l'idée d'assassiner le prisonnier traversa un instant certaines têtes exaltées, on ne sait lesquelles, entre les plus influentes de la nouvelle cour.

Le général Savary, plus avisé que Murat, crut

s'apercevoir que la chaleur qu'on mettait à réclamer le prince de la Paix excitait une défiance qui nuisait à l'objet principal, c'est-à-dire au départ de Ferdinand VII, et il prit sur lui de renoncer momentanément à l'extradition du prince, en disant que ce serait une affaire à régler ultérieurement, comme toutes les autres, dans la conférence qui allait avoir lieu entre le nouveau roi d'Espagne et l'empereur des Français.

Cette concession accordée, le départ de Ferdinand fut résolu. Ce prince voulut d'abord aller à Aranjuez visiter son père, qu'il avait laissé depuis le 19 mars (on était au 7 ou au 8 avril) dans l'abandon, presque le dénûment, sans daigner le voir une seule fois. Il désirait obtenir de lui une lettre pour Napoléon, afin de lier en quelque sorte son vieux père par un témoignage de bienveillance donné en sa faveur. Mais Charles IV reçut fort mal ce mauvais fils. La reine le reçut plus mal encore, et on lui refusa tout témoignage dont il pût s'armer pour établir sa bonne conduite dans les événements d'Aranjuez.

Quoique un peu déconcerté par ce refus, il fit néanmoins ses préparatifs pour partir le 10 avril. Il laissa une régence composée de son oncle, l'infant don Antonio, du ministre de la guerre O'Farrill, du ministre des finances d'Azanza, du ministre de la justice don Sébastien de Pinuela, avec mission de donner en son absence les ordres urgents, d'en référer à lui pour les affaires qui n'exigeraient pas une décision immédiate, et de se concerter en toute chose avec le conseil de Castille. Ferdinand emmenait avec lui ses deux confidents les plus intimes,

Avril 1808.

du prince de la Paix ajournée dans l'intérêt du voyage à Bayonne.

Ferdinand, prêt à quitter Madrid, organise une régence chargée de gouverner en son absence.

Avril 1808.

le duc de l'Infantado et le chanoine Escoïquiz, le ministre d'État Cevallos, et deux négociateurs expérimentés, MM. de Musquiz et de Labrador. Il était en outre accompagné du duc de San-Carlos et des grands seigneurs formant sa nouvelle maison. M. de Cevallos était chargé de correspondre avec la régence laissée à Madrid.

Défiances du peuple espagnol relativement au voyage de Bayonne.

Toutefois, ce ne fut pas chose facile que de faire agréer cette résolution au peuple de Madrid. Les uns, par un orgueil tout espagnol, pensaient que c'était assez que d'avoir envoyé au-devant de Napoléon un frère du roi, l'infant don Carlos, et ils croyaient de bonne foi que le souverain de l'Espagne dégénérée valait au moins l'empereur des Français, vainqueur du continent et dominateur de l'Europe. Les autres, et c'était le plus grand nombre, commençant à entrevoir le motif qui avait amené tant de Français dans la Péninsule, à interpréter d'une manière sinistre le refus de reconnaître Ferdinand VII, regardaient comme une insigne duperie d'aller au-devant de Napoléon, car c'était se remettre soi-même dans ses puissantes mains. Ils étaient loin de supposer qu'on pût pousser l'ineptie jusqu'à se rendre à Bayonne sur le territoire français, mais ils jugeaient que, plus on se rapprochait des Pyrénées, plus on se mettait à portée de Napoléon et de ses armées. Il y eut à la nouvelle de ce voyage une émotion inexprimable dans Madrid, et il se serait élevé un tumulte si une proclamation de Ferdinand VII n'était venue apaiser les esprits, en disant que Napoléon se rendait de sa personne à Madrid pour y nouer les liens d'une nouvelle alliance, pour y consolider le bonheur des Espagnols, et qu'on ne pouvait se dispenser d'aller à la rencontre d'un hôte aussi illustre, aussi grand que le vainqueur d'Austerlitz et de Friedland.

Cette proclamation prévint le tumulte, sans dissiper entièrement les soupçons que le bon sens de la nation lui avait fait concevoir. Ferdinand partit le 10 avril, entouré d'une foule immense, qui le saluait avec un intérêt douloureux, avec des protestations d'un dévouement sans bornes. Chez une partie du peuple cependant on pouvait apercevoir une sorte de compassion dédaigneuse pour la sotte crédulité du jeune roi.

Il avait été convenu avec Murat que le général Savary, dans la crainte de quelque retour de volonté de la part de Ferdinand et de ceux qui l'accompagnaient, ferait le voyage avec eux, pour les entraîner de Burgos à Vittoria, de Vittoria à Bayonne, où il était présumable que l'Empereur se serait arrêté. Il fut convenu en outre qu'on différerait la demande de délivrer le prince de la Paix jusqu'à ce que Ferdinand VII eût franchi la frontière, et que jusque-là on s'abstiendrait tant de cette démarche que de toute autre capable d'inspirer des ombrages.

Napoléon, par les généraux Savary et Reille envoyés successivement à Madrid, avait annoncé à Murat la résolution de s'emparer de Ferdinand VII en l'attirant à Bayonne, de faire régner Charles IV quelques jours encore, et de se servir ensuite de ce malheureux prince pour se faire céder la couronne. Il avait même enjoint à Murat, si on ne décidait pas

Avril 1808.

Ferdinand VII à partir, de publier la protestation de Charles IV, de déclarer que lui seul régnait, et que Ferdinand VII n'était qu'un fils rebelle. Mais la facilité de Ferdinand VII à se porter à la rencontre de Napoléon dispensait de recourir à ce moyen violent, et de replacer le sceptre des Espagnes dans les mains de Charles IV. Quelque faibles que fussent ces mains, quelque facile qu'il pût paraître de leur arracher le sceptre qu'on leur aurait rendu pour un moment, Murat aima mieux ne pas repasser par ce chemin allongé, qui l'éloignait du but auquel tendaient tous ses vœux. Il comprit donc qu'il fallait se contenter de faire partir Ferdinand VII, sans rendre le sceptre à Charles IV. Ferdinand VII, que les Espagnols désiraient avec passion, une fois au pouvoir de Napoléon, il ne restait plus que Charles IV, dont les Espagnols ne voulaient à aucun prix, et il se pouvait même que celui-ci consentît également à se transporter à Bayonne. Alors tous les Bourbons, jeunes ou vieux, populaires ou impopulaires, seraient à la disposition de Napoléon, et le trône d'Espagne se trouverait véritablement vacant.

Les vieux souverains, en apprenant que Ferdinand VII se rend à Bayonne, veulent y aller aussi pour plaider eux-mêmes leur cause.

Ce que Murat avait prévu ne manqua pas en effet d'arriver. A peine le départ de Ferdinand VII fut-il connu, que les vieux souverains voulurent aussi être du voyage. Il leur avait été impossible depuis le 17 mars de se rassurer un seul instant. L'Espagne leur était devenue odieuse. Ils parlaient sans cesse de la quitter, et d'aller habiter ne fût-ce qu'une simple ferme en France, pays que leur puissant ami Napoléon avait rendu si calme, si paisible, et si sûr. Mais ce fut bien autre chose quand ils apprirent que Ferdinand VII allait s'aboucher avec Napoléon. Quoiqu'ils n'eussent ni une grande espérance ni une grande ambition de ressaisir le sceptre, ils furent pleins de dépit à l'idée que Ferdinand aurait gain de cause auprès de l'arbitre de leurs destinées; que, roi reconnu et consolidé par la reconnaissance de la France, il deviendrait leur maître, celui de l'infortuné Godoy, et qu'il pourrait décider de leur sort et de celui de toutes leurs créatures. Ne se contenant plus à cette idée, ils conçurent le désir ardent d'aller eux-mêmes plaider leur cause contre un fils dénaturé devant le souverain tout-puissant qui s'approchait des Pyrénées. La reine d'Étrurie, qui haïssait son frère Ferdinand dont elle était haïe, avait, elle aussi, à défendre les droits de son jeune fils, devenu roi de la Lusitanie septentrionale. Elle craignait que ces droits ne périssent au milieu du bouleversement général de la Péninsule, et elle voulait aller avec son père et sa mère se jeter dans les bras de Napoléon afin d'en obtenir justice et protection. Elle contribua pour sa part à rendre plus vif le désir de ses vieux parents, et à les précipiter sur la route de Bayonne. Ainsi ces malheureux Bourbons étaient saisis d'une sorte d'émulation pour se livrer eux-mêmes au conquérant redoutable, qui les attirait comme on dit que le serpent attire les oiseaux dominés par une attraction irrésistible et mystérieuse.

Sur-le-champ ce désir fut transmis à Murat, qui en accueillit l'expression avec une indicible joie. S'il n'eût obéi qu'à son premier mouvement, il aurait

Avril 1808.

mis en voiture la vieille cour pour la faire partir immédiatement à la suite de la jeune. Mais il craignait de donner trop d'ombrages en faisant partir tous les membres de la famille à la fois, de provoquer dans l'esprit de Ferdinand et de ses conseillers des réflexions qui les détourneraient peut-être de leur voyage, et surtout de prendre une pareille détermination sans avoir l'agrément de l'Empereur. Il se borna donc à lui mander sur l'heure cette nouvelle importante, ne doutant pas de la réponse, et voyant avec bonheur tous les princes qui avaient droit à la couronne d'Espagne courir d'eux-mêmes vers le gouffre ouvert à Bayonne. Il en conçut des espérances folles, et se persuada que tout serait possible en Espagne avec la force mêlée d'un peu d'adresse.

Voyage de Ferdinand VII jusqu'à Vittoria.

Pendant ce temps, Ferdinand VII et sa cour se dirigeaient vers Burgos avec la lenteur ordinaire à ces princes fainéants de l'Espagne dégénérée. D'ailleurs les hommages empressés des populations ne contribuaient pas peu à ralentir leur marche. Partout on brisait en ce moment les bustes d'Emmanuel Godoy, et on promenait couronné de fleurs celui de Ferdinand VII. Les villes que ce prince traversait lui pardonnaient un voyage qui leur procurait la joie de le voir, mais, pénétrées de crainte sur son sort, juraient de se dévouer pour lui s'il en avait besoin. Elles rendaient ces témoignages plus expressifs quand les Français pouvaient les remarquer, comme si elles avaient voulu les avertir et de leur défiance et du dévouement qu'elles étaient prêtes à déployer.

Séjour

Arrivés à Burgos, Ferdinand VII et ses compagnons de voyage éprouvèrent une surprise qui fit naître chez eux un commencement de regret. Le général Savary leur avait toujours dit qu'il s'agissait uniquement d'aller à la rencontre de Napoléon, qu'on le trouverait sur la route de la Vieille-Castille, peut-être même à Burgos. Le désir ardent d'être les premiers à le voir, de prévenir auprès de lui les vieux souverains, leur avait ôté toute clairvoyance, jusqu'à ne pas apercevoir un piége aussi grossier. Mais, en approchant des Pyrénées, en s'enfonçant au milieu des armées françaises, une sorte de frémissement les avait saisis, et ils étaient presque tentés de s'arrêter, d'autant plus qu'on n'entendait rien dire ni de Napoléon, ni de sa prochaine arrivée. (Il était alors à Bordeaux.) Le général Savary, qui ne les quittait pas, survint à l'instant, raffermit leur confiance chancelante, leur affirma qu'ils allaient enfin rencontrer Napoléon; que plus ils feraient de chemin vers lui, plus ils le disposeraient en leur faveur, et que d'ailleurs ils seraient ainsi rassurés deux jours plus tôt sur le sort qui les attendait. C'est un moyen sûr d'entraîner les cœurs agités que de leur promettre un plus prompt éclaircissement du doute qui les agite. On se décida donc à se rendre à Vittoria. On y arriva le 13 avril au soir.

À Vittoria, les hésitations de Ferdinand VII se convertirent en une résistance absolue, et il ne voulut pas pousser son voyage au delà. D'une part, il avait appris que, loin d'avoir franchi la frontière espagnole, Napoléon n'était encore qu'à Bordeaux, et la susceptibilité espagnole se sentait blessée de faire autant de pas à la rencontre d'un hôte qui en

Avril 1808.

À Burgos, et désir de s'y arrêter.

Le général Savary décide Ferdinand VII à poursuivre en route.

Arrivée de Ferdinand VII à Vittoria.

faisait si peu. De l'autre, en approchant de la frontière de France, la vérité commençait à luire. A Madrid, au milieu de factions ennemies cherchant à se devancer l'une l'autre auprès de Napoléon, au milieu d'un peuple infatué de lui-même, qui n'imaginait pas qu'une main étrangère osât toucher à la couronne de Charles-Quint, on avait pu croire que Napoléon avait remué ses armées uniquement pour l'intérêt de la famille royale d'Espagne. Mais, dans le voisinage de la France, où tout le monde entrevoyait le but de Napoléon, où les armées françaises, accumulées depuis long-temps, avaient dit indiscrètement ce qu'elles supposaient de l'objet de leur mission, il était plus difficile de se faire illusion. Chacun en effet disait à Bayonne et dans les environs que Napoléon venait tout simplement achever son système politique, et remplacer sur le trône d'Espagne la famille de Bourbon par la famille Bonaparte. On trouvait cette conduite naturelle de la part d'un conquérant, fondateur de dynastie, si toutefois le succès couronnait l'entreprise, et surtout si les colonies espagnoles n'allaient pas, dans ce bouleversement, grossir l'empire britannique au delà des mers. Ces propos avaient passé des provinces basques françaises dans les provinces basques espagnoles, et ils produisirent sur l'esprit de Ferdinand VII et du chanoine Escoïquiz une telle sensation que la résolution de s'arrêter à Vittoria fut immédiatement prise. On donna pour motif la raison d'étiquette, qui avait bien sa valeur; car aller à la rencontre de Napoléon, au delà même de la frontière espagnole, n'était pas un acte fort digne. Le général Savary, pour amener les Espagnols jusqu'à Vittoria, avait toujours fait valoir auprès d'eux l'espérance et la presque certitude de rencontrer Napoléon au relais suivant. Mais la nouvelle certaine de la présence de Napoléon à Bordeaux ne permettait plus d'employer un pareil moyen. Alors il dit que, puisqu'on était venu pour voir Napoléon, pour solliciter de lui la reconnaissance de la nouvelle royauté, il fallait mettre les petites considérations de côté, et marcher au but qu'on s'était proposé d'atteindre; qu'après tout, ceux qui venaient à la rencontre de Napoléon avaient besoin de lui, tandis qu'il n'avait pas besoin d'eux, et il était naturel dès lors qu'ils fissent le chemin que d'autres affaires, toutes fort graves, l'avaient jusqu'ici empêché de faire; qu'il fallait donc cesser de se mutiner comme des enfants contre les suites d'une démarche qu'on avait entreprise pour des motifs d'un grand intérêt. Puis le général, chez lequel une sorte de vivacité militaire déjouait souvent la prudence, voyant qu'il n'était pas écouté, changea tout à coup de manière d'être, de caressant et de cauteleux devint arrogant et dur, et, montant à cheval, leur dit qu'il en serait comme ils voudraient, mais que quant à lui il retournait à Bayonne pour y joindre l'Empereur, et qu'ils auraient probablement à se repentir de leur changement de détermination. Il les laissa effrayés, mais pour le moment obstinés dans leur résistance.

Le général Savary partit aussitôt pour Bayonne, où il arriva le 14 avril, peu d'heures avant l'Empereur, qui n'y fut rendu que le 14 au soir. Celui-ci s'était arrêté quelques jours à Bordeaux, pour donner aux princes espagnols le temps de s'approcher de la frontière, et être dispensé de se porter à leur rencontre, ce qu'il aurait été contraint de faire s'il avait été à Bayonne. A Bordeaux il avait occupé ses loisirs, comme il avait coutume de le faire partout, à s'instruire de ce qui intéressait le pays, à prendre des informations sur le commerce de cette grande cité, et sur les moyens d'entretenir les relations de la France avec ses colonies. Ayant reconnu de ses propres yeux combien la ville de Bordeaux souffrait de l'état de guerre, il avait ordonné qu'il lui fût accordé un prêt de plusieurs millions par le trésor extraordinaire, et il avait prescrit un achat considérable de vins pour le compte de la liste civile. Arrivé à Bayonne le 14, il apprit avec grande satisfaction tout ce qui avait été fait à Madrid dans le sens de ses desseins, et il prit les mesures convenables pour en assurer l'exécution définitive.

Après s'être concerté avec le général Savary, il convint de le renvoyer à Vittoria, porteur d'une réponse à la lettre que Ferdinand lui avait déjà adressée, et conçue dans des termes qui pussent attirer ce prince à Bayonne sans prendre avec lui aucun engagement formel. Dans cette réponse Napoléon lui disait que les papiers de Charles IV avaient dû le convaincre de sa bienveillance impériale (allusion aux conseils d'indulgence donnés à Charles IV lors du procès de l'Escurial); que par conséquent ses dispositions personnelles ne pouvaient pas être douteuses; qu'en dirigeant les armées françaises vers les points du littoral européen les plus propres à seconder ses desseins contre l'Angleterre, il avait eu le projet de se rendre à Madrid pour décider en passant son auguste ami Charles IV à quelques réformes indispensables, et notamment au renvoi du prince de la Paix; qu'il avait souvent conseillé ce renvoi, mais que s'il n'avait pas insisté davantage, c'était par ménagement pour d'augustes faiblesses, faiblesses qu'il fallait pardonner, car les rois n'étaient, comme les autres hommes, que *faiblesse et erreur;* qu'au milieu de ces projets il avait été surpris par les événements d'Aranjuez; qu'il n'entendait aucunement s'en constituer le juge, mais que, ses armées s'étant trouvées sur les lieux, il ne voulait pas aux yeux de l'Europe paraître le promoteur ou le complice d'une révolution qui avait renversé du trône un allié et un ami; qu'il ne prétendait point s'immiscer dans les affaires intérieures de l'Espagne, mais que s'il lui était démontré que l'abdication de Charles IV avait été volontaire, il ne ferait aucune difficulté de le reconnaître, lui prince des Asturies, comme légitime souverain d'Espagne; que pour cela un entretien de quelques heures paraissait désirable, et qu'enfin, à la réserve observée depuis un mois de la part de la France, on ne devait pas craindre de trouver dans l'empereur des Français un juge défavorablement prévenu. Puis venaient quelques conseils exprimés dans le langage le plus élevé sur le procès intenté au prince de la Paix, sur l'inconvénient qu'il y aurait à déshonorer non-seulement le prince, mais le roi et la reine, à initier au secret des affaires de l'État une multitude jalouse et malveillante, à lui donner la funeste habitude de porter la main sur ceux qui l'avaient long-temps gouvernée; car, ajoutait Napoléon, les *peuples se vengent volontiers des hommages qu'ils nous rendent*. Il se montrait en finissant disposé encore à l'idée d'un mariage, si les explications qui allaient lui être données à Bayonne étaient de nature à le satisfaire.

Cette lettre, adroit mélange d'indulgence, de hauteur, de raison, eût été une belle pièce d'éloquence si elle n'avait caché une perfidie. Le général Savary devait la porter à Vittoria, y joindre les développements nécessaires, et au besoin ajouter de ces paroles captieuses dont il était prodigue, et qui dans sa bouche pouvaient décider Ferdinand VII sans cependant engager Napoléon. Mais il fallait prévoir le cas où Ferdinand VII et ses conseillers résisteraient à toutes ces embûches. Ce cas survenant, Napoléon n'entendait pas s'arrêter à mi-chemin. Il décida donc que la force serait employée. Il avait fait passer en Espagne, outre la division d'observation des Pyrénées occidentales, la réserve d'infanterie provisoire du général Verdier, la division de cavalerie provisoire du général Lasalle, et de nouveaux détachements de la garde impériale à cheval. Ces troupes, réunies sous le maréchal Bessières, devaient, en occupant la Vieille-Castille, assurer les derrières de l'armée. Il ordonna sur-le-champ à Murat ainsi qu'au maréchal Bessières de ne pas hésiter, et, sur un simple avis du général Savary, de faire arrêter le prince des Asturies, en publiant du même coup la protestation de Charles IV, en déclarant que celui-ci régnait seul, et que son fils n'était qu'un usurpateur qui avait provoqué la révolution d'Aranjuez pour s'emparer du trône. Néanmoins, si Ferdinand VII consentait à passer la frontière et à venir à Bayonne, Napoléon agréait fort l'avis de Murat de ne pas rendre à Charles IV le sceptre qu'on serait bientôt obligé de lui reprendre, et d'acheminer tout simplement vers Bayonne les vieux souverains, puisqu'ils en avaient eux-mêmes exprimé le désir. Il lui recommandait toujours, aussitôt que Ferdinand VII aurait passé la frontière, de se faire livrer le prince de la Paix de gré ou de force, et de l'envoyer à Bayonne. Telles furent les dispositions, qui devaient achever au besoin par la violence, si elle ne s'achevait par la ruse, cette trame ténébreuse ourdie contre la couronne d'Espagne [1].

Avril 1808.

Après avoir donné ces ordres et renvoyé le général Savary à Vittoria, Napoléon s'occupa de faire à Bayonne un établissement qui lui permît d'y séjourner quelques mois. Il s'attendait à y recevoir, indépendamment de l'impératrice Joséphine, grand nombre de princes et princesses, et par ce motif il tenait à laisser disponibles les logements qu'il occupait dans l'intérieur de la ville. Dans ce pays, l'un des plus attrayants de l'Europe, et auquel Napoléon a malheureusement attaché un souvenir moins beau que ceux dont il a rempli l'Égypte, l'Italie, l'Allemagne et la Pologne, dans ce pays composé de jolis coteaux, que baigne l'Adour, que les Pyrénées couronnent, que la mer termine à l'horizon, il y avait à

Établissement de Napoléon au château de Marac.

[1] C'est d'après la minute des ordres existant au Louvre que je trace ce récit.

une lieue de Bayonne un petit château, d'architecture régulière, d'origine incertaine, construit, dit-on, pour l'une de ces princesses que la France et l'Espagne se donnaient autrefois en mariage, placé au milieu d'un agréable jardin, dans la plus riante exposition du monde, sous un soleil aussi brillant que celui d'Italie. Napoléon voulut le posséder sur-le-champ. Il ne fallait heureusement pour satisfaire un tel désir ni les ruses ni les violences que coûtait en ce moment la couronne d'Espagne. On fut charmé de le lui vendre pour une centaine de mille francs. On le décora fort à la hâte avec les ressources qu'offrait le pays. Le jardin fut changé en un camp pour les troupes de la garde impériale. Napoléon alla s'y établir le 17, et laissa libres les appartements qu'il occupait à Bayonne, afin de loger la famille royale d'Espagne, qu'on espérait bientôt y réunir tout entière.

Le général Savary, parti en toute hâte pour Vittoria, y trouva Ferdinand entouré non-seulement des conseillers qui l'avaient suivi, mais de beaucoup de personnages importants accourus pour lui offrir leurs services et leurs hommages. Parmi ces derniers il y en avait un fort considérable : c'était l'ancien premier ministre d'Urquijo, disgracié si brutalement en 1802, lorsque l'influence du prince de la Paix avait définitivement prévalu, et retiré depuis dans la Biscaye, sa patrie. Esprit ferme, pénétrant, mais chagrin, M. d'Urquijo tint à Ferdinand, devant ses autres conseillers, le langage d'un homme d'État, sage et expérimenté. Il dit à lui et à eux que rien n'était plus imprudent que le voyage du prince, si on le poussait au delà des frontières; que, sous le rapport des égards, on avait fait tout ce que pouvait désirer le plus grand, le plus illustre des souverains, en venant le recevoir aux extrémités du royaume; qu'aller au delà c'était manquer à la dignité de la couronne espagnole, et commettre surtout un acte d'insigne duperie; que si on avait lu avec attention le récit de la révolution d'Aranjuez, inséré dans le journal officiel de l'Empire (le *Moniteur*), on y aurait vu percer l'intention de discréditer le nouveau roi, de lui contester son titre, d'inspirer de l'intérêt pour le vieux souverain, ce qui décelait le parti pris de repousser l'un comme usurpateur, l'autre comme incapable de régner; que si on avait bien observé depuis quelque temps la politique de Napoléon à l'égard de l'Espagne, on y aurait découvert le projet de se débarrasser de la maison de Bourbon, et de faire rentrer la Péninsule dans le système de l'Empire français; que l'indifférence affectée pour la proclamation du prince de la Paix, accompagnée du soin de disperser les flottes et les armées espagnoles en appelant les unes dans les ports de France, les autres dans le Nord, révélait jusqu'à l'évidence le projet de se venger à la première occasion, et que la réunion de tant de forces au Midi après la conclusion des affaires du Nord ne pouvait plus laisser de doute sur un tel sujet.

A ces réflexions fort sages, MM. de Musquiz et de Labrador, qui avaient appris dans les diverses cours de l'Europe à se former quelques idées justes de la politique générale, donnèrent des marques d'assentiment; mais on ne tint pas compte de leur avis. Les conseillers en crédit étaient le médiocre et versatile Cevallos, cachant la duplicité sous la violence, ne pardonnant pas à M. d'Urquijo les torts qu'il avait eus autrefois à l'égard de cet homme éminent, car il avait été l'instrument subalterne de sa disgrâce, et peu disposé par conséquent à accueillir ses idées, puis les deux confidents intimes du prince, le duc de l'Infantado et le chanoine Escoïquiz, aimant l'un et l'autre à rêver un heureux règne sous leur bienfaisante influence, et repoussant tout ce qui contrariait ce rêve de leur vanité. Ni les uns ni les autres ne voulaient admettre qu'ils eussent commencé et déjà poussé fort avant la plus fatale des imprudences. Il leur en coûtait aussi de croire qu'ils étaient à l'origine d'une longue suite d'infortunes, au lieu d'être à l'origine d'une longue suite de prospérités. Aussi repoussèrent-ils les sinistres prophéties de M. d'Urquijo comme les vues d'un esprit morose, aigri par la disgrâce. — Quoi donc! s'écria le duc de l'Infantado avec la plus étrange assurance, quoi! un héros entouré de tant de gloire descendrait à la plus basse des perfidies! —Vous ne connaissez pas les héros, répondit avec amertume et dédain M. d'Urquijo; vous n'avez pas lu Plutarque! Lisez-le, et vous verrez que les plus grands de tous ont élevé leur grandeur sur des monceaux de cadavres. Les fondateurs de dynasties surtout n'ont le plus souvent édifié leur ouvrage que sur la perfidie, la violence, le larcin! Notre Charles-Quint, que n'a-t-il pas fait en Allemagne, en Italie, même en Espagne! et je ne remonte pas aux plus mauvais de vos princes. La postérité ne tient compte que du résultat. Si les auteurs de tant d'actes coupables ont fondé de grands empires, rendu les peuples puissants et heureux, elle ne se soucie guère des princes qu'ils ont dépouillés, des armées qu'ils ont sacrifiées. — Le duc de l'Infantado, le chanoine Escoïquiz, insistant sur la réprobation à laquelle s'exposerait Napoléon en usurpant la couronne, sur le soulèvement qu'il produirait soit en Espagne, soit en Europe, sur la guerre éternelle qu'il s'attirerait, M. d'Urquijo leur répondit que l'Europe jusqu'ici n'avait su que se faire battre par les Français; que les coalitions, mal conduites, travaillées de divisions intestines, n'avaient aucune chance de succès; qu'une seule puissance, l'Autriche, était encore en mesure de livrer une bataille, mais que même avec l'appui de l'Angleterre elle serait écrasée, et payerait sa résistance de nouvelles pertes de territoire; que l'Espagne pourrait bien faire une guerre de partisans, mais qu'au fond son rôle se bornerait à servir de champ de bataille aux Anglais et aux Français, qu'elle serait horriblement ravagée, que ses colonies profiteraient de l'occasion pour secouer le joug de la métropole; que si Napoléon savait se borner dans ses vues d'agrandissement, donner de bonnes institutions aux pays soumis à son système, il établirait d'une manière durable lui et sa dynastie; que les peuples de la Péninsule, liés à ceux de France par des intérêts de tout genre, quand ils verraient qu'ils se battaient pour la cause d'une famille beaucoup plus que pour celle de la nation, finiraient par se rattacher à un gouvernement civilisateur; qu'après tout les dynasties qui avaient régénéré l'Espagne étaient toujours venues du dehors; qu'il suffisait que Napoléon ajoutât à son génie un peu de prudence pour que les Bourbons perdissent définitivement leur cause; qu'en tout cas l'Espagne serait accablée d'un déluge de maux, et frappée certainement de la perte de ses colonies; qu'il fallait donc ne pas se jeter dans les filets de Napoléon, mais rebrousser chemin au plus tôt; que, si on ne le pouvait pas, il fallait dérober le roi sous un déguisement, le ramener à Madrid ou dans le midi de l'Espagne, et que là, placé à la tête de la nation, il aurait de bien meilleures chances de traiter avec Napoléon à des conditions acceptables.

Il est rare qu'un homme d'État pénètre dans l'avenir aussi profondément que le fit M. d'Urquijo en cette occasion. Il n'obtint cependant que le sourire dédaigneux de l'ignorance aveuglée, et dans son dépit il partit sur-le-champ, sans vouloir accompagner le roi, pour lequel on lui demandait la continuation de ses conseils, tout en refusant de les suivre. — Si vous désirez, dit-il, que j'aille seul à Bayonne, discuter, négocier, tenir tête à l'ennemi commun, tandis que vous vous retirerez dans les profondeurs de la Péninsule, soit; mais autrement je ne veux pas, en vous accompagnant, ternir ma réputation, seul bien qui me reste dans ma disgrâce, et au milieu des malheurs de notre commune patrie. —

M. d'Urquijo non écouté se retira à l'instant, et livra à eux-mêmes les conseillers de Ferdinand, toujours fort entêtés, mais quelque peu troublés néanmoins des sinistres prédictions d'un homme clairvoyant et ferme. Le général Savary étant survenu, avec la lettre de Napoléon à la main, ils reprirent toute leur confiance en leurs propres lumières, et dans la destinée. Cette lettre, dans laquelle ils auraient dû apercevoir à toutes les lignes une intention cachée et menaçante, car l'étrange prétention de juger le litige survenu entre le père et le fils ne pouvait révéler que la volonté de condamner l'un des deux, et celui des deux évidemment qui était le plus capable de régner, cette lettre, loin de leur dessiller les yeux, ne fit que les abuser davantage. Ils ne furent sensibles qu'au passage dans lequel Napoléon disait qu'il avait besoin d'être édifié sur les événements d'Aranjuez, qu'il espérait l'être à la suite de son entretien avec Ferdinand VII, et qu'immédiatement après il ne ferait aucune difficulté de le reconnaître pour roi d'Espagne. Cette vague promesse leur rendit toutes leurs illusions. Ils y virent la certitude d'être reconnus le lendemain de leur arrivée à Bayonne, et ils eurent la simplicité de demander au général Savary si ce n'était pas ainsi qu'il fallait interpréter la lettre de Napoléon; à quoi le général répondit qu'ils avaient bien raison de l'interpréter de la sorte, et qu'elle ne voulait pas dire autre chose. Ainsi rassurés, ils résolurent de partir le 19 au matin de Vittoria, pour aller coucher le soir à Irun, en se faisant précéder d'un envoyé qui annoncerait leur arrivée à Bayonne. Il faut ajouter aussi que les troupes du général Verdier réunies à Vittoria, et les entourant de toutes parts, ne leur auraient guère laissé la liberté du choix, s'ils avaient voulu agir autrement. Du reste ils ne s'aperçurent même pas de cette contrainte, tant ils étaient aveuglés sur leur péril.

Avril 1808.

Sur les vagues assurances contenues dans la lettre de Napoléon, Ferdinand se décide à partir pour Bayonne.

Avril 1808.

Au moment du départ de Ferdinand, le peuple se précipite sur les voitures pour l'empêcher de partir.

Mais le peuple des provinces environnantes, accouru pour voir Ferdinand VII, ne raisonnait pas sur cette situation comme ses conseillers. M. d'Urquijo avait répété à tout venant ce qu'il avait dit à la cour de Ferdinand VII. Ses paroles avaient trouvé de l'écho, et une multitude de sujets fidèles s'étaient réunis pour s'opposer au départ de leur jeune roi. Le 19 au matin, moment assigné pour se mettre en route, et les voitures royales étant attelées, il s'éleva soudainement un tumulte populaire. Une foule de paysans armés, qui, depuis plusieurs jours, couchaient à terre, soit devant la porte, soit dans l'intérieur de la demeure royale, manifestèrent l'intention de s'opposer au voyage. L'un d'eux, armé d'une faucille, coupa les traits des voitures et dételles mules, qui furent ramenées aux écuries. Une collision pouvait s'ensuivre avec les troupes françaises chargées d'escorter Ferdinand. Heureusement on avait ordonné à l'infanterie de rester dans les casernes les armes chargées, la mèche des canons allumée. La cavalerie de la garde se tenait seule sur la place où étaient les voitures, mais à une certaine distance des rassemblements, le sabre au poing, dans une immobilité menaçante. Les conseillers de Ferdinand, craignant qu'une collision ne nuisît à leur cause, envoyèrent le duc de l'Infantado dans la rue pour parler au peuple. Le duc, qui jouissait d'une grande considération, se jeta au milieu de la foule, réussit à la calmer, en invoquant le respect dû aux volontés royales, et affirma que si on allait à Bayonne, c'est qu'on avait la certitude d'en revenir sous quelques jours avec la reconnaissance de Ferdinand, et un renouvellement de l'alliance française. Le peuple s'apaisa par respect plus que par conviction. Les mules furent attelées de nouveau sans obstacle, et Ferdinand VII monta en voiture en saluant la foule, qui lui rendit son salut par des acclamations à travers lesquelles perçaient quelques cris de colère et de pitié. Les superbes escadrons de la garde impériale, s'ébranlant au galop, entourèrent aussitôt les voitures royales, comme pour rendre hommage à celui qu'elles emmenaient prisonnier. Ainsi partit ce prince inepte, trompé par ses propres désirs encore plus que par l'habileté de son adversaire, trompé comme s'il avait été le plus naïf, le plus loyal des princes de son temps, tandis qu'il était l'un des plus dissimulés et des moins sincères. Le peuple espagnol le vit partir avec douleur, avec mépris, se disant qu'au lieu de son roi il verrait bientôt l'étranger appuyé sur des armées formidables.

Avril 1808.

La foule s'étant apaisée, Ferdinand part le 19 pour Bayonne.

Ferdinand VII coucha dans la petite ville d'Irun, avec le projet de passer la frontière française le lendemain. Le 20 au matin, il traversa en effet la Bidassoa, fut fort surpris de ne trouver pour le recevoir que les trois grands d'Espagne revenus de leur mission auprès de Napoléon, et n'apportant après l'avoir vu que les plus tristes pressentiments. Mais il n'était plus temps de revenir sur ses pas; le pont de la Bidassoa était franchi, et il fallait s'enfoncer dans l'abîme qu'on n'avait pas su apercevoir avant d'y être englouti. En approchant de Bayonne le prince rencontra les maréchaux Duroc et Berthier envoyés pour le complimenter, mais ne le qualifiant que du titre de prince des Asturies. Il n'y avait là rien

Arrivée de Ferdinand à Irun.

Avril 1808.

Arrivée de Ferdinand à Bayonne.

Première entrevue de Napoléon avec Ferdinand.

de très-inquiétant encore, car Napoléon avait pris pour thème de sa politique de ne reconnaître ce qui s'était passé à Aranjuez qu'après explication. On pouvait donc attendre quelques heures de plus avant de s'alarmer.

Parvenu à Bayonne, Ferdinand y trouva quelques troupes sous les armes, et une population peu nombreuse, car personne n'était averti de son arrivée. Il fut conduit dans une résidence fort différente des magnifiques palais de la royauté espagnole, mais la seule dont on pût disposer dans la ville. A peine était-il descendu de voiture, que Napoléon, accouru à cheval du château de Marac, lui fit la première visite. L'empereur des Français embrassa le prince espagnol avec tous les dehors de la plus grande courtoisie, l'appelant toujours du titre de prince des Asturies, ce qui n'était que la continuation d'un traitement convenu, et le quitta après quelques minutes, sous prétexte de lui laisser le temps de se reposer, et sans lui avoir rien dit qui pût donner lieu à une interprétation quelconque. Une heure après, des chambellans vinrent engager le prince et sa suite à dîner au château de Marac. Ferdinand s'y rendit en effet à la fin du jour, suivi de sa petite cour, et fut reçu de la même façon, c'est-à-dire avec une politesse recherchée, mais avec une extrême réserve quant à ce qui touchait à la politique. Après le dîner, l'Empereur s'entretint d'une manière générale avec Ferdinand et ses conseillers, et eut bientôt démêlé sous l'immobilité de visage habituelle au jeune roi, sous le silence qu'il gardait ordinairement, une médiocrité qui n'était pas exempte de fourberie;

à travers les discours plus abondants du précepteur Escoïquiz, un esprit cultivé, mais étranger à la politique; enfin, sous la gravité du duc d'Infantado, un honnête homme, se respectant beaucoup plus qu'il ne fallait, car une grande ambition sans talent formait tout son mérite. Napoléon, après avoir aperçu d'un coup d'œil à quelles gens il avait affaire, les congédia tous, sous le prétexte des fatigues de leur voyage, mais retint le chanoine Escoïquiz, en exprimant le désir, qui était un ordre, d'avoir un entretien avec lui. Il laissa au général Savary le soin d'aller dire au prince des Asturies tout ce qu'il allait dire lui-même au précepteur, avec lequel il préférait s'aboucher, parce qu'il lui supposait plus d'esprit.

Son secret lui pesait doublement, car il y avait long-temps qu'il le gardait, et ce secret était une perfidie, genre de forfait étranger à son cœur. Il avait besoin de s'ouvrir avec le moins ignare des conseillers de Ferdinand, de s'excuser en quelque sorte par la franchise qu'il apporterait dans l'exposé de ses desseins, et par l'aveu pur et simple des motifs de haute politique qui le faisaient agir. Il commença d'abord par flatter le chanoine, et par lui dire qu'il le savait homme d'esprit, et qu'avec lui il pouvait parler franchement. Puis, sans autre préambule, et comme pressé de se décharger le cœur, il lui déclara qu'il avait fait venir les princes d'Espagne pour leur ôter à tous, père et fils, la couronne de leurs aïeux; que depuis plusieurs années il s'apercevait des trahisons de la cour de Madrid; qu'il n'en avait rien témoigné, mais que, débarrassé maintenant des affaires du Nord, il vou-

Avril 1808.

Long entretien de Napoléon avec le chanoine Escoïquiz, dans lequel il lui dévoile toute sa politique.

lait régler celles du Midi; que l'Espagne était nécessaire à ses desseins contre l'Angleterre, qu'il était nécessaire à l'Espagne pour lui rendre sa grandeur; que sans lui elle croupirait éternellement sous une dynastie incapable et dégénérée; que le vieux Charles IV était un roi imbécile, que son fils, quoique plus jeune, était tout aussi médiocre, et moins loyal : témoin la révolution d'Aranjuez, dont on savait le secret à Paris, sans être obligé de venir à Madrid pour l'apprendre; que l'Espagne n'obtiendrait jamais sous de tels maîtres la régénération morale, administrative, politique, dont elle avait besoin pour reprendre son rang parmi les nations; que lui Napoléon ne trouverait jamais que perfidie, fausse amitié, chez des Bourbons; qu'il était trop expérimenté pour croire à l'efficacité des mariages; qu'une princesse supérieure d'ailleurs n'était pas un trésor qu'on eût toujours à sa disposition; qu'en eût-il une, il ne savait pas si elle aurait action sur ce prince taciturne et vulgaire, dont tout l'esprit, s'il en avait, consistait dans l'art de dissimuler; qu'il était conquérant après tout, fondateur de dynastie, obligé de fouler aux pieds une quantité de considérations secondaires, pour arriver à son but placé à une immense hauteur; qu'il n'avait pas le goût du mal, qu'il lui coûtait d'en faire, mais que quand son char passait il ne fallait pas se trouver sous ses roues; que son parti enfin était pris, qu'il allait enlever à Ferdinand VII la couronne d'Espagne, mais qu'il voulait adoucir le coup en lui offrant un dédommagement; qu'il lui en préparait un, fort bien choisi dans l'intérêt de son repos : c'était la belle et paisible Étrurie, où ce prince irait régner à l'abri des révolutions européennes, et où il serait plus heureux qu'au milieu de ses Espagnes, qui étaient travaillées par l'esprit agitateur du temps, et qu'un prince puissant, habile, pouvait seul dompter, constituer et rendre prospères.

En tenant cet audacieux discours, Napoléon avait été tour à tour doux, caressant, impérieux, et avait poussé au dernier terme le cynisme de l'ambition. Le pauvre chanoine demeurait confondu. L'honneur d'être flatté, lui simple chanoine de Tolède, par le plus grand des hommes, combattait en son cœur le chagrin d'entendre de telles déclarations. Il était saisi, stupéfait; et cependant il ne perdit pas son talent de disserter, et il en usa avec Napoléon, qui voulut en l'écoutant le dédommager de ses peines.

L'infortuné précepteur s'attacha à justifier la famille de Bourbon auprès du chef de la famille Bonaparte. Il lui rappela qu'au moment des plus grandes horreurs de la révolution française, la cour d'Espagne n'avait déclaré la guerre qu'après la mort de Louis XVI; qu'elle avait même saisi la première occasion de revenir au système de paix, et du système de paix à celui de l'alliance entre les deux États; que depuis elle avait prodigué à la France ses flottes, ses armées, ses trésors; que si elle n'avait pas mieux servi, c'était non pas défaut de bonne volonté, mais défaut de savoir; qu'il ne fallait s'en prendre qu'au prince de la Paix, que lui seul était l'auteur de tous les maux de l'Espagne et la cause de son impuissance comme alliée; que du reste ce détestable favori était pour jamais éloigné du trône, que sous un jeune prince dévoué à Napoléon, attaché à lui par les liens de la reconnaissance, par ceux de la parenté, dirigé par ses conseils, l'Espagne, bientôt régénérée, reprendrait le rang qu'elle aurait toujours dû conserver, rendrait à la France tous les services que celle-ci pouvait en attendre, sans qu'il lui en coûtât aucun effort, aucun sacrifice; que, dans le cas contraire, on rencontrerait de la part de l'Espagne une résistance désespérée, secondée par les Anglais, et peut-être par une partie de l'Europe; on perdrait les colonies, ce qui serait un malheur aussi grand pour la France que pour l'Espagne, et on imprimerait enfin une tache à la gloire si éclatante du règne. — Mauvaise politique que la vôtre, monsieur le chanoine! mauvaise politique! répliqua Napoléon avec un sourire bienveillant, mais ironique. Vous ne manqueriez pas avec votre savoir de me condamner si je laissais échapper l'occasion unique que m'offrent la soumission du continent et la détresse de l'Angleterre pour achever l'exécution de mon système. Vos Bourbons ne m'ont servi qu'à contre-cœur, toujours prêts à me trahir. Un frère me vaudra mieux, quoi que vous en disiez. La régénération de l'Espagne est impossible par des princes d'une antique maison qui sera toujours, malgré elle, l'appui des vieux abus. Mon parti est arrêté, il faut que cette révolution s'accomplisse. L'Espagne ne perdra pas un village, elle conservera toutes ses possessions. J'ai pris mes précautions pour lui conserver ses colonies. Quant à votre prince, il sera dédommagé s'il se soumet de bonne grâce à la force des choses. C'est à vous à user de votre influence pour le disposer à accepter les dédommagements que je lui réserve. Vous êtes assez instruit pour comprendre que je ne fais que suivre en ceci les lois de la vraie politique, laquelle a ses exigences et ses rigueurs inévitables.

Avril 1808.

En disant ces choses et d'autres, dans un langage où perçait le regret plutôt que le remords d'une pareille spoliation, Napoléon était devenu doux, amical, et plusieurs fois il s'était permis les gestes les plus familiers envers le pauvre précepteur, dont la taille très-élevée formait avec la sienne un singulier contraste. Effrayé de cette inflexible résolution, le chanoine Escoïquiz, les larmes aux yeux, s'étendit sur les vertus de son jeune prince, s'efforça de justifier Ferdinand VII de la révolution d'Aranjuez, s'attacha à prouver que Charles IV avait abdiqué volontairement, que l'autorité de Ferdinand VII était par conséquent très-légitime; à quoi Napoléon, répondant avec un sourire d'incrédulité, lui dit qu'il savait tout, que la révolution d'Aranjuez n'était pas aussi naturelle qu'on voulait le lui persuader; que Ferdinand VII avait cédé à une impatience coupable, mais qu'il avait eu tort de faire déclarer ouverte une succession qu'il ne devait pas recueillir, et que, pour avoir cherché à régner trop tôt, il ne régnerait pas du tout. Le chanoine, ne réussissant pas à toucher Napoléon par la peinture des vertus de Ferdinand VII, essaya de l'émouvoir en lui parlant de la situation de ses malheureux conseillers, de leur rôle devant l'Espagne, devant l'Europe, devant la postérité; qu'ils seraient déshonorés pour avoir cru à la parole de Napoléon qui les avait ame-

Vains efforts du chanoine Escoïquiz pour toucher le cœur de Napoléon.

nés à Bayonne en leur faisant espérer qu'il allait reconnaître le nouveau roi; qu'on les accuserait d'ineptie ou de trahison, lorsqu'ils n'avaient eu d'autre tort que celui de croire à la parole d'un grand homme. — Vous êtes d'honnêtes gens, reprit Napoléon, et vous en particulier vous êtes un excellent précepteur, qui défendez votre élève avec le zèle le plus louable. On dira que vous avez cédé à une force supérieure. Aussi bien, ni vous ni l'Espagne ne sauriez me résister. La politique, la politique, monsieur le chanoine, doit diriger toutes les actions d'un personnage tel que moi. Retournez auprès de votre prince, et disposez-le à devenir roi d'Étrurie, s'il veut être encore roi quelque part, car vous pouvez lui affirmer qu'il ne le sera plus en Espagne. —

L'infortuné précepteur de Ferdinand VII se retira consterné, et trouva son élève tout aussi surpris, tout aussi désolé de l'entretien qu'il venait d'avoir avec le général Savary. Celui-ci, sans y mettre aucune forme, sans y mettre surtout aucun de ces développements qui, dans la bouche de Napoléon, étaient en quelque sorte des excuses, avait signifié à Ferdinand VII qu'il fallait renoncer à la couronne d'Espagne, et accepter l'Étrurie comme dédommagement du patrimoine de Charles-Quint et de Philippe V. L'agitation fut grande dans cette cour, jusqu'ici complétement aveuglée sur son sort. On se réunit autour du prince, on pleura, on s'emporta, et on finit dans la disposition où l'on était par ne pas croire à son malheur, par imaginer que tout cela était une feinte de Napoléon, qu'il n'était pas possible qu'il voulût toucher à une personne aussi sacrée que celle de Ferdinand VII, à une chose aussi inviolable que la couronne d'Espagne, et que c'était pour obtenir quelque grosse concession de territoire, ou l'abandon de quelque colonie importante, qu'il faisait planer sur la maison d'Espagne une si terrible menace; qu'en un mot il voulait effrayer, et pas davantage. On se dit donc qu'il suffisait de ne pas céder à cette intimidation pour triompher. On se décida par conséquent à résister, et à repousser toutes les propositions de Napoléon. M. de Cevallos fut chargé de traiter avec M. de Champagny sur la base d'un refus absolu.

<small>Avril 1808.

Ferdinand et ses conseillers se décident à refuser toutes les propositions de Napoléon.</small>

Le lendemain M. de Cevallos se rendit au château de Marac pour avoir un entretien avec M. de Champagny. Cet homme, chez lequel la bassesse n'empêchait pas l'emportement, parla à M. de Champagny avec une violence qui n'était pas du courage, car il n'y avait de danger ici que pour les couronnes, et nullement pour les personnes elles-mêmes. Il fut entendu de Napoléon, qui survint et lui dit : — Que parlez-vous de fidélité aux droits de Ferdinand VII, vous qui auriez dû servir fidèlement son père, dont vous étiez le ministre, qui l'avez abandonné pour un fils usurpateur, et qui en tout cela n'avez jamais joué que le rôle d'un traître ! — M. de Cevallos, auquel ces paroles eussent été justement adressées par quiconque n'aurait eu rien à se reprocher, se retira auprès de son nouveau maître, pour lui raconter ce qui s'était passé. On jugea autour de Ferdinand qu'un tel négociateur n'avait ni assez d'autorité morale ni assez d'art pour défendre les droits

<small>Négociation avec M. de Champagny, rompue par suite des emportements de M. de Cevallos.</small>

de son souverain, et on chargea de cette mission M. de Labrador, qui avait appris dans diverses ambassades à traiter les grands intérêts de la politique avec la réserve nécessaire. La base des négociations resta la même : ce fut toujours le droit inaliénable de Ferdinand VII à la couronne d'Espagne, ou, à défaut du sien, celui de Charles IV, seul roi légitime si Ferdinand VII ne l'était pas.

Napoléon éprouvait quelque dépit de cette résistance, mais il espérait que bientôt elle tomberait devant la nécessité, et surtout devant Charles IV, venant faire valoir ses réclamations beaucoup mieux motivées que celles de Ferdinand VII; car, si l'idée de protester contre son abdication lui avait été suggérée par Murat, il n'en était pas moins vrai que cette abdication avait été le résultat d'une violence morale exercée sur son faible caractère, et qu'il était très-fondé à revendiquer la couronne. Tout même eût été juste, si, en la retirant à Ferdinand VII, on l'avait rendue à Charles IV. Napoléon, regardant la présence de Charles IV comme indispensable pour opposer au droit du fils le droit du père, ce qui ne créait pas le droit des Bonaparte, mais ce qui mettait tous ces droits dans un état de confusion dont il espérait profiter, pressa vivement Murat de faire partir les vieux souverains, et de lui envoyer aussi le prince de la Paix, toujours prisonnier à Villa-Viciosa. Napoléon enjoignit à Murat d'employer la force, s'il le fallait, non pour le départ de la vieille cour, qui demandait justement à se mettre en route et que personne ne songeait à retenir, mais pour la délivrance du prince de la Paix, que les Espagnols ne voulaient relâcher à aucun prix. Il recommanda en même temps, pour préparer les esprits, de communiquer à la junte de gouvernement et au conseil de Castille la protestation de Charles IV, ce qui réduisait à néant la royauté de Ferdinand VII, sans rétablir celle de Charles IV, et commençait une sorte d'interrègne commode pour l'accomplissement d'un projet d'usurpation. Il tâcha de faire bien comprendre à Murat qu'il ne fallait pas s'attendre à un grand succès d'opinion en opérant un changement qui n'était pas du gré des Espagnols, mais qu'il fallait les contenir par la crainte, gagner ensuite l'adhésion des hommes sensés, par l'évidence des biens dont une royauté française serait la source, par la certitude qu'au prix d'un changement de dynastie l'Espagne ne perdrait ni un village ni une colonie, avantage qui ne serait résulté d'aucun autre arrangement, et puis suppléer à ce qui manquerait en assentiment par le déploiement d'une force irrésistible. Napoléon prescrivit à Murat de bien se tenir sur ses gardes, de fortifier deux ou trois points dans Madrid, tels que le palais royal, l'amirauté, le Buen-Retiro, de ne pas laisser coucher un seul officier en ville, d'exiger qu'ils fussent tous logés avec leurs soldats, de se comporter en un mot comme à la veille d'une insurrection qu'il croyait inévitable, car les Espagnols voudraient probablement tâter les Français; qu'il fallait dans ce cas les recevoir énergiquement, de manière à leur ôter tout espoir de résistance, et ne pas oublier la manière dont il pratiquait la guerre de rue en Égypte, en Italie et ailleurs; qu'il ne fallait pas s'engager dans

Avril 1808.

Instruction de Napoléon à Murat, relativement à la manière de se conduire avec les Espagnols.

l'intérieur de la ville, mais occuper la tête des rues principales par de fortes batteries, y faire sentir la puissance du canon, et, partout où la foule oserait se montrer à découvert, la faire expirer sous le sabre des cuirassiers. Ainsi de la ruse Napoléon était conduit à la violence, par cette usurpation de la couronne espagnole!

Sur un seul point Murat avait devancé les instructions de Napoléon : c'était relativement au départ des vieux souverains, et à la délivrance du prince de la Paix. Il avait mandé à Charles IV et à la reine, en réponse à l'expression de leurs désirs, que l'Empereur les verrait avec plaisir auprès de lui, que par conséquent ils n'avaient qu'à préparer leur départ, et qu'il allait exiger la remise du prince de la Paix, pour l'acheminer avec eux vers Bayonne, double nouvelle qui leur fit éprouver la seule joie qu'ils eussent ressentie depuis les fatales journées d'Aranjuez.

Ayant appris que Ferdinand VII avait enfin passé la frontière, Murat n'avait plus de ménagements à garder; et d'ailleurs les Espagnols, irrités d'une telle faiblesse, humiliés d'avoir de tels princes, semblaient pour un moment prêts à se détacher d'une famille si peu digne du dévouement de la nation. On devait donc pour quelques jours les trouver plus faciles. Mais quand on leur parla de délivrer le prince de la Paix, il y eut chez eux une sorte de soulèvement. La multitude avide de vengeance voyait avec désespoir sa victime lui échapper. Les hautes classes, et parmi elles les hommes qui s'étaient compromis dans la révolution d'Aranjuez, craignaient qu'au milieu de tous ces revirements politiques, le prince de la Paix ne ressaisît un jour le pouvoir, et ne les punît de leur conduite. On se refusait donc pour ces divers motifs à lui rendre la liberté. La junte de gouvernement, composée des ministres et de l'infant don Antonio, éprouvait plus que personne ces tristes sentiments. Elle avait dès l'origine opposé aux instances de Murat une forte résistance, et prétendu qu'étant sans autorité pour décider une semblable question, elle devait en référer à Ferdinand VII. Elle s'était en effet adressée à lui pour lui demander ses ordres. Ferdinand, très-embarrassé de répondre à ce message, avait déclaré que cette question serait traitée et résolue à Bayonne, avec toutes celles qui allaient occuper les deux souverains de France et d'Espagne. La réponse de Ferdinand ayant été immédiatement transmise à Murat, celui-ci considéra la question comme tranchée par les ordres de Napoléon, et il exigea qu'on fît sortir de prison le prince de la Paix pour l'envoyer à Bayonne. Il annonça du reste qu'Emmanuel Godoy serait à jamais exilé d'Espagne, et qu'il ne serait transporté en France que pour y recevoir la vie, seule chose qu'on voulût sauver en lui. Murat, après avoir adressé cette communication à la junte, dirigea des troupes de cavalerie sur Villa-Viciosa avec ordre d'enlever le prisonnier de gré ou de force. Le marquis de Chasteler, qui était préposé à sa garde, mettant son honneur à servir la haine nationale, se refusait à le rendre, quand la junte, pour prévenir une collision, lui fit dire de le livrer.

L'infortuné dominateur de l'Espagne, qui naguère

Avril 1808.

Murat prend sur lui d'ordonner la délivrance du prince de la Paix.

Triste état

Avril 1808,

dans lequel Emmanuel Godoy est livré à Murat.

Son départ pour Bayonne.

Départ de Charles IV et de la vieille reine pour Bayonne.

encore était entouré de toutes les superfluités du luxe, qui surpassait la royauté elle-même en somptuosité, comme il la surpassait en pouvoir, arriva au camp de Murat presque sans vêtements, avec une longue barbe, des blessures à peine fermées, et les marques des chaînes qu'il avait portées. C'est dans ce triste état qu'il vit pour la première fois l'ami qu'il s'était choisi au sein de la cour impériale, dans de bien autres vues que celles qui se réalisaient aujourd'hui. Murat, chez qui la générosité ne se démentait jamais, combla d'égards Emmanuel Godoy, lui procura tout ce dont il manquait, et le fit partir pour Bayonne sous l'escorte de l'un de ses aides-de-camp, et de quelques cavaliers. Cette partie des ordres de Napoléon exécutée, il s'occupa du départ des vieux souverains, qui dans leur malheur ne se sentaient pas de joie à l'idée de savoir que leur ami était sauvé, et qu'ils allaient être prochainement en présence du tout-puissant empereur qui pouvait les venger de leurs ennemis. Leurs préparatifs de voyage achevés, préparatifs dont le principal consista à s'emparer des plus beaux diamants de la couronne, ils demandèrent à Murat d'ordonner leur départ. Ils vinrent en effet coucher le 23 de l'Escurial au Pardo, au milieu des troupes françaises, où ils virent et embrassèrent Murat avec la plus grande effusion de sentiments. Ils partirent de là pour se rendre à Buitrago, et suivre la grande route de Bayonne avec la lenteur qui convenait à leur âge et à leur mollesse. Ils rencontrèrent sur la route quelques marques de respect, pas une seule de sympathie. Il aurait suffi pour les étouffer toutes de la présence de la vieille reine, objet depuis vingt ans de la haine et du mépris de la nation.

Murat cette fois était bien seul maître de l'Espagne, et pouvait se croire roi. Il venait, par ordre de Napoléon, de communiquer à la junte la protestation de Charles IV, rédigée en quelque sorte sous sa dictée, et de réclamer avec la publication de cette pièce la suppression du nom de Ferdinand VII dans les actes du gouvernement. La junte embarrassée avait voulu faire partager la responsabilité au conseil de Castille, en le consultant. Le conseil la lui avait renvoyée tout entière en refusant de s'expliquer. Murat avait terminé le différend par une transaction, et on était convenu que les actes du gouvernement seraient publiés au nom du roi, sans dire lequel. Le trône devenait ainsi tout à fait vacant, et les Espagnols commençaient à s'en apercevoir avec une profonde douleur. Tantôt ils s'indignaient contre l'ineptie et la lâcheté de leurs princes, qui s'étaient laissé tromper, et précipiter dans un gouffre dont ils ne pouvaient plus sortir; tantôt ils se sentaient pleins de pitié pour eux, et de fureur contre les étrangers qui s'étaient introduits sur leur territoire par la ruse et la violence. Les hommes éclairés, comprenant bien maintenant pourquoi les Français avaient envahi Espagne, flottaient entre leur haine de l'étranger et le désir de voir l'Espagne réorganisée comme l'avait été la France par la main de Napoléon. Attirés avec leurs femmes aux fêtes que donnait Murat, ils étaient quelquefois entraînés, à demi séduits, mais jamais conquis entièrement. Le peuple au contraire ne partageait en aucune ma-

Avril 1808.

Murat demeuré seul maître du gouvernement à Madrid.

Publication de la protestation de Charles IV, et suppression du nom de Ferdinand VII dans les actes du gouvernement.

Dispositions de la nation espagnole depuis le départ de tous ses princes.

nière cette espèce d'entraînement. Quelquefois à la vue de la garde impériale et de notre cavalerie il était saisi, il admirait même Murat; mais notre infanterie, surtout composée de soldats jeunes, à peine instruits, malades de la gale, et achevant leur éducation sous ses yeux, ne lui inspirait aucun respect, et lui donnait même la confiance de nous vaincre. Les paysans oisifs des environs étaient accourus à Madrid, armés de leurs fusils et de leurs coutelas, et s'habituaient à nous braver des yeux avant de nous combattre avec leurs armes. Quelques-uns, fanatisés par les moines, commettaient d'horribles assassinats. Un homme du peuple avait tué à coups de couteau deux de nos soldats, et blessé un troisième, sous l'inspiration, disait-il, de la sainte Vierge. Le curé de Caramanchel, village aux portes de Madrid, avait assassiné l'un de nos officiers. Murat avait fait punir exemplairement les auteurs de ces crimes, mais sans apaiser la haine qui commençait à naître. Une émotion indéfinissable remplissait déjà les âmes, à tel point qu'un cheval s'étant échappé sur la belle promenade du Prado, tout le monde s'était enfui à l'idée qu'un combat allait s'engager entre les Espagnols et les Français. Murat se faisant toujours illusion sur les dispositions des Espagnols, mais stimulé par les avis réitérés de Napoléon, prenait quelques précautions. Il avait logé en ville la garde et les cuirassiers, et placé le reste des troupes sur les hauteurs qui dominent Madrid. Il avait, aux trois divisions du maréchal Moncey, ajouté la première division du général Dupont, et tenait ainsi Madrid avec la garde, toute la cavalerie et quatre divisions d'infanterie. La seconde division du général Dupont avait été portée à l'Escurial, la troisième à Ségovie. Les troupes campaient sous toile tout autour de Madrid. Approvisionnées avec difficulté à cause de l'insuffisance des transports, elles l'étaient néanmoins avec assez d'abondance. Le traitement contre la gale, appliqué à nos jeunes soldats, les avait presque tous remis en santé. Ils s'exerçaient tous les jours, et commençaient à acquérir la tenue qu'il aurait fallu leur souhaiter dès leur entrée en Espagne. Murat leur avait donné des officiers pris dans les sous-officiers de la garde, et apportait un soin infini à l'organisation d'une armée qu'il regardait comme le soutien de sa future couronne. La division du général Dupont surtout était fort belle. Malheureusement il aurait fallu, nous le répétons, montrer cela tout fait aux Espagnols, mais ne pas le faire sous leurs yeux. Murat se consacrant à une œuvre qui lui plaisait fort, quelquefois encore applaudi de la populace espagnole qui se laissait éblouir par sa présence et par les beaux escadrons de la garde impériale, maître de la junte, qui, placée entre deux rois absents, ne sachant auquel obéir, obéissait à la force présente, Murat se croyait déjà roi d'Espagne. Ses aides-de-camp, se croyant à leur tour grands seigneurs de la nouvelle cour, le flattaient à qui mieux mieux, et lui, renvoyant à Paris ces flatteries, écrivait à Napoléon : Je suis ici le maître en votre nom; ordonnez, et l'Espagne fera tout ce que vous voudrez; elle remettra la couronne à celui des princes français que vous aurez désigné. — Napoléon ne répondait à ces folles assurances qu'en réitérant l'ordre de fortifier les principaux palais de Madrid, et de tenir les officiers logés avec leurs troupes, mesures que Murat exécutait plutôt par obéissance que par conviction de leur utilité.

Le prince de la Paix, acheminé en toute hâte vers Bayonne pour ne pas donner le temps à la populace de s'ameuter sur son passage, y arriva bien avant ses vieux souverains. Napoléon était fort impatient de voir cet ancien dominateur de la monarchie espagnole, et surtout de s'en servir. Après un instant d'entretien ce favori lui parut aussi médiocre qu'on le lui avait dit, remarquable seulement par quelques avantages physiques qui l'avaient rendu cher à la reine des Espagnes, par une certaine finesse d'esprit, et une assez grande habitude des affaires d'État, mais calomnié quand on voulait faire de lui un monstre. Napoléon s'abstint toutefois, par égard pour le malheur, de témoigner le mépris que lui inspirait un tel chef d'empire, et il se hâta de le rassurer complétement sur son avenir et celui de ses vieux maîtres, avenir qu'il promit de rendre sûr, paisible, opulent, digne des anciens possesseurs de l'Espagne et des Indes. A cette promesse Napoléon en ajouta une non moins douce, celle de les venger promptement et cruellement de Ferdinand VII, en le faisant descendre du trône, et il demanda à être secondé dans ses projets auprès de la reine et de Charles IV; ce qui lui fut promis, et ce qui devait être facile à tenir, car le père et la mère étaient irrités contre leur fils au point de lui préférer sur le trône de leurs ancêtres un étranger, même un ennemi.

On annonçait l'arrivée de Charles IV et de la reine pour le 30 avril. La politique de Napoléon voulait que les vieux souverains fussent seuls accueillis avec les honneurs royaux. Il disposa tout pour les recevoir comme s'ils jouissaient encore de leur pouvoir, et comme si la révolution d'Aranjuez ne s'était point accomplie. Il fit ranger les troupes sous les armes, envoya sa cour à leur rencontre, ordonna de tirer le canon des forts, de couvrir de pavillons les vaisseaux qui étaient dans les eaux de l'Adour, et lui-même se prépara à mettre par sa présence le comble aux honneurs qu'il leur ménageait. A midi ils firent leur entrée à Bayonne au bruit du canon et des cloches, furent reçus aux portes de la ville par les autorités civiles et militaires, trouvèrent sur leur chemin les deux princes Ferdinand VII et l'infant don Carlos, qu'ils accueillirent avec une indignation visible quoique contenue, descendirent au palais du gouvernement qui leur était destiné, et purent un instant encore se faire illusion, jusqu'à se croire en possession du pouvoir suprême : dernière et vaine apparence dont Napoléon amusait leur vieillesse, avant de les précipiter tous, père et enfants, dans le néant, où il voulait plonger les Bourbons. Un moment après il arriva lui-même au galop, accompagné de ses lieutenants, pour apporter l'hommage de sa toute-puissance au vieillard, victime de ses calculs ambitieux. A peine arrivé en présence de Charles IV, qu'il n'avait jamais vu, il lui ouvrit les bras, et l'infortuné descendant de Louis XIV s'y jeta en pleurant, comme il aurait fait avec un ami duquel il eût espéré la

Avril 1808.

Arrivée de Charles IV à Bayonne, et accueil que lui fait Napoléon.

Avril 1808.

Accueil que Charles IV fait à Ferdinand.

consolation de ses chagrins. La reine déploya pour plaire tout l'art d'une femme de cour, surtout avec l'impératrice Joséphine, arrivée depuis quelques jours à Bayonne, et accourue auprès des souverains de l'Espagne. Après un court entretien, Napoléon laissa Charles IV entouré des Espagnols réunis à Bayonne, et des officiers et chambellans français, destinés à composer son service d'honneur. D'après les intentions de Napoléon, qui désirait qu'aucun des usages de la cour d'Espagne ne fût négligé en cette occasion, il y eut un baise-main général. Chacun des Espagnols présents vint, en s'agenouillant, baiser la main du vieux roi et de la reine son épouse. Ferdinand, prenant son rang de fils et de prince des Asturies, vint à son tour s'incliner devant ses augustes parents. On put facilement discerner à leur visage les sentiments qu'ils éprouvaient. Quand cette cérémonie fut achevée, le roi et la reine fatigués songèrent à s'enfermer chez eux. Ferdinand VII et son frère ayant voulu les suivre dans leur appartement, Charles IV, ne pouvant plus se contenir, arrêta son fils aîné en lui disant : Malheureux! n'as-tu pas assez déshonoré mes cheveux blancs?... respecte au moins mon repos... Et il refusa ainsi de le voir autrement qu'en public. Ferdinand VII, ramené en quelques heures par la seule étiquette à la qualité de prince des Asturies, se sentit perdu : il était puni, et Charles IV vengé! Mais celui-ci allait être bientôt obligé d'acquitter dans les mains de Napoléon le prix de la vengeance obtenue.

Ce que les vieux souverains désiraient avec le

plus d'impatience, c'était d'embrasser leur ami, leur cher Emmanuel, qu'ils n'avaient pas revu depuis la fatale nuit du 17 mars. Ils se jetèrent dans ses bras, et Napoléon, qui voulait leur laisser le temps de se voir, de s'épancher, de s'entendre, ayant remis au lendemain la réception qu'il leur préparait à Marac, ils eurent toute la journée pour s'entretenir de leur situation et de leur sort futur. Le prince de la Paix leur eut promptement fait connaître ce dont il s'agissait à Bayonne; ce qui ne pouvait ni les étonner ni les affliger, car ils n'avaient plus la prétention de régner, et ils eurent la satisfaction d'apprendre que Napoléon, en les vengeant de Ferdinand VII, leur destinait en France une retraite sûre, magnifique, des revenus égaux à ceux des princes régnants les mieux dotés de l'Europe, et pour toute privation la perte d'un pouvoir dont ils prévoyaient depuis long-temps la fin prochaine. Il ne fut donc pas difficile de les amener aux projets de Napoléon, auxquels ils étaient résignés d'avance, même quand ils ne connaissaient pas tous les dédommagements qu'on leur réservait.

Mai 1808.

Facilité avec laquelle les vieux souverains adhèrent aux projets de Napoléon.

Le lendemain Napoléon les fit inviter à dîner au château de Marac, où il se proposait de les traiter tous les jours avec les plus grands honneurs. Charles IV et son épouse s'y rendirent dans les voitures impériales, si différentes des antiques voitures de la cour d'Espagne, qui étaient construites sur le même modèle que celles de Louis XIV. Il avait la plus grande peine à y monter et à en descendre; et il laissait voir jusque dans les moindres détails combien il était étranger aux usages comme aux idées du temps présent. Arrivé au château de Marac, il s'appuya pour mettre pied à terre sur le bras de Napoléon, qui était venu le recevoir à la portière. — Appuyez-vous sur moi, lui dit Napoléon, j'aurai de la force pour nous deux. — J'y compte bien, répondit le vieux roi; et il lui témoigna une véritable gratitude, tant il était heureux de trouver en France le repos, la sécurité et l'opulence pour le reste de ses jours. Napoléon avait oublié d'inscrire le prince de la Paix au nombre des convives. Charles IV, ne l'apercevant pas, s'écria avec une vivacité embarrassante pour tous les assistants : Où est donc Emmanuel? — On alla chercher le prince de la Paix par ordre de l'Empereur, et on rendit à Charles IV cet ami, sans lequel il ne savait plus exister.

Tandis que Napoléon s'occupait d'adoucir le sort de ce vieil enfant découronné, l'impératrice Joséphine veillait avec sa grâce accoutumée sur la reine d'Espagne, et lui procurait les futiles distractions qui étaient à sa portée, en lui offrant toutes les parures de Paris les plus nouvelles et les plus recherchées. Mais l'épouse de Charles IV était plus difficile à consoler que lui, en raison même de son intelligence et de son ambition. Toutefois elle pouvait compter sur deux consolations certaines, la sûreté d'Emmanuel Godoy et le détrônement de Ferdinand.

Après avoir ainsi comblé d'égards des hôtes augustes et malheureux, Napoléon, impatient d'en finir, fit mouvoir les instruments qu'il avait à sa disposition. D'après sa volonté, une lettre fut adressée à Ferdinand par Charles IV, pour lui rappeler sa coupable conduite dans les scènes d'Aranjuez, son imprudente ambition, son impuissance de régner sur un pays livré par sa faute aux agitations révolutionnaires, et lui demander de résigner la couronne. Cette sommation révélait clairement aux conseillers détrompés de Ferdinand comment allait être conduite la négociation depuis l'arrivée de l'ancienne cour. Il était évident qu'on allait redemander la couronne au fils, pour la laisser un certain nombre de jours ou d'heures sur la tête du père, et la faire passer ensuite de cette tête vieillie sur celle d'un prince de la famille Bonaparte. Les meneurs de la jeune cour opposèrent à cette sommation une lettre assez adroite, dans laquelle Ferdinand VII, parlant à son père en fils soumis et respectueux, se déclarait prêt à restituer la couronne, bien qu'il l'eût reçue par suite d'une abdication volontaire, prêt toutefois à deux conditions : la première, que Charles IV voudrait régner lui-même; la seconde, que la restitution se ferait librement, à Madrid, en présence de la nation espagnole. Sans ces deux conditions Ferdinand refusait formellement de restituer la couronne à son père; car si celui-ci ne voulait pas régner, Ferdinand se considérait comme seul roi légitime, d'après les lois de la monarchie espagnole; et si la rétrocession se faisait ailleurs qu'à Madrid, au sein même de la nation assemblée, elle ne serait ni libre, ni digne, ni sûre.

La réponse était habile et convenable. On fit répliquer par Charles IV, en s'appuyant toujours sur l'irrégularité de l'abdication, sur les violences qui l'avaient amenée, sur l'impossibilité où se trouvait

Mai 1808.

avec Ferdinand VII.

Correspondance entre Charles IV et Ferdinand VII, dictée par Napoléon.

Réponse assez adroite de Ferdinand VII à Charles IV, dictée par les meneurs de la jeune cour.

Réplique de Charles IV, également dictée par Napoléon.

Ferdinand de gouverner l'Espagne sortie d'un long sommeil et prête à entrer dans la carrière des révolutions, sur la nécessité de remettre à Napoléon le soin d'assurer le bonheur des peuples de la Péninsule. On finissait en laissant voir des intentions menaçantes si cette obstination ne cessait pas. A cette réplique la jeune cour opposa une contre-réplique semblable au premier dire de Ferdinand VII.

La négociation n'avançait pas, car on avait employé du 1ᵉʳ au 4 mai à échanger cette vaine correspondance. Napoléon commençait à éprouver l'impatience la plus vive, et il était résolu à faire déclarer Ferdinand VII rebelle, à rendre la couronne à Charles IV, qui la lui transmettrait ensuite, après un délai plus ou moins long. Il fit d'abord, par l'intermédiaire du prince de la Paix, rédiger un acte en vertu duquel Charles IV se déclarait seul légitime roi des Espagnes, et, dans l'impuissance où il était d'exercer lui-même son autorité, nommait le grand-duc de Berg son lieutenant, lui confiait tous ses pouvoirs royaux, et en particulier le commandement des troupes. Napoléon regardait cette transition comme nécessaire pour passer de la royauté des Bourbons à celle des Bonaparte. Il s'empressa d'expédier ce décret, avec l'ordre, déjà donné depuis plusieurs jours et réitéré en ce moment, de faire partir de Madrid tous les princes espagnols qui s'y trouvaient encore : le plus jeune des infants, don Francisco de Paula; l'oncle de Ferdinand, don Antonio, président de la junte, et la reine d'Étrurie, qu'une indisposition avait empêchée de suivre ses parents. Après avoir pris ces mesures, il se dis-

BAYONNE.   605

posait à mettre un terme aux scènes de Bayonne par une solution qu'il imposerait lui-même, lorsque les événements de Madrid vinrent rendre facile le dénoûment qu'il désirait, en le dispensant d'y employer la force.

Mai 1808.

Tandis que Napoléon correspondait avec Madrid, Ferdinand VII, de son côté, ne négligeait rien pour y faire parvenir des nouvelles qui excitassent l'intérêt de la nation en sa faveur, qui pussent surtout corriger le mauvais effet qu'avait produit son inepte conduite. Il n'ignorait pas que les Espagnols avaient pris autant de pitié, presque de dégoût pour sa personne que pour celle de son vieux père, en le voyant donner dans le piége tendu par Napoléon. Il avait donc, par des courriers qui partaient déguisés de Bayonne, et traversaient les montagnes de l'Aragon pour gagner Madrid, fait répandre les nouvelles qu'il croyait les plus propres à lui ramener l'opinion publique. Il avait fait savoir qu'on voulait le violenter à Bayonne pour lui arracher le sacrifice de ses droits, mais qu'il résistait, et résisterait à toutes les menaces, et que ses peuples apprendraient plutôt sa mort que sa soumission aux volontés de l'étranger. Il se peignait comme la plus noble, la plus intéressante des victimes, et de manière à exalter pour lui tous les cœurs généreux. Ces courriers, voulant éviter les routes directes, couvertes de troupes françaises, perdaient un jour ou deux pour arriver à Madrid, mais y arrivaient sûrement, et les nouvelles qu'ils portaient, propagées rapidement, avaient ramené à Ferdinand VII l'opinion un moment aliénée. Le bruit universellement accrédité que Ferdinand VII

Événements à Madrid, et tentatives secrètes de Ferdinand VII pour soulever les Espagnols en sa faveur.

était à Bayonne l'objet de violences brutales, et qu'il y opposait une résistance héroïque, avait ranimé en sa faveur la populace de la capitale, laquelle s'était accrue, comme nous l'avons dit, des paysans oisifs des environs. Ne pouvant pas recourir aux imprimeries, soigneusement surveillées par les agents de Murat, on se servait de bulletins écrits à la main, et ces bulletins reproduits avec profusion, circulant avec une incroyable rapidité, excitaient au plus haut point les passions du peuple. Quant à la junte de gouvernement, elle dissimulait profondément ses sentiments secrets, affectait une grande déférence pour les désirs de Murat; mais, dévouée comme de juste à Ferdinand VII, elle était l'agent des communications avec Bayonne, et des publications qui en étaient la suite. Elle avait dépêché des émissaires à Ferdinand pour savoir s'il voulait qu'elle se dérobât aux Français, qu'elle allât elle-même proclamer quelque part la royauté légitime, provoquer le soulèvement de la nation, et déclarer la guerre à l'usurpateur. En attendant une réponse à ces propositions, elle ne cédait qu'après d'interminables retards à toutes les demandes de Murat qui étaient de nature à servir les desseins de Napoléon.

Parmi ces demandes il s'en trouvait une qui l'avait fort agitée, c'était celle qui consistait à exiger l'envoi à Bayonne de tous les membres de la famille royale restant encore à Madrid. D'une part, la vieille reine d'Espagne désirait qu'on lui envoyât le jeune infant don Francisco, laissé en arrière à cause de l'état de sa santé; de l'autre, la reine d'Étrurie, demeurée par un pareil motif à Madrid, demandait elle-même à partir, effrayée qu'elle était de l'agitation chaque jour croissante du peuple espagnol. Murat, à qui l'Empereur avait recommandé d'acheminer vers Bayonne tous les membres restants de la famille royale, exigeait impérieusement ce double départ. Quant à la reine d'Étrurie, il ne pouvait y avoir de difficulté, puisqu'elle était princesse indépendante, et désirait partir. Quant au jeune infant don Francisco, placé à cause de son âge sous l'autorité royale, il dépendait actuellement de la junte de gouvernement, exerçant cette autorité en l'absence du roi. La junte, devinant bien l'intention de ces départs successifs, s'assembla dans la nuit du 30 avril au 1er mai, pour délibérer sur la demande de Murat. Elle était accrue en nombre par l'adjonction des divers présidents des conseils de Castille et des Indes, et de plusieurs membres de ces conseils. La séance fut fort agitée. Quelques-uns des membres de cette réunion voulaient qu'on se refusât à une proposition qui avait pour but évident d'enlever les derniers représentants de la royauté espagnole, et que, plutôt que de céder, on essayât la résistance à force ouverte. Le ministre de la guerre, M. O'Farrill, exposa la situation de l'armée, dont les corps désorganisés, dispersés les uns dans le Nord, les autres dans le Portugal et sur les côtes, ne présentaient pas à Madrid une force réunie de plus de trois mille hommes. Les esprits ardents voulaient qu'on y suppléât avec la populace armée de couteaux et de fusils de chasse, et qu'on cherchât son salut dans un grand acte de désespoir national. La majorité opina pour qu'on répondît à Murat par un refus dissimulé, en se gar-

Mai 1808.

Résistance de la junte au départ de l'infant don Francisco.

dant toutefois de provoquer une collision. A côté de la junte, une réunion de patriotes, mécontents de ce qu'ils appelaient sa faiblesse, voulaient qu'on empêchât le départ des infants par tous les moyens possibles, et soufflaient leurs passions au peuple, qui n'avait du reste pas besoin d'être excité. Le 1ᵉʳ mai, qui était un dimanche, attira dans la ville beaucoup de gens de la campagne, et l'on vit des figures agrestes et énergiques se mêler aux groupes nombreux qui stationnaient sur les différentes places de Madrid. A la *Puerta del Sol*, grande place située au centre de Madrid, et où viennent aboutir les principales rues de cette capitale, telles que les rues *Mayor*, d'*Alcala*, de *Montera*, de *las Carretas*, il y avait une foule épaisse et menaçante. Murat y envoya quelques centaines de dragons, qui par leur aspect dissipèrent la multitude et l'obligèrent à se tenir tranquille.

Murat, auquel la junte avait communiqué son refus fort adouci, répondit qu'il n'en tiendrait compte, et que le lendemain lundi, 2 mai, il ferait partir la reine d'Étrurie et l'infant don Francisco, déclaration à laquelle on n'opposa pas de réplique. Le lendemain en effet, dès huit heures du matin, les voitures de la cour avaient été amenées devant le palais pour y recevoir les personnes royales. La reine d'Étrurie se prêtait très-volontiers à ce départ. L'infant don Francisco, du moins à ce qu'on disait aux portes du palais, versait des larmes. Ces détails, répandus de bouche en bouche dans les rangs de la multitude qui était nombreuse, y avaient produit une vive agitation. Tout à coup survint un aide-de-camp de Murat, que celui-ci envoyait pour complimenter la reine au moment de son départ. A l'aspect de l'uniforme français, le peuple poussa des cris, lança des pierres à l'aide-de-camp du prince, et se préparait à l'égorger, lorsqu'une douzaine de grenadiers de la garde impériale, qui étaient de service au palais occupé par Murat, et d'où on pouvait apercevoir ce tumulte, se jetèrent baïonnette en avant au plus épais de la foule, et dégagèrent l'aide-de-camp qu'on était sur le point de massacrer. Quelques coups de fusil partis au milieu de ce conflit furent le signal d'un soulèvement universel. De toutes parts la fusillade commença à se faire entendre. Une populace furieuse, composée surtout de paysans venus des environs, se précipita sur les officiers français, dispersés dans les maisons de Madrid malgré les recommandations de Napoléon, et sur les soldats détachés qui allaient par escouades recevoir les distributions de vivres. Plusieurs furent égorgés avec une horrible férocité. Quelques autres durent la vie à l'humanité de la bourgeoisie, qui les cacha dans ses maisons.

Mai 1808.

Le tumulte commence autour du palais au moment où allaient monter en voiture l'infant don Francisco et la reine d'Étrurie.

Au premier bruit, Murat était monté à cheval et avait donné ses ordres avec la résolution d'un général habitué à toutes les occurrences de la guerre. Il avait ordonné aux troupes des camps de s'ébranler pour entrer dans Madrid par toutes les portes à la fois. Les plus rapprochées, celles du général Grouchy, établies près du *Buen Retiro*, devaient entrer par les grandes rues de *San Geronimo* et d'*Alcala* pour se diriger sur la *Puerta del Sol*, tandis que le colonel Frederichs, partant avec les fusiliers de la

Dispositions militaires de Murat aux premiers symptômes d'insurrection.

garde du palais qui est situé à l'extrémité opposée, devait se porter, par la rue *Mayor*, à la rencontre du général Grouchy, vers cette même *Puerta del Sol*, où allaient aboutir tous les mouvements. Le général Lefranc, établi au couvent de Saint-Bernard, devait y marcher concentriquement de la porte de *Fuencarral*. Au même instant les cuirassiers et la cavalerie arrivant par la route de Caravanchel avaient reçu ordre de s'avancer par la porte de Tolède. Murat, à la tête de la cavalerie de la garde, était derrière le palais, au pied de la hauteur de Saint-Vincent, près de la porte par laquelle devaient pénétrer les troupes établies à la maison royale del Campo. Placé ainsi en dehors des quartiers populeux, et sur une position dominante, il était libre de se porter partout où besoin serait.

L'action commença sur la place du Palais, où Murat avait dirigé un bataillon d'infanterie de la garde, précédé d'une batterie. Un feu de peloton, suivi de quelques coups de mitraille, eut bientôt fait évacuer cette place. La promptitude de la fuite, comme il arrive toujours en pareil cas, empêcha que le nombre des victimes ne fût grand. Le palais et les entours dégagés, le colonel Frederichs marcha avec ses fusiliers, par les rues *Plateria* et *Mayor*, sur la *Puerta del Sol*, vers laquelle marchaient aussi les troupes du général Grouchy, par les rues d'*Alcala* et de *San Geronimo*. Nos soldats, vieux et jeunes, s'avançaient avec l'aplomb qu'ils devaient à des chefs aguerris et inébranlables. La populace, soutenue par des paysans plus braves qu'elle, ne tenait pas, mais s'arrêtait à tous les coins des rues transversales pour

tirer, et puis envahissait les maisons pour faire feu
des fenêtres. On l'y suivait, et on tuait à coups de
baïonnette, on jetait par les fenêtres les fanatiques
pris les armes à la main. Les deux colonnes françaises, marchant à la rencontre l'une de l'autre,
avaient refoulé au centre, c'est-à-dire à la *Puerta
del Sol*, la multitude furieuse, présentant l'obstacle
de son épaisseur, et n'ayant plus même la liberté de
fuir. Du milieu de cette foule les plus obstinés tiraient
sur nos troupes. Quelques escadrons des chasseurs
et des mamelucks de la garde, lancés à propos, pé-
nétrèrent en la sabrant dans cette masse de peuple,
et l'obligèrent à se disperser par toutes les issues qui
restaient encore libres. Les mamelucks surtout, se
servant de leurs sabres recourbés avec une grande
dextérité, firent tomber quelques têtes, et causèrent
ainsi une épouvante qui a laissé un long souvenir
dans la population de Madrid. La foule repoussée
n'en eut que plus d'empressement à se réfugier dans
les maisons pour tirer des fenêtres. Les troupes du
général Grouchy eurent plusieurs exécutions sanglantes à faire dans la rue de *San Geronimo*, surtout à
l'hôtel du duc de Hijar, d'où étaient partis des feux
meurtriers. Celles du général Lefranc eurent à soutenir un combat plus opiniâtre à l'arsenal, où était
renfermée une partie de la garnison de Madrid, avec
ordre de ne pas combattre. Des insurgés s'y étant
portés firent feu sur nos troupes, et le corps des
artilleurs espagnols se trouva malgré lui engagé
dans la lutte. La nécessité d'enlever à découvert
un édifice fermé, et d'où partait un feu très-vif de
mousqueterie, nous coûta quelques hommes. Mais

Mai 1808.

Madrid pacifié en deux heures de combat.

nos soldats, conduits vivement à l'assaut, débusquèrent les défenseurs, et leur firent payer cher cet engagement. L'arsenal fut pris avant que le peuple eût pu s'emparer des armes et des munitions.

Deux ou trois heures avaient suffi pour réprimer cette sédition, et on n'entendait plus, après la prise de l'arsenal, que quelques coups de feu isolés. Murat avait fait former à l'hôtel des Postes une commission militaire, qui ordonnait l'exécution immédiate des paysans saisis les armes à la main. Quelques-uns furent pour l'exemple fusillés sur-le-champ au Prado même. Les autres, cherchant à s'enfuir vers la campagne, furent poursuivis et sabrés par les cuirassiers. Les troupes du camp arrivant à l'instant ne trouvèrent plus à se servir de leurs armes. Tout était pacifié par la terreur d'une prompte répression, et par la présence des ministres O'Farrill et Azanza, qui, accompagnés du général Harispe, chef d'état-major de Murat, faisaient cesser le combat partout où il en restait quelque trace. Ils demandèrent aussi, et on leur accorda sans difficulté, la fin des exécutions qu'ordonnait la commission militaire établie à l'hôtel des Postes.

Cette journée fatale, qui devait plus tard avoir en Espagne un retentissement terrible, eut pour effet immédiat de contenir la populace de Madrid, en lui ôtant toute illusion sur ses forces, et en lui apprenant que nos jeunes soldats, conduits par de vieux officiers, étaient invincibles pour les féroces paysans de l'Espagne, comme ils le furent bientôt à Essling et à Wagram pour les soldats les plus disciplinés de l'Europe. L'infant don Antonio, qui la veille n'avait pas été au nombre des fauteurs de la révolte, et qui paraissait même obsédé de la jactance des partisans de l'insurrection, dit le soir même à Murat, comme un homme qui respirait après une longue fatigue : Enfin on ne nous répétera plus que des paysans armés de couteaux peuvent venir à bout de troupes régulières! — L'impression était profonde, en effet, chez le peuple de Madrid, et, dans son exagération, il débitait et croyait qu'il y avait eu plusieurs milliers de morts ou de blessés. Il n'en était rien cependant, car les insurgés avaient à peine perdu quatre cents hommes, et les Français une centaine au plus. Mais la terreur, grossissant les nombres comme de coutume, donnait à cette journée une importance morale très-supérieure à son importance matérielle. Dès cet instant Murat pouvait tout oser. Il fit partir le lendemain non-seulement l'infant don Francisco, mais la reine d'Étrurie, son fils, et le vieil infant don Antonio lui-même, qui avait tous les sentiments des insurgés, moins leur énergie, et qui ne demandait pas mieux que d'aller trouver à Bayonne ce qui attendait en ce lieu tous les princes d'Espagne, le repos et la déchéance. L'infant don Antonio consentit à partir immédiatement, et abandonna la présidence de la junte de gouvernement, sans même en donner avis à cette junte. Murat venait de recevoir le décret de Charles IV, qui lui conférait la lieutenance-générale du royaume. Il appela la junte, se fit accepter comme son président à la place de l'infant don Antonio, et fut investi dès lors de tous les pouvoirs de la royauté. Il alla s'établir au palais, où il occupa les apparte-

Mai 1808.

Murat profite de l'abattement du peuple de Madrid pour faire partir tous les membres de la famille royale qui restaient encore en Espagne.

Murat reconnu lieutenant-général du royaume.

Mai 1808.

ments du prince des Asturies, et, reprenant dans sa correspondance avec Napoléon son langage habituel, il lui écrivit que toute la force de résistance des Espagnols s'était épuisée dans la journée du 2 mai, qu'on n'avait qu'à désigner le roi destiné à l'Espagne, et que ce roi régnerait sans obstacle. Dans plus d'une lettre il avait déjà dit, comme un fait qu'il citait sans y ajouter aucune réflexion, que les Espagnols, impatients de sortir de leurs longues et pénibles anxiétés, s'écriaient souvent : Courons chez le grand-duc de Berg, et proclamons-le roi.— Dans ces folles illusions, il y avait quelque chose de vrai cependant. A prendre un roi français, Murat était celui que sa renommée militaire, sa bonne grâce, sa jactance méridionale, sa présence à Madrid, auraient fait accepter le plus facilement par le peuple espagnol.

Effet produit à Bayonne par la journée du 2 mai.

Les nouvelles de Madrid arrivèrent le 5 mai à Bayonne, à quatre heures de l'après-midi. En les recevant, Napoléon y vit sur-le-champ le moyen de produire la secousse dont il avait besoin pour terminer cette espèce de négociation entamée avec les princes d'Espagne. Il se rendit auprès de Charles IV, la dépêche de Murat à la main, et montra plus d'irritation qu'il n'en éprouvait de ces Vêpres siciliennes dont on avait voulu faire l'essai à Madrid. Il aimait fort ses soldats; mais, quand il en sacrifiait dix ou vingt mille dans une journée, il n'était pas homme à en regretter une centaine pour un aussi grand intérêt que la conquête du trône d'Espagne. Néanmoins il simula l'irritation devant ces vieux souverains, qui furent fort effrayés de voir en colère celui dont ils dépendaient. On fit appeler les infants, et à leur tête Ferdinand VII. Aussitôt entrés dans l'appartement de leurs parents, ils furent apostrophés par le père, par la mère avec une extrême violence. — Voilà donc ton ouvrage! dit Charles IV à Ferdinand VII.... le sang de mes sujets a coulé; celui des soldats de mon allié, de mon ami, le grand Napoléon, a coulé aussi. A quels ravages n'aurais-tu pas exposé l'Espagne si nous avions affaire à un vainqueur moins généreux! Voilà les conséquences de ce que toi et les tiens avez fait pour jouir quelques jours plus tôt d'une couronne que j'étais aussi pressé que toi de placer sur ta tête. Tu as déchaîné le peuple, et personne n'en est plus maître aujourd'hui. Rends, rends cette couronne trop pesante pour toi, et donne-la à celui qui seul est capable de la porter. — En proférant ces paroles, le vieux roi, condamné à une si affligeante comédie, agitait une canne à pomme d'or, sur laquelle il s'appuyait ordinairement à cause de ses infirmités, et il sembla aux yeux de tous les assistants qu'il en menaçait son fils. — Le père avait à peine achevé que la vieille reine, celle-ci avec une colère qui n'était pas jouée, se précipita sur Ferdinand, l'accabla d'injures, lui reprocha d'être un mauvais fils, d'avoir voulu détrôner son père, d'avoir désiré le meurtre de sa mère, d'être faux, perfide, lâche, sans entrailles... En essuyant toutes ces apostrophes, Ferdinand VII, immobile, les yeux fixés à terre, avec une sorte d'insensibilité stupide, ne répondait rien, ne témoignait rien, et souffrait tout. Plusieurs fois sa mère l'interpellant, s'approchant de lui, le

Mai 1808.

Scène entre Charles IV et Ferdinand VII en présence de Napoléon.

menaçant de la main, lui dit : Te voilà bien, tel que tu as toujours été! Lorsque ton père et moi voulions t'adresser quelques exhortations dans ton intérêt même, tu te taisais, en ne répondant à nos conseils que par le silence et la haine... Mais réponds donc à ton père, à ta mère, à notre ami, à notre protecteur, le grand Napoléon. — Et le prince, toujours insensible, se taisait, affirmant seulement qu'il n'était pour rien dans les désordres du 2 mai. Napoléon, embarrassé, presque confus d'une scène pareille, quoiqu'elle amenât la solution désirée, dit à Ferdinand d'un ton froid, mais impérieux, que si, le soir même, il n'avait pas résigné la couronne à son père, on le traiterait en fils rebelle, auteur ou complice d'une conspiration qui, dans les journées des 17, 18 et 19 mars, avait abouti à priver de la couronne le souverain légitime. Il se retira ensuite pour attendre à Marac le prince de la Paix, afin de conclure avec lui un arrangement définitif, sous l'impression des événements de Madrid.

— Quelle mère! quel fils! s'écria-t-il en rentrant à Marac, et en s'adressant à ceux qui l'entouraient. Le prince de la Paix est certainement très-médiocre; eh bien! il était pourtant encore le personnage le moins incapable de cette cour dégénérée. Il leur avait proposé la seule idée raisonnable, idée qui aurait pu amener de grands résultats si elle avait été exécutée avec courage et résolution : c'était d'aller fonder un empire espagnol en Amérique, d'aller y sauver et la dynastie et la plus belle partie du patrimoine de Charles-Quint. Mais ils ne pouvaient rien faire de noble ou d'élevé. Les vieux parents par inertie, le fils par trahison, ont ruiné ce dessein, et les voilà se dénonçant les uns les autres à la puissance de laquelle ils dépendent! — Puis Napoléon parla long-temps, grandement, avec une rare éloquence, sur ce vaste sujet de l'Amérique, de l'Espagne, de la translation des Bourbons dans l'empire des Indes. Après avoir jugé les autres il se jugea lui-même, car il ajouta ces paroles : Ce que je fais ici, d'un certain point de vue, n'est pas bien, je le sais. Mais la politique veut que je ne laisse pas sur mes derrières, si près de Paris, une dynastie ennemie de la mienne. —

Mai 1808.

Le soir le prince de la Paix vint à Marac, et les résultats que Napoléon poursuivait par des moyens si regrettables furent consignés dans le traité suivant, signé du prince de la Paix lui-même et du grand-maréchal Duroc.

Arrangement définitif conclu par l'intermédiaire du prince de la Paix.

Charles IV, reconnaissant l'impossibilité où il était, lui et sa famille, d'assurer le repos de l'Espagne, cédait la couronne, dont il se déclarait seul possesseur légitime, à Napoléon, pour en disposer comme il conviendrait à celui-ci. Il la cédait aux conditions suivantes :

1° Intégrité du sol de l'Espagne et de ses colonies, dont il ne serait distrait aucune partie;

2° Conservation de la religion catholique comme culte dominant, à l'exclusion de tout autre ;

3° Abandon à Charles IV du château et de la forêt de Compiègne pour sa vie, et du château de Chambord à perpétuité, plus une liste civile de 30 millions de réaux (7,500,000 francs) payés par le Trésor de France;

4° Traitement proportionné à tous les princes de la famille royale.

Ferdinand VII était rentré chez lui, éclairé enfin sur sa situation et sur la ferme volonté de Napoléon, non pas de l'intimider seulement, mais de le détrôner. Ses conseillers étaient détrompés aussi. Parmi eux, un seul, le chanoine Escoïquiz, quoiqu'il ne fût pas le moins honnête, donna pourtant à son jeune maître un conseil peu digne : c'était d'accepter la couronne d'Étrurie, pour que Ferdinand restât roi quelque part, et lui, Escoïquiz, directeur de quelque roi que ce fût. Les autres, avec plus de raison, pensèrent que ce serait déclarer à l'Espagne qu'il n'y avait plus à s'occuper de Ferdinand, puisqu'il acceptait une couronne étrangère en dédommagement de celle qui lui était arrachée. Ne rien accepter qu'une pension alimentaire leur semblait indiquer à l'Espagne qu'il avait été violenté, qu'il protestait contre la violence, qu'enfin il pensait toujours à l'Espagne, que par conséquent elle devait toujours penser à lui.

Ferdinand VII signa donc à son tour un traité par lequel Napoléon lui assurait le château de Navarre en toute propriété, un million de revenu, plus quatre cent mille francs pour chacun des infants, moyennant leur renonciation commune à la couronne d'Espagne.

Deux châteaux, et dix millions par an, étaient le prix auquel devait être payée, tant au père qu'aux enfants, la magnifique couronne d'Espagne; prix bien modique, bien vulgaire, mais auquel il fallait ajouter un terrible complément, alors inaperçu : six ans d'une guerre abominable, la mort de plusieurs centaines de mille soldats, la division funeste des forces de l'Empire, et une tache à la gloire du conquérant! Napoléon, à qui l'aveuglement de la puissance dérobait les conséquences de ce funeste marché, se hâta d'en exécuter les conditions. Le succès lui rendant sa générosité naturelle, il donna des ordres pour traiter avec tous les égards possibles la famille qui venait de tomber sous les coups de sa politique, comme tant d'autres tombaient sous les coups de son épée. Il chargea le prince Cambacérès du soin de recevoir les vieux souverains, et, en attendant qu'on eût achevé à Compiègne les dispositions nécessaires, il voulut qu'ils allassent faire à Fontainebleau un premier essai de l'hospitalité française, dans un lieu qui devait plus qu'aucun autre plaire à Charles IV. Il leur ménageait la compagnie du vieux et doux archichancelier, comme plus conforme à leur humeur. C'était du reste la première nouvelle qu'il donnait des affaires d'Espagne à ce grave personnage, n'osant plus lui parler de projets qui ne pouvaient supporter les regards d'un politique aussi sage que dévoué. Quant aux jeunes princes, il leur assigna le château de Valençay pour résidence, en attendant que celui de Navarre fût prêt, et pour compagnie celle d'un personnage aussi fin que dissipé, le prince de Talleyrand, devenu depuis peu propriétaire de ce même château de Valençay par un acte de la munificence impériale. Napoléon lui écrivit la lettre qui suit, car Napoléon exécutait avec la douceur des mœurs du dix-neuvième siècle une politique digne de la fourberie du quinzième.

Mai 1808.

Départ de Charles IV pour Fontainebleau, et de Ferdinand VII pour Valençay.

« AU PRINCE DE BÉNÉVENT.

» Bayonne, le 9 mai 1808.

» Le prince des Asturies, l'infant don Antonio,
» son oncle, l'infant don Carlos, son frère, partent
» mercredi d'ici, restent vendredi et samedi à Bor-
» deaux, et seront mercredi à Valençay. Soyez-y
» rendu lundi au soir. Mon chambellan de Tournon
» s'y rend en poste, afin de tout préparer pour les
» recevoir. Faites en sorte qu'ils aient là du linge
» de table et de lit, de la batterie de cuisine..... Ils
» auront huit ou dix personnes de service d'hon-
» neur, et le double de domestiques. Je donne
» l'ordre au général qui fait les fonctions de premier
» inspecteur de la gendarmerie, à Paris, de s'y
» rendre, et d'organiser le service de surveillance.
» Je désire que ces princes soient reçus sans éclat
» extérieur, mais honnêtement et avec intérêt, et
» que vous fassiez tout ce qui sera possible pour les
» amuser. Si vous avez à Valençay un théâtre, et
» que vous fassiez venir quelques comédiens, il n'y
» aura pas de mal. Vous pourriez y amener madame
» de Talleyrand avec quatre ou cinq dames. Si le
» prince des Asturies s'attachait à quelque jolie
» femme, cela n'aurait aucun inconvénient, surtout
» si on en était sûr. J'ai le plus grand intérêt à ce
» que le prince des Asturies ne commette aucune
» fausse démarche. Je désire donc qu'il soit amusé
» et occupé. La farouche politique voudrait qu'on
» le mît à Bitche ou dans quelque château-fort; mais
» comme il s'est jeté dans mes bras, qu'il m'a pro-
» mis de ne rien faire sans mon ordre, et que tout

» va en Espagne comme je le désire, j'ai pris le
» parti de l'envoyer dans une campagne, en l'en-
» vironnant de plaisirs et de surveillance. Que ceci
» dure le mois de mai et une partie de juin, les
» affaires d'Espagne auront pris une tournure, et je
» verrai alors le parti que je prendrai.

» Quant à vous, votre mission est assez honorable :
» recevoir chez vous trois illustres personnages pour
» les amuser est tout à fait dans le caractère de la
» nation et dans celui de votre rang. »

Mai 1808.

Charles IV quitta la frontière d'Espagne avec un profond serrement de cœur, car il disait adieu à sa terre natale, au trône et à des habitudes qui avaient toujours fait son bonheur, celui du moins qu'il était capable de goûter. Toutefois les agitations populaires dont il avait entendu le premier retentissement l'avaient tellement troublé, les divisions intestines de sa famille l'avaient abreuvé de tant d'amertume, qu'il se consolait de sa chute à l'idée de trouver en France la sécurité, le repos, une opulente retraite, des exercices religieux, et les belles chasses de Compiègne. Sa vieille épouse, désespérée de perdre le trône, avait aussi plus d'un dédommagement : la vengeance, la présence assurée du prince de la Paix, et de riches revenus. Ferdinand VII, qui avait passé d'un stupide aveuglement à une véritable terreur, était plein de regrets, et on n'imaginerait pas quel en était l'objet! il regrettait d'avoir envoyé à la junte de gouvernement, en réponse aux questions de celle-ci, l'ordre secret de convoquer les cortès, de soulever la nation, et de faire aux Français une guerre acharnée. Il craignait que l'exécution de cet

Dispositions
d'esprit
dans
lesquelles
Charles IV et
Ferdinand VII
quittent
l'Espagne.

Mai 1808.

ordre, irritant Napoléon, ne mît en péril sa propre personne, sa dotation et la terre de Navarre. Il envoya un nouveau messager pour recommander à la junte une extrême prudence, et lui prescrire de ne faire aucun acte qui pût indisposer les Français. Il ne s'en tint pas même à cette précaution. A peine était-il sur la route de Valençay qu'il écrivit à Napoléon pour lui demander l'une de ses nièces en mariage, et, n'oubliant pas son précepteur Escoïquiz, il réclama pour lui la confirmation de deux grâces royales qu'il lui avait accordées en succédant à son père, et qui consistaient, l'une dans le grand cordon de Charles III, l'autre dans la qualité de conseiller d'État. On voit que les victimes de l'ambition de Napoléon se chargeaient elles-mêmes de détruire chez lui tout remords, et chez le public tout intérêt.

Napoléon donne à son frère Joseph la couronne d'Espagne, et à son beau-frère Murat la couronne de Naples.

Napoléon, maître de la couronne d'Espagne, se hâta de la donner. Cette couronne, la plus grande, après la couronne de France, de toutes celles dont il avait eu à disposer, lui parut devoir appartenir à son frère Joseph, actuellement roi assez paisible et assez considéré du royaume de Naples. Napoléon était conduit dans ce choix par l'affection d'abord, car il préférait Joseph à ses autres frères; puis par un certain respect de la hiérarchie, parce que Joseph était l'aîné d'entre eux, et enfin par confiance, car il en avait plus en lui que dans tous les autres. Il croyait Jérôme dévoué, mais trop jeune; Louis honnête, mais tellement aigri par la maladie, les querelles domestiques, l'orgueil, qu'il le regardait comme capable des déterminations les plus fâcheuses. Quant à Joseph, tout en lui reprochant beaucoup de vanité et de mollesse, il le jugeait sensé, doux et très-attaché à sa personne, et il ne voulait confier qu'à lui l'important royaume placé si près de France. Ce choix ne fut pas la moindre des fautes commises dans cette fatale affaire d'Espagne. Joseph ne pouvait pas être avant deux mois rendu à Madrid, et ces deux mois allaient décider de la soumission ou de l'insurrection de l'Espagne. Il était faible, inactif, peu militaire, hors d'état de commander et d'imposer aux Espagnols. C'est Murat, qui était à Madrid, qui plaisait aux Espagnols; qui, par la promptitude de ses résolutions, était homme à déconcerter l'insurrection prête à naître; qui, par l'habitude de commander l'armée en l'absence de Napoléon, savait se faire obéir des généraux français : c'est Murat qu'il aurait fallu charger de contenir et de gagner les Espagnols. Mais Napoléon n'avait confiance qu'en ses frères: il voyait dans Murat un simple allié; il se défiait de sa légèreté et de l'ambition de sa femme, quoiqu'elle fût sa propre sœur; et il ne voulut lui accorder que le royaume de Naples.

Mai 1808.

Il écrivit donc à Joseph : « Le roi Charles, par le
» traité que j'ai fait avec lui, me cède tous ses droits
» à la couronne d'Espagne..... C'est à vous que je
» destine cette couronne. Le royaume de Naples
» n'est pas ce qu'est l'Espagne; c'est onze millions
» d'habitants, plus de cent cinquante millions de
» revenus, et la possession de toutes les Amériques.
» C'est d'ailleurs une couronne qui vous place à
» Madrid, à trois journées de la France, et qui

Lettre par laquelle Napoléon offre à Joseph la couronne d'Espagne.

Mai 1808.

» couvre entièrement une de ses frontières. A Ma-
» drid vous êtes en France; Naples est le bout du
» monde. Je désire donc qu'immédiatement après
» avoir reçu cette lettre, vous laissiez la régence à
» qui vous voudrez, le commandement des troupes
» au maréchal Jourdan, et que vous partiez pour
» vous rendre à Bayonne par le plus court chemin
» de Turin, du Mont-Cénis et de Lyon... Gardez du
» reste le secret; on ne s'en doutera que trop... » etc.

Telle était la manière simple et expéditive avec laquelle se donnaient alors les couronnes, même celle de Charles-Quint et de Philippe II.

De quelle manière Napoléon offre à Murat la couronne de Naples.

Napoléon écrivit à Murat pour l'informer de ce qui venait de se passer à Bayonne, lui annoncer le choix qu'il avait fait de Joseph pour régner en Espagne, la vacance du royaume de Naples, laquelle, ajoutée à celle du royaume de Portugal (car le traité de Fontainebleau disparaissait avec Charles IV), laissait l'option entre deux trônes vacants. Napoléon, dans ces mêmes dépêches, offrit à Murat l'un ou l'autre à son gré, en l'engageant néanmoins à préférer celui de Naples, car les projets maritimes qu'il méditait devant lui assurer la Sicile, ce royaume serait comme autrefois de 6 millions d'habitants. Il lui enjoignit, en attendant, de s'emparer à Madrid de toute l'autorité, de s'en servir avec la plus grande vigueur, de faire part à la junte de gouvernement, aux conseils de Castille et des Indes, des renonciations de Charles IV et de Ferdinand VII, et d'exiger de ces divers corps qu'ils lui demandassent Joseph Bonaparte comme roi d'Espagne.

Douloureuse

On se ferait difficilement une idée de la surprise

et de la douleur de Murat en apprenant le choix, pourtant si naturel, auquel Napoléon venait de s'arrêter. Le commandement des armées françaises dans la Péninsule, converti bientôt en lieutenance-générale du royaume, lui avait paru un présage certain de son élévation au trône d'Espagne. Le renversement de ses espérances fut pour lui un coup qui ébranla profondément son âme et même sa forte constitution, comme on en verra bientôt la preuve. La belle couronne de Naples, que Napoléon faisait briller à ses yeux, fut loin de le dédommager, et ne lui sembla qu'une amère disgrâce. Il s'abstint néanmoins, tant il était soumis à son tout-puissant beau-frère, de lui en témoigner aucun mécontentement; mais en lui répondant il garda sur ce sujet un silence qui prouvait assez ce qu'il sentait, et il laissa voir à M. de Laforêt, qui avait conquis toute sa confiance, les sentiments douloureux dont il était plein. M. de Laforêt, ancien ministre à Berlin, venait de lui être envoyé en remplacement de M. de Beauharnais, frappé d'une révocation imméritée pour les gaucheries qu'il avait commises, et qui étaient inévitables dans la position où il se trouvait, eût-il été plus habile.

Toutefois Murat avait encore une chance, c'est que Joseph n'acceptât pas la couronne d'Espagne, ou que les difficultés mêmes de la transmission à un prince placé loin de Madrid, et n'ayant pas dans les mains les rênes de l'administration espagnole, portassent Napoléon à changer d'avis. Il se remit donc de sa pénible émotion, conçut un reste d'espérance, et travailla sincèrement à l'exécution des ordres qu'il

Mai 1808.

Impression de Murat en voyant passer à un autre la couronne d'Espagne.

Mai 1808.

Sentiment de la junte de gouvernement et des Espagnols éclairés, après les événements de Bayonne.

avait reçus. La junte de gouvernement, que ne présidait plus don Antonio, et qui s'était accrue, comme on l'a vu, de quelques membres du conseil de Castille et des Indes, était naturellement attachée à Ferdinand VII, car les hommes qui la composaient étaient Espagnols de cœur; mais ils étaient irrésolus, et ne savaient quel parti prendre dans l'intérêt de leur pays. Comme Espagnols, il leur en coûtait fort de renoncer à l'ancienne dynastie qui depuis un siècle régnait sur l'Espagne, et qui était identifiée avec le pays autant que si elle était descendue directement de Ferdinand et d'Isabelle. Cet attachement chez eux se fortifiait de toute l'énergie des passions du peuple, qui, excité par la haine de l'étranger, par celle du favori Godoy, voyant dans Ferdinand VII la victime de l'un et de l'autre, tendait partout à s'insurger. Mais ils étaient retenus par la crainte qu'éprouvaient tous les hommes éclairés de voir, si on résistait aux Français, l'Espagne servir de champ de bataille aux armées européennes, une populace fanatique et barbare entrer en lice au grand dommage des honnêtes gens, les colonies enfin secouer le joug de la métropole, et peut-être ouvrir les bras aux Anglais. Tel était le conflit de sentiments qui faisait hésiter la junte, et agitait le cœur de tout Espagnol comprenant et aimant les intérêts de son pays. Quand l'âme est incertaine, la conduite l'est aussi. La junte, et avec elle les classes éclairées, devaient donc, dans ces graves occurrences, jouer un rôle équivoque et faible. En recevant les renonciations de Charles IV et de Ferdinand VII, et les déclarations par lesquelles ces princes déliaient les Espagnols de leur serment de fidélité, les membres de la junte, tout en croyant que la force avait arraché ces renonciations, furent disposés à fléchir devant une destinée supérieure. Les récentes recommandations de Ferdinand VII, qui les engageait à s'abstenir de tout acte imprudent, achevèrent de les confirmer dans cette disposition. Toutefois ils eurent un moment de pénible incertitude quand la réponse aux questions antérieures de la junte, demandant s'il fallait se réunir ailleurs qu'à Madrid, convoquer les cortès, et faire aux Français une guerre nationale, leur parvint par un messager secret, qui avait mis beaucoup de temps à traverser les Castilles. La première réponse à ces questions avait été affirmative, comme on s'en souvient, et datée du 5 mai au matin, un peu avant la scène qui avait eu lieu chez le vieux roi Charles IV, et qui avait décidé les renonciations. Après mûre réflexion, les membres de la junte, considérant que ce qui s'était passé depuis entre le père et le fils avait changé tout à fait l'état des choses, amené Ferdinand VII à se démettre de la royauté, et à conseiller lui-même la prudence, crurent ne devoir tenir aucun compte d'ordres annulés par des résolutions postérieures. Ils se montrèrent donc devant Murat tout à fait résignés, prêts à obéir à ses commandements et à reconnaître le roi que leur donnerait Napoléon. Ceux notamment qui par conviction ou intérêt adoptaient l'idée d'un changement de dynastie, le marquis de Caballero par exemple, étaient disposés à servir activement la nouvelle royauté, surtout si c'était Murat, qu'ils connaissaient, qui devait en être investi.

Mai 1808.

Résignation de la junte de gouvernement aux résolutions de Bayonne, et aux recommandations secrètes de Ferdinand VII.

40.

Mai 1808.

Difficultés que rencontre Murat pour faire demander, par les autorités espagnoles, Joseph Bonaparte comme roi.

Murat cependant avait autre chose qu'un concours passif à réclamer de leur part. Il avait ordre de faire surgir du sein de la junte et des conseils de Castille et des Indes la demande formelle de Joseph Bonaparte comme roi d'Espagne. C'était trop pour la faiblesse des uns, pour les calculs intéressés des autres. Laisser tomber les droits de la maison de Bourbon, sans prendre la responsabilité du changement de dynastie, était tout ce qu'on pouvait attendre d'eux. Se compromettre pour un prince nouveau, à la condition de le faire sous ses yeux, et d'acquérir ainsi toute sa faveur, aurait pu convenir aux ambitieux; mais il ne leur convenait pas de se compromettre pour un prince absent, inconnu, qui n'était pas témoin de l'ardeur qu'on mettait à le servir.

Murat trouva donc tous les courages glacés, quand il proposa à la junte de se concerter avec les conseils de Castille et des Indes pour appeler Joseph Bonaparte au trône d'Espagne. Les uns ne cachèrent pas leurs craintes, les autres leur peu de zèle pour les intérêts d'un roi absent. Il y avait là de quoi flatter les secrets penchants de Murat, car il était évident que l'initiative des autorités espagnoles eût été plus facile à obtenir s'il se fût agi de lui, soit parce qu'il plaisait, soit parce qu'il était sur les lieux. Il n'en insista pas moins beaucoup, et vivement, auprès des autorités espagnoles, pour leur arracher ce qu'il avait mission d'en obtenir.

Les conseils de Castille et des Indes, qui sous quelques rapports répondaient, comme nous l'avons dit, à ce qu'étaient autrefois en France les parlements, avaient toujours recherché les occasions d'étendre leur compétence. Cette fois, loin de viser à l'étendre, ils en firent valoir au contraire les étroites limites, en se récriant contre la prétention qu'on voulait leur suggérer de toucher aux droits du trône, et de décider si une dynastie avait mérité d'en descendre, et une autre d'y monter. Cependant, après de nombreuses et actives négociations, dont le marquis de Caballero fut l'intermédiaire, les conseils de Castille et des Indes aboutirent à une déclaration portant que, dans le cas où Charles IV et Ferdinand VII auraient définitivement renoncé à leurs droits, le souverain qu'ils croyaient le plus capable de faire le bonheur de l'Espagne serait le prince Joseph Bonaparte, qui régnait avec tant de sagesse dans une partie de l'ancien patrimoine espagnol, dans le royaume de Naples. Ainsi les conseils ne prenaient pas sur eux de prononcer sur les droits de Ferdinand VII et de Charles IV, mais se bornaient, en cas de vacance bien reconnue du trône, à témoigner une préférence, qui n'était après tout qu'une marque de haute considération pour l'un des princes les plus estimés de la famille Bonaparte.

Murat manda ce résultat à Napoléon, sans lui dissimuler les peines qu'il avait eues à l'obtenir, et les difficultés particulières que rencontrait un candidat absent. Il était facile d'apercevoir qu'il éprouvait une sorte de satisfaction en voyant s'élever contre la candidature du prince Joseph des objections qui pouvaient faire renaître la sienne. Napoléon, qui n'avait pas coutume de le ménager, ne voulut pas toutefois l'irriter dans un moment où il avait tant

Mai 1808.

Déclaration équivoque obtenue des conseils de Castille et des Indes.

besoin de son zèle, et se contenta d'adresser à M. de Laforêt la plus violente et la moins juste des réprimandes, lui disant qu'on l'avait placé auprès du prince Murat pour lui donner de bons et sages avis, non pour flatter ses penchants; que les hésitations qu'on rencontrait à Madrid ne provenaient que de la faiblesse avec laquelle on avait agi auprès des autorités espagnoles; que le grand-duc de Berg se berçait de l'espoir de régner sur l'Espagne, et que sa conduite s'en ressentait; que c'était là une illusion qu'il fallait détruire chez lui, car personne en Espagne ne songeait à le prendre pour roi; qu'on n'oublierait jamais qu'il avait été l'auteur de toute la trame qui venait d'aboutir à la dépossession de la famille déchue, et le général qui avait commandé la mitraillade du 2 mai; qu'un prince étranger à tous ces actes, sur lequel ne pèserait aucun souvenir d'intrigue ou de rigueur, serait bien mieux reçu, et que la récompense des services rendus par le prince Murat serait dans le royaume de Naples, destiné à devenir vacant par le succès même de ce qu'on faisait à Madrid. Cette réprimande, adressée à M. de Laforêt afin qu'il en arrivât quelque chose à Murat, était pour ce dernier un triste prix de la complaisance qu'il avait mise à seconder une odieuse machination : triste prix, disons-nous, mais très-mérité, car c'est ainsi que doivent être traités tous ceux qui prêtent leur concours à de coupables desseins.

Après avoir fait parvenir son mécontentement à Murat par cette voie indirecte, Napoléon pensa qu'en attendant la proclamation définitive de la dynastie nouvelle, il fallait employer les quelques semaines qui allaient s'écouler à préparer la réorganisation administrative de l'Espagne. Il voulut s'excuser aux yeux des hommes politiques de tous les pays de l'acte qu'il venait de commettre, par un emploi merveilleux des ressources de l'Espagne, et aucun homme, il faut le reconnaître, n'était plus capable que lui de racheter, par la manière de régner, un forfait commis pour régner. Les projets qu'il forma, et que l'Espagne déjoua par une résistance fanatique et généreuse, furent des plus vastes, des mieux combinés qu'il eût jamais conçus de sa vie.

Il commença d'abord par se faire envoyer à Bayonne tous les documents dont disposait l'administration espagnole relativement aux finances, à l'armée, à la marine. On en trouvait bien peu; car, ainsi que nous l'avons dit ailleurs, les finances étaient un secret du ministre des finances, créature du prince de la Paix. La distribution de l'armée et de la marine, leur situation, leurs ressources, leurs besoins, restaient des faits locaux, que l'on connaissait à peine dans l'administration centrale à Madrid. Quand Murat demanda pour l'Empereur un état de la marine, on lui présenta un annuaire imprimé. Mais Napoléon n'était pas homme à se contenter de pareils documents. Il fit adresser à MM. O'Farrill, ministre de la guerre, et d'Azanza, ministre des finances, principaux personnages de la junte, des marques d'estime, et même des prévenances flatteuses qui pouvaient leur faire espérer une grande faveur sous le nouveau règne, et leur demanda immédiatement un travail approfondi sur

Mai 1808.

Napoléon cherche à racheter l'usurpation de la couronne d'Espagne par une habile réorganisation de ce royaume.

Mai 1808.

toutes les parties du service. Il ordonna d'envoyer sur-le-champ des ingénieurs dans tous les ports, des officiers auprès des principaux rassemblements de troupes, pour avoir des documents positifs et récents sur chaque objet. Les Espagnols n'étaient pas habitués à une telle activité, à une précision si rigoureuse; mais ils s'émurent enfin sous l'impulsion de cette puissante volonté, dont Murat leur transmettait à chaque courrier la nouvelle expression, et ils envoyèrent à Napoléon un tableau de l'état de la monarchie, tableau que nous avons déjà fait connaitre. Chose singulière, en demandant ces documents, Napoléon disait à Murat : Il me les faut d'abord pour les mesures que j'ai à ordonner; il me les faut ensuite pour apprendre un jour à la postérité dans quelle situation j'ai trouvé la monarchie espagnole. — Ainsi lui-même sentait qu'il aurait besoin, pour se justifier, de montrer l'état dans lequel il avait trouvé l'Espagne, et celui dans lequel il espérait la laisser. La Providence vengeresse ne voulait lui accorder que la moitié de cette justification.

Premier secours d'argent accordé à l'Espagne.

Le premier, le plus urgent besoin de l'Espagne était celui de l'argent. Murat n'avait pas de quoi fournir le prêt aux troupes, ni de quoi envoyer dans les ports les fonds indispensables pour mettre quelques bâtiments à la mer. Ferdinand VII avait pu disposer à son avénement de sommes en métaux, lesquelles appartenaient, soit à la caisse de consolidation, soit au prince de la Paix, et qu'on avait arrêtées au moment où la vieille cour allait partir pour l'Andalousie. Il les avait employées à faire quelques largesses, et, ce qui valait mieux, à payer aux rentiers de l'État un à-compte, dont ils avaient grand besoin, et qu'ils attendaient depuis bien des mois. Après cet emploi, il n'était rien resté. Murat aux abois, réduit à puiser pour ses dépenses personnelles dans la caisse de l'armée française, avait fait connaître à Napoléon cet état désespéré des finances, et demandé instamment un secours pécuniaire, comptant sur les richesses que la victoire avait mises dans les mains de Napoléon. Mais celui-ci, craignant de dissiper un trésor qu'il destinait à récompenser l'armée en cas de prospérité soutenue, ou à créer de grandes ressources défensives en cas de revers, lui avait d'abord répondu qu'il n'avait point d'argent, réponse qu'il faisait toujours quand on s'adressait à lui, à moins qu'il ne s'agît d'œuvres de bienfaisance. S'étant bientôt aperçu que l'Espagne était encore plus dénuée qu'il ne l'avait supposé, il revint sur son refus, et se décida à la secourir, ce qui était une première punition d'avoir voulu s'en emparer. Cependant il ne voulait pas laisser voir sa main, même en accordant un bienfait, car il savait qu'on se hâterait peu de s'acquitter si on croyait n'avoir que lui pour créancier. Il imagina donc de faire prêter à l'Espagne cent millions de réaux (25 millions de francs), par la Banque de France, sur les diamants de la couronne d'Espagne, que Charles IV, d'après ses engagements, avait dû laisser à Madrid. Les principaux de ces diamants ne s'étant pas retrouvés, par suite de l'enlèvement qu'en avait fait la vieille reine, Napoléon n'en conclut pas moins cette opération financière, à des conditions raisonnables, qu'il obtint

Mai 1808.

Secours de 25 millions accordé à l'Espagne, en se cachant derrière la Banque de France.

Mai 1808.

d'autant plus facilement de la Banque, qu'elle n'était qu'un prête-nom du trésorier de l'armée. Il fut secrètement stipulé avec le gouverneur de la Banque que Napoléon fournirait les fonds, courrait toutes les chances du prêt, mais qu'elle agirait avec toute la précaution et l'exigence d'un créancier opérant pour lui-même. Afin de ne pas perdre de temps, Napoléon fit verser sur-le-champ plusieurs millions au trésor de l'Espagne, au moyen des valeurs métalliques qu'il avait réunies à Bayonne. Son active prévoyance abrégeait ainsi les délais ordinairement attachés à toutes les transactions.

Avec ce premier secours, d'autant plus efficace qu'il était en argent et non en valès royaux (papier créé sous le prince de la Paix, et perdant 50 pour cent), il donna un premier à-compte aux fonctionnaires publics et à l'armée ; mais il réserva la presque totalité des ressources en métal pour le service des ports, service qu'il tenait plus qu'aucun autre à ranimer.

Distribution prévoyante de l'armée espagnole.

Quoiqu'il ne prévît pas une insurrection générale de l'Espagne, surtout d'après ce qu'écrivait sans cesse Murat, Napoléon se défiait pourtant de l'armée. Il en ordonna une distribution qui, exécutée à temps, aurait prévenu bien des malheurs. Il avait d'abord voulu qu'on écartât de Madrid les troupes du général Solano, et qu'on les dirigeât sur l'Andalousie. Il renouvela cet ordre, mais prescrivit d'en envoyer une partie au camp de Saint-Roch, devant Gibraltar, une autre en Portugal, afin de les employer sur les côtes, où elles devaient être plus utiles que dangereuses quand elles seraient en présence des Anglais. Il ordonna de porter sur-le-champ la première division du général Dupont de l'Escurial à Tolède, de Tolède à Cordoue et Cadix, pour aller protéger la flotte de l'amiral Rosily, qui était devenue le plus grand sujet de ses soucis depuis que le changement de dynastie était connu. Il avait enjoint en même temps de porter la seconde division du général Dupont à Tolède, pour qu'elle fût prête à soutenir la première; la troisième, à l'Escurial, pour qu'elle fût prête à soutenir les deux autres. Il fit en outre diverses dispositions afin de renforcer le général Dupont. Il ajouta à sa première division une forte artillerie, deux mille dragons et quatre régiments suisses servant en Espagne. Il avait fait annoncer à ces derniers qu'il les prendrait à sa solde, et leur accorderait exactement les mêmes conditions que celles dont ils jouissaient en Espagne, ne doutant pas d'ailleurs qu'ils fussent plus fiers de servir Napoléon que Ferdinand VII. Mais il ajoutait, en écrivant à Murat, que si les Suisses étaient dans un *courant d'opinion française*, ils se conduiraient bien, et mal s'ils étaient dans un *courant d'opinion espagnole*. En conséquence il ordonna de réunir à Talavera les deux régiments de Preux et de Reding, lesquels avaient fait partie de la garnison de Madrid, pour les placer sur la route du général Dupont, qui devait les recueillir en passant. Il commanda de rassembler à Grenade les deux régiments suisses qui étaient à Carthagène et à Malaga, d'où ils devaient rejoindre le général Dupont en Andalousie. Il prescrivit en outre au général Junot de diriger sur les côtes du Portugal les troupes espagnoles, d'en retirer

Mai 1808.

Mouvement sur Tolède et Cordoue ordonné au corps du général Dupont.

les troupes françaises, et de porter deux divisions de celles-ci, l'une vers la haute Castille à Almeida, l'autre vers l'Andalousie à Elvas. Le général Dupont devait donc contenir l'Andalousie, avec dix mille Français de sa première division, quatre ou cinq mille de la division envoyée par le général Junot, et cinq mille Suisses. Les Espagnols réunis au camp de Saint-Roch devaient se joindre à lui, et protéger en commun les intérêts du nouvel ordre de choses contre les Anglais et les mécontents espagnols. La flotte de l'amiral Rosily n'avait dès lors plus rien à craindre.

Napoléon ordonna encore l'envoi aux Baléares, à Ceuta et à tous les présides d'Afrique, d'une grande partie des troupes espagnoles du Midi, afin de bien garder ces points importants contre toute attaque des Anglais, et d'avoir dans ce moment le moins possible de troupes espagnoles sur le continent de l'Espagne. Il en fit acheminer une division vers le nord, c'est-à-dire vers le Ferrol, pour une expédition aux colonies dont on va bientôt voir l'importance et l'objet. Enfin il prescrivit à Murat de disposer un certain nombre de celles qui étaient aux environs de Madrid, sur la route des Pyrénées, pour les préparer peu à peu à passer en France, sous prétexte d'aller partager la gloire de la division Romana, dans une expédition de Scanie contre les Anglais et les Suédois. Même disposition fut prescrite pour les gardes du corps, qui avaient témoigné tant de haine au prince de la Paix, tant d'amour à Ferdinand VII, et que par ce motif on devait fort suspecter. Une campagne au Nord, à côté de l'armée française, était l'appât qu'on avait à leur offrir, en leur donnant ainsi à choisir entre cette mission glorieuse et leur licenciement. Il était impossible assurément d'imaginer une distribution plus habile; car les troupes espagnoles dispersées sur les côtes de la Péninsule, en Afrique, en Amérique et dans le nord de l'Europe, placées partout sous la surveillance de l'armée française, ne pouvaient pas être à craindre. Malheureusement il devait être donné bientôt à l'élan unanime d'un grand peuple de déjouer les plus profondes combinaisons du génie.

Mai 1808.

Vinrent ensuite les dispositions relatives à la marine. Le premier soin de Napoléon, dans ce premier moment, fut de garantir les colonies espagnoles des dangers d'un soulèvement, de se rattacher ainsi le cœur des Espagnols en sauvegardant l'intérêt qui les touchait le plus, et d'exalter leur imagination en réalisant enfin les vastes projets maritimes qu'il méditait depuis Tilsit, mais auxquels avait manqué jusqu'ici le temps d'abord, et en second lieu la franche coopération de l'Espagne.

Importantes mesures relatives à la marine espagnole.

Napoléon commença par ordonner des communications multipliées tant avec les colonies françaises qu'avec les colonies espagnoles. Pour cela il fit partir de France, de Portugal, d'Espagne, de petits bâtiments portant des proclamations remplies des plus séduisantes promesses, des écrits émanés de toutes les compagnies de commerce confirmant ces proclamations, des commissaires chargés de les répandre, enfin des secours en armes et munitions de guerre, dont les derniers événements de Buenos-Ayres avaient révélé l'urgent besoin. Tous les colons en effet

Expédition de petits bâtiments aux colonies espagnoles et françaises, pour leur porter les publications réclamées par les circonstances.

avaient manifesté le plus grand zèle à défendre la domination espagnole, et il ne leur avait manqué que des armes pour rendre ce zèle efficace. Napoléon, qui non-seulement ordonnait tout, mais se faisait lui-même l'exécuteur de ses ordres dans les lieux où il se trouvait, avait déjà recherché à Bayonne, port d'où l'on commerçait alors beaucoup avec les colonies espagnoles, les moyens de communiquer avec l'Amérique. Il avait découvert une espèce de bâtiment, très-petit, très-fin voilier, coûtant très-peu à construire, presque imperceptible en mer, à cause de sa faible voilure, et pouvant échapper à toutes les croisières ennemies. Il en fit expédier un qui existait déjà, et en fit mettre six sur chantier, sous le nom de *mouches*, pour les envoyer dans l'Amérique espagnole, chargés d'armes et de communications pour les autorités. Un mois suffisait à leur construction. Il avait donc la certitude d'en avoir bientôt un assez grand nombre tout prêts à partir.

Il avait constaté par des renseignements recueillis à Cadix, que ce port était le meilleur pour les expéditions lointaines, parce que les bâtiments en se jetant à la côte d'Afrique, et la descendant jusqu'à la région des vents alisés, n'avaient plus à doubler aucun des caps espagnols où se tenaient ordinairement les croisières ennemies. Il voulut qu'on expédiât immédiatement de ce port une multitude de petits bâtiments, porteurs comme les autres de proclamations et de matériel de guerre.

Après ces soins pour rendre fréquentes les communications avec les colonies, il s'occupa d'y envoyer des forces considérables. Il commanda des armements au Ferrol, à Cadix, à Carthagène. Une partie de l'emprunt accordé à l'Espagne devait être consacrée à cet objet, et procurer le double résultat de réjouir les yeux des Espagnols par le spectacle d'une grande activité maritime, et de préparer des expéditions capables de sauver leurs possessions coloniales. Il y avait au Ferrol deux vaisseaux et deux frégates en état de prendre la mer. Il ordonna de radouber immédiatement deux autres vaisseaux, d'armer ces six bâtiments, de les charger d'armes et de munitions de guerre, et de les tenir prêts à recevoir trois ou quatre mille soldats espagnols acheminés en ce moment sur le Ferrol. Cette expédition était destinée au Rio de la Plata; et comme il avait suffi de quelques centaines d'hommes sous les ordres d'un officier français, M. de Liniers, pour expulser les Anglais de Buenos-Ayres, et d'une centaine de Français à Caracas pour déjouer les tentatives de l'insurgé Miranda, il y avait lieu d'espérer que l'envoi d'un tel secours suffirait pour mettre les vastes possessions de l'Amérique du Sud à l'abri de toute tentative.

A Cadix il existait depuis long-temps six vaisseaux armés. Napoléon ordonna de les pourvoir de tout ce qui leur manquait en vivres, en équipages, et d'ajouter cinq autres vaisseaux, que les ressources de ce port, si on avait de l'argent, permettaient de radouber, d'armer et d'équiper. Cadix contenait encore cinq vaisseaux français et plusieurs frégates sous l'amiral Rosily, restes glorieux, comme nous l'avons dit, du désastre de Trafalgar, et aussi bien organisés que les meilleurs vaisseaux anglais. Na-

Mai 1808.

Organisation d'une flotte de dix-huit vaisseaux à Cadix.

poléon voulut renforcer cette division de deux autres vaisseaux, au moyen d'une combinaison fort ingénieuse, et fort avantageuse à l'Espagne. Il envoya, sur les fonds du Trésor de France, l'avance nécessaire pour la construction de deux vaisseaux neufs, lesquels devaient être mis sur chantier à Carthagène, port où l'on construisait plus habituellement, tandis que dans celui de Cadix on réservait les bois au radoub des flottes armées. En retour de cette avance, l'Espagne devait prêter à la France le *Santa-Anna* et le *San-Carlos*, deux trois-ponts magnifiques, qui lui seraient rendus après l'achèvement des deux vaisseaux construits à Carthagène. Napoléon prescrivit au bataillon des marins de la garde, fort de six à sept cents hommes, qui avait suivi les détachements de la garde en Espagne, de se rendre à Cadix à la suite du général Dupont. Outre ces six ou sept cents marins excellents, l'amiral Rosily pouvait bien sans affaiblir son escadre en détacher trois ou quatre cents, que le général Dupont lui remplacerait en jeunes conscrits de ses bataillons, et avec ces moyens il devenait facile d'équiper les deux nouveaux vaisseaux empruntés à l'arsenal de Cadix. On devait donc avoir tout de suite à Cadix sept vaisseaux français, cinq ou six espagnols, ce qui faisait douze ou treize, et, avec les cinq espagnols dont l'armement était ordonné, un total de dix-huit, employés, comme on le verra bientôt, à l'exécution des plus grands desseins.

A Carthagène, la mise sur chantier de deux vaisseaux neufs pour le compte de la France allait ranimer les constructions et ramener les ouvriers

BAYONNE.

dispersés. Il était sorti de ce port une escadre de
six vaisseaux pour se rendre à Toulon. Il en restait
deux capables de naviguer. Napoléon ordonna de les
armer immédiatement, et d'y ajouter quelques frégates. Il enjoignit à la flotte de Carthagène, réfugiée
à Mahon, de se rendre à Toulon, ou de revenir à
Carthagène. Revenue à Carthagène, elle devait, avec
les deux vaisseaux qu'on allait armer, y présenter
une division de huit vaisseaux. — Donnez-vous la
gloire, écrivait Napoléon à Murat, d'avoir, pendant
votre courte administration, ranimé la marine espagnole. C'est le meilleur moyen de nous rattacher
les Espagnols, et de motiver honorablement notre
présence chez eux. —

Mai 1808.

en était sortie d'y rentrer ou de se rendre à Toulon.

Maintenant il faut voir comment ces préparatifs,
propres à réveiller l'activité dans les ports de l'Espagne, allaient concourir avec les forces navales
déjà créées dans toute l'étendue de l'empire français.
Nous avons dit que le projet de Napoléon était de
disposer dans tous les ports de l'Europe, depuis le
Sund jusqu'à Cadix, depuis Cadix jusqu'à Toulon,
depuis Toulon jusqu'à Corfou et Venise, des flottes
complétement équipées, et à côté de ces flottes des
camps, que le retour de la grande armée permettrait
de composer des plus belles troupes, afin de ruiner,
de désespérer l'Angleterre par la possibilité toujours menaçante d'immenses expéditions pour tous
les pays, la Sicile, l'Égypte, Alger, les Indes, l'Irlande, l'Angleterre elle-même. C'est le cas de montrer où en étaient ces projets, et ce qu'ils allaient
devenir par la réunion de l'Espagne et de la France
sous une même autorité.

Mai 1808.

Vicissitudes et résultats de l'expédition de Sicile.

L'expédition de Corfou, destinée principalement pour la Sicile, avait eu bien des contre-temps à surmonter, mais avait dominé la Méditerranée pendant deux mois, du 10 février au 10 avril. L'amiral Ganteaume, parti, comme on l'a vu, de Toulon le 10 février, avec les deux divisions de Toulon et de Rochefort, formant dix vaisseaux, deux frégates, deux corvettes, une flûte, avait essuyé dans la nuit du 11 une horrible tempête. Son escadre dispersée n'avait pu se rallier. Avec le vaisseau à trois ponts le *Commerce de Paris*, et la division de Rochefort, il avait tenu la mer, doublé la Sicile, et paru en vue de Corfou, où il était entré le 23. De son côté, le contre-amiral Cosmao, avec quatre vaisseaux, deux frégates et deux flûtes, avait longtemps battu les mers de Sicile pour rejoindre l'amiral, avait ensuite gagné le cap Sainte-Marie, rendez-vous qui lui était assigné à l'extrémité de la terre d'Otrante, et, au lieu d'entrer à Corfou, où il aurait trouvé le reste de la flotte, s'était retiré dans le golfe de Tarente, sur le faux bruit de l'approche d'une escadre anglaise. L'amiral Ganteaume, sorti le 25 février de Corfou pour rallier la division Cosmao, ballotté par une affreuse tourmente de dix-neuf jours, avait enfin rencontré son lieutenant le 13 mars, et ramené ses dix vaisseaux, ses deux frégates, ses deux corvettes, et l'une de ses deux flûtes à Corfou. Il y avait versé des munitions et des vivres en quantité considérable, et porté la garnison à six mille hommes. Il s'apprêtait à pénétrer dans le détroit de Messine, pour opérer le passage des troupes françaises en Sicile, lorsqu'un avis de Joseph était venu l'informer que l'amiral anglais Stracham était à Palerme avec dix-sept vaisseaux; il avait alors pris le parti de retourner à Toulon, laissant à Corfou ses frégates fraîchement armées, et ramenant la *Pomone* et la *Pauline*, qui avaient épuisé leurs ressources et usé leur armement par leur séjour prolongé dans cette île. Accueilli par les mauvais temps de l'équinoxe, il n'avait rejoint Toulon que le 10 avril.

Cette expédition de deux mois, quoique fort contrariée par le temps, avait néanmoins causé une vive satisfaction à Napoléon, et il avait voulu qu'on prodiguât les plus pompeux éloges à l'amiral et à ses officiers dans toutes les feuilles de l'Empire. Il en avait conclu qu'avec un peu plus de hardiesse et de pratique ses amiraux pourraient tenter de grandes choses. Il ordonna sur-le-champ de radouber les dix vaisseaux de l'amiral Ganteaume, qui étaient pourvus d'excellents équipages et de deux bons officiers, les contre-amiraux Cosmao et Allemand, de mettre à la mer l'*Austerlitz*, le *Breslaw*, le *Donauwerth*, et d'y adjoindre deux vaisseaux russes réfugiés à Toulon, dont il avait stipulé le concours avec le gouvernement de Russie. Il décréta une nouvelle levée de marins sur les côtes de Provence, de Ligurie, de Toscane et de Corse, avec une adjonction de conscrits, pour armer les trois vaisseaux neufs l'*Austerlitz*, le *Breslaw*, le *Donauwerth*. Il ordonna d'équiper en flûte plusieurs frégates et vieux bâtiments, de manière à pouvoir embarquer 20 mille hommes et 800 chevaux. L'arrivée de la division espagnole de Carthagène, si elle se rendait des

Mai 1808.

Nouvelle organisation de la flotte de Toulon.

Baléares à Toulon, devait y augmenter d'un tiers ou d'un quart les moyens de transport.

Nous venons de parler des préparatifs commandés à Carthagène et à Cadix. Le général Junot avait trouvé à Lisbonne deux vaisseaux en état de prendre la mer, et un vaisseau sur chantier sur le point d'être lancé. Napoléon lui avait envoyé quelques officiers et quelques marins, et lui avait prescrit d'enrôler les matelots danois, portugais, espagnols, qui se trouvaient sans emploi à Lisbonne, pour équiper les trois vaisseaux portugais. Cette division française, réunie à celle de l'amiral russe Siniavin, forte de neuf vaisseaux, devait ainsi s'élever à douze.

A Rochefort, Napoléon avait remplacé la division Allemand au moyen de trois vaisseaux mis à l'eau, et d'un quatrième lancé plus récemment. A Lorient, il avait une division de trois vaisseaux neufs, plus le *Vétéran* qui allait y rentrer, avec des frégates et des flûtes. Il fit préparer dans ce port des moyens d'embarquement pour quatre à cinq mille hommes. A Brest, il restait de l'ancienne flotte sept vaisseaux en bon état. Il ordonna d'y joindre des frégates, des vaisseaux armés en flûte, n'ayant qu'une batterie pourvue de ses canons, et pouvant, sur un très-petit nombre de bâtiments, porter au loin douze mille hommes. L'amiral Villaumez devait commander cette escadre.

Enfin il existait déjà huit vaisseaux neufs descendus d'Anvers à Flessingue, sans compter une douzaine d'autres en construction, dont quelques-uns prêts à être lancés. Napoléon ordonna de détacher de Boulogne une partie des équipages de la flottille, organisés en bataillons de marins, servant tour à tour à terre ou à la mer, et très-capables de remonter sur des vaisseaux de haut bord. La flottille, réduite à ce que la rade de Boulogne pouvait facilement contenir, était encore assez considérable pour transporter 80 mille hommes en deux ou trois traversées. Au Texel, le roi Louis avait huit vaisseaux tout prêts, et des détachements de troupes hollandaises.

Napoléon avait ainsi 42 vaisseaux français déjà armés et équipés, plus 20 espagnols déjà armés ou près de l'être, 10 hollandais, 14 russes dans les ports de France, 12 russes dans l'Adriatique, plus un ou deux appartenant au Danemark. Il se flattait d'avoir construit encore 35 vaisseaux à la fin de l'année, dont 12 à Flessingue, 1 à Brest, 5 à Lorient, 5 à Rochefort, 1 à Bordeaux, 1 à Lisbonne, 4 à Toulon, 1 à Gênes, 1 à la Spezzia, 3 ou 4 à Venise. Ces 35 vaisseaux étaient construits aux deux tiers. Toutes ces constructions terminées, il devait posséder ainsi 131 vaisseaux de ligne, et son projet était de placer 7 mille hommes au Texel, 25 mille à Anvers, 80 mille à Boulogne, 30 mille à Brest, 10 mille entre Lorient et Rochefort, 6 mille Espagnols au Ferrol, 20 mille Français autour de Lisbonne, 30 mille autour de Cadix, 20 mille autour de Carthagène, 25 mille à Toulon, 15 mille à Reggio, 15 mille à Tarente. Avec 131 vaisseaux de ligne et 300 mille hommes environ, toujours prêts à s'embarquer sur un point ou sur un autre, on devait causer aux Anglais une continuelle épouvante.

En attendant que ce grand développement de

Mai 1808.

nécessaire aux Anglais pour faire face aux moyens préparés par Napoléon.

forces fût achevé, Napoléon calculait que les Anglais devraient avoir 10 vaisseaux dans la Baltique pour veiller sur les Russes et les opérations de la Finlande, 8 pour observer les flottes préparées au Texel et aux bouches de la Meuse, 24 pour opposer aux 8 ou 10 de Flessingue, aux 7 de Brest, aux 4 de Lorient, aux 3 de Rochefort; 4 pour opposer à l'expédition du Ferrol, 12 à l'armement de Lisbonne, 20 à l'armement de Cadix, 22 ou 24 à l'armement de Toulon, ce qui exigeait un total de 102 vaisseaux, sans compter les forces nécessaires en Amérique, dans les Indes, et dans toutes les mers du globe. C'était un effort ruineux pour la Grande-Bretagne, si on la condamnait à le continuer pendant deux ou trois années.

Nouveau projet d'une expédition en Égypte et dans l'Inde.

Napoléon cependant ne voulait pas se borner à une simple menace, quelque inquiétante et coûteuse qu'elle pût être pour la Grande-Bretagne, et il entendait tirer de ces immenses préparatifs deux résultats immédiats : une expédition dans l'Inde et une en Égypte, double projet qui attirait toute son attention dès qu'elle cessait d'être fixée sur le détroit de Calais. Il avait, suivant sa coutume, ordonné d'ajouter aux divisions armées en guerre des moyens de transport consistant en vieux vaisseaux et en vieilles frégates armés en flûte, et permettant de porter beaucoup de monde et de vivres sans traîner après soi un trop grand nombre de voiles. Il avait ainsi de quoi embarquer 12 mille hommes à Brest, 4 ou 5 mille à Lorient, 3 mille à Rochefort, les uns et les autres pourvus de six mois de vivres. Il existait à Toulon des moyens d'embarquement pour 20 mille hommes avec trois mois de vivres. Il avait ordonné à Cadix de semblables préparatifs pour 20 mille hommes, mais pour une époque moins rapprochée.

Mai 1808.

Profitant de l'incertitude dans laquelle se trouverait l'Angleterre menacée sur tous les points à la fois, l'expédition de Lorient devait partir la première, pour porter à l'île de France les 4 ou 5 mille hommes qu'elle pouvait embarquer. Si elle arrivait, c'était un renfort d'hommes, de munitions, de forces navales, qui allait faire de l'île de France un poste formidable pour le commerce des Indes. L'expédition de Brest devait partir la seconde. Si elle arrivait aussi à l'île de France, le général Decaen, avec une force de 16 à 17 mille hommes, et une escadre puissante, était en mesure de renverser ou d'ébranler au moins l'empire britannique dans les Indes. Un peu après l'amiral Ganteaume enfin devait porter 20 mille hommes ou en Sicile, ou en Égypte, tandis que la flotte de Cadix serait en mesure de le suivre dans l'une de ces directions. Le moins qu'il pût résulter de ces tentatives combinées, ce serait dans l'Océan le ravitaillement de nos colonies, dans la Méditerranée la conquête d'un point important, et dans l'une et l'autre mer, un tel trouble pour l'amirauté anglaise qu'elle ne pourrait rien tenter contre les colonies espagnoles.

Tandis qu'il discutait avec opiniâtreté ces divers plans, soit avec le ministre Decrès, soit avec les amiraux chargés du commandement, et qu'il en ordonnait l'ensemble ou en rectifiait les détails d'après l'avis des hommes pratiques, Napoléon dans

Courses de Napoléon autour de Bayonne pour s'enquérir de beaucoup de détails ses moments de loisir montait lui-même à cheval, pour courir le long de la mer, visiter l'embouchure de l'Adour, et recueillir de ses propres yeux beaucoup d'informations relatives à la marine. Depuis qu'il était dans les Landes, et qu'il avait vu gisant sur le sol de magnifiques bois de pins et de chênes, qui pourrissaient faute de moyens de transport, il s'était promis de vaincre la nature à force d'art. *Le cœur me saigne*, écrivait-il à M. Decrès, en voyant périr inutilement des bois si précieux et si rares. Il ordonna d'abord de transporter une partie de ces bois à Mont-de-Marsan, par les eaux de l'Adour, puis de préparer des attelages de bœufs pour les traîner jusqu'à Langon, et les faire descendre ensuite par la Garonne jusqu'à Bordeaux et La Rochelle. Ce mode de transport étant fort coûteux, il s'obstina à faire construire à Bayonne même, pour employer le reste des bois du pays. La barre qui obstrue le fleuve formait le seul obstacle. Elle ne donnait que quatorze pieds d'eau à marée haute. Ce n'était pas assez pour un vaisseau de soixante-quatorze, échantillon que Napoléon voulait construire dans ce port. Il imagina des travaux qui devaient reculer la barre de quelques centaines de toises, et procurer tout de suite un fond de vingt ou trente pieds, parce qu'en s'éloignant la mer devenait extrêmement profonde, et que la barre descendait en proportion. Il fit venir des ingénieurs de Hollande, afin de discuter et d'arrêter avec eux ces divers travaux. Puis il adopta plusieurs projets pour envoyer aux colonies des recrues, des farines, dont elles manquaient, et en rapporter des sucres, des cafés, dont elles ne savaient que faire. Il commença par offrir aux armateurs du commerce une certaine somme par tonneau pour le transport des munitions et des hommes. Leur exigence s'étant élevée trop haut, il décida le départ de corvettes et de frégates, qui devaient porter des recrues, des farines, et rapporter des denrées coloniales pour le compte de l'État. A *des circonstances extraordinaires il faut*, disait-il, *des moyens extraordinaires;* le pire serait de ne rien faire, car les colonies mourraient de faim à côté de leurs barriques de sucre et de café, et nous manquerions de ces denrées si précieuses à côté de nos farines ou de nos salaisons invendues.

En ce moment il venait d'arriver à Bayonne un certain nombre d'Espagnols considérables, choisis par ordre de Napoléon dans les diverses provinces de l'Espagne pour composer une junte. Ils avaient répondu à son appel, les uns parce qu'ils étaient convaincus que, pour le bonheur de leur patrie, pour lui épargner une guerre dévastatrice, pour sauver ses colonies et assurer sa régénération, il fallait se rattacher à la dynastie Bonaparte; les autres, parce qu'ils étaient attirés par l'intérêt, par la curiosité, par la sympathie qu'inspire un homme extraordinaire. Cependant le mouvement insurrectionnel qui avait éclaté à Madrid le 2 mai, s'était communiqué dans plusieurs provinces à la fois, en Andalousie à cause de son éloignement des troupes françaises, en Aragon à cause de l'esprit national de cette province frontière, dans les Asturies à cause d'un vieux sentiment d'indépendance propre à cette région inaccessible. Là le sentiment des gens éclairés était

Mai 1808.

Moyen nouveau de porter des vivres aux colonies, et d'en rapporter des denrées coloniales.

Formation d'une junte à Bayonne.

Tendance à l'insurrection dans quelques-unes des provinces espagnoles.

vaincu par le sentiment du peuple, moins touché par les considérations politiques que par l'attentat commis contre une dynastie nationale. Dans ces provinces on n'avait ni pu ni osé nommer des députés à la junte de Bayonne. Le gouvernement de Madrid y avait suppléé en les nommant lui-même. Quelques-uns, bien que portés à se rendre à Bayonne, craignaient toutefois d'y aller; car il y avait une idée qui commençait à se répandre universellement, c'est que quiconque faisait le voyage de Bayonne n'en revenait plus. Une sorte de terreur populaire et superstitieuse s'était emparée des esprits. Les troupes qu'on avait voulu diriger vers les Pyrénées, et notamment les gardes du corps, avaient obstinément refusé d'obéir; ce qui était fâcheux, car c'étaient autant de forces laissées à l'insurrection. Napoléon, averti par Murat de cette disposition des esprits, avait renvoyé pour quelques jours MM. de Frias, de Medina-Celi et quelques autres personnages considérables, afin de montrer qu'on pouvait revenir de Bayonne quand on y était allé.

On touchait à la fin de mai, et l'esprit public s'altérait visiblement en Espagne, surtout par le retard à proclamer le nouveau roi. Murat demandait avec instance qu'on en finît, pour décider d'abord une question qui n'avait pas cessé de le préoccuper beaucoup, et ensuite pour prévenir une plus grande altération dans les sentiments des Espagnols. Napoléon, qui devinait parfaitement les motifs personnels de son beau-frère, et qui ne pouvait pas faire arriver plus tôt la réponse qu'il attendait de Naples, lui avait écrit de la manière la plus dure; et Murat agité de mille soucis, de mille espérances, tour à tour conçues ou abandonnées, bourrelé par les reproches injustes de Napoléon, avait fini par succomber tant au climat qu'à ses propres émotions. Il avait été atteint d'une fièvre presque mortelle, qui mettait ses jours en péril, et persuadait aux basses classes que le lieutenant de Napoléon venait d'être frappé par la Providence. Ce n'était pas un médiocre inconvénient que cette superstition populaire, et cette subite disparition de l'autorité du lieutenant-général dans les circonstances actuelles.

Enfin Napoléon apprit dans les premiers jours de juin, après trois semaines d'attente, l'acceptation et l'arrivée de Joseph, qui n'avait pu, à cause des distances, ni répondre ni arriver plus tôt. Le 6 juin, veille de son arrivée, Napoléon se décida à le proclamer roi d'Espagne, afin qu'il pût paraître à Bayonne en cette qualité, et y recevoir immédiatement les hommages de la junte. En conséquence Napoléon rendit un décret dans lequel, s'appuyant sur les déclarations du conseil de Castille, il proclamait Joseph Bonaparte roi d'Espagne et des Indes, et garantissait au nouveau souverain l'intégrité de ses États d'Europe, d'Afrique, d'Amérique et d'Asie. Le 7 juin Napoléon alla à sa rencontre, sur la route de Pau, et l'accabla de démonstrations tout à la fois sincères et calculées, car il l'aimait, et voulait en même temps lui donner crédit aux yeux de la junte. Joseph était enivré de sa grandeur, et inquiet aussi des difficultés qu'il entrevoyait, difficultés dont la révolte des Calabres pouvait déjà lui faire présager une partie. Comme tous les parvenus il était beaucoup moins heureux que ne le suppose la jalouse envie. Il recevait presque avec effroi ce royaume d'Espagne, que Murat désirait jusqu'à en mourir; et dans ces perpléxités il se laissait aller à regretter le doux royaume de Naples, qui ne suffisait pas à consoler la douleur de Murat! Étrange scène, qui n'était pas la moins singulière de celles que devait offrir cette famille, placée un moment par un grand homme dans la région des fables, pour retomber ensuite dans la région des réalités, de toute la hauteur des trônes les plus élevés de la terre.

Dès que Joseph fut arrivé, Napoléon lui présenta les personnages les plus considérables d'Espagne qu'il avait successivement attirés à Bayonne, ou à titre de membres de la junte, ou à titre d'hommes importants, qu'il voulait connaître, et que sa désignation seule flattait assez pour qu'ils y vinssent. Joseph avait dans le visage quelque chose de la beauté de Napoléon, moins la parfaite régularité, moins le regard, moins enfin ce qui accusait, dans le vainqueur de Rivoli et d'Austerlitz, la présence de César ou d'Alexandre. Il y suppléait par une extrême douceur, et par une certaine grâce mêlée d'un peu de hauteur empruntée. Les frères de Napoléon avaient contracté auprès de lui l'habitude de parler d'armées, de diplomatie, d'administration, et le faisaient assez bien pour n'être pas trop déplacés dans les rôles extraordinaires que l'auteur de leur fortune les appelait à jouer. Aucun d'ailleurs n'était dépourvu d'esprit. Devant ces grands d'Espagne, vains de leur grandeur, mais ignorants, déjà séduits par la présence de Napoléon, Joseph, par beaucoup de prévenances, et l'étalage de quelques connaissances acquises à Naples, sut plaire et inspirer confiance dans sa capacité. Bientôt, comme la servilité est contagieuse, la plupart des Espagnols appelés autour de lui se mirent à vanter ses vertus, même à y croire. Les ducs de San Carlos, de l'Infantado, del Parque, de Frias, de Hijar, de Castel-Franco, les comtes de Fernand Nuñez, d'Orgaz, le fameux Cevallos lui-même, si ennemi des Français, avaient déjà été conduits à penser que l'intérêt bien entendu de l'Espagne voulait qu'on se soumît à la nouvelle dynastie, ce qui était vrai assurément. MM. O'Farrill, ministre de la guerre, d'Azanza, ministre des finances, appelés à Bayonne, avaient été amenés à la même conviction; ce qui de leur part était beaucoup plus naturel, car ils n'étaient pas hommes de cour, mais hommes d'affaires, point astreints à la fidélité domestique, et tenus seulement de chercher en politique le plus grand bien de leur pays. Pour de tels hommes il ne pouvait pas y avoir de doute sur l'avantage de remplacer l'ancienne dynastie par la nouvelle. Après avoir approché Napoléon d'ailleurs, ils furent pénétrés d'admiration, et oublièrent presque les procédés employés à l'égard de la famille détrônée. Ils promirent de servir le nouveau roi. En attendant l'arrivée de Joseph, Napoléon avait préparé avec les Espagnols présents à Bayonne un projet de Constitution accommodé au temps et aux mœurs de l'Espagne. Il fut convenu que dans un local, celui de l'ancien évêché de Bayonne, disposé pour cet usage, on rassemblerait

Juin 1808.

Joseph sur les Espagnols qu'on lui présente.

Juin 1808.

Cérémonie solennelle pour la reconnaissance de Joseph par les Espagnols présents à Bayonne.

Constitution donnée à l'Espagne.

la junte, reconnaîtrait le roi, discuterait la Constitution, pour lui donner les apparences d'une adoption libre et volontaire. Ce qui avait été convenu fut exécuté avec une précision toute militaire. Joseph était arrivé le 7 juin. Le 15 la junte fut convoquée sous la présidence de M. d'Azanza, ministre des finances de Ferdinand VII, destiné à le devenir de Joseph Bonaparte, et digne de l'être de tout roi éclairé. M. d'Urquijo remplissait les fonctions de secrétaire. Après quelques discours d'apparat, répétant tous qu'il fallait recevoir de la main de Napoléon un membre de cette dynastie miraculeuse envoyée sur la terre pour régénérer les trônes, et que ce membre était Joseph Bonaparte, on lut le décret impérial qui proclamait Joseph roi d'Espagne et des Indes; puis on se rendit auprès de lui pour lui offrir les hommages de la nation espagnole, dont malheureusement on représentait les lumières, mais non les passions. Après Joseph on alla visiter Napoléon, et remercier le puissant bienfaiteur auquel on croyait devoir le plus bel avenir.

Les jours suivants on lut le projet de Constitution, et on présenta sur ce projet quelques observations dont il fut tenu compte. Il était modelé sur la Constitution de France, sauf quelques modifications appropriées aux mœurs de l'Espagne, et contenait les dispositions qui suivent :

Une royauté héréditaire, transmissible de mâle en mâle, par ordre de primogéniture, reversible de la branche de Joseph à celles de Louis et de Jérôme; ne pouvant jamais être réunie à la couronne de France, ce qui assurait l'indépendance de l'Espagne;

Un sénat, composé de vingt-quatre membres, chargé, comme celui de France, de veiller à la Constitution, pourvu aussi de la faculté de protéger la liberté de la presse et la liberté individuelle, au moyen d'une commission déclarant les cas dans lesquels l'une ou l'autre de ces libertés avait pu être violée;

Une assemblée des cortès, comprenant, sous le nom de *banc du clergé*, vingt-cinq évêques désignés par le roi; sous le nom de *banc de la noblesse*, vingt-cinq grands d'Espagne désignés par le roi, 62 députés des provinces d'Espagne et des Indes, 30 députés des grandes villes, 15 commerçants notables, 15 lettrés ou savants représentant les universités et les académies, tous élus par ceux qu'ils devaient représenter, laquelle assemblée, réunie au moins tous les trois ans, discutait les lois, et arrêtait pour trois ans la recette et la dépense;

Une magistrature inamovible, rendant la justice d'après les formes de la législation moderne, sous la juridiction suprême d'une haute Cour, qui n'était autre que le conseil de Castille, conservé sous le titre de Cour de cassation;

Enfin un conseil d'État, régulateur suprême de l'administration, à l'exemple de celui de France.

Telle fut la Constitution de Bayonne, qui, assurément, était appropriée et aux mœurs de l'Espagne et à l'état de son éducation politique. On n'y avait parlé ni de l'inquisition, ni du clergé, ni des droits de la noblesse, car il ne fallait éloigner aucune classe de la nation. On laissait à la législation le soin de tirer plus tard toutes les conséquences des principes posés dans cet acte, qui contenait en germe la régénération de l'Espagne.

La Constitution étant achevée, une séance royale eut lieu le 7 juillet, dans le lieu consacré aux séances de la junte. Joseph, assis sur le trône, lut un discours où il exprimait les sentiments de dévouement avec lesquels il allait entreprendre le gouvernement de l'Espagne, et puis prêta serment à la nouvelle Constitution, la main posée sur les Évangiles. La junte, à son tour, prêta serment au roi et à la Constitution. De bruyantes acclamations accompagnèrent tous ces actes. On se rendit ensuite à Marac pour complimenter l'auteur trop obéi de toutes les choses du temps.

Il était urgent que Joseph allât prendre possession de son royaume. Déjà on disait que les Espagnols, animés par la vue du sang répandu le 2 mai à Madrid, indignés de la ruse avec laquelle la famille des Bourbons avait été attirée et spoliée à Bayonne, s'insurgeaient en Andalousie, en Aragon, dans les Asturies, et que la route que suivrait le nouveau roi serait à peine sûre. Il fallait partir pour aller relever Murat malade, atteint d'un délire continu, demandant à quitter un pays qui lui était devenu odieux, et où il ne pouvait rester sans péril pour sa vie.

Napoléon, dont les yeux commençaient à s'ouvrir, et qui ne voulait pas envoyer son frère chez une nation étrangère sans le faire respecter, avait préparé de nouvelles forces pour lui servir d'escorte. Déjà les réserves d'infanterie qu'il avait organisées à Orléans, les réserves de cavalerie qu'il avait réunies à Poitiers, étaient entrées sous les généraux Verdier et Lasalle, et formaient un corps d'armée qui occupait le centre de la Castille. Avec quelques vieux régiments tirés de la grande armée, il avait recomposé les camps des côtes, et de ces camps reformés il put tirer quatre beaux régiments, le 15ᵉ de ligne, et les 2ᵉ, 4ᵉ, 12ᵉ d'infanterie légère. Il y joignit des lanciers polonais, plus un superbe régiment de cavalerie levé par Murat dans le pays de Berg, et de ces divers corps il composa une division de vieilles troupes, au sein de laquelle Joseph dut s'avancer sur Madrid à petits pas, afin de donner aux soldats le temps de marcher, et aux Espagnols le temps de voir leur nouveau roi. La junte et tous les grands d'Espagne devaient l'accompagner en marchant du même pas.

Joseph partit le 9 juillet, escorté de vieux soldats, et précédé et suivi de plus de cent voitures que remplissaient les membres de la junte. Napoléon le conduisit jusqu'à la frontière de France, l'embrassa, et lui souhaita bon courage, sans lui dire tout ce qu'il entrevoyait déjà dans sa profonde intelligence. Le faible cœur de Joseph n'eût pas tenu à de pareilles révélations, bien que le génie de Napoléon, à demi éclairé sur l'avenir, ne vît pas encore la moitié des maux qui allaient découler de la grande faute commise à Bayonne.

Tels furent les moyens par lesquels Napoléon, obéissant à une idée systématique bien plus encore qu'aux affections de famille, car il avait de quoi pourvoir tous ses proches sans usurper la couronne d'Espagne, parvint à détrôner les derniers Bourbons régnant en Europe. Comme il ne pouvait, à cause de leur faiblesse, y employer la force, car il eût été ridicule de déclarer la guerre à Charles IV, il voulut y employer la ruse, et les faire fuir en leur faisant peur. L'indignation de l'Espagne ayant arrêté dans leur fuite ces malheureux Bourbons, il profita de leurs divisions de famille pour les attirer à Bayonne, par l'espérance d'une justice qu'il leur rendit comme le juge de la fable qui donnait l'écaille de l'huître aux plaideurs. Il fut entraîné ainsi de la ruse à la fourberie, et ajouta à son nom la seconde des deux taches qui ternissent sa gloire. Il lui restait pour l'absoudre le bien à faire à l'Espagne, et par l'Espagne à la France. La Providence ne lui réservait pas même ce moyen de se laver d'une perfidie indigne de son caractère.

Mais ne devançons pas la justice des temps. Les récits qui vont suivre montreront bientôt cette justice redoutable, sortant des événements eux-mêmes, et punissant le génie, qui n'est pas plus dispensé que la médiocrité elle-même de loyauté et de bon sens.

FIN DU LIVRE TRENTIÈME
ET DU TOME HUITIÈME.

NOTE DU LIVRE XXIX.

(VOIR PAGE 474.)

J'étonnerais beaucoup et le public et les historiens contemporains, qui prennent en général très-vite leur parti sur les questions douteuses, si je disais par quelles perplexités j'ai passé avant de me fixer sur les vrais projets de Napoléon à l'égard de l'Espagne. Comme il a fini par l'envahir et par la donner à son frère Joseph, on en a conclu qu'il a toujours voulu ce qu'il a exécuté en définitive, de même qu'il y a des gens qui croient de bonne foi que, parce qu'il s'est fait Empereur, il y songeait à l'armée d'Italie. N'avons-nous pas vu en effet des collecteurs de souvenirs chercher les premières traces de ses projets à l'école de Brienne? Moreau a fini par trahir la France en 1813; cela est certain. On ne se contente pas de faire remonter ses mauvaises dispositions civiques à la conspiration de Georges, à sa brouille avec le Premier Consul; on les fait remonter à la conspiration de Pichegru, et, l'esprit d'investigation aidant, jusqu'à l'école de Rennes, où il avait conçu, apparemment en étudiant le droit, le projet de livrer les armées françaises aux Autrichiens. Il n'y a pas de plus ridicule manière de juger les hommes. On se trompe ainsi et sur les individus eux-mêmes, et sur la marche de l'esprit humain, qui est lente et successive, et beaucoup plus souvent déterminée par les événements qu'elle n'a l'honneur de les déterminer. — Napoléon en 1808 a détrôné les Bourbons d'Espagne : quand l'a-t-il voulu? par quels moyens? Voilà des questions historiques de la plus grande difficulté, même lorsqu'on a eu tous les documents historiques sous les yeux. Je suis le seul historien qui les ait possédés tous, grâce aux communications que ma situation politique m'avait values, et j'ai été long-temps dans de grands doutes, qui n'ont cessé que par suite de découvertes, fruit de beaucoup de recherches, d'application et de bonheur. Je tiens à les raconter, pour l'édification du public et des hommes qui se font un devoir des recherches consciencieuses.

D'abord un mot sur les documents eux-mêmes. De tous les écrivains qui ont traité ces époques, pas un seul n'a possédé les vrais documents historiques. Tous ont composé des livres avec d'autres livres. Cela frappe à la simple lecture pour quelqu'un qui connaît les faits. M. de Toreno lui-même, dont l'ouvrage sur la révolution d'Espagne est remarquable par un véritable talent, et, ce qui vaut mieux encore, par un grand sens politique, n'a pas connu les documents. Il a composé son ouvrage sur les publications espagnoles et françaises, et sur beaucoup de traditions vivantes, recueillies dans son propre pays, lesquelles rendent son récit précieux sous quelques rapports. Parmi les auteurs français, un seul, M. Armand Lefevre, a eu l'avantage d'être introduit aux affaires étrangères. Il a touché à quelques documents certains. A-t-il pu, grâce à cette initiation, connaître la vérité? Une seule remarque suffira pour répondre à cette question. La correspondance des affaires étrangères consiste en quelques dépêches fort rares de M. de Champagny, et en dépêches très-nombreuses de M. de Beauharnais, ambassadeur de France à Madrid. Or, M. de Champagny, très-honnête homme, très-dévoué à l'Empereur, ne sut pas un mot de l'affaire d'Espagne. M. de Beauharnais, très-honnête homme, très-incapable, ne fut pris que pour jouer le personnage ridicule d'un ambassadeur, qu'on trompait, afin qu'il trompât mieux la cour auprès de laquelle il était accrédité. *Ne dites rien à Beauharnais.... Je n'ai rien dit à Beauharnais....* sont les paroles qui se trouvent sans cesse dans la correspondance de Napoléon et de ses agents en Espagne. Enfin, au moment de la catastrophe, Napoléon envoya M. de Laforêt pour seconder Murat, n'estimant pas qu'on pût se servir de M. de Beauharnais, et il disgracia ce dernier sans vouloir même l'entendre, ce qui était de toute injustice. La correspondance des affaires étrangères, quand on a eu l'avantage de la consulter, n'est donc elle-même qu'un insignifiant document sur les affaires d'Espagne. Mais alors, dira-t-on, où sont ces documents? Dans la correspondance de Napoléon avec les agents qu'il employa en cette circonstance. Ces agents furent, à Paris, MM. de Talleyrand et Duroc; à Madrid, Murat d'abord, puis le général Savary, le maréchal Bessières, le général comte de Lobau, M. de Tournon, M. le général Grouchy, M. de Monthyon, dont les rapports imprimés plus tard furent publiés autrement qu'ils n'avaient été écrits, enfin l'amiral Decrès, fort employé dans cette affaire à cause des colonies espagnoles. Ce furent là les vrais agents de l'Empereur, les seuls informés, et toujours partiellement, car chacun d'eux ne savait que ce qui le concernait, et conjecturait le reste en proportion de son esprit. Il y a une correspondance de tous ces personnages avec Napoléon, et de Napoléon avec eux, correspondance considérable et très-curieuse, qui est au Louvre, que seul j'ai lue, qui semblerait devoir tout éclaircir, et qui cependant ne m'a complétement édifié moi-même qu'après des efforts opiniâtres, tels que ceux qu'on fait sur certains passages des historiens de l'antiquité pour arriver à découvrir telle ou telle vérité historique. En général, quand j'ai lu la correspondance de Napoléon avec ses agents, elle est si claire, si nette, si positive, que je n'ai plus un doute sur les événements. Eh bien, après avoir lu celle qui est relative à l'Espagne, je suis demeuré long-temps dans les perplexités les plus embarrassantes. Je vais dire pourquoi. D'abord Napoléon flotta long-temps entre divers projets; et quand il fut fixé, il ne dit à personne ce qu'il voulait. Peut-être le dit-il au général Savary, mais au dernier moment, et sur un seul point, le voyage forcé de Ferdinand à Bayonne. Le 20 février, il avait vu Murat dans la journée sans lui rien dire, et il lui fit donner l'ordre par le ministre de la guerre de partir, lettre reçue, pour Bayonne. Il lui traça la marche de l'armée sur Madrid, n'ajouta pas un seul mot relatif à la politique, et lui défendit même de l'interroger. Le comte Lobau, M. de Tournon, envoyés comme observateurs, n'eurent pas une seule confidence. Et enfin, quand la révolution d'Aranjuez fut accomplie, l'Espagne se trouvant sans roi, car Charles IV avait abdiqué, et Ferdinand VII n'était pas reconnu, Napoléon envoya le général Savary avec une partie du secret, celle qui consistait à amener à Bayonne le père et le fils, de gré ou de force. Encore le même jour M. de Tournon partait-il de Paris avec une instruction toute contraire, publiée depuis à Sainte-Hélène, nullement apocryphe, bien réelle, et qui contredisait tout ce que Murat et le général Savary avaient ordre de faire, tout ce qu'ils ont fait effectivement. Se figure-t-on quelle difficulté ce doit être de découvrir, à travers toutes ces contradictions, à travers toutes ces dissimulations calculées, la vérité historique, et combien cette découverte, déjà si difficile quand on a eu les vrais documents, devient impossible quand on ne les a pas eus tous?

Je vais dire maintenant comment je suis arrivé à la vérité. En comparant entre eux tous les ordres donnés, non pas seulement aux agents de confiance, mais aux agents qui n'étaient que des instruments, en comparant les ordres politiques avec les ordres militaires, et non-seulement avec les ordres militaires, mais avec les ordres financiers même, en comparant ceux qui ont été donnés avec ceux qui ont été exécutés, et avec quelques demi-confidences faites au moment décisif, où il fallait enfin dire ce qu'on voulait pour être obéi, je suis parvenu avec beaucoup de patience à démêler la vérité, mais après des années de réflexions; et je dis des années, car il y a un point sur lequel je n'ai été fixé qu'après trois ans de recherches.

A présent que j'ai fait connaître la difficulté, je vais dire à quelles conclusions je suis parvenu, et comment j'y suis parvenu.

Que Napoléon ait de bonne heure conçu l'idée systématique de renverser les Bourbons dans toute l'Europe, cela est incontestable. Mais cette idée elle-même n'a commencé à naître dans son esprit qu'en 1806, après la trahison de la cour de Naples, et après le détrônement de cette cour prononcé au lendemain d'Austerlitz. Depuis, l'incapacité, l'avilissement sans cesse croissant de la cour d'Espagne, ses trahisons secrètes qu'on entrevoyait sans les connaître tout à fait, enfin la fameuse proclamation par laquelle le prince de la Paix appelait, la veille de la bataille d'Iéna, toute la nation espagnole aux armes, confirmèrent

Napoléon dans l'idée qu'il fallait faire subir aux Bourbons d'Espagne le même traitement qu'aux Bourbons de Naples. Mais à quel moment cette idée, d'abord générale et vague, devint-elle un projet arrêté? Voilà la première question. Par quels moyens cette idée, devenue un projet arrêté, dut-elle s'exécuter, car la cour d'Espagne n'était pas assez hardie pour fournir par une levée de boucliers le grief très-légitime qu'avait fourni la cour de Naples; par quels moyens, dis-je, l'idée une fois arrêtée, dut-elle s'exécuter, là est la seconde question et la plus difficile.

On a dit que, le lendemain de la proclamation du prince de la Paix, Napoléon conçut à Berlin même le projet de détrônement. La correspondance de Napoléon, qui révèle à chaque instant ses moindres impressions, fait foi du contraire. Après Iéna, il ne songea qu'à une immense guerre au Nord. L'idée générale de se débarrasser plus tard des Bourbons put se confirmer dans son esprit, mais le projet d'exécution ne prit pas même naissance. On a dit qu'à Tilsit Napoléon fut décidé à signer la paix par M. de Talleyrand, qui faisait valoir à ses yeux la nécessité d'en finir au Nord pour reporter son attention au Midi, c'est-à-dire en Espagne; qu'il fut même question avec l'empereur Alexandre du détrônement des Bourbons d'Espagne, et que ce détrônement fut consenti par Alexandre moyennant des sacrifices en Orient. Tout cela est faux. Napoléon fut décidé à traiter à Tilsit, par le sentiment de la difficulté; car 1807 ne fut autre chose qu'un 1812 heureux, heureux grâce à la qualité de l'armée à cette époque; mais de l'Espagne, il n'en fut pas même question. La correspondance secrète de M. de Caulaincourt est là pour l'attester, tout en effet fut nouveau pour Alexandre quand il apprit les événements de Madrid. On a donc calomnié la mémoire de ce prince en avançant cela. Napoléon voulut signer la paix continentale à Tilsit, parce qu'il trouvait le Niémen bien loin du Rhin; et il ne songea là qu'à une chose, à contraindre l'Angleterre à la paix maritime par l'union de tout le continent contre elle.

Revenu à Paris en juillet 1807, Napoléon ne s'occupa d'abord que d'administrer son empire, ce qu'il n'avait pas fait depuis un an, et ensuite de tirer les conséquences de la politique de Tilsit. En effet, tandis que le cabinet de Saint-Pétersbourg, chargé de la médiation, adressait à l'Angleterre cette question : Voulez-vous la paix ou la guerre, la paix avec tous, ou la guerre avec tous? Napoléon disposait toute chose pour forcer les États restés neutres à se déclarer contre l'Angleterre, dans le cas où elle se déciderait à continuer les hostilités. Ces États restés neutres étaient le Danemark, l'Autriche et le Portugal. Napoléon prépara une armée pour contraindre le Portugal. Mais sa correspondance, la nature de ses ordres prouvent qu'il ne songeait, à l'égard du Portugal, qu'à faire cesser la neutralité de celui-ci. Lorsqu'en août et septembre 1807 l'Angleterre, pour toute réponse à la question pressante de la Russie, répondit en brûlant Copenhague, le cri de guerre fut général contre elle, et alors seulement Napoléon songea à tirer parti de deux choses, la prolongation forcée de l'état de guerre, et l'indignation universelle excitée contre la Grande-Bretagne, indignation qui lui permettrait de tenter de son côté ce qu'il n'aurait jamais osé se permettre en d'autres temps.

Il somma d'abord le Portugal, qui laissa bientôt voir sa complicité secrète avec l'Angleterre, et il résolut de s'en emparer. Ne pouvant pas le posséder directement, il eut l'idée de le partager avec l'Espagne, moyennant la cession de la Toscane. C'est le moment (octobre 1807) où la question de la Péninsule tout entière fut visiblement soulevée dans son esprit, par la question du Portugal. Des mots échappés dans ses lettres, de premiers ordres montrent une pensée naissante, et naissante par suite des événements de Copenhague. C'est à ce même moment que les indignes scènes de l'Escurial aboutirent au projet insensé d'intenter un procès criminel au prince des Asturies, pour le faire déclarer déchu de ses droits à la couronne, et les transmettre on ne sait à qui, au prince de la Paix probablement, sous le titre de régent. Alors il ressort des ordres de Napoléon que les indignités de la cour d'Espagne furent une provocation pour son ambition; car, en calculant la marche des courriers d'après les vitesses de cette époque, on voit que c'est à la nouvelle même du procès de l'Escurial que commencèrent les mouvements de troupes, puisqu'un instant il alla jusqu'à prescrire de les faire partir en poste, ordre suspendu depuis lorsqu'il reçut à Paris la nouvelle du pardon royal accordé au prince des Asturies.

Amené par l'événement de Copenhague et l'obligation de continuer la guerre à prendre le Portugal, Napoléon eut ainsi l'esprit attiré vers les affaires de la Péninsule, et par le procès de l'Escurial sa volonté fut provoquée jusqu'à vouloir s'en mêler par la force. Un répit ayant été la suite du pardon accordé à Ferdinand, il partit pour l'Italie en novembre 1807.

Il est évident par ce qui se passa à Mantoue avec Lucien Bonaparte que Napoléon songeait alors à un mariage de l'une de ses nièces avec Ferdinand, et qu'il n'était pas fixé sur le détrônement des Bourbons. Cependant il donna en Italie même des ordres pour la marche des troupes, et des ordres qui prouvent que ces troupes n'étaient pas de simples renforts envoyés à l'armée de Portugal (comme seraient portés à le croire ceux qui prétendent qu'avant la révolution d'Aranjuez Napoléon ne pensait à rien), mais des troupes destinées à résoudre l'affaire d'Espagne elle-même, puisque c'est en Italie qu'il organisa la division Duhesme, chargée d'envahir la Catalogne.

Arrivé à Paris en janvier 1808, ses ordres se multiplièrent, et prouvent par leur succession rapide que la résolution mûrissait, et qu'il voulait en finir avec les Bourbons d'Espagne.

Il avait deux manières, ou trois, si l'on veut, de résoudre la question :

1° Donner une princesse française à Ferdinand, en n'exigeant aucun sacrifice de la part de l'Espagne.

2° Donner une princesse française, en exigeant les provinces de l'Èbre et l'ouverture des colonies espagnoles.

3° Détrôner les Bourbons.

Quant au premier projet, le plus sage à mon avis, Napoléon ne dut pas y songer long-temps, car il renvoya un peu après sa nièce en Italie. Cette scène, attestée par des témoins oculaires, parmi lesquels un frère de l'Empereur, ne peut laisser de doute.

Quant au second projet, il a existé certainement, ou du moins il en a été question; car une dépêche de M. Yzquierdo, reçue à Madrid par Ferdinand au moment où son père abdiquait, et publiée par les Espagnols, atteste la discussion de ce projet entre M. Yzquierdo et M. de Talleyrand. De plus, il se trouve une lettre de M. de Talleyrand au dépôt du Louvre, dans laquelle il expose à Napoléon ce même projet, tandis que M. Yzquierdo l'exposait de son côté à la cour d'Espagne, et à la même date. Le second projet a donc existé. Fut-il sérieux? Oui, à un certain degré; car M. de Talleyrand ajoute ces mots dans sa dépêche à l'Empereur : « Mon opinion est que si cela convenait à Votre Majesté, « on engagerait M. Yzquierdo, cependant avec un peu de peine, à si- « gner; toutefois en éloignant les troupes du séjour du roi. » Le projet d'en finir, avec ou sans mariage, mais avec l'abandon des provinces de l'Èbre et l'ouverture des colonies, avait donc une certaine réalité, du moins dans l'esprit de M. de Talleyrand, qui était ici le confident intime de l'Empereur. Mais ce projet était-il tout à fait sérieux? Était-il autre chose qu'une éventualité que Napoléon se réservait, en tendant véritablement à un autre but? Oui, et je crois en effet que c'est là la vérité. Napoléon laissait discuter, dans le courant de février et de mars 1808, le projet de terminer les affaires pendantes avec l'Espagne par un abandon de ses provinces de l'Èbre et l'ouverture de ses colonies, avec ou sans un mariage, mais en même temps et plus sérieusement il tendait au détrônement.

Voici les raisons qui déterminent ma conviction à ce sujet :

1° Les expressions mêmes de M. de Talleyrand prouvent que le projet n'était qu'à moitié sérieux, car si Napoléon n'avait eu que ce but, l'avait eu sérieusement, on ne se serait pas borné à lui dire : *si cela convenait à Votre Majesté*. Quand il tendait à un but déterminé, son langage, celui de ses agents, s'empreignant de sa résolution, prenaient un ton passionné, positif, et jamais le ton du doute.

2° S'il n'avait voulu que s'approprier les provinces de l'Èbre, se faire ouvrir les colonies, et conclure un mariage, il n'aurait pas eu besoin d'encombrer l'Espagne de troupes; il n'aurait pas eu besoin de donner des ordres mystérieux, de faire marcher sur Madrid par toutes les routes à la fois; il n'aurait eu qu'une volonté à exprimer, et la cour d'Espagne, après avoir peut-être résisté un moment, aurait cédé infailliblement. Il aurait d'ailleurs dit clairement à Murat ce qu'il voulait, au lieu de lui laisser le plus grand doute sur l'objet auquel était destinée l'armée française.

3° Enfin Napoléon, qui ne se décidait qu'à la dernière extrémité à faire à la Russie le sacrifice de discuter le partage de l'empire turc, ce qui était un pas vers le partage lui-même, n'aurait pas, vers le milieu de février, moment de ses ordres définitifs, envoyé à la Russie un leurre dangereux, en lui proposant d'exposer ses idées sur un sujet aussi grave. Il n'y avait qu'un but aussi capital que le détrônement des Bourbons qui pût le décider à acheter par un tel sacrifice le concours ou le silence de la Russie.

Ainsi, en février et mars 1808, tout prouve que les premier et second projets, de marier Ferdinand avec une princesse française, en exigeant ou n'exigeant pas des sacrifices territoriaux et commerciaux, n'étaient plus sérieux, s'ils l'avaient jamais été, car les expressions de M. de Talleyrand n'eussent pas été aussi dubitatives, Napoléon n'eût pas envahi l'Espagne avec tant de forces et de mystère, et fait de si grandes concessions à la Russie pour un projet qui était secondaire et de peu d'importance, si on le compare aux gigantesques projets du temps.

Dès le mois de février et de mars il voulut donc détrôner les Bourbons, bien qu'en aient dit ceux qui prétendent qu'il n'y fut amené qu'à Bayonne même, après avoir vu le père et le fils, après avoir été témoin de leur incapacité et de leur décadence morale.

Mais une fois fixé sur le but qu'il se proposait, est-il aussi facile de se fixer sur le moyen qu'il voulait employer? C'est sur ce point que j'ai long-temps hésité, et je ne me suis fixé qu'après plusieurs années de recherches et de réflexions.

Napoléon ne dit à personne avant la révolution d'Aranjuez, c'est-à-dire avant le détrônement du père par le fils, ce qu'il voulait. Pas un de ses ministres ne l'a su. Murat, comme on l'a vu, l'ignorait absolument.

L'idée m'est venue, mais sans preuves, qu'il avait voulu les faire partir en les effrayant, à l'exemple de la maison de Bragance. Cette idée m'est venue la première, et elle est restée la dernière dans mon esprit, après beaucoup de vicissitudes.

En lisant jusqu'à cinq et six fois la correspondance de Napoléon, surtout avec Murat, j'ai vu tour à tour cette conviction se former en moi, et puis se détruire. D'abord j'ai été frappé d'une remarque. Napoléon ne cesse de dire à Murat : Observez le plus grand ordre, ménagez la population, évitez toute collision (ce qui signifie qu'il voulait faire vider le trône sans coup férir, pour ne pas avoir une guerre avec la nation); mais il ajoute : *Soyez rassurant pour la cour d'Espagne, donnez-lui de bonnes paroles.*

Le 14 mars il écrit à Murat : « J'ai ordonné que le 17 on demande le

« passage par Madrid de 50 mille hommes destinés à se rendre à Cadix.
« Vous vous conduirez selon la réponse qui sera faite. *Mais tâchez d'être*
« *le plus rassurant possible.* »

— Le 16 mars il écrit : « Continuez à tenir de bons propos. *Rassurez*
« *le roi, le prince de la Paix, le prince des Asturies, la reine.* »

— Le 19 il écrit : « Je suppose que vous recevrez cette lettre à Ma-
« drid, *où j'ai fort à cœur d'apprendre que vos troupes sont entrées*
« *paisiblement et de l'aveu du roi ; que tout se passe paisiblement.*
« J'attends d'un moment à l'autre l'arrivée de Tournon et d'Yzquierdo,
« pour savoir le parti à prendre pour arranger les affaires. Annoncez
« mon arrivée à Madrid. Tenez une sévère discipline parmi les troupes.
« Ayez soin que leur solde soit payée, afin qu'elles puissent répandre de
« l'argent. »

— Le 25 il écrit : « Je reçois votre lettre du 15 mars. J'apprends
« avec peine que le temps est mauvais ; il fait ici le plus beau temps
« du monde. Je suppose que vous êtes arrivé à Madrid depuis avant-
« hier. Je vous ai déjà fait connaître que votre première affaire était de
« reposer et approvisionner vos troupes, *de vivre dans la meilleure in-*
« *telligence avec le roi et la cour, si elle restait à Aranjuez*, de décla-
« rer que l'expédition de Suède et les affaires du Nord me retiennent
« encore quelques jours, mais que je ne vais pas tarder à venir. Faites,
« dans le fait, arranger ma maison. Dites publiquement que vos ordres
« sont de rafraîchir à Madrid et d'attendre l'Empereur, et que vous
« êtes certain de ne pas sortir de Madrid que Sa Majesté ne soit ar-
« rivée.

« Ne prenez aucune part aux différentes factions qui partagent le
« pays. Traitez bien tout le monde, et ne préjugez rien du parti que je
« dois prendre. Ayez soin de tenir toujours bien approvisionnés les ma-
« gasins de Buitrago et d'Aranda. »

Au premier aspect ces ordres n'indiquent pas le projet d'effrayer la
cour d'Espagne, et après les avoir lus j'ai écarté l'idée que Napoléon
eût voulu la faire partir en l'effrayant. Puis en les relisant j'ai reconnu
que Napoléon n'était rassurant que pour entrer dans Madrid, et pour
éviter avant d'y entrer une collision. Ainsi, dans la lettre du 14 mars,
citée la première, j'ai remarqué ces mots : « Quelles que soient les in-
« tentions de la cour d'Espagne, vous devez comprendre que ce qui est
« surtout utile, c'est *d'arriver à Madrid sans hostilités*, d'y faire
« camper les corps par division pour les faire paraître plus nombreux,
« pour faire reposer mes troupes et les réapprovisionner de vivres. Pen-
« dant ce temps mes différends s'arrangeront avec la cour d'Espagne.
« *J'espère que la guerre n'aura pas lieu, ce que j'ai fort à cœur*. Si
« je prends tant de précautions, c'est que mon habitude est de ne rien
« donner au hasard. Si la guerre avait lieu, votre position serait plus
« belle, puisque vous auriez sur vos derrières une force plus que suf-

« fisante pour les protéger, et sur votre flanc gauche la division Du-
« hesme, forte de 14 mille hommes. »

Dans celle du 16, en poursuivant j'ai trouvé ces mots : « Continuez
« à tenir de bons propos. Rassurez le roi, le prince de la Paix, le
« prince des Asturies, la reine. *Le principal est d'arriver à Madrid*,
« d'y reposer vos troupes, et d'y refaire vos vivres. Dites que je vais
« arriver, afin de concilier et d'arranger les affaires.

« *Surtout ne commettez aucune hostilité, à moins d'y être obligé*.
« J'espère que tout peut s'arranger, et *il serait dangereux d'effarou-
« cher ces gens-là*. »

L'intention était donc évidente, Napoléon voulait entrer sans collision, et être rassurant tout juste autant qu'il le fallait pour éviter d'en
venir aux mains. Mais en comparant bien les divers passages entre eux,
en consultant l'ensemble de ses dispositions, je suis enfin revenu à
l'idée que s'il voulait éviter une collision avec la population, il voulait
cependant faire partir la cour.

En effet tout lui annonçait le projet de départ. On le lui mandait
tous les jours de Madrid. M. Yzquierdo, s'entretenant avec M. de Talleyrand, avait avoué le projet. Dans cet état de choses, instruit comme
il l'était, Napoléon savait qu'il suffisait de laisser faire pour que la fuite
eût lieu. Il y a plus, il aurait suffi d'un seul acte de sa volonté pour
l'empêcher, car les troupes françaises étaient arrivées le 19 sur le Guadarrama. Un simple mouvement de cavalerie sur Aranjuez pouvait en
quelques heures envelopper la cour et l'arrêter. Il y aurait eu quelque
chose de plus facile encore, c'eût été en prenant la direction la moins
alarmante, celle de Talavera, qui pouvait passer pour un renfort à Junot, d'entourer Aranjuez et d'empêcher toute fuite. Mais il y a un passage de la correspondance plus décisif que tout le reste, et qui laisse
peu de doutes à ce sujet. Le voici. Murat, ne sachant pas comment se
comporter, à la nouvelle partout répandue que la cour allait fuir,
adresse à Napoléon cette question : Si la cour veut partir pour Séville,
dois-je la laisser partir? — Napoléon répond le 23 mars :

« Je suppose que vous êtes arrivé aujourd'hui ou que vous arriverez
« demain à Madrid. Vous tiendrez là une bonne discipline. *Si la cour
« est à Aranjuez, vous l'y laisserez tranquille, et vous lui montrerez
« de bons sentiments d'amitié. Si elle s'est retirée à Séville, vous l'y
« laisserez également tranquille*. Vous enverrez des aides-de-camp au
« prince de la Paix pour lui dire qu'il a mal fait d'éviter les troupes
« françaises, qu'il ne doit faire aucun mouvement hostile, que le roi
« d'Espagne n'a rien à craindre de nos troupes. »

Maintenant, si on songe que Napoléon fit partir M. Yzquierdo de Paris (une lettre de Duroc contient en effet l'invitation de partir tout de
suite), qu'il le fit partir rempli d'épouvante, et qu'en portant 80 mille
hommes sur Madrid il ne voulut jamais donner une seule explication,

il est évident que tout fut calculé pour amener le départ, qui eut lieu effectivement, autant du moins qu'il dépendit de la cour d'Espagne.

On pourrait dire, il est vrai, que Napoléon voulait les envelopper, s'emparer d'eux, et proclamer ensuite la déchéance. D'abord il aurait pu les envelopper et ne le fit pas; secondement c'eût été un acte de violence ouverte et injustifiable. La fuite en Andalousie était bien mieux son fait, puisqu'elle laissait le trône vacant, et fournissait la solution cherchée.

Arrivé à ce point, j'aurais été convaincu que le projet de Napoléon était de forcer la cour d'Espagne à s'enfuir, sans une objection grave, et tellement grave qu'elle m'a fait hésiter plusieurs fois, et abandonner l'opinion que j'avais conçue. Cette objection est celle-ci : Le départ des Bourbons et leur fuite entraînait la perte des colonies. Or l'Espagne sans ses colonies était, de l'avis de tout le monde, une charge des plus onéreuses. Tout le commerce du Midi ne cessait de répéter à Bayonne : Surtout qu'on ne nous ménage pas le même résultat qu'en Portugal.—

Or envoyer les Bourbons en Amérique, c'était justement reproduire ce résultat, car les Bourbons auraient insurgé les colonies contre la royauté de Joseph, et en même temps les auraient ouvertes aux Anglais, ce qu'il fallait avant tout éviter.

Devant cette objection j'ai été fort perplexe, et j'ai long-temps cessé de croire que Napoléon eût voulu amener la fuite de la cour d'Espagne. Pourtant la facilité de fuir qui leur était laissée, l'ordre même de les laisser fuir combiné avec l'épouvante inspirée de Paris par le départ de M. Yzquierdo, étaient aussi des faits concluants que je ne pouvais négliger. Dans ce conflit de pensées, j'ai fait une remarque, c'est qu'il y avait à Cadix une flotte française, maîtresse de la rade, et que peut-être Napoléon songeait à s'en servir pour arrêter les Bourbons fugitifs, et moralement perdus par leur fuite aux yeux de la nation espagnole. Les ayant d'un côté poussés à vider le trône pour s'en emparer, il les aurait de l'autre arrêtés au moment de leur embarquement pour l'Amérique. Cette réflexion a été pour moi un trait de lumière, car elle expliquait et résolvait toutes les objections. Cependant ce n'était qu'une conjecture. Je me suis mis à relire toute la correspondance de M. Decrès, et j'y ai trouvé la circonstance suivante : c'est qu'un ordre chiffré, envoyé à l'amiral Rosily, n'avait pu être lu parce que le chiffre du consulat était perdu, et que l'amiral Rosily dépêchait à Paris un officier sûr et capable pour recevoir la confidence restée impénétrable à cause de la perte du chiffre. Cette circonstance a été pour moi une confirmation frappante de ma première conjecture. Que pouvait signifier en effet cette dépêche chiffrée? L'ordre de sortir de Cadix pour aller à Toulon? Mais cet ordre avait été donné trois ou quatre fois en lettres en clair, c'est-à-dire sans employer la précaution du chiffre. Il fallait donc que ce fût autre chose, et quelque chose de plus

secret encore. J'ai dès lors été certain que ce devait être l'ordre d'arrêter la famille fugitive. Je me suis livré aux Affaires étrangères à de nouvelles recherches, mais la dépêche ne s'y est pas trouvée. Je n'avais guère d'espoir de la trouver à la Marine, où les archives, quoique tenues avec beaucoup d'ordre, ne contiennent presque rien. Néanmoins j'ai fait une tentative, et, contre mon attente, j'ai trouvé à la Section historique la dépêche chiffrée, heureusement accompagnée du chiffre, et conçue en ces termes : « Je (c'est M. Decrès qui parle) ne cherche point à pénétrer
» l'objet de l'entrée des troupes françaises en Espagne. La seule chose
» qui m'occupe, c'est qu'ainsi que moi vous avez à répondre à Sa
» Majesté de son escadre. Prenez donc une position qui vous éloigne
» autant que possible des plus fortes batteries, et qui en même temps
» puisse défendre la rade contre une attaque intérieure ou extérieure.
» Vous avez des vivres qui vous serviront en cas de besoin au mouil-
» lage. Ayez bien soin de ne laisser paraître aucune inquiétude, mais
» tenez-vous en garde contre tout événement, et cela sans affecta-
» tion, et seulement comme mesure résultant des ordres que vous
» avez de partir. Placez le vaisseau espagnol au milieu et sous le canon
» des Français.

» *Si la cour d'Espagne, par des événements ou une folie qu'on ne*
» *peut guère prévoir, voulait renouveler la scène de Lisbonne, oppo-*
» *sez-vous à son départ.* Laissez courir l'état actuel des choses autant
» qu'il sera possible; mais s'il y avait une crise, ne permettez aucun
» parlementage avec les Anglais, et jusque-là paraissez bien n'avoir au-
» cune espèce de méfiance; mais avisez dans le silence à la sûreté de
» l'escadre et à ce qu'exige de votre sagacité et dignité personnelle le
» service de Sa Majesté. » (21 février 1808.)

J'ai naturellement éprouvé une vive satisfaction de voir la vérité découverte, et en même temps un vrai chagrin de trouver une vérité aussi fâcheuse, qui du reste était la conséquence du projet de détrôner les Bourbons.

Dès ce moment le projet de Napoléon est devenu évident pour moi. D'abord il faut remarquer la date du 21, époque des ordres contenant le plan tout entier : départ de Murat, instructions à ce lieutenant, composition de toute l'armée, départ de M. Yzquierdo, départ de M. de Tournon... ordres à Junot... — On remarquera secondement la combinaison de cet ordre avec celui de Murat, de laisser partir la cour si elle voulait partir. L'un ne contredit pas l'autre, mais tous deux se combinent ensemble. Napoléon voulait le départ de Madrid, pour que le trône fût vacant; mais non le départ de Cadix, pour que les colonies ne fussent point insurgées.

On voit par quel travail sur les documents les plus authentiques il m'a fallu arriver à la vérité; et j'ose dire que la postérité n'en saura pas davantage, car Napoléon n'a rien dit à ce sujet; Murat n'a laissé que sa correspondance; le général Savary a laissé des Mémoires inexacts (contredits par sa propre correspondance); M. de Laforêt m'a écrit à moi-même qu'il n'avait rien su; le prince Cambacérès dit dans ses Mémoires qu'il n'a rien su; les comtes de Tournon et Lobau n'ont laissé que leur correspondance, que j'ai eue; M. Yzquierdo n'a laissé que quelques lettres que j'ai lues au dépôt du Louvre. Je conclus donc qu'on n'en saura pas plus dans l'avenir, et que la vérité est la suivante:

Napoléon ne songea à l'invasion de l'Espagne comme à un projet arrêté qu'après Tilsit, et point avant.

Après Tilsit, avant Copenhague, il ne songea qu'à fermer les ports du Portugal à la Grande-Bretagne.

Après Copenhague, la guerre se prolongeant à outrance, il voulut profiter de la prolongation de la guerre pour tout finir au midi de l'Europe.

Il désira d'abord partager le Portugal avec l'Espagne; et les événements de l'Escurial le provoquant, il voulut tout à coup se mêler des affaires d'Espagne de vive force.

Le pardon du prince des Asturies lui fit momentanément ajourner ses projets.

En Italie et à Paris il flotta entre divers plans, un mariage, un démembrement de territoire avec partage des colonies, un détrônement.

Peu à peu il se décida, en janvier et février, pour ce dernier projet, celui du détrônement.

Ce qui le prouve, c'est le mystère des ordres, l'accumulation extraordinaire des troupes, la concession à la Russie du partage de l'empire ottoman, toutes choses inutiles, dont il n'avait pas besoin pour tout projet secondaire, comme le mariage et la prise d'une ou deux provinces.

Enfin, une fois fixé sur le détrônement, il voulut amener sans collision la fuite en Andalousie, et en prévenir les suites pour les colonies par l'arrestation de la famille royale dans les eaux de Cadix.

Voilà, suivant moi, la vérité, avec une rigoureuse impartialité, et telle qu'elle ressort de documents authentiques, les seuls que la postérité puisse espérer.

Il ne reste plus qu'un doute, c'est celui qu'une lettre venue de Sainte-Hélène, portant la date du 29 mars, adressée à Murat, et blâmant toute sa conduite, pourrait faire naître. Je vais la discuter et l'éclaircir dans la note suivante.

NOTE DU LIVRE XXX.

(VOIR PAGE 547.)

La lettre dont je viens de parler, imprimée dans le *Mémorial de Sainte-Hélène*, pour la première fois, si je ne me trompe, reproduite depuis dans une multitude d'ouvrages, a été, de ma part, le sujet de nombreuses recherches pour en constater l'authenticité, sur laquelle j'ai souvent eu des doutes. Je vais dire quels ont été mes motifs de contester d'abord cette authenticité, et mes motifs définitifs d'y croire, après de minutieux rapprochements qui m'ont permis de me faire à ce sujet une conviction entière.

Il faut d'abord commencer par citer la lettre textuellement :

« 29 mars 1808.

» Monsieur le grand-duc de Berg, je crains que vous ne me trompiez sur la situation de l'Espagne, et que vous ne vous trompiez vous-même. L'affaire du 19 mars a singulièrement compliqué les événements ; je reste dans une grande perplexité. Ne croyez pas que vous attaquiez une nation désarmée, et que vous n'ayez que des troupes à montrer pour soumettre l'Espagne. La révolution du 20 mars prouve qu'il y a de l'énergie chez les Espagnols. Vous avez affaire à un peuple neuf ; il a tout le courage, et il aura tout l'enthousiasme que l'on rencontre chez des hommes que n'ont point usés les passions politiques.

» L'aristocratie et le clergé sont les maîtres de l'Espagne ; s'ils craignent pour leurs priviléges et pour leur existence, ils feront contre nous des levées en masse qui pourront éterniser la guerre. J'ai des partisans ; si je me présente en conquérant, je n'en aurai plus.

» Le prince de la Paix est détesté, parce qu'on l'accuse d'avoir livré l'Espagne à la France ; voilà le grief qui a servi l'usurpation de Ferdinand ; le parti populaire est le plus faible.

» Le prince des Asturies n'a aucune des qualités qui sont nécessaires au chef d'une nation ; cela n'empêchera point que, pour nous l'opposer, on n'en fasse un héros. Je ne veux pas qu'on use de violence envers les personnages de cette famille ; il n'est jamais utile de se rendre odieux et d'enflammer les haines. L'Espagne a plus de cent mille hommes sous les armes, c'est plus qu'il n'en faut pour soutenir avec avantage une guerre intérieure ; divisés sur plusieurs points, ils peuvent servir de noyau au soulèvement total de la monarchie.

« Je vous présente l'ensemble des obstacles qui sont inévitables, il en est d'autres que vous sentirez.

» L'Angleterre ne laissera pas échapper cette occasion de multiplier nos embarras : elle expédie journellement des avisos aux forces qu'elle tient sur les côtes de Portugal et dans la Méditerranée; elle fait des enrôlements de Siciliens et de Portugais.

» La famille royale n'ayant point quitté l'Espagne pour aller s'établir aux Indes, il n'y a qu'une révolution qui puisse changer l'état de ce pays : c'est peut-être le pays de l'Europe qui y est le moins préparé. Les gens qui voient les vices monstrueux de ce gouvernement et l'anarchie qui a pris la place de l'autorité légale, sont le plus petit nombre; le plus grand nombre profite de ces vices et de cette anarchie.

» Dans l'intérêt de mon empire, je puis faire beaucoup de bien à l'Espagne. Quels sont les meilleurs moyens à prendre?

» Irai-je à Madrid? Exercerai-je l'acte d'un grand protectorat en prononçant entre le père et le fils? Il me semble difficile de faire régner Charles IV; son gouvernement et son favori sont tellement dépopularisés qu'ils ne se soutiendraient pas trois mois.

» Ferdinand est l'ennemi de la France, c'est pour cela qu'on l'a fait roi. Le placer sur le trône sera servir les factions qui, depuis vingt-cinq ans, veulent l'anéantissement de la France. Une alliance de famille serait un faible lien : la reine Élisabeth et d'autres princesses françaises ont péri misérablement, lorsqu'on a pu les immoler impunément à d'atroces vengeances. Je pense qu'il ne faut rien précipiter, qu'il convient de prendre conseil des évènements qui vont suivre..... Il faudra fortifier les corps d'armée qui se tiendront sur les frontières du Portugal et attendre.....

» Je n'approuve pas le parti qu'a pris V. A. I. de s'emparer aussi précipitamment de Madrid. Il fallait tenir l'armée à dix lieues de la capitale. Vous n'aviez pas l'assurance que le peuple et la magistrature allaient reconnaître Ferdinand sans contestation. Le prince de la Paix doit avoir, dans les emplois publics, des partisans; il y a d'ailleurs un attachement d'habitude au vieux roi, qui pourrait produire des résultats. Votre entrée à Madrid, en inquiétant les Espagnols, a puissamment servi Ferdinand. J'ai donné ordre à Savary d'aller auprès du vieux roi voir ce qui se passe. Il se concertera avec V. A. I. J'aviserai ultérieurement au parti qui sera à prendre; en attendant, voici ce que je juge convenable de vous prescrire : Vous ne m'engagerez à une entrevue, en Espagne, avec Ferdinand, que si vous jugez la situation des choses telle que je doive le reconnaître comme roi d'Espagne. Vous userez de bons procédés envers le roi, la reine et le prince Godoy. Vous exigerez pour eux et vous leur rendrez les mêmes honneurs qu'autrefois. Vous ferez en sorte que les Espagnols ne puissent pas soupçonner le parti que je prendrai; cela ne vous sera pas difficile, je n'en sais rien moi-même.

» Vous ferez entendre à la noblesse et au clergé que, si la France doit intervenir dans les affaires d'Espagne, leurs privilèges et leurs immunités seront respectés. Vous leur direz que l'Empereur désire le perfectionnement des institutions politiques de l'Espagne, pour la mettre en rapport avec l'état de civilisation de l'Europe, pour la soustraire au régime des favoris..... Vous direz aux magistrats et aux bourgeois des villes, aux gens éclairés, que l'Espagne a besoin de recréer la machine de son gouvernement; qu'il lui faut des lois qui garantissent les citoyens de l'arbitraire et des usurpations de la féodalité, des institutions qui raniment l'industrie, l'agriculture et les arts. Vous leur peindrez l'état de tranquillité et d'aisance dont jouit la France, malgré les guerres où elle s'est trouvée engagée, la splendeur de la religion, qui doit son rétablissement au concordat que j'ai signé avec le Pape. Vous leur démontrerez les avantages qu'ils peuvent tirer d'une régénération politique: l'ordre et la paix dans l'intérieur, la considération et la puissance à l'extérieur. Tel doit être l'esprit de vos discours et de vos écrits. Ne brusquez aucune démarche. Je puis attendre à Bayonne, je puis passer les Pyrénées, et, me fortifiant vers le Portugal, aller conduire la guerre de ce côté.

» Je songerai à vos intérêts particuliers, n'y songez pas vous-même... Le Portugal restera à ma disposition..... Qu'aucun projet personnel ne vous occupe et ne dirige votre conduite; cela me nuirait et vous nuirait encore plus qu'à moi. Vous allez trop vite dans vos instructions du 14. La marche que vous prescrivez au général Dupont est trop rapide; à cause de l'événement du 19 mars, il y a des changements à faire. Vous donnerez de nouvelles dispositions; vous recevrez des instructions de mon ministre des affaires étrangères. J'ordonne que la discipline soit maintenue de la manière la plus sévère : point de grâce pour les plus petites fautes. L'on aura pour l'habitant les plus grands égards; l'on respectera principalement les églises et les couvents.

» L'armée évitera toute rencontre, soit avec les corps de l'armée espagnole, soit avec des détachements; il ne faut pas que d'aucun côté il soit brûlé une amorce.

» Laissez Solano dépasser Badajoz, faites-le observer; donnez vous-même l'indication des marches de mon armée pour la tenir toujours à une distance de plusieurs lieues des corps espagnols. Si la guerre s'allumait, tout serait perdu.

» C'est à la politique et aux négociations qu'il appartient de décider des destinées de l'Espagne. Je vous recommande d'éviter des explications avec Solano, comme avec les autres généraux et les gouverneurs espagnols.

» Vous m'enverrez deux estafettes par jour; en cas d'événements majeurs, vous m'expédierez des officiers d'ordonnance; vous me renverrez sur-le-champ le chambellan de Tournon, qui vous porte cette dépêche ; vous lui remettrez un rapport détaillé. Sur ce, etc.

» Signé NAPOLÉON. »

Avant de parler de l'authenticité de cette lettre, je dois dire un mot de la portée qu'on cherche à lui donner. On veut y voir la preuve que Napoléon n'approuva rien de ce qui fut fait en Espagne, que tout fut fait à son insu, malgré lui, par l'imprudente légèreté de Murat, par son impatiente ambition. C'est une très-fausse induction, car la veille du jour où cette lettre fut écrite, le lendemain, et pendant tout le temps qui suivit, Napoléon écrivit une longue suite de lettres ordonnant point par point, à Murat, tout ce qui fut exécuté ; et quand celui-ci, inspiré par les événements, prit quelque chose sur lui, il se trouva que Napoléon lui ordonnait les mêmes choses de Paris ou de Bayonne. Si, par exemple, Murat entra dans Madrid le 23, il avait l'ordre formel d'y entrer un ou deux jours avant. On tire donc de cette lettre une fausse induction quand on veut en profiter pour exonérer Napoléon de la responsabilité des événements d'Espagne et rejeter cette responsabilité sur Murat. Elle n'est et ne peut être qu'une inconséquence d'un moment, placée au milieu de la conduite la plus soutenue, la plus obstinément persévérante : inconséquence, il est vrai, pleine de génie, car on ne peut pas prévoir d'une manière plus extraordinaire ce qui arriva depuis ; mais inconséquence enfin, car pour un moment Napoléon cessa de vouloir ce qu'il voulait la veille, ce qu'il voulut encore le lendemain, et put paraître éclairé par une lumière surnaturelle qui lui révélait l'avenir tout entier. Cette inconséquence, d'abord invraisemblable, ne présente donc aucun intérêt pour la justification de Napoléon. Mais elle en présente beaucoup pour l'histoire de l'esprit humain ; car on se demande avec curiosité comment il se fait qu'un des génies les plus fermes, les plus résolus qui aient paru dans le monde, ait pu dans un court intervalle de temps voir les choses sous la face la plus contraire, et vouloir un tout autre résultat que celui qu'il voulait dans l'instant d'auparavant, et que celui qu'il voulut dans l'instant d'après. Pourtant, quand on connaît le cœur humain, quand on a surtout appris à le connaître dans les grandes affaires, on ne sait que trop que les plus puissantes volontés sont sujettes à ce va-et-vient des événements, et que les plus grandes résolutions ont souvent failli n'être pas prises. Il y a telle victoire restée immortelle qui a failli n'être pas remportée, parce qu'il a tenu à la plus légère circonstance que la bataille ne fût pas livrée. L'inconséquence est donc très-ordinaire ; car il arrive aux plus grands esprits, aux plus grands caractères, de varier avant de se résoudre. La lettre en question notamment prouve d'une manière bien frappante à quel point Napoléon savait voir le côté contraire des résolutions qu'il prenait, et de quelle extraordinaire prévoyance il était doué, mais de combien peu de poids était cette prévoyance quand ses passions l'entraînaient. J'ai donc mis un intérêt philosophique en quelque sorte à rechercher ce qu'il fallait penser de l'authenticité de cette lettre, et voici par quelles opinions diverses j'ai passé avant de me fixer définitivement pour l'affirmative.

Au premier aspect, la lettre est si admirable de pensée et de langage qu'on ne doute pas qu'elle ne soit de Napoléon lui-même. Lui seul en effet a écrit de ce ton sur les grandes affaires politiques et militaires. Elle a produit ce même effet sur tous les écrivains qui se sont occupés jusqu'ici de Napoléon. Mais ces écrivains, ne connaissant rien ou presque rien des vrais documents, n'ont pu comme moi être frappés des contradictions qu'elle présente avec d'autres données historiques tout à fait certaines, et n'ont pas même pris la peine de mettre en question son authenticité. Pour moi cependant il y a eu des raisons de douter de cette authenticité tellement graves, que je ne sais pas si aux yeux des vrais critiques je parviendrai à les détruire.

Ainsi d'abord cette lettre est en contradiction formelle avec tout ce qui précède et tout ce qui suit. Les uns l'ont datée du 27, les autres du 29 mars (la vraie date, comme on le verra, ne peut être que du 29). Eh bien, il y a du 27, il y a du 30, des lettres de Napoléon qui disent exactement le contraire, c'est-à-dire qui approuvent Murat en tout, qui non-seulement approuvent, mais qui prescrivent l'entrée dans Madrid, qui prescrivent le plan au moyen duquel on s'empara de toute la famille d'Espagne. C'est enfin la seule lettre de ce genre, dans une immense correspondance, qui soit en opposition avec la conduite suivie par Murat et ordonnée par Napoléon.

Secondement, tandis que toutes les lettres de Napoléon se trouvent au dépôt du Louvre, celle-là ne s'y trouve pas. Il est vrai que cette preuve n'est pas absolue, car sur 40 mille lettres de l'Empereur, il y en a çà et là quelques-unes qui n'y sont pas, et la lettre dont il s'agit pourrait bien être du nombre, infiniment petit, de celles dont la minute n'a pas été conservée. Il n'y en a peut-être pas 100 sur 40,000 dans ce cas. Il y a plus encore : une lettre de l'Empereur, dont voici un extrait, énumère toutes les lettres qu'il a écrites dans ces journées, et ne mentionne point celle dont il s'agit. Arrivé à Bordeaux, et rappelant l'une après l'autre les lettres qu'il a successivement adressées à Murat, il lui dit : *« Je reçois votre lettre du 3 à minuit, par laquelle je vois que vous avez reçu ma lettre du 27 mars. Celle du 30 et Savary qui doit vous être arrivé, vous auront fait connaître encore mieux mes intentions. Le général Reille part à l'instant pour se rendre près de vous....* » Ainsi pas un mot de la lettre du 29. Comment imaginer qu'il ne l'eût pas énumérée si elle avait été écrite, surtout cette lettre contrédisant tout ce qu'il avait ordonné le 27 et le 30? Il aurait dû au moins la mentionner en déclarant qu'il fallait la considérer comme non avenue.

Mais la non-existence de cette minute au Louvre acquiert une signification plus grande par une autre circonstance, qui est la suivante. La correspondance fort volumineuse de Murat, sans laquelle on ne peut pas connaître et raconter les événements d'Espagne, est tout entière au Louvre. Elle contient la réponse la plus exacte, la plus minutieuse, aux moindres lettres de l'Empereur. On peut dire qu'avec cette correspondance on a sur tous les points la demande et la réponse. Or il n'y a pas une seule lettre de Murat en réponse à cette lettre si importante, si grave, si différente de ce qui lui avait été prescrit. Murat, dans cette correspondance, paraît sentir avec une vivacité extrême les moindres reproches de l'Empereur, et il n'aurait pas dit un mot d'une lettre si gravement improbative, si différente surtout de ce qui avait précédé et suivi! Cela est évidemment impossible. On ne peut plus conserver de doute quand on ajoute qu'à la date du 4 avril, onze heures du soir, Murat dit : *M. de Tournon est arrivé ce soir ; il aura trouvé le logement de Votre Majesté tout fait.* Murat n'ajoute pas : Il m'a remis votre lettre.... etc. Il est évident que M. de Tournon ne lui avait rien remis, et surtout rien d'aussi grave que la lettre en question. Je crois donc que la lettre ne fut pas remise; ce qui ne prouve pas toutefois qu'elle n'eût pas été écrite, comme je vais le démontrer tout à l'heure.

Ainsi la contradiction qu'implique cette lettre avec tout ce qui précède et suit, sa non-existence au dépôt du Louvre, le silence de Napoléon, le silence de Murat à son sujet, m'ont fait douter de son authenticité, et m'ont démontré au moins qu'elle n'avait pas été remise.

Maintenant voici comment son authenticité a été rétablie à mes yeux, et comment je suis arrivé à croire qu'elle avait été écrite, sans avoir été remise. Qu'elle soit de Napoléon, je n'en saurais douter; et chaque fois que je l'ai relue, et je l'ai lue vingt fois peut-être, j'en ai été persuadé davantage. Les falsificateurs peuvent jouer le style, ils ne savent pas jouer la pensée; et surtout il aurait fallu qu'ils fussent au milieu des événements pour pouvoir, avec autant de précision, parler du départ du général Savary, de la commission donnée à M. de Tournon, et de quantité d'autres particularités de la même nature dont cette lettre est remplie. Il y a notamment un détail qui lui donne à mes yeux son authenticité complète, et ce détail est le suivant : Napoléon dit à Murat : *Vous allez trop vite dans vos instructions du 14 au général Dupont.* Or, il y a, en effet, des instructions du 14 au général Dupont, qui méritent bien le reproche que leur adresse Napoléon en se plaçant au point de vue où il se plaçait dans le moment; car, en portant trop vite le général Dupont en avant, Murat laissait les derrières de l'armée en prise aux tentatives du général espagnol Taranco, rappelé du Portugal par les ordres du prince de la Paix. Les falsificateurs ne pouvaient pas savoir ce détail, qui ne peut être connu que lorsqu'on a lu minutieusement les ordres militaires de Napoléon. J'ajoute que ce détail prouve encore que le falsificateur ne pourrait pas être Napoléon lui-même, essayant à Sainte-Hélène de fabriquer une lettre après coup pour se justifier de la plus grave faute de son règne; car, indépendamment de ce qu'il avait trop d'orgueil pour agir ainsi, n'ayant pas même voulu se justifier par le mensonge de la mort du duc d'Enghien, il était impossible qu'il inventât cette circonstance des ordres du 14, attendu qu'il n'avait pas à Sainte-Hélène les pièces du Louvre; et j'ai la preuve par ce qu'il a écrit à Sainte-Hélène que, sans vouloir mentir, il se trompait sur les dates et sur les faits quand il n'avait pas les pièces sous les yeux. Les meilleures mémoires sont exposés à ces erreurs, et je l'ai souvent éprouvé en comparant les écrits contemporains avec les correspondances de leurs auteurs.

La lettre, outre son style, porte donc avec elle la preuve de son authenticité. Mais comment alors expliquer la contradiction de cette lettre avec ce qui précède et ce qui suit, et surtout le silence de Murat, qui n'en accuse pas même réception? Voici de quelle manière j'ai essayé d'y parvenir.

J'ai trouvé au Louvre la correspondance de M. de Tournon. J'y ai vu que seul de tous les agents français il avait blâmé l'entreprise d'Espagne, et avait supplié Napoléon de suspendre toute résolution à ce sujet avant d'avoir vu lui-même le pays de ses propres yeux. J'ai lu en outre dans la correspondance de Murat, que lui Murat, le général Grouchy et autres avaient beaucoup ri à Somosierra des sombres terreurs de M. de Tournon; j'y ai lu de vives instances pour que Napoléon ne prît aucune décision d'après ce que lui dirait M. de Tournon. Il était donc le contradicteur, et le seul, de Murat et de son état-major. J'ai encore trouvé la preuve, dans la correspondance de M. de Tournon, qu'il resta jusqu'au 24 au soir à Burgos, attendant l'Empereur avec impatience. Il est authentiquement prouvé qu'il arriva à Paris quelques jours après. Il ne put en marchant fort vite arriver avant le 29; ce qui place la lettre en question au plus tôt à la date du 29, puisqu'il y est dit que M. de Tournon devait la remettre. Arrivé le 29, il trouva l'Empereur sans nouvelles; car, Murat n'ayant écrit ni le 22 ni le 23, Napoléon dut passer deux jours sans dépêches d'Espagne, et ce durent être le 28, le 29 ou le 30, répondant aux 22 et 23, à cause du temps qu'il fallait alors pour le trajet de Madrid à Paris. Aussi n'y a-t-il aucune lettre de l'Empereur, ni le 28 ni le 29 (si ce n'est celle en question). M. de Tournon, trouvant l'Empereur inquiet comme on l'est toujours lorsqu'on manque de nouvelles dans de graves événements, et les événements étaient graves en effet, car en ce moment il savait Murat aux portes de Madrid et prêt à y entrer, M. de Tournon dut exercer une grande influence sur son esprit, et provoquer la lettre dont nous parlons. Napoléon le chargea naturellement de la remettre, car elle était son ouvrage en quelque sorte. Cette phrase : *M. de Tournon vous remettra cette lettre*, la rattache à M. de Tournon, et les opinions personnelles de celui-ci rendent ce lien plus évident encore. Puis les dates concordent pour placer justement cette inconséquence momentanée de Napoléon avec lui-même dans les deux jours où il fut sans nouvelles, après en être resté à celle du mouvement de Murat sur Madrid. Enfin, recevant le 30 la lettre du 24, dans laquelle Murat lui apprenait combien tout s'était heureusement passé, il revint à ses idées accoutumées, approuva tout, et probablement reprit sa lettre, ou défendit à M. de Tournon de la remettre, ou fit courir après lui pour lui dire de ne pas la remettre, les choses étant changées. Quoi qu'il en soit, il est certain qu'elle ne fut pas remise, car Murat n'en parle pas plus que si elle n'avait pas été écrite, bien qu'il sût par les propos de M. de Tournon que l'Empereur avait éprouvé contre lui un mécontentement passager.

Ce qui est certain, c'est qu'entre le 24 mars au soir et le 4 avril au soir, M. de Tournon alla de Burgos à Paris, de Paris à Madrid; ce qui suppose qu'il ne s'arrêta pas un moment, et ce qui le place à Paris le 29, jour même où il fit varier l'Empereur et écrire la lettre dont il s'agit. Tout s'explique alors comme on le voit, et c'est la phrase où il est dit que M. de Tournon remettra la lettre en question qui, la rattachant à lui, m'a permis, en recherchant ses opinions personnelles et en conférant les dates, de tout éclaircir.

Maintenant comment cette lettre, qui n'est pas au Louvre, est-elle parvenue à la publicité? Je l'ignore. M. de Tournon est mort. M. de Las Cases, qui l'a imprimée le premier, est mort. Il est possible que M. de Las Cases l'ait reçue de Napoléon, en preuve de ce qu'il ne s'était pas complétement abusé sur les événements d'Espagne. Il est possible aussi qu'elle soit arrivée par quelque dépositaire inconnu, et qu'aujourd'hui on ne peut plus retrouver. Mais le style et certains détails prouvent d'une manière irréfragable que la lettre n'a pas été inventée; d'autres détails également authentiques prouvent qu'elle n'a pas été remise; les opinions constatées de M. de Tournon, le soin de l'en charger, la rattachent à lui; les dates la placent à un moment qui dut être pour Napoléon celui de grandes inquiétudes, et la contradiction si apparente se trouve ainsi expliquée. Napoléon fut un instant ébranlé, dicta les contre-ordres contenus dans cette lettre; puis, rassuré par la nouvelle de l'heureuse entrée à Madrid, revint à ses premiers projets, et ne donna pas cours à une lettre qui s'est retrouvée plus tard, et dont on a voulu faire une justification. Elle ne prouve qu'une chose, c'est que l'esprit de Napoléon l'éclairait toujours, tandis que ses passions l'entraînaient souvent, et qu'il aurait mieux fait d'écouter l'un que les autres. J'ai cru ce point d'histoire important à constater pour l'étude du cœur humain, et j'espère que le public consciencieux reconnaîtra que je me suis donné pour arriver à la vérité des peines que les historiens ne prennent pas communément, outre que j'avais des documents qu'ils ont moins communément encore.

FIN DES NOTES.

TABLE DES MATIÈRES

CONTENUES

DANS LE TOME HUITIÈME.

LIVRE VINGT-HUITIÈME.

FONTAINEBLEAU.

Joie causée en France et dans les pays alliés par la paix de Tilsit. — Premiers actes de Napoléon après son retour à Paris. — Envoi du général Savary à Saint-Pétersbourg. — Nouvelle distribution des troupes françaises dans le Nord. — Le corps d'armée du maréchal Brune chargé d'occuper la Poméranie suédoise et d'exécuter le siége de Stralsund, dans le cas d'une reprise d'hostilités contre la Suède. — Instances auprès du Danemark pour le décider à entrer dans la nouvelle coalition continentale. — Saisie des marchandises anglaises sur tout le continent. — Premières explications de Napoléon avec l'Espagne après le rétablissement de la paix. — Sommation adressée au Portugal pour le contraindre à expulser les Anglais de Lisbonne et d'Oporto. — Réunion d'une armée française à Bayonne. — Mesures semblables à l'égard de l'Italie. — Occupation de Corfou. — Dispositions relatives à la marine. — Événements accomplis sur mer, du mois d'octobre 1805 au mois de juillet 1807. — Système des croisières. — Croisières du capitaine L'Hermitte sur la côte d'Afrique, du contre-amiral Willaumez sur les côtes des deux Amériques, du capitaine Leduc dans les mers Boréales. — Envois de secours aux colonies françaises et situation de ces colonies. — Nouvelle ardeur de Napoléon pour la marine. — Système de guerre maritime auquel il s'arrête. — Affaires intérieures de l'Empire. — Changements dans le personnel des grands emplois. — M. de Talleyrand nommé vice-grand-électeur, le prince Berthier vice-connétable. — M. de Champagny nommé ministre des affaires étrangères, M. Crétet ministre de l'intérieur, le général Clarke ministre de la guerre. — Mort de M. de Portalis, et son remplacement par M. Bigot de Préameneu. — Suppression définitive du Tribunat. — Épuration de la magistrature. — État des finances. — Budgets de 1806 et 1807. — Balance rétablie entre les recettes et les dépenses sans recourir à l'emprunt. — Création de la caisse de service. — Institution de la Cour des comptes. — Travaux publics. — Emprunts faits pour ces travaux au trésor de l'armée. — Dotations accordées aux maréchaux, généraux, officiers et soldats. — Institution des titres de noblesse. — État des mœurs et de la société française.— Caractère de la littérature, des sciences et des arts sous Napoléon. — Session législative de 1807. — Adoption du Code de commerce. — Mariage du prince Jérôme. — Clôture de la courte session de 1807, et translation de la cour impériale à Fontainebleau. — Événements en Europe pendant les trois mois consacrés par Napoléon aux affaires intérieures de l'Empire. — État de la cour de Saint-Pétersbourg depuis Tilsit. — Efforts de l'empereur Alexandre pour réconcilier la Russie avec la France. — Ce prince offre sa médiation au cabinet britannique. — Situation des partis en Angleterre.—Remplacement du ministère Fox-Grenville par le ministère de MM. Canning et Castlereagh. — Dissolution du Parlement. — Formation d'une majorité favorable au nouveau ministère. — Réponse évasive à l'offre de la médiation russe, et envoi d'une flotte à Copenhague pour s'emparer de la marine danoise. — Débarquement des troupes anglaises sous les murs de Copenhague, et préparatifs de bombardement. — Les Danois sont sommés de rendre leur flotte. — Sur leur refus, les Anglais les bombardent trois jours et trois nuits. — Affreux désastre de Copenhague. — Indignation générale en Europe, et redoublement d'hostilités contre l'Angleterre. — Efforts de celle-ci pour faire approuver à Vienne et à Saint-Pétersbourg l'acte odieux commis contre le Danemark. — Dispositions inspirées à la cour de Russie par les derniers événements. — Elle prend le parti de s'allier plus étroitement à Napoléon pour en obtenir, outre la Finlande, la Moldavie et la Valachie. — Instances d'Alexandre auprès de Napoléon. — Résolutions de celui-ci après le désastre de Copenhague. — Il encourage la Russie à s'emparer de la Finlande, entretient ses espérances à l'égard des provinces du Danube, conclut un arrangement avec l'Autriche, reporte ses troupes du nord de l'Italie vers le midi, afin de préparer l'expédition de Sicile, réorganise la flottille de Boulogne, et précipite l'invasion du Portugal. — Formation d'un second corps d'armée pour appuyer la marche du général Junot vers Lisbonne, sous le titre de deuxième corps d'observation de la Gironde. — La question du Portugal fait naître celle d'Espagne. — Penchants et hésitations de Napoléon à l'égard de l'Espagne. — L'idée systématique d'exclure les Bourbons de tous les trônes de l'Europe se forme peu à peu dans son esprit. — Le défaut d'un prétexte suffisant pour détrôner Charles IV le fait hésiter. — Rôle de M. de Talleyrand et du prince Cambacérès en cette circonstance. — Napoléon s'arrête à l'idée d'un partage provisoire du Portugal avec la cour de Madrid, et signe le 27 octobre le traité de Fontainebleau. — Tandis qu'il est disposé à un ajournement à l'égard de l'Espagne, de graves événements survenus à l'Escorial appellent toute son attention. — État de la cour de Madrid. — Administration du prince de la Paix. — La marine, l'armée, les finances, le commerce de l'Espagne en 1807. — Partis qui divisent

la cour. — Parti de la reine et du prince de la Paix. — Parti de
Ferdinand, prince des Asturies. — Une maladie de Charles IV, qui
fait craindre pour sa vie, inspire à la reine et au prince de la Paix
l'idée d'éloigner Ferdinand du trône. — Moyens imaginés par celui-ci
pour se défendre contre les projets de ses ennemis. — Il s'adresse à
Napoléon afin d'obtenir la main d'une princesse française. — Quelques
imprudences de sa part éveillent le soupçon sur sa manière de vivre,
et provoquent une saisie de ses papiers. — Arrestation de ce prince,
et commencement d'un procès criminel contre lui et ses amis. —
Charles IV révèle à Napoléon ce qui se passe dans sa famille. —
Napoléon, provoqué à se mêler des affaires d'Espagne, forme un
troisième corps d'armée du côté des Pyrénées, et ordonne le départ
de ses troupes en poste. — Tandis qu'il se prépare à intervenir, le
prince de la Paix, effrayé de l'effet produit par l'arrestation du prince
des Asturies, se décide à lui faire accorder son pardon, moyennant
une soumission déshonorante. — Pardon et humiliation de Ferdinand. — Calme momentané dans les affaires d'Espagne. — Napoléon en profite pour se rendre en Italie. — Il part de Fontainebleau
pour Milan vers le milieu de novembre 1807.   1 à 322

LIVRE VINGT-NEUVIÈME.

ARANJUEZ.

Expédition de Portugal. — Composition de l'armée destinée à cette
expédition. — Première entrée des Français en Espagne. — Marche
de Ciudad-Rodrigo à Alcantara. — Horribles souffrances. — Le
général Junot, pressé d'arriver à Lisbonne, suit la droite du Tage
par le revers des montagnes du Beyra. — Arrivée de l'armée française
à Abrantès, dans l'état le plus affreux. — Le général Junot se décide
à marcher sur Lisbonne avec les compagnies d'élite. — En apprenant
l'arrivée des Français, le prince régent de Portugal prend le parti de
s'enfuir au Brésil. — Embarquement précipité de la cour et des principales familles portugaises. — Occupation de Lisbonne par le général
Junot. — Suite des événements de l'Escurial. — Situation de la cour
d'Espagne depuis l'arrestation du prince des Asturies, et le pardon
humiliant qui lui a été accordé. — Continuation des poursuites contre
ses complices. — Méfiances et terreurs qui commencent à s'emparer de
la cour. — L'idée de fuir en Amérique, à l'exemple de la maison de
Bragance, se présente à l'esprit de la reine et du prince de la Paix. —
Résistance de Charles IV à ce projet. — Avant de recourir à cette ressource extrême, on cherche à se concilier Napoléon, et on renouvelle au nom du roi la demande que Ferdinand avait faite d'une
princesse française. — On ajoute à cette demande de vives instances
pour la publication du traité de Fontainebleau. — Ces propositions
ne peuvent rejoindre Napoléon qu'en Italie. — Arrivée de celui-ci à
Milan. — Travaux d'utilité publique ordonnés partout où il passe. —
Voyage à Venise. — Réunion de princes et de souverains dans cette
ville. — Projets de Napoléon pour rendre à Venise son antique

prospérité commerciale. — Course à Udine, à Palma-Nova, à Osopo. — Retour à Milan par Légnago et Mantoue. — Entrevue à Mantoue avec Lucien Bonaparte. — Séjour à Milan. — Nouveaux ordres militaires relativement à l'Espagne, et ajournement des réponses à faire à Charles IV. — Affaires politiques du royaume d'Italie. — Adoption d'Eugène Beauharnais, et transmission assurée à sa descendance de la couronne d'Italie. — Décrets de Milan opposés aux nouvelles ordonnances maritimes de l'Angleterre. — Départ de Napoléon pour Turin. — Travaux ordonnés pour lier Gênes au Piémont, le Piémont à la France. — Retour à Paris le 1ᵉʳ janvier 1808. — Napoléon ne peut pas différer plus long-temps sa réponse à Charles IV, et l'adoption d'une résolution définitive à l'égard de l'Espagne. — Trois partis se présentent : un mariage, un démembrement de territoire, un changement de dynastie. — Entraînement irrésistible de Napoléon vers le changement de dynastie. — Fixé sur le but, Napoléon ne l'est pas sur les moyens, et en attendant il ajoute au nombre des troupes qu'il a déjà dans la Péninsule, et répond d'une manière évasive à Charles IV. — Levée de la conscription de 1809. — Forces colossales de la France à cette époque. — Système d'organisation militaire suggéré à Napoléon par la dislocation de ses régiments, qui ont des bataillons en Allemagne, en Italie, en Espagne. — Napoléon veut terminer cette fois toutes les affaires du midi de l'Europe. — Aggravation de ses démêlés avec le Pape. — Le général Miollis chargé d'occuper les États romains. — Le mouvement des troupes anglaises vers la Péninsule dégarnit la Sicile, et fournit l'occasion, depuis long-temps attendue, d'une expédition contre cette île. — Réunion des flottes françaises dans la Méditerranée. — Tentative pour porter seize mille hommes en Sicile, et un immense approvisionnement à Corfou. — Suite des événements d'Espagne. — Conclusion du procès de l'Escurial. — Charles IV, en recevant les réponses évasives de Napoléon, lui adresse une nouvelle lettre pleine de tristesse et de trouble, et lui demande une explication sur l'accumulation des troupes françaises vers les Pyrénées. — Pressé de questions, Napoléon sent la nécessité d'en finir. — Il arrête enfin ses moyens d'exécution, et se propose, en effrayant la cour d'Espagne, de l'amener à fuir comme la maison de Bragance. — Cette grave entreprise lui rend l'alliance russe plus nécessaire que jamais. — Attitude de M. de Tolstoy à Paris. — Ses rapports inquiétants à la cour de Russie. — Explications d'Alexandre avec M. de Caulaincourt. — Averti par celui-ci du danger qui menace l'alliance, Napoléon écrit à Alexandre, et consent à mettre en discussion le partage de l'empire d'Orient. — Joie d'Alexandre et de M. de Romanzoff. — Divers plans de partage. — Première pensée d'une entrevue à Erfurt. — Invasion de la Finlande. — Satisfaction à Saint-Pétersbourg. — Napoléon, rassuré sur l'alliance russe, fait ses dispositions pour amener un dénoûment en Espagne dans le courant du mois de mars. — Divers ordres donnés du 20 au 25 février dans le but d'intimider la cour d'Espagne et de la disposer à la fuite. — Choix de Murat pour commander l'armée française. — Ignorance dans laquelle Napoléon le laisse relativement à ses projets politiques. — Instruction sur la marche des troupes. — Ordre de surprendre Saint-Sébastien, Pampelune et Barcelone. — Le plan adopté mettant en danger les colonies espagnoles, Napoléon pare à ce danger par un ordre extraordinaire expédié à l'amiral Rosily. — Entrée de Murat en Espagne. — Accueil qu'il reçoit dans les provinces basques et la Castille. — Caractère de ces provinces. — Entrée à Vittoria et à Burgos. — État des troupes françaises. — Leur jeunesse, leur dénûment, leurs maladies. — Embarras de Murat résultant de l'ignorance où il est touchant le but politique de Napoléon. — Surprise de Barcelone, de Pampelune et de Saint-Sébastien. — Fâcheux effet produit par l'enlèvement de ces places. — Alarmes conçues à Madrid en recevant les dernières nouvelles de Paris. — Projet définitif de se retirer en Amérique. — Opposition du ministre Caballero à ce plan. — Malgré son opposition, le projet de départ est arrêté. — Ébruitement des préparatifs de voyage. — Émotion extraordinaire dans la population de Madrid et d'Aranjuez. — Le prince des Asturies, son oncle don Antonio, contraires à toute idée de s'éloigner. — Le départ de la cour fixé au 15 ou 16 mars. — La population d'Aranjuez et des environs, attirée par la curiosité, la colère et de sourdes menées, s'accumule autour de la résidence royale, et devient effrayante par ses manifestations. — La cour est obligée de publier le 16 une proclamation pour démentir les bruits de voyage. — Elle n'en continue pas moins ses préparatifs. — Révolution d'Aranjuez dans la nuit du 17 au 18 mars. — Le peuple envahit le palais du prince de la Paix, le ruine de fond en comble, et cherche le prince lui-même pour l'égorger. — Le roi est obligé de dépouiller Emmanuel Godoy de toutes ses dignités. — On continue à rechercher le prince lui-même. — Après avoir été caché trente-six heures sous des nattes de jonc, il est découvert au moment où il sortait de cette retraite. — Quelques gardes du corps parviennent à l'arracher à la fureur du peuple, et le conduisent à leur caserne, atteint de plusieurs blessures. — Le prince des Asturies réussit à dissiper la multitude en promettant la mise en jugement du prince de la Paix. — Le roi et la reine, effrayés de trois jours de soulèvement, et croyant sauver leur vie et celle du favori en abdiquant, signent leur abdication dans la journée du 19 mars. — Caractère de la révolution d'Aranjuez. 323 à 516

LIVRE TRENTIÈME.

BAYONNE.

Désordres à Madrid à la nouvelle des événements d'Aranjuez. — Murat hâte son arrivée. — En approchant de Madrid, il reçoit un message de la reine d'Étrurie. — Il lui envoie M. de Monthyon. — Celui-ci trouve la famille royale désolée, et pleine du regret d'avoir abdiqué. — Murat, au retour de M. de Monthyon, suggère à Charles IV l'idée de protester contre une abdication qui n'a pas été libre, et diffère de reconnaître Ferdinand VII. — Entrée des Français dans Madrid le 23 mars. — Protestation secrète de Charles IV. — Ferdinand VII s'empresse d'entrer dans Madrid pour prendre possession de la couronne. — Déplaisir de Murat de voir entrer Ferdinand VII. — M. de Beauharnais conseille à Ferdinand VII d'aller à la rencontre de l'empereur des Français. — Effet des nouvelles d'Espagne sur les résolutions de Napoléon. — Nouveau parti qu'il adopte en apprenant la révolution d'Aranjuez. — Il conçoit à Paris le même plan que Murat à Madrid, celui de ne pas reconnaître Ferdinand VII, et de se faire céder la couronne par Charles IV. — Mission du général Savary à Madrid. — Retour de M. de Tournon à Paris. — Doute momentané qui s'élève dans l'esprit de Napoléon. — Singulière dépêche du 29, qui contredit tout ce qu'il avait pensé et voulu. — Les nouvelles de Madrid, arrivées le 30, ramènent Napoléon à ses premiers projets. — Il approuve la conduite de Murat, et l'envoi à Bayonne de toute la famille royale d'Espagne. — Il se met en route pour Bordeaux. — Murat, approuvé par Napoléon, travaille avec le général Savary à l'exécution du plan convenu. — Ferdinand VII, après avoir réuni à Madrid ses confidents intimes, le duc de l'Infantado et le chanoine Escoïquiz, délibère sur la conduite à tenir envers les Français. — Motifs qui l'engagent à partir pour aller à la rencontre de Napoléon. — Une entrevue avec le général Savary achève de l'y décider. — Il résout son départ, et laisse à Madrid une régence présidée par son oncle, don Antonio, pour le représenter. — Sentiments des Espagnols en le voyant partir. — Les vieux souverains, en apprenant qu'il va au-devant de Napoléon, veulent s'y rendre aussi pour plaider en personne leur propre cause. — Joie et folles espérances de Murat en voyant les princes espagnols se livrer eux-mêmes. — Esprit du peuple espagnol. — Ce qu'il éprouve pour nos troupes. — Conduite et attitude de Murat à Madrid. — Voyage de Ferdinand VII de Madrid à Burgos, de Burgos à Vittoria. — Son séjour à Vittoria. — Ses motifs pour s'arrêter dans cette ville. — Savary le quitte pour aller demander de nouvelles instructions à Napoléon. — Établissement de Napoléon à Bayonne. — Lettre qu'il écrit à Ferdinand VII et ordres qu'il donne à son sujet. — Ferdinand VII se décide enfin à venir à Bayonne. — Son arrivée en cette ville. — Accueil que lui fait Napoléon. — Première ouverture sur ce qu'on désire de lui. — Napoléon lui déclare sans détour l'intention de s'emparer de la couronne d'Espagne, et lui offre en dédommagement la couronne d'Étrurie. — Résistance et illusions de Ferdinand VII. — Napoléon, pour tout terminer, attend l'arrivée de Charles IV, qui a demandé à venir à Bayonne. — Départ des vieux souverains. — Délivrance du prince de la Paix. — Réunion à Bayonne de tous les princes de la maison d'Espagne. — Accueil que Napoléon fait à Charles IV. — Il le traite en roi. — Ferdinand ramené à la situation de prince des Asturies. — Accord de Napoléon avec Charles IV pour assurer à celui-ci une riche retraite en France, moyennant l'abandon de la couronne d'Espagne. — Résistance de Ferdinand VII. — Napoléon est prêt à en finir par un acte de toute-puissance, lorsque les événements de Madrid fournissent le dénoûment désiré. — Insurrection de Madrid dans la journée du 2 mai. — Énergique répression ordonnée par Murat. — Contre-coup à Bayonne. — Émotion de Charles IV en apprenant la journée du 2 mai. — Scène violente entre le père, la mère et le fils. — Terreur et résignation de Ferdinand VII. — Traité pour la cession de la couronne d'Espagne à Napoléon. — Départ de Charles IV pour Compiègne, et de Ferdinand VII pour Valençay. — Napoléon destine la couronne d'Espagne à Joseph, et celle de Naples à Murat. — Douleur et dépit de Murat en apprenant les résolutions de Napoléon. — Il n'en travaille pas moins à obtenir des autorités espagnoles l'expression d'un vœu en faveur de Joseph. — Déclaration équivoque de la junte et du conseil de Castille, exprimant un vœu conditionnel pour Joseph. — Mécontentement de Napoléon contre Murat. — En attendant d'avoir la réponse de Joseph, et de pouvoir proclamer la nouvelle dynastie, Napoléon essaie de racheter la violence qu'il vient de commettre à l'égard de l'Espagne par un merveilleux emploi de ses ressources. — Secours d'argent à l'Espagne. — Distribution de l'armée de manière à défendre les côtes, et à prévenir tout acte de résistance. — Vastes projets maritimes. — Arrivée de Joseph à Bayonne. — Il est proclamé roi d'Espagne. — Junte convoquée à Bayonne. — Délibération de cette junte. — Constitution espagnole. — Acceptation de cette constitution, et reconnaissance de Joseph par la junte. — Conclusion des événements de Bayonne, et départ de Joseph pour Madrid, de Napoléon pour Paris.   517 à 658

NOTES.

Note du livre XXIX.   659
Note du livre XXX.   671

FIN DE LA TABLE DU HUITIÈME VOLUME.

www.ingramcontent.com/pod-product-compliance
Lightning Source LLC
Chambersburg PA
CBHW062000300426
44117CB00010B/1412